圣彼得堡
数学奥林匹克
2000—2009

苏淳 编译

中国科学技术大学出版社

内 容 简 介

本书收录了2000—2009年举办的圣彼得堡数学奥林匹克的全部试题.书中对每一道试题都给出了详细的解答,对有些试题还作了延伸性的讨论.对于一些我国读者难以理解的内容和一些较为陌生的数学概念,书中都以编译者注的形式给出了注释.为便于阅读,还在书中的"专题分类指南"中对有关数学知识和解题方法作了介绍.

本书可供对数学奥林匹克感兴趣的学生阅读,也可供教师、数学小组的指导者及各种数学竞赛活动的组织者参考使用.

图书在版编目(CIP)数据

圣彼得堡数学奥林匹克:2000—2009/苏淳编译.—合肥:中国科学技术大学出版社,2022.1
ISBN 978-7-312-05297-2

Ⅰ.圣… Ⅱ.苏… Ⅲ.中学数学课—教学参考资料 Ⅳ.G634.603

中国版本图书馆CIP数据核字(2021)第191550号

圣彼得堡数学奥林匹克(2000—2009)

SHENGBIDEBAO SHUXUE AOLINPIKE(2000—2009)

出版	中国科学技术大学出版社
	安徽省合肥市金寨路96号,230026
	http://press.ustc.edu.cn
	https://zgkxjsdxcbs.tmall.com
印刷	安徽国文彩印有限公司
发行	中国科学技术大学出版社
经销	全国新华书店
开本	787 mm×1092 mm 1/16
印张	40.75
字数	966千
版次	2022年1月第1版
印次	2022年1月第1次印刷
定价	125.00元

前　　言

圣彼得堡的历史不算长，只有 300 余年的建城史. 它是彼得大帝为解决俄罗斯的出海问题，在涅瓦河入海口处的一片沼泽地上硬生生地建立起来的. 初期的建城过程相当艰难，新建之城数度被洪水冲垮. 建了垮，垮了再建，经历了一场场人与自然的大搏斗，才赢来了圣彼得堡的辉煌. 如今那里水网密布，桥梁纵横，建筑大气，规划严整，到处是一幅幅优雅的几何造型，拥有"北方威尼斯"之称.

圣彼得堡在历史上曾数度更名，最早称为圣彼得堡，一战期间改称彼得格勒，曾为俄罗斯的首都，苏联时期称为列宁格勒，1991 年又更改为"圣彼得堡". 在老百姓的口语中，它被亲切地称为"别杰尔 (Петер)"，就是"彼得"的意思.

圣彼得堡在俄罗斯的数学发展史上具有独特的地位. 伟大的数学家欧拉就长期工作和生活在圣彼得堡，正是在他的带领和指引下，创立了圣彼得堡学派. 在数学史上赫赫有名的罗巴切夫斯基、切比雪夫、马尔可夫、李雅普诺夫等都是圣彼得堡学派的代表人物. 欧拉一生著述丰硕，圣彼得堡科学院为整理他的著述竟花费了 47 年时间. 据说，他一共写作了 886 本 (篇) 著作和论文. 最为惊人的是，他 28 岁时就患了眼疾，后来就完全失明了，他的许多著述都是在头脑里构思，完成推演，再口述给秘书，由秘书记录形成文字的. 或许正是这个缘故，俄罗斯的一些考试与竞赛至今仍然以面试口述的方式进行.

圣彼得堡的数学奥林匹克竞赛活动起始于 1933—1934 年，是世界上开办得最早的数学竞赛活动，也是第一个把数学竞赛称为数学奥林匹克的竞赛活动. 由于城市数次更名，1933—1991 年，该项竞赛称为"列宁格勒数学奥林匹克"；从 1992 年开始，才启用现在的名称"圣彼得堡数学奥林匹克".

莫斯科和圣彼得堡是俄罗斯两个大城市，它们在历史上都曾经做过俄罗斯和苏联的首都，莫斯科现在还是俄罗斯联邦的首都. 正是由于它们的首都地位，它们的城市数学竞赛活动在很长时间内都具有独特的地位和影响力，成为富有鲜明特色的两大数学竞赛活动. 最初，它们的竞赛组委会都是由苏联非常著名的数学家组成的，这些专家不仅参与命题，而且参与竞赛辅导，使得竞赛保持很高的学术水平. 他们的这一传统一直延续至今，极大地影响着现今的竞赛活动. 圣彼得堡数学奥林匹克一直到现在都是世界上最富有特色的一项数学赛事. 此外, 除了城市竞赛, 它们还举办面向全球的 "欧拉数学竞赛".

目前俄罗斯的中小学学制为 11 年, 其中前 5 年为小学, 接下来的 6 年为中学, 其中六至八年级相当于我国的初中, 九至十一年级则相当于我国的高中. 圣彼得堡数学奥林匹克在六至十一年级举行, 按年级命题, 也按年级评分和设奖. 按照习惯, 俄罗斯通常把六、七年级的竞赛称为低年级竞赛, 把九至十一年级竞赛称为高年级竞赛, 而八年级则在两者之间. 考虑到八年级竞赛所涉及的知识和思维方法已经具有高年级的特色, 且对处于起步阶段的竞赛爱好者具有启发意义, 本书收录了包括八年级在内的四个高年级竞赛的试题及解答.

在 2008 年以前, 圣彼得堡数学奥林匹克分为三轮, 即第一轮比赛、第二轮比赛和选拔赛. 其中选拔赛是为选拔该市参加全俄决赛的选手而举办的比赛, 一般只在九至十一年级举行, 少数年份也包括八年级. 自 2009 年开始, 根据俄罗斯教育部的决定, 选拔功能交由全俄第三轮比赛即联邦区域赛完成, 各地不再自办选拔赛. 所以目前的圣彼得堡数学奥林匹克仅由两轮比赛组成. 另外, 圣彼得堡第 239 中学 (这是一所数学物理专门学校) 所举办的数学公开赛一直是圣彼得堡数学界的一项引以为豪的赛事, 参赛者并不局限于它的本校学生. 虽然它的组织和命题都是独立于市竞赛委员会而自行举办的, 但是在俄罗斯人尤其是圣彼得堡人眼中, 它具有相当高的地位, 富有特色且具有代表性. 在市竞赛委员会出版的圣彼得堡数学奥林匹克的书籍中, 历来都把这项比赛的试题收录其中.

本书所收集的资料由上述四部分试题与解答组成. 为便于使用, 采用了两级编号, 其中: 第一级数字中的 I 和 II 分别用于第一轮竞赛和第二轮竞赛, III 用于选拔赛试题, IV 则用于第 239 中学公开赛试题. 第二级采用按轮连续编号的方式, 例如: 2000 年第一轮竞赛试题由 I.001 到 I.020, 而 2001 年则接着由 I.021 排到 I.040, 如此等等; 2000 年第二轮竞赛试题由 II.001 到 II.028, 而 2001 年接着由 II.029 排到 II.056, 以此类推. 所有试题列完之后, 才给出解答. 解答部分的编号与试题部分相同.

圣彼得堡数学奥林匹克的第一轮竞赛与其他各处的竞赛一样, 题目平和, 不超出中小学教学内容, 它的目的是吸引尽可能多的学生参赛, 提高他们对数学学习的兴趣, 具有大众性和普及性, 每年全市有 1 万 ~1.5 万名六至十一年级学生参加. 第二轮竞赛具有相当的难度. 只有第一轮竞赛的优胜者才能参加第二轮竞赛, 参赛人数一下子就少了很多, 全市每个年级大约只有 100 名学生获得参赛资格. 选拔赛一般只有九至十一年级的学生参加, 每个年级有 10~30 人. 第 239 中学公开赛每年有 100~150 名参赛者.

圣彼得堡数学竞赛的举办方式独具特色. 尽管它的第一轮比赛跟别处一样, 采用笔试方式, 但是第二轮比赛、选拔赛及第 239 中学公开赛则都以口试方式进行, 这在世界上可能是绝无仅有的一种数学竞赛方式. 口试绝不是心算, 不能把它理解为简单的心算或速算. 口试相当于我国强基计划招生中的面试, 但题目的难度却远远大于我国的强基计划招生试题, 命题范围也不尽相同. 面试意味着用智慧解题, 就像讲课一样向主试者陈述自己对题目的解答, 论证环节缺一不可, 主试者随时可以就你的解答过程发问. 省去的只是书写的时间, 增多的是论述的灵活性. 考生在拿到试题以后, 在教室里解题. 当他觉得某道题已经解出, 便去找主试委员会, 当面陈述自己的解答, 包括论证和举例, 通常一位考生只有一位主试委员聆听. 这种面对面的陈述可使他当即明白自己的论证是否烦琐, 例子是否有漏洞, 并获得当场纠正或改进的机会. 如果漏洞较大, 一时难以弥补, 则主试教师会给他一个减号. 他可以回去修改后再来, 可以如此三番. 一道题只有在被打了三个减号之后, 才失去修补的机会. 最后的评价不计算减号的个数, 只有 "解出" 与 "未解出" 两个等级.

在每年圣彼得堡数学奥林匹克的第二轮比赛中都一共有 7 道题. 一开始每个考生只拿到 4 道题. 如果能在 3 小时内解出其中的 3 道题 (在题目特别难的年份, 解出 2 道), 则进入另一间教室, 拿到剩下的 3 道题. 在选拔赛中, 考生则一下子就拿到全部的 8 道试题, 答题时间为 5 小时. 第 239 中学公开赛也是 5 小时解答 8 道试题.

在俄罗斯, 圣彼得堡数学奥林匹克试题是逐年出版的, 每年出一本小册子. 小册子的内容很丰富, 除了印有当年的试题与解答, 还有竞赛获奖名单、试题得分情况及其分析. 最有特色的是, 小册子里还辟有 "数学竞赛之角", 每年载有四五篇科普文章. 其内容生动有趣, 涉及数学的各个领域. 它不是单纯的试题解答, 而是具有丰富的知识性和专题介绍性质. 往往是对一个专题作全面系统的介绍, 既涉及历史又触及前沿, 还配有一些富有启发性的问题, 读来十分有益.

限于时间和精力, 本书仅仅汇编了各本小册子中的试题和解答. 尽管如此, 篇幅依然过大, 只能按年分段出版. 现在奉献给大家的是 2000—2009 年的竞赛试题与解答, 下一步将汇编 2010—2019 年的竞赛试题与解答, 基本上 10 年一册, 如有精力, 还将补齐 1992—1999 年的圣彼得堡数学奥林匹克资料. 如前所说, 此前该市的数学竞赛称为 "列宁格勒数学奥林匹克".

编译者借此机会对李潜博士表示深切的感谢. 本书从立意开始就一直得到李潜博士的关心和帮助, 许多原始资料得益于他帮助收集, 没有他的帮助本书无法完成.

苏 淳

2021 年 9 月

合肥·科大花园东苑

符号说明

$\mathbf{N}_+$ —— 正整数集.

$\mathbf{Z}$ —— 整数集.

$\mathbf{Q}$ —— 有理数集.

$\mathbf{R}$ —— 实数集.

$a \in A$ —— 元素 a 属于集合 A.

$\varnothing$ —— 空集.

$B \subset A$ —— 集合 B 是集合 A 的子集.

$A \cup B$ —— 集合 A 与 B 的并集.

$A \cap B$ —— 集合 A 与 B 的交集.

$A \backslash B$ —— 集合 A 与 B 的差集 (由集合 A 中所有不属于集合 B 的元素构成的集合).

$A \Delta B$ —— 集合 A 与 B 的对称差 (由集合 A 中和集合 B 中只属于其中一个集合的所有元素构成的集合).

$\overline{A}$ —— 由全集中所有不属于集合 A 的元素构成的集合.

$f: A \to B$ —— 定义在集合 A 上、其值属于集合 B 的函数 f.

$\overline{a_1 a_2 \cdots a_n}$ —— 十进制 (或其他进制)n 位数, 它的各位数字依次为 $a_1, a_2, \cdots, a_n$.

$\sum\limits_{i=1}^{n} x_i = \sum\limits_{1 \leqslant i \leqslant n} x_i$ —— 数 $x_1, x_2, \cdots, x_n$ 的和.

$\prod\limits_{i=1}^{n} x_i = \prod\limits_{1 \leqslant i \leqslant n} x_i$ —— 数 $x_1, x_2, \cdots, x_n$ 的积.

$\max\{x_1, x_2, \cdots, x_n\} = \max\limits_{1 \leqslant i \leqslant n} x_i$ —— 实数 $x_1, x_2, \cdots, x_n$ 中的最大值.

$\min\{x_1, x_2, \cdots, x_n\} = \min\limits_{1 \leqslant i \leqslant n} x_i$ —— 实数 $x_1, x_2, \cdots, x_n$ 中的最小值.

$[x]$ —— 实数 x 的整数部分, 即不超过实数 x 的最大整数.

$\{x\}$ —— 实数 x 的小数部分 ($\{x\} = x - [x]$).

$b | a$ —— b 整除 a, 即 a 可被 b 整除.

$b \equiv a \pmod{n}$ —— 整数 a 与 b 对 n 同余 (整数 a 与 b 被 n 除的余数相同).

$\dagger(a, b)$ —— 正整数 a 与 b 的最大公约数, 在不至于造成误解时, 也写为 (a, b).

‡$[a,b]$ —— 正整数 a 与 b 的最小公倍数, 在不至于造成误解时, 也写为 $[a,b]$.

$\overset{\frown}{AC}\,(\overset{\frown}{ABC})$ —— 弧 AC(有点 B 在其上面的弧 AC).

$P(M)$ 或 P_M —— 多边形 M 的周长.

$S(M)$ 或 S_M —— 多边形 M 的面积.

$V(M)$ 或 V_M —— 多面体 M 的体积.

$\boldsymbol{u} = \overrightarrow{AB}$ —— 以 A 为起点、以 B 为终点的向量 $\boldsymbol{u}$.

$(\boldsymbol{u}, \boldsymbol{v}) = \boldsymbol{u} \cdot \boldsymbol{v}$ —— 向量 $\boldsymbol{u}$ 与 $\boldsymbol{v}$ 的内积.

$\angle(\boldsymbol{u}, \boldsymbol{v})$ —— 向量 $\boldsymbol{u}$ 与 $\boldsymbol{v}$ 的夹角.

$n!$ —— n 的阶乘, 即前 n 个正整数的乘积, $n! = 1 \times 2 \times \cdots \times n$.

C_n^k —— 自 n 个不同元素中取出 k 个元素的组合数, 即 n 元集合的不同的 k 元子集的个数, $C_n^k = \dfrac{n!}{(n-k)!k!}$ $(0 \leqslant k \leqslant n)$, 组合数有时也用符号 $\binom{n}{k}$ 表示.

多米诺 —— 1×2 矩形.

角状形 —— 2×2 正方形去掉任意一个角上的方格后所得的图形:

目 录

前言 ·· i

符号说明 ··· v

竞赛试题

第一轮竞赛试题 ·· **3**

2000 年 ·· 3

2001 年 ·· 6

2002 年 ·· 9

2003 年 ··· 12

2004 年 ··· 15

2005 年 ··· 18

2006 年 ··· 21

2007 年 ··· 24

2008 年 ··· 27

2009 年 ··· 30

第二轮竞赛试题 ·· **34**

2000 年 ··· 34

2001 年 ··· 39

2002 年 ··· 44

2003 年 ··· 49

2004 年 ··· 54

2005 年 ··· 59

2006 年 ··· 63

2007 年 ··· 68

2008 年 ·· 72

2009 年 ·· 77

选拔赛试题 ·· **83**

2000 年 ·· 83

2001 年 ·· 87

2002 年 ·· 89

2003 年 ·· 93

2004 年 ·· 97

2005 年 ·· 100

2006 年 ·· 104

2007 年 ·· 108

2008 年 ·· 111

第 239 中学数学公开赛试题 ·· **116**

2000 年 ·· 116

2001 年 ·· 118

2002 年 ·· 121

2003 年 ·· 124

2004 年 ·· 126

2005 年 ·· 129

2006 年 ·· 132

2007 年 ·· 134

2008 年 ·· 137

2009 年 ·· 139

试 题 解 答

第一轮竞赛试题解答 ·· **145**

2000 年 ·· 145

2001 年 ·· 153

2002 年 ·· 160

2003 年 ·· 172

2004 年 ·· 176

2005 年 ··· 184
　　2006 年 ··· 190
　　2007 年 ··· 200
　　2008 年 ··· 206
　　2009 年 ··· 212

第二轮竞赛试题解答 ·· **219**
　　2000 年 ··· 219
　　2001 年 ··· 237
　　2002 年 ··· 252
　　2003 年 ··· 267
　　2004 年 ··· 284
　　2005 年 ··· 297
　　2006 年 ··· 314
　　2007 年 ··· 333
　　2008 年 ··· 345
　　2009 年 ··· 364

选拔赛试题解答 ·· **383**
　　2000 年 ··· 383
　　2001 年 ··· 396
　　2002 年 ··· 408
　　2003 年 ··· 421
　　2004 年 ··· 438
　　2005 年 ··· 452
　　2006 年 ··· 464
　　2007 年 ··· 482
　　2008 年 ··· 497

第 239 中学数学公开赛试题解答 ·························· **513**
　　2000 年 ··· 513
　　2001 年 ··· 520
　　2002 年 ··· 529

2003 年 ········· 537
2004 年 ········· 547
2005 年 ········· 555
2006 年 ········· 561
2007 年 ········· 571
2008 年 ········· 581
2009 年 ········· 589

专题分类指南

一些通用方法 ········· **605**

按照学科分类 ········· **608**

   代数 ········· 608

   数论 ········· 613

   几何 ········· 619

   组合 ········· 627

   图论 ········· 630

参考文献 ········· **635**

竞赛试题

第一轮竞赛试题

第一轮竞赛带有普及性和大众性,题目平和,不超纲,与中小学教学内容吻合.考试方式与通常考试相同,学生坐在教室里用笔把解答写在卷子上.它的目的是吸引尽可能多的学生参赛,提高学生对数学学习的兴趣.每年圣彼得堡全市有1万~1.5万名六至十一年级学生参加,分年级命题.本书只收录了八至十一年级的试题,相当于我国的初三到高三四个年级.

2000 年

八年级

I.001 老师给了优秀女生卡嘉 4 个正数. 卡嘉在黑板上写了 3,4,7,并且说,它们中的每一个数都是老师给她的 4 个数中的某 3 个数的和. 证明:卡嘉有误.

I.002 在与白卫军的战斗打响之前,瓦西里和别琪卡有同样多的子弹,瓦西里在战斗中消耗的子弹是别琪卡的 $\frac{1}{8}$,而他剩下的子弹是别琪卡的 9 倍. 证明:开始时,瓦西里的子弹数目是 71 的倍数.

I.003 $\triangle ABC$ 的边 BC 上的中垂线与边 AB 相交于点 D,与边 AC 的延长线相交于点 E(参阅图 1). 证明: $AD < AE$.

I.004 一张 6×11 的方格纸被剪成了一系列形如 ▭ 和 ▭ 的图形,随后弄丢了一个图形. 证明:不能利用剩下的所有图形拼接成一个方格矩形①,拼接时图形可以翻转和旋转,但不能重叠.

I.005 将同一个正整数对 3,18,48 分别作带余除法,所得的 3 个余数的和等于 39. 证明:该数被 3 除的余数是 1.

---

① 编译者注 方格矩形就是包含整数个方格的矩形.

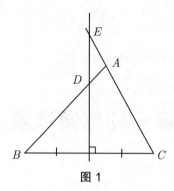

图 1

九年级

I.006 同 I.002 题.

I.007 在直角 $\triangle ABC$ 中，$\angle B$ 为直角，BM 为中线，$\triangle ABM$ 的内切圆与边 AB 和 AM 分别相切于点 K 和 L(参阅图 2). 现知直线 $KL \parallel BM$，求 $\triangle ABC$ 的三个内角的值.

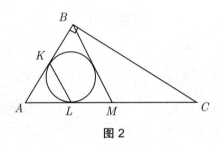

图 2

I.008 有若干个渔夫参加捕鱼冠军赛，以捕鱼多少论冠军. 现知冠军所捕鱼的数量是其余所有人捕鱼数量总和的 $\dfrac{1}{4}$，第三名的捕鱼数量是其他所有人捕鱼总量的 $\dfrac{1}{9}$，最后一名的捕鱼数量是其他所有人捕鱼总量的 $\dfrac{1}{10}$. 试问：一共有多少渔夫参加了比赛？

I.009 同 I.004 题.

I.010 正数 a, b, c, d 都属于区间 $[2, 4]$，证明：$25(ab+cd)^2 \geqslant 16(a^2+d^2)(b^2+c^2)$.

十年级

I.011 设 a, b 为正数，二次三项式 $f(x) = ax^2 + 8x + b$ 的最小值与二次三项式 $g(x) = bx^2 + 8x + a$ 的最小值之和等于 0. 证明：这两个最小值本身都等于 0.

I.012 同 I.004 题.

I.013 在梯形 $ABCD$ 中,AD 和 BC 为底边,$\angle A$ 是直角,两条对角线的交点为 E,点 F 是点 E 在边 AB 上的投影 (参阅图 3). 证明:$\angle DFE = \angle CFE$.

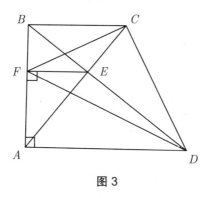

图 3

I.014 同 I.005 题.

I.015 实数列 $x_1, x_2, \cdots$ 对所有的正整数 n 满足
$$x_{n+2} = \frac{x_n x_{n+1} + 5x_n^4}{x_n - x_{n+1}}.$$

已知 $x_{2\,000} = x_1$,证明:$x_{1\,999} \neq x_2$.

十一年级

I.016 季玛用单位立方体垒成一个直平行六面体①,并且在纸上写了三个数 $42, 48, 82$,然后说它们分别是他所垒的平行六面体的体积、表面积及所有的棱长之和,但他没有指明哪个量是哪个数. 试问: 该平行六面体的 3 个棱长分别为多少?

I.017 设 $\triangle ABC$ 为锐角三角形,AM 和 BH 是它的一条中线和一条高线,已知 $AH = 1, 2\angle MAC = \angle MCA$(参阅图 4). 试求边 BC 的长.

I.018 在艺术表演赛中,每个参加者都得了整数分,已知第一名所得的分数是其余所有人所得的分数的 $\frac{1}{4}$,第三名所得的分数是其余所有人所得的分数的 $\frac{1}{9}$,而最后一名所得的分数是其余所有人所得分数的 $\frac{1}{10}$. 问一共有多少人参加了比赛?

I.019 函数 f 对一切实数 x 有定义,并且对任何 x 满足
$$f(x+1) \leqslant f(2x+1), \quad f(3x+1) \geqslant f(6x+1).$$

已知 $f(3) = 2$. 证明:方程 $f(x) = 2$ 至少有 $2\,000$ 个解.

---

① 编译者注 一般地说,直平行六面体与长方体是不同的两个概念,直平行六面体的上下底面可以不是矩形,可能为一般的平行四边形,但是长方体的各个面都是矩形. 但是在本题中,因为所说的直平行六面体是用单位立方体垒成的,所以它就是长方体.

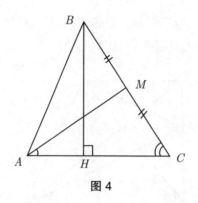

图 4

I.020 在 3×3 的方格表中, 允许任意选取一行或者一列, 将所选取的行或列中的所有的数都乘同一个实数, 此实数可任意选取. 试问: 能否通过有限次这样的操作, 把图 5(a) 所示的表变成图 5(b) 所示的表?

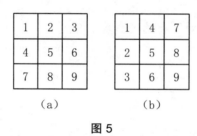

图 5

2001 年

八年级

I.021 沿圆周放着 14 个正数 (不一定是整数). 任何相连 4 个数的和都等于 30. 证明: 其中每个数都小于 15.

I.022 在数学之角可用一个锥子换一块肥皂, 也可用 3 块肥皂换一个锥子, 或者用一块肥皂换 4 个锥子 (但不能反过来). 在经过若干次交换之后, 某甲手中的肥皂与锥子的数目都与开始时相同. 证明: 所作的交换次数是 4 的倍数.

I.023 在 $\triangle ABC$ 中, 有 $\angle C = 40°$. 在边 AB 与 BC 上分别取点 D 和 E, 使得 $\angle BED = 20°$ (参阅图 6). 证明: $AC + EC > AD$.

I.024 能否把 14×14 方格表划分为一些方格矩形[①], 其中每一个矩形的尺寸都是 2×5 或 3×9?

---

① 编译者注　矩形的边都是方格线.

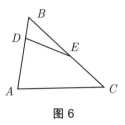

图 6

I.025 试求出所有这样的正整数 x,y,z, 使得

$$xyz = 170\,170 \quad 且 \quad x^2y + y^2z + z^2x = xy^2 + yz^2 + zx^2.$$

九年级

I.026 在 10×10 方格表的每一个方格里都写有一个非零数字, 每一行中的 10 个数字构成一个 10 位数, 每一列中的 10 个数字也构成一个 10 位数, 一共得到 20 个 10 位数. 试问: 它们之中能否恰有一个数不是 3 的倍数?

I.027 圆周上放着 120 个正数 (不一定是整数), 今知其中任何相连的 35 个数的和都是 200. 证明: 这些数中的每一个都不超过 30.

I.028 在等腰锐角 $\triangle ABC$ 中, $AB = BC$. 过点 B 所作的边 BC 的垂线与过点 C 所作的边 AC 的垂线相交于点 E; 而过点 A 所作的边 AB 的垂线与边 BC 的延长线相交于点 D. 今知点 F 位于边 AC 的延长线上 (在点 C 的外侧), 使得 $CF = AD$ (参阅图 7). 证明: $EF = ED$.

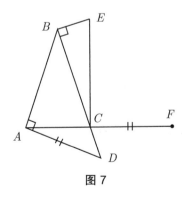

图 7

I.029 求方程组的实数解:

$$\begin{cases} x^3 + y^3 + x^2y + xy^2 = 40, \\ x^2 + y^2 + x + y = 14. \end{cases}$$

I.030 费佳和娜达莎同时从同一地点出发,朝同一方向沿直线做匀速运动. 不过, 费佳是缓步前行, 娜达莎则是跑步前进. 娜达莎在跑完 400 步 (自己的) 之后调头往回跑. 恰从此时起, 费佳开始数自己的步数. 而当他与娜达莎相遇时, 刚好数了 100 步. 试问谁的步长大一些: 是费佳的缓行步子还是娜达莎跑步的步子?

十年级

I.031 $f(x)$ 与 $g(x)$ 都是首项系数为 1 的实系数二次三项式. 今知二次三项式 $f(x) + g(x)$ 有两个不同的实根, 并且其中每一个根都是方程 $f(x) - g^3(x) = 0$ 的根. 证明: $f(x) = g(x)$.

I.032 同 I.027 题.

I.033 同 I.030 题.

I.034 在 $\triangle ABC$ 中, $\angle A$ 的平分线依次与边 AB 的中垂线相交于点 X, 与边 AC 的中垂线相交于点 Y, 与外接圆相交于点 Z, 假定 A, X, Y, Z 四点按所说的顺序排列在 $\angle A$ 的平分线 (参阅图 8). 证明: $AX = YZ$.

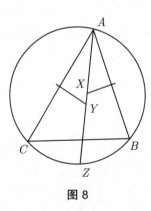

图 8

I.035 能否把 103×49 的方格纸沿着方格线剪成一些矩形, 使得其中每一个矩形的尺寸都是 $7 \times 9, 7 \times 14$ 或 9×14?

十一年级

I.036 已知 $\sin x, \sin y, \sin z$ 形成递增的等差数列, 证明: $\cos x, \cos y, \cos z$ 不是 (严格) 递减的等差数列.

I.037 试求具有如下性质的最小自然数: 它的最后两位数是 34, 它的各位数字之和是 34, 它是 34 的倍数.

I.038 圆周上依次摆放着实数 $a_1, a_2, \cdots, a_{16}$, 现知其中任何 3 个相连实数的和不小于 2, 而其中任何 5 个相连实数的和不大于 4. 试求差数 $a_1 - a_2$ 的最大可能值, 并给出达到最大值的具体例子.

I.039 在 $\triangle ABC$ 中, D 为边 AC 上一点, 使得 $2AD = DC$. 由点 D 向边 BC 作垂线, 垂足为 E. 线段 BD 与 AE 相交于点 F. 今知 $\triangle BEF$ 是等边三角形 (参阅图 9), 试求 $\angle ADB$.

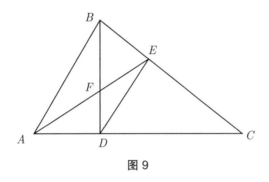

图 9

I.040 能否将函数 $f(x) = x^3$ 表示为两个函数的和, 使得其中一个为偶函数, 另一个为周期函数?

2002 年

八年级

I.041 3×3 方格表的每一个方格中都写有一个正数. 今知每一行数的乘积和每一列数的乘积都是 1, 而每一个 2×2 正方形中的数的乘积都是 2. 试问: 正中间方格中的数是多少?

I.042 在凸四边形 $ABCD$ 中, 有 $\angle CBD = \angle CAB, \angle ACD = \angle BDA$ (参阅图 10). 证明: $\angle ABC = \angle ADC$.

I.043 如果三个正整数的和等于 407, 那么它们的乘积的末尾最多可有多少个 0?

I.044 在批阅八年级 (1) 班的听写卷子时发现, 超过 $\frac{1}{4}$ 的错误是粗心所致. 如果每个学生粗心所犯的错误增加到原来的 3 倍, 并且每个人都增加两个非粗心错误, 那么粗心所致的错误刚好为非粗心错误的 $\frac{1}{5}$. 证明: 该班至少有 $\frac{1}{3}$ 的学生在听写中未出任何错误.

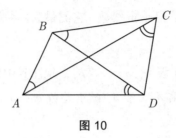

图 10

I.045 将 40 个取自区间 $(0,1)$ 的数写成一行. 写在偶数号位置上的数的和比写在奇数号位置上的数的和大 1. 证明: 可以从中找出一个数, 它比两侧邻数都小.

九年级

I.046 160 000 的两个约数的和等于 1 025, 试求出这两个约数.

I.047 丫丫有 100 根短棍. 证明: 她只要至多折断两根短棍 (所谓折断, 就是把一根短棍折为两根), 就可以用所有的短棍围成一个矩形.

I.048 在平行四边形 $ABCD$ 中, 有 $AB + CD = AC$. 点 K 位于边 BC 上, 使得 $\angle ADB = \angle BDK$ (参阅图 11), 试求 $\dfrac{BK}{KC}$.

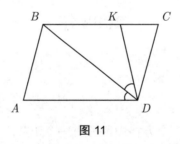

图 11

I.049 证明: 对于 $a, b, c \in [0, 1]$, 有

$$a^{17} - a^{10}b^7 + b^{17} - b^{10}c^7 + c^{17} - c^{10}a^7 \leqslant 1.$$

I.050 如图 12 所示, 在坐标平面上标出如下各点: $A(0,0)$, $B(1,0)$, $C(3,0)$, $D(4,0)$, $E(-2,5)$, $F(-1,5)$, $G(8,5)$, $H(9,5)$. 试问: 是否可能存在二次三项式, 它的图像与四条线段 AB, CD, EF, GH 都相交?

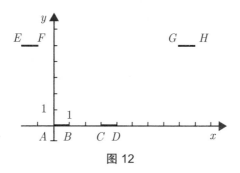

图 12

十年级

I.051 二次三项式 $f(x) = x^2 + ax + b$ 有两个根, 其中一个根属于区间 $(0,1)$, 另一个根不属于这个区间. 证明: $f(b) \leqslant 0$.

I.052 凸四边形 $ABCD$ 的对角线相交于点 O. $\triangle AOB$ 的外接圆与 $\triangle COD$ 的外接圆的一个交点位于边 AD 之上 (参阅图 13). 证明: $AO > AB$.

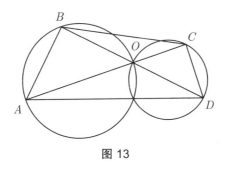

图 13

I.053 设 $x > 0$, 使得 $[x] \cdot \{x\} = 100$. 试求 $[x^2] - [x]^2$ 的可能值.

I.054 今有长度分别为 8 cm 和 9 cm 的短棍各若干根, 它们的总长度为 18 m. 证明: 用所有这些短棍可以围成一个等边八边形.

I.055 今有 40 个两位数写成了一行. 写在偶数号位置上的数的和比写在奇数号位置上的数的和大 72. 证明: 从中可以找到一个数, 它不大于它的两侧的邻数.

十一年级

I.056 今有长度分别为 5 cm 和 6 cm 的短棍各若干根, 它们的总长度为 6 m. 证明: 用所有这些短棍可以围成一个正十边形.

I.057 给定函数 $f(x) = \lg[x] + \lg\{x\}$. 今知对某实数 a, 有 $f(a) = 2$, 证明: $f(a^2) > 4$.

I.058 在 11×11 方格表的每一个方格中均写有一个正数. 现知每一行数的乘积和每一列数的乘积都是 1, 而每一个 3×3 正方形中的数的乘积都是 2. 试求第三行第一个方格和第二个方格中的数的乘积.

I.059 在 $\triangle ABC$ 的边 AB 和 AC 上分别取点 C_1 和 B_1, 线段 BB_1 与 CC_1 相交于点 O. 再在该平面上取一点 D, 使得四边形 AB_1DC_1 为平行四边形 (参阅图 14). 证明: 如果点 D 在 $\triangle ABC$ 内部, 则四边形 AB_1OC_1 的面积小于 $\triangle BOC$ 的面积.

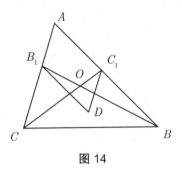

图 14

I.060 数列 $\{x_n\}$ 按如下方式定义: $x_0 = 1$, $x_1 = 6$, 并且

$$x_{n+1} = \begin{cases} x_n + \sin x_n, & \text{如果 } x_n > x_{n-1}, \\ x_n + \cos x_n, & \text{如果 } x_n \leq x_{n-1}. \end{cases}$$

证明: 对一切 n, 都有 $x_n < 100$.

2003 年

八年级

I.061 能否在 3×3 方格表的各个方格中填入 9 个互不相同的 4 位数, 使得任何两个相邻数的和都能被 2003 整除? 具有公共边的方格称为相邻的, 写在相邻方格中的数称为相邻数.

I.062 给定凸四边形 $ABCD$. 对角线 AC 与 BD 的中垂线分别与边 AD 相交于点 X 和 Y, 并且点 X 位于点 A 和点 Y 之间 (参阅图 15). 今知 $BX//CY$. 证明: $BD \perp AC$.

I.063 正整数 n 有两个不同的正约数 a 和 b, 使得 $(a-1)(b+2) = n-2$. 证明: $2n$ 是完全平方数.

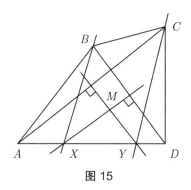

图 15

I.064 在周长为 101 cm 的圆周上标出了 101 个点, 这些点等分圆周. 瓦夏在其中的一个点上放了一枚跳棋, 并且按如下的法则来移动它: 每一步可以按顺时针方向将跳棋移动 6, 7, 8, 9, 10 cm (距离按照弧长来计算), 必须移到它从未到过的被标出的点上. 瓦夏已经作了 45 次操作. 证明: 他至少还可以再移动一次.

I.065 女教师在黑板上写了 13 个实数 (未必是整数), 其中每个数都比前一个数大同样的数值. 每个学生都计算了其中某三个数的和. 有一个学生所得和数为 0, 另一个学生所得和数为 $3\frac{1}{2}$, 第三个学生所得和数为 $6\frac{1}{3}$. 证明: 他们中有人的结果是错的.

九年级

I.066 二次三项式 $ax^2 + bx + c$ 两根之差的绝对值不小于 10. 证明: 二次三项式 $ax^2 + 2bx + 3c$ 两根之差的绝对值大于 17.

I.067 小树林里长着马尾松、雪松、落叶松, 并且在所有的树上都有同样多的松果. 吹过一阵微风, 有些松果掉在地上, 每棵马尾松的果实被吹掉了 11%, 每棵雪松被吹掉了 54%, 每棵落叶松被吹掉了 97%, 并且总体来看被吹掉的松果占 30%. 证明: 小树林里的松树数目是 43 的倍数.

I.068 同 I.064 题.

I.069 点 M, N 在 $\triangle ABC$ 的边 BC 上, 使得 $CM = MN = NB$. 由点 N 作 BC 的垂线交 AB 于点 K(参阅图 16). 现知 $\triangle AMK$ 的面积是原来三角形面积的 $\frac{2}{9}$. 证明: 原来的三角形是等腰三角形.

I.070 求方程 $5[x^2] + 5[x] - x^2 - x = 2\,000$ 的正数解.

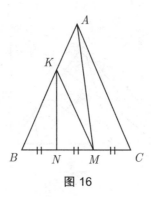

图 16

十年级

I.071 同 I.066 题.

I.072 能否把数 $-11, -10, -9, \cdots, 13, 14$ 分别放到一个立方体的顶点、棱和面上 (立方体有 8 个顶点、12 条棱、6 个面), 使得在每条棱上所放的数刚好等于放在它的两个端点的数的和, 而放在每个面上的数等于放在它的四条边上的数的和?

I.073 同 I.064 题.

I.074 四边形 $ABCD$ 可以内接于圆, 它的两条对角线 BD 与 AC 的中垂线分别交它的边 AD 于点 X 和 Y(参阅图 17). 证明: 边 BC 的中点与直线 BX 和 CY 等距.

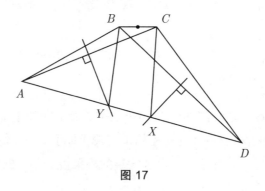

图 17

I.075 设自然数 $n > 100$, 分别将它作对 $10, 35, 42$ 的带余除法. 现知它被 $35, 42$ 除的余数的和等于它被 10 除的余数. 证明: n 是合数.

十一年级

I.076 举一个十进制的 9 位数的例子, 它的各位数字中至少有一个 1, 至少有一个 5, 至少有一个 9, 使得: 如果删去其中所有的 5, 则所得的数可被 13 整除; 如果删去所有的 9, 则所得的数可被 17 整除; 如果删去所有的 1, 则所得的数可被 19 整除.

I.077 同 I.063 题.

I.078 $\triangle ABC$ 的外接圆上过点 A 的切线交边 BC 的延长线于点 K, 点 K 在点 B 的一侧. 将 AC 的中点记为 L, 点 M 在线段 AB 上, 使得 $\angle AKM = \angle CKL$(参阅图 18). 证明: $MA = MB$.

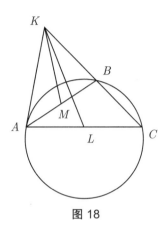

图 18

I.079 在圆周上标出了 40 个点, 并且画了 5 个三角形, 这些三角形的顶点都在这 40 个点中, 这些三角形互不相交 (包括没有公共顶点). 证明: 还可以以标出的点作为顶点再画一个三角形, 使它与已经画好的那些三角形都没有公共点.

I.080 证明不存在这样的函数 $f(x)$, 它的定义域是实数集 $\mathbf{R}$, 并且值域也是实数集 $\mathbf{R}$, 满足如下条件: 对所有的整数 x, 成立等式
$$f(-x^2 + 3x + 1) = f^2(x) + 2.$$

2004 年

八年级

I.081 老师在黑板上写了 3 个正数, 让学生季玛把其中一个数减小 3%, 一个数减小 4%, 还有一个数增大 5%, 让他把计算结果写在作业本上. 结果季玛所写的三个数与黑板上的完全相同, 可能只是顺序不同. 证明: 季玛有误.

I.082 能否在 5×8 方格表的各个方格里摆放数 1 或 3, 使得每一行数的和、每一列数的和都是 7 的倍数?

I.083 设 x 与 y 都是实数,有 $2 \leqslant x \leqslant 3$, $2 \leqslant y \leqslant 3$. 证明:

$$(3-x)^2 + (3-y)^2 + (x-y)^2 \leqslant 2.$$

I.084 如图 19 所示,四边形 $ABCD$ 的边 AB 与 BC 的中点分别是 K 与 L. 在边 CD 上选取一点 M,使得 $\frac{CM}{MD} = 2$. 今知 $DK/\!/BM$, $AL/\!/CD$. 证明:四边形 $ABCD$ 是梯形.

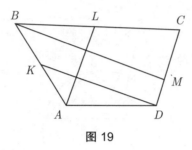

图 19

I.085 瓦夏想出了一个正整数 n,他写出了 n 的除自身外的所有正约数,并把其中两个最大的数相加,得到 193. 试求 n. (给出一切可能的结果,并证明再无其他结果.)

九年级

I.086 柯斯嘉想出了一个正整数,找出了它的一个正约数,把该正约数加 10,所得结果再乘 3,并用所想的数减去该结果,最后得到 1. 柯斯嘉所想出的是什么数?

I.087 班上共有 35 名学生,他们学习 10 门功课. 期终考试之后,各门功课的平均分数都大于 $4\frac{2}{3}$. 证明:至少有 5 名学生没有得过 2 分和 1 分[①].

I.088 圆外切凸四边形的两组对边的乘积相等. 一条边与一条对角线间的夹角为 $20°$. 试求该边与另一条对角线间的夹角.

I.089 在黑板上依次写着四个数字 $2, 0, 0, 3$. 对它们进行如下的操作:在这行数字的右端写上现有四个数字的和,在左端擦去若干个数字,使得数字的个数仍然是 4. 试问:能否通过若干次这种操作得到四个数字 $3, 6, 1, 3$(按给定顺序写出)?

I.090 设 a, b, c, d 都是正数,证明:

$$\frac{(ab+cd)(ad+bc)}{(a+c)(b+d)} \geqslant \sqrt{abcd}.$$

[①] 编译者注　俄罗斯实行五级记分制,最高 5 分,最低 1 分,只给整数分.

十年级

I.091 设正数 x 与 y 满足条件 $|4-xy| < 2|x-y|$. 证明: 它们一个大于 2, 一个小于 2.

I.092 同 I.087 题.

I.093 瓦夏想出了一个正整数, 他写出了该数的除自身外的所有正约数, 并把其中两个最大的数相加, 得到 61. 试问: 瓦夏想出的是哪一个数? (给出一切可能的结果, 并证明再无其他结果.)

I.094 如图 20 所示, $\triangle ABC$ 是锐角三角形, 在其边 AB, BC, AC 上分别取点 K, L, M, 使得 $\angle BLK = \angle CLM = \angle BAC$. 今知线段 BM 与 CK 相交于点 P. 证明: 四边形 $AKPM$ 内接于圆.

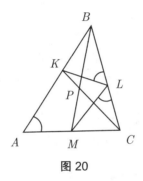

图 20

I.095 在 17×17 方格表中填写正数, 在每一行中所写之数形成等差数列; 在每一列中所写之数的平方形成等差数列. 证明: 左上角处的数与右下角处的数的乘积等于另外两个角上的数的乘积.

十一年级

I.096 围着圆桌坐着 6 个男孩, 开始时他们每人都有 11 个面包. 每分钟都有一个男孩把自己的一个面包传给顺时针方向的邻座. 经过 51 min, 第 1, 3, 5 个男孩手中都有 22 个面包, 而其余 3 个男孩手中则都空了. 证明: 每个男孩都至少传走过一次自己的面包.

I.097 季玛算出了 100 个相连正整数的正弦值. 试问: 其中能否刚好有 51 个值属于区间 $\left[\frac{1}{2}, 1\right]$.

I.098 瓦夏想出了一个正整数 n, 他写出了 n 的除自身外的所有正约数, 并把其中两个最大的数相加, 得到 463. 试求 n. (给出一切可能的结果, 并证明再无其他结果.)

I.099 同 I.094 题.

I.100 实数 $x, y \in [0, 1]$, 证明:
$$x^4 + y^5 + (x-y)^6 \leqslant 2.$$

2005 年

八年级

I.101 试在 8×8 方格表的每个方格中填入 $1, 2$ 或 -4 中的一个数, 使得在每个 4×4 方格表中所填之数的总和为 0, 而在每个形如 ▭ 的由 4 个方格形成的图形中所填的所有数之和都不等于 0(图形可以旋转和翻转).

I.102 学校里有 450 个学生, 他们分坐在 225 张双人课桌上, 使得恰好有一半的女生与男生同桌. 证明: 不可能将他们调配成恰好有一半的男生与女生同桌.

I.103 如图 21 所示, 在凸四边形 $ABCD$ 中, 有 $\angle B = \angle C$, $CD = 2AB$. 点 X 位于边 BC 上, 使得 $\angle BAX = \angle CDA$. 证明: $AX = AD$.

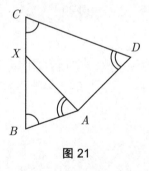

图 21

I.104 我们用 $[x]$ 表示实数 x 的整数部分 (例如 $[2.5] = 2$). 给定 $a > 30$, 现知
$$[a] \cdot [a^2] = [a^3],$$
证明: a 的小数部分不超过 $\dfrac{1}{2700}$.

I.105 将同一个奇数相继作除以 $2, 3, \cdots, 1\,000\,000$ 的带余除法, 现知所得的余数各不相同, 并且其中有一个余数为 0. 证明: 余数 0 是在除以某个大于 $1\,000$ 的整数时得到的.

九年级

I.106 同 I.102 题.

I.107 一个 4 位正整数的各位数字各不相同, 并且均不为 0. 现知它可以被它的前两位数字所形成的二位数整除, 也可以被它的后两位数字所形成的二位数整除. 证明: 该 4 位数或者可以被 3 整除, 或者可以被 13 整除.

I.108 在凸六边形 $ABCDEF$ 中, 对角线 AD, BE, CF 彼此相等 (参阅图 22). 设 AD 与 CF 的交点为 P, BE 与 CF 的交点为 R, AD 与 BE 的交点为 Q. 现知 $AP = PF, BR = CR, DQ = EQ$. 证明: A, B, C, D, E, F 位于同一个圆周上.

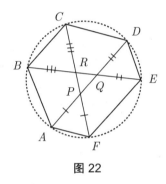

图 22

I.109 黑板上写着一个大于 1 的实数. 费佳每分钟都将它除以它的分数部分, 并且用所得的结果取代原来的数. 证明: 到某一时刻, 或者黑板上的数变为整数, 或者该数变得大于 $20\,052\,004$.

I.110 将同一个奇数相继作除以 $2, 3, \cdots, 1\,000\,000$ 的带余除法, 现知所得的余数各不相同, 并且其中有一个余数为 0. 证明: 余数 0 是在除以某个大于 $50\,000$ 的整数时得到的.

十年级

I.111 试求方程的正整数解:
$$x + y^{10} = \ddagger[x, y],$$
其中 $\ddagger[x, y]$ 表示 x 与 y 的最小公倍数.

I.112 如图 23 所示, 在凸四边形 $ABCD$ 中, AD 是其外接圆的直径, 点 E 与点 A 关于边 BC 的中点对称. 证明: $DE \perp BC$.

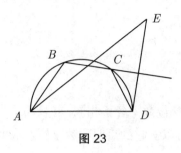

图 23

I.113 在 10×10 方格表的每一个方格中都填有一个介于 21 与 40 之间的正整数, 其中 $21, 24$ 和 40 均被填写了 5 次. 此外, 表中的每一行数都 (自左至右) 形成等差数列. 试求表中所有各数的和.

I.114 同 I.110 题.

I.115 我们用 $[x]$ 表示实数 x 的整数部分, 即不超过 x 的最大整数 (例如 $[2.5] = 2$); 用 $\{x\}$ 表示 x 的小数部分, 即 $\{x\} = x - [x]$. 现知实数 $a > 2$ 使得

$$[a-2] \cdot [a^2 + 2a + 4] = [a^3 - 8].$$

证明: $3\{a\}[a]^2 < 1$.

十一年级

I.116 给定了 3 个正整数. 季玛计算其中某两个数的最大公约数, 得到 $1\,000\,004$. 萨沙也计算其中某两个数的最大公约数, 得到 $1\,000\,006$. 最后, 科斯佳计算其中某两个数的最大公约数, 得到 $1\,000\,008$. 证明: 其中必有某个人算错了.

I.117 如图 24 所示, 在 $\triangle ABC$ 中, $\angle B = 60°$, CL 为角平分线, 点 I 为内心. 现知 $\triangle ALI$ 的外接圆与边 AC 相交于点 D. 证明: B, L, D, C 四点共圆.

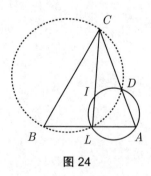

图 24

I.118 同 I.113 题.

I.119 试问能否出现这样的现象: 多项式 $f(x) = x^3 + bx^2 + cx + a$ 的图像经过点 M, P, Q, 而多项式 $g(x) = x^3 + ax^2 + bx + c$ 的图像经过点 M 与 N(见图 25)?

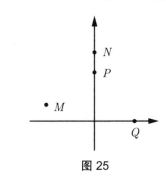

图 25

I.120 给定一个无限的正数序列 $a_1, a_2, a_3, \cdots$. 今知 $a_1 > 1$, 并且对任何正整数 n, 都有 $a_{n+1} = \dfrac{a_n}{\sqrt{\{a_n\}}}$. 证明: 该数列中存在大于 $20\,052\,004$ 的项. (我们用 $\{x\}$ 表示实数 x 的分数部分, 即 x 与不超过 x 的最大整数的差.)

2006 年

八年级

I.121 在如图 26 所示的图形的每个方格里填入一个实数, 使得任何由三个方格构成的矩形中的诸数之和为 1, 而且整个表格中的所有数之和也是 1.

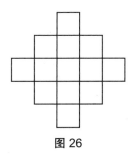

图 26

I.122 瓦夏作分数加法时, 把分子与分子相加, 分母与分母相加. 有一次, 他作两个既约真分数加法时, 所得结果是正确结果的 $\dfrac{1}{2}$. 现知他使用的是两个不同的分数, 其中之一是 $\dfrac{1}{6}$, 试问: 另一个分数是什么? (试给出所有可能的不同回答, 并证明不可能再有别的分数.)

I.123 如图 27 所示, 四边形 $ABCD$ 是梯形, P 和 Q 分别是两底 AD 与 BC 的中点. 现知 $AB = BC$, 而点 P 在 $\angle B$ 的平分线上. 证明: $BD = 2PQ$.

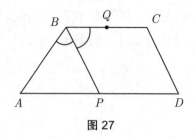

图 27

I.124 给定了 6 个实数, 其中任何 5 个数的和都大于 900 而小于 1 000. 证明: 这些数都大于 100.

I.125 20 位棋手参加国际象棋比赛, 每两位选手都比赛一场. 每场比赛, 胜者得 1 分, 败者不得分; 若为平局, 双方各得 $\frac{1}{2}$ 分. 最终各选手所得分数都互不相同. 证明: 其中有一位选手, 他所赢的场数多于他所战平的场数.

九年级

I.126 一个正方形被分成 5 个矩形 (见图 28), 其中, 下面两个矩形的横边大于竖边, 上面三个矩形的竖边大于横边. 现知所有矩形的长边与短边的长度之比全都相同, 试求该比值.

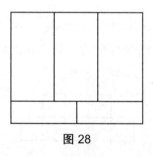

图 28

I.127 证明: 对于任何实数 $a > 0$, 数 $[100a] + [71a]$ 都不具有 $171k + 170$ 的形式, 其中 k 是正整数. (符号 $[x]$ 表示实数 x 的整数部分, 即不超过 x 的最大整数.)

I.128 如图 29 所示, 四边形 $ABCD$ 是凸四边形, 有 $AB = BC$ 和 $AD = DC$. 在对角线 AC 上取一点 K, 使得 $AK = BK$, 且四边形 $KBCD$ 内接于圆. 证明: $BD = CD$.

I.129 16 位数 a 可被 999 999 999 整除. 证明: 经过重新排列 a 的各位数字所得到的任何 16 位数都不能被 100 000 001 整除.

I.130 同 I.125 题.

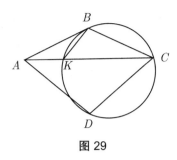

图 29

十年级

I.131 证明: 可将一个正方形划分为六个矩形, 使得每个矩形的长边与短边的长度之比都是 $2+\sqrt{2}$.

I.132 给定递增的等比数列 b_n, 今知
$$b_4 + b_3 - b_2 - b_1 = 5.$$
证明: $b_6 + b_5 \geqslant 20.$

I.133 同 I.128 题.

I.134 同 I.125 题.

I.135 给定一个 39 位的正整数 A. 证明: 存在一个这样的 20 位数 B, 使得无论怎样重新排列 A 的各位数字, 所得的任一 39 位数都不能被 B 整除.

十一年级

I.136 如图 30 所示, 一个正方形被分为 5 个矩形, 其中四围的 4 个矩形的长边与短边的长度之比都相同. 证明: 中间的矩形是正方形.

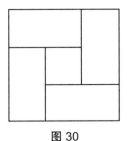

图 30

I.137 季玛写了一个等差数列，共有 5 项，每一项都属于区间 $\left[-\frac{2\pi}{3}, \frac{2\pi}{3}\right]$. 现知第 1 项与第 4 项的正弦值之和等于第 2 项与第 5 项的余弦值之和. 试问：数列中的第 3 项可能是多少？(试给出所有的可能值，并证明不再有别的.)

I.138 同 I.125 题.

I.139 设实数 $x > 0$，试问：正整数
$$[x] + [3x] + [6x]$$
不可能以怎样的数字结尾？(以 $[x]$ 表示实数 x 的整数部分，即不超过 x 的最大整数.)

I.140 如图 31 所示，在凸四边形 $ABCD$ 中，有
$$\angle CBD = \angle CAB, \quad \angle ACD = \angle ADB.$$
证明：线段 BC, AD, AC 可以构成直角三角形.

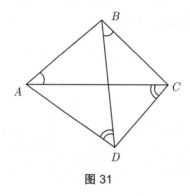

图 31

2007 年

八年级

I.141 能否在 5×5 方格表中写入互不相同的正整数，每格一数，使得任何两个相邻数的差都或者是 4，或者是 7？

I.142 在对变色能力的检查中，年幼的变色蜥蜴从红色变为黄色，由黄色变为绿色，由绿色变为蓝色，由蓝色变为紫罗兰色，由紫罗兰色变回红色. 这只年幼的蜥蜴变色 2007 次后，却从绿色变成了黄色. 今知它犯了一次错误，在它不该那样做时它做了. 试问：它在此次变色前，面对的是哪种颜色？

I.143 如图 32 所示，在 $\triangle KML$ 中，$\angle KML = 121°$. 点 S 与 N 在边 KL 上，使得 $KS = SN = NL$. 现知 $MN > KS$，证明：$MS < NL$.

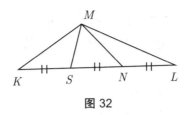

图 32

I.144 沿着湖岸分布 3 个村庄 A, B 和 C, 如图 33 所示. 旅行者们沿着湖岸绕湖一圈. 他们分为两组从 A 村出发, 一组朝着 B 村的方向, 另一组朝着 C 村的方向. 到达这两个村庄后, 每个组都有几个人返回 A 村, 回到他们出发时的一侧, 其余的人则继续沿着原来的方向前进, 绕湖一周, 最后回到 A 村. 今知第一组原有 100 人, 而到达 C 村的人比到达 B 村的多 10 人. 有多少人在旅行中由 C 村到 A 村?

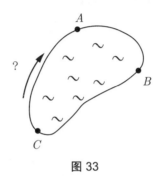

图 33

I.145 在坐标平面上画出了所有可能的直线 $y = ax + b$, 其中 a 与 b 都是不超过 12 的正整数. 这些直线中最多能有多少条经过同一个点?

九年级

I.146 某班男生的平均体重是 $42\,\text{kg}$, 女生的平均体重是 $27\,\text{kg}$, 而全班同学的平均体重是 $35\,\text{kg}$. 证明: 男生的人数是 17 的倍数.

I.147 如下两个二次三项式在点 t 处的值相同:
$$x^2 - ax - b \quad \text{与} \quad x^2 - px - q.$$

今知 $a, b, p, q > 0$ 且 $ab = pq$. 证明: $t > 0$.

I.148 季玛有一张 20×20 的方格纸. 一开始所有方格都是白色的. 他可以将其中任意一个 11×11 方格正方形中的所有方格改染颜色: 白改黑, 黑改白. 试问: 季玛能否经过有限次这种改染, 把整个 20×20 方格表染为国际棋盘状 (意即每两个有公共边的方格都相互异色)? 小方格的边长是 1.

I.149 如图 34 所示，在直角 △ABC 的斜边 BC 上取点 D 和 E，使得 AD⊥BC 且 AD = DE. 在边 AC 上取点 F，使得 EF⊥BC. 求 ∠ABF.

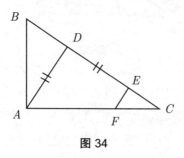

图 34

I.150 若干个以 8 结尾的正整数被写成假分数形式. 这些分数的分子之和是 P，而分母之和是 Q. 现知 P = 2 007Q. 试求 P 的最后一位数字.

十年级

I.151 同 I.141 题.

I.152 如图 35 所示，四边形 ABCD 内接于圆，且有 AB = BD 和 AC = BC. 证明：∠ABC < 60°.

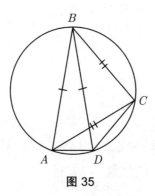

图 35

I.153 给定两个二次三项式 $f(x)$ 与 $g(x)$. 今知 $3f(x) + g(x)$ 与 $f(x) - g(x)$ 都是恰有一个实根的二次三项式，而 $f(x)$ 却有两个实根. 证明：二次三项式 $g(x)$ 没有实根.

I.154 同 I.145 题.

I.155 计算器 AZH-2007 对数对 a 与 b 进行运算. 它有 9 个按钮，分别标有数字 1 至 9. 如果摁动所标数字 x 是 1，2，3 或 4 的按钮，则计算器将数 a 变为 $a + x$，将数 b 变为 $b - x^2$. 而如果摁动的按钮所标数字 x 是 5，6，7，8 或 9，则计算器将数 a 变为 $a - x$，将数 b

变为 $b+x^2$. 开始时, 两个数 a 与 b 都是 2 007. 试问: 能否通过摁动按钮使得两个数最终都变为 0?

十一年级

I.156 能否在 5×5 的方格表中填入互不相同的正整数, 每格一数, 使得任何两个相邻数都刚好相差 16 倍或 128 倍? (如果两个数所在的方格在同一行或同一列中相邻, 则称这两个数相邻.)

I.157 费佳作一个正整数除以 999 的带余除法, 发现所得的不完全商与余数相等. 季玛发现若作该数除以 599 的带余除法, 所得的不完全商也与余数相等. 证明: 如果作该数除以 1 499 的带余除法, 则所得的不完全商还是与余数相等.

I.158 在四面体 $ABCD$ 中, $\angle ABC$ 与 $\angle ADC$ 都是直角. 今知 $AC=2$. 证明: $BD<2$.

I.159 在坐标平面上画出了所有可能的如下形式的函数的图像:
$$y=x^3+ax+b,$$
其中, a 与 b 都是不超过 80 的正整数. 试问: 最多有多少个这种图像相交于同一个点?

I.160 火星上通用两种货币: 卢布与图克里克. 自动兑换机进行如下操作: 如果输入 n^2 卢布 (n 可为任一不超过 26 的正整数), 那么它就吐出 n 图克里克. 如果输入 m 图克里克 (m 可为任一不小于 27 的正整数), 那么它就吐出 m^2 卢布. 火星人萨沙来到自动兑换机旁, 他仅有 89 图克里克. 他能否通过若干次兑换, 使得自己拥有 2 007 卢布, 而不剩下任何图克里克?

2008 年

八年级

I.161 一条公路长 37 km/h, 路旁 (不止一处) 有木凳. 第一位自行车骑手沿着公路以 15 km/h 的速度骑行. 在每个木凳处他都停下来休息同样的整数分钟. 第二位自行车骑手以 20 km/h 的速度骑行, 在每个木凳处他休息的时间都是第一位骑手的两倍. 他们二人一同出发, 一同到达终点. 试问: 一共多少处有木凳?

I.162 今有 100 张卡片, 每张卡片都是一面黑色, 一面白色. 把卡片全都白面朝上放在桌子上. 科斯佳把其中 50 张卡片翻了个面, 然后谢廖沙把其中 60 张卡片翻了个面, 此后奥里亚把其中 70 张卡片翻了个面. 最终所有的 100 张卡片全都黑面朝上. 试问: 其中有多少张卡片被翻了 3 次? 试给出所有可能的答案, 并证明再无其他答案.

I.163 如图 36 所示, 在 $\triangle ABC$ 的边 AC 上能够找到点 K 和 L, 其中 L 是线段 AK 的中点, BK 是 $\angle LBC$ 的平分线. 今知 $BC = 2BL$. 证明: $KC = AB$.

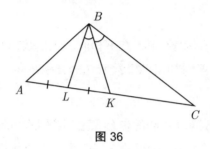

图 36

I.164 在一条很长的纸带上印着数 $3^{20\,072\,008}$ 的十进制表达式. 萨沙将纸带剪为三段. 研究写在这三段纸带上的数后, 萨沙宣称它们都是 3 的方幂数. 证明: 萨沙错了.

I.165 能否找到 3 个互不相等的实数 a,b,c, 使得直线 $y = ax+b$, $y = bx+c$, $y = cx+a$ 的图像相交于同一点?

九年级

I.166 同 I.161 题.

I.167 老师在黑板上写了两个正整数. 萨沙把第一个数与第二个数的各位数字和相乘, 得到

$$200\,720\,072\,007\,200\,720\,072\,007;$$

基里尔把第二个数与第一个数的各位数字和相乘, 得到

$$200\,820\,082\,008\,200\,820\,082\,008.$$

证明: 他们二人之一有错.

I.168 证明: 可以把 14^3 的所有正约数填入一个 4×4 方格表, 使得表中每一行数的乘积、每一列数的乘积都是 14^6.

I.169 如图 37 所示, 在圆内接四边形 $ABCD$ 的边 AD 的延长线上取一点 E, 使得 $AC = CE$ 和 $\angle BDC = \angle DEC$. 证明: $AB = DE$.

I.170 证明: 不可能在 100×100 方格表里这样放入 98 个多米诺 (1×2 的矩形), 使得在每一行、每一列中它们都占据奇数个方格. 多米诺可以相互贴紧, 但不能重叠.

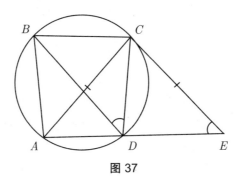

图 37

十年级

I.171 同 I.161 题.

I.172 同 I.167 题.

I.173 同 I.165 题.

I.174 同 I.169 题.

I.175 正整数 1 到 600 被按照某种顺序写成一行. 任何两个相邻数的和都不超过 800. 证明: 必有某两个间隔一个数的数的和大于 800.

十一年级

I.176 给定二次三项式
$$f(x) = 2x^2 - ax + 7.$$
试问: 对参数 a 的哪些值, 可以在区间 $\left(\frac{\pi}{4}, \frac{\pi}{2}\right)$ 中找到这样的 φ, 使得
$$f(\sin \varphi) = f(\cos \varphi)?$$

I.177 给定正整数 k, ℓ, m, n 和上升的等差数列 $a_1, a_2, a_3, \cdots$, 其中的项都是正数. 今知 a_k 与 a_ℓ 的几何平均值大于 a_m 与 a_n 的算术平均值. 证明:
$$\frac{k+\ell}{2} > \sqrt{mn}.$$

I.178 同 I.164 题.

I.179 经过锐角 $\triangle ABC$ 的顶点 A 和 B 作圆. 该圆与边 AC 相交于点 X, 与边 BC 相交于点 Y, 且经过 $\triangle XCY$ 的外心 (参阅图 38). 今知线段 AY 与 BX 相交于点 P, 且有 $\angle ACB = 2\angle APX$. 试求 $\angle ACB$.

I.180 同 I.175 题.

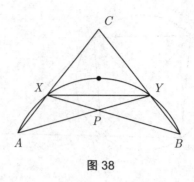

图 38

2009 年

八年级

I.181 500 万个沼泽地女妖中的 30% 喜欢坚硬的岩石,而 1 000 万个如画美人中的 90% 喜欢坚硬的岩石. 证明: 女妖中的如画美人的数目不多于女妖总数的一半①.

I.182 50 个人站成一行, 他们的身高各不相同. 今知恰有 15 个人高于各自的左邻. 试问: 他们中有多少人高于自己的右邻? 试给出一切可能的答案, 并说明再无其他答案.

I.183 如图 39 所示, 在 $\triangle ABC$ 的边 BC 与 AB 上分别取点 L 和 K, 使得 AL 是 $\angle BAC$ 的平分线, 且使得 $\angle ACK = \angle ABC$, $\angle CLK = \angle BKC$. 证明: $AC = KB$.

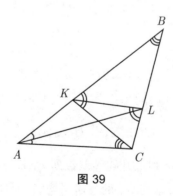

图 39

I.184 别佳将某个正整数除以它的各位数字之和, 结果所得商数和余数都是 2 008. 老师给别佳打了 0 分. 证明: 老师所给的分数是公正的.

I.185 设 a, b, c 都大于 1, 证明如下不等式:

$$\frac{1}{a}+\frac{1}{b}+\frac{1}{c}+\left|\frac{1}{a}-\frac{1}{b}\right|+\left|\frac{1}{b}-\frac{1}{c}\right|+\left|\frac{1}{c}-\frac{1}{a}\right| \leqslant a+b+c.$$

---

① 编译者注 在俄罗斯童话中, 一部分沼泽地女妖是如画美人.

九年级

I.186 试写出 4 个正整数 a, b, c, d, 它们具有相同的各位数字之和, 且有 $a+b+c+d=2\,009$.

I.187 无名氏将正整数 1 至 100 按某种顺序填入了一个 10×10 方格表. 对方格表中的数允许进行如下两种操作:

(1) 挑选两个处于同一行中的相邻的方格, 如果左格中的数大于右格中的数, 那么就可交换这两个数的位置;

(2) 挑选两个处于同一列中的相邻的方格, 如果下格中的数大于上格中的数, 那么就可交换这两个数的位置.

无名氏断言, 通过这两种操作可以得到 1 至 100 在该方格表中的任何一种排列. 证明: 无名氏的断言有误.

I.188 如图 40 所示, 在 $\triangle ABC$ 的边 BC 与 AB 上分别取点 L 和 K. 现知 $BL = CK$, $\angle BKC = \angle CLK$, 并且直线 AC 与 $\triangle BCK$ 的外接圆相切. 证明: AL 是 $\angle BAC$ 的平分线.

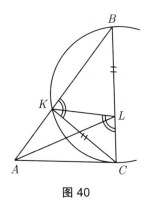

图 40

I.189 设实数 $a_1, a_2, \cdots, a_{2\,009}$ 的和是 0, 且有

$$|a_1 - 2a_2| = |a_2 - 2a_3| = \cdots = |a_{2\,008} - 2a_{2\,009}| = |a_{2\,009} - 2a_1|.$$

证明: $a_1 = a_2 = \cdots = a_{2\,009} = 0$.

I.190 设正整数 n 被 9 除的余数是 4, 证明:

$$\{\sqrt[3]{n}\} \geqslant \frac{1}{\sqrt[3]{n^2}}.$$

其中, $\{x\}$ 表示实数 x 的分数部分, 即 $\{x\} = x - [x]$, 而 $[x]$ 是不超过 x 的最大整数.

十年级

I.191 同 I.182 题.

I.192 亚历山大将一个六位数 $\overline{abcdef}$ 乘 $\overline{def}$, 基里尔将六位数 $\overline{defabc}$ 乘 $\overline{abc}$. 所得两个乘积的和等于 $200\,802\,007$. 证明: 他们的计算中有错.

I.193 同 I.189 题.

I.194 如图 41 所示, 四边形 $ABCD$ 是梯形, 其中 $BC/\!/AD$. 点 M 在梯形 $ABCD$ 内部, 有 $\angle AMB = \angle CMD = 90°$, $\angle BAM + \angle CDM = \angle BMC$. 证明: 四边形 $ABCD$ 外切于圆.

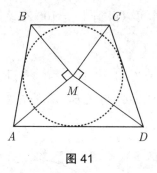

图 41

I.195 在 10×10 方格表中填写正整数 1 到 100(每格一数). 允许交换同一行中相邻二数的位置, 如果左边的数大于右边的数; 也允许交换同一列中相邻二数的位置, 如果下方的数大于上方的数. 是否存在某种填法, 使得可以通过若干次所允许的交换, 得到一种与开始时的填法关于左上右下对角线对称的填法?

十一年级

I.196 同 I.184 题.

I.197 已知

$$|a_1 - 2a_2| = |a_2 - 2a_3| = \cdots = |a_{2008} - 2a_{2009}| = |a_{2009} - 2a_1| = 100.$$

证明: 实数 $a_1, a_2, \cdots, a_{2009}$ 的和不是 0.

I.198 证明对于所有使得下式左端有限的 α, 都有下式成立:

$$\tan^4 \alpha + \cot^4 \alpha \geqslant 2\left[\sin^3(\alpha^2) - \cos^3(\alpha^2)\right].$$

I.199 如图 42 所示, 四边形 $ABCD$ 是梯形, 其中 $BC//AD$. 点 P 在梯形 $ABCD$ 内部, 有 $\angle APB = \angle CPD = 90°$, $\angle ABP = 20°$, $\angle DCP = 50°$, $\angle APD = 70°$. 证明: 四边形 $ABCD$ 外切于圆.

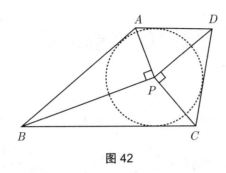

图 42

I.200 同 I.195 题.

第二轮竞赛试题

第一轮竞赛的优胜者才有资格参加第二轮竞赛,圣彼得堡全市每年每年级大约只有 100 名学生获得参赛资格.

从第二轮竞赛开始,包括后继的选拔赛以及第 239 中学公开赛都以口试的方式进行,这在世界上可能是绝无仅有的一种数学竞赛方式.

口试不是心算,如果把它理解为简单的心算或是速算,那就过于外行了. 口试实际上就是口述解答,类似于讲课. 这种方式更需要智慧,论证环节一步不缺,省去的只是书写的时间,随之而增多的是论述的灵活性. 考生在拿到试题以后,在教室里解题. 当他觉得某道题已经解出,便去找主试委员会的委员,当面陈述自己的解答,包括论证和举例,这种面对面的陈述可以使他当即明白自己的论证是否烦琐,例子是否有漏洞,并获得当场纠正或改进的机会. 如果漏洞较大,一时难以弥补,主试教师则会给他一个减号. 他可以修改后再来. 一道题只有在被打了三个减号之后,才失去修补的权利. 最后的评价不计算减号的个数,只有 "解出" 与 "未解出" 两个等级.

第二轮竞赛依然在六至十一年级进行,每年级都是 7 道题. 开始时,考生只拿到前 4 题. 如果能在 3 小时内解出其中的 3 道题 (在题目特别难的年份,解出两道),则进入另一间教室,拿到剩下的 3 道题. 在选拔赛中,考生则一下子就拿到全部的 8 道试题,答题时间为 5 小时. 第 239 中学公开赛也是 5 小时 8 道试题.

2000 年

八年级

II.001 证明:对于任何大于 1 000 的质数,都可以删去它的某一个或两个数字,得到一个合数.

II.002 设 $\triangle ABC$ 为直角三角形,在其斜边 AC 上取一点 D,使得 $BC = CD$;在直角边 BC 上取一点 E,使得 $DE = CE$ (参阅图 1). 证明:$AD + BE = DE$.

II.003 今有两个正整数,它们中的每一个都等于另一个的 3 个不同的真约数的和 (有

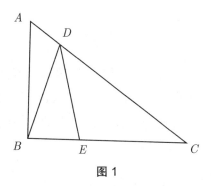

图 1

别于自身的正约数称为真约数). 证明: 这两个正整数彼此相等.

II.004 某国有 2 000 个城市, 任何两个城市之间都开设有双向直达航线. 每年的 1 月 1 日, 政府都挑选 1 999 条国营航线, 把它们转卖给私营航空公司. 而此后到了 5 月 1 日, 议会则会挑选一个城市, 把由该城市飞出的所有私营航线全都重新变为国营. 证明: 政府能够在某时刻使得不少于 99% 的航线为私营的.

II.005 对于写在黑板上的一个正整数 n, 可以把它换为 $2n-4, 3n-8, 8-n$ 之中的一个数. 试问: 能否通过若干次这种操作, 从 41 出发, 得到某个大于 10 000 000 而小于 10 000 020 的数?

II.006 设 $\triangle ABC$ 为等腰三角形, 点 D 在底边 AC 上. 点 E 与 F 使得线段 DE 的中点在线段 AB 上, 线段 DF 的中点在线段 BC 上, 且使得 $\angle EDA = \angle FDC$. 线段 EF 的中点 K 在 $\triangle ABC$ 内部 (参阅图 2). 证明: $\angle ABD = \angle CBK$.

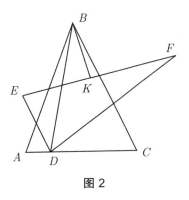

图 2

II.007 连队里共有 109 名士兵, 每天有 3 名士兵值勤. 证明: 可以排出一份值勤表, 使得经过一段时间后, 任何两名士兵都一起值勤 3 天.

九年级

II.008 沿着道路的两侧各种了 $1\,000$ 棵树, 在每棵树上都挂了一个牌子, 牌子上面都写着在该树及其左右邻树 (共三棵树) 中有几棵是橡树 (最边缘上的树的牌子上则写着在它自己和它的唯一的邻树中有几棵是橡树). 现知由牌子上的数构成的两个数列相同. 证明: 这两列树中, 橡树都种在相同的位置上.

II.009 在锐角 $\triangle ABC$ 中, AA_1 和 CC_1 是高, 在高 AA_1 上取一个点 D, 使得 $A_1D = C_1D$. E 是边 AC 的中点 (参阅图 3). 证明: A, C_1, D, E 四点共圆.

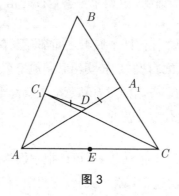

图 3

II.010 设函数 $F(x) = x^{2\,000} - x^{1\,000} + 1$. 试问: 是否存在这样的互不相同的正整数 $a_1, a_2, \cdots, a_{2\,001}$, 使得对于任意 $i \neq j$, 都有 $F(a_i)F(a_j)$ 能够被 $a_i a_j$ 整除.

II.011 在坐标平面上, 作了 101 条直线, 并标出了它们之间的所有交点. 试问: 在每一条直线上, 能否都有 50 个标出的点的横坐标是正的, 而另外 50 个点的横坐标是负的?

II.012 在黑板上写着正整数 $1, 2, \cdots, 2\,000$. 两个人做游戏, 每人每次允许擦掉任何两个数 a, b, 并在黑板上写上 a^b, 经过若干步以后, 黑板上只剩下一个数. 如果该数的末位数是 $2, 7, 8$, 则先开始的人赢, 否则后开始的人赢. 试问: 谁有取胜策略?

II.013 $\triangle ABC$ 的一个旁切圆与边 BC 相切于点 K, 与边 AB 的延长线相切于点 L, 它的另一个旁切圆分别与边 AB, BC 的延长线相切于点 M 和 N. 直线 KL 与 MN 相交点 X(参阅图 4). 证明: CX 是 $\angle ACN$ 的平分线.

II.014 考察由 $0, 1$ 组成的数列 $a_1, a_2, \cdots$. 将这样的最小的正整数 k 称为该数列的复杂度: 某些正整数 $\varepsilon_1, \varepsilon_2, \cdots, \varepsilon_k$ 以及数列中的每一个项 $a_n(n > k)$ 的奇偶性都与 $\varepsilon_1 a_{n-1} + \varepsilon_2 a_{n-2} + \cdots + \varepsilon_k a_{n-k}$ 相同. 现知数列 $a_1, a_2, \cdots$ 的复杂度为 $1\,000$. 试问: 数列 $1 - a_1, 1 - a_2, \cdots$ 的复杂度是多少?(试给出所有的可能值, 并证明再没其他的可能值.)

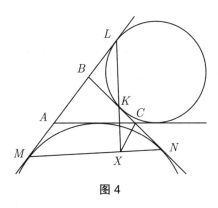

图 4

十年级

II.015 数列 $x_1, x_2, \cdots$ 与 $y_1, y_2, \cdots$ 按照如下法则给出:
$$x_1 = \frac{1}{8}, \quad y_1 = \frac{1}{10}, \quad x_{n+1} = x_n + x_n^2, \quad y_{n+1} = y_n + y_n^2.$$
证明: 对任何正整数 m, n, x_m 与 y_n 都不相等.

II.016 锐角 $\triangle ABC$ 中, AA_1, BB_1 是高, 线段 AB 和 A_1B_1 的中点分别为 K 和 M, 线段 AA_1 和 KM 相交于点 L(参阅图 5). 证明: 点 A, K, L, B_1 四点共圆.

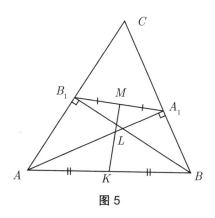

图 5

II.017 同 II.011 题.

II.018 正整数 n 等于 200 个不同的正整数的乘积. 证明: n 有不少于 19901 个不同的正约数 (包括 1 和它自己).

II.019 在 2000×2000 的方格表中, 按照如下法则涂黑方格: 在任何时刻可以涂黑一个方格, 如果它的任何一个邻格都没有被涂黑; 或者涂黑一个 1×2 的矩形, 如果在此刻以前它刚好有两个邻格被涂黑; 或者涂黑一个 2×2 的正方形, 如果它已经有 8 个邻格被涂黑. 按照此法则能否涂黑所有的方格 (有公共边的方格称为相邻的)?

II.020 $\triangle ABC$ 的一个旁切圆与边 AB 及边 CA 和 CB 的延长线分别相切于点 C_1, B_1, A_1,它的另外一个旁切圆与边 AC 及边 BA, BC 的延长线分别相切于点 B_2, C_2, A_2. 直线 A_1B_1 与 A_2B_2 相交于点 P, 直线 A_1C_1 与 A_2C_2 相交于点 Q(参阅图 6). 证明: A, P, Q 三点共线.

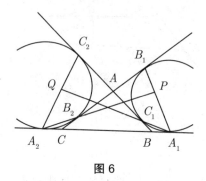

图 6

II.021 称正整数为几乎质数,如果它不能被区间 $[3, 19]$ 中的任何一个质数整除. 称一个正整数为非常非质数,如果它在 $[3, 19]$ 中至少有两个质约数. 试问: 最多可以选出多少个几乎质数,使得它们中任何两个的和都是一个非常非质数?

十一年级

II.022 边长为 9 的等边三角形被平行于边的平行线簇分成了 81 个全等的三角形. 证明: 从它上面不能剪出多于 18 个边长为 1 和 2 的平行四边形.

II.023 三维空间中的坐标系的原点为 O, 点 $A_1, A_2, \cdots, A_n$ 都具有非负坐标. 证明:
$$|\overrightarrow{OA_1}| + |\overrightarrow{OA_2}| + \cdots + |\overrightarrow{OA_n}| \leqslant 3|\overrightarrow{OA_1} + \overrightarrow{OA_2} + \cdots + \overrightarrow{OA_n}|.$$

II.024 每月森林管理员都种一行 2000 棵树,在每棵树上都挂了一个牌子,牌子上面都写着在该树及其左右邻树 (共三棵树) 中有几棵是橡树 (最边缘上的树的牌子上则写着在它自己和它的唯一的邻树中有几棵是橡树). 这样,他每个月都能得到一个由 2000 项构成的数列. 试问: 他一共能得到多少种不同的数列?

II.025 给定多项式 $F(x) = x^{2000} - x^{1000} + 1$. 证明: 不存在 8002 个互不相同的正整数 $a_1, a_2, \cdots, a_{8002}$,使得对任何三个互不相同的角标 i, j, k, 乘积 $F(a_i)F(a_j)F(a_k)$ 能被乘积 $a_i a_j a_k$ 整除.

II.026 在锐角 $\triangle ABC$ 中, AA_1, BB_1, CC_1 是它的三条高,在边 BC 上取一点 K, 使得 $\angle BB_1K = \angle A$,在边 AB 上取一点 M, 使得 $\angle BB_1M = \angle C$. 高 BB_1 与线段 A_1C_1 相交于点 L (参阅图 7). 证明: 四边形 B_1KLM 可外切于圆.

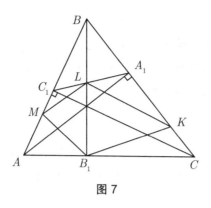

图 7

II.027 在 $n \times n$ 的国际象棋盘上最多可以放多少枚棋子车, 使得其中的每一枚车都可以搏杀偶数枚别的棋子车? 注: 一枚车可以搏杀另一枚车, 如果它们放在同一行或者同一列中, 并且在它们之间没有别的棋子.

II.028 设 $\alpha, \beta, \gamma, \delta$ 都是正无理数, 对任何的正整数 n, 都成立等式

$$[n\alpha][n\beta] = [n\gamma][n\delta].$$

试问: 是否可以由此断言集合 $\{\alpha, \beta\} = \{\gamma, \delta\}$?

2001 年

八年级

II.029 是否存在这样的 20 位十进制正整数, 把它的各位数字按相反的顺序写出所得的数是原来的 3 倍?

II.030 在等腰 $\triangle ABC$ 中, D 是底边 AC 的中点. 由点 D 作边 BC 的垂线, 垂足为 E. 线段 AE 与 BD 相交于点 F(参阅图 8). 试比较线段 BF 与 BE 的长短.

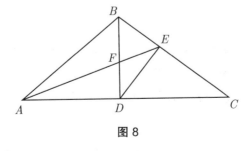

图 8

II.031 设 u 与 v 为正整数, 对任何正整数 k, 数 $ku+2$ 与数 $kv+3$ 都有大于 1 的公约数. 试问: 比值 $\dfrac{u}{v}$ 可能等于多少?

II.032 两人在一架天平上做游戏. 在瓦夏一端的称盘里放着质量为 $1, 3, \cdots, 2\,001\,\text{g}$ 的砝码, 在别佳一端的称盘里放着质量为 $2, 4, \cdots, 2\,000\,\text{g}$ 的砝码. 瓦夏先开始, 他一个一个地从自己的称盘里取出砝码, 直到比别佳轻为止. 然后别佳一个一个地从自己的称盘里取出砝码, 直到比瓦夏轻为止. 如此一直下去. 谁先把自己称盘中的砝码取光, 就算谁赢. 谁将在正确的策略之下取胜?

II.033 在 $\triangle ABC$ 中, 有 $BC = 2AC$. 在边 BC 上取一点 D, 使得 $\angle CAD = \angle CBA$. 直线 AD 与 $\angle C$ 的外角平分线相交于点 E(参阅图 9). 证明: $AE = AB$.

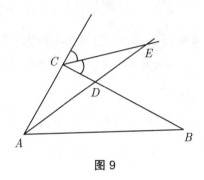

图 9

II.034 某国有 2 001 个城市, 任何两个城市之间都有直达公路或直通铁路线相连接. 如果只利用一种交通工具, 不可能走遍 16 个城市各一次并回到出发点. 证明: 只利用一种交通工具, 不可能走遍 17 个城市各一次并回到出发点.

II.035 将一摞分别写有数 1 至 78 的卡片交给了一个观众. 该观众把卡片 "洗" 过后, 抽出 40 张来交给第一个魔术师, 其余的卡片留给自己. 第一个魔术师从中取出 2 张卡片还给观众. 观众从自己留下的 38 张卡片中取出一张补进去, 并把这 3 张卡片一起交给第二个魔术师. 第二个魔术师则指出哪一张卡片是观众补进去的. 试说明这个魔术是如何完成的.

九年级

II.036 开始时, 10×10 方格表的每一个方格都是白色的. 费佳和尤拉轮流将方格染黑, 每人每次将一个白色方格染为黑色, 费佳先开始. 如果在某人某次染过之后, 方格表中不再剩下任何两个依边相邻的白色方格, 那么就判该人输了. 试问: 在正确的策略之下, 谁将会取胜?

II.037 我们把一个二次三项式称为 "好的", 如果它有两个不同的实根, 并且它的各项系数互不相同. 试问: 是否存在 10 个这样的正数, 使得可以找到 500 个 "好的" 二次三项式, 它们的各项系数全都属于这 10 个正数的集合?

II.038 在凸五边形 $ABCDE$ 中, 有 $AB = BC, CD = DE$ 和 $\angle A = \angle C = \angle E < 90°$ (参阅图 10). 证明: 该凸五边形可外切于圆.

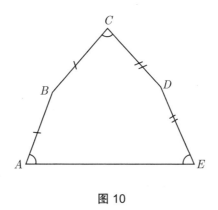

图 10

II.039 设 a, b, c 为正整数, 有 $(a^2 - 1, b^2 - 1, c^2 - 1) = 1$, 证明:
$$(ab + c, bc + a, ca + b) = (a, b, c),$$
其中 (x, y, z) 表示整数 x, y, z 的最大公约数.

II.040 在 $\triangle ABC$ 中, 点 A_1, B_1, C_1 分别为边 BC, CA, AB 上的中点. 今知点 E 和 F 分别在中位线 C_1B_1 和 A_1B_1 上, 使得 $\angle AEB_1$ 的平分线在直线 BE 上, 而 $\angle CFB_1$ 的平分线在直线 BF 上 (参阅图 11). 证明: $\angle ABC$ 与 $\angle FBE$ 的平分线重合.

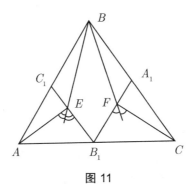

图 11

II.041 试求方程的正整数解:
$$k^m + m^n = k^n + 1.$$

II.042 有 300 个学生参加国际数学奥林匹克, 奥林匹克上共有 6 种正式工作语言, 现知每个参赛学生都刚好会讲其中的两种语言, 而其中的每一种语言都刚好有 100 个参赛学生掌握, 并且所有参赛学生在竞赛期间都只讲正式工作语言. 证明: 组委会可以把所有参赛学生安排坐成一个圆圈, 使得任何两个邻座都不会讲同一种工作语言.

十年级

II.043 整系数二次三项式 f 和 g 的值恒为正数, 并且对一切实数 x, 都有 $\dfrac{f(x)}{g(x)} \geqslant \sqrt{2}$. 证明: 对一切实数 x, 都有 $\dfrac{f(x)}{g(x)} > \sqrt{2}$.

II.044 Intel Pen-V 型计算机只会对正整数执行一种操作: 将所给的整数加 1, 再把答数中的所有数字 0 全都移到最后, 至于其余数字则任意摆放 (例如, 对于整数 1004, 首先加 1, 得到 1005, 将两个 0 移至最后, 并任意摆放其余两个数字, 于是可能得到 1500, 也可能得到 5100). 现知向计算机输入了整数 12345, 并在对其进行 400 次操作之后, 在计算机的屏幕上出现的数是 100 000. 试问: 在这一段时间内, 在计算机屏幕上有多少次出现了以 0 结尾的整数?

II.045 在 $\triangle ABC$ 中, 点 O 是其内心, 点 D 是边 AB 的中点. 现知 $\angle AOD$ 是直角 (参阅图 12). 证明: $AB + BC = 3AC$.

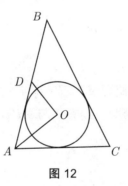

图 12

II.046 从 20×20 的方格纸上剪下尺寸为 $1 \times 20, 1 \times 19, \cdots, 1 \times 1$ 的矩形各一个. 证明: 在剩下的部分里还可以再剪出 36 个尺寸为 1×2 的矩形.

II.047 在 $\triangle ABC$ 中, K 是角平分线 AL 上一点, 并且 $\angle BKL = \angle KBL = 30°$. 现知直线 AB 与 CK 相交于点 M, 直线 AC 与 BK 相交于点 N(参阅图 13). 试求 $\angle AMN$.

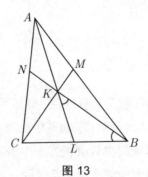

图 13

II.048 设正整数 $n > m$, 证明:
$$[m,n] + [m+1, n+1] > 2m\sqrt{n},$$
其中,$[x,y]$ 表示 x 与 y 的最小公倍数.

II.049 在 A 国的议会中, 对于任何两个议员, 都一定可以找到另外一个议员, 他刚好认识这两个议员中的一个. 每个议员都属于两个党派之一. 每一天总统都命令一批议员转入另一个党, 而与此同时, 那些至少认识这批议员中一人的所有议员也都跟着改变自己的党属关系. 证明: 总统可以达到这样一个目的, 即使得所有议员全都转到他自己所支持的那个党内 (总统自己不是议员).

十一年级

II.050 在区间 $\left[0, \dfrac{\pi}{2}\right]$ 内, 是否存在 3 个互不相同的数 x, y, z, 使得
$$\sin x, \ \sin y, \ \sin z, \ \cos x, \ \cos y, \ \cos z$$
这 6 个数可以分成 3 对, 使得这 3 对数的和彼此相等?

II.051 某国共有 $2\,000$ 个城市, 但是缺乏连接它们的道路. 证明: 可以在它们之间修筑道路, 使得有两个城市各有 1 条道路通向外界, 有两个城市各有 2 条道路通向外界, 有两个城市各有 3 条道路通向外界 $\cdots\cdots$ 有两个城市各有 $1\,000$ 条道路通向外界.

II.052 在锐角 $\triangle ABC$ 中, 点 A_1, B_1, C_1 分别为边 BC, CA, AB 上的中点. 今知点 E 和 F 分别在中位线 C_1B_1 和 A_1B_1 上, 使得 $\angle AEB_1$ 的平分线在直线 BE 上, 而 $\angle CFB_1$ 的平分线在直线 BF 上 (参阅图 14). 证明:$\angle BAE = \angle BCF$.

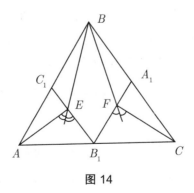

图 14

II.053 设正整数 $n > m$, 证明:
$$[m,n] + [m+1, n+1] > \dfrac{2mn}{\sqrt{n-m}},$$

其中, $[x,y]$ 表示 x 与 y 的最小公倍数.

II.054 在 $\triangle ABC$ 中, 点 I 为其内心, 点 H 是其垂心, M 是其外接圆上的劣弧 AC 的中点 (参阅图 15). 今知 $MI = MH$, 试求 $\angle ABC$.

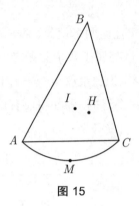

图 15

II.055 试求出所有的函数 $f: \mathbf{Z} \to \mathbf{Z}$, 使得对任何整数 x 和 y, 都有下式成立:
$$f(x + y + f(y)) = f(x) + 2y.$$

II.056 从 20×20 的方格纸上剪下尺寸为 $1 \times 20, 1 \times 19, \cdots, 1 \times 1$ 的矩形各一个. 证明: 在剩下的部分里一定可以剪出的尺寸为 1×2 的矩形的最大数目为 85.

2002 年

八年级

II.057 20 位绅士在俱乐部相遇, 他们中有些人戴着礼帽, 有些人没戴. 每一次有一位绅士取下自己头上的礼帽, 把它戴到此时未戴礼帽的绅士头上. 最后, 有 10 位绅士表示, 他们中的每一位取下礼帽的次数都多于得到礼帽的次数. 试问: 他们中有多少人戴着礼帽?

II.058 5 个互不相同的正整数写在一行中. 其中任何两个相邻的数的乘积都是完全平方数. 第一个数是 42. 证明: 其中至少有一个数大于 1 000.

II.059 在 $\triangle ABC$ 中, 边 BC, AC, AB 的中点分别为 A_1, B_1, C_1, 在线段 C_1B_1 的延长线上截取线段 B_1K, 其长度等于 $\frac{1}{4}BC$ (参阅图 16). 现知 $AA_1 = BC$, 证明: $AB = BK$.

II.060 平面上画有 30 条线段, 其中任何两条线段都没有公共点, 且任何两条线段都不在同一直线上. 试问能否出现这样的情况: 每一条包含着其中一条线段的直线都恰好与 15 条别的线段相交 (于内点)?

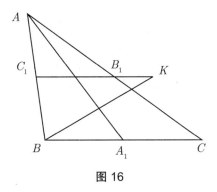

图 16

II.061 如图 17 所示,点 M 在 $\triangle ABC$ 中 $\angle B$ 的平分线上,使得 $AM = AC$, $\angle BCM = 30°$. 证明: $\angle AMB = 150°$.

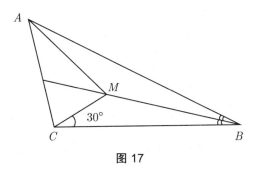

图 17

II.062 给定正整数 n,在区间 $(n^2, n^2 + n)$ 中任取两个不同的正整数 a 和 b. 证明: 在该区间中,不存在乘积 ab 的除 a 与 b 之外的其他约数.

II.063 在 9×9 方格表中染黑一些方格,使得可从任意一个黑格到达任何一个别的方格,并且全程都是由一个黑格穿越公共边进入另一个黑格. 证明: 黑色区域的边界长度不超过 120(小方格的边长为 1).

九年级

II.064 称一个正整数为对称的,如果倒过来读它的十进制表达式,读出来的仍然是它. 例如: 121, 2 002 等. 证明: 如果正整数 a 和 $3a$ 都是对称的,则 $2a$ 也是对称的.

II.065 某公司的员工间寄送贺年卡. 其中每个具有偶数个熟识同事的员工都给每个熟人寄了一张贺卡,而其余的员工则都给自己不认识的每个同事各寄了一张贺卡. 某甲已经收到 99 张贺卡,证明: 他至少还会再收到一张贺卡.

II.066 如图 18 所示,在正多边形 $A_1 A_2 \cdots A_n$ 的每一边 $A_k A_{k+1}$ 的 A_{k+1} 一侧的延长线上取一点 B_{k+1}. 现知各个 $\triangle A_k B_k B_{k+1}$ 的周长彼此相等. 证明: 这些三角形彼此全等.

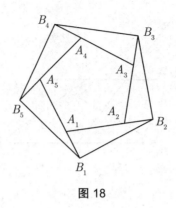

图 18

II.067 嘎里有一只米老鼠和许多只青蛙. 嘎里可以让青蛙变为米老鼠, 也可以让米老鼠变为青蛙, 其法则如下: 如果青蛙和米老鼠的数目不等, 那么其中数目较少的一种的数目就变为原来的 2 倍. 在嘎里作了 17 次这样的变换之后, 米老鼠的数目首次变为青蛙数目的 2 倍. 试问: 一开始, 嘎里共有多少只动物?

II.068 科斯佳用一些长度为整数的短棍把一个 10×10 的正方形分隔为一系列 1×1 的方格, 短棍均不相交于内点. 试问: 他最少可以使用多少根长度为 1 的短棍?

II.069 设 a, b, c 为正数. 费佳求出了如下三个方程的正根之和:

$$x^2 = ax + b, \quad x^2 = bx + c, \quad x^2 = cx + a.$$

而尤拉则求出了如下三个方程的正根之和:

$$x^2 = ax + a, \quad x^2 = bx + b, \quad x^2 = cx + c.$$

现知这两个和数不相等. 试问: 哪一个和数较大?

II.070 在 $\triangle ABC$ 的边 AC 上取一点 K, 使得 $AK = 2KC$, $\angle ABK = 2\angle KBC$. 将边 AC 的中点记作 F, 将顶点 A 在 BK 上的投影记作 L(参阅图 19). 证明: 直线 $FL \perp BC$.

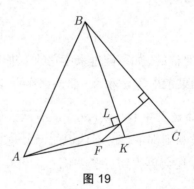

图 19

十年级

II.071 给定三个二次三项式,它们的首项系数各不相同. 现知它们中任何二者的图像都恰好有一个公共点. 证明: 这三个函数的图像恰好有一个公共点.

II.072 在凸四边形 $ABCD$ 中,有
$$\angle ABC = 90°, \quad AC = CD, \quad \angle BCA = \angle ACD.$$
边 AD 的中点为 F,线段 BF 与 AC 相交于点 L(参阅图 20). 证明: $BC = CL$.

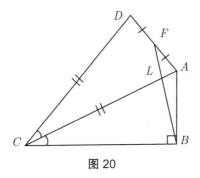

图 20

II.073 设正数 a, b, c 和 x, y, z 满足条件 $a + x = b + y = c + z = 1$,证明:
$$(abc + xyz)\left(\frac{1}{ay} + \frac{1}{bz} + \frac{1}{cx}\right) \geqslant 3.$$

II.074 $100 \times 2\,002$ 的方格表 (水平方向的长度为 $2\,002$) 被分成了一系列多米诺 (1×2 的矩形) 和 "错位双多米诺" (由两个多米诺错位拼成) 图形. 现知所分出的多米诺不多于 600 个. 证明: 至少有 800 个 "错位双多米诺" 图形是由两个横向的多米诺错位拼成的.

II.075 对正整数允许进行如下操作: ① 将它变为其任意正整数次方; ② 如果 $n = 100a + b$,其中 a 为非负整数,而 b 为不超过 99 的非负整数,则可将 n 变为 $n_1 = a + 3b$. 试问: 能否通过这样的操作将 81 变为 82?

II.076 如图 21 所示,四边形 $ABCD$ 内接于圆,在对角线 AC 和 BD 上分别取点 M 和 N,使得
$$\frac{BN}{DN} = \frac{AM}{CM}, \quad \angle BAD = \angle BMC.$$
证明: $\angle ANB = \angle ADC$.

II.077 某国有不少于 10 万个城市,由每个城市都刚好连出 2 001 条道路. 试问: 是否一定可以关闭一部分道路 (至少关闭一条,但不能关闭所有道路),使得自各个城市所连出的道路数目仍然相等 (每条道路连接两个城市,每两个城市之间至多连有一条道路)?

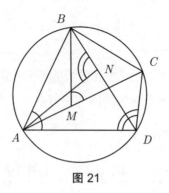

图 21

十一年级

II.078 同 II.071 题.

II.079 设 I 是 $\triangle ABC$ 的内心,今知有一个经过 I 的圆周分别与边 AB 和 AC 相切于点 X 和 Y(参阅图 22). 证明: 线段 XY 与 $\triangle ABC$ 的内切圆相切.

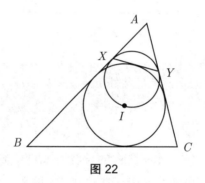

图 22

II.080 同 II.073 题.

II.081 在方格平面上分布着 100 个角状形 (见图 23) 和一些 1×3 矩形. 已知利用所有这些图形,无须旋转它们,即可拼成一个矩形. 并且,女孩奥莉亚从中取出 96 个角状形,无须旋转它们,拼得了 48 个 2×3 矩形. 证明: 利用剩下的 4 个角状形,无须旋转它们,可以拼成 2 个 2×3 矩形.

图 23

II.082 同 II.070 题.

II.083 数列 $\{a_n\}$ 满足如下关系式:

$$a_{n+1} = \begin{cases} \dfrac{a_n - 1}{2}, & \text{如果 } a_n \geq 1, \\ \dfrac{2a_n}{1 - a_n}, & \text{如果 } a_n < 1. \end{cases}$$

今知 a_0 为正整数, 并且 $a_n \neq 2$, $n = 1, 2, \cdots, 2001$, 而 $a_{2002} = 2$. 试求 a_0.

II.084 动物园里有两个大天平用来称动物的体重. 在第一个天平的一端站着一头大象, 在第二个天平的一端站着一匹骆驼. 现知大象和骆驼的体重都是整数千克, 并且它们的体重之和不超过 2t. 动物园运来了一批砝码, 每个都是整数千克重, 并且它们的总质量为 2t. 现已弄清楚, 对于该园中的任何动物, 都可以找出一些砝码, 把它们恰当地分配到 4 个称盘上, 使得两架天平都平衡. 试问: 动物园为此最少需要用到多少个砝码? 它们各重多少千克?

2003 年

八年级

II.085 某村居住着 $n > 100$ 个居民. 如果一个村民至少认识 100 个本村人, 就称他为善于交际的. 证明: 在该村中, 或者能够找到两个相互认识的善于交际的村民, 或者能够找到两个互不认识的不善于交际的村民.

II.086 能否将 1 到 50 这 50 个正整数按某种顺序写成一行, 使得对每个 $k \in \{1, 2, \cdots, 49\}$, 前 k 个数的和都可被第 $k+1$ 个数与 1 的和整除?

II.087 在 $\triangle ABC$ 中, $\angle A = 60°$. 在射线 BA 和 CA 上分别截取线段 BX 和 CY, 使它们都等于边 BC (参阅图 24). 证明: 直线 XY 经过 $\triangle ABC$ 的内心.

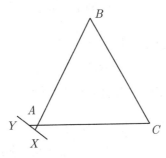

图 24

II.088 40×40 的方格表被划分为一系列 1×4 矩形. 在每个矩形中都写着一个数, 其中在竖的 1×4 矩形中写着该矩形所在列的号码, 在横的 1×4 矩形中写着该矩形所在行的号码 (行与列都被编号为 1 至 40). 证明: 所写的所有数的和可被 4 整除.

II.089 给定平面上的一个 100×100 的点阵 (100 行 100 列, 且间距相同). 允许作任何不经过左下角的点的直线. 试问: 为了盖住点阵中除左下角的点之外的所有点, 最少需要多少条这样的直线?

II.090 在 $\triangle ABC$ 中, $AC < BC$, CL 为 $\angle C$ 的平分线. 在经过点 B 的平行于 CL 的直线上取一点 M, 使得 $LM = LB$. 在线段 CM 上取一点 K, 使得线段 AK 被直线 CL 平分 (参阅图 25). 证明: $\angle CAK = \angle ABC$.

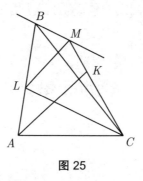

图 25

II.091 证明: 存在无穷多对正整数 a 与 b, 使得 $a^8 + b^4 + 1$ 可被 ab 整除.

九年级

II.092 证明: 对任何正数 x, 都成立不等式 $2x^9 + 9x^8 \leqslant 9x^{10} + 2$.

II.093 证明: 存在这样一个由 100 个两两不同的自然数构成的集合, 使得无论怎样把它分成两个非空的子集, 都有一个子集中的数的和可以被另外一个子集中的数的和整除.

II.094 给定凸六边形 $ABCDEF$, 其中 $\angle CAB = \angle FBA$, $\angle ECD = \angle BDC$, $\angle AEF = \angle DFE$, $\angle EAC = \angle FBD$, $\angle ACE = \angle BDF$, $\angle CEA = \angle DFB$ (参阅图 26). 证明: 由线段 AC, BD, CE, DF, EA, FB 交成的六边形有内切圆.

II.095 桌子上放有 30 堆火柴, 其中分别有 $100, 101, 102, \cdots, 129$ 根火柴. 甲、乙二人做游戏, 每一步或者可以从任何一堆中取出一根火柴, 或者把火柴根数的奇偶性相同的某两堆并成一堆. 谁不能继续进行下去, 谁就输了. 如果甲先开始, 那么在正确的策略下谁将获胜?

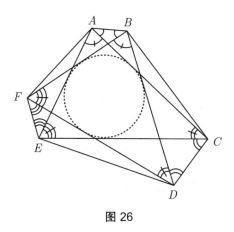

图 26

II.096 BM 是锐角 $\triangle ABC$ 的一条中线, $\triangle ABM$ 的外接圆上过点 A 的切线与 $\triangle BCM$ 的外接圆上过点 C 的切线相交于点 D(参阅图 27). 证明: 点 D 的关于直线 AC 的对称点 K 在直线 BM 上.

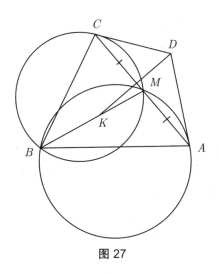

图 27

II.097 甲、乙二人在 8×8 的国际棋盘上, 用一切办法摆放自然数 1 到 64. 对于每一种摆法, 甲算出每一行数的乘积, 再把这 8 个乘积相加; 而乙计算 15 条左下右上走向的对角线中每一条上的数的乘积, 然后把这 15 个积数相加 (其中第 1 条和第 15 条对角线上分别只有一个数). 证明: 至少有一半的放法, 使得甲所得的和数比乙所得的和数大.

II.098 试找出所有的这样的二次三项式 $f(x) = x^2 + px + q$, 使得 p 和 q 都是非负整数, 并且如果对某两个正整数 a, b, 数 $f(a)$ 与 $f(b)$ 互质, 那么 a 与 b 自己也互质.

十年级

II.099 某人先算出了两个 50 位数的乘积, 然后他又把这两个数写在两行, 一个数在另外一个数的下方. 再把两个数中每一对相同位置上的数相乘, 并把这些乘积按照原来的顺序写成一行 (例如, $13 \times 15 = 195$, 但按他的法则, 则为 $3 \times 5 = 15$, $1 \times 1 = 1$. 然后按顺序写为 115). 证明: 他这样得到的数不等于原来的两个 50 位数的乘积.

II.100 给定一个圆内接四边形 $ABCD$, 其中有 $\angle ABC + \angle ABD = 90°$. 在对角线 BD 上取一点 E, 使得 $BE = AD$, 再过点 E 作边 AB 的垂线 EF(参阅图 28). 证明: $CD + EF < AC$.

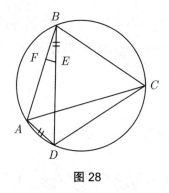

图 28

II.101 在一张纸上画好一个边长为 2003 的正三角形, 作分别平行于它的各边的直线, 把它分成 2003^2 个边长为 1 的正三角形. 甲、乙二人做游戏, 每个人每一次作一条不自交的闭折线, 这些折线的边必须沿着这些边长为 1 的小三角形或者沿着原来凸多边形的边界, 并且不同的折线不能有公共点. 如果谁不能再画下去, 谁就输了. 甲先开始, 在正确的策略下谁将获胜?

II.102 给定 $n \geqslant 4$ 个自然数, 现知其中任何 $n-2$ 个数的平方和都被另外两个数的乘积整除. 证明: 这些数中至少有两个是相同的.

II.103 某国一共有 1 000 个城市, 某些城市对之间有道路相连. 现知每一条道路的一端都是一个这样的城市, 由该城市连出的道路不多于 10 条. 试问: 该国最多可能有多少条道路?

II.104 给定圆周 ω 以及圆外一点 P, 由 P 引直线 l 与圆周 ω 相交于点 A 和 B. 在线段 AB 上取一点 C, 使得 $PA \cdot PB = PC^2$. 将弦 AB 把 ω 分成的两段弧的中点分别记为 M 和 N(参阅图 29). 证明: $\angle MCN$ 的值不依赖于直线 l 的位置.

II.105 给定质数 p 和自然数 $n \geqslant p$, 设 $a_1, a_2, \cdots, a_n$ 是 n 个任意的正整数, 而 f_k 是

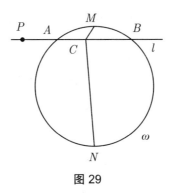

图 29

该数组的这样的 k 元子集的个数, 其中的数的和可以被 p 整除. 证明: $p \mid \sum\limits_{k=0}^{n}(-1)^k f_k$ (假设 $f_0 = 1$).

十一年级

II.106 证明: 对任何正数 x, 都有如下不等式成立:

$$4x^{17} + 17x^{15} \leqslant 17x^{19} + 4.$$

II.107 某俱乐部由 100 名绅士组成. 其中某甲数了其余 99 个人在这 99 个人中各有几个朋友, 然后把所得到的 99 个数按某种顺序写在一张卡片上. 其余每个绅士也都这么做了. 这 100 张卡片一直保存至今. 证明: 可以由这 100 张卡片计算出每一个绅士所具有的朋友数目.

II.108 点 L 位于 $\triangle ABC$ 的形内, 并且在 $\angle A$ 的平分线上, 使得 $\angle LBC = \angle LCA = \angle LAB$ (参阅图 30). 证明: 该三角形的边长形成等比数列.

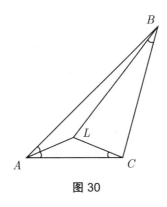

图 30

II.109 将 $1000!$ 记为 N. 能否把从 1 到 N 的所有自然数摆在一个圆周上, 使得我们沿着顺时针方向移动时，每一个数都能够按照如下的法则由前一个数得到：或者把它加上 17，或者加上 28，如果必要的话，它可以减去 N?

II.110 给定整系数多项式 $f(x)$，已知：如果对于自然数 a 和 b，有 $f(a)$ 与 $f(b)$ 互质，则 a 与 b 亦互质. 证明：或者有 $f(0) = 0$，或者存在自然数 $d > 1$，使得对一切自然数 n，都有 $d \mid f(n)$.

II.111 设四边形 $ABCD$ 为梯形，其中 $BC /\!/ AD$. 设 $\triangle ABD$ 的垂心是 H，AD 的中点是 M. 现知 $HC \perp BM$，而点 X 在线段 AB 上，使得 $HX = HB$. CX 与 BD 相交于 Y (参阅图 31). 证明：A, X, Y, D 四点共圆.

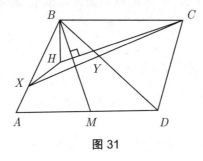

图 31

II.112 在三维空间中，是否存在由直线构成的有限集，其中所有的直线都经过同一个点，并且每一条直线至少与其余直线中的 100 条相垂直？

2004 年

八年级

II.113 货架上摆着一些蜂蜜罐，分别装有 $1000, 1001, \cdots, 2004$ g 蜂蜜，在罐子上都写有其里面所装的蜂蜜质量. 飞来一些野蜂并且都淹死在各个蜂蜜罐里 (一个罐里可能淹死多只野蜂). 今知每只野蜂的质量为 1 g. 管理员有一架无砝码的天平，它可以显示哪一端较重. 如何通过若干次称量，从中至少找出一个淹死有野蜂的蜂蜜罐？

II.114 如图 32 所示，$\triangle ABC$ 为锐角三角形，CH 是它的一条高. 现知 $AH = BC$. 证明如下三条直线经过同一个点：$\angle B$ 的平分线、由顶点 A 引出的高以及经过点 H 的平行于直线 BC 的直线.

II.115 给定一个正整数 n. 每次操作允许在已有的正整数中擦去两个相邻的相差 1 的数字 (例如，可由 $245\,984$ 删去 4 和 5 得到 2984，也可删去 9 和 8 得到 2454). 季玛做了若

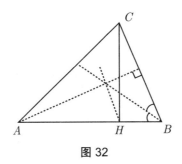

图 32

干次这种操作, 由 n 得到数 611; 而萨沙也做了若干次操作, 却由 n 得到数 556. 证明: 在 n 的各位数字中至少有两个 6.

II.116 设 x 与 y 为正数, 使得 $x+\sqrt{y}$, $\sqrt{x}+y$, $\sqrt{x}+\sqrt{y}$ 都是整数. 证明: x 与 y 都是整数.

II.117 正整数 1 至 100 被分别摆放在正 100 边形的各个顶点上. 允许交换两个相邻摆放的数的位置, 只要它们的奇偶性不同. 经过若干次交换, 每个数的左侧邻数都跟开始时一样, 每个数的右侧邻数也都跟开始时一样. 证明: 或者每个数都回到了开始时的位置, 或者每个数位都移了 50 个位置.

II.118 如图 33 所示, 点 D 在锐角 $\triangle ABC$ 的边 CA 的延长线上, 点 E 在边 BC 的延长线上, 有 $AD = CE$. 今知 $2\angle BAC = \angle ACB$, 证明:
$$\angle CDE < \frac{1}{2}(\angle ABD + \angle BAC).$$

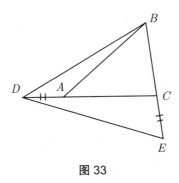

图 33

II.119 给定正整数 n. 黑板上写着由 $9\underbrace{00\cdots00}_{n \text{个} 0}$ 到 $12\underbrace{00\cdots00}_{n \text{个} 0}$ 的所有正整数. 选出其中每个数的一个小于自身的正约数. 证明: 这些正约数中至少有两个相同.

九年级

II.120 老师在黑板上写了 4 个互不相同的正整数, 他要求学生把前两个数相乘, 后两个数相乘. 女生玛莎理解错了老师的意思, 把前两个数相加, 后两个数也相加了. 卡嘉则完全按照老师的要求做了. 有趣的是, 他们二人所得的结果完全相同. 试问: 老师写在黑板上的是什么数?

II.121 如图 34 所示, $\triangle ABC$ 是锐角三角形, 点 B_1 与 C_1 分别是由顶点 B 和 C 所作的高的垂足, 点 D 是由点 B_1 所作 AB 的垂线的垂足, 点 E 是由点 D 所作边 BC 的垂线与线段 BB_1 的交点. 证明: $EC_1 // AC$.

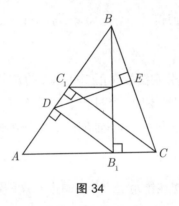

图 34

II.122 给定一个十进制 25 位数, 它的各位数字都不等于 9. 证明: 可将它的某两位相同数字同时加 1, 得到一个不可被 7 整除的正整数.

II.123 在 100×100 方格表中涂黑某 k 个方格, 使得无论怎样沿着方格线将该方格表分为两个矩形表格, 都有一个矩形中至少包含 100 个黑格. 试问: 对怎样的最小的 k, 有此可能?

II.124 今有 3 个质数, 其中任何两个质数的乘积都是完全平方数加 6. 证明: 这 3 个质数的和是完全平方数加 9.

II.125 如图 35 所示, 四边形 $ABCD$ 是凸四边形, 在其边 AB 与 BC 上分别取点 K 和 L, 使得 $\angle ADK = \angle CDL$. 今知线段 AL 与 CK 相交于点 P. 证明: $\angle ADP = \angle BDC$.

II.126 "民众财富"俱乐部由 15 个富豪组成, 他们中有些人是经营合伙人. 在审计完 2003 年度财务报表之后, 审计员宣布, 年初时, 俱乐部的每个成员的财富都不少于自己的所有合伙人的财富总和的四分之一, 而到了 12 月份, 每个成员的财富都变得少于自己的所有合伙人的财富总和的四分之一. 证明: 在这一年中, 有某个富豪进行了合伙人重组.

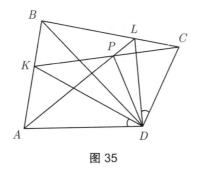

图 35

十年级

II.127 给定若干个二次三项式,其中每个二次三项式都有两个实根,而任何两个多项式的差都没有实根. 证明: 这些二次三项式的和至少有一个实根.

II.128 同 II.122 题.

II.129 如图 36 所示,在 $\triangle ABC$ 的边 AB 与 AC 上分别取点 K 和 L,使得 $KB = LC$. 点 X 是点 K 关于边 AC 的中点的对称点,点 Y 是点 L 关于边 AB 的中点的对称点. 证明: 包含 $\angle A$ 的平分线的直线平分线段 XY.

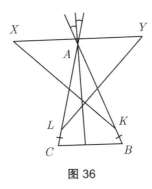

图 36

II.130 同 II.123 题.

II.131 给定 $\triangle ABC$. 有某个圆与其边 AC 相切于点 B_1,且分别与边 AB 和 BC 的延长线相切于点 C_1 和 A_1(参阅图 37). 以点 A 为圆心、AB_1 为半径的圆与直线 A_1B_1 再次相交于点 L. 证明: 点 C_1, A, B_1 与线段 LA_1 的中点同在一个圆周上.

II.132 有两个用硬纸板剪成的一样大的正 111 边形. 每个正 111 边形的各顶点都以任意方式编号为 1 至 111. 证明: 可将其中一个正 111 边形放在另一个正 111 边形上方,使得任何两个同号的顶点都互不重合.

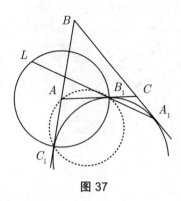

图 37

II.133 正整数数列 $a_1, a_2, \cdots$ 的定义方式是：$a_1 = 1$，而对于每个 $n \geqslant 2$，都将 a_n 定义为未在 $a_1, \cdots, a_{n-1}$ 中出现的使得 $a_1 + a_2 + \cdots + a_n$ 可被 n 整除的最小的正整数. 证明：对一切 n，都有 $a_{a_n} = n$.

十一年级

II.134 给定了若干个二次三项式，其中每个二次三项式都有两个实根，这些二次三项式的和等于 0. 证明：在这些二次三项式中有某两个的差具有实根.

II.135 同 II.123 题.

II.136 同 II.129 题.

II.137 同 II.124 题.

II.138 如图 38 所示，在 $\triangle ABC$ 的边 AC 与 BC 上分别选取点 P 与 Q，使得 $AB = AP = BQ = 1$. 今知线段 AQ 与 BP 的交点在 $\triangle ABC$ 的内切圆上. 试求 $\triangle ABC$ 的周长.

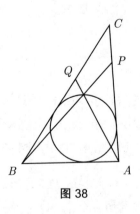

图 38

II.139 同 II.133 题.

II.140 有 100 个排球队, 其中每两个球队都比赛了一场, 都不是平局. 证明: 可将这 100 个球队编号为 $A_1, A_2, \cdots, A_{100}$, 使得 A_1 赢了 A_2, A_2 赢了 $A_3 \cdots A_{99}$ 赢了 A_{100}, 且 A_1 赢了 A_{100}.

2005 年

八年级

II.141 最多可以找出多少个互不相同的正整数, 使得它们中的任何 3 个数之和都是质数?

II.142 如图 39 所示, 点 D, E, F 分别在 $\triangle ABC$ 的边 AB, AC 和 BC 上, 使得 $BF = 2CF, CE = 2AE, \angle DEF = 90°$. 证明: $\angle ADE = \angle EDF$.

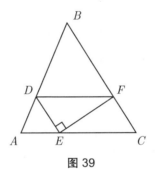

图 39

II.143 125 人出席一次音乐会, 其中每个人都刚好认识其余人中的 10 个人. 有一些人中途退场. 有趣的是, 在剩下的人中, 每个人仍然都有相同数量的熟人. 证明: 在中途退场的人中有相互认识的人.

II.144 现有 30 张卡片, 每张卡片上都写有一个实数 (不一定互不相同). 卡片被分成了 15 对, 每一对卡片上所写的数的和都等于 1. 后来将它们重新进行配对, 结果发现有 14 对卡片上所写的数的乘积都等于 1. 证明: 剩下的一对卡片上所写的数的乘积也等于 1.

II.145 给定正整数 a, b, c, 今知它们谁都不是谁的约数, 并且

$$(a, b) + [a, b] = (a, c) + [a, c] + 1,$$

其中 $(x, y), [x, y]$ 分别表示正整数 x 与 y 的最大公约数和最小公倍数. 证明: $c < b \leqslant \dfrac{3}{2} c$.

II.146 方格纸上画有一个三角形, 它的各个顶点都在节点上, 它的各条边都不在方格线上. 现将每个方格都分为 4 个相同的小正方形, 并且将左上方的小正方形都染为红色, 将右下方的小正方形都染为蓝色. 证明: 在三角形内红色区域与蓝色区域占据相同的面积.

II.147 伪币制造犯造了 90 枚假的硬币,每枚重 9 g;他不小心把 10 枚真的硬币混入了其中,每枚真的硬币重 10 g. 从外观上区分不出真假硬币. 该造假犯有一个秤,它可以秤任意多枚硬币的质量,但是它有时显示真正的质量,有时显示的质量却又比真正的质量重 1 g. 试问:该造假犯能否利用这个秤,哪怕是找出一枚假的硬币?

九年级

II.148 设 a, b, c 为正整数,证明:
$$(a,b) + (a,b+c) \leqslant a+c,$$
其中 (a,b) 表示 a 与 b 的最大公约数.

II.149 证明:不存在 4 个互不相同的首项系数为 1 的二次三项式,使得其中任意二者的和都刚好有一个根.

II.150 如图 40 所示,在 $\triangle ABC$ 中引角平分线 CK,再在 $\triangle BCK$ 中引角平分线 KL. 直线 AC 与 KL 相交于点 M. 今知 $\angle BAC > \angle BCA$,证明:$AK + KC > AM$.

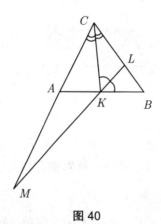

图 40

II.151 将正整数 1 至 64 分别填入 8×8 的方格表,使得在每一行中所填各数自左至右递降,在每一列中所填各数自上至下递降. 证明:填在左下至右上方向的对角线上的 8 个数的和不小于 204.

II.152 有多少个正整数 n,使得在用 1 000 000 除以 n 时所得的不完全商大于余数?

II.153 给定相离二圆 S_1 与 S_2,以及它们的外公切线 l_1 与 l_2(图 41). 在 l_1 上位于二切点之间标出一点 A,在 l_2 上标出两点 B 和 C,使得 AB 与 AC 分别与 S_1 和 S_2 相切. 分别以 O_1 和 O_2 表示 S_1 与 S_2 的圆心. 设 $\triangle ABC$ 的与边 BC 相切的旁切圆在 BC 上的切点为 K. 证明:线段 O_1O_2 的中点与点 A 和点 K 的距离相等.

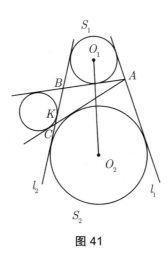

图 41

II.154 遥远的王国里有 2 005 个城市. 某些城市之间有单向行车的道路相连. 现知, 对于任何两个城市, 都可以按照行车规定相互到达 (按照规定的行车方向, 既可由甲城到达乙城, 又可由乙城到达甲城). 国王准备往一些城市派遣自己的总督, 使得每个没有派遣总督的城市都有道路直接连接某个派遣有总督的城市. 证明: 为达此目的, 国王只要派遣 1 003 个总督就足够了.

十年级

II.155 给定 4 个二次三项式, 它们的首项系数均为 1, 并且其中任意二者的和都刚好有一个根. 证明: 其中必有 3 个二次三项式相互重合.

II.156 如图 42 所示, 设 $\triangle ABC$ 为直角三角形, 经过它的顶点 B 和 C 的圆与斜边 AC 相交于点 X. 由点 X 和 B 分别作该圆的切线, 二切线相交于点 Y. 证明: 点 Y 在 $\triangle ABC$ 的平行于边 BC 的中位线或其延长线上.

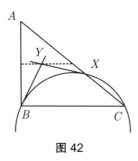

图 42

II.157 在 $n \times n$ 的国际象棋盘上的左下角方格中有一枚棋子 "跛脚王", 它只能朝着三个方向走动: 向右, 向上, 以及沿着对角线向右上方. 我们用 A_n 表示它从起点移动到右上角的方格中的所有不同路线的条数, 用 A_n^* 表示其中不经过最左边一列和最上面一行中的方格 (除起点和终点外) 的所有不同路线的条数. 证明: $A_n^* = 2A_{n-1}$.

II.158 试求满足方程 $x^3 - x = 2(y^3 - y)$ 的所有互质的正整数对 (x, y).

II.159 男爵打猎时打到 15 只野物, 分别重 $50, 51, \cdots, 64\,\text{kg}$. 他知道每只野物的质量, 并且打算借助于一架天平向旁观者逐只展示野物的质量, 即首先展示重 $50\,\text{kg}$ 的, 再展示重 $51\,\text{kg}$ 的, 如此下去. 旁观者们事先对各只野物的情况一无所知, 只有亲眼看到展示, 他们才会相信. 假设天平可以称任何质量的物体, 并且砝码和重物均可放到天平的两端. 试问: 男爵最少需要多少个砝码才能完成自己的展示? (假设各个砝码上均明确标注了自身的质量, 并且有无限多枚质量分别为 $1, 2, \cdots, 1\,000\,\text{kg}$ 的砝码.)

II.160 如图 43 所示, 在锐角三角形 ABC 中, AE 和 CD 为其两条高, $\angle B$ 的平分线交线段 DE 于点 F. 在线段 AE 与 CD 上分别取点 P 和 Q, 使得四边形 $ADFQ$ 与 $CEFP$ 均可内接于圆. 证明: $AP = CQ$.

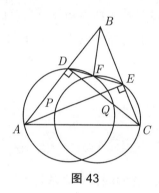

图 43

II.161 给定 n 个互不相同的正整数. 在黑板上写出其中每两个数的最大公约数和最小公倍数. 试问: 所写出的数中最少可能有多少个互不相同的数?

十一年级

II.162 是否存在 4 个互不相同的二次三项式, 它们的首项系数均为 1, 其中任意二者的和都刚好有一个根?

II.163 同 II.156 题.

II.164 同 II.152 题.

II.165 将正整数 1 至 64 分别填入 8×8 的方格表, 使得在每一行中, 所填各数自左至右递增; 在每一列中, 所填各数自上至下递增. 以 A 表示其中一条对角线上的所有数的和的最小可能值, 以 B 表示另一条对角线上的所有数的和的最小可能值. 证明: $A = B$.

II.166 同 II.159 题.

II.167 如图 44 所示,在 $\triangle ABC$ 中,$\angle A$ 的平分线交其内切圆于 F 和 L 两点,D 是由顶点 C 所作该平分线的垂线的垂足,K 是由内心所作 BD 的垂线的垂足. 证明:F, L, B, K 四点共圆.

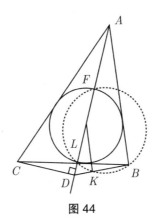

图 44

II.168 在无穷大的方格纸上沿着方格线画一条水平直线. 试问:能否在其上方的半平面中的每一个方格中填写一个绝对值不超过 1 的实数,使得如下两个条件同时满足:

(1) 在每一 (无穷) 列中各数均互不相同;

(2) 除了位于半平面边界上的方格中的数,其余各数均等于自己的 4 个邻数的算术平均值?

2006 年

八年级

II.169 如图 45 所示,在 $\triangle ABC$ 中,$\angle A$ 是 $\angle B$ 的 2 倍,AL 是 $\angle A$ 的平分线 (点 L 在边 BC 上). 在射线 AL 上截取线段 AK 等于 CL. 证明:$AK = CK$.

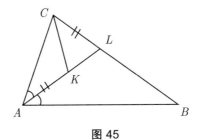

图 45

II.170 将 100 个正数写成一行,其中任何三个相连的数 a, b, c 都满足关系式 $b = \dfrac{2ac}{a+c}$. 今知第一个数是 1,最后一个数是 2. 试求第二个数.

II.171 黑板上写着 312. 每分钟都将黑板上写着的数的各位数字相乘,或者把所得的乘积加到原来的数上,或者从原来的数中减去所得的乘积,并将所得的结果写在黑板上,擦去原来的数. 证明: 312 任何时候都不会再次出现在黑板上.

II.172 圣诞老人送给 102 个孩子每人 100 颗糖果,糖果有红、蓝、绿三种不同的包装纸. 证明: 可以找出两个孩子,他们所得的糖果组合或者完全相同,或者完全不同. (两种糖果组合称为完全相同,如果各种颜色包装纸的糖果数目都完全相同; 称为完全不同,如果各种颜色包装纸的糖果数目都不一样.)

II.173 如图 46 所示,四边形 $ABCD$ 是梯形,AD 与 BC 是两底. 在边 AB 上取一点 E,使得 $\dfrac{AE}{BE} = \dfrac{AD}{BC}$. 点 H 是点 D 在直线 CE 上的投影. 证明: $AH = AD$.

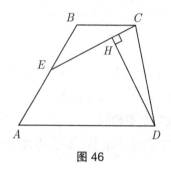

图 46

II.174 两人轮流在国际象棋盘上摆放棋子王,每人每次摆放一枚,甲摆放白色王,乙摆放黑色王,甲先开始. 棋子不能放在对方棋子所能搏击的位置上. 谁先不能继续摆放棋子,就算谁输. 谁有取胜策略?

II.175 证明: 可将数

$$1\underbrace{00\cdots000}_{35 \text{ 个 } 0}$$

的所有正约数 (包括 1 和自身) 分成两个组,使得两组中不仅成员数目相同,而且总和相等.

九年级

II.176 给定二次三项式 $f(x)$ 和公比不是 1 的等比数列 q_1, q_2, q_3, q_4. 试问: 能否出现 $f(q_1) = q_2$,$f(q_2) = q_3$,$f(q_3) = q_4$ 的情况?

II.177 在 $\triangle ABC$ 中,AA_1 与 BB_1 是高,$\angle ACB$ 的平分线与它们分别交于点 F 和点 L (参阅图 47). 证明: 线段 FL 的中点与点 A_1 和点 B_1 的距离相等.

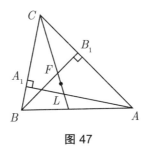

图 47

II.178 如图 48 所示, 在 2006 张牌上各写有一个正整数. 今知这些整数整体互质并且都大于 1(但其中可能有相同的数). 每分钟都从中找出写着最大的数的牌 (如果这样的牌不止一张, 则任择其一), 求出这张牌上的数的最小质约数, 并把该质约数加到另外几张牌的数上. 证明: 这 2006 张牌上的数永远不会变得相等.

图 48

II.179 科斯佳把 70×70 的方格纸剪成小块①. 每分钟, 他都拿出其中面积最大的一块 (如果面积最大的不止一块, 他就任择其一), 沿着一条方格线把它剪成两块. 证明: 经过 1 h, 所有的小块的面积都小于原来方格纸面积的 $\frac{1}{3}$.

II.180 如图 49 所示, 在 $\triangle ABC$ 的边 AC 上取一点 D. 经过顶点 B 的任意一条射线 ℓ 与线段 AC 相交于点 K, 与 $\triangle ABC$ 的外接圆相交于点 L. 证明: $\triangle DKL$ 的外接圆经过某个不同于 D 的固定点, 该点与射线 ℓ 的选择无关.

II.181 假设某星球上有 2007 个国家和多于 2007 个城市. 从每个城市都连出 2006 条道路通往其余各个国家的一个城市. 今知从任何城市都可以沿着道路到达其他任何城市. 证明: 存在经过不少于 4012 个城市各一次的封闭的道路链.

II.182 将既约分数 $\dfrac{p}{q}$ 与 $\dfrac{m}{n}$ 表示为十进制小数. 在小数点后面的第 500 000~1 000 000 位之间, 这两个小数有少于 5 000 位数字是不同的, 且至少有一位不同的数字. 证明: 至少有一个分数的分母大于 10^{50}.

---

① 编译者注 剪出来的小块都是矩形.

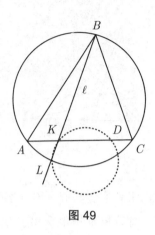

图 49

十年级

II.183 给定一个二次三项式 $f(x)$ 和一个实数 a. 今知

$$a,\quad f(a),\quad f(f(a)),\quad f(f(f(a)))$$

形成公比为正数的等比数列. 证明: 它是一个常数列.

II.184 如图 50 所示, 在 $\triangle ABC$ 的边 AB, AC, BC 上分别取点 K, L, M, 使得 $\angle BAC = \angle KLM = \angle BCA$. 证明: $AL + LM + MB > CL + LK + KB$, 但同时却有 $LM < LK$.

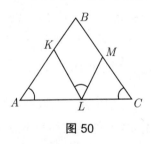

图 50

II.185 今有长度分别为 $1, 2, \cdots, 100\,\mathrm{cm}$ 的 100 根短棍. 甲、乙二人做游戏, 每人每次选择 3 根短棍, 用它们搭成一个三角形, 并烧掉它. 甲先开始, 谁先不能继续做下去就算谁输. 谁有取胜策略?

II.186 给定质数 $p > 2$. 季玛分别求出 $1!, 2!, \cdots, (p-1)!$ 被 p 除的余数. 证明: 他能得到多于 $\sqrt{p}$ 个互不相同的余数.

II.187 数 $0, 1, 2, \cdots, 11$ 依次写在一个圆周上. 每次允许选择其中一个数, 把它变为 0, 而把它的两个邻数都分别加上它的一半. 试问: 能否通过这种操作使得 12 个数中的 11 个变为相等?

II.188 如图 51 所示, $\triangle ABC$ 的三边两两不等. 分别在射线 AB 与 CB 上取点 B_1 和 B_2, 使得 $AB_1 = CB$, $CB_2 = AB$. 分别在射线 CA 与 BA 上取点 A_1 和 A_2, 使得 $CA_1 = BA$, $BA_2 = CA$. 分别在射线 BC 与 AC 上取点 C_1 和 C_2, 使得 $BC_1 = AC$, $AC_2 = BC$. 证明: 直线 A_1A_2, B_1B_2 和 C_1C_2 相交于同一点.

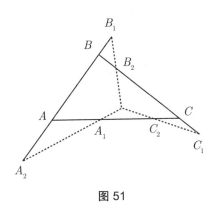

图 51

II.189 整数 1 至 2016 被摆放在圆周上, 满足如下性质: 如果 $a+1$ 是 b 的左邻, 则 $b+1$ 是 a 的左邻 (把 $2016+1$ 视为 1). 证明: 能够找到一个数 x, 它的左邻是 $x+1$.

十一年级 ①

II.190 今有一个由单位正方体构成的 $90 \times 90 \times 90$ 大正方体, 这些单位正方体的表面构成大正方体内部的 "网格面". 科斯佳把大正方体逐步分割为小块. 每分钟, 他都选择其中体积最大的一块 (如果体积最大的有多块, 那么他就任择其一), 沿着 "网格面" 把它分为两块 (因此, 他所分出的每一块都是由单位正方体构成的平行六面体). 证明: 1 h 后, 所有各块的体积都小于原正方体体积的一半.

II.191 给定质数 p. 证明: $1!, 2!, \cdots, (p-1)!, p!$ 被 p 除时产生多于 $\sqrt{p}$ 个互不相同的余数.

II.192 如图 52 所示, 四边形 $ABCD$ 内接于圆 ω. 分别由点 A 和 D 所作的圆 ω 的切线相交于点 P, 并且四边形 $ABCD$ 位于 $\triangle ADP$ 之外. 在射线 BA 上取一点 K, 使得 $PK/\!/AC$; 在射线 CD 上取一点 N, 使得 $PN/\!/BD$. 证明: B, C, K, N 四点共圆.

II.193 以 $(0,0), (0,2006), (2006,2006), (2006,0)$ 为顶点的正方形被分成了 4000 个三角形. 证明: 在其中一个三角形内部有整点 (两个坐标都是整数的点).

---
① 编译者注　不知为什么, 此次十一年级只有 5 道题, 可能是普遍反映题目较难.

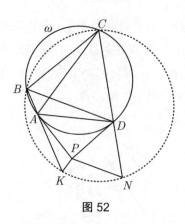

图 52

II.194 n 次多项式 $p(x)$ 有 n 个不同的实根 $(n \geq 3)$, 其中最小实根是 0, 最大实根是 1. 证明:

(1) $p'(x)$ 有一个不小于 $1 - \dfrac{1}{n}$ 的实根;

(2) $p'(x)$ 的最大实根与最小实根之间的距离不小于 $\sqrt{1 - \dfrac{2}{n}}$.

2007 年

八年级

II.195 两个 8 位数仅仅是数字排列顺序不同. 它们的和能否等于 20 062 007?

II.196 如图 53 所示, 在 $\triangle ABC$ 的边 AB 和 BC 上分别取点 X 与 Y, 使得 $AX = BY$ 和 $\angle XYB = \angle BAC$. 点 B_1 是 $\angle B$ 的平分线与对边的交点. 证明: 直线 XB_1 与 YC 平行.

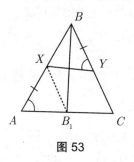

图 53

II.197 在某个岛屿上, 老实人 (他们总说真话) 和骗子 (他们总说假话) 组织了一个国际象棋节. 64 位象棋爱好者站在一个巨大的棋盘的各个方格里, 每格一人. 此后, 每个人都说: "在跟我站在同一行的人中, 骗子要比跟我站在同一列的多." 证明: 老实人的数目是 8 的倍数.

II.198 如下的方程有多少个小于 $1\,000\,000$ 的正整数解:
$$\ddagger[a, b+1] = \ddagger[b, a+3],$$
其中 $\ddagger[x, y]$ 表示正整数 x 与 y 的最小公倍数?

II.199 某国共有 50 个城市, 每个城市都连出 4 条道路 (每条道路连接两个城市; 任何两个城市之间最多有一条道路相连; 各条道路的长度互不相等, 并且不一定都是整数千米). 所有道路的总长度为 $25\,000\,\mathrm{km}$. 由每个城市都驶出一辆汽车前往最近的城市. 这些汽车一共行驶了 $5\,000\,\mathrm{km}$. 证明: 这个国家中有一条道路的长度不短于 $300\,\mathrm{km}$.

II.200 在艾尔米达什战争纪念馆里悬挂着 5 排各 19 幅 1812 年俄法战争期间的英雄肖像①, 每幅肖像可以迎面悬挂, 也可以背面悬挂 (正面朝着参观者或者朝着墙壁). 两位参观者做游戏, 每人每次可以把任意 4 幅肖像翻过面来. 如果在谁做过之后出现的局面是原先有过的 (包括游戏开始时的局面), 就算谁输. 试问: 在正确的玩法下谁有取胜策略, 是先开始的还是后开始的?

II.201 计算器 FP-2007 只会进行一种运算: 把正整数乘它的第一位数字. 证明: 往计算器里输入一个 15 位数, 不可能得到数 6^{100}.

九年级

II.202 二次三项式 $f(x) = x^2 + px + q$ 使得方程 $f(f(x)) = 0$ 刚好有一个实根. 证明: 系数 p 与 q 均非负.

II.203 如图 54 所示, $\triangle ABC$ 是锐角三角形, $\angle ABC = 45°$, AA_1 与 CC_1 是它的两条高, O 与 H 分别是它的外心和垂心. 证明: 直线 A_1C_1 经过线段 OH 的中点.

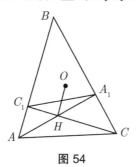

图 54

II.204 某个完全平方数的十进制表达式是一个数字 2 和 $k-1$ 个数字 1 按某种顺序的排列. 证明: k 不可被 11 整除.

---

① 命题人原注 实际上那里共有 332 幅肖像.

II.205 在生日那天, 男爵缪赫嘎乌仁收到一件礼物, 里面是许多形状各异的图形, 如图 55 所示. 男爵断言, 用 2 006 块这种图形可以拼成一个矩形, 并且图形的所有直线边都在矩形的周界上. 他的话错没错?(图形可以旋转和翻转. 矩形内部不能是空的, 图形相互咬合.)

图 55

II.206 如图 56 所示, 四边形 $ABCD$ 是凸四边形, 有 $AD = BD = AC$. 点 M 与 N 分别是边 AB 与 CD 的中点. 线段 MN 与四边形的两条对角线分别相交于点 X 和 Y. 点 P 是 AN 与 DM 的交点. 证明: $PX = PY$.

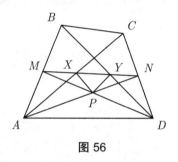

图 56

II.207 黑板上写着正整数 $1, 2, \cdots, 2007$. 允许从中选择若干个数, 并把它们都换成它们的算术平均值. 进行了若干次这种操作. 证明: 在一开始写着 1 的地方, 现在的数小于 $2006\frac{1}{4}$.

II.208 A 国有 $n \geqslant 3$ 个城市, 它们被道路连接, 使得可由任何城市到达其他任一城市. 如果关闭任何一组形成环线的道路进行维修, 则都有某两个城市不能利用剩下的道路相互到达. 试问: A 国最多有多少条道路?

♦ 本题可用图论术语改述如下: 在连通图中有 $n \geqslant 3$ 个顶点. 在去掉图中任何一个圈上的所有边后成为不连通图. 该图中最多可有多少条边?

十年级

II.209 同 II.202 题.

II.210 如图 57 所示, $\triangle ABC$ 是锐角三角形, AA_1 与 BB_1 是它的两条高. $\angle C$ 外角的

平分线分别与直线 AB 和 A_1B_1 相交于点 L 和 K. 今知 $CL = 2CK$. 试求该三角形的内角 $\angle C$.

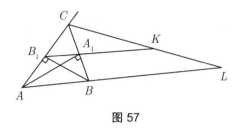

图 57

II.211 在黑板上写着 10 个 1. 每分钟都把其中某 5 个数增大 50%, 把其余 5 个数减小 50%. 试问: 经过 1 h, 黑板上的数的和能否等于 10?

II.212 某国有 100 个城市和 199 条城市间的道路. 每条道路连接两个城市, 任何两个城市之间至多连接一条道路. 由任何城市都可沿着道路到达其他任何城市. 证明: 可以将某一个形成闭合回路的圈上的各条道路全都封闭, 使得仍然可由任何城市到达其他任何城市.

II.213 同 II.207 题.

II.214 费佳自左往右不断地写数字. 每当他写出一个新的数字, 他都列出此时所得到的正整数的所有的质约数. 证明: 在列出的质约数中或迟或早会出现大于 100 的数.

II.215 在 $n \times n$ 的棋盘上放着 n^2 枚颜色各异的棋子. 每一步操作允许以任一方式重新排列某一行或某一列中的棋子. 证明: 不可能经过 $3n - 4$ 次这种操作, 得到与开始时的放法关于主对角线对称的棋子放法.

十一年级

II.216 班上每一个学生都在自己的练习簿上写出一个由 3 个不同正数构成的等比数列. 将这些数列的 3 项分别相加, 以 A 表示其中第一项的和数, 以 B 表示其中第二项的和数, 以 C 表示其中第三项的和数. 证明: A, B, C 不构成等差数列.

II.217 某完全平方数含有若干个 1 和一个 2. 证明: 该数可被 11 整除.

II.218 如图 58 所示, 六边形 $ABCDEF$ 内接于圆, 有 $AB = BD, CE = EF$. 今知对角线 AC 与 BE 相交于点 X, 对角线 BE 与 DF 相交于点 Y, 对角线 BF 与 AE 相交于点 Z. 证明: $\triangle XYZ$ 是等腰三角形.

II.219 同 II.212 题.

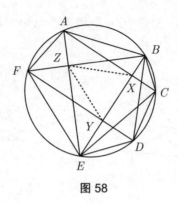

图 58

II.220 如图 59 所示, 在 $\triangle ABC$ 的边上分别取点 E 与 F, 使得 $AE = EF$ 与 $\angle CEF = \angle ABC$. 此时, 点 K 在线段 EC 上, 使得 $EK = FC$. 证明: 线段 AF 与 EC 的中点连线的长度是线段 KF 长度的一半.

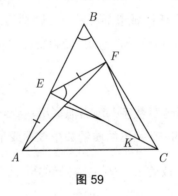

图 59

II.221 同 II.214 题.

II.222 数列 x_n 按如下法则定义:

$$x_{n+1} = x_n + \frac{x_n^2}{n(n+1)},$$

而 $x_1 \in (0,1)$. 证明: 该数列有界.

2008 年

八年级

II.223 黑板上写着一些实数, 它们的和等于 $2\,000$. 证明: 可以擦去其中若干个数 (也可以一个都不擦), 使得剩下的数的和等于原来的数的绝对值之和的一半再加上 $1\,000$.

II.224 男孩瓦夏在 17×17 方格表中染黑了若干个如图 60 所示的图形 (任一方格都未被染黑两次, 图形可以翻面和旋转). 他告诉男孩别佳除最右边一列外其余各列中被染黑的方格数目. 证明: 别佳可以准确地知道瓦夏一共染黑了多少个图形.

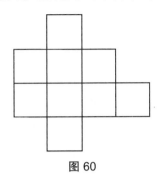

图 60

II.225 求方程的质数解: $p^3 + q^3 + 1 = p^2 q^2$.

II.226 在 $\triangle ABC$ 的边 AC 上取点 D 和 E, 在线段 BE 上取点 F(参阅 61). 现知
$$AC = BD, \quad 2\angle ACF = \angle ADB, \quad 2\angle CAF = \angle CDB.$$
证明: $AD = CE$.

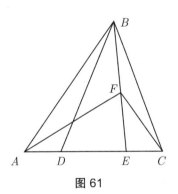

图 61

II.227 猫类选美大会根据三个参数判断参赛者的魅力: 胡须、尾巴和牙齿. 两个参赛者之间若一者至少有两个参数的名次优于另一者 (不存在名次并列的情况), 就认为它比另一者更美. 一共有 25 位参赛者, 现知其中每一位都比其余参赛者中的 12 位更美. 黑猫穆尔卡胡须名列第 8, 尾巴名列第 15. 试问: 它的牙齿名列第几?

II.228 如图 62 所示, 等腰三角形 ABC 的顶角为 $44°$, 在它的两腰 AB 和 BC 上分别取点 M 和 N, 使得 $AM = BN = AC$. 点 X 在射线 CA 上, 使得 $MX = AB$. 求 $\angle MXN$.

II.229 在圆周上放着 n 个正整数, 它们的和是 800. 对每一对相邻的数, 都将其中较大的数对较小的数做带余除法 (如果二数相等, 则任以其中一者作为较大的数, 此时的余数为 0). 所得的 n 个余数的和等于 500. 试问: n 的最大可能值是多少?

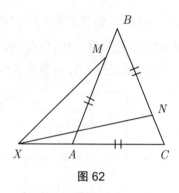

图 62

九年级

II.230 如图 63 所示，函数 $y = x^2 + ax + b$ 的图像与坐标轴相交于三个不同的点 A, B, C. 现知 $\triangle ABC$ 的外心位于直线 $y = x$ 上. 证明: $a + b + 1 = 0$.

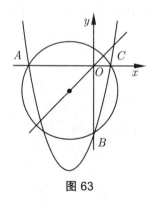

图 63

II.231 某王国的某些城市之间连有双向行车的道路，使得由任何城市都可驶到任何城市. 道路要收通行费，并且不同的道路所收的通行费各不相同.

部长开列了经过每个城市刚好一次的各种线路的清单. 作为革新家的国王在每一条线路上都标出收费最高的道路，并且命令关闭所有的至少被标出了一次的道路. 此后发现，由城市 A 不能驶往城市 B, 由城市 B 不能驶往城市 C, 由城市 C 不能驶往城市 A. 证明: 国王的命令被错误地执行了.

II.232 如图 64 所示, 五边形 $ABCDE$ 外切于圆 s. 边 BC 与圆 s 相切于点 K. 今知 $AB = BC = CD$. 证明: $\angle EKB = 90°$.

II.233 黑板上写着实数 $x_1, x_2, \cdots, x_{100}$, 其中 $x_1 = 0.5$, 而对于任何 $n \in \{1, 2, \cdots, 99\}$, 都有
$$x_{n+1} = 1 - x_1 x_2 \cdots x_n.$$

证明: $x_{100} > 0.99$.

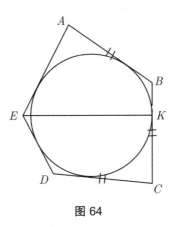

图 64

II.234 设 a, b, c 为互不相等的正整数, 证明:
$$\circledast(ab+1,\ bc+1,\ ca+1) \leqslant \frac{a+b+c}{3},$$
其中 $\circledast(x, y, z)$ 表示正整数 x, y, z 的最大公约数.

II.235 如图 65 所示, 四边形 $ABCD$ 内接于圆. 射线 AB 与 DC 相交于点 E, 线段 AC 与 BD 相交于点 F. 在射线 EF 上取点 P, 使得 $\angle BPE = \angle CPE$. 证明: $\angle APB = \angle DPC$.

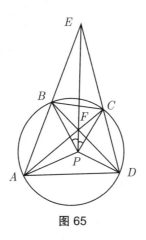

图 65

II.236 把 2018×2018 正方形内部划分为若干区域, 一开始分为 2018^2 个单位方格, 在每个方格里都写着一个 0 或一个 1, 并且 0 和 1 各占一半. 每一次操作, 擦去某两个相邻区域的公共边界, 把它们合并为一个区域, 并且擦去原来的两个数, 写上这两个数的算术平均值. 经过一系列的操作之后, 只剩下一个区域, 就是正方形本身. 证明: 可以这样来进行操作, 使得写在最后这一区域中的数小于 $\frac{1}{2^{10^6}}$.

十年级

II.237 设 $f(x) = ax^2 + bx + c$ 为这样的二次三项式, 如果把它的任何一个系数换成 1, 则所得的二次三项式都至少有一个实根. 证明: 原来的二次三项式至少在一个点上取负值.

II.238 如图 66 所示, 四边形 $ABCD$ 内接于圆心为 O 的圆. 今知 $\angle ABC > \angle ADC$ 和 $\angle AOC = \angle BAD = 110°$. 证明: $AB + AD > CD$.

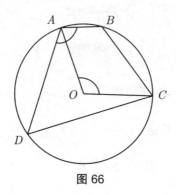

图 66

II.239 同 II.234 题.

II.240 主持人让听众猜由 1 到 n 之间的一个正整数. 听众可以向主持人提出关于这个数的若干个问题, 主持人仅回答 "是" 或 "否". 主持人会回答所有这些问题, 但不一定按照提问的顺序. 为了保证能猜出这个数, 最少需要提出多少个问题?

II.241 同 II.235 题.

II.242 将凸 100 边形的对角线称为 "好的", 如果它的每一侧都分布着偶数条边. 100 边形被互不相交的对角线分隔为一系列三角形, 这些对角线中恰有 49 条是好的. 三角形被正确地染为两种不同颜色 (同色的三角形没有公共边). 证明: 第一种颜色的三角形与第二种颜色的三角形数目相等.

II.243 数列 $\{x_n\}$ 定义如下: $x_1 = 0.5$, 而对于任何 $n \geqslant 1$, 都有

$$x_{n+1} = 1 - x_1 x_2 \cdots x_n.$$

证明: $0.99 < x_{100} < 0.991$.

十一年级

II.244 最少要在 $10\,000 \times 10\,000$ 方格表中染黑多少个方格, 才能使得在每个 10×10 子表和每个 1×100 的水平带子中都至少有一个被染黑的方格?

II.245 同 II.232 题.

II.246 给定了 2008 个二次三项式
$$x^2 - a_i x + b_i, \quad i = 1, 2, 3, \cdots, 2008,$$
在它们的系数 a_i, b_i 中出现了由 1 到 4016 的所有正整数各一次, 其中任何两个二次三项式都没有公共根. 如果在数轴上标出这些多项式的所有的根, 证明: 其中必有某两个被标出的点的距离小于 $\frac{1}{250}$.

II.247 圆周上放着 100 个正整数, 其中任何一个都不可被任何另一个整除. 在每两个相邻的数之间 (同时) 写出 (按顺时针方向) 后边一个数被它们的最大公约数除的商, 此后擦去原来的 100 个数. 此种操作相继进行若干次. 试问: 沿着圆周最多可能出现多少个 1?

II.248 如图 67 所示, 四面体 $ABCD$ 的各个面都是锐角三角形. 分别作出 $\triangle ABC$ 和 $\triangle ABD$ 的高 AK 和 AL. 现知 C, K, L 和 D 四点共圆. 证明: $AB \perp CD$.

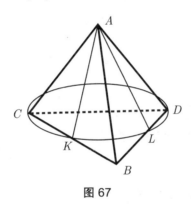

图 67

II.249 如果 a, b, c 是互不相同的正整数, 它们的和不超过 3 000 000, 那么 $ab+1, bc+1, ca+1$ 的最大公约数的最大可能值是多少?

II.250 某国有 10 000 个城市, 某些城市之间有道路相连. 每个城市所连出的道路都少于 100 条. 并且任何包含奇数条道路的环状线路都至少经过 101 条道路. 证明: 可以将该国的城市分为 100 组, 每组 100 个城市, 使得任何一条道路所连接的都是不同组的城市.

2009 年

八年级

II.251 能否将所有 10 个不同的数字, 每个数字各用一次, 组成两个五位数, 使得其中一个五位数可被另一个五位数整除?

II.252 商店里出售的"青少年手工制作"共有三种不同类型的套装:第一种套装中有 4 枚螺栓和 5 个榫头,第二种套装中有 5 枚螺栓和 8 个榫头,第三种套装中则有 8 枚螺栓和 3 个榫头. 为了组装一个玩具火车头,需要 3 枚螺栓和 2 个榫头. 瓦夏买了若干套"青少年手工制作"套装,并组装成若干个玩具火车头. 证明:他不可能刚好剩下 1 枚螺栓和 1 个榫头.

II.253 凸四边形 $ABCD$ 的两条对角线相互垂直且相交于点 O,今知 $BC = AO$. 点 F 位于形外,使得 $CF \perp CD$, $CF = BO$(参阅图 68). 证明:$\triangle ADF$ 是等腰三角形.

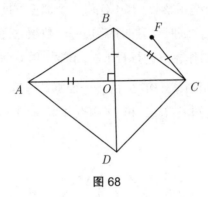

图 68

II.254 费佳从 1 开始按递增顺序依次写出某个正整数的正约数,直到出现第一个合数约数为止(例如,对于 45,他写 1,3,5,9). 看起来,每一个质数约数都比前面一个正约数大 k. 证明:$k = 1$ 或 2.

II.255 设 a, b, c 是互不相同的实数,有
$$a = ab + c, \quad b = bc + a, \quad c = ca + b.$$
试求 $a + b + c$ 的值.

II.256 假定已经在平面上画出了一个正 19 边形. 试用圆规和直尺画出一个正 57 边形.

II.257 将正整数 1~2009 按递增顺序写成一行. 每一步操作,或者可将除最大数之外的任意一个数加 1,或者擦去其中某两个相同的数以及夹在它们之间的所有的数. 甲、乙二人依次轮流进行这种操作,谁不能继续操作,就算谁输. 试问:谁有取胜策略?

九年级

II.258 给定正整数 b 和 c,有 $b \mid c+1$. 证明:存在正整数 x, y 和 z,使得 $x + y = bz$, $xy = cz$.

II.259 命题委员会由 40 人组成, 在命制九年级第 2 题时, 共汇集了 30 道备选题. 他们商定, 如果其中有一道题, 至少一半的命题委员会做, 但不是所有委员都会做, 那么就把它列为预选题. 今知每个委员都刚好会做其中的 26 道题目, 并且任何两个委员会做的题目都不完全相同. 证明: 他们可以从中找出那道合适的题目.

II.260 设 x, y 和 z 为正整数, 有 $[x, y] - [x, z] = y - z$, 其中 $[a, b]$ 表示正整数 a 与 b 的最小公倍数. 证明: $x \mid y$, $x \mid z$.

II.261 设 $\triangle ABC$ 为锐角三角形, 点 A_1 与 C_1 分别在边 BC 和 AB 上, 线段 AA_1 与 CC_1 相交于点 K. $\triangle AA_1B$ 与 $\triangle CC_1B$ 的外接圆相交于点 P(参阅图 69). 现知点 P 是 $\triangle AKC$ 的内心. 证明: 点 P 是 $\triangle ABC$ 的垂心.

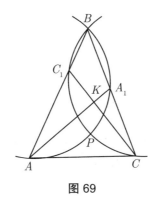

图 69

II.262 设 $\triangle ABC$ 为锐角三角形, AA_1, BB_1, CC_1 是它的三条高. 点 X 与 Y 分别是线段 CA_1 和 AC_1 的中点 (参阅图 70). 今知 $XY = BB_1$. 证明: $\triangle ABC$ 的某两条边的边长之比等于 $\sqrt{2}$.

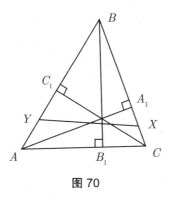

图 70

II.263 我们将方格平面上的任意一组方格都称为 "棋盘". 棋盘上的一组棋子车称为好的, 如果它们不能相互搏杀, 但 (它们联合起来) 可以封杀棋盘上的所有其余方格. (棋子车可以封杀跟自己位于同一行或同一列中的任一方格, 甚至它们之间隔着不属于棋盘的方格.) 证明: 如果可在某个棋盘上布局一组 2008 枚好的棋子车, 也可布局一组 2010 枚好的棋子车, 那么就一定可以布局一组 2009 枚好的棋子车.

II.264 今知如下各个二次三项式的判别式都等于 1:

$$f(x),\ g(x),\ h(x),\ f(x)+g(x),\ g(x)+h(x),\ f(x)+h(x).$$

证明: $f(x)+g(x)+h(x)$ 是零多项式.

十年级

II.265 设 x, y 为正整数, 有

$$(x^7, y^4) \cdot (x^8, y^5) = xy,$$

其中, (a, b) 是正整数 a 与 b 的最大公约数. 证明: xy 是完全立方数.

II.266 设四边形 $ABCD$ 为凸四边形, 有 $AB = CD$. 它的两条对角线相交于点 O. 今知点 X, Y, Z, T 分别是线段 BC, AD, AC, BD 的中点 (参阅图 71). 证明: $\triangle OZT$ 的外心在直线 XY 上.

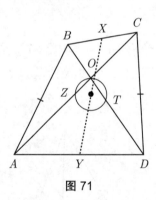

图 71

II.267 二次三项式 $f(x), g(x), h(x)$ 的判别式都等于 2, 而二次三项式 $f(x)+g(x)$, $g(x)+h(x)$, $f(x)+h(x)$ 的判别式都等于 1. 证明: 二次三项式 $f(x)+g(x)+h(x)$ 没有实根.

II.268 莫斯科市的道路由若干个同心圆 (环状道路) 与若干条由市中心点 O 发出的射线组成, 这些射线状道路都终止于最外侧的环状道路. 丁字路口 A 与 B 都在最外侧的环状道路上 (参阅图 72). 三位朋友相约由 A 出发到 B 相会. 其中, 季玛一直沿着最外侧的环状道路行走; 柯斯嘉先沿着道路 AO 再沿着道路 OB 行走. 谢尔盖则说, 他知道一条比他们都短的道路. 证明: 谢尔盖的说法有错.

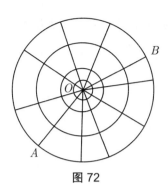

图 72

II.269 同 II.263 题.

II.270 给定数列 $\{x_n\}$,有
$$x_{n+2} = |x_{n+1}| - x_n.$$
证明: 这是一个周期数列.

II.271 经过 $\triangle ABC$ 的顶点 A 与 C 的圆周分别交边 AB 和 BC 于点 Y 和 X(参阅图 73). 线段 AX 与 CY 相交于点 O. 点 M 与点 N 分别是线段 AC 与线段 XY 的中点. 证明: 直线 BO 与 $\triangle MON$ 的外接圆相切.

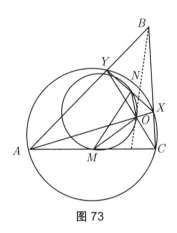

图 73

十一年级

II.272 给定实系数二次三项式 $f(x)$. 将 x 为偶数时该多项式的取值集合记作 M,x 为奇数时它的取值集合记作 N. 证明: 集合 M 与 N 或者相互重合,或者不相交.

II.273 同 II.260 题.

II.274 同 II.268 题.

II.275 在 2008×2008 方格表的角上有一个方格被剪去了. 为了把其余部分全部剪开为由三个方格所形成的角状形, 如图 74 所示, 可以有多种不同的方法. 试问: 不同方法的数目是奇数还是偶数?

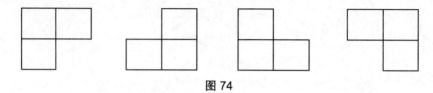

图 74

II.276 如图 75 所示, 圆内接四边形 $ABCD$ 的两条对角线相交于点 E, 直线 AD 与 BC 相交于点 F. 线段 AD 与 BC 的中点分别是 X 与 Y. 四边形 $ABCD$ 的外心是 O, 而 $\triangle EXY$ 的外心是 O_1. 证明: $OF // O_1 E$.

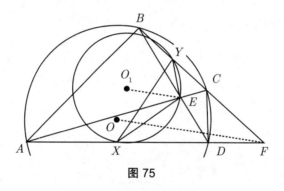

图 75

II.277 某国国内一些城市之间有道路相连, 从每个城市所连出的道路都不少于 2008 条. 将每条道路都染为两种颜色之一. 证明: 存在一个不自交的圈, 圈上有不少于 504 段道路, 并且各段道路的颜色相同.

II.278 设 $f(x) = x^2 + x$. 设 $b_1, b_2, \cdots, b_{10\,000}$ 为正数序列, 其中 b_1 任意给定, 而对 $1 < n < 10\,000$, 都有
$$|b_{n+1} - f(b_n)| \leqslant 0.001.$$
证明: 可以选取 a_1 并构造序列 $a_2 = f(a_1), a_3 = f(a_2), \cdots, a_{10\,000} = f(a_{9\,999})$, 使得对一切正整数 n, 都有
$$|a_n - b_n| \leqslant 0.1.$$

选拔赛试题

2008 年以前, 圣彼得堡市参加全俄数学奥林匹克决赛的选手由本市自行选拔. 这里收集的就是市竞赛委员会为选拔选手而进行考试的试题, 只有第二轮竞赛的优胜者才有资格参与选拔. 由于全俄决赛只在九至十一年级举行, 故选拔赛也只在这三个年级举行. 圣彼得堡市的选拔赛也是以口试方式举行的, 5 小时 8 道题, 考试一开始考生就拿到所有 8 道题.

根据俄罗斯教育部的决定, 自 2009 年开始, 全俄数学奥林匹克由原来的五轮竞赛变为四轮竞赛. 各地自办竞赛不再纳入全俄系列. 各地参加全俄决赛的选手亦不再自行选拔, 一律经由全俄系列中的第三轮竞赛, 即联邦区域赛选拔产生. 特别地, 莫斯科和圣彼得堡这两个城市的数学奥林匹克完全成为自办竞赛, 不再接受全俄数学竞赛委员会的指导. 所以自 2009 年开始, 再无单独的选拔赛, 当然也就没有相应的考试试题了.

2000 年

九年级

III.001 是否存在四个二次三项式, 不论将它们排成怎样的顺序, 都可以找到一个实数, 使得把这个数代入这四个二次三项式中所得到的值都形成严格上升的数列?

III.002 圆 S_1 和圆 S_2 没有公共点, 它们的一条外公切线分别与它们相切于点 A 和 B. 圆 S_3 经过 A,B 两点, 并且与 S_1 和 S_2 再次分别相交于点 C 和 D. 由点 C 和 D 所作的圆 S_1 和 S_2 的切线相交于点 K (参阅图 1). 证明: $KC = KD$.

III.003 在 1001×1001 的方格表中染蓝若干个方格, 使得任何两个蓝格都不相邻. 今知与蓝格有公共边的未染色方格的数目少于蓝格的数目. 问: 有多少个蓝格?

III.004 是否存在 1000 个正整数, 使得其中的每 2 个数所构成的数组、每 3 个数所构成的数组 …… 每 1000 个数所构成的数组的最大公约数各不相同?

III.005 在锐角 $\triangle ABC$ 中, AA_1, BB_1, CC_1 是它的三边上的高, 在线段 A_1C_1 上取点

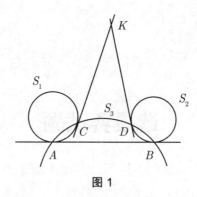

图 1

A_2 和 C_2, 使得线段 B_1A_2 被高 CC_1 平分并与高 AA_1 相交于点 K, 而线段 B_1C_2 被高 AA_1 平分并与高 CC_1 相交于点 L (参阅图 2). 证明: $KL \parallel AC$.

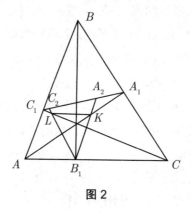

图 2

III.006 在坐标平面上分布着 100 个点. 证明: 以这些点作为顶点并且边平行于坐标轴的矩形不多于 2 025 个.

III.007 设 a, b 是不同的正整数, 使得 $a^2 + b$ 可以被 $b^2 + a$ 整除, 并且 $b^2 + a$ 是某个质数的方幂. 试求 a, b.

III.008 航空线路网称为符合要求的, 如果关闭其中任何一个机场, 仍然可以从任何一个开放的机场飞到任何一个别的机场 (包括中转到达). 在某个国家有 2 000 个机场, 并且开始时还没有航线, 两个航空公司轮流开设新的直通航线, 如果在某一个公司开设新航线之后, 整个航线网成为符合要求的, 那么该公司就输了. 试问: 哪一个公司有取胜策略?

十年级

III.009 给定若干个二次三项式, 它们的首项系数都是 1, 并且判别式相同. 其中任何两个多项式的和都有两个根. 证明: 所有这些多项式之和有两个根.

III.010 同 III.004 题.

III.011 设 a,b 是大于 1 的不同整数, 使得 a^2+b-1 可以被 b^2+a-1 整除. 证明: b^2+a-1 至少有两个不同的质约数.

III.012 在方格平面上有 111 个互不相交的角状形 (由三个方格构成的 L 状图形 ⌐), 并且具有如下性质: 对于任何一个角状形而言, 包含它的 2×2 正方形都整个地被角状形覆盖住. 证明: 可以去掉一个或者多个 (但不是所有的) 角状形, 使得上述性质仍然保持.

III.013 今有 20 个互不相同的正整数, 其中的两两之和 (包括自己的 2 倍) 所构成的集合中刚好有 201 个元素. 试问: 它们的两两之差 (大减小) 所构成的集合中至少有多少个元素?

III.014 等腰梯形 $ABCD$ 的上下底分别为 AD 和 BC, 一个圆与 AB 和 AC 分别相切, 并且与线段 BC 相交于点 M 和 N. $\triangle BCD$ 的内切圆与直线 DM 和 DN 的交点中离 D 点最近的点分别是 X 和 Y (参阅图 3). 证明: 直线 $XY \parallel AD$.

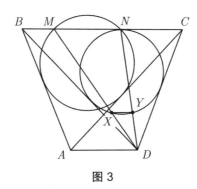

图 3

III.015 在国际象棋盘的每个方格中写上一个正数, 使得每行数的和都等于 1. 现知, 无论在此象棋盘上怎样摆放 8 个不能互相搏杀的棋子车, 它们所在的 8 个方格中的数的乘积都不大于主对角线上方格中的 8 个数的乘积. 证明: 主对角线上 8 个数的和不小于 1.

III.016 能否在空间中选出若干个点, 用线段将它们连接, 使得从每一个点刚好连出三条线段, 而任何一条由不同的线段连成的闭折线都有不少于 30 节线段?

十一年级

III.017 是否存在正系数的二次三项式 f, 使得对任何正数 x 都成立等式 $[f(x)] = f([x])$?

III.018 用带有刻度的天平去称砝码, 最少需要多少次就可以对质量分别为 $1, 3, 3^2, \cdots, 3^{26}$ g 的砝码进行排序? (利用带有刻度的天平可以确定两端物体的质量差.)

III.019 同 III.011 题.

III.020 锐角 $\triangle ABC$ 上过点 B 所作的外接圆的切线为 l, 它的垂心在 l 上的射影为 K, 边 AC 的中点为 L(参阅图 4). 证明: $\triangle BKL$ 为等腰三角形.

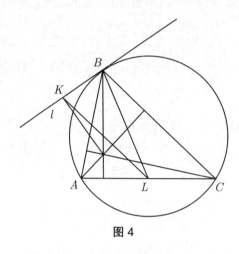

图 4

III.021 在 1×1 的正方形①中, 两个小球以相同的速度飞行, 它们之间怎么也不会相互碰撞, 而遇到边后就按照反射定律被弹射 (入射角等于出射角). 证明: 我们可以从上面的边往下面的边以同样的速度投放一块爬着一只蜘蛛的蜘蛛网, 使得蜘蛛和蜘蛛网在降落的过程中都不会碰到小球.

III.022 证明: 对任何满足条件 $x_1 \leqslant x_2 \leqslant \cdots \leqslant x_n$ 的正数, 都成立不等式

$$\frac{x_1 x_2}{x_3} + \frac{x_2 x_3}{x_4} + \cdots + \frac{x_{n-1} x_n}{x_1} + \frac{x_n x_1}{x_2} \geqslant x_1 + x_2 + \cdots + x_n.$$

III.023 在平面上给定一个凸 n 边形 P, 它的面积小于 1, 对于平面上的任何一个点 X, 都定义一个函数 $F(X)$, 它的值等于 X 与凸 n 边形 P 中的点所连成的一切可能线段的并的面积 (凸包的面积). 证明: 满足等式 $F(X) = 1$ 的所有点 X 所构成的集合是一个边数不多于 $2n$ 的凸多边形.

III.024 在 2000×3000 的方格表中, 最少可以抹去多少条单位线段 (不可擦去方格表的周界上的线段), 使得剩下来的线段中不能再形成任何周长较小的矩形?

---
① 编译者注　应理解为一个竖直放置的正方形框架.

2001 年

九、十年级

III.025 在 10×10 方格表的每一个方格里都写有一个不超过 10 的正整数, 今知写在任何两个依边相邻或者有公共顶点的方格中的数都互质. 证明: 必有一个正整数在方格表中至少出现 17 次.

III.026 在凸四边形 $ABCD$ 中, $\angle BAD$ 与 $\angle ABC$ 的平分线相交于点 P, $\angle BCD$ 与 $\angle ADC$ 的平分线相交于点 Q, 并且 $P \neq Q$. 今知直线 PQ 经过边 AB 的中点 (参阅图 5). 证明: 或者有 $\angle ABC = \angle BAD$, 或者有 $\angle ABC + \angle BAD = 180°$.

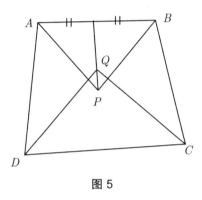

图 5

III.027 是否存在首项系数为 1 的二次三项式 f 和 g, 使得对任何整数 n, 数值 $f(n) \cdot g(n)$ 都是整数, 但是 $f(n), g(n)$ 和 $f(n) + g(n)$ 都不是整数?

III.028 在平面上标出 10 个点 $A_1, A_2, \cdots, A_{10}$. 在该平面上任意取一个使得 10 个点的横坐标互不相同的直角坐标系, 再按照横坐标递增的顺序写出这 10 个点. 于是, 这 10 个点的角标构成 $1, 2, \cdots, 10$ 的一种排列. 试问: 用这种办法最多可以得到 $1, 2, \cdots, 10$ 的多少种不同的排列?

III.029 两人做游戏, 依次将写在黑板上的正整数 n 换成 $n-1$ 或 $\left[\dfrac{n+1}{2}\right]$ (方括号表示取整). 谁最先写出 1, 就算谁赢. 如果一开始写在黑板上的数是 $1\,000\,000$, 试问在正确的策略下谁会取胜: 是先开始的, 还是其对手?

III.030 锐角 $\triangle ABC$ 的垂心为 H. 点 K 使得 $\triangle BHK$ 的外接圆与 $\triangle CHK$ 的外接圆都与直线 BC 相切. 设 BD 是边 AC 上的高, D 为垂足 (参阅图 6). 证明: 点 A 到直线 KB 与直线 KD 的距离相等.

III.031 设 n, m, k 都是正整数, 并且 $n > 1$. 证明: $\sigma^k(n) \neq n^m$, 其中 $\sigma(n)$ 是 n 的所有正约数的和.

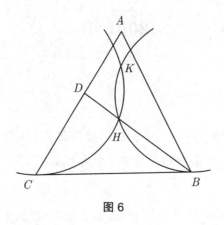

图 6

III.032 在国际象棋俱乐部里,人们可以结伴下棋,也可以与计算机下棋. 昨天在俱乐部里共有 n 个人,其中每个人都下了不多于 n 盘棋,并且其中任何两个没有对弈过的人所下的盘数之和也不超过 n. 证明:所有人所下的盘数的总和不超过 $\frac{1}{2}n(n+1)$.

十一年级

III.033 同 III.025 题.

III.034 同 III.027 题.

III.035 证明:存在无穷多个正整数 n,使得 n^4+1 的最大质约数大于 $2n$.

III.036 在锐角 $\triangle ABC$ 的内部任取一点 M,使得 $\angle AMC + \angle ABC = 180°$. 直线 AM 和 CM 分别与边 BC 和 BA 相交于点 D 和 E(参阅图 7). 证明:$\triangle BDE$ 的外接圆经过某一个固定点,而不依赖于点 M 的选取.

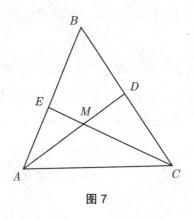

图 7

III.037 同 III.028 题.

III.038 给定属于区间 $\left[0, \frac{\pi}{2}\right]$ 的 10 个实数 $x_1, x_2, \cdots, x_{10}$,使得它们的正弦的平方和等于 1. 证明:

$$3(\sin x_1 + \sin x_2 + \cdots + \sin x_{10}) \leqslant \cos x_1 + \cos x_2 + \cdots + \cos x_{10}.$$

III.039 给定凸 2000 边形 M,它的顶点之间的最大距离为 1. 今知任何顶点之间的最大距离为 1 的凸 2000 边形的面积都不超过 M 的面积. 证明: M 中有两条相互垂直的对角线.

III.040 设 a 与 b 都是不等于 1 的正整数,数列 $\{x_n\}$ 按递推方式定义,其中 $x_0 = 0, x_1 = 1$,而对于 $n \in \mathbf{N}$,有

$$x_{2n} = ax_{2n-1} - x_{2n-2}, \quad x_{2n+1} = bx_{2n} - x_{2n-1}.$$

证明: 对于任何正整数 m 和 n,乘积 $x_{n+m} \cdot x_{n+m-1} \cdot \cdots \cdot x_{n+1}$ 都可以被乘积 $x_m \cdot x_{m-1} \cdot \cdots \cdot x_1$ 整除.

2002 年

九年级

III.041 已知正整数 $\overline{a0a0\cdots a0b0c0c0\cdots c}$ (其中, 数字 a 和 c 各出现 1001 次) 可被 37 整除. 证明: $b = a + c$.

III.042 在梯形 $ABCD$ 中, 腰 AB 的长度等于两底边 AD 与 BC 的长度之和 (参阅图 8). 证明: $\angle A$ 与 $\angle B$ 的平分线的交点在边 CD 上.

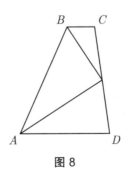

图 8

III.043 考察具有 25 个顶点的树. 试问: 它的各个顶点之间的距离之和能否等于 $1\,225$?

III.044 黑板上写着整数 5 至 10. 科斯佳每分钟擦去 3 个或 4 个最小的数,同时补写上接在黑板上最大的数之后的 7 个或 8 个相连的正整数. 证明: 任何时候, 黑板上的数之和都不等于 3 的方幂数.

III.045 对于怎样的最大的 α, 都可以将任何满足条件 $0 = a_1 \leqslant a_2 \leqslant \cdots \leqslant a_{11} = 1$ 的 11 个实数分为两组, 使得两组数的算术平均值的差不小于 α?

III.046 设 $\triangle ABC$ 为非等腰锐角三角形, 其外心为 O. 点 C_1 是顶点 C 关于 O 的对称点, D 为边 AB 的中点, K 为 $\triangle ODC_1$ 的外心 (参阅图 9). 证明: 点 O 平分直线 OK 上位于 $\angle ACB$ 内部的部分.

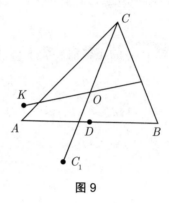

图 9

III.047 能否将整数 1 至 1717 填入 17×101 方格表, 使得在每个 "错位双多米诺" 图形 中所填的数之和都可以被 17 或 101 整除?

III.048 多边形 F 的任何 3 个顶点都不共线, 已知可以用两种不同的方法用不在形内相交的对角线将它分为一系列三角形. 证明: F 的某 4 个顶点形成凸四边形, 并且该四边形整个位于 F 中.

十年级

III.049 设质数 $p > 3$, 使得方程
$$p^k + p^l + p^m = n^2$$
有正整数解. 证明: $p+1$ 可被 8 整除.

III.050 证明: 任何满足条件
$$0 = a_1 \leqslant a_2 \leqslant \cdots \leqslant a_{12} \leqslant a_{13} = 1$$
的 13 个实数都可以分为两组, 使得两组数的算术平均值的差不小于 $\dfrac{13}{24}$.

III.051 炼丹术士有 50 种物质. 他能够把份量相等的任何 49 种物质变为剩下的那种物质, 并且保持质量不变. 证明: 他能够把自己的 50 种物质变为份量相等.

III.052 在圆内接四边形 $ABCD$ 的边 AB 和 BC 上分别取点 X 和 Y, 使得四边形 $XBYD$ 为平行四边形. 点 M 和 N 分别为对角线 AC 和 BD 的中点, 直线 AC 与 XY 相交于点 L(参阅图 10). 证明: M, N, L, D 四点共圆.

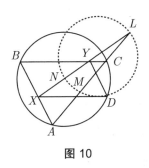

图 10

III.053 给定 64 个顶点. 甲、乙二人按如下规则做游戏: 每一回合, 甲将某两个尚未连接的顶点用线段相连, 乙则任意地将该线段标上箭头. 如果在经过 1959 个回合之后得到一个连通图, 则乙获胜; 否则就是甲获胜. 试问: 在正确的策略下, 谁将获胜?

III.054 如图 11 所示, 某湖泊的岸是一个中心对称的凸 100 边形 $A_1A_2\cdots A_{100}$, 记其对称中心为 O. 湖泊中间有一个岛屿 $B_1B_2\cdots B_{100}$, 其中, 对任何 $i = 1, 2, \cdots, 100$, 顶点 B_i 刚好都是线段 OA_i 的中点. 岛屿上是一个监狱, 沿着岛屿边缘筑有高耸的围墙. 在湖岸的两个相对点上各站着一个卫兵. 证明: 他们可以看得见整个湖岸.

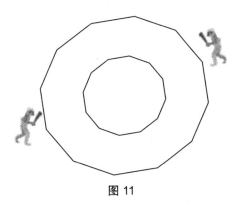

图 11

III.055 任何一个保险箱的密码都是一个由 1 到 1700 的正整数. 两个密探各知道一个保险箱的密码, 他们决定交换信息. 在商定交换办法之后, 他们在小河边相见, 河边有一堆石头, 共 26 块. 首先, 密探甲往水里扔几块石头, 接着密探乙往水里扔几块石头, 然后甲扔, 然后又是乙扔, 一直到石头扔完, 他们便分头离去. 此间二人未说一句话. 试问: 他们是如何交换信息的?

III.056 一只蟋蟀在直线上的整数点上跳动, 每一次跳动的距离都是 1. 该蟋蟀会唱出

$\frac{p-1}{2}$ 种不同的曲子 (p 为某个奇质数),每跳动一次,它都要唱上一曲. 该蟋蟀不超过 $p-1$ 次跳动便回到出发点. 证明: 它的不同的唱曲行程的种类数目是 p 的倍数.

十一年级

III.057 在 37×5 方格表 (37 行 5 列) 的每一个方格中都写有 1 到 10 之间的一个整数. 每一行中的数自左至右非降; 每一条斜往右下方向的对角线上所写的数都彼此相等. 证明: 方格表中必有一行中包含 5 个相同的数.

III.058 经过四边形 $ABCD$ 的内切圆圆心作一条直线,它分别与边 AB 和 CD 相交于点 X 和 Y (参阅图 12). 现知 $\angle AXY = \angle DYX$. 证明: $\dfrac{AX}{BX} = \dfrac{CY}{DY}$.

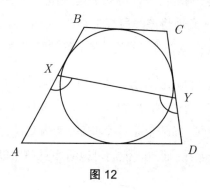

图 12

III.059 设 $\{F_n\}$ 为斐波拉契数列,即 $F_1 = F_2 = 1$, $F_{n+1} = F_n + F_{n-1}$. 现令 $a_n = F_n^n$, 试问如下的数列是否有界:
$$b_n = \sqrt{a_1 + \sqrt{a_2 + \cdots + \sqrt{a_n}}}?$$

III.060 参阅 III.055 题,密码范围改为由 1 到 900 的正整数.

III.061 设 a 与 b 为正整数,使得 $2a+1$ 与 $2b+1$ 互质. 试问: $2^{2a+1} + 2^{a+1} + 1$ 与 $2^{2b+1} + 2^{b+1} + 1$ 的最大公约数可能是多少?

III.062 $\triangle ABC$ 的内切圆分别与边 BC, CA 和 AB 相切于点 A_1, B_1, C_1. 经过点 A_1 作线段 AA_1 的垂线 l, 它与直线 B_1C_1 相交于点 X (参阅图 13). 证明: 直线 BC 平分线段 AX.

III.063 黑板上写有一个正整数. 季玛与萨沙按下述规则做游戏: 每一回合, 季玛说一个正整数 x, 萨沙则根据自己的选择, 把黑板上的数加上 x 或者减去 x. 季玛力求使得黑板上的数变为某个预先给定的正整数 k 的方幂数 (其中包括 $k^0 = 1$). 试问: 对于怎样的正整数 k, 季玛可以不依赖于一开始写在黑板上的数而取得成功?

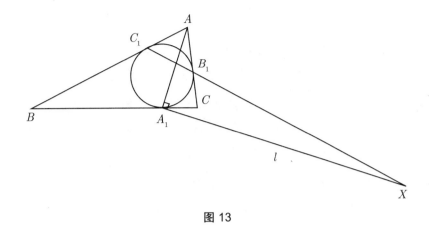

图 13

III.064 试求出所有的连续函数 $f:(0,\infty)\to(0,\infty)$,使得对任何正数 x 和 y,都有
$$f(x)f(y) = f(xy) + f\left(\frac{x}{y}\right).$$

2003 年

九年级

III.065 10 个学生站成一队,每分钟都有某两个相邻的学生交换位置,一段时间后每一个学生都到过队首和队尾. 证明: 至少经过了 $65\,\mathrm{min}$.

III.066 给定四边形 $ABCD$,它的对角线相交于点 L. 在边 AD 上有一点 F,使得 $\angle FBC = 2\angle FAC$, $\angle FCB = 2\angle FDB$, $\angle AFB = \angle DFC$(参阅图 14). 证明: 直线 AB, CD, FL 相交于同一点.

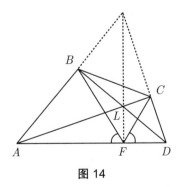

图 14

III.067 两个几何学家轮流在平面上取点,要求在每一步之后,任何三个被取出的点所形成的三角形的面积都不小于 1, 不大于 1 000. 谁不能继续往下做谁就输了. 试问: 谁有取

胜策略?

III.068 证明对任何自然数 n, $n!$ 都具有如下性质: 对于它的任何一个小于它自己的约数, 都可以加上它的某一个约数, 使得它们的和还是它的约数.

III.069 一个图的每条棱按如下法则被染为 4 种颜色之一: 在任何一条由三条棱组成的路上, 第一条棱和第三条棱的颜色一定不同 (路的起点和终点可以重合). 证明: 可以把这个图的所有顶点用 5 种不同的颜色染色, 使得任何两个有棱相连的顶点的颜色都不相同.

III.070 点 K 是 $\triangle ABC$ 的塞瓦线^① AD 的中点, 点 X 在线段 KC 上, 使得 $\angle ABK = \angle XBC$. 现知 $KX \cdot BD = CX \cdot CD$ (参阅图 15). 证明: $\angle BAX = \angle BCX$.

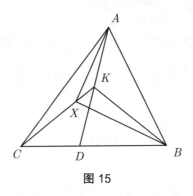

图 15

III.071 圣诞老人有 n 件不同的礼物和若干个一样的麻袋, 每个麻袋里都刚好装两件物品 (两个麻袋, 两件礼物, 或者一个麻袋、一件礼物). 特别地, 圣诞老人自己背在肩上的那个麻袋里也放了两件物品. 试问: 可以有多少种办法把礼物分放到麻袋里?

III.072 设 $a_1, \cdots, a_{10}, b_1, \cdots, b_{10}$ 都是实数, 证明:
$$(a_1^2 + a_2^2 + \cdots + a_{10}^2)(b_1^2 + b_2^2 + \cdots + b_{10}^2)$$
$$\geq (a_1b_1 + a_2b_2 + \cdots + a_{10}b_{10})^2$$
$$+ (a_1b_2 - a_2b_1 + a_3b_4 - a_4b_3 + a_5b_6 - a_6b_5 + a_7b_8 - a_8b_7 + a_9b_{10} - a_{10}b_9)^2.$$

十年级

III.073 给定二次三项式 $f(x) = x^2 + ax + b$, 在区间 $(0,1)$ 中取一点 p, $p \neq -\dfrac{a}{2}$, 并有 $f(b - f(p)) > f(p)$. 证明: 在该区间上还可以找到一点 $q \neq p$, 使得 $f(p) = f(q)$.

III.074 四边形 $ABCD$ 内接于圆, 在其对角线 AC 上有一点 L, 使得 $AB = AL$; 在射线 DC 上取一点 F, 使得 $DB = DF$; 点 E 和 B 关于 AD 对称 (参阅图 16). 证明: 点 F, L, E 三点共线.

---

① 编译者注　塞瓦线是指由三角形的一个顶点连向对边的某条线段. 进一步的解释可参阅本书末尾的 "专题分类指南".

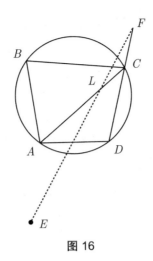

图 16

III.075 同 III.069 题.

III.076 在正 4 006 边形的一个顶点上放有一枚棋子, 两个人做游戏: 甲标出该 4 006 边形的一个顶点, 随后他们按如下法则轮流地移动棋子, 或者沿着主对角线移动棋子, 或者沿着最短的对角线移动棋子, 但是不能让棋子回到刚刚到过的顶点. 证明: 乙总是可以把棋子移到甲所标出的那个顶点.

III.077 点 K 是 $\triangle ABC$ 的塞瓦线①AD 的中点, 点 X 在线段 KC 上, 使得 $\angle ABK = \angle XBC$. 现知 $S_{\triangle AKC} = S_{\triangle KBX}$ (参阅图 17). 证明: $\angle BAX = \angle BCX$.

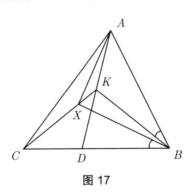

图 17

III.078 黑板上写有一个正整数, 对它可以进行如下的操作: 把它的每一位非零数字减 1, 然后在它的末尾写上所减去的 1 的个数 (例如, $11\,011\,321 \to 2\,107$). 试问: 有哪些 8 位数可以通过这样的操作得到 7?

III.079 一个图的每条棱都被染为 4 种颜色之一, 使得每一条由 3 条棱组成的路上第一条棱和第三条棱的颜色不同 (路的起点和终点可以重合). 证明: 可以用 4 种颜色为这个图的所有顶点正确染色 (所谓正确染色, 就是任何两个有棱相连的顶点的颜色都不相同).

---

① 编译者注 参阅 III.070 题的编译者注.

III.080 试求出所有这样的正整数对 (a,b), 其中 $b>1$, 并且 $b^a \mid a^b-1$.

十一年级

III.081 考察由单位正方形的 3 条边构成的图形. 试问: 对于怎样的 k 个这样的图形, 可以组成一个 $k \times k$ 方格表的骨架?

III.082 一个角被由它的顶点引出的一些射线等分为 $2n+1$ 个角, 这些角与某条直线交成了 $2n+1$ 条线段 (参阅图 18). 证明: 第 $1,3,\cdots,2n+1$ 条线段的长度之和大于其余线段的长度之和.

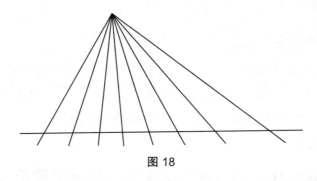

图 18

III.083 黑板上写有三个正整数, 允许把其中一个数加到另外一个数上, 把和写到黑板上, 并且擦掉其中的任意一个加数. 例如, 由 $8,9,10$ 三个数可以得到 $8,19,10$. 证明: 可以使得黑板上的三个数中有两个数相等.

III.084 能否把函数 $f(x)=2^x+3^x+9^x$ 表示为若干个实值周期函数的和?

III.085 证明: 在自然数集的任何无限子集中可以找到两个元素, 它们的和具有大于 $1\,000\,000$ 的质因数.

III.086 某国有 $2\,003$ 个城市, 某些城市之间有双向行车的道路相连. 现知任何两个城市之间都有唯一的路径相互通达, 每条路径都至多由 8 段道路组成. 一个城市称为 "交通不便" 的, 如果从它引出的道路不多于 8 条. 证明: 可以找到一个城市, 它最少与 8 个交通不便的城市有道路相连.

III.087 在 $\triangle ABC$ 中, $3AC=AB+BC$, 它的内切圆与边 AB 和 BC 分别切于 K 和 L 两点, 过 K 作内切圆的直径 DK, 过 L 作内切圆的直径 LE (参阅图 19). 证明: 直线 AE 和 CD 与直线 KL 的交点到 AC 中点的距离相等.

III.088 在空间中标出 $1\,000n^3$ (n 是自然数) 个点. 证明: 可以找到两个顶点属于这个点集的三角形, 它们的面积比不小于 n.

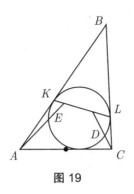

图 19

2004 年

九年级

III.089 假设数字 a,b,c 两两不同，证明：$\overline{ab} \cdot \overline{bc} \cdot \overline{ca} \neq \overline{ba} \cdot \overline{ac} \cdot \overline{cb}$.

III.090 在 $n \times n$ 方格表中有某 n 个方格被染成黑色. 试问：对怎样的最大的 k, 可在该方格表中找到一个周长为 k 的矩形，其中没有黑色方格？

III.091 如图 20 所示，分别以锐角 $\triangle ABC$ 的边 AB 与 BC 为底构造等腰 $\triangle AFB$ 与 $\triangle BLC$, 其中一个在 $\triangle ABC$ 形内，另一个在其形外，并且有 $\angle AFB = \angle BLC$ 与 $\angle CAF = \angle ACL$. 证明：直线 FL 与 $\angle ABC$ 的两边交成一个等腰三角形.

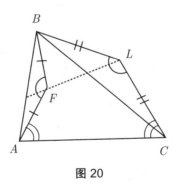

图 20

III.092 120 个实数被写成一行. 谢廖沙每次可以擦去任意若干个相连排列的数 (但不是全部), 并在每一个被擦去的数的位置写上此次被擦去的所有数的算术平均值. 试问：他是否一定能够使得所有的数变为相等？

III.093 设 m,n,k 都是正整数，使得 $5^n - 2$ 与 $2^k - 5$ 都可被 $5^m - 2^m$ 整除. 证明：n 与 m 互质.

III.094 如图 21 所示，在 $\triangle ABC$ 外接圆的 $\overparen{AC}$ 上取一点 D，并在边 AC 上取一点 E，使得 $DE = AE$. 在经过点 E 的平行于 AB 的直线上取一点 F，使得 $CF = BF$. 证明：D, E, C, F 四点共圆.

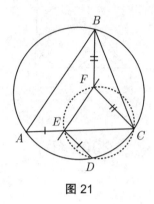

图 21

III.095 设 a, b, c 为正数，证明：
$$\frac{ab}{3a+b} + \frac{bc}{b+2c} + \frac{ac}{c+2a} \leqslant \frac{2a + 20b + 27c}{49}.$$

III.096 在平面上的每个点处都写有一个不超过 1 的正数. 今知对于任何边长为 1 的正方形，写在它的相对角处的数都相等. 证明：平面上的所有数都相等.

十年级

III.097 在 10×10 方格表中有某 10 个方格被染成黑色. 试问：对怎样的最大的 k，可在该方格表中找到一个周长为 k 的正方形，其中没有黑色方格？

III.098 同 III.091 题.

III.099 设 $a_1, a_2, \cdots$ 为正数数列，有
$$a_1 = 2, \quad a_{n+1} = \frac{n}{a_1 + \cdots + a_n}, \quad n \in \mathbf{N}_+.$$
证明：$0.999 < a_{2\,004} < 1$.

III.100 设 a 与 b 是正整数，使得 $a^3 + b^3$ 可被 $a^2 + ab + b^2$ 整除，而 $a - b$ 是质数. 证明：$a^3 - b^3$ 是完全四次方数.

III.101 在一个 N 元集合中可以选出 100 个子集，它们都是偶集（由偶数个元素构成），它们的一切可能的两两交集，三三交集，四四交集，一直到一切可能的 99 个子集的交集都是偶集，然而这 100 个子集的交集却是奇集. 试问：对怎样的最大的 N，有此可能？

III.102 如图 22 所示, 四边形 $ABCD$ 为凸四边形, K 与 L 分别是 AC 和 BD 的中点. 直线 KL 与边 AD 和 BC 分别相交于点 X 和点 Y. $\triangle AKX$ 外接圆与边 AB 相交于点 M. 证明: $\triangle BLY$ 的外接圆亦经过点 M.

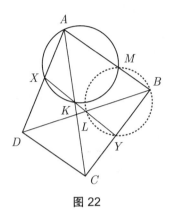

图 22

III.103 同 III.096 题.

III.104 设正整数 $a, b, c, d, e > 1$, 使得
$$a^{b^{c^{d^e}}} = e^{d^{c^{b^a}}}.$$

证明: $a = e$, $b = d$.

十一年级

III.105 同 III.090 题.

III.106 设有数列 $x_1, x_2, \cdots$, 其中 $x_1 > 0$, 而对任何 $n \in \mathbf{N}_+$, 都有
$$x_{n+1} = \frac{n}{x_1 + \cdots + x_n}.$$

证明: $x_{2004} < 1$.

III.107 同 III.100 题.

III.108 同 III.094 题.

III.109 停车场被划分成 2004×2004 个方格, 每个方格仅能停一辆汽车. 现知其中一共停着两百万辆汽车, 它们被计算机编号为 1 至 $2\,000\,000$, 并接受计算机排位. 计算机会发出形如 "k 号汽车往左 (右、前、后) 移动一格" 之类的命令. 接到命令后, 该号汽车就会移

动到指定的方格中, 只要这个方格位于停车场中并且是空着的, 并通知计算机它是否执行了命令.

柯斯嘉没有看到停车场里的方格, 而且也不知道该如何运作. 证明: 他可以写下一串命令, 只要完成这些命令, 他就可以实现汽车的第一步停放. (所有的命令都要在开始执行以前全部写出.)

III.110 如图 23 所示, 四边形 $ABCD$ 为凸四边形, P 与 Q 分别是 AC 和 BD 的中点. 直线 PQ 与边 AB 和 CD 分别相交于点 N 和点 M. 证明: $\triangle ANP$, $\triangle BNQ$, $\triangle CMP$, $\triangle DMQ$ 的外接圆相交于同一点.

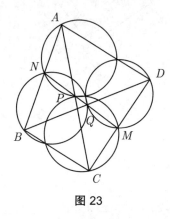

图 23

III.111 没有重边的二部图有 $v \geqslant 4$ 个顶点, 该图在平面中画出时, 它的每条边都至多与一条别的边相交. 证明: 该图中至多有 $3v - 8$ 条边.

III.112 设正整数 $a, b, c, d > 1$, 使得

$$a^{b^{c^d}} = d^{c^{b^a}}.$$

证明: $a = d$, $b = c$.

2005 年

九年级

III.113 设 a, b, c 都是不超过 $1\,000\,000$ 的正整数, 证明: 方程

$$\sqrt[21]{ax^2} + \sqrt[21]{bx} + \sqrt[21]{c} = 0$$

没有实数解.

III.114 将 10 个互不相同的数写成一行,允许交换任何两个相邻的数的位置,只要它们此前没有被交换过. 证明: 只要交换的总次数不超过 45, 就至少还可以再交换 1 次.

III.115 如图 24 所示, 圆周经过 △ABC 的顶点 A 和 B, 并且分别与边 AC 和 BC 相交于点 X 和 Y. 现知 △CXY 的与边 XY 相切的旁切圆的圆心位于 △ABC 的外接圆上, 证明: △ABC 的内心位于线段 XY 上.

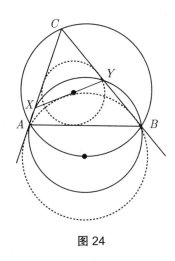

图 24

III.116 能否将所有大于 2 005 的正整数分为两个不相交的子集, 使得对任何两个属于同一个子集的不同的数 x 与 y, 数 x^2+y 也在同一个子集中?

III.117 证明: 对任何实数 $x, y, z \in [0, 1]$, 都有
$$(x+1)(y+1)(z+1) \geqslant \sqrt{8(x+y)(y+z)(z+x)}.$$

III.118 设 p 为质数, 对于由 $1, 2, \cdots, p-1$ 中三个不同的数构成的一切可能的数组, 我们来考察各个数组中的三个数的乘积被 p 除的余数. 证明: 在这些余数中, 1 的个数不少于 2 的个数.

III.119 如图 25 所示, BL 是 △ABC 中的一条角平分线, 点 P 位于 △BLC 中, 使得 $\angle BPC = 90°$, $\angle LPC + \angle LBC = 180°$. 设 △LPB 的外心为 O, 线段 BC 的中点为 M. 证明: 直线 CO, BL, AM 共点.

III.120 某王国有 210 个城市, 但是没有任何道路连接它们. 国王打算这样来修建它们之间的道路: 每一条道路都只能单向行车, 并且对于任何三个城市 A, B, C, 都只有由 A 到 B、由 B 到 C 的道路, 而没有由 A 到 C 的道路. 试问: 他最多共可修多少条道路?

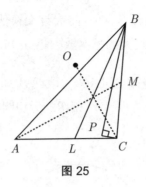

图 25

十年级

III.121 如图 26 所示, 直线 l_1, l_2 相交于点 C, 并且分别交抛物线于点 A 和点 B. 设线段 AB 的中点为 K. 证明: 线段 KC 的中点位于抛物线上.

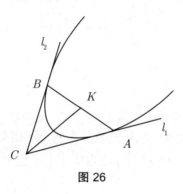

图 26

III.122 有一个由 100 个人构成的群体, 其中任何 10 个人中都有 3 个人彼此认识. 证明: 在他们中可以找到 8 个人, 其余的每个人都至少认识这 8 个人之一.

III.123 同 III.115 题.

III.124 证明: $3^k = m^2 + n^2 + 1$ 有无限多组正整数解.

III.125 设 $x_1, x_2, \cdots, x_n$ $(n \geqslant 2)$ 为正数, 有

$$x_i \geqslant x_1 + x_2 + \cdots + x_{i-1}, \quad i = 2, 3, \cdots, n.$$

证明:

$$\frac{x_1}{x_2} + \frac{x_2}{x_3} + \cdots + \frac{x_{n-1}}{x_n} \leqslant \frac{n}{2}.$$

III.126 正整数 $1, 2, \cdots, n^2$ 被写在一个圆周上, 允许交换任何两个相邻数的位置, 只要它们此前没有被交换过. 证明: 只要交换的总次数不超过 $\frac{n^3}{100}$, 就至少还可以再交换 1 次.

III.127 如图 27 所示, 锐角三角形 ABC 的外心为 O, 高 AA_1 与 BB_1 相交于点 H. 点 L 位于边 AC 上, 使得高 CC_1 等分线段 A_1L, 高 AA_1 等分线段 C_1L. 证明: $HL \perp OH$.

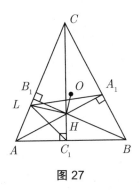

图 27

III.128 给定自然数 m, 今知它是 17 的倍数. 考察集合 $\{1, 2, \cdots, m\}$ 的所有不同的 17 元子集, 并求出各个子集中的所有数之乘积被 m 除的余数. 证明: 在这些余数中, 0 的个数不少于 1 的个数.

十一年级

III.129 同 III.114 题.

III.130 我们以 $d(n)$ 表示正整数 n 的正约数的个数. 数列 $a_1, a_2, \cdots, a_{400}$ 满足条件 $a_{n+1} = d(a_n) + d(n)$. 证明: 在该数列中, 质数不多于 210 个.

III.131 同 III.115 题.

III.132 同 III.124 题.

III.133 证明对任何实数 x, y, z, 都有如下不等式成立:
$$\left(x^2 + \frac{3}{4}\right)\left(y^2 + \frac{3}{4}\right)\left(z^2 + \frac{3}{4}\right) \geqslant \sqrt{(x+y)(y+z)(z+x)}.$$

III.134 人群中至少有 10 个人, 其中每 10 个人中都有 3 个人两两互相认识. 证明: 从中或者可以找到这样 7 个人, 他们根本没有熟人; 或者可以找到这样 7 个人, 其余每个人都至少认识他们中的一个人.

III.135 如图 28 所示, 在 $\triangle ABC$ 内部任取一点 X. 射线 AX, BX, CX 分别交 $\triangle ABC$ 的外接圆于 A_1, B_1, C_1 三点. 将 A_1 关于 BC 中点的对称点记作 A_2, 将 B_1 关于 CA 中点的对称点记作 B_2, 将 C_1 关于 AB 中点的对称点记作 C_2. 证明: 可以找到一个不依赖于 X 的选取的固定点 Y, 使得 Y, A_2, B_2, C_2 四点共圆.

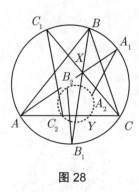

图 28

III.136 在正 n 边形的一个顶点上写着一个 1, 在其余顶点上均分别写着一个 0. 小流氓米沙在每个数上都加上它的顺时针方向的邻数; 接着, 他又在每个数上都加上它的顺时针方向的邻数的邻数; 然后, 他又在每个数上都加上它的顺时针方向的邻数的邻数的邻数; 如此等等; 最后, 他在每个数上都加上它的逆时针方向的邻数. 经过这些操作之后, 有 $n-1$ 个顶点上的数相等. 试问: n 可能为多少?

2006 年

九年级

III.137 黑板上写着 101 个正整数. 今知其中任何 51 个数的乘积都可被其余 50 个数的乘积整除. 证明: 如果这 101 个数整体互质, 那么所有这些数的乘积是正整数的方幂数.

III.138 如图 29 所示, $\triangle ABC$ 的内心是 I. 在 $\triangle ABC$ 内有一个圆, 它分别与边 AB 和 BC 相切于点 X 和 Y, 并与 $\triangle AIC$ 的外接圆相交于点 Z(此处, Z 可以是两个交点中的任意一个). 证明: $\triangle AXZ$ 的外接圆与 $\triangle CYZ$ 的外接圆相互外切.

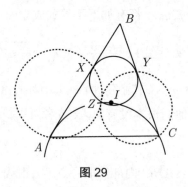

图 29

III.139 给定二次三项式 $2005x^2 + 2006x + 2007$. 甲、乙二人轮流对其进行如下操作: 每人每次从多项式上减去 x^2 或 x 或 1, 甲先开始. 如果在谁操作之后, 所得的多项式具有整数根, 则算谁输. 谁有取胜策略?

III.140 试求方程的整数根:

$$n^3 - 5n + 10 = 2^k.$$

III.141 如图 30 所示, $\triangle ABC$ 是非等腰锐角三角形, BL 是其角平分线, H 是其垂心. 点 K 与 L 关于 $\triangle ABC$ 的外心对称. 证明: $BK > HL$.

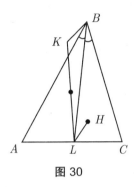

图 30

III.142 图 G 有 $n > 30$ 个顶点. 今知在任何至少包含该图 3 个顶点的集合 A 中, 都能找到其中 3 个顶点, 它们每个顶点连接着 A 中不多于 200 个顶点. 试问: 图 G 中最多有多少条棱?

III.143 设 $a_1, a_2, \cdots, a_n$ 为正数, 它们的平方和等于 1. 证明:

$$\sum_{i=1}^{n} \frac{a_{i+1} a_i}{2 - (a_{i+1} - a_i)^2} \leqslant \frac{1}{2},$$

其中 $a_{n+1} = a_1$.

III.144 设奇数 n 是三个不同质数的乘积. 证明: 对任何两个不同的正整数 a 与 b, 数 $a^n - b^n$ 都有大于 n 的质约数.

十年级

III.145 给定 101 个正整数. 今知其中任何 51 个数的乘积都可被其余 50 个数的乘积整除. 证明: 如果这 101 个数整体互质, 那么所有这些数的乘积是正整数的方幂数.

III.146 如图 31 所示, I 是 $\triangle ABC$ 的内心. 经过点 B 作以 I 为圆心的圆, 它与边 AB 和 BC 都相交, 并且与边 AC 相交于两个点 F 与 L(点 F 在 A 与 L 之间). 证明: 点 I 在 AC, BC 和 BL 上的投影位于同一条直线上.

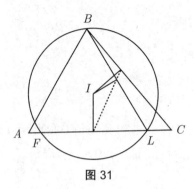

图 31

III.147 设 x, y, z, α, β 和 γ 都是正数, 有 $\alpha + \beta + \gamma = \pi$ 和

$$x^2 + y^2 + z^2 = 2(xy\cos\gamma + yz\cos\alpha + zx\cos\beta).$$

证明: 用长度分别为 x, y 和 z 的三条线段可以构成三个内角分别为 α, β 和 γ 的三角形.

III.148 某国有 100 个城市, 要在某些城市之间开设航空线路, 使得从任何城市都可以飞到任何城市 (包括中转后到达), 并且对于任何四个这样的城市 A, B, C, D, 只要存在航线 AB, BC, CD, 就一定存在航线 AD. 试问: 有多少种开设航线的方法?

III.149 设 a, b, c, d 为正数, 有 $a^2 + b^2 + c^2 + d^2 = 1$. 证明:

$$a + b + c + d + \frac{1}{abcd} \geq 18.$$

III.150 两个男青年在小卖部买糖果招待一位姑娘. 每一次有一位男青年向售货员买 1 块或 2 块糖果给姑娘. 两个人轮流购买. 现知两人各有 550 卢布, 而小卖部一共有 1000 块糖果. 每块糖果价值为 1 卢布. 谁先不能买糖果招待姑娘, 就算谁输. 谁有取胜策略?

III.151 如图 32 所示, 在 $\triangle ABC$ 的边 AB 和 BC 上分别取点 X 和 Y, 使得线段 XY 经过内心 I. 令知 $\angle AXY$ 与 $\angle XYC$ 的平分线相交于边 AC 上. 证明: $\triangle ABC$ 是钝角三角形.

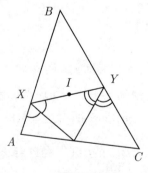

图 32

III.152 两两不同的实数 $a_1, a_2, \cdots, a_n$ 和 $b_1, b_2, \cdots, b_n$ 都属于区间 $[0,1)$. 对一切 $1 \leqslant i, j \leqslant n$, 在黑板上写出小数部分 $\{a_i + b_j\}$. 今知黑板上一共出现 $2n-2$ 个不同的数. 证明: 每个数都至少在黑板上写了两遍.

十一年级

III.153 称三元实数组为好的, 如果其中两个较小数的差不超过 1 (例如, 三元实数组 $(1, \sqrt{3}, 4)$ 是好的, 而 $(1, 3, 4)$ 不是好的). 今有一个四面体, 它的每个面上的三条棱的长度都形成好的三元数组. 证明: 它的三组相对棱的长度和之半也形成好的三元数组.

III.154 同 III.140 题.

III.155 如图 33 所示, $\triangle ABC$ 的内心是 I. 它的内切圆分别与边 BC, AC, AB 相切于点 A_1, B_1, C_1. 在线段 BC_1 上取点 K, 使得 $IK = IC$. 证明: 线段 KC 的中点在线段 A_1C_1 上.

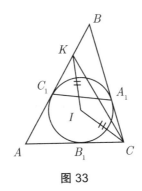

图 33

III.156 同 III.148 题.

III.157 $2^n + 1$ 个互不相同的集合被分为两类: 红类与蓝类, 并且既有属于红类的集合也有属于蓝类的集合. 将红类的集合与蓝类的集合的对称差 (不一定在原来的集合组里) 称为白的. 证明: 白类的集合不少于 2^n 个.(通常将集合 A 与集合 B 的对称差记作 $A \Delta B$, 并将其定义为 $(A \cup B) \setminus AB$, 也就是 $A\overline{B} \cup \overline{A}B$.)

III.158 给定一个凸 n 边形 F. 将一个圆称为半内切于 F, 如果该圆整个在 F 内并且与它的三条边相切. 今知任何 4 条包含 F 的边的直线都不与同一个圆相切. 证明: 刚好有 $n-2$ 个半内切于 F 的圆.

III.159 有限数列 $f(k)$, $k = 1, 2, \cdots, n$ 非降, 取整数值于区间 $[1, n]$. 证明:
$$\sum_{k=1}^{n} f(f(k)) \leqslant \sum_{k=1}^{n} f(k) + \frac{n^2}{4}.$$

III.160 给定质数 p 与 q, 以及正整数 $a_1, a_2, \cdots, a_p$ 和 $b_1, b_2, \cdots, b_q$. 今知和数 $a_i + b_j$ 在被 pq 除时给出了所有可能的余数. 证明: 数 a_i 在被 p 除时给出了所有可能的余数.

2007 年

九年级

III.161 $2\,007 \times 2\,007$ 的方格表被划分为一系列 1×1 和 2×2 的正方形. 证明: 能够找到原方格表中的一行, 它与奇数个所分出的正方形相交.

III.162 设 a, b, c 为互不相等的正整数, 满足条件
$$(a+b)(a+c) = (b+c)^2.$$
证明:
$$(b-c)^2 > 4(b+c).$$

III.163 如图 34 所示, 四边形 $ABCD$ 为梯形, 穿过其两条对角线交点的直线平行于两底 BC 与 AD, 且与边 CD 相交于点 K. 经过顶点 A 与 B 的圆分别与底边 BC 和 AD 相交于点 X 和 Y, 且与边 CD 相切于点 K. 证明: 直线 XY 经过直线 AB 与 CD 的交点.

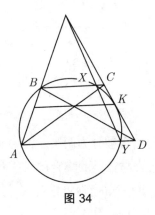

图 34

III.164 列沙有 $2n$ 枚硬币 $(n > 1)$, 其中超过一半是真币. 现知所有真币的质量相等, 而假币的质量与真币不同, 且各枚假币的质量未必相同. 证明: 列沙可以在一架没有砝码的双秤盘天平上通过 $2n - 3$ 次称量至少找出一枚真币.

III.165 黑板上写着二次三项式
$$x^2 + 25x + 425.$$

两人做游戏, 每人每次可以将 x 的系数减 1, 或者将常数项减 1, 两人轮流进行. 谁做过之后, 首次出现具有实根的二次三项式, 就算谁赢. 试问: 在正确的策略下, 谁将取胜?

III.166 如图 35 所示, 四边形 $ABCD$ 内接于圆, 有 $BC = CD$. 设 E 是对角线 AC 的中点. 证明: $BE + DE \geqslant AC$.

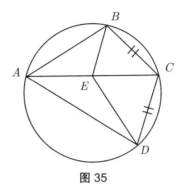

图 35

III.167 观察 1 与 -1 在圆周上的排列 $a_1, a_2, \cdots, a_{200}$, 以 A 记绕圆一周的正负号变化次数. 试对所有可能的不同放法, 求乘积 $2^A a_1 a_2 \cdots a_{200}$ 的和.

III.168 求如下方程的正整数解:

$$1^n + 2^n + \cdots + n^n = k!.$$

十年级

III.169 一个由 200 个人构成的团体具有如下性质: 对于其中任何两个互不认识的人来说, 其余的每个人都或者同时认识他们俩, 或者同时不认识他们俩. 证明: 在该团体中, 或者能找到 15 个彼此都认识的人, 或者能找到 15 个彼此都不认识的人.

III.170 设 a, b, c 为互不相等的正整数, 满足条件

$$(a+b)(a+c) = (b+c)^2.$$

证明:

$$(b-c)^2 > 8(b+c).$$

III.171 如图 36 所示, $\triangle ABC$ 是锐角三角形, 它的内心 I 位于高 AA_1 与 CC_1 所夹成的锐角的平分线上. 证明: $IA_1 = IC_1 = IL$, 其中 L 是 $\triangle ABC$ 中的内角 $\angle B$ 的平分线与对边 AC 的交点.

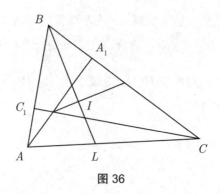

图 36

III.172 对正整数 a 允许加上可以整除 $a+1$ 的 2 的任意次方幂. 证明: 从任一正整数出发, 每分钟都进行一次这样的操作, 那么或迟或早可以得到一个 2007 的倍数.

III.173 如图 37 所示, $\triangle ABC$ 是锐角三角形, 经过它的垂心和顶点 A, C 的圆分别与边 AB 和 BC 相交于点 X 和 Y. 在边 AC 上取点 Z 与 T, 使得 $ZX = ZY$ 和 $ZA = TC$. 证明: $BT \perp XY$.

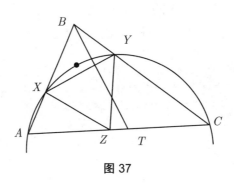

图 37

III.174 在平面上有 50 个标出点, 其中任何 3 点不共线. 科斯佳用线段连接这些点, 其中任何两条线段都没有公共点 (包括没有公共端点). 科斯佳已经连好 16 条线段. 证明: 他至少还可以再连一条线段.

III.175 设 a, b, c, d 为正数, 满足等式 $(a^3 + b^3)^4 = c^3 + d^3$. 证明不等式:

$$a^4 c + b^4 d \geqslant cd.$$

III.176 给定一组无穷多个棱长为整数的互不全等的直平行六面体. 证明: 其中有一个这样的平行六面体, 可将它剖分为若干个较小的平行六面体, 使得其中每一个都与组中的某一个平行六面体全等.[①]

---

① 编译者注 从所给解答来看, 这些直平行六面体的底面都是矩形, 所以它们实际上都是一些长方体.

十一年级

III.177 同 III.169 题.

III.178 同 III.170 题.

III.179 正整数 1 至 2007 被写成一行. 两人做游戏. 第一个人每一步都可以任意变换行中的数的排列. 第二个人每一步可任意选择 3 个相连放置的数 a, b 和 c, 把它们换成 b 和 $a + c$. 两人依次交替进行, 直到只剩下两个数时, 第一个人就向第二个人付钱, 其金额等于所剩二数之差的绝对值. 试问: 第二个人可以保证自己最多得到多少钱?

III.180 同 III.173 题.

III.181 是否存在这样的二元的有理分式函数 $F(x, y)$, 使得对任何正数 x 与 y, 都有如下等式成立:
$$F(x, y) = F\left(y, \frac{y+1}{x}\right)?$$
(两个多项式之比称为有理分式函数.)

III.182 同 III.175 题.

III.183 在空间中给定一个球以及球外两个点 A 与 B. 我们来观察所有的这样的点 M 的集合, 其中直线 AM 与直线 BM 都与所给定的球相切. 证明: 该集合包含在两个平面的并集中.

III.184 同 III.176 题.

2008 年

九年级

III.185 整系数三次多项式有 3 个正无理根. 证明: 这 3 个根不可能形成等比数列.

III.186 一些学生参加了一次晚会, 每个参加者都在到场者中有认识的人. 现知每个到场者所认识的男孩人数都是他所认识的女孩人数的 3.2 倍. 试问: 至少有多少个学生参加了这次晚会?

III.187 以 $p(a)$ 表示整数 $a > 1$ 的最小质约数. 今知, 对于整数 $m, n > 1$ 有如下关系式成立:
$$m + n = [p(m) - p(n)][p(m) + p(n)].$$
试问: 整数 m 可取哪些值?

III.188 设四边形 $ABCD$ 为凸四边形. 圆周 S_1 经过顶点 A 和 B 且与直线 AC 相切, 圆周 S_2 经过顶点 C 和 D 且与直线 AC 相切 (参阅图 38). 证明: 直线 AC, BD 以及圆 S_1 与 S_2 的第二条内公切线经过同一个点.

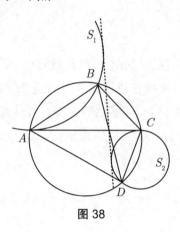

图 38

III.189 国际象棋中的超级马的一步由寻常马的两步组成. (特别地, 超级马可以控制自己所在的方格.)

无限大方格平面上有些方格被染为蓝色. 自任意一个蓝色方格出发, 超级马一步所能到达的所有方格数目为 N. 证明: 可以在平面上一共放置不多于 $\dfrac{N}{8}$ 枚超级马, 它们就可以控制所有的蓝色方格.

III.190 设四边形 $ABCD$ 为梯形, 其中 $AB // CD$ (参阅图 39). 分别以 R_1 与 R_2 表示 $\triangle ACD$ 和 $\triangle BCD$ 的外接圆半径. 证明: $AB^2 \leqslant 4R_1R_2$.

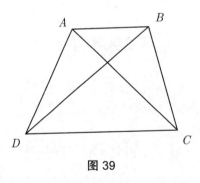

图 39

III.191 证明: 对于任何正数 a 和 b, 都有如下不等式成立:
$$(ab)^{a^2+b^2}\left(\dfrac{a^2+b^2}{2}\right)^{2ab} \leqslant \left(\dfrac{a+b}{2}\right)^{2(a+b)^2}.$$

III.192 二人做游戏, 轮流在黑板上写正整数, 每人每次写一个数. 开始时黑板上依次写着 $1, 2, 3$ 三个数. 每人每次所写的数都等于最后一个数与前面某个数的和, 并接排在原来的数的后面. 谁先写出大于 $1\,000$ 的数就算谁赢. 谁将取胜?

十年级

III.193 给定 101 个酉二次三项式①$f_1,\cdots,f_{101}$, 其中任何两个三项式的和都有两个不同的实根, 并且这 $2C_{101}^2 = 101 \times 100$ 个根互不相同. 证明: 原来 101 个三项式的根集不可能刚好由 98 个不同的数组成.

III.194 以 $p(a)$ 表示正整数 a 的最小质约数. 今知, 对于整数 $m,n>1$ 有如下关系式成立:
$$m^2 + n = p(m) + p^2(n).$$
证明: $m=n$.

III.195 愚人国迎来了大选. 在 30 个选区各登记了 1 000 个选民. 今知, 在每一个选区中, 投票给卡拉巴萨-巴拉巴萨党候选人的选民数目都大于零, 并且得票比例都等于该选区前来投票的人数比例. 卡拉巴萨-巴拉巴萨党的正式公报称, 他们获得前来投票人数的 64.3% 的选票. 证明: 如果前述各数都未四舍五入, 则公报所公布的数字有误.

III.196 设 I 与 I_A 分别是 $\triangle ABC$ 的内接圆圆心和旁切圆圆心. 直线 ℓ_A 经过 $\triangle BIC$ 与 $\triangle BI_AC$ 的垂心 (参阅图 40). 类似地定义直线 ℓ_B 与直线 ℓ_C. 证明: 直线 ℓ_A, ℓ_B, ℓ_C 相交于同一点.

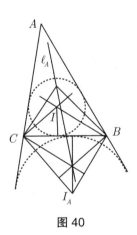

图 40

III.197 140 根火柴堆成一堆. 甲、乙二人轮流从堆中取出火柴, 甲先开始. 并且, 甲每次取 1~3 根, 乙每次取 1~5 根. 等所有火柴都取完之后, 数出二人所取的火柴根数. 如果二人根数的差可被 7 或 13 整除, 则算乙赢, 否则就是甲赢. 在正确的玩法下, 谁将取胜?

III.198 设四边形 $ABCD$ 为平行四边形, 其中 $\angle BAC = 40°$, $\angle BCA = 20°$ (参阅图 41). 在对角线 AC 上取点 E 和 G, 在边 AD 上取点 F 和 H, 使得 B,E,F 三点共线, 且使 $\angle ABG = \angle AHG = 90°$ 和 $AF = EG$. 证明: $AF = HD$.

---
① 编译者注 酉二次三项式即二次项系数是 1 的二次三项式.

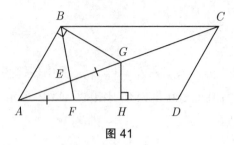

图 41

III.199 设 n 为奇数. 今知某有理系数 n 次多项式刚好有 n 个实根, 它们形成等比数列. 证明: 其中至少有一个是有理根.

III.200 将图中两个顶点之间的最短的路的长度 (路的长度以折线上的边的条数计数) 称为它们之间的距离. 今知图中有 $n > 7$ 个顶点和 $\dfrac{n(n-7)}{2} + 10$ 条边. 证明: 可将我们图中的顶点分为两组, 使得任何两个不同组的顶点之间的距离都不刚好等于 3.

十一年级

III.201 同 III.194 题.

III.202 同 III.189 题.

III.203 给定两个锐角三角形 $\triangle ABC$ 和 $\triangle A_1B_1C_1$. 今知第一个三角形的三条边 AB, BC 和 AC 的长度分别等于第二个三角形的三个内角 $\angle C_1, \angle A_1$ 和 $\angle B_1$; 反之亦然, 第二个三角形的三条边 A_1B_1, B_1C_1 和 A_1C_1 分别等于第一个三角形的三个内角 $\angle C, \angle A$ 和 $\angle B$. 试问: 这两个三角形的面积之和可能是多少?

III.204 如图 42 所示, $\triangle ABC$ 的两个旁切圆分别与边 AB 和 AC 相切于点 P 和 Q. 记 L 为线段 PQ 的中点, M 为边 BC 的中点. 点 L_1 和 L_2 分别是点 L 关于线段 BM 和 CM 的中点的对称点. 证明: $L_1P = L_2Q$.

III.205 二人做游戏, 轮流在黑板上写正整数, 每人每次写一个数. 开始时黑板上依次写着 $1,2,3$ 三个数. 每人每次所写的数都等于最后一个数与前面某个数的和, 并写在原来所有数之后. 谁先写出大于 $1\,000\,000$ 的数就算谁赢. 谁将取胜?

III.206 如图 43 所示, 在锐角 $\triangle ABC$ 内部取一点 K, 使得

$$\angle AKC = 2\angle ABC, \quad \dfrac{AK}{KC} = \left(\dfrac{AB}{BC}\right)^2.$$

点 A_1 与 C_1 分别是边 BC 和 AB 的中点. 证明: 点 K 位于 $\triangle A_1BC_1$ 的外接圆上.

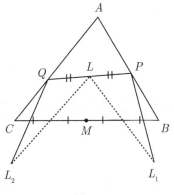

图 42

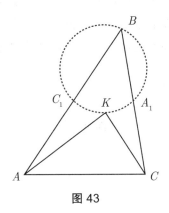

图 43

III.207 有理系数 n 次多项式有 n 个互不相同的无理根, 它们形成等比数列. 试问: n 可以取哪些值?

III.208 在 n 张卡片上分别写着不大于 1 的整数 $a_1, a_2, \cdots, a_n$, 它们的和数为正 (例如, $1,1,1,0,0,0,-2$). 从中取出的一组卡片称为有趣的, 如果这些卡片上的数的和等于 1. 对于每一组有趣的卡片, 我们都在黑板上写上一个数 $(k-1)!(n-k)!$, 其中 k 是组中的卡片的张数. 证明: 所有写在黑板上的数的和等于 $n!$.

(在所举的例子中, 我们有 3 次写出 0!6!, 有 9 次写出 1!5!, 有 9 次写出 2!4!, 有 4 次写出 3!3!, 有 3 次写出 4!2!, 有 3 次写出 5!1!, 有 1 次写出 6!0!, 它们的和是 7!.)

第 239 中学数学公开赛试题

圣彼得堡第 239 中学是一所数学物理专门学校,它所举办的数学公开赛一直是圣彼得堡数学界引以为豪的一项赛事. 参赛者并不局限于本校学生. 虽然竞赛不是由市竞赛委员会命题和主办的,但在俄罗斯却赢得极高的声誉,成为了代表圣彼得堡城市形象的一项比赛. 所以在市竞赛委员会出版的圣彼得堡数学奥林匹克的书籍中,历来把这项比赛的试题收录其中.

2000 年

八、九年级

IV.001 在无穷大的方格纸上的一个 10×10 正方形的方格中放有 100 枚跳棋棋子,每格一子. 这些棋子经过一些跳动之后,原来依边相邻的棋子仍然依边相邻,并且没有任何两枚棋子落在同一个方格中. 证明:这些棋子仍然排成正方形.

IV.002 给定正整数 x, y, z, t,它们两两互质,且有 $xy + yz + zt = xt$. 证明:其中有两个数的平方和是另两个数的平方和的 2 倍.

IV.003 $\triangle ABC$ 是锐角三角形,AA_1 与 CC_1 是它的两条高. 经过 $\triangle AA_1C$ 与 $\triangle CC_1A$ 内心的直线分别与 $\triangle ABC$ 的边 AB 和 BC 相交于点 X 和点 Y(参阅图 1). 证明:$BX = BY$.

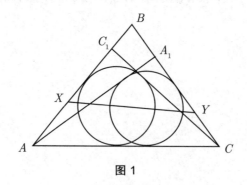

图 1

IV.004 是否存在这样的 30 位数, 它的任何相连的 5 个数字所形成的 5 位数都可被 13 整除?

IV.005 100 支排球队参加单循环训练赛, 任何两场比赛都不同时进行. 现在发现, 在每场比赛中相遇的两支球队在相遇时的积分都相同. 试问: 获得冠军的球队一共可以得到多少分?

IV.006 在凸四边形 $ABCD$ 中, 边 AD 与 BC 的中点分别是 M 与 N. 今知 A, B, M, N 四点共圆, 直线 AB 与 $\triangle BMC$ 的外接圆相切 (参阅图 2). 证明: 直线 AB 亦与 $\triangle AND$ 的外接圆相切.

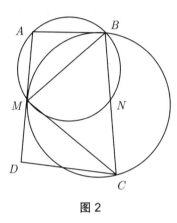

图 2

IV.007 证明: 对任何正数 $a_1, a_2, \cdots, a_n$ 都有

$$\frac{a_1+a_2}{2} \cdot \frac{a_2+a_3}{2} \cdot \ldots \cdot \frac{a_n+a_1}{2}$$
$$\leqslant \frac{a_1+a_2+a_3}{2\sqrt{2}} \cdot \frac{a_2+a_3+a_4}{2\sqrt{2}} \cdot \ldots \cdot \frac{a_n+a_1+a_2}{2\sqrt{2}}.$$

IV.008 连通图称为二重连通的, 如果去掉它的任一顶点后仍为连通图. 证明: 如果一个二重连通图的顶点的度数都大于 2, 则在去掉它的任一顶点后仍为二重连通图.

十、十一年级

IV.009 同 IV.002 题.

IV.010 同 IV.005 题.

IV.011 同 IV.007 题.

IV.012 同 IV.008 题.

IV.013 给定正整数 m. 证明: 存在无穷多个质数 p, 使得 $m+p^3$ 是合数.

IV.014 一些瓢虫待在一个正 n 边形的顶点上. 它们同时开始以同样的速度 v 沿着多边形的边朝着顺时针方向的下一个顶点爬去, 并继续做匀速直线运动. 昆虫学家瓦夏沿着平面上的某一条直线以速度 v_1 做匀速运动. 经过一段时间后, 瓦夏已经碾死了 3 只瓢虫. 证明: $v = v_1$.

IV.015 在 $\triangle ABC$ 中, 边 AB 和 BC 的中垂线分别交边 BC 和 AC 于点 A_1 和 C_1. $\angle A_1 AC$ 与 $\angle C_1 CA$ 的平分线相交于点 B' (参阅图 3). 类似地定义点 A' 与点 C'. 证明: 点 A', B', C' 位于经过 $\triangle ABC$ 的内心的同一条直线上.

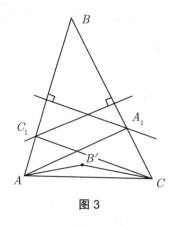

图 3

IV.016 给定一个 102 元的集合. 试问: 能否选出它的 102 个 17 元子集, 使得其中任何两个子集的交集中都至多有 3 个元素?

2001 年

八、九年级

IV.017 $n \times n$ 方格表的每一个方格中都填写了一个非 0 实数. 现知每一个实数都恰好等于它所在的十字架 (它所在的行与列) 中其余各数之和的 $\frac{1}{k}$. 试问: 对于怎样的 k, 此为可能?

IV.018 设四边形 $ABCD$ 为凸四边形, 射线 DA 与 CB 相交于点 Q, 射线 BA 与 CD 相交于点 P. 现知 $\angle AQB = \angle APD$, 并且它们的平分线分别与四边形 $ABCD$ 的边相交于点 X, Y 和 Z, T. $\triangle ZQT$ 的外接圆与 $\triangle XPY$ 的外接圆的交点 K 位于四边形 $ABCD$ 内部 (参阅图 4). 证明: 点 K 位于对角线 AC 上.

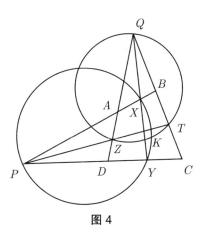

图 4

IV.019 黑板上写着整数 $1, 2, \cdots, 1999$. 甲、乙二人按如下规则做游戏: 每人每次可以擦去其中任何两个数, 并且或者写上它们的和, 或者写上它们的乘积, 或者写上它们的差 (任何符号). 甲先开始, 并且他希望最后剩下的那个数可以被 1999 整除. 试问: 乙能否阻止他达到目的?

IV.020 试求出所有满足条件的正整数 a, b, c:

$$(a^2, b^2) + (a, bc) + (b, ac) + (c, ab) = 239^2 = ab + c,$$

其中 (x, y) 表示正整数 x 与 y 的最大公约数.

IV.021 圆 S_1 与 S_2 相交于点 A 与点 B. 圆 S_3 与 S_1 和 S_2 分别外切于点 C 与点 D. 将直线 AB 被 S_3 所截出的弦的中点记作 K (参阅图 5). 证明: $\angle CKA = \angle DKA$.

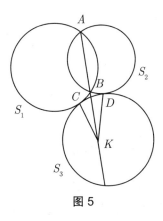

图 5

IV.022 在平面上作有 100 条直线, 其中任何两条都不平行. 现知, 其中任何 5 条直线中都有某 3 条直线经过同一个点. 证明: 在平面上可以找到两个点, 使得这些直线中的每一条都经过其中一个点.

IV.023 证明: 对于任何正数 $a_1, a_2, \cdots, a_n$, 都有

$$\left[1+\frac{1}{a_1(1+a_1)}\right]\left[1+\frac{1}{a_2(1+a_2)}\right]\cdots\left[1+\frac{1}{a_n(1+a_n)}\right] \geqslant \left[1+\frac{1}{p(1+p)}\right]^n,$$

其中 $p = \sqrt[n]{a_1 a_2 \cdots a_n}$.

IV.024 图中有 $2n-1$ 个顶点. 现知去掉其中任何一个顶点 (连同由它连出的所有边) 之后, 剩下的图中都有一个具有 n 个顶点的完全子图. 证明: 原来的图中有一个具有 $n+1$ 个顶点的完全子图.

十、十一年级

IV.025 同 IV.020 题.

IV.026 同 IV.023 题.

IV.027 圆 S_1 与 S_2 相交于点 A 与点 B. 圆 S_3 分别与 S_1 和 S_2 外切于点 C 与点 D. 将直线 AB 被 S_3 截出的弦记作 PQ, CD 的中点记作 K(参阅图 6). 证明: $\angle PKC = \angle QKC$.

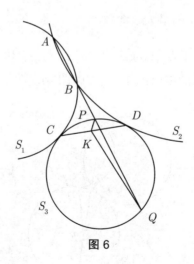

图 6

IV.028 在一张无穷大的方格纸的每个方格中都写有一个整数. 对于其中每个整数 a, 其下方和右方邻格中的数的和都等于 $2a+1$. 证明: 在每条右上左下倾斜的对角直线上写的无穷多个整数各各不同.

IV.029 证明: 对于每个整系数 10 次多项式 $f(x)$, 都可以找到两个不超过 101 的正整数 a 和 b, 使得 $f(a) - f(b)$ 可被 101 整除.

IV.030 在平面上作有 1 000 条直线, 其中任何两条都不平行. 现知, 其中任何 7 条直线中都有某 3 条直线经过同一个点. 并且经过任何点的直线都不多于 500 条. 证明: 在平面上可以找到 3 个点, 使得这些直线中的每一条都经过其中一个点.

IV.031 在四边形 $ABCD$ 中可以放进两个半径分别为 R_1 和 R_2 的相互外切的圆, 其中第一个圆与边 DA, AB, BC 都相切, 它与边 AB 相切于点 E; 第二个圆与边 BC, CD, DA 都相切, 它与边 CD 相切于点 F. 四边形的两条对角线相交于点 O (参阅图 7). 证明: $OE + OF \leqslant 2(R_1 + R_2)$.

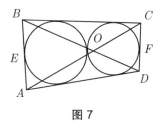

图 7

IV.032 连通图 G 的每个顶点的度数都不小于 3. 证明: 在图 G 中存在一个树, 它的 $\frac{2}{9}$ 的顶点都是叶.

2002 年

八、九年级

IV.033 在直线上放着一枚棋子, 瓦夏和别佳做游戏: 瓦夏每说出一个不超过 1 的数 $a > 0$, 别佳就将棋子移动距离 a, 往左往右则随其意. 但是不能朝一个方向连续移动超过 10 次. 试问: 瓦夏能否相继说出一些数, 使得在经过别佳相应的移动之后, 棋子离开原始位置的距离大于 10?

IV.034 $\triangle ABC$ 的内切圆的一个同心圆与三角形的三条边共交出 6 个点, 它们形成了凸六边形 $A_1 A_2 B_1 B_2 C_1 C_2$, 其中点 A_i 在边 BC 上, 点 B_i 在边 CA 上, 点 C_i 在边 AB 上 (参阅图 8). 证明: 如果直线 $A_1 B_1$ 平行于 $\angle B$ 的平分线, 则直线 $A_2 C_2$ 平行于 $\angle C$ 的平分线.

IV.035 在平面上作一些直线, 其中任何 2 条都不平行, 任何 3 条都不共点. 在它们所分隔成的平面区域中, 能否恰好有 239 个多边形?

IV.036 14 块蛋糕摆成一行, 每块蛋糕上都有不少于 5 粒松子. 每分钟, 都从一块蛋糕上移 1 粒松子到它的右邻蛋糕上, 如果它上面的松子少于右邻. 一段时间之后, 所有松子都移到了一块蛋糕上. 试问: 一开始, 这些蛋糕上最少一共有多少粒松子?

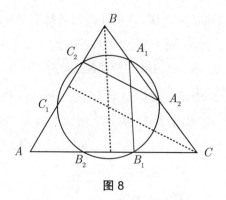

图 8

IV.037 在菱形 $ABCD$ 的边 BC, AD, AB 上分别取点 P, Q, R, 使得 $DP = DQ$, $\angle BRD = \angle PDR$ (参阅图 9). 证明: 直线 DR, PQ, AC 共点.

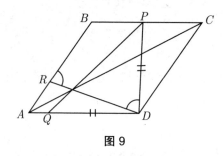

图 9

IV.038 实系数二次三项式 $p(x)$ 具有如下性质: 对于任何正整数 n 和 k, 都有
$$\frac{p(n+1)p(n+2)\cdots p(n+k)}{p(1)p(2)\cdots p(k)}$$
为整数. 证明: $p(x)$ 有一个根为 0.

IV.039 设图 G 中没有三角形, 其中可以找到不多于 6 个两两不共顶点的边. 证明: 它的顶点可以用 4 种颜色正确染色 (每两个相邻的顶点均不同色).

IV.040 证明: 对于 $k = 2^n$, 组合数 C_{k-1}^i ($i = 0, 1, \cdots, 2^{n-1} - 1$) 被 k 除的余数两两不同.

十、十一年级

IV.041 同 IV.033 题.

IV.042 两个三角形的内切圆和外接圆均相互重合. 其中一个三角形与内切圆相切于点 K, L, M, 另一个三角形与内切圆相切于点 K_1, L_1, M_1 (参阅图 10). 证明: $\triangle KLM$ 与 $\triangle K_1 L_1 M_1$ 的垂心相互重合.

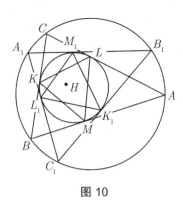

图 10

IV.043 非常数的实系数二次三项式 $p(x)$ 具有如下性质: 对于任何正整数 n 和 k, 都有

$$\frac{p(n+1)p(n+2)\cdots p(n+k)}{p(1)p(2)\cdots p(k)}$$

为整数. 证明: $p(x)$ 可被 x 整除.

IV.044 在 $\triangle ABC$ 外接圆上的弧 AC 上取一点 P. 直线 CP 与 AP 分别与边 AB 和 BC 相交于点 C_1 和 A_1. 而直线 BP 与边 AC 相交于点 B_1. 直线 C_1B_1 与 A_1B_1 分别与边 BC 和 AB 相交于点 X 和 Y. 再作 $\triangle ABC$ 每条中线关于同一顶点的角平分线对称的直线, 将它们的交点记为 Q (参阅图 11). 证明: 直线 XY 经过点 Q.

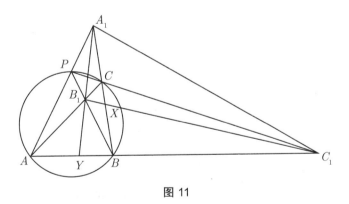

图 11

IV.045 设图 G 中没有三角形, 其中可以找到不多于 9 条两两不共顶点的边. 证明: 它的顶点可以用 5 种颜色正确染色 (每两个相邻的顶点均不同色).

IV.046 同 IV.040 题.

IV.047 设 $a_1, \cdots, a_5$ 为正数, 证明:

$$\frac{a_1+a_2}{2} \cdot \frac{a_2+a_3}{2} \cdot \frac{a_3+a_4}{2} \cdot \frac{a_4+a_5}{2} \cdot \frac{a_5+a_1}{2}$$
$$\leqslant \frac{a_1+a_2+a_3}{3} \cdot \frac{a_2+a_3+a_4}{3} \cdot \frac{a_3+a_4+a_5}{3} \cdot \frac{a_4+a_5+a_1}{3} \cdot \frac{a_5+a_1+a_2}{3}.$$

IV.048 今有 n 个半径分别为 $R_1, R_2, \cdots, R_n$ 的球,它们形成一个不可分的空间系统 (可以沿着球面从任何一个球走到任何一个球). 证明:可以用 1 个半径为 $R_1 + R_2 + \cdots + R_n$ 的球包含住该系统.

2003 年

八、九年级

IV.049 100 个人参加国际学术座谈会. 其中有 15 个法国人,他们每个人都至少认识 70 个与会者,另外 85 个是德国人,他们每个人都至多认识 10 个与会者. 他们被分在 21 个房间内进行小组讨论. 证明:必有某个房间内的任何二人都互不认识.

IV.050 设 a, b, c 为正整数,有 $a+b+c | a^2+b^2+c^2$. 证明:a^3, b^3, c^3 中的某两个数被 $a+b+c$ 除的余数相同.

IV.051 如图 12 所示,AL 是 $\triangle ABC$ 中的角平分线,M 是线段 CL 的中点,点 K 在边 AB 上,使得线段 MK 被角平分线 AL 等分于点 O. 证明:$\angle AOC$ 是钝角.

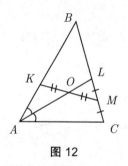

图 12

IV.052 圆周上分布着 $2n$ 个点,它们共有 n 种不同的颜色,每种颜色两个点. 现知至少包含其中一个点但非所有点的任何弧段上,都刚好包含某种颜色的一个点. 证明:可以从中去掉某种颜色的两个点,使得所述性质仍然保持.

IV.053 如图 13 所示,由点 A 向圆 S 作两条切线 AB 与 AC. 在 $\triangle ABC$ 的平行于边 BC 的中位线上任取二点 X 与 Y. 由点 X 与 Y 向圆 S 作的切线段相交于点 Z. 证明:四边形 $AXZY$ 有内切圆.

IV.054 给定一块尺寸为 $m \times n$ 的巧克力,其表面像一个 m 行 n 列的方格表. 甲、乙二人做游戏. 每次可以任选一块巧克力 (开始时只有一整块),从它上面由一个边缘到另一个边缘切下一条宽度为整数个方格的"带子". 甲先开始. 并且,甲仅允许吃掉水平状的带子,

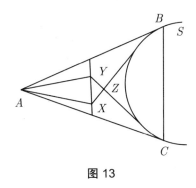

图 13

乙仅允许吃掉竖直状的带子. 谁不能继续进行下去, 意即在谁进行下一步之前, 所有巧克力都被吃光, 就算谁输. 证明: 如果 m 为偶数, n 为奇数, 则乙可赢, 其他情况都是甲赢.

IV.055 设 $p(x)$ 为二次三项式, 对一切 $0 \leqslant x \leqslant 1$, 都有 $|p(x)| \leqslant 1$. 证明: $p\left(-\dfrac{1}{2}\right) \leqslant 7$.

IV.056 棋子王是一个醉汉, 它不会沿着同一个方向连续走两步. 它从某一个角上的方格出发, 走遍 9×9 棋盘中的每个方格一次并回到出发点. 试问: 它最少作了多少次对角线走动?

十、十一年级

IV.057 如图 14 所示, 给定一个凸四边形 $ABCD$. 证明: $\triangle ABC, \triangle ABD, \triangle ACD$ 和 $\triangle BCD$ 的九点圆①相交于同一点.

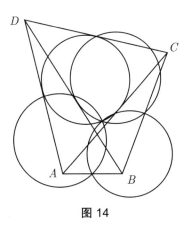

图 14

IV.058 设正整数 a, b, c 整体互质, $3 \nmid a+b+c$, 而 a^3, b^3, c^3 被 $a+b+c$ 除的余数相同. 证明: $a+b+c \mid a^2+b^2+c^2$.

---
① 原编者注 九点圆就是中位线三角形的外接圆.

IV.059 设 $p(x)$ 为二次三项式，对一切 $0 \leqslant x \leqslant 1$，都有 $|p(x)| \leqslant 1$. 证明：$p\left(-\dfrac{1}{n}\right) \leqslant 2^{n+1} - 1$.

IV.060 同 IV.054 题.

IV.061 如图 15 所示，给定一个 $\triangle ABC$. 圆心在线段 AB 上的圆 ω_1 经过点 A，并且与线段 AB 和 AC 第二次分别相交于点 A_1 和 A_2. 圆心在线段 BC 上的圆 ω_2 经过点 C，并且与线段 BC 和 AC 第二次分别相交于点 C_1 和 C_2. 今知，圆 ω_1 与 ω_2 外切于点 K. 证明：直线 A_1K，A_2K，C_1K 和 C_2K 都分别经过某个不依赖于圆的固定的点.

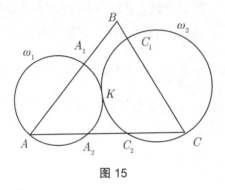

图 15

IV.062 同 IV.056 题.

IV.063 设 n 为正整数，在 $2n \times n$ 方格表的每个方格里都写入一个 0 或 1，使得各行互不相同，并且在任意删去 k 列之后，在剩下的表中有不多于 $2(n-k)$ 个互不相同的行. 证明：可以删去一列，使得在剩下的表中刚好有 $2n-2$ 个不同的行.

IV.064 在半径为 $10n$ 的圆中分布着 n^2 个点 $A_1, A_2, \cdots, A_{n^2}$. 证明：对于任何充分大的 n，都一定能够找到这样的角标 i 与 j，使得点 A_i 与 A_j 之间的距离不大于 $\sqrt{|i-j|}$.

2004 年

八、九年级

IV.065 今知二次三项式 $f(x) = x^2 + ax + b$ 有两个不同的实根，并且在多项式 $f(f(x))$ 的根中有两个负根. 证明：$f(x)$ 的两个根都小于 1.

IV.066 如图 16 所示，在凸四边形 $ABCD$ 中，有 $\angle B = \angle D$，而 $\triangle ABC$ 的外心、$\triangle ADC$ 的垂心和点 B 在同一条直线上. 证明：四边形 $ABCD$ 是平行四边形.

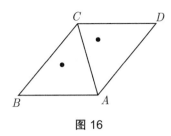

图 16

IV.067 在 $n \times n$ 方格表中摆放了若干枚跳棋,对于每一枚棋子,其右边和下边的所有方格里也都放有棋子①. 在从上往下数的第 i 行中放有 a_i 枚棋子, 在自左往右数的第 j 列中放有 b_j 枚棋子. 证明: 数组 $a_1, a_2-1, \cdots, a_n-n+1$ 与数组 $b_1, b_2-1, \cdots, b_n-n+1$ 完全相同.

IV.068 设 p, q 与 t 是互不相同的正整数, 有 $pq = t^3$. 证明: $|p^2 - q| > t^2/\sqrt[3]{q}$.

IV.069 在图 G 中, 对于由它的顶点构成的每一个集合, 集合中的顶点数目都不超过至少与该集合中的一个顶点有边相连的顶点的数目. 证明: 可以去掉该图中的不多于 $\frac{1}{3}$ 的顶点, 使得剩下的顶点能够分成一系列相邻的对子.

IV.070 如图 17 所示, 在凸四边形 $ABCD$ 的边 AB 与 CD 上分别取点 E 和 F, 使得有 $AE = BE = CF = DF = EF$. 四边形 $BEFC$ 与四边形 $AEFD$ 的对角线交点分别是 K 和 L. 由点 K 和 L 所作的 AD 和 BC 的垂线相交于点 T. 证明: $TE = TF$.

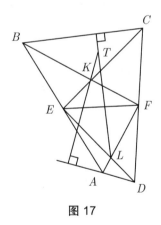

图 17

IV.071 给定奇质数 p. 考察所有小于 p 的正整数的集合 $R = \{r_1, r_2, \cdots, r_{p-1}\}$. 以 a_i 表示集合 $\{1, 2, \cdots, p-1\}$ 的所有这样的子集 J 的个数, 对它们而言和数 $\sum_{j \in J} r_j$ 被 p 除的余数等于 i. 证明: $a_0 = a_1$.

---

① 编译者注 每一方格中至多放有 1 枚跳棋.

IV.072 设 a,b,c,d 为正数, 证明:
$$(ab)^{\frac{1}{3}} + (cd)^{\frac{1}{3}} \leqslant \left[(a+c+d)(a+c+b)\right]^{\frac{1}{3}}.$$

十、十一年级

IV.073 同 IV.065 题.

IV.074 设 M 是所有这样的 n 位数的集合, 在它们的十进制表达式中仅用到数字 1 和 2. 两个正整数称为相近的, 如果在它们的和数的十进制表达式中出现了数字 4. 试求将 M 分成两个这样的子集的所有不同分法, 使得对于 M 中的任何数, 这两个子集中的与该数相近的数的个数都至多相差 1 (一个数有可能与子集相近).

IV.075 同 IV.069 题.

IV.076 证明: 在三角形的外接圆上刚好存在三个点, 由它们形成的三角形的西姆松线与欧拉圆相切 (参阅图 18), 并且这三个点形成等边三角形.

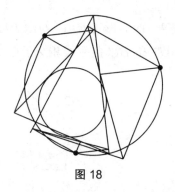

图 18

IV.077 设 $x_1, x_2, \cdots, x_{2\,004}$ 为正数, 证明:
$$\frac{x_1+x_2}{x_1+x_4} + \frac{x_2+x_3}{x_2+x_5} + \cdots + \frac{x_{2\,004}+x_1}{x_{2\,004}+x_3} \geqslant 6.$$

IV.078 如图 19 所示, $\triangle ABC$ 的内切圆与边 AB 和 BC 分别相切于点 C_1 和 A_1, 且与以边 AC 为直径的圆相交于点 A_2 和 C_2. 证明: 直线 A_1C_1 与 A_2C_2 的交点位于 $\triangle ABC$ 的平行于边 AC 的中位线上.

IV.079 证明: 存在无穷多对正整数 p 与 q, 使得 pq 是完全立方数, 且有 $|p-q| \leqslant \sqrt{r}\sqrt[5]{q}$, 其中 r 是 p 与 q 的最大公约数.

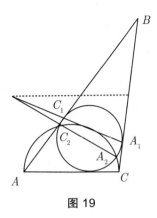

图 19

IV.080 给定奇数 n. 我们来考察由所有小于 n 且与 n 互质的数构成的集合 $R = \{r_1, r_2, \cdots, r_k\}$. 以 a_i 表示集合 $\{1, 2, \cdots, k\}$ 的这样的非空的子集 J 的个数, 对它们而言 $\sum_{j \in J} r_j$ 被 n 除的余数等于 i ($i = 1, 2, \cdots, n-1$). 证明:

$$a_0 = a_1 = a_2 = \cdots = a_{n-1}.$$

2005 年

八、九年级

IV.081 给定三个非常数的线性函数 $p(x)$, $q(x)$, $r(x)$. 证明: 三项式 $pq+r$, $pr+q$, $qr+p$ 之一有实根.

IV.082 如图 20 所示, $\triangle ABC$ 的内心是 I, 其内切圆与边 AB, BC, CA 分别相切于点 C_1, A_1, B_1. $\angle B$ 的平分线与对边相交于点 L, 而直线 $B_1 I$ 与 $A_1 C_1$ 相交于点 K. 证明: $KL // BB_1$.

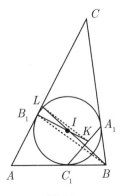

图 20

IV.083 证明: 对任何正整数 a, 都存在无穷多个正整数 n, 使得 $a^{2^n} + 2^n$ 是合数.

IV.084 是否存在这样的非退化的三角形 T, 使得在对平面所做的任意一种二染色之下, 都能找到一个与 T 全等的三角形, 它的三个顶点同色?

IV.085 设 a, b, c 为正数, 有 $a + b + c = 1$, 证明:
$$\sqrt{\frac{ab}{c+ab}} + \sqrt{\frac{bc}{a+bc}} + \sqrt{\frac{ac}{b+ac}} \leqslant \frac{3}{2}.$$

IV.086 给定互不相等的正整数 $a_1, a_2, \cdots, a_n$, 令
$$b_i = (a_i - a_1)(a_i - a_2) \cdots (a_i - a_{i-1})(a_i - a_{i+1}) \cdots (a_i - a_n).$$
证明: $b_1, b_2, \cdots, b_n$ 的最小公倍数 $[b_1, b_2, \cdots, b_n]$ 可被 $(n-1)!$ 整除.

IV.087 设 $\triangle ABC$ 是等腰三角形, 有 $AB = BC$(参阅图 21). 在边 AC 上选取一点 X, 使得经过点 X 的圆与 AC 相切且与 $\triangle ABC$ 的外接圆相交于点 M 和 N, 而直线 MN 平分线段 BX. 将 MN 与边 AB 和 BC 的交点分别记作 P 和 Q. 证明: $\triangle PBQ$ 的外接圆经过 $\triangle ABC$ 的外心.

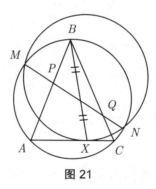

图 21

IV.088 在凸 n 边形中引 $200n$ 条对角线. 证明: 其中存在一条对角线, 它至少与 $10\,000$ 条其他对角线相交.

十、十一年级

IV.089 给定 n 个非常数的线性函数 $p_1(x), p_2(x), \cdots, p_n(x)$. 证明: 多项式 $p_1 p_2 \cdots p_{n-1} + p_n$, $p_1 p_2 \cdots p_{n-2} p_n + p_{n-1}, \cdots, p_2 p_3 \cdots p_n + p_1$ 中至少有 $n - 2$ 个有实根.

IV.090 同 IV.084 题.

IV.091 同 IV.083 题.

IV.092 同 IV.085 题.

IV.093 如图 22 所示，$\triangle ABC$ 的内切圆分别与边 AB, BC, CA 相切于点 C_1, A_1, B_1. 点 B_2 是 B_1 关于 A_1C_1 的对称点，而 B_3 是 BB_2 与 AC 的交点. 类似地定义点 A_3 与 C_3. 证明：点 A_3, B_3, C_3 位于同一条经过 $\triangle ABC$ 外心的直线上.

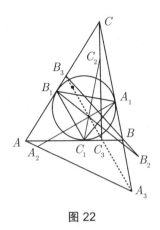

图 22

IV.094 为了维修长廊，男爵向工匠定制了一块长度为 1 m 的薄大理石板，其上黑段与白段相互交替，并且黑段总长与白段总长相等. 工匠却错误地准备了一块长度为 0.5 m 的石板（并且它所染的各颜色段长度也相应地缩为原来的一半）. 为了纠正自己的失误，工匠又制作了一块同样的短石板，并且用两块短的石板代替一块长的. 事后，男爵告诉自己的朋友，为了使得染色符合原来定制的要求，工匠改染了一些区段的颜色，不过所改染的区段总长不超过 1 cm. 试问：这是否可能？

IV.095 同 IV.088 题.

IV.096 给定 $\triangle ABC$. 如图 23 所示，在边 AC 上选取一点 X，使得经过点 X 的圆与 AC 相切且与 $\triangle ABC$ 的外接圆相交于点 M 和 N，而直线 MN 平分线段 BX. 将 MN 与边 AB 和 BC 的交点分别记作 P 和 Q. 证明：$\triangle PBQ$ 的外接圆经过一个固定的点，该固定点与点 X 的选取无关.

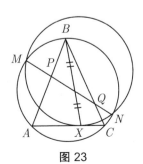

图 23

2006 年

八、九年级

IV.097 试问：最多可以在国际象棋盘上摆放多少枚棋子车，使得其中每枚棋子车都至多可以搏击两枚其他棋子？(棋子不能隔子搏击，特别地，棋子车只能搏击同一行或同一列中的与其之间没有其他棋子的棋子.)

IV.098 如图 24所示，四边形 $ABCD$ 内接于圆，它的两条对角线相交于点 P. 而 $\triangle APB$ 与 $\triangle CPD$ 的外心都在四边形 $ABCD$ 的外接圆上. 证明：
$$AC + BD = 2(BC + AD).$$

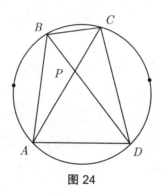

图 24

IV.099 给定正数 $a_1, a_2, \cdots, a_n$，它们的倒数之和等于 1. 证明：
$$\frac{a_1}{a_1^2 + a_2^2} + \frac{a_2}{a_2^2 + a_3^2} + \cdots + \frac{a_n}{a_n^2 + a_1^2} \leqslant \frac{1}{2}.$$

IV.100 正整数 n 的约数称为 "小的"，如果它不超过 $\dfrac{n}{10\,000}$，否则就称为 "大的". 考察这样的合数：它们的所有不同于自身的大约数的乘积刚好等于所有的小约数的乘积. 试问：由这样的合数构成的集合是否有限？

IV.101 图中多于两个顶点，它是连通图，并且在去掉任何一个顶点之后仍然是连通图. 证明：可以从该图中去掉两个相邻的顶点，使得剩下的图仍然是连通的.

IV.102 在圆内接 n 边形 $A_1 A_2 \cdots A_n$ 中存在一个点 P(参阅图 25)，使得
$$\angle P A_1 A_2 = \angle P A_2 A_3 = \cdots = \angle P A_n A_1.$$
证明：在该多边形内部可以找到一点 Q，使得
$$\angle Q A_2 A_1 = \angle Q A_3 A_2 = \cdots = \angle Q A_1 A_n.$$

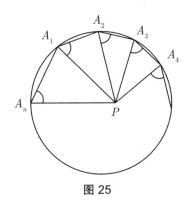

图 25

IV.103 平面上给定了若干个点, 其中每个点都被染为 $n \geqslant 4$ 种颜色中的一种颜色, 并且染为其中每种颜色的点都有. 现知, 任何两个颜色不同的点之间的距离都不大于 1. 证明: 可以抹去其中某 3 种颜色的点, 使得剩下的点可以被一个半径为 $\dfrac{1}{\sqrt{3}}$ 的圆盖住.

IV.104 给定实数 $a_1 < a_2 < \cdots < a_n$, 其中相邻之数的差递增:

$$a_{i+1} - a_i < a_{i+2} - a_{i+1}, \quad 1 \leqslant i \leqslant n-2.$$

试证明: 该组数中的两两之和构成的集合

$$\{a_i + a_j,\ 1 \leqslant i \leqslant j \leqslant n\}$$

中至少有 $\dfrac{n^{\frac{3}{2}}}{100}$ 个元素.

十、十一年级

IV.105 试问: 最多可以在国际象棋盘上摆放多少枚棋子王后, 使得其中每枚棋子王后都至多可以搏击两枚其他棋子? (棋子不能隔子搏击, 特别地, 棋子王后只能搏击同一行、同一列或同一对角线上的与其之间没有其他棋子的棋子.)

IV.106 同 IV.100 题.

IV.107 如图 26 所示, 点 M 在凸四边形 $ABCD$ 内部. 射线 AB 与 DC 相交于点 K, 射线 BC 与 AD 相交于点 L. 今知 $\angle AMB = 70°$, $\angle BMK = 40°$, $\angle KMC = \angle CMD = 60°$. 试求 $\angle LMD$.

IV.108 今知正数 a, b, c 的和不小于 1. 证明:

$$\dfrac{1}{2a+s} + \dfrac{1}{2b+s} + \dfrac{1}{2c+s} \geqslant \dfrac{1}{s},$$

其中 $s = ab + bc + ca$.

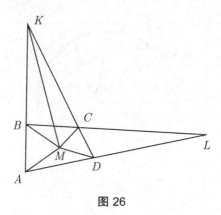

图 26

IV.109 如图 27 所示,四边形 $ABCD$ 内接于圆,它的两条对角线相交于点 K. 在 $\triangle AKD$ 内存在一点 P,使得 $\angle APC = \angle ADC + 90°$ 和 $\angle BPD = \angle BAD + 90°$. 证明:点 P 在四边形 $ABCD$ 的四条边上的投影①所形成的四边形的两条对角线相互垂直.

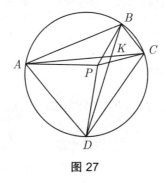

图 27

IV.110 证明:具有 n 个顶点的凸多面体不能分为少于 $n-3$ 个四面体.

IV.111 证明:从任何三连通的图中都可以删去两个相邻的顶点,使得剩下的图仍然是二连通的.

IV.112 证明:在分数 $\dfrac{1}{2\,005!}$ 的十进制表达式中,存在数字组合 $\cdots 2\,005\cdots$.

2007 年

八、九年级

IV.113 两个已约二次三项式各有两个实根. 这两个三项式的差的根等于这两个三项式的所有 4 个根的和的一半. 证明:这两个三项式的根的平方和相等.

---

① 命题人原注 此处的意思是,这些投影都在各条边上,而不是在它们的延长线上.

IV.114 每一个整数都被染为蓝色或红色,现知 2006 与 2007 所染颜色不同. 证明: 必有某三个同色整数的和为 0.

IV.115 设正整数 a,b,c 两两互质,使得 $(a^2-bc)^2$ 可被 $ab+bc+ca$ 整除. 证明: $(b^2-ac)^2$ 亦可被 $ab+bc+ca$ 整除.

IV.116 如图 28 所示,P 是锐角三角形 $\triangle ABC$ 内部一点. 证明: 由点 P 所作边 AB 和 AC 的垂线的垂足到边 BC 的中点的距离相等,当且仅当点 P 关于 BC 中点的对称点和关于 $\angle A$ 平分线的对称点与点 A 在同一条直线上.

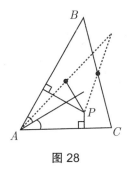

图 28

IV.117 证明: 从任何具有偶数个顶点的连通图中都可以去掉一些边 (可能是 0 条),使得所得的图中的各个顶点的度数都是奇数.

IV.118 如图 29 所示,四边形 $ABCD$ 为凸四边形,有 $\angle DBC + \angle ADC = 90°$,而 $\angle ACB + 2\angle ACD = 180°$. 证明: $\triangle ACD$ 的外心在直线 BD 上.

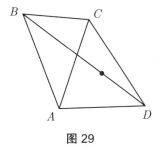

图 29

IV.119 对任何正整数 n,以 $f(n)$ 表示不超过 n 的各位数字和可被 11 整除的正整数的个数. 证明: 存在无穷多个正整数 k,使得 $f(11k) = k$.

IV.120 设 M 是一个正 2006 边形,直线 ℓ 穿过它的一组对边的中点. 考察将 M 的顶点分为不相交子集的一切可能的对称划分 (意即,若 $K \subset M$ 是所分出来的一个子集,那么它关于 ℓ 的对称的像也是所分出来的一个子集,也可能就是其本身),并且任一子集中的任何两个顶点间所连的线段都不与任一别的子集中的任何两个顶点间所连的线段相交. 证明: 刚好存在 C_{2006}^{1003} 种不同的此类划分.

十、十一年级

IV.121 同 IV.115 题.

IV.122 同 IV.117 题.

IV.123 如图 30 所示, M 与 N 分别是凸四边形 $ABCD$ 的两条对角线的中点, P 是这两条对角线的交点. $\triangle ABP$ 的外接圆与 $\triangle CDP$ 的外接圆相交于点 P 和点 K. $\triangle BCP$ 的外接圆与 $\triangle DAP$ 的外接圆相交于点 P 和 L. 证明: M, N, K, L 四点共圆.

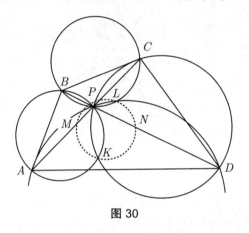

图 30

IV.124 设 x, y, z 为正数, 有 $x + y + z = 3$. 证明:
$$\frac{x+y}{xy(4-xy)} + \frac{y+z}{yz(4-yz)} + \frac{z+x}{zx(4-zx)} \geq 2.$$

IV.125 如图 31 所示, 在定圆 S 外有一个定点 P. 一条定长的弦 AB 沿着圆周滑动, 因此沿着该弦所截出的较短的弧, 由 A 到 B 总是按照逆时针方向. 设点 M 是弦 AB 的中点. 经过点 B 作平行于 PM 的直线与圆相交于点 B 和 C. 证明: 直线 AC 经过一个固定的点, 不依赖于弦所在的位置.

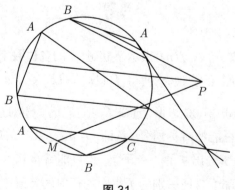

图 31

IV.126 100 元集合最多可有多少个子集, 使得其中任何两个子集 (可以重合) 的交集都包含偶数个元素?

IV.127 同 IV.120 题.

IV.128 设 d 是大于 1000 的正整数. a_n 是各位数字和可被 d 整除的 (从小排起的) 第 n 个正整数. 证明: 存在无穷多个这样的 n, 使得 $a_n - nd > \sqrt{n}$.

2008 年

八、九年级

IV.129 给定奇数 k. 考察合数 n, 把 n 的每一个真约数 (除 1 和自身之外的正约数) 都加上 k, 得到了某个正整数 m 的所有真约数. 证明: 对于给定的 k, 仅存在有限个 n 具有所述的性质.

IV.130 设 a,b,c 为正数, 满足条件 $\dfrac{1}{a} + \dfrac{1}{b} + \dfrac{1}{c} = 1$. 证明:

$$\frac{a}{a+bc} + \frac{b}{b+ca} + \frac{c}{c+ab} \geq \frac{3}{4}.$$

IV.131 连通图中有 100 个顶点, 各个顶点的度数都不超过 4, 且任何两个 4 度顶点都不相邻. 证明: 可以去掉该图中的一些没有公共端点的边, 使得剩下的图中没有三角形.

IV.132 如图 32 所示, P 是锐角 $\triangle ABC$ 内部一点, 点 A_1, B_1, C_1 分别是点 P 关于 $\triangle ABC$ 各边的对称点. 今知六边形 $AB_1CA_1BC_1$ 外切于圆. 证明: 点 P 是托里切利点, 意即由点 P 看去, $\triangle ABC$ 的三条边形成相同的视角[①].

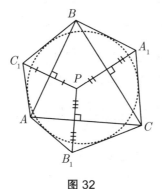

图 32

[①] 编译者注 即 $\angle APB = \angle BPC = \angle CPA$.

IV.133 给定一个方格正方形 (方格的边长为1), 正方形的边长为 $n-1$ 且含有 $n \geqslant 10$ 个结点. 由棱构成的路称为不回头的, 如果它同任何一条水平直线或者竖直直线的交都是一条线段、一个点或者空集, 并且它经过每条棱都不多于一次. 至少需要多少条不回头的路才能覆盖所有的棱? (相邻结点之间的单位线段叫作棱.)

IV.134 如图 33 所示, AB 是圆 S 中的弦, 圆 S_1 与圆 S_2 分别与圆 S 相切于点 P 和 Q, 且都与线段 AB 相切于点 K. 今知 $\angle PBA = \angle QBA$. 证明: AB 是圆 S 的直径.

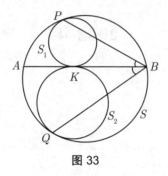

图 33

IV.135 对怎样的 $n > 100$, 可以在圆周上放置 n 个互不相同的数, 使得每个数都或者大于它的顺时针方向的 100 个相连的数, 或者小于它们中的每一个, 并且在移走其中任何一个数之后, 这一性质被破坏?

IV.136 试求方程的正整数解: $2^n - 5^k = 7$.

十、十一年级

IV.137 合数 a 与 b 有同样多个正约数. 把 a 的所有真约数按递增顺序依次写成一行, 在其下方再把 b 的所有真约数按递增顺序依次写成一行. 把两行中所对应的数相加, 所得的结果正好是某个正整数的所有真约数. 试问: a 与 b 中较小的数可能是多少?

IV.138 如图 34 所示, 四边形 $ABCD$ 外切于圆, E 和 F 分别是它的两组对边的延长线的交点. 现知 $\triangle AEF$ 与 $\triangle CEF$ 的内切圆半径相等. 证明: $AC \perp BD$.

IV.139 证明: 可以在凸多面体的每条棱上都标注一个箭头, 使得指向每个顶点的箭头都不多于 3 个.

IV.140 同 IV.135 题.

IV.141 如图 35 所示, 在 $\triangle ABC$ 中, $\angle B = 120°$, M 是边 AC 的中点. 分别在边 AB 和 BC 上取点 K 与 L, 使得 $KL // AC$. 证明: $MK + ML \geqslant MA$.

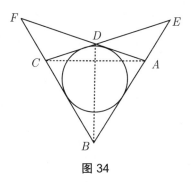

图 34

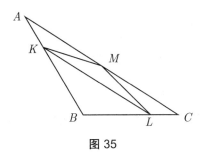

图 35

IV.142 对于实系数二元多项式 $p(x,y)$，我们能够找到函数 $f(x)$，使得对一切实数 x 和 y，都有

$$p(x,y) = f(x+y) - f(x) - f(y).$$

证明: 可以把 $f(x)$ 取作某个多项式.

IV.143 同 IV.136 题.

IV.144 设 $x_1, x_2, \cdots, x_n$ 为正整数，它们的所有的部分和①各不相同. 证明:

$$x_1^2 + x_2^2 + \cdots + x_n^2 \geqslant \frac{4^n - 1}{3}.$$

2009 年

八、九年级

IV.145 柯斯嘉开着一辆轿车由农村去城市，途中他一共经过 3 条道路，在每一条道路上他都以常速前进. 试问能否出现这样的现象: 他用不足总时间的 $\frac{1}{3}$ 走完了总路程的 $\frac{1}{3}$; 用超过总时间的 $\frac{1}{2}$ 走完了总路程的 $\frac{1}{2}$; 又用不足总时间的 $\frac{2}{3}$ 走完了总路程的 $\frac{2}{3}$?

---

① 编译者注 对其中各个子集中的数求和，共有 2^n 个和数.

IV.146 数列的各项都是正整数, 它的第一项为 a, 以后各项都与其前面的所有项互质, 大于前面的所有项, 并且是满足这些条件的最小正整数. 证明: 从某一项开始, 数列中的各项都是质数.

IV.147 某公司共有 100 人. 今知对其中任何 k 个人, 都能在公司中找到另外两个人, 这两个人互不认识, 但是他们都认识这 k 个人. 试求可能出现这种现象的 k 的最大值.

IV.148 设整数 x 与 y 都大于 1, 使得 $x^2 + xy - y$ 为完全平方数. 证明: $x + y + 1$ 是合数.

IV.149 点 K, L, M 分别在 $\triangle ABC$ 的边 AB, BC, CA 上, 使得 $AK = AM$, $BK = BL$, $\angle MLB = \angle CAB$. 证明: $ML = KI$, 其中 I 是 $\triangle CML$ 的内心.

IV.150 在正 100 边形的每个顶点上都放有一个非负整数, 数的总和为 99. 每分钟可将某个放着 0 的顶点上的数加 2, 而将它的两个相邻顶点上的数分别减 1. 证明: 经过一段时间之后, 必在某个顶点上出现负数.

IV.151 点 C_1, A_1, B_1 分别在 $\triangle ABC$ 的边 AB, BC, CA 上, 且线段 AA_1, BB_1, CC_1 相交于一点 O. 现知 AA_1 为 $\angle A$ 的平分线, 点 O 到直线 AB 的距离近于它到直线 A_1C_1 和 B_1A_1 的距离. 证明: $\angle BAC > 120°$.

IV.152 11 位姑娘分散在 11 个不同的地方, 她们都想在 "三八" 节时送给其余每个人一件礼物, 礼物需要经过邮局寄送. 每件包裹内最多可以放两件礼物, 她们有足够的时间. 试问: 她们最少可以一共寄送多少个包裹, 就能使得所有礼物都寄达每个人?

十、十一年级

IV.153 同 IV.146 题.

IV.154 同 IV.149 题.

IV.155 给定 200 根短棍, 它们的长度分别为 $1, 2, 4, 8, \cdots, 2^{199}$. 试问: 最少需要折断几根短棍, 就可以利用所得到的所有短棍搭成若干个三角形? 假定每根短棍至多可以折断一次, 而每个三角形只能由 3 根短棍搭成.

IV.156 给定正整数 a 和 b, 使得

$$p = \frac{[a,b]}{a+1} + \frac{[a,b]}{b+1}$$

为素数. 证明: $4p + 5$ 是完全平方数.

IV.157 图 G 中的任何长度大于 3 的简单圈上都存在两个相连的非相邻顶点[①]. 证明: 该图中存在一个顶点, 它的所有相邻的顶点全都两两彼此相连.

IV.158 同 IV.150 题.

IV.159 设 F 是 $\triangle ABC$ 的费尔巴哈点 (内切圆与九点圆的切点, 九点圆的介绍见本书末尾 "专题分类指南"), A_1 是边 BC 上高的垂足. 证明: FA_1 的关于 BC 的对称直线垂直于 IO, 其中 I 与 O 分别是 $\triangle ABC$ 的内心与外心.

IV.160 一个男孩算出了某 10 亿个相连正整数的乘积, 另一个男孩算出了某 20 亿个相连正整数的乘积. 证明: 如果他们都没有算错, 那么他们所得的结果一定不同.

[①] 编译者注　意即在每个这样的圈上都存在着弦.

试题解答

第一轮竞赛试题解答

2000 年

八年级

I.001 假设老师所给的 4 个正数是 a,b,c,d, 而 $3 = a+b+c$, $4 = a+b+d$, 那么就有 $7 = 2a+2b+c+d$, 比所有 4 个正数的和都大, 这是不可能的.

I.002 假设二人在战斗打响之前各有 x 枚子弹, 而瓦西里在战斗中消耗了 y 枚子弹. 于是别琪卡在战斗中消耗了 $8y$ 枚子弹. 因为瓦西里所剩的子弹是别琪卡的 9 倍, 所以得到等式

$$x - y = 9(x - 8y).$$

由此即得 $8x = 71y$. 因为 $(8, 71) = 1$, 即 8 与 71 互质, 所以 x 是 71 的倍数.

I.003 设 M 是边 BC 的中点 (参阅图 1). 在 $\triangle BCD$ 中, DM 既是中线又是高, 所以它也是角平分线, 故知 $\angle CDM = \angle MDB$. 进而, 我们还有 $\angle ADE = \angle BDM = \angle CDM = \angle ACD + \angle AED > \angle AED$. 其中最后一个等号用到 $\angle CDM$ 是 $\triangle CDE$ 的外角这一事实. 如此一来, 在 $\triangle AED$ 中就有 $\angle ADE > \angle AED$. 因为大边对大角, 所以 $AE > AD$.

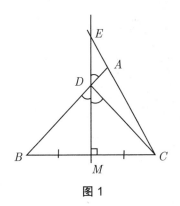

图 1

I.004 在 6×11 的方格纸中共有 66 个方格. 如果丢掉的图形是一个 ▭▭▭, 则剩下的面积为 61. 因为 61 是质数, 所以利用剩下的图形只能拼成 1×61 的矩形. 然而这是办不到的, 因为在这样的图形中容不下任何一个角状图形.

如果丢掉的图形是 ▭▭, 则剩下的面积是 $62 = 2 \times 31$, 数 2 与 31 都是质数, 所以就只能拼接为 1×62 或 2×31 的矩形. 然而这种矩形不可能全由面积为 4 的 ▭▭▭ 来拼接, 因为 62 不是 4 的倍数, 这就意味着必须用到图形 ▭▭▭. 但是这种图形是不可能放入 1×62 或 2×31 的矩形中的.

I.005 因为 18 和 48 都是偶数, 所以无论将哪一个正整数 n 对它们作带余除法, 所得的余数的奇偶性都相同. 事实上, 若 n 是偶数, 则两个余数都是偶数; 若 n 是奇数, 则两个余数都是奇数. 这就表明我们的数被 18 和 48 除的余数的和是偶数. 因为该数被三个数除的余数的和是奇数, 所以它被 3 除的余数是奇数, 因而是 1.

九年级

I.006 同 I.002 题.

I.007 **答案** $60°, 90°, 30°$.

如图 2 所示, 由 $KL // BM$ 可知 $\triangle ABM \sim \triangle AKL$. 因为 AK 与 AL 是由同一个点所作的同一个圆的两条切线, 所以它们相等, 故知 $\triangle AKL$ 是等腰三角形. 因此, $\triangle ABM$ 也是等腰三角形, 故而 $AB = AM$. 因为 BM 是直角 $\triangle ABC$ 的斜边上的中线, 所以其斜边等于直角边 AB 的 2 倍, 由此可知 $\triangle ABC$ 的三个内角分别为 $60°, 90°, 30°$.

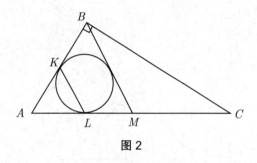

图 2

I.008 详见 I.018 题解答.

I.009 同 I.004 题.

I.010 证法 1 由题中条件可知

$$(2a-d)(2d-a) \geqslant 0 \quad \text{与} \quad (2c-b)(2b-c) \geqslant 0.$$

将它们整理后即得

$$5ad \geqslant 2a^2 + 2d^2 \quad \text{与} \quad 5bc \geqslant 2b^2 + 2c^2.$$

将这两个不等式相乘并乘 4 即得

$$16(a^2+d^2)(b^2+c^2) \leqslant 100abcd \leqslant 25(ab+cd)^2.$$

上式中的第二个不等号得自 $4xy \leqslant (x+y)^2$.

证法 2 (恒等变形)   经过去括号并整理, 易知

$$(a^2+d^2)(b^2+c^2) = (ab+cd)^2 + (ad-bc)^2.$$

所以, 所要证明的不等式即为

$$1 + \left(\frac{3}{4}\right)^2 = \frac{25}{16} \geqslant \frac{(a^2+d^2)(b^2+c^2)}{(ab+cd)^2} = 1 + \left(\frac{ad-bc}{ab+cd}\right)^2.$$

从而我们只需证明

$$\frac{|ad-bc|}{ab+cd} \leqslant \frac{3}{4}.$$

可以认为 $|ad-bc| = ad - bc$, 因若不然, 只需交换 a 与 b, c 与 d 即可. 于是我们只需证明

$$4ad \leqslant 3ab + 3cd + 4bc.$$

因为 a,b,c,d 都属于区间 $[2,4]$, 所以

$$\frac{d}{2} \leqslant b, \quad \frac{a}{2} \leqslant c, \quad a \leqslant 2b, \quad d \leqslant 2c,$$

故有

$$\frac{3}{2}ad \leqslant 3ab, \quad \frac{3}{2}ad \leqslant 3cd, \quad ad \leqslant 4bc.$$

将这三个不等式相加, 即可明所欲证.

证法 3 (向量内积)   如图 3 所示, 点 $X(a,d)$ 与点 $Y(b,c)$ 都在正方形 $ABCD$ 中, 且有 $a^2+d^2 = |\overrightarrow{OX}|^2$, $b^2+c^2 = |\overrightarrow{OY}|^2$, $ab+cd = (\overrightarrow{OX}, \overrightarrow{OY})$. 于是, 为证题中所要求证明的不等式, 我们只需证明

$$5(\overrightarrow{OX}, \overrightarrow{OY}) \geqslant 4|\overrightarrow{OX}| \cdot |\overrightarrow{OY}|.$$

因为 $(\overrightarrow{OX}, \overrightarrow{OY}) = |\overrightarrow{OX}| \cdot |\overrightarrow{OY}| \cdot \cos\angle XOY$, 所以为证这个不等式, 只要证明对于正方形 $ABCD$ 中的任意两点 X 和 Y, 都有 $\cos\angle XOY \geqslant \frac{4}{5}$. 在第一象限中, 角越大余弦值越小, 所以

$$\cos\angle XOY \geqslant \cos\angle BOD = \frac{(\overrightarrow{OB}, \overrightarrow{OD})}{|\overrightarrow{OB}||\overrightarrow{OD}|} = \frac{4}{5}.$$

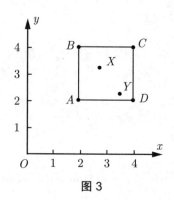

图 3

- 在所给出的三种证法中,使用的都是较弱的条件: $\frac{a}{d}, \frac{b}{c} \in \left[\frac{1}{2}, 2\right]$.
- 设实数 a, b, c, d 都在 $[2, 4]$ 区间中,试证明不等式:

$$25(ab+cd)^4 \geqslant 16(a^2+c^2)(b^2+d^2)(a^2+d^2)(b^2+c^2).$$

十年级

I.011 证法 1 二次三项式 f 与 g 的判别式都是 $D = 64 - 4ac$,所以它们具有相同数目的实根. 如果 f 有两个不同的实根,那么 g 也有两个不同的实根,此时它们的最小值都小于 0;而如果它们都没有实根,那么它们的最小值都大于 0. 这两种情况都与它们的和的最小值是 0 的事实相矛盾. 这就意味着它们都只有一个实根. 因此,它们各自的最小值都是 0.

证法 2 二次三项式 f 的最小值在 $x = \frac{8}{2a} = \frac{4}{a}$ 处达到,而 $f\left(\frac{4}{a}\right) = b - \frac{16}{a} = \frac{ab-16}{a}$. 同理可知, g 的最小值等于 $a - \frac{16}{b} = \frac{ab-16}{b}$. 于是题中条件即为

$$a + b - \frac{16}{a} - \frac{16}{b} = 0, \quad \text{亦即} \quad a + b - \frac{16(a+b)}{ab} = 0,$$

或 $1 - \frac{ab}{16} = 0$, 意即 $ab = 16$, 从而

$$\frac{ab-16}{a} = \frac{ab-16}{b} = 0,$$

此即为所证.

I.012 同 I.004 题.

I.013 因为 $BC // AD$(参阅图 4),所以 $\angle EAD = \angle ECB$, $\angle EDA = \angle EBC$(内错角相等),所以 $\triangle AED \sim \triangle CEB$, 故知 $\frac{AE}{CE} = \frac{AD}{BC}$. 而由泰勒斯定理知 $\frac{AF}{BF} = \frac{AE}{CE}$. 从而就有 $\frac{AF}{BF} = \frac{AD}{BC}$ 以及 $\triangle AFD \sim \triangle BFC$. 所以 $\angle ADF = \angle BCF$. 但因为 $\angle ADF = \angle DFE$ 和 $\angle BCF = \angle CFE$, 所以 $\angle DFE = \angle CFE$.

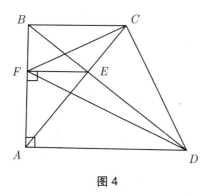

图 4

I.014 同 I.005 题.

I.015 由数列的定义可知, 对任何 n, 都有 $x_n \neq x_{n+1}$, 此因 $x_n - x_{n+1}$ 出现在分母上. 我们记 $y_n = x_{n+1} - x_n$. 于是

$$y_{n+1} = \frac{x_n x_{n+1} + 5x_n^4}{x_n - x_{n+1}} - x_{n+1} = \frac{5x_n^4 + x_{n+1}^2}{x_n - x_{n+1}} = -\frac{5x_n^4 + x_{n+1}^2}{y_n}.$$

因为 $5x_n^4 + x_{n+1}^2 > 0$, 所以上式表明, 对任何 n, y_n 与 y_{n+1} 的符号都相反. 于是, 数列 $y_1, y_2, y_3, y_4, \cdots$ 中各项交替为正数与负数, 意即对于所有的奇数 n, 数 y_n 都与 y_1 同号, 因而 $y_{1\,999}$ 与 y_1 同号. 如果 $x_{1\,999} = x_2$, 就有 $y_{1\,999} = x_{2\,000} - x_{1\,999} = x_1 - x_2 = -y_1$, 于是 $y_{1\,999}$ 与 y_1 异号, 导致矛盾. 所以 $x_{1\,999} \neq x_2$.

十一年级

I.016 答案 2,3,7.

解法 1 (整除性) 因为该平行六面体是用单位立方体堆积成的, 所以它就是一个长方体, 并且长、宽、高都是正整数.

将长方体的长、宽、高分别记作 a, b, c. 于是, 长方体的所有的棱长之和 $P = 4(a+b+c)$, 表面积 $S = 2(ab+bc+ca)$, 体积 $V = abc$. 因为 a, b, c 都是正整数, 所以 P 是 4 的倍数. 而在季玛所写的三个数中, 只有 48 是 4 的倍数, 故 $P = 48$ 且 $a+b+c = 12$. 如果 $V = 82$, 那么会有一个棱长可被 41 整除, 此时三个棱长之和大于 12. 这不可能, 所以只能是 $S = 82$, $V = 42$. 而若三个和为 12 的数的乘积等于 42, 则唯一的分解方式就是 $42 = 2 \times 3 \times 7$.

♦ 其实, 对一切直平行六面体都适用的解法是向量法, 试看下面的解法 2.

解法 2 (不等式与韦达定理) 假设已知平行六面体的体积 V、表面积 S 及所有的棱长之和 P 这三个量所构成的集合是 $\{42, 48, 82\}$. 我们要来对号入座, 弄清谁是谁.

引理 对于平行六面体, 有如下不等式成立:

$$S^2 \geqslant 3PV.$$

引理之证 以 a, b, c 表示平行六面体的三条棱所对应的向量, 将它们的长度分别记为 a, b, c. 于是, 以 a 与 b、a 与 c、b 与 c 为边的面的面积分别为 $|a \times b|$, $|a \times c|$, $|b \times c|$, 而平行六面体的体积就是 $|(a, b, c)|$. 利用这些符号, 所要证明的不等式就变为

$$\Big(|a \times b| + |a \times c| + |b \times c|\Big)^2 \geqslant 3|(a, b, c)|(a + b + c).$$

我们指出

$$\Big(|a \times b| + |a \times c| + |b \times c|\Big)^2 \geqslant 3\Big(|a \times b||a \times c| + |a \times b||b \times c| + |a \times c||b \times c|\Big).$$

故知为完成证明, 只需证明: 对任何三个向量 a, b, c, 都有

$$|a \times b||a \times c| \geqslant a|(a, b, c)|. \qquad \text{①}$$

由 $a \times b$, $a \times c$, (a, b, c) 的定义来看, 如果将 b 换成 $b + \lambda a$, 将 c 换成 $c + \mu a$, 则上述表达式的值不变. 易知, 如果选择恰当的 λ 与 μ, 可使 b 和 c 都与 a 垂直, 那么此时 $|a \times b| = ab$, $|a \times c| = ac$, $|(a, b, c)| = a|b \times c|$, 从而 ① 式自然成立.

引理证毕.

回到原题. 因为

$$48^2 < 3 \times 82 \times 42, \quad 42^2 < 3 \times 82 \times 48,$$

所以唯有 $P = 82$. 再由平均不等式易知

$$P^3 \geqslant 12^3 abc \geqslant 12^3 V,$$

由此可知 $P = 48, V = 42$. 因若不然, 就会有 $42^3 = 74\,088 < 82\,944 = 12^3 \times 48$, 导致矛盾.

下面再求平行六面体的各条棱长. 在一般的平行六面体中, 周长、表面积和体积并不能被三个棱长唯一确定. 例如, 下底面是边长为 5、夹角为 $\arcsin \dfrac{21}{25}$ 的菱形, 而第三条棱与下底面垂直, 长度为 2, 此平行六面体的体积 V、表面积 S 及所有的棱长之和 P 与题中所给的三个量一模一样, 但三条棱长却不对应相等.

所以, 我们必须用到直平行六面体的特有性质, 即它的三条棱长是如下的三次方程的三个根:

$$x^3 - \frac{P}{4}x^2 + \frac{S}{2}x - V = 0.$$

将我们所求出来的 P, S, V 的值代入其中, 可以解出它的三个根是 $2, 3, 7$. 这正是我们所要求的.

I.017 答案 $BC=2$.

解法 1(等腰三角形) 线段 HM 是直角 $\triangle BHC$ 的斜边上的中线, 所以它等于斜边的一半, 因而 $HM=BM=MC$, 故而 $\triangle HMC$ 是等腰三角形. 于是 $\angle MHC=\angle MCH=2\angle MAC$. 另一方面, $\angle MHC$ 是 $\triangle AMH$ 的外角, 所以 $\angle MHC=\angle MAC+\angle AMH$, 从而 $\angle AMH=\angle MAC$, 所以 $\triangle AMH$ 也是等腰三角形, 于是 $AH=HM=BM=MC$, 由此即得 $BC=2AH=2$.

解法 2(正弦定理) 如图 5 所示, 记 $\angle MAC=\alpha$, 于是 $\angle MCA=2\alpha$, $\angle AMC=180°-3\alpha$. 在 $\triangle AMC$ 中运用正弦定理, 得

$$\frac{MC}{\sin\alpha}=\frac{AC}{\sin(180°-3\alpha)}=\frac{AC}{\sin 3\alpha}.$$

再考虑到 $AC=AH+HC=1+BC\cos 2\alpha$ 以及 $\sin 3\alpha=3\sin\alpha-4\sin^3\alpha$, 即可由上式得到

$$\frac{BC}{2}=\frac{1+BC\cos 2\alpha}{3-4\sin^2\alpha}.$$

由此解得 $BC=2$.

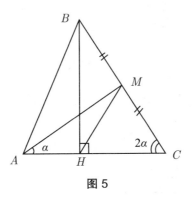

图 5

I.018 答案 9 个人.

假设共有 n 个人参加表演赛, 第 k 名得到了 a_k 分, 记 $S=a_1+a_2+\cdots+a_n$. 由题意知 $a_1\geqslant a_2\geqslant\cdots\geqslant a_n$, 且

$$a_1=\frac{S-a_1}{4},\quad a_3=\frac{S-a_3}{9},\quad a_n=\frac{S-a_n}{10}.$$

由此可知

$$a_1=\frac{S}{5},\quad a_3=\frac{S}{10},\quad a_n=\frac{S}{11}.$$

因而有

$$\frac{S}{5}=a_1\geqslant a_2\geqslant a_3=\frac{S}{10},$$
$$\frac{S}{10}=a_3\geqslant a_k\geqslant a_n=\frac{S}{11},\quad k=4,5,\cdots,n-1.$$

故知
$$S \leqslant 2a_1 + (n-3)a_3 + a_n < \frac{2S}{5} + \frac{(n-2)S}{10} = \frac{(n+2)S}{10}.$$
因而
$$\frac{n+2}{10} > 1,$$
即 $n > 8$. 另一方面, 我们又有
$$S \geqslant a_1 + 2a_3 + (n-3)a_n = \frac{2S}{5} + \frac{(n-3)S}{11},$$
因而
$$\frac{3S}{5} \geqslant \frac{(n-3)S}{11},$$
即 $5n \leqslant 48$, $n \leqslant 9.6$.

综合两方面, 知 $8 < n \leqslant 9.6$, 满足这一条件的正整数仅有一个, 即 $n = 9$.

I.019 将 $y = 3x$ 代入第二个不等式, 对一切实数 y, 都有
$$f(y+1) \geqslant f(2y+1).$$

再结合第一个不等式, 便知: 对一切实数 x, 都有
$$f(x+1) = f(2x+1). \qquad ①$$

由题中条件知 $f(2+1) = f(3) = 2$. 由此并利用 ① 式可知, 对任何正整数 n, 都有
$$2 = f(2+1) = f(4+1) = f(8+1) = \cdots = f(2^{n-1}+1) = f(2^n+1).$$

这表明方程 $f(x) = 2$ 有无穷多个形如 $x = 2^n + 1$ 的解.

♦1 经过类似的讨论, 可以证明: 对任何 $x_0 \neq 1$, 方程 $f(x) = f(x_0)$ 都有无穷多个解, 而方程 $f(x) = f(1)$ 则或者有无穷多个解, 或者恰有一个解.

♦2 满足题中条件的一个非常值函数的例子是
$$f(x) = \begin{cases} \sin(2\pi\log_2|x-1|) + 2, & \text{若 } x \neq 1, \\ 0, & \text{若 } x = 1. \end{cases}$$

该函数在所有 $x \neq 1$ 处连续, 在 $x = 1$ 处间断. 不存在满足题中条件的在整个实轴上连续的非常值函数. 可以证明, 如果一个函数满足题中条件且在整个实轴上连续, 那么它必为常值函数.

I.020 答案 不能.

将 3×3 数表记为图 6 所示的形式.

解法 1 (解方程组) 假设经过有限次所说的操作可以由左表得到右表. 因为乘法具有交换律, 所以可以不计操作的先后顺序. 有鉴于此, 我们可以假定, 先对左表第 1 行进行若

图 6

干次操作, 再对第 2 行进行若干次操作, 如此等等. 以 x_1 与 x_2 分别记对左表第 1 行数和第 2 行数操作中所乘的所有数的乘积; 以 y_2 与 y_3 分别记对左表第 2 列数和第 3 列数操作中所乘的所有数的乘积.

经过比较两个数表中的数 a_2, a_3, b_2, b_3, 得到如下方程组:
$$2x_1y_2 = 4, \qquad 3x_1y_3 = 7,$$
$$5x_2y_2 = 5, \qquad 6x_2y_3 = 8.$$

这 4 个方程并不相容. 事实上, 由左边两个方程得 $x_1 = 2x_2$, 而由右边两个方程却得 $x_1 = \frac{7}{4}x_2$, 所以它们无解, 这就表明不可能经过有限次所说的操作将左表变为右表.

解法 2 (不变量) 可以看出, 如下的量在所说的操作中是一个不变量:
$$\frac{a_2b_3c_1}{b_1c_2a_3}.$$

事实上, 对于所说的任何一种操作, 无论是行操作还是列操作, 该式中的分子与分母都分别恰有一个因数被乘同样一个实数, 所以它的值始终保持不变. 由于所给的两个数表所对应的这个量不同, 所以不可能通过有限次所说的操作把一者变为另一者.

2001 年

八年级

I.021 将所有 14 个正数的和记作 S. 因为任何相连的 12 个数的和都是 90, 所以任何两个相邻的数的和都等于 $S - 90$. 记 $a = S - 90$. 再根据任何 4 个相连数的和都是 30, 立知 $2a = 30$, 从而 $a = \frac{30}{2} = 15$. 这就说明其中任何一个正数都小于 15.

I.022 假设作了若干次第一类交换 (用一个锥子换一块肥皂), 我们试图用若干次第二类交换 (用 3 块肥皂换一个锥子) 和第三类交换 (用一块肥皂换 4 个锥子) 来使之还原. 假设用了 k 次第二类交换和 n 次第三类交换, 那么我们就一共付出了 $3k + n$ 块肥皂, 换回了 $k + 4n$ 个锥子. 因为第一类交换是用一个锥子换一块肥皂, 所以我们所付出的肥皂数目应当等于换回的锥子数目, 意即 $3k + n = k + 4n$, 故知 $2k = 3n$. 这表明存在某个正整数 t, 使

得 $k = 3t$, $n = 2t$. 于是我们在所作的 $k + n = 5t$ 次第二类交换与第三类交换中,一共换回了 $k + 4n = 11t$ 个锥子. 这些锥子都是在第一类交换中被换走的,每次第一类交换换走一个锥子,故知共作了 $11t$ 次第一类交换. 如此一来,便知一共作了 $11t + 5t = 16t$ 次各类交换.

I.023 延长边 AC, 在其延长线上截取 $CF = CE$(参阅图 7). 此时 $\angle EFC = 20°$, 点 D, E, F 在同一条直线上,并且 $AF = AC + CE$. 由于 $\angle FDA$ 是 $\triangle BED$ 的外角,所以 $\angle FDA > 20°$. 在 $\triangle AFD$ 中,大角对大边,故知 $AF > AD$.

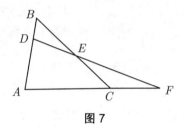

图 7

I.024 答案 不能.

$14 \times 14 = 196$, 而 196 不可能表示为两个这样的正整数的和,其中一个是 10 的倍数,另一个是 27 的倍数. 事实上,对 $k \in \{0, 1, \cdots, 19\}$, 差数 $196 - 10k$ 都不是 27 的倍数. 或者反过来,欲使 $196 - 27n$ 是 10 的倍数,则 $27n$ 要以 6 结尾,从而 n 的个位数必须是 8, 但是 $27 \times 8 = 236 > 196$.

I.025 答案 $(1, 1, 170\,170)$, $(1, 170\,170, 1)$, $(170\,170, 1, 1)$.

可将第二个方程分解为 $(x - y)(y - z)(z - x) = 0$. 如果 $x = y$, 则 $x^2 | 170\,170$, 而 $170\,170 = 2 \times 5 \times 7 \times 11 \times 13 \times 17$, 所以只能有 $x = 1$, 于是 $y = 1$, $z = 170\,170$.

九年级

I.026 答案 不可能.

利用整数被 3 整除的判别法则,即可发现矛盾. 假若其中只有一个 10 位数不是 3 的倍数,不妨设其是某一列中的 10 个数字所形成的. 那么每一行数所形成的 10 位数都是 3 的倍数. 这就表明,每一行中的 10 个数字的和都是 3 的倍数,因而整个表格中所有数字的和就是 3 的倍数. 另一方面,由于只有 9 列数字所形成的 10 位数是 3 的倍数,有一列却不是,故所有 10 列中的数字之和不是 3 的倍数,导致矛盾.

I.027 我们来证明,任何相连的 5 个数的和都等于 $\dfrac{200}{7} < 30$. 自任意一个数开始顺时针依次取 35 个数,再往后继续依次取 35 个数,如此共作 7 次,共得 245 个数. 一方面,它

们的和为 $7 \times 200 = 1400$. 另一方面, 该和等于圆上所有 120 个数之和 s 的 2 倍, 再加上 5 个相连数的和, 这就表明这 5 个相连数的和等于 $1400 - 2s$, 是一个定值. 由于我们是从任意一个数开始取的, 故任意相连 5 个数的和都相等. 因为任意相连 35 个数的和都是 200, 所以任意相连 5 个数的和都是 $\frac{200}{7} < 30$. 因为这些数都是正数, 所以其中每个数当然小于30.

I.028 如图 8 所示, 根据勾股定理, 知
$$EF^2 = CF^2 + EC^2 = CF^2 + BC^2 + BE^2,$$
$$ED^2 = BE^2 + BD^2 = BE^2 + AB^2 + AD^2.$$

因为 $AB = BC$, $CF = AD$, 所以以上二式的右端相等, 意即 $EF = ED$.

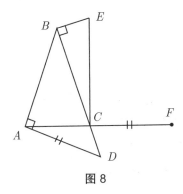

图 8

I.029 答案 $(x, y) = (1, 3)$ 或 $(3, 1)$.

记 $u = x + y$, $v = x^2 + y^2$, 由所给方程组得知
$$uv = 40, \quad u + v = 14,$$

因此 u, v 是一元二次方程 $z^2 - 14z + 40 = 0$ 的两个根, 故得 $(u, v) = (10, 4)$ 或 $(4, 10)$. 将 u, v 的值代入方程组 $u = x + y$, $v = x^2 + y^2$, 相应解得 $(x, y) = (1, 3)$ 或 $(3, 1)$.

I.030 答案 娜达莎的步长大一些.

设娜达莎的步长为 1, 她的速度为 u, 费佳的速度为 v. 娜达莎跑 400 步用时 $\frac{400}{u}$, 在这段时间内费佳走的距离是 $\frac{400v}{u}$, 这表明此时他们二人之间的距离是 $400 - \frac{400v}{u} = \frac{400(u-v)}{u}$. 由此时开始到他们相遇, 需时 $\frac{400(u-v)}{u(u+v)}$. 在这一段时间内, 费佳行走的距离是 $\frac{400(u-v)v}{u(u+v)}$. 因为对任何 $u > v > 0$, 都有
$$u^2 - 3uv + 4v^2 > u^2 - 4uv + 4v^2 = (u - 2v)^2 \geqslant 0,$$

所以 $4uv - 4v^2 < u^2 + uv$, 亦即
$$\frac{400(u-v)v}{u(u+v)} < 100.$$

因为这是费佳 100 步所走过的距离，所以这表明费佳的步长小于 1.

十年级

I.031 设 $f(x)+g(x)=0$ 的两个不同实根分别为 x_1 与 x_2，因为它们都是 $f(x)-g^3(x)=0$ 的根，所以它们也是方程 $f(x)-g^3(x)=f(x)+g(x)$ 的根，亦即 $g^3(x)+g(x)=0$ 的根. 因为 $g^3(x)+g(x)=g(x)[g^2(x)+1]$，而 $g^2(x)+1$ 恒大于 0，所以 x_1 与 x_2 都是 $g(x)$ 的根. 再根据它们都是 $f(x)+g(x)$ 的根，可知它们又都是 $f(x)$ 的根. 又因为 $f(x)$ 与 $g(x)$ 都是首项系数为 1 的实系数二次三项式，所以 $f(x)=g(x)$.

I.032 同 I.027 题.

I.033 同 I.030 题.

I.034 如图 9 所示，Z 也是 $\angle A$ 的平分线与线段 BC 的中垂线的交点. 因为 $AX=BX$，所以为证题中结论，只需证明 $BX=YZ$. 为此，我们来证明 $\triangle BXZ \cong \triangle ZYC$. 事实上，$\angle BXZ = 2\angle BAX = \angle BAC$，$\angle BZX = \angle BCA$（同弧所对圆周角相等）. 这就说明 $\triangle BXZ \sim \triangle BAC$. 同理可证，$\triangle ZYC \sim \triangle BAC$. 最后，因为 BZ 与 CZ 是等弧所对的弦，所以它们相等.

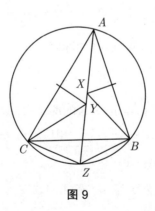

图 9

I.035 答案 不能.

我们把长度为 103 的边称为竖边. 可以把每个 9×14 的矩形分成两个 7×9 的矩形. 注意到 103 只有一种方式可以表示为一个 7 的倍数与一个 9 的倍数的和：$103=49+54$. 而 49 已经没有类似的表示方式. 我们指出，如果在方格纸上任意画一条贯穿全纸的横线（不要沿着方格线画），那么它的长度都是 49，并且被所分出的各个矩形划分为若干条线段. 因为 49 不能表示为一个 7 的倍数与一个 9 的倍数的和，所以这些线段中没有长度等于 9 的. 这就说明：所有矩形的长度为 9 的边都是竖向的. 这样一来，如果一个矩形的竖边的长度为 7, 那么它的横边的长度就一定为 14. 我们来看任意一条贯穿全纸的竖向的线 (不是沿方格线画的线), 那么它一定被分成一些长度分别为 7,9,14 的线段. 因为长度为 7 和 14 的线段的长度的总和为 49, 所以其中长度为 7 的线段有奇数条. 我们标出竖边长为 7 的所有 7×14 的矩形, 并且考察该集合. 我们发现这个集合具有如下的矛盾: 一方面, 属于该集合中所有矩形的小方格总数应当为奇数, 因为在方格纸上的每一列中都有奇数个方格属于该集合中的矩形, 而且一共有 49 列; 另一方面, 每个矩形中的方格数目都是 7×14, 从而总和一定为偶数. 这个矛盾说明不能进行题目所说的划分.

十一年级

I.036 证法 1 (直线和圆) 在坐标平面上标出如下三个点:
$$X = (\sin x, \cos x), \quad Y = (\sin y, \cos y), \quad Z = (\sin z, \cos z),$$
它们都在单位圆上. 如果 $\sin x$, $\sin y$, $\sin z$ 与 $\cos x$, $\cos y$, $\cos z$ 都形成等差数列, 那么就有 $\overrightarrow{YX} = -\overrightarrow{YZ}$, 从而 X, Y, Z 三点共线. 这与它们分布在同一个圆上的事实相矛盾.

证法 2 (公式法) 如果 $\sin x$, $\sin y$, $\sin z$ 与 $\cos x$, $\cos y$, $\cos z$ 都形成等差数列, 那么就有
$$2\sin y = \sin x + \sin z, \quad 2\cos y = \cos x + \cos z.$$
将上述二式两端同时平方后相加, 得到
$$4 = 4\sin^2 y + 4\cos^2 y = 2 + 2\sin x \sin z + 2\cos x \cos z.$$
由此即得
$$\cos(x - z) = \sin x \sin z + \cos x \cos z = 1.$$
这就表明, 对某个整数 k, 有 $z = x + 2k\pi$. 而这样一来, 就有 $\cos x = \cos z$, 从而 $\cos x$, $\cos y$, $\cos z$ 不是严格递减的等差数列.

I.037 答案 198 934.

按照要求, 除了最后两位数字, 其余各位数字之和是 27. 各位数字之和等于 27 的最小正整数是 999, 但是 99 934 不是 34 的倍数. 所以满足要求的最小正整数至少为 6 位数, 并且它的首位数是 1, 于是只有如下三个数有可能: 189 934, 198 934, 199 834. 但是其中只有 198 934 是 34 的倍数.

I.038 解法 1 将 16 个数的和记为 S, 先将它们分为 6 组: 第一组由一个数 a_1 组成; 其余各组均由 3 个数组成, 即 (a_2, a_3, a_4), (a_5, a_6, a_7), $\cdots$, (a_{14}, a_{15}, a_{16}). 后 5 个组中的所有数之和都不小于 2, 所以
$$S \geqslant a_1 + 10.$$

再将 16 个数分为 4 组: 第一组由 a_2 一个数组成; 其余各组均由 5 个数组成, 即 $(a_3, a_4, a_5, a_6, a_7)$, $(a_8, a_9, a_{10}, a_{11}, a_{12})$, $(a_{13}, a_{14}, a_{15}, a_{16}, a_1)$. 于是后 3 个组中的所有数之和都不大于 4, 所以

$$S \leqslant a_2 + 12.$$

由上述二不等式得知 $a_1 - a_2 \leqslant 2$.

当 16 个数 $a_1, a_2, \cdots, a_{16}$ 依次为 2,0,0,2,0,2,0,0,2,0,0,2,0,2,0,0 时 (参阅图 10), 确实有 $a_1 - a_2 = 2$.

$$\begin{array}{ccccc} 2 & 0 & 0 & 2 & 0 \\ 0 & & & & 2 \\ 0 & & & & 0 \\ 2 & & & & 0 \\ 0 & 2 & 0 & 0 & 2 \end{array}$$

图 10

解法 2 为方便起见, 我们按照法则 $a_{n+16} = a_n$ 构造一个无穷序列. 考察其中任意两个相邻项 a_k 和 a_{k+1}. 按照题意, 和数 $A = a_k + a_{k+1} + a_{k+2} + a_{k+3} + a_{k+4}$ 不超过 4, 而和数 $B = a_{k+2} + a_{k+3} + a_{k+4}$ 不小于 2, 所以 $a_k + a_{k+1} = A - B \leqslant 4 - 2 = 2$. 这就表明序列中的任意两个相邻项之和均不大于 2. 我们再来观察

$$a_k = (a_k + a_{k+1} + a_{k+2}) - (a_{k+1} + a_{k+2}).$$

其右端第一个括号内的和数不小于 2, 第二个括号内的和数不大于 2, 所以 $a_k \geqslant 0$. 这就说明数列中没有负数项. 而如果两个非负数的和不大于 2, 那么其中每个数都不大于 2. 这样一来, 便知数列中的所有项都满足不等式 $0 \leqslant a_k \leqslant 2$. 因此 $a_1 - a_2 \leqslant a_1 \leqslant 2$. 例子同解法1.

I.039 答案 $90°$.

解法 1(几何法) 设 DC 的中点为 K, 则有

$$AD = DK = KC = KE.$$

注意到 $\triangle DEB$ 中的三个内角分别为 $30°, 60°, 90°$, 并且

$$\angle DEF = 90° - \angle BEF = 30°.$$

所以 $\triangle DFE$ 是等腰三角形, 并且 $DF = FE = BF$(参阅图 11(a)). 于是 FK 是 $\triangle BDC$ 中的中位线, 与 BC 平行, 因而就有

$$\angle DFK = \angle DBC = 60° = \angle DFA.$$

这样一来, FD 在 $\triangle AFK$ 中既是底边上的中线又是顶角平分线, 所以它也是底边上的高, 所以 $\angle ADB = 90°$.

解法 2 (三角形相似的智判) 我们来证明一个判断三角形相似的准则, 它不是指通常的两条对应边成比例, 夹角相等.

三角形相似的一个判别准则 给定两个三角形 $\triangle ABC$ 与 $\triangle A_1B_1C_1$, 如果 $\dfrac{AB}{A_1B_1} = \dfrac{BC}{B_1C_1}$, $\angle BCA = \angle B_1C_1A_1$ 且 $\angle BAC$ 与 $\angle B_1A_1C_1$ 同为锐角或钝角, 则 $\triangle ABC \backsim \triangle A_1B_1C_1$.

准则之证 我们来观察与 $\triangle A_1B_1C_1$ 相似且相似系数为 $\dfrac{AB}{A_1B_1}$ 的 $\triangle A_2B_2C_2$. 于是 $AB = A_2B_2$, $BC = B_2C_2$. 我们来证明 $\triangle A_2B_2C_2 \cong \triangle ABC$. 假设不然, 则 $AC \neq A_2C_2$ (因两个三角形三边对应相等, 故必全等). 为确定起见, 不妨设 $AC > A_2C_2$. 在边 AC 上取点 K, 使得 $KC = A_2C_2$ (见图 11(b)). 于是 $\triangle A_2B_2C_2 \cong \triangle KBC$ (边角边). 于是, $KB = A_2B_2 = AB$, 因而 $\triangle ABK$ 为等腰三角形. 所以
$$\angle BAC = \angle BKA = 180° - \angle BKC = 180° - \angle B_2A_2C_2.$$
于是
$$\angle BAC + \angle B_1A_1C_1 = \angle BAC + \angle B_2A_2C_2 = 180°.$$
然而 $\angle BAC$ 与 $\angle B_1A_1C_1$ 同为锐角或钝角, 它们的和不可能等于 $180°$, 此为矛盾. 准则证毕.

回到原题. 如同解法 1, 证得 $BF = FD$ (参阅图 11(a)), 于是
$$\dfrac{BD}{FD} = 2 = \dfrac{DC}{AD}, \quad \angle AFD = \angle CBD = 60°, \quad \angle BCD < 90°,$$
因为 $\angle BCD$ 是直角三角形中的非直角. $\angle FAD < \angle EDC < 90°$, 因为 $\angle EDC$ 是同一直角三角形中的非直角. 于是根据我们所证明的准则, 知 $\triangle AFD \backsim \triangle CBD$, 因而 $\angle BDA = \angle BDC$. 又因为 $\angle BDA + \angle BDC = 180°$, 所以它们都是直角.

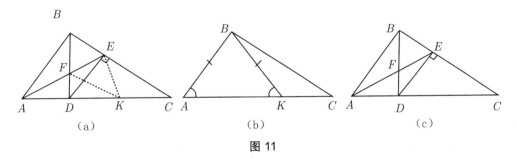

图 11

解法 3 (梅涅劳斯定理) 共线三点 E, F, A 分别在 $\triangle BDC$ 的边 BC, BD 和边 CD 的延长线上 (参阅图 11(c)), 由梅涅劳斯定理得
$$\dfrac{CE}{EB} \cdot \dfrac{BF}{FD} \cdot \dfrac{AD}{AC} = 1.$$

如同解法 1, 证得 $BF = FD$, 再利用题中其他条件, 可将上式化为 $\dfrac{CE}{EB} = 3$. 于是, 在 $\triangle BDC$ 中, 有 $BC = 4BE$, $BD = 2BE$. 从而在知道 $\angle CBD = 60°$ 之后, 即可利用 $\dfrac{BC}{BD} = 2$ 得知 $\angle CDB = 90°$, 故而 $\angle ADB = 90°$.

I.040 答案 不能.

假设有 $f = g + h$, 其中 g 为偶函数, 而 h 为以 T 为周期的函数.

解法 1 我们考察函数在 $x = T$ 和 $-T$ 处的值. 发现

$$f(T) = g(T) + h(T) = g(-T) + h(-T) = f(-T).$$

这是不可能的, 因为 $f(T) = T^3 = -(-T)^3 = -f(-T)$.

解法 2 注意到 $f(-x) = g(x) + h(-x)$, 故得

$$2x^3 = f(x) - f(-x) = h(x) - h(-x).$$

因为 $h(x)$ 与 $h(-x)$ 有相同的周期, 所以 $2x^3 = h(x) - h(-x)$ 为周期函数, 这是不可能的.

解法 3 我们有

$$f(x+T) = g(x+T) + h(x+T), \quad f(x-T) = g(x-T) + h(x-T).$$

用第一式减去第二式, 由于 $h(x+T) = h(x-T)$, 得到

$$F(x) = f(x+T) - f(x-T) = g(x+T) - g(x-T) = G(x).$$

我们来考察函数 $G(x)$ 的奇偶性, 因为

$$G(-x) = g(-x+T) - g(-x-T) = g(x-T) - g(x+T) = -G(x),$$

所以 $G(x)$ 是奇函数. 但是, $G(x) = F(x) = f(x+T) - f(x-T) = 6Tx^2 + T^3$ 不是奇函数, 此为矛盾.

2002 年

八年级

I.041 答案 16.

为方便起见, 先在方格表中用字母代表数, 如图 12 所示.

解法 1 前两列数的乘积都是 1, 左下方 2×2 正方形中的数的乘积是 2, 用前者除以后者得知 $ab = \dfrac{1}{2}$. 同理可知 cf, hi, dg 都是 $\dfrac{1}{2}$. 将这四者相乘可知, 除正中间的数 e 外

a	b	c
d	e	f
g	h	i

图 12

的其余八个数的乘积是 $\frac{1}{16}$. 因为表中所有数的乘积是 1(它是三列数的乘积), 所以正中间的数 e 是 16.

解法 2 将四个 2×2 正方形中的数相乘, 得知

$$acgib^2d^2f^2h^2e^4=16.$$

因为所有数的乘积等于 1, 所以上式表明

$$bdfhe^3=16.$$

将其分别除以 $def=1$ 和 $beh=1$, 即得 $e=16$.

◆ 符合要求的数表存在且唯一, 如图 13 所示.

2	$\frac{1}{4}$	2
$\frac{1}{4}$	16	$\frac{1}{4}$
2	$\frac{1}{4}$	2

图 13

I.042 证法 1 如图 14所示, 将两条对角线的交点记作 O. 在 $\triangle ABC$ 与 $\triangle BOC$ 中, $\angle C$ 为公共角, $\angle CAB=\angle CBD$, 这表明 $\angle ABC=\angle BOC$. 同理可知 $\angle ADC=\angle AOD$. 又因为 $\angle AOD=\angle BOC$, 所以 $\angle ABC=\angle ADC$.

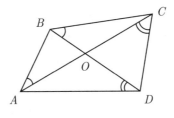

图 14

证法 2 我们有

$$\begin{aligned}\angle ABC&=180^\circ-\angle CAB-\angle ACB=180^\circ-\angle CBD-(\angle BCD-\angle ACD)\\&=(180^\circ-\angle CBD-\angle BCD)+\angle ACD=\angle BDC+\angle BDA=\angle ADC.\end{aligned}$$

I.043 答案 6 个 0.

解法 1 首先考虑可以整除乘积的 5 的最高方幂数. 由于三个数都小于 $5^4 = 625$, 故都至多可被 $5^3 = 125$ 整除. 但三个数中至少有一个数不是 5 的倍数, 因为三个数的和不是 5 的倍数. 因此, 它们的乘积的末尾不可能多于 6 个 0. 而 6 个 0 是可能的: 250, 125, 32.

解法 2 将三个正整数分别记为 x, y, z. 由题中条件知
$$\sqrt[3]{xyz} \leqslant \frac{x+y+z}{3} = \frac{407}{3} < 200,$$
故 $xyz < 200^3 < 10^7$, 这表明三个数的乘积至多为 7 位数, 所以其末尾至多有 6 个 0.

I.044 设该班共有 k 个学生, 他们共出了 x 个错误, 其中有 y 个属于粗心错误.

由题意知 $y > \frac{x}{4}$. 如果每个学生粗心所犯的错误增加到原来的 3 倍, 并且每个人都增加两个非粗心错误, 那么就有 $3y$ 个粗心错误和 $x - y + 2k$ 个非粗心错误. 于是, 根据题中第二个条件, 知
$$x - y + 2k = 15y,$$
故 $y = \frac{x+2k}{16}$, 将其代入不等式 $y > \frac{x}{4}$, 得到
$$\frac{x+2k}{16} > \frac{x}{4},$$
亦即 $x + 2k > 4x$, $2k > 3x$, 故 $x < \frac{2}{3}k$. 出错的学生人数肯定不超过他们所出的错误数目, 既然所出的错误数目小于 $\frac{2}{3}k$, 那么说明出错的人数小于总数的 $\frac{2}{3}$, 意即该班至少有 $\frac{1}{3}$ 的学生在听写中未出任何错误.

I.045 证法 1 假设不存在这样一个数. 找出行中最大的数 a, 在我们的假设之下, 排在 a 后面的数单调下降, 因若不然, 第一个破坏单调性的数的前面的数就比两侧邻数都小. 同理, 排在 a 前面的数单调上升. 如果 a 的前面有奇数个数, 就把 a 划入前面的组 (称为第一组), 否则就划入后面的组 (称为第二组), 如此一来我们得到两个单调变化的组, 每个组内都有偶数个数.

在第二组中, 角标为偶数的数的和小于角标为奇数的数的和; 在第一组中, 除最后一个数之外的角标为偶数的数的和小于角标为奇数的数的和. 第一组中的最后一个数与第一个数的差小于 1, 此因它们都属于区间 $(0,1)$. 将所述三个不等式相加, 得到写在偶数号位置上的数的和小于写在奇数号位置上的数的和加 1, 与题意相矛盾.

证法 2 假设不存在这样一个数, 则除了最前面和最后面的数, 其余各数都有一个比它小的邻数. 除了最前面的数, 从每个奇数角标的数都引出一个箭头指向比它小的邻数 (如果两个邻数都比它小, 则只引一个). 显然, 指向每个数的箭头至多一个, 否则该数就小于两侧邻数. 这样一来, 除了最前面的数以及另外一个数, 其余各数都可以配成对子, 而且每一个对子中都是奇数角标的数大于偶数角标的数. 而没有配对的两个数中偶数角标的数与最前面的数的差小于 1. 于是偶数角标的数的和与奇数角标的数的和的差小于 1, 此为矛盾.

九年级

I.046 答案 25 与 1000 或 625 与 400.

两个约数之一为奇数,而 160 000 一共有 5 个奇约数,它们是 $1, 5, 5^2, 5^3, 5^4$,再逐个验证即可.

I.047 注意:题中并没有说,这些短棍都是等长的.先将一根短棍折成等长的两段,用它们作为矩形的两条竖边.再把其余的所有短棍一字排开,从中点处折断(至多折断一根短棍),把它们分别作为矩形的两条横边即可.

◆ 遗憾的是,大多数参赛者认为这些短棍是等长的.

◆◆ 许多考生运用下述的逼近法解答本题.

把短棍排成两条线段,分别称它们为左线段和右线段.假设右线段比左线段长.从右边拿出一个短棍放到左边,如果需要,则接着再拿,直到右线段不比左线段长为止.此时可把最后一根拿过来的线段折断,使得左右线段一样长.此时再找出其中一条线段中的短棍接头之处,把另一条线段位于相应处的短棍折成两段.于是我们有两对等长的线段,用它们容易围成矩形.

试找出上述解答中的错误.

提示: 你能保证任何一条线段都不会被折断两次吗?

I.048 答案 2.

解法 1(投影到对角线上) 设 O 是平行四边形 $ABCD$ 两条对角线的交点,则有

$$BA = AO = OC = CD.$$

因为 $\angle BDK = \angle DBK$,所以 KO 是线段 BD 的中垂线.注意到点 C 在线段 OD 的中垂线 CH 上(参阅图 15),故由泰勒斯定理即得

$$\frac{BK}{KC} = \frac{BO}{OH} = 2.$$

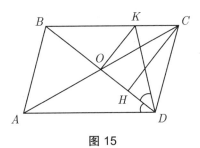

图 15

解法 2(利用重心性质) 延长线段 DC,使得 $CN = CD$,于是四边形 $ABNC$ 是平行四边形(参阅图 16).因为 $BN = AC = 2DC = DN$,所以 $\triangle BND$ 是等腰三角形.直线

BC 是 $\triangle BND$ 中的中线, 而因 $\angle KBD = \angle KDB$, 故由对称性知直线 DK 也是 $\triangle BND$ 中的中线. 于是点 K 是 $\triangle BND$ 的重心, 故知 $\dfrac{BK}{KC} = 2$.

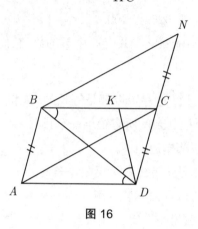

图 16

解法 3 (利用相似性质) 设 DK 与 AC 的交点为 P(参阅图 17). 由于 $BA = AO = OC = CD$, 故 $\triangle OCD$ 为等腰三角形, $\angle COD = \angle CDO$. 而这样一来, 就有 $\angle PDC = \angle BCA$, 事实上, 我们有

$$\angle PDC = \angle ODC - \angle ODK = \angle COD - \angle OBC = \angle BCA,$$

其中最后一步是因为 $\angle COD$ 是 $\triangle BOC$ 的外角.

利用刚刚证明的 $\angle PDC = \angle BCA$, 以及显然的 $\angle PCD = \angle CAB$, 可知 $\triangle PCD \backsim \triangle BAC$. 于是 $\dfrac{PC}{CD} = \dfrac{AB}{AC} = \dfrac{1}{2}$, 因此

$$PC = \dfrac{1}{2}CD = \dfrac{1}{2}OC = \dfrac{1}{4}AC, \quad \dfrac{AP}{PC} = 3.$$

于是 $\triangle APD \backsim \triangle CPK$, 且相似比为 3. 这表明

$$KC = \dfrac{1}{3}AD = \dfrac{1}{3}BC, \quad \dfrac{BK}{KC} = 2.$$

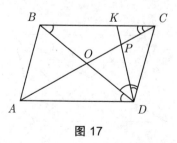

图 17

I.049 证法 1 所要证明的不等式对三个变量的轮换不变, 故可设其中 a 最小. 于是存在两种可能情况: $a \leqslant b \leqslant c$ 与 $a \leqslant c \leqslant b$.

假设 $a \leqslant b \leqslant c \leqslant 1$, 则有

$$a^{17} \leqslant a^7 c^{10}, \quad b^{17} \leqslant b^{10} c^7, \quad c^{17} \leqslant 1, \quad 0 \leqslant a^{10} b^7.$$

将这些不等式相加, 即得所证.

如果 $a \leqslant c \leqslant b \leqslant 1$, 则将显然的不等式 $a^{17} \leqslant a^7 c^{10}$, $c^{17} \leqslant b^{10} c^7$, $b^{17} \leqslant 1$, $0 \leqslant a^{10} b^7$ 相加即可.

证法 2 利用排序不等式①, 我们来证明

$$a^{17} + b^{17} + c^{17} \leqslant a^{10} b^7 + b^{10} c^7 + c^{10} a^7 + 1.$$

不妨设 $a \leqslant b \leqslant c$. 对 $p = a^{10}$, $q = b^{10}$, $r = b^7$, $s = c^7$, 由排序不等式得

$$a^{10} b^7 + b^{10} c^7 \geqslant a^{10} c^7 + b^{17}.$$

因此, 为证题中结论, 只需证明

$$a^{17} + b^{17} + c^{17} \leqslant a^{10} c^7 + c^{10} a^7 + b^{17} + 1.$$

此式即为

$$(c^{10} - a^{10})(c^7 - a^7) \leqslant 1.$$

由于 $0 \leqslant a \leqslant c \leqslant 1$, 此式显然成立.

I.050 答案 不可能.

解法 1 (轴对称) 抛物线 $y = f(x)$ 具有纵向对称轴 $x = a$, 其中 a 是对任意常数 c, 方程 $f(x) = c$ 的两个根的算术平均值. 如果抛物线与所说的四条线段 AB, CD, EF, GH 都相交, 则方程 $f(x) = 0$ 的两个根的算术平均值位于区间 $[1.5, 2.5]$ 中, 而方程 $f(x) = 5$ 的两个根的算术平均值位于区间 $[3, 4]$ 中, 上述两个区间没有交集.

解法 2 (增量) 假设抛物线 $y = f(x)$ 与所说的四条线段 AB, CD, EF, GH 都相交. 记方程 $f(x) = 0$ 的两个根为 x_1 与 x_2, 方程 $f(x) = 5$ 的两个根为 x_3 与 x_4. 于是由韦达定理知

$$x_1 + x_2 = x_3 + x_4,$$

即

$$x_1 - x_3 = x_4 - x_2.$$

然而, $x_1 \in [0, 1]$, $x_2 \in [3, 4]$, $x_3 \in [-2, -1]$, $x_4 \in [8, 9]$, 从而 $1 \leqslant x_1 - x_3 \leqslant 3$, $4 \leqslant x_4 - x_2 \leqslant 6$, 它们不可能相等, 此为矛盾.

解法 3 (抛物角) 先证一个引理.

---

① 编译者注 排序不等式的最简单形式是: 若 $p \leqslant q$, $r \leqslant s$, 则 $ps + qr \leqslant pr + qs$.

引理 如果直线 PQ 不是竖直直线, 则四个点 P, Q, R, S 都在某个二次三项式的图像抛物线上 (参阅图 18), 当且仅当直线 RP 的斜率与直线 RQ 的斜率的差等于直线 SP 的斜率与直线 SQ 的斜率的差.

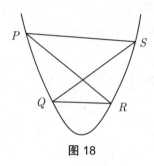

图 18

引理之证 记 $P = (x_p, y_p), Q = (x_q, y_q)$. 设 c 为常数, 点 $X = (x, y)$ 满足

$$\frac{y - y_p}{x - x_p} - \frac{y - y_q}{x - x_q} = c$$

(等式左端就是直线 XP 的斜率与直线 XQ 的斜率的差), 则点 $X = (x, y)$ 的集合就是抛物线

$$y(x_p - x_q) = c(x - x_p)(x - x_q) + x(y_p - y_q) + (x_p y_q - y_p x_q).$$

反之, 对于该抛物线上的点, 相应的直线的斜率的差等于常数 c. 由此即可推出引理中的结论. 引理证毕.

回到原题, 设 $P \in EF, Q \in AB, R \in CD, S \in GH$(参阅图 19). 那么直线 RP 的斜率与直线 RQ 的斜率的差在区间 $\left[\frac{5}{6}, \frac{5}{4}\right]$ 中, 而直线 SP 的斜率与直线 SQ 的斜率的差在区间 $\left[\frac{5}{9}, \frac{5}{7}\right]$ 中, 它们不可能相等, 因此 P, Q, R, S 这四个点不可能在同一条抛物线上.

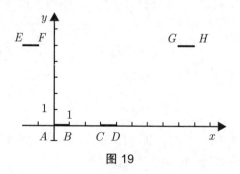

图 19

十年级

I.051 证法 1 既然多项式 $f(x)$ 在区间 $(0,1)$ 中只有一个根, 如图 20所示, 它在该区间的两端符号相反 (或者 0 或 1 之一为其根), 即有 $f(0)f(1) \leqslant 0$. 于是

$$f(b) = b^2 + ab + b = b(b + a + 1) = f(0)f(1) \leqslant 0.$$

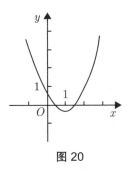

图 20

证法 2 设多项式 $f(x)$ 的两个根是 $x_1 \in (0,1)$, $x_2 \notin (0,1)$. 根据韦达定理, 有 $a = -(x_1 + x_2)$, $b = x_1 x_2$, 因此

$$\begin{aligned} f(b) &= b^2 + ab + b = b(b + a + 1) \\ &= x_1 x_2 (x_1 x_2 - x_1 - x_2 + 1) = x_1(x_1 - 1) \cdot x_2(x_2 - 1). \end{aligned}$$

不难看出, $x_1(x_1 - 1) \leqslant 0$, $x_2(x_2 - 1) \geqslant 0$, 故得 $f(b) \leqslant 0$.

证法 3 设多项式 $f(x)$ 的两个根是 $x_1 \in (0,1)$, $x_2 \notin (0,1)$. 根据韦达定理, 有 $b = x_1 x_2$. 如果 $x_2 \geqslant 1$, 则有 $x_1 < b = x_1 x_2 < x_2$, 此因 $0 < x_1 < 1 \leqslant x_2$. 而若 $x_2 < 0$, 则有 $x_2 \leqslant x_1 x_2 < 0 < x_1$, 此因 $0 < x_1 < 1$. 在两种情况下, b 在数轴上都在 $f(x)$ 的两根之间. 因为 $f(x)$ 的首项系数为正, 所以它在两根之间的值非正, 特别地, 有 $f(b) \leqslant 0$.

I.052 将 $\triangle AOB$ 的外接圆与 $\triangle COD$ 的外接圆位于边 AD 上的交点记作 K (参阅图 21). 由于三角形中大角对大边, 故为证 $AO > AB$, 只需证明 $\angle ABO > \angle AOB$.

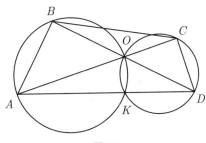

图 21

易知 $\angle ABO + \angle AKO = 180°$（圆内接四边形的对角互补）. 而 $\angle DKO + \angle AKO = 180°$, 所以 $\angle DKO = \angle ABO$. 作为 $\triangle COD$ 外接圆中的圆周角, $\angle DKO$ 等于 $\dfrac{\overparen{CO}+\overparen{CD}}{2}$, 而 $\angle COD = \dfrac{\overparen{CD}}{2}$, 故得

$$\angle ABO = \angle DKO > \angle COD = \angle AOB,$$

此即为所证.

I.053 答案 200.

我们指出

$$x^2 = ([x]+\{x\})^2 = [x]^2 + 2[x]\{x\} + \{x\}^2 = [x]^2 + 200 + \{x\}^2.$$

显然 $0 < \{x\}^2 < 1$, 只有 200 与 $[x]$ 为整数, 故知

$$[x^2] = [x]^2 + 200, \quad 即 \quad [x^2] - [x]^2 = 200.$$

I.054 $18\,\mathrm{m} = 1\,800\,\mathrm{cm}$. 设其中有 $8\,\mathrm{cm}$ 的短棍 x 根, $9\,\mathrm{cm}$ 的短棍 y 根, 则有

$$8x + 9y = 1\,800.$$

因为 $8\,|\,1\,800$, $9\,|\,1\,800$, 所以 $8\,|\,y$, $9\,|\,x$. 故可写 $x = 9x_1$, $y = 8y_1$, 代入上式并化简, 得

$$x_1 + y_1 = \dfrac{1\,800}{72} = 25.$$

下面来看如何用这些短棍围成一个等边八边形. 等边八边形的边长是 $\dfrac{1\,800}{8} = 225$. 因为 $y > 0$, $8\,|\,y$, 所以 $y \geqslant 8$. 我们在等边八边形的每一条边上都放一根长度为 $9\,\mathrm{cm}$ 的短棍, 于是它的每条边上还剩 $225 - 9 = 216 = 3 \times 72\,\mathrm{cm}$. 由上讨论知, 所有长度为 $8\,\mathrm{cm}$ 的短棍可分为 x_1 组, 每组 9 根. 而剩下的长度 $9\,\mathrm{cm}$ 的短棍可分为 $y_1 - 1$ 组, 每组 8 根. 于是每组内的短棍长度之和都是 $72\,\mathrm{cm}$, 一共 $x_1 + y_1 - 1 = 24$ 组. 其中每 3 组短棍的长度之和都是 $216\,\mathrm{cm}$, 24 组短棍刚好分到 8 条边上, 每条边分得 3 组.

I.055 将所写的 40 个数依次记为 $a_1, a_2, \cdots, a_{40}$. 假设不存在这样的一个数. $a_3, a_5, \cdots, a_{39}$ 各有两个邻数. 在我们的假定之下, 它们均至少严格大于自己的一个邻数. 如果在这样的邻数中有相同的, 例如, a_{2m-1} 与 a_{2m+1} 都大于 a_{2m}, 那么 a_{2m} 就小于它的两侧邻数, 此与我们的假设相矛盾. 所以这些邻数两两不同. 这样一来, 和数 $a_3 + a_5 + \cdots + a_{39}$ 就至少比它们的 19 个不同的邻数 (它们都是写在偶数号位置上的) 的和大 19. 此时只剩下一个写在偶数号位置上的数, 设为 a_{2n}. 因为写在偶数号位置上的数的和比写在奇数号位置上的数的和大 72, 所以 $a_{2n} - a_1 \geqslant 72 + 19 = 91$. 但是, $a_1 \geqslant 10$, $a_{2n} \leqslant 99$, 所以 $a_{2n} - a_1 \leqslant 99 - 10 = 89$, 导致矛盾.

♦ 可以作类似于 I.045 题证法 2 的讨论. 但需注意, 本题讨论的是整数, I.045 题讨论的是实数, 故需补充两点: 第一点, 如果往两个部分之一中补入最大数, 则会造成不严格单调; 第二点, 整数之间的 "小于" 关系可以加强为 " 至少小 1", 这就使得我们可把关于差的估计 $99 - 10 = 89$ 改进为 $89 - 18 = 71 < 72$.

上面所说的解答类似于 I.045 题的证法 1. 由它可以推知, 题目条件中的数 72 可以换为 71. 事实上, 在该解答中, 所有的数可配成 20 对, 并且在 19 对数中, "偶的减奇的" 的差不超过 -1, 而在剩下的一对中不超过 89, 所以所有的差不大于 $89 - 19 = 70$.

这个估计已经是确切的, 如果差等于 70, 则题中的结论可能不成立 (试举出相应的例子).

十一年级

I.056 **证法 1** (整除性)   设有长度为 5 cm 的短棍 k 根, 长度为 6 cm 的短棍 n 根, 则有 $5k + 6n = 600$, 这是因为 6 m = 600 cm. 由此知 $6|k$, $5|n$. 将长度为 5 cm 的短棍分组, 每组 6 根; 将长度为 6 cm 的短棍分组, 每组 5 根. 每组短棍的长度之和都是 30 cm. 利用这些组短棍不难围成一个周长为 600 cm 的正十边形.

证法 2 (与整除性无关)   周长为 600 cm 的正十边形的每边长度是 60 cm. 故可用 12 根长度为 5 cm 的短棍或 10 根长度为 6 cm 的短棍拼成. 我们来逐边拼接, 先从长度为 5 cm 的短棍开始. 只要手中有不少于 12 根长度为 5 cm 的短棍, 就可以用它们拼成一条边. 接着再用长度为 6 cm 的短棍拼接. 到了不能这样拼接时, 剩下不多于 9 根长度为 6 cm 的短棍, 还有不多于 11 根长度为 5 cm 的短棍. 注意 $9 \times 6 \text{ cm} + 11 \times 5 \text{ cm} = 109 \text{ cm}$. 但是, 在每一条边上都用去总长度为 60 cm 的短棍, 所以剩下的短棍总长度也是 60 cm, 刚好拼成一条边.

I.057   由题意知 $[a]\{a\} = 100$, 我们来求 a^2 的整数部分和小数部分:

$$a^2 = ([a] + \{a\})^2 = [a]^2 + 2[a]\{a\} + \{a\}^2 = [a]^2 + 200 + \{a\}^2.$$

因为 $[a]^2 + 200$ 是整数, 而 $\{a\}^2 < 1$, 所以 $[a^2] = [a]^2 + 200$, $\{a^2\} = \{a\}^2$. 因此

$$f(a^2) = \lg\left([a^2]\{a^2\}\right) = \lg\left(([a]^2 + 200)\{a\}^2\right) > \lg\left([a]^2\{a\}^2\right) = \lg 100^2 = 4.$$

♦ 如果将条件 $f(a) = 2$ 换为 $f(a) \geq 2$, 那么题中的断言可能不成立. 例如: $a = 200.502$, 则 $[a]\{a\} = 100.4$, $a^2 = 40\,201.052\,004$, $[a^2]\{a^2\} = 2\,090.612\,804 < 10\,000$.

I.058   **答案** 2^{-12}.

按照国际象棋中的叫法, 我们将左下角的方格称为 $a1$. 我们来考察如下四个 3×3 正方形: 它们中的左下角方格分别为 $a1, a3, a6, a9$. 它们中的所有数的乘积等于 2^4. 而该乘

积恰好是前三列中的所有数的乘积再乘上方格 $a3, b3, c3$ 中的数. 因为每一列数的乘积都是 1, 所以 $a3, b3, c3$ 中的数的乘积等于 2^4. 同理可得第 3 行中的任何 3 个相连数的乘积都是 2^4. 但是, 该行中所有数的乘积等于 1, 而后 9 个数的乘积等于 2^{12}, 所以方格 $a3$ 与 $b3$ 中的数的乘积等于 2^{-12}.

♦ 对于满足要求的数表的存在性问题, 曾有很多疑问, 下面特地给出这种数表的两个例子 (参阅图 22). 应当注意的是, 表中给出的是 2 的指数, 即在写着 2 的地方, 应当是 2^2; 写着 -6 的地方, 应当是 2^{-6}; 如此等等.

2	2	-6	2	3	-6	2	2	-6	2	3
2	3	-6	2	2	-6	2	3	-6	2	2
-6	-6	16	-6	-6	16	-6	-6	16	-6	-6
2	2	-6	3	2	-6	2	2	-6	3	2
3	2	-6	2	2	-6	3	2	-6	2	2
-6	-6	16	-6	-6	16	-6	-6	16	-6	-6
2	2	-6	2	3	-6	2	2	-6	2	3
2	3	-6	2	2	-6	2	3	-6	2	2
-6	-6	16	-6	-6	16	-6	-6	16	-6	-6
2	2	-6	3	2	-6	2	2	-6	3	2
3	2	-6	2	2	-6	3	2	-6	2	2

(a)

2	2	-10	2	3	-1	3	2	-7	1	3
2	3	-2	1	3	-11	2	2	-5	2	3
-5	-7	16	-5	-7	16	-5	-7	16	-5	-7
1	2	-10	4	2	-1	1	3	-7	1	4
2	4	-2	1	2	-11	4	1	-5	2	2
-4	-8	16	-4	-8	16	-4	-8	16	-4	-8
4	2	-10	1	1	-1	1	3	-7	5	1
2	1	-2	2	5	-11	2	3	-5	2	1
-9	-3	-9	3	16	-9	-3	-9	-3		
4	1	-10	6	1	-1	1	2	-7	2	1
1	3	-2	1	1	-11	4	2	-5	3	3

(b)

图 22

I.059 证法 1 如图 23 所示, 我们有 $S_{四边形ABDC} = S_{\triangle ABB_1} + S_{\triangle ACC_1}$. 事实上,

$$S_{四边形ABDC} = S_{\triangle ABD} + S_{\triangle ACD} = S_{\triangle ABB_1} + S_{\triangle ACC_1},$$

这是因为 $\triangle ABB_1$ 与 $\triangle ABD$ 同底等高. 同理可知 $S_{\triangle ACD} = S_{\triangle ACC_1}$.

因此, $S_{\triangle ABC} > S_{\triangle ABB_1} + S_{\triangle ACC_1}$. 将此不等式详细写开, 就是

$$S_{\triangle BOC} + S_{\triangle BOC_1} + S_{\triangle ACC_1} = S_{\triangle ACB} > S_{\triangle ABB_1} + S_{\triangle ACC_1}$$
$$= S_{四边形AB_1OC_1} + S_{\triangle BOC_1} + S_{\triangle ACC_1},$$

在上式两端去掉 $S_{\triangle BOC_1} + S_{\triangle ACC_1}$, 即得所证.

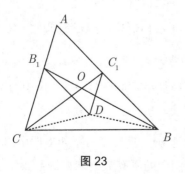

图 23

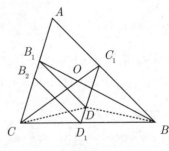

图 24

证法 2 所有的诀窍都在于: 如果点 D 在边 BC 上, 则所要比较的面积相等. 如果把 $\triangle C_1OB$ 补入所要比较的图形, 则我们只要比较 $\triangle AB_1B$ 与 $\triangle CC_1B$ 的面积. 设直线 C_1D 与边 BC 的交点为 D_1. 在边 AC 上取点 B_2, 使四边形 $AC_1D_1B_2$ 为平行四边形 (参阅图 24). 由图可见, $S_{\triangle AB_2B} > S_{\triangle AB_1B}$. 往证 $S_{\triangle AB_2B} = S_{\triangle CC_1B}$. 事实上, $S_{\triangle AB_2B} = S_{\triangle AD_1B}$ (同底等高). 而由 $AC // C_1D_1$ 可知 $AB \cdot BD_1 = BC \cdot BC_1$, 两端同乘 $\sin B$, 即得 $S_{\triangle AD_1B} = S_{\triangle CC_1B}$.

I.060 证法 1(取一个适当的上界) 我们来证明: 对一切 n, 都有 $x_n < \dfrac{7\pi}{2}$. 对 n 归纳. 当 $n = 1$ 时, 由 $x_1 = 6$ 知结论成立. 假设当 $n = k$ 时, 有 $x_k < \dfrac{7\pi}{2}$. 要证 $x_{k+1} < \dfrac{7\pi}{2}$, 分两种情形.

情形 1 若 $x_k \leqslant 3\pi$, 则
$$x_{k+1} = x_k + \begin{cases} \sin x_k \\ \cos x_k \end{cases} \leqslant 3\pi + 1 < \dfrac{7\pi}{2}.$$

情形 2 若 $3\pi < x_k < \dfrac{7\pi}{2}$, 则 $\sin x_k < 0$, $\cos x_k < 0$, 从而
$$x_{k+1} = x_k + \begin{cases} \sin x_k \\ \cos x_k \end{cases} < x_k < \dfrac{7\pi}{2}.$$

证法 2(取一个更贴切的上界) 我们来证明: 对一切 n, 都有 $x_n < 3\pi$.

仍然对 n 归纳. 如果 $x_k \leqslant \dfrac{5\pi}{2}$, 则显然 $x_{k+1} \leqslant x_k + 1 \leqslant \dfrac{5\pi}{2} + 1 < 3\pi$. 只需考虑 $\dfrac{5\pi}{2} < x_k < 3\pi$ 的情形. 此时 $\cos x_k < 0$, 故若 $x_{k+1} = x_k + \cos x_k$, 则显然有 $x_{k+1} < x_k < 3\pi$; 而若 $x_{k+1} = x_k + \sin x_k$, 则有
$$x_{k+1} = x_k + \sin(3\pi - x_k) < x_k + (3\pi - x_k) = 3\pi,$$
此处我们用到对一切 $x > 0$ 成立的不等式 $\sin x < x$.

♦**1** 如果将数列的定义换为 $y_0 = 1$, $y_1 = 6$, 并且
$$y_{n+1} = \begin{cases} y_n + \sin y_{n-1}, & \text{如果 } y_n < y_{n-1}, \\ y_n + \cos y_{n-1}, & \text{如果 } y_n \geqslant y_{n-1}, \end{cases}$$
则结论如何?

♦**2** 如果将数列的定义换为 $z_0 = 1$, $z_1 = 6$, 并且
$$z_{n+1} = \begin{cases} z_n + \sin z_{n-1}, & \text{如果 } z_n > z_{n-1}, \\ z_n + \cos z_{n-1}, & \text{如果 } z_n \leqslant z_{n-1}, \end{cases}$$
则结论如何?

♦♦ 是否对任何满足如下条件的 $a < b$, 都能找到数列 $\{z_n\}$ 中的项属于区间 (a, b):
$$\varliminf_{n \to \infty} z_n < a < b < \varlimsup_{n \to \infty} z_n ?$$

2003 年

八年级

I.061 答案 可以. 只需在左上角的方格里填入 1000, 一切就都顺理成章, 例如图 25 所示.

1000	1003	3003
3006	5006	7012
7009	5009	9012

图 25

I.062 如图 26所示, 经过点 X 的对角线 BD 的中垂线是 $\angle BXD$ 的平分线. 同理, 经过点 Y 的对角线 AC 的中垂线是 $\angle AYC$ 的平分线. 由 $BX // CY$ 可知这两条中垂线相互垂直. 事实上, 我们有 $\angle BXY + \angle XYC = 180°$. 设 M 是这两条中垂线的交点, 则 $\angle MXY + \angle XYM = 90°$, 这表明 $\angle XMY = 90°$, 意即 $MX \perp MY$. 因为两条对角线的垂线相互垂直, 所以这两条对角线自身也相互垂直.

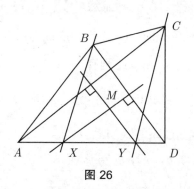

图 26

I.063 去括号并化简, 得到 $ab - b + 2a = n$. 该式右端可以整除 a, 所以左端也能整除 a, 因此 b 是 a 的倍数. 因为 $b \neq a$, 所以 $b \geqslant 2a$. 另一方面, 该式右端可以整除 b, 所以左端也能整除 b, 因此 $2a$ 是 b 的倍数. 综合两方面, 得知 $b = 2a$, 从而 $n = ab - b + 2a = 2a^2$, 所以 $2n = (2a)^2$ 是完全平方数.

I.064 按顺时针方向将各个分点依次编号为 $0, 1, 2, \cdots, 100$, 设跳棋现在在 0 号分点上. 如果瓦夏不能再移动一次, 则表明他已经把棋子跳到过 $6, 7, 8, 9, 10$ 号分点上. 因为这五个分点之间的距离过近, 所以不能直接把棋子由其中的一个分点跳到另一个分点上, 从而只能把棋子在圆周上跳了一圈才能到达. 这就意味着瓦夏已经把棋子在圆周上跳了整整四圈加上一个几乎整圈, 亦即已经把棋子移动了至少 494 cm, 说明他已经进行了 49 次操作, 此与题意相矛盾.

I.065 假设女教师在黑板上写的 13 个实数是

$$a,\ a+d,\ a+2d,\ \cdots,\ a+12d.$$

设第一个学生所求的和是

$$s_1 = 3a + (k_1 + k_2 + k_3)d,$$

第二个学生所求的和是

$$s_2 = 3a + (k_4 + k_5 + k_6)d,$$

第三个学生所求的和是

$$s_3 = 3a + (k_7 + k_8 + k_9)d.$$

其中, k_i 都是 0 至 12 的整数. 于是

$$\frac{s_3 - s_1}{s_2 - s_1} = \frac{(k_7 + k_8 + k_9) - (k_1 + k_2 + k_3)}{(k_4 + k_5 + k_6) - (k_1 + k_2 + k_3)} = \frac{\frac{19}{3}}{\frac{7}{2}} = \frac{38}{21}.$$

这里 $\frac{38}{21}$ 是既约分数, 然而这是不可能的, 因为

$$|(k_7 + k_8 + k_9) - (k_1 + k_2 + k_3)| \leqslant (12 + 11 + 10) - (0 + 1 + 2) = 30 < 38.$$

九年级

I.066 $ax^2 + bx + c$ 两根之差的绝对值为 $\frac{1}{|a|}\sqrt{b^2 - 4ac}$. 由题意知 $\frac{1}{|a|}\sqrt{b^2 - 4ac} \geqslant 10$, 亦即 $b^2 - 4ac \geqslant 100a^2$. 从而 $4b^2 - 12ac = b^2 + 3(b^2 - 4ac) \geqslant 300a^2 > 289a^2$.

I.067 设马尾松、雪松、落叶松的数目分别为 k, m, n. 由题意知 $11k + 54m + 97n = 30(k + m + n)$. 在该式两端同时减去 $54(k + m + n)$, 即得 $-43k + 43n = -24(k + m + n)$. 由此可见 $k + m + n$ 是 43 的倍数.

I.068 同 I.064 题.

I.069 设 $\triangle ABC$ 的面积为 S. 不难看出 $\triangle ACM$ 的面积为 $\frac{1}{3}S$. 由题意知, $\triangle AMK$ 的面积是 $\frac{2}{9}S$. 所以, $\triangle MKB$ 的面积是 $\frac{4}{9}S$. 因为 $\triangle MKB$ 的底边 $BM = \frac{2}{3}BC$, 所以垂线 NK 的长度是 $\triangle ABC$ 边 BC 上的高的 $\frac{2}{3}$. 这就表明 $\triangle CAB \backsim \triangle MKB$. 因为 $\triangle MKB$ 的底边 BM 上的高 KN 就是该边上的中线 (因为 $MN = NB$, 参阅图 27), 所以 $\triangle MKB$ 是等腰三角形, 从而 $\triangle ABC$ 也是等腰三角形.

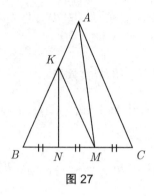

图 27

I.070 答案 该方程无解.

因为 $[x^2] - x^2 = -\{x^2\}$, $[x] - x = -\{x\}$, 所以原方程即为

$$4\left([x^2] + [x]\right) = 2000 + \{x^2\} + \{x\}.$$

注意到 $0 \leqslant \{x^2\} + \{x\} < 2$, 而 $4([x^2] + [x])$ 和 2000 都是 4 的倍数, 所以必有 $\{x^2\} + \{x\} = 0$, 特别地, x 必为整数. 于是原方程就是 $4(x^2 + x) = 2000$, 该方程无整数根.

十年级

I.071 同 I.066 题.

I.072 答案 不能.

假设能够按照要求摆放各数. 那么, 我们设 8 个顶点上所摆放的数的和为 x, 6 个面上所摆放的数的和为 y, 12 条棱上所摆放的数的和为 z. 于是按照题意, 就有

$$\begin{cases} x + y + z = 39, & \text{①} \\ y = 3x, & \text{②} \\ z = 2y. & \text{③} \end{cases}$$

将②③两式代入①式, 得到 $x = 3.9$. 这是不可能的, 因为 x 是 8 个整数的和.

I.073 同 I.064 题.

I.074 只需验证 $\angle XBC = \angle BCY$, 因为这样一来, 直线 BX, CY, BC 就围成一个等腰三角形, 它的底边为 BC, 从而 BC 的中点与直线 BX 和 CY 等距. 注意到

$$\angle XBD = \angle XDB \stackrel{*}{=} \angle ACB, \quad \angle DBC \stackrel{*}{=} \angle DAC = \angle YCA,$$

其中带有星号的等式源自四边形 $ABCD$ 可以内接于圆 (参阅图 28). 再将上述二式的两端对应相加即得所证.

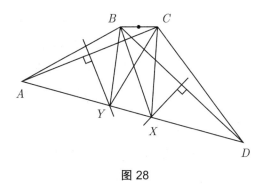

图 28

I.075 被 35, 42 除的余数的差是 7 的倍数. 因为这两个余数的和等于 n 被 10 除的余数, 所以不大于 9. 如果这两个余数相等, 那么 n 被 10 除的余数是偶数, 因此 n 可以被 2 整除, 从而是合数. 剩下的只有两种可能: 两个余数构成数对 $(0,7)$ 或 $(1,8)$. 在前一种情况下, n 可以被 7 整除, 是合数; 在后一种情况下, n 被 10 除的余数是 9. 但这是不可能的, 因为被 10 和 35 除的余数的差应当是 5 的倍数.

十一年级

I.076 答案 例如 951 951 951 或者 159 042 348.

I.077 同 I.063 题.

I.078 由于弦切角等于同弧所对的圆周角, 故知 $\angle KCA = \angle KAB$, 而 $\angle K$ 是公共角, 所以 $\triangle CAK \backsim \triangle ABK$. 又因为 $\angle AKM = \angle CKL$, 所以在 $\triangle CAK$ 和 $\triangle ABK$ 中 KL 和 KM 是对应线段. 因为 KL 是中线, 所以 KM 也是中线, 从而 $MA = MB$(参阅图 29).

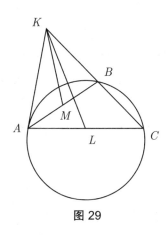

图 29

I.079 五个三角形共有 15 个顶点, 还剩 25 个 "自由点". 我们来看这些三角形把圆分成了多少个部分. 画出第一个三角形之后, 该三角形的内部是一个部分, 而它的外部则被分成

3 个部分. 第二个三角形位于其中的一个部分中, 并且又把它分成 3 个部分加 1(三角形的内部), 于是一共得到 2 个形内部分和 5 个形外部分. 继续讨论下去, 可知五个三角形把圆一共分为 5 个形内部分和 11 个形外部分. 25 个 "自由点" 全都分布在 11 个形外部分中, 所以至少在其中一个部分中有不少于 3 个 "自由点", 因此可以再画出一个满足要求的三角形.

I.080 如果存在这样的函数 $f(x)$, 那么在等式 $f(-x^2+3x+1) = f^2(x) + 2$ 中, 令 $x = 1$, 可得 $f(3) = f^2(1) + 2$; 令 $x = 2$, 可得 $f(1) = f^2(3) + 2$. 联立这两个等式, 得到一个关于 $f(1)$ 和 $f(3)$ 的方程组. 由第一个方程推知 $f(3) \geqslant 2$; 由第二个方程推知 $f(1) \geqslant 2$. 这样一来, 由第一个方程就推知

$$f(3) = f^2(1) + 2 > f^2(1) > f(1),$$

而由第二个方程则推知

$$f(1) = f^2(3) + 2 > f^2(3) > f(3),$$

此为矛盾.

2004 年

八年级

I.081 证法 1 (观察乘积) 假设一开始所写的 3 个正数是 x, y, z, 那么季玛计算以后变为 $0.97x, 0.96y, 1.05z$. 如果季玛所做是正确的, 就应该有 $0.97x \cdot 0.96y \cdot 1.05z = xyz$, 因而应该有 $0.97 \times 0.96 \times 1.05 = 1$, 但是事实上这三个数的乘积并不等于 1. 可见季玛所做有错.

证法 2 (观察最小值) 假设一开始所写的 3 个正数是 x, y, z, 那么季玛计算以后变为 $0.97x, 0.96y, 1.05z$. 如果季玛所做是正确的, 就应该有 $0.97x + 0.96y + 1.05z = x + y + z$, 因而应该有 $0.03x + 0.04y = 0.05z$, 亦即 $3x + 4y = 5z$. 由此可见 z 不可能是三个数中最小的, 否则该式右端就小于左端. 这就意味着最小的数是 x 或 y, 然而季玛的运算中又减小了它们. 从而季玛减小了 x, y, z 中的最小值, 所以不可能重新得到这三个数.

I.082 答案 不能.

解法 1 假设可以. 每一行数的和不小于 8, 不大于 $3 \times 8 = 24$, 并且和数是偶数 (它是偶数个奇数的和), 又因为根据我们的假定, 它是 7 的倍数, 所以每一行的和都应当是 14, 于是整个数表中的数的和就是 $5 \times 14 = 70$. 按照类似的分析, 每一列数的和不小于 5, 不大于 $5 \times 3 = 15$, 而且是 7 的奇数倍, 从而必为 7. 如此一来, 整个数表中的数的和就是 $8 \times 7 = 56 \neq 70$. 此为矛盾.

解法 2　经分析知表中各行数的和应当相等, 所以总和是 5 的倍数; 各列数的和也应当相等, 所以总和也是 8 的倍数; 并且总和是 7 的倍数. 因为 5,7,8 三个数两两互质, 所以总和应当是 $5 \times 7 \times 8 = 280$ 的倍数. 但是事实上该和数不超过 $40 \times 3 = 120$. 此为矛盾.

I.083 证法 1(图解)　分别将 $(3-x)^2, (3-y)^2, (x-y)^2$ 理解为边长为 $3-x, 3-y, x-y$ 的正方形的面积. 从图 30 看出, 这三个正方形可以放进两个边长为 1 的正方形中.

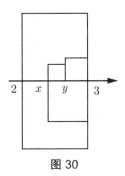

图 30

证法 2　根据对称性可以认为 $x \geqslant y$. 注意到 $0 \leqslant 3-x \leqslant 1, 0 \leqslant 3-y \leqslant 1, 0 \leqslant x-y \leqslant 1$, 而当 $0 \leqslant t \leqslant 1$ 时, 有 $t^2 \leqslant t$, 所以

$$(3-x)^2 + (3-y)^2 + (x-y)^2 \leqslant (3-x) + (3-y) + (x-y) = 2(3-y) \leqslant 2.$$

证法 3　根据对称性可以认为 $x \geqslant y$. 记 $3-x = a, x-y = b$, 则有 $a+b = 3-y \leqslant 1$. 为此, 只需证明 $a^2 + (a+b)^2 + b^2 \leqslant 2$. 事实上, 我们有

$$a^2 + (a+b)^2 + b^2 = a^2 + b^2 + (a+b)^2$$
$$\leqslant a^2 + 2ab + b^2 + (a+b)^2 = 2(a+b)^2 \leqslant 2.$$

证法 4　记 $3-x = a, 3-y = b$, 于是所要证明的不等式即为 $a^2 + b^2 + (a-b)^2 \leqslant 2$. 经过整理, 可将其化为 $a^2 + b^2 \leqslant ab+1$. 这一不等式是显然的, 因为 a^2 与 b^2 中的较小者不超过 ab, 较大者不超过 1.

I.084　记 MD 为 x. 设 P 是线段 CM 的中点, 则有 $CP = PM = MD = x$(参阅图 31). 设线段 LA 与直线 BM 和 KD 分别相交于点 Q 和 R. 由题中条件可知四边形 $MDRQ$ 是平行四边形, 因而 $QR = MD = x$. 在 $\triangle BCM$ 中, 线段 LQ 平行于底边 CM 且经过边 BC 的中点, 因而是中位线. 于是, $LQ = \frac{1}{2}CM = MD = x$. 类似地, KR 是 $\triangle ABQ$ 中的中位线, 故有 $AR = RQ = x$. 如此一来, 就有 $AL = 3x = CD$. 因而四边形 $ALCD$ 是平行四边形, 因为它的一组对边 AL 与 CD 平行且相等, 故 $AD//CL$.

I.085　答案　$382 = 2 \times 191$.

将 n 的两个最大的正约数记作 a 和 b, 不妨设 $a > b$. 因为 $a+b$ 是奇数, 所以其中有一者为偶数, 从而 n 自身亦为偶数.

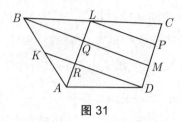

图 31

解法 1 由题意知 $a+b=193$, 这意味着 a 与 b 互质 (因为 193 是质数). 如果 $a>2$ 且 $b>2$, 则它们不可能是 n 的两个最大的正约数, 因为 $\frac{ab}{2}|n$, 并且 $\frac{ab}{2}>a>b$. 这就意味着 $b=2$ (显然不可能有 $a=2$). 如此一来, $a=191$. 于是 $(2\times 191)|n$. 易知, n 不可能再有别的正约数, 否则它们都得小于 2. 从而 $n=2\times 191=382$.

解法 2 如果 n 可被 3 整除, 则它的两个最大的正约数就是 $\frac{n}{2}$ 与 $\frac{n}{3}$. 于是 $\frac{n}{2}+\frac{n}{3}=193$, 然而 $n=\frac{6\times 193}{5}$ 不是整数, 故 n 不可被 3 整除.

如果 n 不可被 3 整除, 但可被 4 整除, 则它的两个最大的正约数是 $\frac{n}{2}$ 与 $\frac{n}{4}$. 这意味着 $\frac{n}{2}+\frac{n}{4}=193$, 但 $n=\frac{4\times 193}{3}$ 亦不是整数, 这表明 n 不可被 4 整除. 于是 n 的两个最大的正约数就是 $\frac{n}{2}$ 与 $\frac{n}{p}$, 其中 p 是 n 的最小的奇质约数, 于是 $\frac{n}{2}+\frac{n}{p}=193$, 即有 $(p+2)n=2\times 193p$, 因而 $(p+2)|2\times 193p$, 这表明 $(p+2)|193$, 此因 $p+2$ 与 $p, 2$ 都互质. 所以 $p+2=193$, $n=382$.

解法 3 由于 n 是偶数, 它的最大约数就是 $a=\frac{n}{2}$, 故有 $n=2a$. 这样一来, 就有 $n=2a=kb$, 其中 k 是 n 被 b 除的商数. 于是

$$\begin{cases} a+b=193, \\ 2a=kb. \end{cases}$$

由第一个方程解出 a, 代入第二个方程, 得到 $kb=2(193-b)$, 即 $b(2+k)=2\times 193$. 因此, $2+k=193$, $b=2$, 此因 $2+k>2$, $b>1$, 而 193 是质数. 故知 $n=kb=2\times 191=382$.

解法 4 因为 193 是质数, 所以约数 a 与 b 互质, 容易看出它们都不等于 1. 因此, n 可被 ab 整除, 这意味着 $n\geqslant ab$. 因为两个和为常数的正数的差越大乘积越小, 所以 $ab\geqslant 2(193-2)=382$. 假如 $n\neq 382$, 那么有 $n>382$. 因为 n 是偶数, 所以 2 与 $\frac{n}{2}$ 都是它的约数, 但是它们的和大于 $2+191=193$, 此为矛盾.

九年级

I.086 答案 34 或 124.

将科斯佳所想的数记作 n, 它的约数记作 d, 则有 $n-3(d+10)=1$, 这表明

$$n-3d=31.$$

上式左端可被 d 整除, 所以右端可被 d 整除. 右端是一个质数 31, 所以 d 只可能是 1 或 31. 分别将 d 的这两个可能值代入上式, 分别得到 $n = 34$ 和 $n = 124$. 易知这两个值都合适.

I.087 我们来证明每门功课至多有 3 名学生能够得到 2 分或 1 分. 若不然, 假设某一门功课至少有 4 人得到 2 分或 1 分, 则这门功课的全班总分不超过 $31 \times 5 + 4 \times 2 = 163$, 从而平均分数为 $\frac{163}{36} = 4\frac{23}{35} < 4\frac{2}{3}$, 与题意相矛盾. 这就说明得过 1 分或 2 分的学生不超过 $3 \times 10 = 30$ 人次. 从而至少有 5 名学生没有得过 2 分和 1 分.

I.088 答案 $70°$.

将四边形的各边长依次记作 a, b, c, d, 由题意知 $ac = bd$. 因为四边形外切于圆, 所以又有 $a + c = b + d$. 根据韦达定理, b 和 d 也是方程 $x^2 - (a+c)x + ac = 0$ 的两个根. 因此, $a = b, c = d$ 或 $a = d, b = c$. 于是四边形的四条边分为两组相邻的等边. 我们来证明在这种情况下四边形的两条对角线相互垂直.

不妨设在四边形 $ABCD$ 中, 有 $AB = BC, CD = DA$, 如图 32所示. 于是就有 $\triangle ABD \cong \triangle CBD$, 因而 $\angle ABD = \angle CBD$. 如此一来, 在 $\triangle ABC$ 中 BD 就是 $\angle ABC$ 的平分线, 从而它在该三角形中也就是高, 意即 $AC \perp BD$. 根据题意, 对角线与一条边间的夹角为 $20°$, 从而它与另一条边间的夹角就是 $70°$, 此因两条对角线间的夹角等于 $90°$.

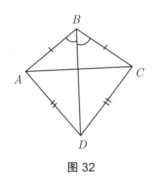

图 32

I.089 答案 不能.

首先指出, 在现有数字的右端不可能写上大于 $4 \times 9 = 36$ 的数 (并且 36 只会出现在黑板上是 4 个 9 的情况下). 所以写在黑板上左端的两个数字一定是原来留下的. 因此, 我们下一步写出的数一定大于左端两个数字的和.

假定可以得到 3, 6, 1, 3 这四个数字. 那么前一步我们在黑板上写出的是什么数呢? 因为只能写出介于 $3 + 6 = 9$ 与 36 之间的某个数, 所以我们写的数只能是 13. 这样一来, 再往前, 黑板上写着的只能是 $a, b, 3, 6$, 并且 $a + b = 4$. 这样的数组是不可能通过添写 36 得到的, 因为在其前面的数组中有 a 和 b, 它们都不是 9. 这就表明, 在此前一步中, 仅仅在右端添写了一个数字 6. 然而这样一来, 在再前面的数组中就包含了数字 a, b 和 3, 它们的和不小于 7, 因而不可能添写数字 6.

I.090 证法 1 由不等式 $u + v \geqslant 2\sqrt{uv}$ 可得 $ab + cd \geqslant 2\sqrt{abcd}$ 与 $ad + bc \geqslant 2\sqrt{abcd}$, 因此

$$2(ab + cd)(ad + bc) \geqslant 2\sqrt{abcd}(ad + bc) + 2\sqrt{abcd}(ab + cd)$$

$$= 2\sqrt{abcd}(ab+cd+ad+bc) = 2\sqrt{abcd}(a+c)(b+d).$$

再将上式两端同时除以 $(a+c)(b+d)$ 即得所证.

证法 2 (利用单调性) 为方便计, 记 $x = ab+cd$, $y = ad+bc$, $z = \sqrt{abcd}$, 则有 $x+y = (a+c)(b+d)$. 我们只需证明

$$\frac{xy}{x+y} \geqslant z, \quad \text{亦即} \quad \frac{1}{z} \geqslant \frac{x+y}{xy} = \frac{1}{x} + \frac{1}{y}.$$

由不等式 $u+v \geqslant 2\sqrt{uv}$ 可得 $x \geqslant 2z$, $y \geqslant 2z$, 即

$$\frac{1}{2z} \geqslant \frac{1}{x}, \quad \frac{1}{2z} \geqslant \frac{1}{y}.$$

将二式相加即得所证.

证法 3 因为 $(a+c)(b+d) = (ab+cd) + (ad+bc)$, 所以下式分子中有一个因式不小于分母的一半, 不妨设为第一个因式, 于是

$$\frac{(ab+cd)(ad+bc)}{(a+c)(b+d)} \geqslant \frac{ad+bc}{2} \geqslant \frac{2\sqrt{abcd}}{2} = \sqrt{abcd}.$$

证法 4 (齐次性) 如果将所要证明的不等式中的 a 与 c 都乘 $k(>0)$, 则不等式两端都增大到 k 倍. 这表明, 如果不等式对正数 a,b,c,d 成立, 那么它对 ka,b,kc,d 也成立. 所以可以仅在 $ac = 1$ 的场合下证明该不等式. 经过类似的讨论, 亦可认为 $bd = 1$. 从而我们只需证明

$$\left(ab + \frac{1}{ab}\right)\left(\frac{a}{b} + \frac{b}{a}\right) \geqslant \left(a + \frac{1}{a}\right)\left(b + \frac{1}{b}\right).$$

去括号, 去分母, 上式变为

$$a^4b^2 + a^2 + a^2b^4 + b^2 \geqslant a^3b^3 + a^3b + ab^3 + ab.$$

而该式可由如下一些显然的不等式相加得到:

$$a^2 + b^2 \geqslant 2ab, \quad a^4b^2 + a^2b^4 \geqslant 2a^3b^3,$$
$$a^4b^2 + a^2 \geqslant 2a^3b, \quad a^2b^4 + b^2 \geqslant 2ab^3.$$

十年级

I.091 将所给不等式两端平方, 得

$$16 - 8xy + x^2y^2 = |4-xy|^2 < 4|x-y|^2 = 4x^2 - 8xy + 4y^2.$$

这表明

$$0 > 16 - 4x^2 - 4y^2 + x^2y^2 = (4-x^2)(4-y^2).$$

这就意味着, 两个括号一个为正一个为负, 意即 x 与 y 一个大于 2, 一个小于 2.

I.092 同 I.087 题.

I.093 答案 $118 = 59 \times 2$. 解法与 I.085 题类似.

I.094 证法 1 注意到四边形 $ABLM$ 内接于圆, 如图 33所示, 此因 $\angle BLM + \angle BAM = \angle BLM + \angle CLM = 180°$, 因此 $\angle LBM = \angle LAM$ (四边形 $ABLM$ 外接圆上同弧所对的圆周角). 同理可知, $\angle LCK = \angle LAK$. 将所得二等式相加, 得 $\angle LBM + \angle LCK = \angle LAM + \angle LAK = \angle MAK$, 由此即知 $\angle BPC = 180° - (\angle LBM + \angle LCK) = 180° - \angle MAK$. 由于 $\angle MPK$ 与 $\angle BPC$ 是对顶角, 故亦有 $\angle MPK = \angle BPC = 180° - \angle MAK$, 这就说明四边形 $AKPM$ 内接于圆.

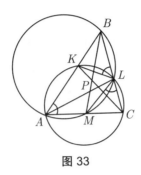

图 33

证法 2 先对题目作些讨论. 如果要求我们证明 $\angle MLC = \angle KAM = 180° - \angle KPM = \angle MPC$, 那也就意味着四边形 $CLPM$ 内接于圆. 同理, 四边形 $BLPK$ 内接于圆. 如此一来, 点 P 就是 $\triangle LBK$ 与 $\triangle LMC$ 外接圆的另一个公共点.

我们来解答题目本身. 如图 34(a) 所示, 设 P' 是 $\triangle LBK$ 与 $\triangle LMC$ 外接圆的第二个公共点. 我们来证明 B, P', M 三点共线, 同理可知 C, P', K 三点共线. 由此立知 $P = P'$, 因而四边形 $AKP'M$ 内接于圆.

注意到 $\triangle ABC \backsim \triangle LBK \backsim \triangle LMC$ (三个内角对应相等), 故有 $\angle CP'L = \angle CML = \angle ABC$, $\angle BP'L = \angle BKL = \angle BCA$, 所以 $\angle CP'B = \angle CP'L + \angle BP'L = \angle ABC + \angle BCA = 180° - \angle BAC = 180° - \angle MP'C$, 意即 B, P', M 三点共线.

为完成证明, 只需证明我们所构造的点 P' 在 $\triangle ABC$ 内部, 此因我们在角度的计算中用到了图 34(a) 所示的结构. 现在观察点 P' 在 $\overparen{BL}$ 上的情形 (参阅图 34(b)). 此时有
$$\angle BP'L = \angle BP'L + \angle LP'C = 180° - \angle LKB + 180° - \angle LMC$$
$$= 360° - \angle ACB - \angle ABC > 180°,$$

此为矛盾. 点 P' 在 $\overparen{BK}$ 上的情形留给读者.

I.095 分别将左上角、右上角、左下角、右下角处的数记作 a, b, c, d, 我们的任务就是证明 $ad = bc$.

最左边一列中点处的数是 $\sqrt{\dfrac{a^2 + c^2}{2}}$, 最右边一列中点处的数是 $\sqrt{\dfrac{b^2 + d^2}{2}}$, 此因数的平方形成等差数列. 方格表正中央的方格中写的数是它们的算术平均值
$$\dfrac{1}{2}\left(\sqrt{\dfrac{a^2 + c^2}{2}} + \sqrt{\dfrac{b^2 + d^2}{2}}\right),$$

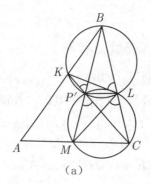
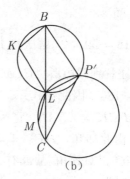

图 34

因为每一行数都形成等差数列. 另一方面, 最上面一行中点处的数是 $\frac{a+b}{2}$, 最下面一行中点处的数是 $\frac{c+d}{2}$, 方格表正中央的方格中写的数是它们的二次平均值, 即

$$\sqrt{\frac{1}{2}\left[\left(\frac{a+b}{2}\right)^2+\left(\frac{c+d}{2}\right)^2\right]},$$

此因每一列数的平方形成等差数列. 这样一来, 就有

$$\frac{1}{2}\left(\sqrt{\frac{a^2+c^2}{2}}+\sqrt{\frac{b^2+d^2}{2}}\right)=\sqrt{\frac{1}{2}\left[\left(\frac{a+b}{2}\right)^2+\left(\frac{c+d}{2}\right)^2\right]},$$

在上式两端同乘 $2\sqrt{2}$, 即为

$$\sqrt{a^2+c^2}+\sqrt{b^2+d^2}=\sqrt{(a+b)^2+(c+d)^2}. \qquad ①$$

将该式两端同时平方, 再经恒等变形, 可得 $(ad-bc)^2=0$, 由此可得题中结论.

下面再给出另一种方法. 令 $\boldsymbol{u}=(a,c)$, $\boldsymbol{v}=(b,d)$, 则 ① 式左端是向量 $\boldsymbol{u}$ 与 $\boldsymbol{v}$ 的长度之和, 而右端则是和向量 $\boldsymbol{u}+\boldsymbol{v}$ 的长度, 亦即

$$|\boldsymbol{u}|+|\boldsymbol{v}|=|\boldsymbol{u}+\boldsymbol{v}|,$$

这种情况只有在向量 $\boldsymbol{u}$ 与 $\boldsymbol{v}$ 共线的情况下才会发生, 这就意味着 $\frac{a}{b}=\frac{c}{d}$, 亦即 $ad=bc$.

♦1 解答中用到了方格表尺寸为奇数这一条件. 试证明: 题中结论对任何 $m\times n$ 表格都成立, 其中 $m,n>2$.

♦2 试证明: 如果在题目中将平方改为立方, 结论仍然成立, 甚至可以改为 p 次方, 其中 p 为任一大于 1 的实数.

十一年级

I.096 假定有某个男孩甲没有传走过自己手中的面包. 那么最终他手中会有 22 个面包, 其中 11 个是原来的, 另外 11 个来自哪里? 当然只能是他的左邻传给他的. 这表明他的

左邻把自己手中原来的所有面包都传给了甲, 而他自己没有从他的左邻乙那里得到任何面包. 这就又说明, 乙最终手中也有 22 个面包, 其中只有 11 个面包是他原来就有的. 继续这样的讨论, 便知一共传递了 33 个面包, 从而耗时 33 min, 而不会是题中所说的 51 min, 此与题意相矛盾.

I.097 **答案** 不可能.

解法 1 我们来证明, 在不多于 100 个相连正整数的正弦值中不可能有多于 50 个值属于区间 $\left[\frac{1}{2}, 1\right]$. 假设不然, 季玛写出了正整数 $n, n+1, \cdots, n+99$ 的正弦值. 我们可以认为, $\sin n \in \left[\frac{1}{2}, 1\right]$, 否则, 可以删去前面若干个数, 此举不会减少属于区间 $\left[\frac{1}{2}, 1\right]$ 的正弦值的个数. 此外, 我们还可以认为 $\sin(n-1) \notin \left[\frac{1}{2}, 1\right]$, 否则可以以 $n-1$ 取代 $n+99$, 因为此举只会增加属于区间 $\left[\frac{1}{2}, 1\right]$ 的正弦值的个数. 我们指出, 一个角的正弦值属于区间 $\left[\frac{1}{2}, 1\right]$, 当且仅当该角属于区间 $\left[2k\pi + \frac{\pi}{6}, 2k\pi + \frac{5\pi}{6}\right]$, 此类区间的长度小于 3, 所以至多有 3 个属于区间 $I_k = \left[2k\pi + \frac{\pi}{6}, 2k\pi + \frac{5\pi}{6}\right]$ 的正整数的正弦值属于区间 $\left[\frac{1}{2}, 1\right]$. 所以为了得到 51 个属于此区间的正弦值, 至少需要 16 个区间 I_k 和另外 3 个正弦值. 这就意味着, 如果 $n \in \left[2k_0\pi + \frac{\pi}{6}, 2k_0\pi + \frac{5\pi}{6}\right]$, 则 $n+97$ 不小于 $2(k_0+16)\pi + \frac{\pi}{6}$, 从而就有

$$97 = n+97-n \geqslant 2(k_0+16)\pi + \frac{\pi}{6} - \left(2k_0\pi + \frac{5\pi}{6}\right) = 16\pi - \frac{2\pi}{3} > 97,$$

此为矛盾.

解法 2 我们指出, 如果 $\sin n \in \left[\frac{1}{2}, 1\right]$, 则 $\sin(n+4) \notin \left[\frac{1}{2}, 1\right]$. 事实上, 如果 $n \in \left[2k\pi + \frac{\pi}{6}, 2k\pi + \frac{5\pi}{6}\right]$, 则有 $n \geqslant 2k\pi + \frac{\pi}{6}$, 从而 $n+4 > 2k\pi + \frac{5\pi}{6}$; 而且 $n \leqslant 2k\pi + \frac{5\pi}{6}$, 因而 $n+4 < 2k\pi + \frac{13\pi}{6}$. 这表明 $n+4 \in \left(2k\pi + \frac{5\pi}{6}, 2k\pi + \frac{13\pi}{6}\right)$, 故知 $\sin(n+4) \notin \left[\frac{1}{2}, 1\right]$. 我们还要指出, 不会多于 3 个相连的正整数的正弦值都属于区间 $\left[\frac{1}{2}, 1\right]$. 如此一来, 如果 $n, n+1, n+2$ 的正弦值属于区间 $\left[\frac{1}{2}, 1\right]$, 则 $n+3, n+4, n+5, n+6$ 的正弦值就不属于该区间; 而如果 $n, n+1$ 的正弦值属于该区间, 而 $\sin(n+2) \notin \left[\frac{1}{2}, 1\right]$, 则 $n+3, n+4, n+5$ 的正弦值亦不属于该区间. 如此一来, 就可以把季玛的正整数列分为若干段某些相连的正整数, 它们的正弦值属于区间 $\left[\frac{1}{2}, 1\right]$, 接着是一些正弦值不属于该区间的相连正整数, 再接着又是几个正弦值属于区间 $\left[\frac{1}{2}, 1\right]$ 的相连正整数, 如此交替. 在每个正弦值不属于区间 $\left[\frac{1}{2}, 1\right]$ 的段中都含有至少 4 个相连的正整数, 而在正弦值属于区间 $\left[\frac{1}{2}, 1\right]$ 的段中则都含有至多 3 个相连的正整数, 这就表明, 在每两个相邻段中都至多有 $\frac{3}{7}$ 的数的正弦值属于区间 $\left[\frac{1}{2}, 1\right]$, 至多再加上接下来的 3 个正整数, 正弦值属于该区间的正整数一共不多于 $97 \times \frac{3}{7} + 3 = 45\frac{4}{7} < 46$ 个.

I.098 答案 $922 = 461 \times 2$.

解答过程与 I.085 题类似.

I.099 同 I.094 题.

I.100 证法 1 显然, 对于任何正整数 n 和任何 $t \in [0,1]$, 都有 $t^n \leqslant t$. 不妨设 $x \geqslant y$ ($x < y$ 的情形类似可证), 于是 $0 \leqslant x - y \leqslant 1$, 从而 $(x-y)^6 \leqslant x - y$. 此外, 我们还有 $x^4 \leqslant x$ 和 $y^5 \leqslant y$. 将这些不等式相加, 即得

$$x^4 + y^5 + (x-y)^6 \leqslant x + y + (x-y) = 2x \leqslant 2.$$

证法 2 注意到, 在 $y \geqslant x$ 时, $y^5 + (x-y)^6$ 是 y 的增函数. 所以, 只需对 $y = 1$ 验证函数 $f(x) = x^4 + (1-x)^6$ 在区间 $[0,1]$ 上不超过 1 即可. 为此只需验证在区间的端点以及区间内部使得 $f'(x) = 0$ 的点 x 处, $f(x)$ 的值都不超过 1 即可. 易见, $f(0) = f(1) = 1$, 而 $f'(x) = 4x^3 - 6(1-x)^5$. 在 $f'(x) = 0$ 的点 x 处, 有 $(1-x)^5 = \dfrac{2x^3}{3}$, 这表明该点处的值

$$f(x) = x^4 + (1-x)^6 = x^4 + \frac{2}{3}x^3(1-x) = \frac{x^4 + 2x^3}{3} \leqslant 1,$$

此因分子上的两个数的和不超过 3. 对于 $x \geqslant y$ 的情形可类似证明.

2005 年

八年级

I.101 观察如图 35所示的数表, 显然各个 4×4 方格表中所填之数的总和为 0. 而在每个图形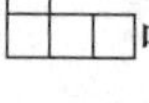中, 都有奇数个 1, 其余的数则为偶数, 所以它们的和都是奇数, 故不等于 0.

1	1	1	1	1	1	1	1
2	2	2	2	2	2	2	2
1	1	1	1	1	1	1	1
-4	-4	-4	-4	-4	-4	-4	-4
1	1	1	1	1	1	1	1
2	2	2	2	2	2	2	2
1	1	1	1	1	1	1	1
-4	-4	-4	-4	-4	-4	-4	-4

图 35

I.102 一半的女生与男生同桌, 那么另一半的女生必然与女生同桌, 所以另一半女生的人数是偶数, 从而全体女生的人数是 4 的倍数. 如果要求一半的男生与女生同桌, 那么男生

I.103 如图 36所示，K 是边 CD 的中点. 于是四边形 $BAKC$ 是等腰梯形，$\angle BCK = \angle AKD$. 如此一来，$\triangle AXB \cong \triangle DAK$(边角边)，故知 $AX = AD$.

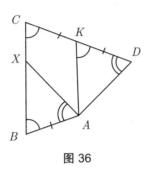

图 36

I.104 记 $[a] = k$，$\{a\} = \alpha$，$[a^2] = n$，$\{a^2\} = \beta$. 根据题意，$[a^3] = kn$. 这表明 $a^3 - kn < 1$，因而

$$1 > a^3 - kn = (k+\alpha)a^2 - kn = k\beta + a^2\alpha. \qquad ①$$

由此可知 $a^2\alpha < 1$，亦即 $\alpha < \dfrac{1}{a^2}$，并且

$$a^2 = k^2 + (2k+\alpha)\alpha < k^2 + \dfrac{2k+\alpha}{a^2} < k^2 + \dfrac{2k+1}{k^2} < k^2 + 1.$$

这表明 a^2 的小数部分就是 $2k\alpha + \alpha^2$. 把 β 的值代入 ① 式，得到

$$1 > k\beta + a^2\alpha = 2k^2\alpha + k\alpha + a^2\alpha \geqslant (2k^2 + a^2)\alpha > 2700\alpha.$$

故知 $\alpha < \dfrac{1}{2700}$.

I.105 参阅 I.110 题解答.

九年级

I.106 同 I.102 题.

I.107 以 A 表示前两位数字所形成的二位数，以 B 表示后两位数字所形成的二位数，而把原来的 4 位数记作 X. 于是 $X = 100A + B$. 由题意知 $A|X$，$B|X$，这表明 $A|(100A+B)$，因此 $A|B$，亦即 $B = kA$，且 $k \neq 1$，此因 X 的各位数字互不相同. 此外，还有 $B|(100A+B)$，于是 $B = kA|100A$，这表明 $k|100$. 故 k 是 100 的因数，且 $k < 10$，否则 B 不会是二位数 (而且 X 的各位数字都不为 0). 因此，k 只能是 $2, 4$ 或 5. 从而 X 或者是 $102A$，或者是 $104A$，或者是 $105A$. 在第二种情况下，X 可被 13 整除；在第一种和第三种情况下，X 可被 3 整除.

I.108 如图 37 所示, 设 O 是 $\triangle PQR$ 的内心. 我们来证明 A, B, C, D, E, F 位于一个以 O 为圆心的圆周上. 因为 $\triangle APF$ 是等腰三角形, 所以线段 AF 的中垂线就是 $\angle APF$ 的平分线, 亦是 $\angle RPQ$ 的平分线. 因此它经过点 O, 故知 $OA = OF$. 同理可证 $OB = OC$ 和 $OD = OE$. 此外, 我们还有

$$\angle OAP = \angle OAF - \angle PAF = \angle OFA - \angle PFA = \angle OFP.$$

因此 $\triangle AOD \cong \triangle FOC$(边角边, 亦即 $AO = OF, AD = FC$ 和 $\angle OAD = \angle OFC$), 这表明 $OD = OC$. 同理可知 $OA = OB$. 于是就有 $OF = OA = OB = OC = OD = OE$.

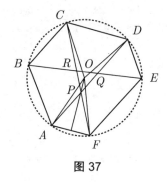

图 37

I.109 我们来证明, 每分钟写在黑板上的数只要不是整数, 它的整数部分就至少增大 1. 由此即可知道, 经过 $20\,052\,005$ min, 黑板上的数就会大于 $20\,052\,004$. 设黑板上写的数是 a, 它的整数部分是 k, 它的小数部分是 $t, t \neq 0$. 于是 $a = k + t$, 1 min 后该数变为

$$\frac{a}{t} = \frac{k+t}{t} = \frac{k}{t} + 1 > k + 1.$$

所以, 所得的数的整数部分至少比原来的数的整数部分大 1.

♦ 请别忘记, 一个实数 x 的分数部分是 x 与不超过 x 的最大整数的差, 所以它一定属于区间 $[0, 1)$.

I.110 证法 1 设该奇数为 n. 我们来观察它被 $2, 4, \cdots, 1\,000\,000$ 除的余数. 因为 n 是奇数, 所以这些余数都不为 0, 而且根据题意, 它们各不相同. 这意味着, n 被 2 除的余数是 1, 被 4 除的余数是 3(因为该余数是奇数, 又不等于 1), 被 6 除的余数是 5(因为 1 和 3 已被占用), 如此等等. 意即被 $2k$ 除的余数是 $2k - 1$, 其中 $k \leqslant 50\,000$.

假设 n 被某个正整数 $k(\leqslant 50\,000)$ 除的余数是 0, 那就表明 n 可被 k 整除. 因此, n 被 $2k$ 除的余数就只能为 0 或 k. 然而, 如上所证, 该余数是 $2k - 1$. 显然, $k \neq 2k - 1$. 此为矛盾.

证法 2 设该奇数为 n. 假设它被某个正整数 $k(\leqslant 50\,000)$ 除的余数是 0, 那么 k 是奇数. 我们来看 n 被 $2, 3, \cdots, k - 1$ 除的余数. 它们全都不为 0, 都不超过 $k - 2$, 而且互不相同, 所以它们分别等于 $1, 2, \cdots, k - 2$. 那么, n 被 $k + 1$ 除的余数是什么呢? 它显然是一个

奇数 (因为 $k+1$ 是偶数), 并且不等于 $0, 1, 2, \cdots, k-2$(因为这些余数都已经被占用), 所以它只能是 k. 我们来看 n 被 $2k$ 除的余数. 因为 n 可被 k 整除, 所以它被 $2k$ 除的余数只能是 0 或 k, 然而这两个余数都已经被占用.

♦ 试证明: n 被其除得到余数 0 的 k 可以是 $50\,000$ 到 $100\,000$ 之间的任何一个质数.

十年级

I.111 答案 无解.

因为 $x = \ddagger[x,y] - y^{10}$, 其右端的两项都可被 y 整除, 所以 $y|x$, 从而 $\ddagger[x,y] = x$, 于是原方程即为 $x + y^{10} = x$, 表明 $y = 0$, 而这是不可能的. 所以原方程无解.

I.112 如图 38所示, 设 O 是四边形 $ABCD$ 的外心, L 是边 BC 的中点. 由于 $\triangle BOC$ 是等腰三角形, 它的中线 OL 也是高, 故知 $OL \perp BC$. 此外, $AO = OD$, 这是因为 AD 是直径. 又有 $AL = LE$, 因为 E 与 A 关于点 L 对称. 所以, OL 是 $\triangle AED$ 的中位线, 它平行于 DE. 所以, BC 与 DE 相互垂直.

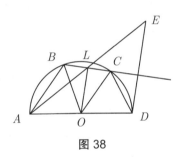

图 38

I.113 答案 $3\,050$.

可以认为各个等差数列都是递增的. 因若不然, 我们可以把那些数列下降的行中的数颠倒过来, 并不影响表中各数的总和. 这样一来, 21 只能出现在第 1 列中, 40 只能出现在最后一列中. 我们来看 21 可能出现在怎样的等差数列中. 这些等差数列的公差显然都是正整数, 并且都不超过 2 (否则数列中会出现超过 40 的项). 从而凡是有 21 出现的等差数列的公差就只能是 1 或 2, 意即 21 只能出现在如下两类等差数列中:

(a) $21, 22, 23, \cdots, 30$; (b) $21, 23, 25, \cdots, 39$.

类似地, 40 只能出现在如下两类等差数列中:

(c) $22, 24, 26, \cdots, 40$; (d) $31, 32, 33, \cdots, 40$.

易知表中再无其他的等差数列, 事实上, 表中 (a) 类与 (b) 类的数列有 5 个; 而 (c) 类与 (d) 类的数列也有 5 个. 假设有 n 个 (a) 类的列, 而 24 只能出现在 (a) 类与 (c) 类的数列中, 所以 (c) 类的数列就有 $5-n$ 个, 而 (b) 类的数列也有 $5-n$ 个, 同时 (d) 类的数列也有 n 个. 我们来对表中的数求和:

$$n(21+22+23+\cdots+30)+(5-n)(21+23+25+\cdots+39)$$
$$+(5-n)(22+24+26+\cdots+40)+n(31+32+33+\cdots+40)$$
$$=5(21+22+23+\cdots+40)=3050.$$

I.114 同 I.110 题.

I.115 记 $[a]=k$, $\{a\}=\varepsilon$. 代入题中所给的等式, 得到

$$(k-2)[(k^2+2k+4)+2k\varepsilon+2\varepsilon+\varepsilon^2]=[(k^3-8)+3k^2\varepsilon+3k\varepsilon^2+\varepsilon^3].$$

因为 k^2+2k+4 是整数, 所以

$$[(k^2+2k+4)+2k\varepsilon+2\varepsilon+\varepsilon^2]=(k^2+2k+4)+[2k\varepsilon+2\varepsilon+\varepsilon^2].$$

类似地, 有

$$[(k^3-8)+3k^2\varepsilon+3k\varepsilon^2+\varepsilon^3]=(k^3-8)+[3k^2\varepsilon+3k\varepsilon^2+\varepsilon^3].$$

有鉴于此, 我们可把题中条件改写为

$$(k-2)\cdot[2k\varepsilon+2\varepsilon+\varepsilon^2]=[3k^2\varepsilon+3k\varepsilon^2+\varepsilon^3]. \qquad ①$$

现在令 $x=[2k\varepsilon+2\varepsilon+\varepsilon^2]$. 如果 $k=2$ 或者 $x=0$, 我们有 $[3k^2\varepsilon+3k\varepsilon^2+\varepsilon^3]=0$, 由此可知 $3k^2\varepsilon<1$, 此即为所要证明的. 否则, 如果 $k\geqslant 3$ 与 $x\geqslant 1$, 我们得到 $\varepsilon(2k+3)>x$, 亦即 $\varepsilon>\dfrac{x}{2k+3}$, 由此可知 $3k^2\varepsilon>\dfrac{3k^2x}{2k+3}>x(k-2)+1$(最后一个不等号等价于 $\dfrac{x(k^2+k+6)}{2k+3}>1$, 它在 $k\geqslant 3$ 与 $x\geqslant 1$ 时显然成立). 所得不等式与 ① 式矛盾.

十一年级

I.116 假设谁也没错. 根据题意, 三个小伙子计算了各个数对的最大公约数, 意即对于某三个正整数 a,b,c, 他们分别算出了

$$(a,b)=1\,000\,004, \quad (b,c)=1\,000\,006, \quad (c,a)=1\,000\,008.$$

由第一个等式知 a 与 b 都可被 $1\,000\,004$ 整除, 因而可被 4 整除; 同理, 由第三个等式推出 a 与 c 都可被 8 整除, 当然也就都可被 4 整除. 综合两方面, 得知 b 与 c 都可被 4 整除, 所以 4 是它们的公约数, 因而它们的最大公约数可被 4 整除. 但是 $(b,c)=1\,000\,006$, 不可被 4 整除, 此为矛盾, 所以他们中必有人算错了.

I.117 如图 39所示, 因为点 I 是 $\triangle ABC$ 的内心, 所以直线 AI 与 CI 分别是 $\angle BAC$ 和 $\angle BCA$ 的平分线, 因此

$$\angle IAC + \angle ICA = \frac{1}{2}\angle BAC + \frac{1}{2}\angle BCA = \frac{1}{2}(180° - \angle ABC) = 60°.$$

故 $\angle LIA = 60°$, 这是因为它是 $\triangle IAC$ 的外角. 又因为 A, L, I, D 四点共圆, 所以 $\angle LDA = 60° = \angle LBC$(因为它们是同弧所对圆周角). 故知四边形 $BLDC$ 内接于圆.

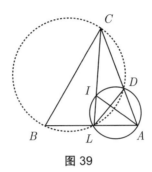

图 39

I.118 同 I.113 题.

I.119 答案 不可能.

假设存在这样的多项式. 因为点 N 比点 P 高, 所以 $g(0) > f(0) > 0$. 因而就有 $c > a > 0$, 这是因为 $g(0) = a$, 而 $f(0) = c$. 此外, 我们知道多项式 $f(x)$ 有正根. 这表明它的各项系数不全为正数, 但已有 $a > 0$ 和 $c > 0$, 所以只能是 $b < 0$. 因为两个函数的图像都经过点 M, 所以 $f(m) = g(m)$, 其中 $m < 0$ 是点 M 的横坐标. 这样一来, 就有 $bm^2 + cm + a = am^2 + bm + c$. 然而这是不可能的, 因为我们有 $bm^2 < 0 < am^2$, $cm < 0 < bm$, $a < c$.

I.120 我们先来证明对一切 n 都有 $[a_{n+1}] \geqslant [a_n] + 1$. 因为 $[a_n] + 1$ 是整数, 所以只需证明 $a_{n+1} \geqslant [a_n] + 1$. 记 $[a_n] = k$, $\sqrt{\{a_n\}} = \alpha$, 于是可将所要证明的不等式改写为

$$a_{n+1} = \frac{a_n}{\sqrt{\{a_n\}}} = \frac{k + \alpha^2}{\alpha} \geqslant k + 1.$$

于是只需证明 $k + \alpha^2 \geqslant \alpha(k+1)$, 然而这是显然的. 事实上, 有

$$k + \alpha^2 - \alpha(k+1) = (k - \alpha)(1 - \alpha) \geqslant 0,$$

因为两个因子都是正的 $(k \geqslant 1 > \alpha)$. 这就证明了 $[a_{n+1}] \geqslant [a_n] + 1$. 于是对任何 n 都有

$$[a_n] \geqslant [a_{n-1}] + 1 \geqslant [a_{n-2}] + 2 \geqslant \cdots \geqslant [a_1] + (n-1) \geqslant n.$$

从而 $a_{2005\,2004} \geqslant 2005\,2004$.

♦ 可以类似地证明如下结论: 如果对某个正整数 $m \geqslant 2$ 有 $a_1 > m-1$, 并且对一切 n 都有 $a_{n+1} = \dfrac{a_n}{\sqrt[m]{\{a_n\}}}$, 则数列 a_n 无限上升.

事实上, 我们亦可证明, 对一切 n, 都有 $[a_{n+1}] \geqslant [a_n] + 1$. 先记 $[a_n] = k$, $\sqrt[m]{\{a_n\}} = \alpha$, 于是只需证明

$$k + \alpha^m \geqslant (k+1)\alpha.$$

移项, 再作因式分解, 即得

$$\begin{aligned} k + \alpha^m - (k+1)\alpha &= k(1-\alpha) + \alpha^m - \alpha \\ &= (1-\alpha)(k - \alpha - \alpha^2 - \cdots - \alpha^{m-1}) > 0, \end{aligned}$$

这是因为 $k > m - 1 > \alpha + \alpha^2 + \cdots + \alpha^{m-1}$.

2006 年

八年级

I.121 全题的关键在于正中方格中的数是唯一确定的, 它应当等于 2. 一般地说, 可以猜出它的值. 循此, 便可找出如图 40(a) 所示的满足题中要求的填法.

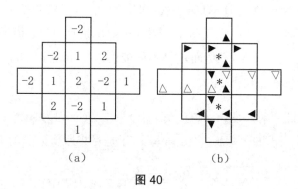

图 40

为完整解答起见, 我们来证明正中方格中所要填写的数 x 等于 2.

注意, 图 40(b) 中三个标注 "△" 的方格中的数的和等于 1. 类似地, 凡标注相同记号的三个方格中的数的和都是 1. 我们来把标注记号 "△""▽""▶""◀""▲""▼" 的各个方格中的数相加 (有的方格中的数被加入多次), 再减去标注 "∗" 的三个方格中的数. 一方面, 该结果等于 5, 因为我们一共加入了 6 个 1×3 矩形中的数并减去 1 个这种矩形中的数. 另一方面, 由图 (b) 可见, 该和数等于整个表格中的数的和加上正中方格中的数的 2 倍. 从而得知 $5 = 1 + 2x$, 由此解得 $x = 2$.

I.122 答案 另一个分数是 $\dfrac{5}{6}$.

将另一个分数记作 $\dfrac{x}{y}$, 于是有

$$\frac{1+x}{6+y} = \frac{1}{2}\left(\frac{1}{6} + \frac{x}{y}\right).$$

可将该方程化为

$$(y-6)(y-6x) = 0.$$

由此得知 $y = 6$ 或 $y = 6x$. 如果 $y = 6x$, 则 $\dfrac{x}{y} = \dfrac{1}{6}$, 与前一个分数相同, 不合题意. 如果 $y = 6$, 则 x 为任何正整数都能使得方程成立, 然而其中唯有 $x = 5$ 才是既约真分数, 所以该分数是 $\dfrac{5}{6}$.

♦ 只要稍加计算即可明白, 两个既约真分数的和恰好是它们的分子之和与分母之和的比值的 2 倍仅在一种场合下可以发生, 即这两个既约真分数的分母相同. 事实上, 假设 $c \neq d$, 那么方程

$$\frac{a+b}{c+d} = \frac{1}{2}\left(\frac{a}{c} + \frac{b}{d}\right)$$

很容易化成 $(ad - cb)(c - d) = 0$. 于是 $ad = cb$. 由 $†(a,c) = 1$ 与 $†(b,d) = 1$ 立即推出 $a = b$ 和 $c = d$.

I.123 证法 1 如图 41 所示, Q_1 是斜边 AB 的中点. 易知 $\triangle BPQ \cong \triangle BPQ_1$ ($\angle BPQ = \angle BPQ_1$, $BQ = BQ_1$ 此因它们分别是等长的线段 BA 与 BC 的一半, 而 BP 是公共边), 于是 $PQ_1 = PQ$. 而 PQ_1 是 $\triangle ABD$ 中的中位线, 意味着 $2PQ_1 = BD$.

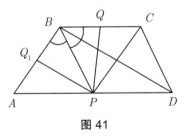

图 41

证法 2 因为点 P 在 $\angle B$ 的平分线上, 且 $AP /\!/ BC$(参阅图 42), 所以 $\angle ABP = \angle CBP = \angle APB$, 这表明 $\triangle ABP$ 是等腰三角形 $(AB = AP)$. 于是就有 $BC = AB = AP = PD$. 由此知四边形 $ABCP$ 是菱形, 四边形 $BCDP$ 是平行四边形. 设 O 是 BD 与 PC 的交点, 于是 O 平分 BD 和 PC. 我们指出 $BO = PQ$, 因为它们分别是等腰三角形二腰上的中线. 于是 $BD = 2BO = 2PQ$.

I.124 证法 1 设 $a_1, a_2, \cdots, a_6$ 是所给的 6 个数. 假设 $a_1 \leqslant 100$. 因为 a_1 与其余数中的任意 4 个数的和都大于 900, 所以 $a_2, \cdots, a_6$ 中任意 4 个数的和大于 800, 亦即

$$a_2 + a_3 + a_4 + a_5 > 800,$$

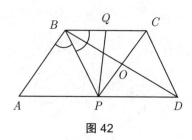

图 42

$$a_2 + a_3 + a_5 + a_6 > 800,$$
$$a_2 + a_3 + a_4 + a_6 > 800,$$
$$a_2 + a_4 + a_5 + a_6 > 800,$$
$$a_3 + a_4 + a_5 + a_6 > 800.$$

把这 5 个不等式相加, 得到

$$4(a_2 + a_3 + a_4 + a_5 + a_6) > 4\,000,$$

于是 $a_2 + a_3 + a_4 + a_5 + a_6 > 1\,000$, 此与题意相矛盾.

证法 2 设 $a_1, a_2, \cdots, a_6$ 是所给的 6 个数, 不妨设 $a_1 \leqslant a_2 \leqslant \cdots \leqslant a_6$. 由 $a_1 + a_2 + a_3 + a_4 + a_5 > 900$ 和 $a_2 + a_3 + a_4 + a_5 + a_6 < 1\,000$ 可知 $a_6 - a_1 < 100$. 假设 $a_1 \leqslant 100$, 则有 $a_6 < 200$, 于是所有的数都小于 200. 从而 $a_1 + a_2 + a_3 + a_4 + a_5 < 100 + 4 \times 200 = 900$, 此与题意相矛盾.

I.125 用反证法, 假设每位选手所赢的场数都不多于他所战平的场数. 那么这次比赛中, 参赛者最高能得多少分? 因为每人参加 19 场比赛, 所以最多只能得到 14 分, 即赢 9 场平 10 场. 因为最终各选手所得分数都互不相同, 所以次高分最多为 13.5 分, 第三高分最多为 13 分, 如此下去, 最后一名至多得 4.5 分. 从而他们一共得到的分数不超过

$$14 + 13.5 + 13 + \cdots + 4.5 = 185.$$

然而这是不可能的, 因为每一场比赛都产生 1 分, 一共有 $C_{20}^2 = 190$ 场比赛, 共产生 190 分, 它们都给了各选手, 所以各选手的得分之和应当是 190 分.

♦ 试证明: 并非任何时候都能找到两位选手, 他们所赢的场数都多于各自所战平的场数.

九年级

I.126 答案 $\dfrac{3 + \sqrt{3}}{2}$.

设所求比值为 x, 而正方形的边长为 3. 于是上面的矩形尺寸为 $1 \times x$, 下面的矩形尺寸

为 $\frac{3}{2} \times \frac{3}{2x}$(参阅图 43). 考察正方形的竖边, 得到

$$x + \frac{3}{2x} = 3.$$

可将其化为二次方程 $2x^2 - 6x + 3 = 0$, 它仅有一个大于 1 的根 $\frac{3+\sqrt{3}}{2}$.

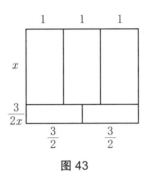

图 43

I.127 易知每当 a 增加 1, 表达式 $[100a] + [71a]$ 都增加 171, 所以只需对 $a \in [0, 1)$ 证明题中结论. 意即只需证明, 对任何 $a \in [0, 1)$ 都有

$$[100a] + [71a] \neq 170.$$

这是显然的, 因为此时 $0 \leqslant [100a] \leqslant 99$, 而 $0 \leqslant [71a] \leqslant 70$, 所以

$$0 \leqslant [100a] + [71a] \leqslant 169$$

I.128 证法 1 因为 $AD = DC$, 所以为证 $BD = CD$, 只需证明 $BD = AD$. 为此, 我们来证明在 $\triangle ABD$ 中有 $\angle BAD = \angle ABD$(参阅图 44). 我们有 $\angle BAK = \angle ABK$, 因为它们是等腰 $\triangle ABK$ 的两个底角. 又有 $\angle KBD = \angle KAD$, 这是因为它们都等于 $\angle ACD$. 事实上, $\angle KBD = \angle ACD$, 因为它们是同弧所对的圆周角; 而 $\angle KAD = \angle ACD$, 因为它们是等腰 $\triangle ADC$ 的两个底角.

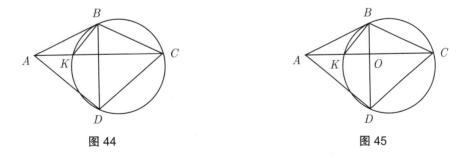

图 44 图 45

证法 2 (勾股定理) 如图 45 所示, 以 O 表示四边形 $ABCD$ 的对角线交点. 根据四边形 $KBCD$ 内接于圆, 可推出 $\triangle BOK \backsim \triangle COD$, 因此 $OC \cdot OK = OB \cdot OD$. 由题中条

件可推知, 四边形 $ABCD$ 的两条对角线相互垂直. 根据勾股定理, 有
$$BK^2 = OB^2 + OK^2 = BC^2 - OC^2 + OK^2.$$
此外, 还有
$$AK^2 = (OA - OK)^2 = (OC - OK)^2 = OC^2 - 2OC \cdot OK + OK^2.$$
根据条件 $AK = BK$, 可推知
$$BC^2 - OC^2 + OK^2 = OC^2 - 2OC \cdot OK + OK^2.$$
从而就有
$$2OC \cdot OK = 2OC^2 - BC^2.$$
继而
$$\begin{aligned} BD^2 &= (OB + OD)^2 = OB^2 + 2OB \cdot OD + OD^2 \\ &= OB^2 + 2OC \cdot OK + OD^2 \\ &= OB^2 + OD^2 + 2OC^2 - BC^2 \\ &= OC^2 + OD^2 = CD^2. \end{aligned}$$
所以 $BD = CD$.

I.129 假设经过重排 a 的各位数字所得到的 16 位数 b 可被 $10^8 + 1$ 整除, 那么显然 b 的表达式就是把某个 8 位数相继写了两遍. 从而 b 的各位数字之和, 即 a 的各位数字之和是偶数. 我们来证明, 只要 a 可被 $10^9 - 1$ 整除, 它的各位数字之和就不可能是偶数, 从而导致矛盾.

设 a 的前 7 位数字是 $\alpha_1, \alpha_2, \cdots, \alpha_7$, 由它们形成的 7 位数记作 A, 则有 $a = A \cdot 10^9 + B$, 其中 B 是某个 9 位数. 而这样一来, 就有
$$\begin{aligned} a &= A \cdot (10^9 - 1) + (10^9 - 1) \\ &= \overline{\alpha_1 \alpha_2 \cdots \alpha_7} \cdot 10^9 + 999\,999\,999 - \overline{\alpha_1 \alpha_2 \cdots \alpha_7}. \end{aligned} \quad ①$$

这是因为该数前面的一个可被 $10^9 - 1$ 整除的数是 $A \cdot (10^9 - 1)$, 它小于 $A \cdot 10^9$, 不合要求; 而它后面一个可被 $10^9 - 1$ 整除的数是 $A \cdot (10^9 - 1) + 2(10^9 - 1)$, 它大于 $A \cdot 10^9 + 999\,999\,999$, 亦不合要求. 所以 $a = A \cdot (10^9 - 1) + (10^9 - 1)$.

由表达式 ① 看出, 在 a 的十进制表达式中前 7 位数就分别是 $\alpha_1, \alpha_2, \cdots, \alpha_7$, 接下来是两个 9, 再接下来的 7 位数字刚好把开头 7 位数都补足为 9, 所以 a 的各位数字和就是 $9 \times 9 = 81$, 不是偶数.

I.130 同 I.125 题.

十年级

I.131 如果 $x = 2 + \sqrt{2}$, 则有 $x^2 + 2 = 4x$, 于是容易找到如图 46 所示的分法.

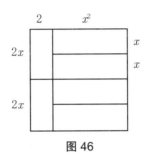

图 46

♦**1.1** 正方形被分为若干个矩形, 每个矩形的长与宽之比都是 r. 证明: r 是某个整系数多项式的根 (换言之, r 是代数数).

♦**1.2** 如果 $r > 1$ 是三项式 $x^2 - ax + b$ 的根, 其中 $a > 0$ 与 $b > 0$ 是有理数, 则可把正方形分为若干个矩形, 使得它们的长与宽之比为 r.

♦**1.3** 证明: 可以把正方形分为若干个矩形, 使得它们的宽与长的比值都是 $\sqrt[3]{2} - 1$. 提示: $\sqrt[3]{2} - 1$ 是 3 次方程 $x^3 - 3x^2 + 3x - 3 = 0$ 的根.

♦**2.1** 证明: 不能把正方形分为若干个矩形, 使得每个矩形的长与宽之比都是 $\sqrt{2}$.

♦**2.2** 提请读者注意, 复数 u 称为代数数, 如果它是整系数多项式的根. 如果 $p(x)$ 是以复数 u 为根的次数最低的整系数多项式, 则 $p(x)$ 的所有其他复根都称为 u 的共轭数 [1].

♦♦ 1994 年, 拉斯克维奇和谢科列斯 [20]、弗拉依林克和林恩 [21] 相互独立地证明了如下定理:

定理 对于每个 $u > 0$, 如下各个命题相互等价:

(1) 正方形可以划分为若干个长宽比为 u 的矩形;

(2) 数 u 为代数数, 并且所有与它共轭的复数都具有正的虚部;

(3) 存在正有理数 $c_1, c_2, \cdots, c_n$, 使得

$$c_1 u + \cfrac{1}{c_2 u + \cfrac{1}{\ddots + \cfrac{1}{c_n u}}} = 1.$$

于是, 根据这个定理, 把一个正方形可以划分为若干个长宽比为 $2 + \sqrt{2}$ 的矩形, 却不可以划分为若干个长宽比为 $1 + \sqrt{2}$ 的矩形.

I.132 将该等比数列的公比记作 q. 根据题意, 有

$$b_1(q^3 + q^2 - q - 1) = 5,$$

---

[1] 编译者注 原文如此.

亦即 $b_1(q+1) = \dfrac{5}{q^2-1}$. 我们需要证明

$$b_6 + b_5 = b_1 q^4(q+1) = \dfrac{5q^4}{q^2-1} \geqslant 20. \qquad ①$$

根据题意, $b_2 = b_1 q > b_1$, 所以 $q > 1$. 于是为证 ① 式, 只需证明 $q^4 \geqslant 4(q^2-1)$. 而这是显然的, 因为它可化为 $(q^2-2)^2 \geqslant 0$.

I.133 同 I.128 题.

I.134 同 I.125 题.

I.135 将 A 的各位数字经过重排所得到的 39 位数分别记为 $A_1, A_2, \cdots$. 我们先试着取 $B = 10^{19}$. 如果重排 A 的数字所得的某个数 A_1 可被 B 整除, 则在 A 的十进制表达式中有 19 个 0.

再试着取 $B = 10^{20} - 1$. 如同 I.129 题, 如果所得的 39 位数 A_2 可被 $10^{20} - 1$ 整除, 则它的十进制表达式中首先排列某 19 位数字, 接下来是一个 9, 再接下来的 19 位数字刚好把开头的 19 位数字一一对应补足为 9. 这样一来, 在 A 的十进制表达式中就有 19 个 0 和 20 个 9.

接下来只需验证这样的正整数不可能被某个 20 位数整除即可. 事实上, 对于这种正整数 A, 无论怎样重新排列它的各位数字, 所得的数都不能被 5 的较高方幂数 (例如 5^{20}) 整除. 当然, 5^{20} 的位数较少, 不足 20 位, 故只要任选一个是 5^{20} 的倍数的 20 位数作为 B 即可, 这样的 20 位数很多, 我们有宽阔的选择空间.

♦ 如果将 B 取为 5×10^{19} 和 8×10^{19}, 则可证明不存在 40 位的正整数 A 可被任何 20 位数 B 整除. 细节留给读者完成.

下面来证明不存在这样的 41 位数 A.

如同前述, A 的十进制表达式中至少含有 19 个 0. 进而, 某个 41 位数 A_1 可被 625×10^{17} 整除. 于是, A_1 的末尾有 17 个 0. 而由它的接下来的 4 位数字形成的 4 位数应当可被 625 整除. 于是, 或者它们都是 0, 那么 A_1 的末尾就至少有 21 个 0; 或者它们中有 5.

现在再把任何一个可被 2^{41} 整除的 20 位数取作 B. 此时有 A_2 可被 B 整除. 凡是十进制表达式中不含有非零偶数字的 41 位数皆不可被 2 的指数大于 40 的方幂数整除, 所以在 A 的各位数字中有非零偶数字.

再取 $B = 10^{20} - 1$. 重排 A 的数字所得的 A_3 可被 B 整除. 设 A_3 的第一位数字是 α, 而

$$b = \overline{\beta_1 \beta_2 \cdots \beta_{20}} \quad \text{与} \quad c = \overline{\gamma_1 \gamma_2 \cdots \gamma_{20}}$$

分别是其第 $2 \sim 21$ 和 $22 \sim 41$ 位数字所形成的 20 位数, 则

$$A_3 = 10^{40}\alpha + 10^{20}b + c = (10^{20}-1)\big[(10^{20}+1)\alpha + b\big] + \alpha + b + c.$$

这意味着 $a+b+c$ 可被 $10^{20}-1$ 整除, 而 $a+b+c$ 小于 $2(10^{20}-1)$, 这是因为在 a,b 和 c 的各位数字中至少有 19 个 0. 从而

$$a+b+c = 10^{20}-1.$$

我们从加法竖式来观察这个等式. 如果在 A 的各位数字中有 21 个 0, 那么由如下算式容易看出, 对 $1 \leqslant j \leqslant 19$, 在 β_j 与 γ_j 中只能有一个为 0, 从而 $\beta_{20} = \gamma_{20} = 0$, 如此才够 21 个 0, 那么所有的非零数字就只能都是 9.

$$\begin{array}{cccccc} & & & & & \alpha \\ & \beta_1 & \beta_2 & \cdots & \beta_{19} & \beta_{20} \\ + & \gamma_1 & \gamma_2 & \cdots & \gamma_{19} & \gamma_{20} \\ \hline & 9 & 9 & \cdots & 9 & 9 \end{array}$$

于是 A 的各位数字非 0 即 9. 这与 A 的各位数字中有非零偶数字的事实相矛盾. 这样一来, 在 A 的各位数字中就有 19 或 20 个 0, 还有 5 及非零偶数字.

仍然观察上述求和竖式. 该式在求和过程中有无 "进位情况" 发生? 不难明白, 如果有进位, 那么只可能发生在由个位向十位进位.

先考虑有进位发生的情况. 这时在个位上没有 0, 而在前 19 位上各有一个 0. 这就意味着, 除个位之外, 其余数位上共有 19 个 0、18 个 9 和 1 个 8, 并且 $a+\beta_{20}+\gamma_{20}=19$. 而这三个数中必须有一个是 5. 这就意味着这三个数或者是 5,7,7, 或者是 5,6,8, 或者是 5,5,9. 在头尾两种情况下, 无论如何排列各位数字, 都得不到一个可被 8×10^{19} 整除的数; 而第二种情况适合 $B = 625 \times 10^{17}$.

再看没有进位发生的情况. 这时, 在 A 的各位数字中, 至少有 18 个 9, 并且 $a+\beta_{20}+\gamma_{20}=9$, 而且对于某个 $j \leqslant 19$, 还有 $\beta_j+\gamma_j=9$, 而在所写出的这 5 个数字中至少有一个 0、一个 5 和一个非零偶数字. 这意味着或者是 $0,4,5,\delta,9-\delta$, 或者是 $0,2,2,5,9$. 那么这样一来, 在 A 的各位数字中, 或者有 19 个 0 和 19 个 9, 2 个 2, 1 个 5, 此时无论怎样排列它的各位数字, 都不能得到 8×10^{19} 的倍数; 或者有 19 个 0 和 18 个 9, 5, 5, δ 和 $9-\delta$, 此时无论怎样排列它的各位数字, 都不能得到 625×10^{17} 的倍数.

令人高兴的是, 通过实质性地增加所分情况的数量, 可以得到 47 位数, 而无须借助计算机搜索.

◆◆ 运用关于质数分布的非初等的事实, 可考察十进制表达式中含有 19 个 0 和不少于 18 个 9 的一些特殊的 41 位数. 现假设有一个这样的 41 位数. 经过重排它的各位数字所能得到的不同的 41 位数不会超过

$$N = 41 \times 40 \times 39 \times 38 \times C_{37}^{18} = 42\,952\,978\,380\,312\,000 < 43 \times 10^{15}$$

个. 假设我们成功地找到了至少 $2N+1$ 个两两互质的 20 位数. 因为任何一种重排都至多可被两个这样的数整除 (三个这样的数的乘积的位数显然超过了 41), 所以根据抽屉原理,

会有一个这样的 20 位数不能整除任何一个由重排得到的 41 位数. 一件炫人耳目的事是, 根据关于质数分布规律的结论, 我们能够找到 $2N+1$ 个 20 位的质数, 它们当然是两两互质的. 以 $\pi(n)$ 记不超过 n 的质数的个数, 则当 $n > 17$ 时, 有

$$\frac{n}{\ln n} < \pi(n) < \frac{1.25506n}{\ln n}. \quad [22]$$

由此即可知道, 我们所感兴趣的 20 位的质数的数目等于

$$\pi(10^{20}) - \pi(10^{19}) > \frac{10^{20}}{\ln 10^{20}} - \frac{1.25506 \times 10^{19}}{\ln 10^{19}}$$
$$> 1\,884\,595\,760\,854\,419\,538 > 1\,884 \times 10^{15},$$

它已经超过我们所需要的数目的 20 倍. 事实上, 这个数目已经发现 10 年了, 它的确切值是 $1\,986\,761\,935\,284\,574\,233$. (参阅 http://primes.utm.edu.)

而用相对初等的方法, 可得 $\pi(n)$ 的如下估计 (参阅 [23]):

$$\frac{n}{6\ln n} < \pi(n) < \frac{6n}{\ln n}.$$

利用它已经足以应付我们的需求. 事实上, 有

$$\pi(10^{20}) - \pi(10^{18}) > \frac{10^{20}}{6\ln 10^{20}} - \frac{6 \times 10^{18}}{\ln 10^{18}} > 217\,147\,240\,951\,625\,913.$$

这表明 20 位的质数与 19 位的质数一共不少于 217×10^{15} 个. 而重排 A 的各位数字所得到的每一个数至多可被两个这样的质数整除. 这意味着, 可以找到一个 20 位的或 19 位的质数, 它不能整除 A 的任何一种重排, 那么此时就可以找到一个 20 位数, 它不能整除 A 的任何一种重排.

十一年级

I.136 由图 47 看出, 每个矩形的贴着正中的正方形的边都是长边. 设矩形的长宽之比为 a, 大正方形的边长是 1. 又设左上方矩形的短边长为 x. 于是, 它的两条边长分别为 x 与 ax. 而右上方矩形的两条边长分别为 $1 - ax$ 与 $a(1 - ax)$. 从而, 右下方矩形的竖边长为 $1 - a(1 - ax)$. 左下方矩形的两条边长分别为 $1 - x$ 与 $\frac{1-x}{a}$, 从而右下方矩形的水平边长为 $1 - \frac{1-x}{a}$. 由于该矩形的长宽比为 a, 得

$$a[1 - a(1 - ax)] = 1 - \frac{1-x}{a},$$

解得

$$x = \frac{1}{a+1}.$$

这样一来, 周边的四个矩形的尺寸完全相同, 皆为 $\frac{1}{a+1} \times \frac{a}{a+1}$. 于是它们在旋转 90° 后图形不变, 所以正中的图形是正方形.

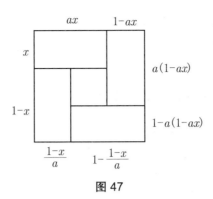

图 47

I.137 答案 0 或 $\dfrac{\pi}{4}$.

设季玛所写的等差数列是 $a_3 - 2d, a_3 - d, a_3, a_3 + d, a_3 + 2d$. 根据题中条件, 有

$$\sin(a_3 - 2d) + \sin(a_3 + d) = \cos(a_3 - d) + \cos(a_3 + 2d).$$

利用和差化积公式, 得

$$2\sin\left(a_3 - \dfrac{d}{2}\right)\cos\dfrac{3d}{2} = 2\cos\left(a_3 + \dfrac{d}{2}\right)\cos\dfrac{3d}{2}. \qquad ①$$

$\cos\dfrac{3d}{2}$ 可否为 0? 因为数列中的所有项都在区间 $\left[-\dfrac{2\pi}{3}, \dfrac{2\pi}{3}\right]$ 中, 所以第 5 项与第 1 项的差不大于 $\dfrac{4\pi}{3}$, 亦即

$$4|d| \leqslant \dfrac{4\pi}{3}. \qquad ②$$

这意味着 $\dfrac{3d}{2} \leqslant \dfrac{\pi}{2}$. 故知 $\cos\dfrac{3d}{2} = 0$ 仅当 $d = \pm\dfrac{\pi}{3}$ 时, 此时数列中的 5 项依次为 $-\dfrac{2\pi}{3}, -\dfrac{\pi}{3}, 0, \dfrac{\pi}{3}, \dfrac{2\pi}{3}$, 其中 $a_3 = 0$.

而若 $\cos\dfrac{3d}{2} \neq 0$, 则可由 ① 式得到

$$\sin\left(a_3 - \dfrac{d}{2}\right) = \cos\left(a_3 + \dfrac{d}{2}\right).$$

这表明, 或者

$$a_3 - \dfrac{d}{2} = \dfrac{\pi}{2} - \left(a_3 + \dfrac{d}{2}\right),$$

由此可得 $a_3 = \dfrac{\pi}{4}$, 这是可以实现的, 例如季玛的数列为常数列 (容易构造出非常数的数列); 或者

$$a_3 - \dfrac{d}{2} = \dfrac{\pi}{2} + \left(a_3 + \dfrac{d}{2}\right),$$

由此得到 $d = -\dfrac{\pi}{2}$, 但这与 ② 式相矛盾.

I.138 同 I.125 题.

I.139 答案 所给的表达式不可能以 $2,5,8,9$ 结尾.

注意, 当 x 增加 1 时, 所给表达式增大 10, 故不影响末位数字. 所以只需对 $x \in [0,1)$ 讨论该表达式的末位数字.

如果 $0 \leqslant x < \frac{1}{6}$, 则该表达式等于 0; 如果 $\frac{1}{6} \leqslant x < \frac{1}{3}$, 则该表达式等于 1; 如果 x 超过 $\frac{1}{3}$, 则第 2 项与第 3 项各增加 1, 所以当 $\frac{1}{3} \leqslant x < \frac{1}{2}$ 时该表达式等于 3. 进而, 当 $\frac{1}{2} \leqslant x < \frac{2}{3}$ 时该表达式等于 4; 当 $\frac{2}{3} \leqslant x < \frac{5}{6}$ 时该表达式等于 6; 当 $\frac{5}{6} \leqslant x < 1$ 时该表达式等于 7.

I.140 如图 48所示, 以 K 记对角线交点. 易知 $\triangle AKD$ 与 $\triangle ADC$ 相似, 此因 $\angle A$ 为公共角, 而由题中条件可知另有一对内角相等, 由此可得

$$AK \cdot AC = AD^2.$$

同理可知 $\triangle ABC \backsim \triangle BKC$, 于是又有

$$CK \cdot AC = BC^2.$$

将所得二等式相加, 得 $AC^2 = AD^2 + BC^2$, 由此与勾股定理知以线段 BC, AD, AC 为边可以构成直角三角形.

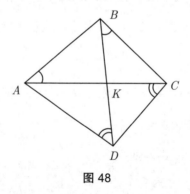

图 48

2007 年

八年级

I.141 答案 可以做到, 一种填法如图 49所示. 事实上, 只要使得水平方向的差为 4, 竖直方向的差为 7 即可.

I.142 答案 它面对的是绿色.

1	5	9	13	17
8	12	16	20	24
15	19	23	27	31
22	26	30	34	38
29	33	37	41	45

图 49

由于开始时蜥蜴是绿色的, 它的变色周期是 5: 绿, 蓝, 紫罗兰, 红, 黄. 如果它不出现错误, 在每 5 次变色后, 它都是绿色. 因此, 在变色 2007 次后, 它应该是紫罗兰色. 然而由于出错, 它变成了黄色. 这个错误是它在两步变色中犯下的. 换言之, 我们可以认为, 在其中的一步变色中它一口气连变了 3 次颜色. 该年幼的蜥蜴呈现出的就是这种三次连变之后的颜色. 而此前它是什么颜色? 那当然就是绿色.

I.143 假设不然, 有 $MS > NL$, 则线段 MS 与 MN 都大于 KS, SN 和 NL (参阅图 50). 于是, $\angle KMS < \angle MKS$, 这是因为在 $\triangle KMS$ 中 $\angle KMS$ 所对的边较小. 同理可知 $\angle LMN < \angle NLM$. 于是就有

$$\angle KMS + \angle LMN < \angle MKS + \angle NLM = 180° - \angle KML = 59°.$$

这样一来, 就有 $\angle SMN = \angle KML - (\angle KMS + \angle LMN) > 121° - 59° = 62°$. 然而, 这是不可能的, 因为在 $\triangle SMN$ 中 $\angle SMN$ 所对的边是最小的边, 因而它是最小的角, 故不可能超过 $60°$.

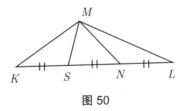

图 50

I.144 答案 110 人.

那些沿着路线 $A - B - C - A$ 或 $A - C - B - A$ 行走的人都既到过 B 村又到过 C 村. 为什么到过 C 村的人比到过 B 村的多 10 人呢? 这只能说明, 沿着路线 $A - C - A$ 行走的人比沿着路线 $A - B - A$ 行走的人多 10 人. 那么, 走过路线 $C - A$ 的人就有两部分, 一部分是第一组中的那些没有中途返回的, 另一部分就是第二组中到达 C 村之后原路折返的人. 按照我们的理解, 这第二部分人比第一组中到达 B 村后原路折返的人要多出 10 人. 总之, 走过路线 $C - A$ 的人比第一组的人多 10 人, 所以一共有 110 人.

I.145 答案 12 条.

我们知道, 斜率相同的直线相互平行, 不可能经过同一个点. 因为这些直线 $y = ax + b$ 的斜率 a 都只能是不超过 12 的正整数, 所以一共只有 12 种不同的斜率. 因此, 经过同一

个点的直线不可能多于 12 条. 另一方面, 对任何 $a \in \{1,2,\cdots,12\}$, 直线 $y=ax+1$ 都经过点 $(0,1)$, 刚好 12 条.

九年级

I.146 设该班有 m 个男生和 d 个女生. 因为男生的平均体重是 $42\,\text{kg}$, 女生的平均体重是 $27\,\text{kg}$, 而全班同学的平均体重是 $35\,\text{kg}$, 所以

$$\frac{42m+27d}{m+d}=35.$$

该式变形后即为 $13m=17d$. 由此立知 m 是 17 的倍数.

I.147 由题意知

$$t^2-at-b=t^2-pt-q.$$

由此解得 $t=\dfrac{b-q}{p-a}$. 由于四个数都是正数且 $ab=pq$, 故知 a 与 b 是四个数中最大的与最小的, 而 p 与 q 则是其中两个居中的数. 因此, $b-q$ 与 $p-a$ 的符号相同, 意即分数 $t=\dfrac{b-q}{p-a}$ 是正的.

I.148 答案 季玛不可能经过有限次改染, 把整个 20×20 方格表染为国际棋盘状.

11×11 方格正方形如此之大, 以至于可以盖住 20×20 方格表的中心 O 以及以 O 为中心的整个 2×2 正方形. 于是这个 2×2 正方形中的 4 个方格被改染同样多的次数, 故不可成为国际象棋盘状.

◆ 如果把 11×11 方格正方形换成 $k\times k$ 方格正方形, 只要 $k\leqslant 10$, 季玛的愿望就可以实现.

I.149 答案 $\angle ABF=45°$.

解法 1 根据题意, $\triangle ADE$ 是等腰直角三角形, 因而 $\angle DEA=45°$. 注意四边形 $ABEF$ 内接于圆, 这是因为它的一组对角都是直角 (参阅图 51). 于是 $\angle ABF=\angle AEF=90°-\angle DEA=45°$.

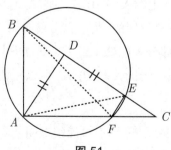

图 51

解法 2(相似三角形) 不难看出 $AD/\!/EF$(参阅图 51),故由泰勒斯定理知 $\dfrac{AF}{FC}=\dfrac{ED}{CE}$,因而
$$AF=FC\cdot\dfrac{ED}{CE}=FC\cdot\dfrac{AD}{CE}.$$

进而,$\angle EFC=90°-\angle BCA=\angle ABC$. 如此一来,$\triangle BAD\backsim\triangle FCE$(两组对应角相等). 从而 $\dfrac{AD}{CE}=\dfrac{BA}{FC}$. 把该式代入 AF 的长度表达式,得到
$$AF=FC\cdot\dfrac{BA}{FC}=BA.$$

这就表明 $\triangle BAF$ 不仅是直角三角形,而且也是等腰三角形,故知 $\angle ABF=45°$.

I.150 答案 P 的最后一位数是 0.

假设第 i 个正整数所写成的假分数的分母是 a_i,那么它的分子的末位数与 $8a_i$ 的末位数相同. 故知 P 的末位数与 $8\sum a_i$ 的末位数相同,而 Q 的末位数与 $\sum a_i$ 的末位数相同. 将 Q 乘 2007 后得到 P,所以 $\sum a_i$ 的 7 倍的末位数与 $\sum a_i$ 的 8 倍的末位数相同,这只有在 $\sum a_i$ 的末位数是 0 的情况下才有可能. 因为 P 的末位数与 $8\sum a_i$ 的末位数相同,所以 P 的末位数也是 0.

十年级

I.151 同 I.141 题.

I.152 如图 52 所示,$\angle ABC$ 与 $\angle CAB$ 相等,因为它们都是 $\overset{\frown}{ACB}$ 所对的圆周角之半. 剩下的 $\overset{\frown}{AB}$ 所对的圆周角是 $\angle ADB$. 但是
$$\angle ADB=\angle DAB>\angle CAB.$$

所以,$\angle ABC$ 所对的圆弧小于圆周的三分之一.

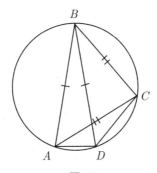

图 52

I.153 仅有一个实根的二次三项式在实轴上不变号, 有两个实根的二次三项式要变号. 因为二次三项 $3f(x)+g(x)$ 与 $f(x)-g(x)$ 都仅有一个实根, 所以它们都在实轴上不变号. 但是它们的和 $4f(x)$ 有两个实根, 要变号, 这就表明 $3f(x)+g(x)$ 与 $f(x)-g(x)$ 的符号相反. 因而作为 $3f(x)+g(x)$ 与 $3[f(x)-g(x)]$ 差的二次三项式 $4g(x)$ 严格地具有单一的符号, 因此无实根.

I.154 同 I.145 题.

I.155 答案 不能.

本题完全是 I.160 题的翻版, 它的解答也全然与 I.160 题类似.

我们来观察在各种操作下数 $n=4a+b$ 如何变化. 在摁动所标数字 x 是 1,2,3 或 4 的按钮时, n 变为

$$4(a+x)+(b-x^2)=4a+b+x(4-x)\geqslant 4a+b=n.$$

在摁动的按钮所标的数字 x 是 5,6,7,8 或 9 时, n 变为

$$4(a-x)+(b+x^2)=4a+b+x(x-4)>4a+b=n.$$

这就表明在各种操作下 n 不会变小, 因为开始时有 $n=4\times 2\,007+2\,007=10\,035>0$, 所以它不可能最终变为 0.

十一年级

I.156 本题与 I.141 题有异曲同工之妙. 只需让水平方向的公比保持为 16, 而垂直方向的公比保持为 128 即可. 一种填法如图 53 所示.

2^1	2^5	2^9	2^{13}	2^{17}
2^8	2^{12}	2^{16}	2^{20}	2^{24}
2^{15}	2^{19}	2^{23}	2^{27}	2^{31}
2^{22}	2^{26}	2^{30}	2^{34}	2^{38}
2^{29}	2^{33}	2^{37}	2^{41}	2^{45}

图 53

I.157 将该正整数记作 n. 以 q 表示 n 被 999 除的不完全商, 同时也是余数, 于是 $q<999$. 我们有 $n=999q+q=1000q$, 表明 n 可被 1000 整除. 类似可知 n 可被 600 整除. 从而 n 可被 1500 整除 (甚至可被 3000 整除), 故有

$$n=1500s=1499s+s,\qquad ①$$

其中
$$s = \frac{n}{1\,500} = \frac{1\,000q}{1\,500} = \frac{q}{1.5} < 1\,000.$$
因此, ① 式表明 n 被 1499 除的不完全商和余数都是 s, 此即为所要证明的.

I.158 **证法 1** 易知四面体 $ABCD$ 内接于以 AC 为直径的球, 所以它的任何一条弦 (包括 BD) 都不可能超过直径. (此解答未能得到严格的小于关系.)

证法 2 以 M 表示线段 AC 的中点. 于是, 在直角 $\triangle ABC$ 中, M 是斜边的中点, 因而 $BM = \frac{1}{2}AC = 1$. 同理可知 $DM = 1$. 再由三角形不等式即知 $BD < BM + DM = 2$.

证法 3 如图 54 所示, 作 BH 垂直于直线 AD. 于是, 线段 HD 是相互异面的直线 BH 和 CD 的公垂线, 这就意味着它的长度是分别经过这两条直线的平行平面之间的距离, 特别地, 它的长度小于线段 BC. 又易知 $BH \leqslant BA$ (垂线短于斜线). 因此, $BD^2 = BH^2 + HD^2 < BA^2 + BC^2 = AC^2$, 亦即 $BD < AC = 2$.

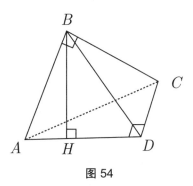

图 54

I.159 **答案** 80 个图像.

设 (x_0, y_0) 是函数 $y = x^3 + a_1 x + b_1$ 上的点. 如果还有某个函数 $y = x^3 + a_2 x + b_2$ 的图像也经过这个点, 那么有关系式
$$x_0^3 + a_1 x_0 + b_1 = x_0^3 + a_2 x_0 + b_2,$$
亦即
$$a_1 x_0 + b_1 = a_2 x_0 + b_2.$$
将该式两端的值记作 k.

分两种情形讨论. 如果 $x_0 = 0$, 则由最后的等式得知 $b_1 = b_2$. 这样一来, 在这种情况下图像经过点 (x_0, y_0) 的函数仅在 a 值上有所区别. 显然, 这样的函数共有 80 个, 这些函数的图像都经过点 $(x_0, y_0) = (0, b_1)$.

如果 $x_0 \neq 0$, 则对于所给的不同的 a_2, 由等式
$$k = a_2 x_0 + b_2$$

可以确定 b_2. 这就意味着, 在这种情况下图像经过点 (x_0, y_0) 的函数的个数不会超过系数 a_2 的不同的选择办法的数目, 即 80.

I.160 火星上哪来的卢布? 既然有了卢布, 为何又有图克里克[①]? 事实上, 这不是卢布与图克里克, 而是卢布与美元. 假设美元与卢布的汇率是 26.5 卢布兑换 1 美元[②], 意即 1 美元就是 26.5 卢布 (这种看法并不影响我们对问题的讨论, 因为无论我们怎样认为, 都不会影响货币兑换机的工作). 现在很清楚了, 在两种操作之下, 萨沙都是有利可图的. 在第一种操作下, 萨沙用 n 卢布换取 1 美元, 其中 $n \leqslant 26$, 意即他用低于汇率的价格换取美元. 而第二种操作亦使得萨沙盈利: 他用 1 美元可换得高于其价格的卢布. 因此, 在完成所有兑换之后, 萨沙手中的钱不会少于他原来拥有的钱 (无论是以卢布计算还是以美元计算). 而 89 美元等于 2 385.5 卢布, 多于 2 007 卢布, 所以题中所说的情形不会发生.

2008 年

八年级

I.161 答案 一共有木凳 37 处.

第一位骑手骑行 1 km 花费 4 min, 第二位骑手则花费 3 min. 他们一共骑行 37 km, 所以第一位骑手在路上比第二位多骑 37 min, 所以他比第二位少休息 37 min. 由题意可知, 第二位骑手的休息时间是第一位的 2 倍, 所以第一位骑手一共休息了 37 min. 因为他在每个木凳处都休息同样的整数分钟, 37 又是质数, 所以一共有木凳 37 处.

I.162 答案 其中有 40 张卡片被翻了 3 次.

因为每张卡片最终都被翻了面, 所以它们都被翻了 1 次或 3 次. 一共作了 180 次翻动, 其中 100 次是作用在各张卡片上的, 因为它们都被翻了面; 其余的 80 次是将其中的某些卡片再分别翻动两次. 这就意味着有 40 张卡片被翻了 3 次.

I.163 设 M 是 BC 的中点. 于是有 $BM = MC = BL$, 因而 $\triangle BKL \cong \triangle BKM$(边角边, 参阅图 55). 这表明 $KM = KL = LA$, $\angle BLK = \angle BMK$. 由此可知亦有 $\angle BLA = \angle CMK$, 于是 $\triangle ABL \cong \triangle KCM$(边角边). 所以 $AB = KC$.

I.164 假设这三段纸带上的数分别是 $3^a, 3^b, 3^c$. 令 $d = \min\{a, b, c\}$, 把原来的数除以 3^d, 则所得的商依旧是 3 的方幂数. 但若 a, b, c 不全相等, 则 $3^{a-d}, 3^{b-d}, 3^{c-d}$ 这 3 个数中有 1 个或两个 1, 两个或 1 个 3 的方幂数, 这样的数的十进制表达式中的各位数字之和不

[①] 编译者注 图克里克是蒙古货币的名称.
[②] 编译者注 这是当年的汇率.

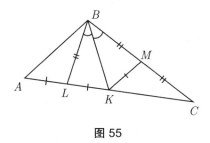

图 55

能被 3 整除. 而若 a,b,c 三个数彼此相等, 则原来的数被 3^d 除的商的十进制表达式中有 3 个 1, 其余为 0, 这样的数不能被 9 整除.

I.165 答案 找不到这样的 3 个数.

解法 1 假设存在这样的实数 a,b,c, 并设 (x_0, y_0) 是三条直线的交点, 则 x_0, y_0 应当满足如下方程:

$$\begin{cases} y_0 = ax_0 + b, \\ y_0 = bx_0 + c, \\ y_0 = cx_0 + a. \end{cases} \quad ①$$

将其中第一个等式减去第二个等式, 解出 x_0, 得 $x_0 = -\dfrac{b-c}{a-b}$. 如果对其他等式作类似的运算, 则可得到 $x_0 = -\dfrac{c-a}{b-c}$, $x_0 = -\dfrac{a-b}{c-a}$. 这表明

$$x_0^3 = -\dfrac{b-c}{a-b} \cdot \dfrac{c-a}{b-c} \cdot \dfrac{a-b}{c-a} = -1,$$

由此得知 $x_0 = -1$. 如果 a 是 a,b,c 三数中最小的数, 则由 $\dfrac{a-b}{c-a} = 1$ 得知 $a = \dfrac{b+c}{2}$, 这是不可能的. 如果 b 或 c 是三个数中的最小的数, 亦可得出类似的矛盾.

解法 2 假设这样的实数 a,b,c 存在, 并以 (x_0, y_0) 记三条直线的交点, 写出上述的 ① 式, 并将其中的三个等式相加, 得

$$3y_0 = (a+b+c)(x_0+1). \quad ②$$

把此等式与 ① 式中的第一个等式相结合, 得到

$$(a+b+c)(x_0+1) = 3ax_0 + 3b,$$

亦即

$$(b+c-2a)x_0 = -(c+a-2b). \quad ③$$

类似可得

$$(c+a-2b)x_0 = -(a+b-2c), \quad ④$$

$$(a+b-2c)x_0 = -(b+c-2a).$$

将这三个等式相乘, 得

$$(b+c-2a)(c+a-2b)(a+b-2c)x_0^3 = -(c+a-2b)(a+b-2c)(b+c-2a).$$

如果三个括号内都非零, 则有 $x_0^3 = -1$, 这意味着 $x_0 = -1$. 于是由 ② 式知 $y_0 = 0$, 从而由 ① 式知 $a = b = c$.

如果设三个括号内有一个为零, 为确定起见, 设 $b+c-2a = 0$, 于是由 ③ 式知 $c+a-2b = 0$, 再由 ④ 式知 $a+b-2c = 0$, 由此又得 $a = b = c$.

♦ 能否找到 3 个互不相等的实数 a, b, c, 使得抛物线 $y = x^2+ax+b$, $y = x^2+bx+c$, $y = x^2+cx+a$ 的图像相交于同一点?

九年级

I.166 同 I.161 题.

I.167 我们知道, 一个正整数可被 3 整除, 当且仅当它的十进制表达式中的各位数字之和可被 3 整除; 一个正整数可被 9 整除, 当且仅当它的十进制表达式中的各位数字之和可被 9 整除.

200 720 072 007 200 720 072 007 是 9 的倍数, 这表明: 或者老师所写二数之一是 9 的倍数, 或者他所写的两个数都是 3 的倍数. 无论哪种情况, 第二个数与第一个数的各位数字和的乘积也应该是 9 的倍数.

所以, 或者萨沙有错, 或者基里尔有错.

I.168 本题的一种填法如图 56 所示.

$2^0 \times 7^0$	$2^1 \times 7^2$	$2^2 \times 7^3$	$2^3 \times 7^1$
$2^1 \times 7^1$	$2^0 \times 7^3$	$2^3 \times 7^2$	$2^2 \times 7^0$
$2^2 \times 7^2$	$2^3 \times 7^0$	$2^0 \times 7^1$	$2^1 \times 7^3$
$2^3 \times 7^3$	$2^2 \times 7^1$	$2^1 \times 7^0$	$2^0 \times 7^2$

图 56

♦ 如果在 $n \times n$ 的方格表中填入整数 0 到 $n-1$, 使得在每一行、每一列中这 n 个整数都是每样出现一次, 那么这样的数表就称为拉丁方. 如果位于第 i 行第 j 列的数是 a_{ij}, 那么我们就用 (a_{ij}) 来表示数表. 我们将拉丁方 (a_{ij}) 与 (b_{ij}) 称为正交的, 如果数对 (a_{ij}, b_{ij}) 各不相同.

容易看出, 如果表中 2 的指数与 7 的指数形成相互正交的拉丁方, 则题中的条件得到满足. 事实上, 4×4 拉丁方的每一行每一列中的数的和都是 $6 = 0+1+2+3$, 这意味着相应的数的乘积分别是 2^6 和 7^6. 而由两个拉丁方的正交性即可保证所得表格中的各个数互不相等. 我们所给的填法就是这么构造出来的. 图 57 所示就是与它们的指数对应的拉丁方以及复合在一起的表格.

0	1	2	3		0	2	3	1		00	12	23	31
1	0	3	2		1	3	2	0		11	03	32	20
2	3	0	1		2	0	1	3		22	30	01	13
3	2	1	0		3	1	0	2		33	21	10	02

图 57

有趣的是, 还有一个 4×4 拉丁方与上面的两个拉丁方都正交 (见图 58(a)). 另一方面, 不利用拉丁方也可以得到本题的一个解答 (见图 58(b)).

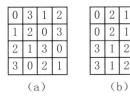

图 58

1782 年, 欧拉提出一个涉及 6×6 正交拉丁方的问题:

能否将来自 6 个不同兵种的 6 种不同军阶的 36 名军官排成一个 6×6 的阵列, 使得在每一横行和每一纵列中都有来自各个兵种的军官各一人, 而且他们各具不同的军阶?

欧拉猜测本题无解. 他的这一猜测于 1900 年得到证明.

♦♦ 可以在 6×6 方格表里填写 14^6 的各个正约数, 使得每一行数、每一列数的乘积都是 14^{15}(见图 59).

5	1	3	4	0	2		5	5	0	0	2	3		55	15	30	40	02	23
5	1	2	4	0	3		4	4	1	1	3	2		54	14	21	41	03	32
3	4	0	2	5	1		3	2	5	5	0	0		33	42	05	25	50	10
2	4	0	3	5	1		2	3	4	4	1	1		22	43	04	34	51	11
0	2	5	1	3	4		0	0	2	3	5	5		00	20	52	13	35	45
0	3	5	1	2	4		1	1	3	2	4	4		01	31	53	12	24	44

图 59

I.169 记 $\angle DEC = \alpha$, 则有 $\angle DAC = \angle DEC = \alpha$(参阅图 60). 于是 $\angle BDC = \alpha$, 且 $\angle BAC = \angle BDC = \alpha$(同弧所对的圆周角相等), 由此易得 $\angle ABC = 180° - \angle ADC = \angle CDE$. 所以 $\triangle ABC \cong \triangle EDC$(一边与二角). 这表明 $AB = DE$.

I.170 如果它们在第一列中占据奇数个方格, 那么在第一列中至少有一个方格被一个横向放置的多米诺覆盖; 同理, 如果它们在第 $3,5,\cdots,99$ 列中占据奇数个方格, 那么这些列中都至少有一个方格被一个横向放置的多米诺覆盖, 这些多米诺互不相同, 所以一共至少有 50 个横向放置的多米诺. 类似地, 也至少有 50 个纵向放置的多米诺. 总数超过 98 个.

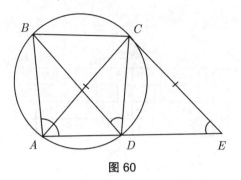

图 60

十年级

I.171 同 I.161 题.

I.172 同 I.167 题.

I.173 同 I.165 题.

I.174 同 I.169 题.

I.175 从某个数开始,把圆周上的 600 个数按顺时针方向三个数分为一组,共分为 200 组. 因为 400 到 600 共 201 个数,所以其中必有某两个数属于同一组,这两个数的和大于 800. 它们在圆周上若不相邻,则必只间隔一个数.

十一年级

I.176 答案 $a \in (2, 2\sqrt{2})$.

题中的条件即为

$$2\sin^2\varphi - a\sin\varphi + 7 = 2\cos^2\varphi - a\cos\varphi + 7,$$

亦即

$$2(\sin^2\varphi - \cos^2\varphi) = a(\sin\varphi - \cos\varphi).$$

由于在区间 $\left(\dfrac{\pi}{4}, \dfrac{\pi}{2}\right)$ 中 $\sin\varphi > \cos\varphi$,故可将上式两端同时除以 $\sin\varphi - \cos\varphi$,得到

$$a = 2(\sin\varphi + \cos\varphi) = 2\sqrt{2}\sin\left(\varphi + \dfrac{\pi}{4}\right).$$

如果 $\varphi \in \left(\dfrac{\pi}{4}, \dfrac{\pi}{2}\right)$ 则 $\varphi + \dfrac{\pi}{4} \in \left(\dfrac{\pi}{2}, \dfrac{3\pi}{4}\right)$. 所以其正弦值可以取得 $\dfrac{\sqrt{2}}{2}$ 到 1 之间的任何值,此时相应的 a 形成区间 $(2, 2\sqrt{2})$.

I.177 根据题意, $\sqrt{a_k a_\ell} > \dfrac{a_m + a_n}{2}$, 故有

$$\dfrac{a_k + a_\ell}{2} \geqslant \sqrt{a_k a_\ell} > \dfrac{a_m + a_n}{2},$$

即

$$\dfrac{2a_1 + (k-1)d + (\ell-1)d}{2} = \dfrac{a_k + a_\ell}{2} > \dfrac{a_m + a_n}{2} = \dfrac{2a_1 + (n-1)d + (m-1)d}{2},$$

其中 d 是该等差数列的公差. 在上述不等式两端同时减去 $a_1 - d$, 再同时除以 d, 得

$$\dfrac{k+\ell}{2} > \dfrac{m+n}{2},$$

而该式右端不小于 $\sqrt{mn}$.

I.178 同 I.164 题.

I.179 **答案** $\angle ACB = 72°$.

以 O 记 $\triangle XCY$ 的外心 (参阅图 61). 设 $\angle APX = \alpha$, 则 $\angle ACB = 2\alpha$. 于是 $\angle XOY = 4\alpha$. 该角是 $\overset{\frown}{XAY}$ 所对的圆周角. $\overset{\frown}{AX}$ 与 $\overset{\frown}{BY}$ 所对的圆周角之和是 α, 所以大弧 $\overset{\frown}{AB}$ 所对的圆周角是 3α. 因为 $\angle AXB$ 是 $\triangle CXB$ 的外角, 所以 $\angle XBC = \angle AXB - \angle ACB = \alpha$. 于是圆内接四边形 $XOYB$ 的对角 $\angle B$ 与 $\angle O$ 之和是 5α, 意即 $5\alpha = 180°$, $\alpha = 36°$.

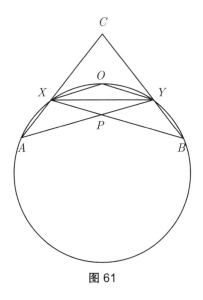

图 61

I.180 同 I.175 题.

2009 年

八年级

I.181 150 万个沼泽地女妖喜欢坚硬的岩石, 而 900 万个如画美人喜欢坚硬的岩石, 意即 350 万个沼泽地女妖不喜欢坚硬的岩石, 100 万个如画美人不喜欢坚硬的岩石. 这就是说, 女妖中的如画美人的数目不多于 150 万 (喜欢坚硬岩石的女妖数目) 与 100 万 (不喜欢坚硬岩石的如画美人数目) 的和, 所以不超过 250 万, 这就表明如画美人的数目不多于女妖的一半.

I.182 答案 有 34 人高于自己的右邻.

一共 49 人有左邻, 其中有 34 人矮于自己的左邻. 对于这些相邻对 (也只有这些相邻对) 中会出现所说的现象, 意即其中各有一人高于自己的右邻.

I.183 不难看出 (参阅图 62), 在 $\triangle BLK$ 与 $\triangle CKA$ 中有两对角分别相等: 由题中条件直接知 $\angle LBK = \angle ACK$, 而由另一条件可推知 $\angle BLK = \angle AKC$. 从而它们的第三对角亦相等, 即 $\angle BKL = \angle BAC$. 由此可知 $LK // AC$, 从而 $\triangle LKA$ 是等腰三角形, $LK = KA$. 再根据前面提及的两对角分别相等, 即知 $\triangle BLK \backsimeq \triangle CKA$, 从而 $BK = AC$(对应边相等).

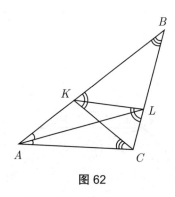

图 62

◆ 试证明: $AK : KB$ 为黄金分割比, 意即该比值等于 $\dfrac{\sqrt{5}-1}{2}$.

I.184 证法 1 (对 3 的整除性) 设该正整数为 k, 将其各位数字之和记为 $S(k)$. 别佳所得的结果是

$$k = S(k) \cdot 2\,008 + 2\,008.$$

可将其改写为

$$[k - S(k)] - S(k) \cdot 2\,007 = 2\,008.$$

如所周知, 任何一个正整数同它的各位数字之和的差可被 3 整除, 而 2007 又可被 3 整除, 所以上式左端是 3 的倍数, 而其右端却不是 3 的倍数. 这就说明别佳所得的结果是错误的, 所以老师所给的分数是公正的.

证法 2(不等式) 假设别佳所得的结果是正确的. 设该正整数 k 是一个 n 位数, 则 $k \geqslant 10^{n-1}$, 而 k 的各位数字之和 $s \leqslant 9n$. 因为余数不大于除数, 所以我们有 $2008 \leqslant s \leqslant 9n$, 由此可得 $n \geqslant 200$. 另一方面, 被除数与除数的比值小于商数加 1, 故又有

$$2009 > \frac{k}{s} \geqslant \frac{10^{n-1}}{9n},$$

因而

$$10^{n-1} < 2009 \times 9n < 20000n.$$

于是就有 $2n > 10^{n-5}$, 该不等式在 $n \geqslant 7$ 时不成立. 但我们知道 $n \geqslant 200$. 此为矛盾, 所以别佳所得的结果是错误的, 老师所给的分数是公正的.

I.185 **证法 1** 由于所要证明的不等式关于三个变量对称, 故不妨设 $a \leqslant b \leqslant c$. 去掉绝对值符号后, 该不等式即为

$$\frac{3}{a} + \frac{1}{b} - \frac{1}{c} \leqslant a + b + c.$$

它可由如下三个不等式得出:

$$\frac{1}{a} \leqslant a, \quad \frac{1}{b} \leqslant b, \quad \frac{2}{a} \leqslant 2 \leqslant \frac{1}{c} + c.$$

证法 2 所要证明的不等式是三个如下形式的不等式的和:

$$\frac{1}{a} + \frac{1}{b} + 2\left|\frac{1}{a} - \frac{1}{b}\right| \leqslant a + b.$$

不妨设 $a \leqslant b$. 如果我们将该不等式中的 a 都换成 1, 那么其右端减小, 而左端增大, 事实上 $\frac{1}{a}$ 与 $\left|\frac{1}{a} - \frac{1}{b}\right|$ 都增大了, 因此我们只需证明如下的不等式:

$$1 + \frac{1}{b} + 2\left|1 - \frac{1}{b}\right| \leqslant 1 + b.$$

因为 $\frac{1}{b} < 1$, 所以可以去掉该式中的绝对值符号, 得到

$$\frac{1}{b} + 2\left(1 - \frac{1}{b}\right) \leqslant b.$$

在其两端同乘 b, 即得显然成立的不等式

$$2b - 1 \leqslant b^2.$$

九年级

I.186 可以找到这样的 4 个正整数, 例如 5, 500, 500, 1 004 或者 239, 239, 239, 1 292. 还可以找到这样的数组: 组中的 4 个数只是相同数字的不同排列, 例如 104, 104, 401, 1 400 或者 455, 455, 545, 554.

◆ 我们来证明: 如果正整数 a, b, c, d 的各位数字之和相同, 并且 $a+b+c+d = 2\,009$, 则它们的各位数字之和或者是 5, 或者是 14. 以 $s(x)$ 表示正整数 x 的各位数字之和, 那么有

$$s(x+y) = s(x) + s(y) - 9k,$$

其中 k 是相加过程中发生进位的次数. 这个等式只要观察竖式加法即可明白. 对于多次相加, 亦有类似的等式成立. 如此一来, 在我们的题目中, 就有

$$11 = s(a+b+c+d) = s(a) + s(b) + s(c) + s(d) - 9k = 4s(a) - 9k.$$

于是 $4s(a) = 11 + 9k$, 这表明进位的次数 k 应当使得 $11 + 9k$ 是 4 的倍数, 意即 k 被 4 除的余数为 1.

往证 $k \leqslant 8$. 因为 4 个数字的和不超过 36, 所以在个位数上发生的进位不会多于 3 次. 同理, 在每个较低数位上发生的进位都不会多于 3 次. 但是, $a+b+c+d = 2\,009$ 的首位数是 2, 这就意味着在次高位发生的进位不多于 2 次, 因此一共不多于 8 次进位.

综合上述两方面, 知 k 只能为 1 或 5. 当 $k = 1$ 时, $s(a) = 5$, 满足条件的数组有 5, 500, 500, 1 004. 当 $k = 5$ 时, $s(a) = 14$, 满足条件的数组有 239, 239, 239, 1 292.

I.187 证法 1 如果一开始填数时, 在图 63 所示的标有矩形的方格中写着 1, 在标有菱形的方格中写着 100, 那么在题中所说的规则下, 1 只可能往下和往左移动, 100 则刚好相反, 只可能往上和往右移动, 因此不可能得到这样的排列: 其中只有 1 与 100 互换了位置, 其余数的位置都不改变.

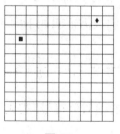

图 63

证法 2 (半不变量) 如果我们把一件重物拿至胸前, 逐步伸直手臂, 使它逐渐远离身体, 那么我们所花的力气逐渐增加. 重物的自身质量并未改变, 因为它所受的地心引力并未改变, 所改变的仅仅是力矩. 这种改变使得我们的手臂感觉越来越沉. 力矩的大小等于距离

(杠杆的长度) 乘质量. 根据题意, 较大的数只能往右或往上移动. 我们自左下角处的方格开始依次为表中的行和列编号. 将放在方格 (x,y) 中的数与 $x+y$ 相乘, 把所得的所有 100 个乘积相加, 将所得的和数称为该排列的 "牢固度". 在题中所述的移动规则下, 牢固度只增不减. 事实上, 假设在第 x 列中, 位于第 y 行与第 $y+1$ 行处的数分别是 a 与 b, 其中 $a>b$(参阅图 64), 那么在按照移动规则交换这两个数的位置之后, 牢固度的变化量是

$$[a(x+y+1)+b(x+y)]-[a(x+y)+b(x+y+1)]=a-b>0.$$

这就说明, 从无名氏所给出的排列出发, 只能得到比其牢固度更大的排列. 从而就不可能得到任何跟原来的牢固度相同的排列, 例如图 65所示的排列, 其中仅仅是将两个画有叉号的方格中的数对调了位置, 其余都与无名氏的相同.

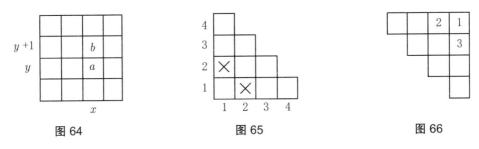

图 64　　　　　图 65　　　　　图 66

证法 3 (考察最小数)　无名氏的排列中的 1 既不能往上也不能往右移动. 我们来观察如图 66所示的排列 (其余未标出的数可任意排列). 如果在无名氏的排列中, 1 不在右上角处的方格中, 那么她无法将 1 移动到该方格中. 从而从她的排列出发, 不可能得到这种排列.

如果在她的排列中, 1 已经放在右上角处的方格里, 那么为了得到这种排列, 她不能移动 1, 因为只要她将 1 移出来, 就再也移不回去. 既然 1 不能被移动, 那么 2 也就既不能往上也不能往右移动. 这样的话, 除非 2 已经放在图 66所示的方格中, 否则她也不能得到这种排列. 如果是这样的话, 那么她就不能移动 2 了, 因为她无法将它复位. 这样一来, 3 就既不能往上也不能往右移动. 除非 3 已经放在图 66所示的方格中, 否则她亦不能得到这种排列. 如果在无名氏的排列中, 1,2 和 3 都放在图 66所示的位置上, 那么她又不能得到其余所有各数位置不变, 仅仅是 2 与 3 调换了位置的排列. 事实上, 1 是不能动的, 因为它无法复位, 从而 2 不能往右移动, 所以 2 无法到达最右边一列, 更无法与 3 交换位置.

I.188　如图 67所示, 弦切角等于同弧所对的圆周角, 故知 $\angle KBC=\angle KCA$. 这样一来, 便知 $\triangle BLK\cong\triangle CKA$(因为 $BL=CK$, $\angle KBL=\angle KCA$, $\angle AKC=180°-\angle CKB=180°-\angle CLK=\angle BLK$). 这意味着 $\angle BKL=\angle KAC$, $AK=KL$, 故而 $\triangle AKL$ 是等腰三角形, 且 $\angle KAL=\angle KLA$. 此外, $\angle CAL=\angle KAC-\angle KAL=\angle BKL-\angle KLA=\angle KAL$. 所以, AL 是 $\angle BAC$ 的平分线.

I.189　记 $|a_1-2a_2|=x$, 则有

$$a_1-2a_2=\pm x,$$

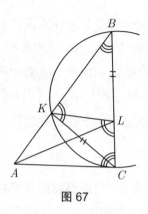

图 67

$$a_2 - 2a_3 = \pm x,$$
$$\cdots,$$
$$a_{2\,008} - 2a_{2\,009} = \pm x,$$
$$a_{2\,009} - 2a_1 = \pm x,$$

将这些等式相加, 左端的和为

$$-(a_1 + a_2 + \cdots + a_{2\,009}),$$

根据题意, 其值为 0. 右端的和为

$$\big[\pm 1 + (\pm 1) + \cdots + (\pm 1)\big]x = kx,$$

其中 k 是一个奇数, 因为它是奇数个奇数的和, 从而 $k \neq 0$, 这就表明 $x = 0$. 于是我们有

$$a_1 - 2a_2 = a_2 - 2a_3 = \cdots = a_{2\,008} - 2a_{2\,009} = a_{2\,009} - 2a_1 = 0.$$

如果 $a_1 = 0$, 则易知其余各数都等于 0, 此时它们彼此相等. 如果 $a_1 > 0$, 则易知其余各数都大于 0, 从而它们的和不可能为 0, 与题意相矛盾. 同理易知, 如果 $a_1 < 0$, 则其余各数都小于 0, 从而它们的和亦不可能为 0, 与题意相矛盾.

I.190 完全立方数被 9 除的余数只可能为 0,1,8. 所以根据正整数 n 被 9 除的余数可以断言: n 不是完全立方数, 且与离它最近的完全立方数的差至少是 3. 从而就有

$$n - [\sqrt[3]{n}]^3 = (\sqrt[3]{n} - [\sqrt[3]{n}])(\sqrt[3]{n^2} + \sqrt[3]{n}\,[\sqrt[3]{n}] + [\sqrt[3]{n^2}]) \geqslant 3.$$

因为 $\{\sqrt[3]{n}\} = \sqrt[3]{n} - [\sqrt[3]{n}]$, 所以上式表明

$$\{\sqrt[3]{n}\} \geqslant \frac{3}{\sqrt[3]{n^2} + \sqrt[3]{n}\,[\sqrt[3]{n}] + [\sqrt[3]{n^2}]} \geqslant \frac{3}{3\sqrt[3]{n^2}} = \frac{1}{\sqrt[3]{n^2}}.$$

♦ 设质数 p 满足条件

$$\{\sqrt[3]{p}\} < \frac{1}{\sqrt[3]{p^2}}.$$

证明: $p - 2$ 是完全立方数.

十年级

I.191 同 I.182 题.

I.192 记 $x = \overline{abc}, y = \overline{def}$, 两个男孩所得的两个乘积的和为

$$(1\,000x + y)y + (1\,000y + x)x = x^2 + 2\,000xy + y^2.$$

该数被 4 除的余数不可能是 3, 所以不可能等于 200 802 007.

I.193 同 I.189 题.

I.194 记 $\angle BAM = \alpha$, $\angle CDM = \beta$, 则有 $\angle BMC = \alpha + \beta$. 设边 AB 的中点是 K, 边 CD 的中点是 L(参阅图 68), 则有 $\angle KMA = \angle BAM$, $\angle DML = \angle CDM$, $2KM = AB$, $2ML = CD$. 我们来计算包含 $\angle BMC$ 的 $\angle KML$ 的值 (它可能是非凸的):

$$\angle KML = \angle KMB + \angle BMC + \angle CML$$
$$= (90° - \alpha) + (\alpha + \beta) + (90° - \beta) = 180°.$$

这表明 K, M, L 三点共线, 从而

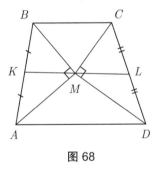

图 68

$$BC + AD = 2KL = 2KM + 2ML = AB + CD.$$

这表明四边形 $ABCD$ 外切于圆.

I.195 答案 不存在.

观察表中按照规则进行移动的最大数 M. 它往右或者往上移动了若干次. 显然, 在这种移动之后, M 不可能到达与开始时相对称的位置. 事实上, 如果 M 开始时在对角线上, 那么经过若干次往右或往上移动, 它已经不可能回到原位; 而如果 M 开始时不在对角线上, 那么它要到达对称位置就必须向右再向下或者向左再向上移动. 参阅 I.187 题解答.

十一年级

I.196 同 I.184 题.

I.197 我们有

$$a_1 - 2a_2 = \pm 100,$$
$$a_2 - 2a_3 = \pm 100,$$
$$\cdots,$$
$$a_{2008} - 2a_{2009} = \pm 100,$$
$$a_{2009} - 2a_1 = \pm 100,$$

将这些等式相加, 左端的和为

$$-(a_1 + a_2 + \cdots + a_{2009}),$$

右端的和为

$$[(\pm 1) + (\pm 1) + \cdots + (\pm 1)]100 = 100k,$$

其中 k 是一个奇数, 因为它是奇数个奇数的和, 从而 $k \neq 0$, 这就表明右端的和非零. 所以左端的和亦非零, 即 $a_1 + a_2 + \cdots + a_{2009} \neq 0$.

I.198 因为 $\tan^4 \alpha$ 与 $\cot^4 \alpha$ 互为倒数, 所以左端不小于 2. 而

$$\left| \sin^3(\alpha^2) - \cos^3(\alpha^2) \right| \leqslant \left| \sin^3(\alpha^2) \right| + \left| \cos^3(\alpha^2) \right| \leqslant \sin^2(\alpha^2) + \cos^2(\alpha^2) = 1.$$

I.199 本题是 I.194 题给定了角度的具体情形.

I.200 同 I.195 题.

第二轮竞赛试题解答

2000 年

八年级

II.001 观察大于 1000 的质数 p. 如果在它的末尾的三个数字中至少有一个 0, 那么就删去其余两个数字, 于是得到一个以 0 结尾的合数.

现在假设 p 的末三位数字都不是 0. 因为 p 的首位数不是 0, 所以 p 中一共至少有 4 个非零数字. 这就是说, 在删去 p 的一个或两个数字后得到的数都大于 10.

质数 p 不能被 3 整除. 假设 p 被 3 除的余数是 1, 那么 p 的各位数字之和被 3 除的余数也是 1. 如果 p 中至少含有一个被 3 除余 1 的数字 (1,4,7), 那么我们就删去一个这样的数字, 此时所得的数 q 的各位数字之和是 3 的倍数, 所以 q 也是 3 的倍数, 因为 $q > 3$, 所以 q 是合数. 如果 p 中不含数字 1,4,7, 那么 p 至少含有两个被 3 除余 2 的数字 (2,5,8), 否则 p 的各位数字之和被 3 除的余数不会是 1. 从而, 我们可以删去两个这样的数字, 得到的数 r 的各位数字之和是 3 的倍数, 因此 r 是 3 的倍数, 又因为 $r > 3$, 所以 r 是合数.

如果 p 被 3 除的余数是 2, 亦可作类似的讨论.

II.002 **证法 1** 设 M 是 Rt $\triangle ABC$ 斜边 AC 的中点, 则有 $AM = BM = CM$. 由 $BM = MC$ 和 $DE = EC$ 可知 $\angle MBC = \angle DCB = \angle EDC$ (参阅图 1). 又 $\angle CDB = \angle CBD$, 所以 $\triangle MDB \cong \triangle EBD$ (角边角), 故有 $DM = BE$ 与 $DE = BM$, 因此 $AD + BE = AD + DM = AM = BM = DE$, 此即为所证.

证法 2 如图 2 所示, 在 CB 的延长线上取一点 F, 使得 $BF = AD$. 由题意知 $BC = CD$, 则 $AC = CF$, 因此 $\angle CAF = \angle CFA$. 故有 $\triangle AFD \cong \triangle FAB$ (边角边), 并由此知 $\angle ADF = \angle FBA = 90°$. 由于 $DE = EC$, 故 $\angle EDC = \angle ECD$, 因而

$$\angle EFD = 90° - \angle ECD = 90° - \angle EDC = \angle EDF.$$

由此即知 $AD + BE = FB + BE = FE = DE$.

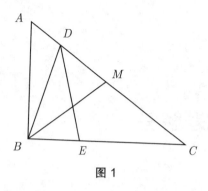

图 1

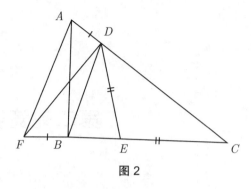

图 2

II.003 将这两个正整数记作 a 与 b, 不妨设 $a < b$. 由题意知

$$b = \frac{a}{d_1} + \frac{a}{d_2} + \frac{a}{d_3},$$

其中 $1 < d_1 < d_2 < d_3$ 是 a 的约数;

$$a = \frac{b}{f_1} + \frac{b}{f_2} + \frac{b}{f_3},$$

其中 $1 < f_1 < f_2 < f_3$ 是 b 的约数.

由于 $b > a$, 且

$$\frac{b}{a} = \frac{1}{d_1} + \frac{1}{d_2} + \frac{1}{d_3},$$

故知 $\frac{1}{d_1} + \frac{1}{d_2} + \frac{1}{d_3} > 1$. 不难断言, $d_1 = 2, d_2 = 3$, 而 d_3 则仅有两种可能: $d_3 = 4$ 或 $d_3 = 5$. 在这两种场合下, $b = \frac{13}{12}a$ 与 $b = \frac{31}{30}a$.

在第一种场合下, $\frac{1}{f_1} + \frac{1}{f_2} + \frac{1}{f_3} = \frac{12}{13}$. 因为 13 是质数, 所以 f_1, f_2, f_3 中至少有一者是 13 的倍数, 这就意味着该数不小于 13, 从而

$$\frac{1}{f_1} + \frac{1}{f_2} + \frac{1}{f_3} \leqslant \frac{1}{2} + \frac{1}{3} + \frac{1}{13} < \frac{12}{13},$$

此为矛盾.

同理可知, 第二种场合亦不可能. 这就表明不可能有 $a < b$. 类似可证亦不可能有 $a > b$. 所以必有 $a = b$.

II.004 我们来证明, 政府可以在某一时刻, 使得国营航线不多于 999 条, 这也就意味着私营航线不少于总数的 99%.

政府可以将 2000 个城市配为 1000 对, 在每一对城市之间标出 1 条国营航线, 将这 1000 条航线称为红线. 暂时不将这 1000 条红线私有化. 每年的元月 1 日, 政府都从其余国营航线中挑选 1999 条, 把它们转卖给私营航空公司. 因为自每个城市都连出一条红线, 所以每年到了 5 月 1 日, 议会都至多可把 1998 条私营航线重新变为国营. 于是每年私营航线都会增加一条. 因为航线数目是有限的, 这个过程不会永远持续下去, 总会有一年的

1月1日红线之外的国营航线不足1999条. 此时, 政府便会把1条红线连同剩下的1998条其他国营航线一起私有化, 因而只剩下999条红线属于国营的.

II.005 答案 不能.

注意

$$(n-4)\big|(2n-4)-4, \quad (n-4)\big|(3n-8)-4, \quad (n-4)\big|(8-n)-4,$$

便知, 如果将原来黑板上的数都减去4后写在另一块黑板上, 那么该黑板上的每个数都可以被前一步的数整除, 因而归根到底都可以被 $41-4=37$ 整除.

因此, 如果能够从41出发, 得到某个大于 10^7 而小于 10^7+20 的数, 那么该数被37除的余数就应该是4. 但是, 该区间内的任何一个数被37除的余数都不是4. 这就表明不可能从41出发, 得到某个大于 10^7 而小于 10^7+20 的数.

II.006 设 L 是线段 DE 的中点, M 是线段 DF 的中点. 由中位线的性质可知, 四边形 $DLKM$ 是平行四边形. 经过点 K 作 PR, 使之与 AC 平行 (参阅图3). 由于 $PR//AC$, $DL//KM$, $KL//DM$, 故知 $\angle PKL = \angle MDC = \angle ADL = \angle RKM$. $\triangle ABC$ 是等腰三角形, 它的底角相等, 故知 $\triangle ADL \backsim \triangle CDM$, 因而有

$$\frac{AD}{CD} = \frac{DL}{DM}.$$

由于 $PR//AC$, 因而 $\angle LPK = \angle MRK$, 因此 $\triangle LKP \backsim \triangle MKR$, 这是因为除了角相等, 还有 $\frac{PK}{KR} = \frac{KL}{KM}$. 由于平行四边形 $DLKM$ 的对边相等, 故由上面已经证得的两个等式可以推知

$$\frac{PK}{KR} = \frac{KL}{KM} = \frac{DM}{DL} = \frac{DC}{AD}.$$

又由于 $PK + KR = PR$ 和 $AD + DC = AC$, 故由比例性质可知 $\frac{KR}{AD} = \frac{PR}{AC}$. 根据泰勒斯定理, 可由已证等式推出

$$\frac{BR}{AB} = \frac{BR}{BC} = \frac{PR}{AC} = \frac{KR}{AD}.$$

再由 $\angle BRK = \angle BAD$ 即知 $\triangle BRK \backsim \triangle BAD$, 从而 $\angle ABD = \angle CBK$.

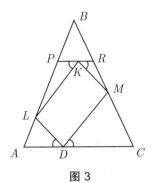

图3

II.007 假设共有 n 名士兵, 其中 n 为奇数. 把他们等间距地放在一个圆周上 (放在一个正 n 边形的各个顶点上). 任何二人的连线都是正 n 边形的一条边或一条对角线. 观察他们中形成等腰三角形的各个三人组, 对于形成等边三角形的三人组则视为 3 个 (仅当 n 是 3 的倍数时才会出现等边三角形). 不难看出, 正 n 边形的每条边或对角线都出现在 3 个等腰三角形中, 有一次是作底边, 有两次是作腰. 而对于等边三角形, 则认为每条线段在每一次出现时扮演不同的角色. 排值勤表时, 只需逐一列出各个等腰三角形上的 3 位士兵, 因为任何两名士兵都同时出现在 3 个等腰三角形中, 所以他们都一同值勤 3 天.

九年级

II.008 为方便起见, 将凡不是橡树的树都称为杨树. 将由两边树的牌子上的数形成的数列记作 $a_1, a_2, \cdots, a_{1000}$. 易知, $a_2 - a_1$ 等于 1 或 0, 而当 $a_2 - a_1 = 1$ 时, 路的两边的第 3 棵树都是橡树, 而若 $a_2 - a_1 = 0$, 则都是杨树. 如此一来, 无论序列 a_k 是什么样的, 道路两侧的第 3 棵树的种类相同. 仔细研究 a_4 便可发现, 道路两侧的第 4 棵与第 5 棵树中的橡树棵数相同. 于是通过分析 $a_5 - a_4$ 的值便可知道, 道路两侧的第 6 棵树的种类相同. 如此下去, 我们便依次发现道路两侧的第 $3k$ 棵树的种类都是相同的.

这样一来, 我们便知道了, 道路两侧的第 999 棵树的种类相同. 借助于 a_{1000}, 我们知道在道路两侧的第 999 棵与第 1000 棵树中的橡树数目相同, 于是便可知道第 1000 棵树的种类相同. 再由 a_{999} 的含义可知在道路两侧的第 998 棵、第 999 棵和第 1000 棵树中的橡树数目相同, 既然第 999 棵树与第 1000 棵树的种类已知相同, 那么第 998 棵树的种类相同. 再由 a_{998} 的含义又可推知第 997 棵树的种类相同, 如此等等.

II.009 如图 4 所示, 将 $\angle ACC_1$ 记为 φ. 由于 C_1E 是 $\triangle AC_1C$ 的中线, 故知 $C_1E = CE$, 因而

$$\angle AEC_1 = 2\angle ACC_1 = 2\varphi$$

($\angle AEC_1$ 是等腰 $\triangle C_1EC$ 的外角). 因为 $\angle AA_1C$ 与 $\angle AC_1C$ 都是直角, 所以四边形 AC_1A_1C 内接于圆. 这表明 $\angle AA_1C_1 = \angle ACC_1 = \varphi$. 由于 $\triangle A_1C_1D$ 是等腰三角形, 而 $\angle ADC_1$ 是它的顶点 D 处的外角, 我们有 $\angle ADC_1 = 2\angle DA_1C_1 = 2\varphi$. 如此一来, 就有 $\angle ADC_1 = \angle AEC_1 = 2\varphi$, 故知 A, C_1, D, E 四点共圆.

II.010 答案 不存在这样的正整数.

假设存在这样的一些正整数. 我们指出, 由函数 $F(x)$ 的定义可知, 对于任何正整数 x, 数 x 与函数值 $F(x)$ 都是互质的; 特别地, 对于所有 i, 数 $F(a_i)$ 都与数 a_i 互质. 因此, 由条件 $a_i a_j | F(a_i) F(a_j)$ 可以推知, 对于一切 $i \neq j$, 都有 $a_j | F(a_i)$. 我们来证明, 对于一切 $i \neq j$,

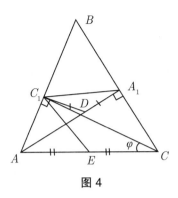

图 4

都有 a_i 与 a_j 互质. 事实上, 如果它们存在公约数 $d > 1$, 那么可由 $a_j | F(a_i)$ 推知 $d | F(a_i)$. 然而, 这是不可能的, 因为 $(F(a_i), a_i) = 1$.

我们来考察 $\{a_k\}$ 中的最小值, 不妨设它就是 a_1. 由上述所证知, 对一切 $i > 1$, 都有 $a_i | F(a_1)$, 因此就有 $a_2 a_3 \cdots a_{2001} \big| F(a_1)$. 但这是不可能的, 此因

$$a_2 a_3 \cdots a_{2001} > a_1^{2001} > F(a_1) > 0.$$

这就使我们陷入了矛盾. 所以, 不存在这样的正整数.

II.011 答案 不可能.

下面给出两种不同的解答, 先作些统一的说明. 假设题中关于交点的横坐标的分布情况可以实现, 那么在每一条直线上就都有 100 个各不相同的交点, 这就表明每一条直线都与其余各条直线相交, 并且没有哪 3 条直线相交于同一个点. 此外, 每一条直线都应与 Oy 轴相交 (若不然, 它上面的标出点就只能在 Oy 轴的同一侧), 并且不同的直线与 Oy 轴的交点也各不相同 (若不然, 就会有一个标出点落在轴上, 这显然是不可能的, 因为所有的标出点都分别在 Oy 轴的左右两侧).

解法 1 每一条直线都由其斜率与它同 Oy 轴的交点决定 (我们将该交点称为该直线的起点). 设 ℓ 是其中斜率最大的直线. 不难看出, ℓ 在 Oy 轴右方只与那些起点比它高的直线相交, 而在 Oy 轴左方只与那些起点比它低的直线相交. 这就表明, ℓ 的起点正好是所有起点的 "中位点" (自上往下排序的第 51 位). 我们再来看斜率最小的直线 ℓ_1, 通过类似的分析可知它的起点也是所有起点的 "中位点"(自上往下排序的第 51 位). 然而, ℓ 与 ℓ_1 是不同的直线, 它们的起点不可能重合, 此为矛盾.

解法 2 设点 A 与点 B 分别是这些直线与 Oy 轴的最高的交点和最低的交点, 假设它们分别是直线 ℓ, ℓ_1 与 Oy 轴的交点, 而点 C 是直线 ℓ 与 ℓ_1 的交点. 其余的 99 条直线都与 Oy 轴相交于线段 AB, 所以它们都与 $\triangle ABC$ 的其余两边之一相交, 于是与其中一边 (不妨设为 AC) 相交的直线数目不少于一半, 即至少 50. 这 50 个交点连同点 C 都在直线 AC 上, 而且都在 Oy 轴的同一侧, 从而这 51 个标出点的横坐标都是正的, 此为矛盾.

◆ 两条直线在 Oy 轴的左方相交, 当且仅当它们的斜率的排序与它们同 Oy 轴的交

点的排序一致 ①. 如果我们对直线按照斜率递增顺序编号, 再按照它们直线与 Oy 轴的交点的纵坐标的递增顺序排序, 那么得到了 $1, 2, \cdots, 101$ 的一个排列, 它们决定了各对直线的交点位于 Oy 轴的哪一侧. 那么本题中的问题就变为一个如下的组合数问题: 是否存在 $1, 2, \cdots, 101$ 这样的一个排列, 其中每个数都刚好参与了 50 对逆序 ②?

II.012 答案 开始的人有取胜策略.

将先后开始的两个人分别称为甲和乙.

解法 1 将被 5 除余 0,1,4 的数称为好数, 而把被 5 除余 2 和 3 的数称为坏数. 容易验证, 所有好数的方幂数依然是好数. 于是, 乙可以擦去一个好数 a 和一个坏数 b, 写上 a^b, 从而在他的每次操作之后都减少一个坏数. 因为坏数只占 2/5, 少于一半, 所以在若干步之后黑板上只剩下好数, 从而最后剩下的一个数是好数, 故乙赢得游戏.

解法 2 易知完全平方数 (相当于指数为偶数的方幂数) 的末位数不可能是 2, 7, 8. 因此, 只要剩下的数都是指数为偶数的方幂数, 乙即可取胜. 特别地, 只要某一时刻, 黑板上只剩下偶数即可. 注意, 在整个游戏进程中, 奇数个数不会增加.

我们来描绘乙的取胜策略. 只要黑板上还有奇数, 乙就以一个奇数作指数, 从而消灭掉一个奇数. 于是, 到了某一时刻黑板上或者只剩下偶数 (此时乙已可取胜), 或者剩下 3 个数, 两奇一偶. 后一种情况是可能的, 因为甲可能会尽力消灭偶数, 意即在操作中以偶数作为指数. 因此, 在剩下的 3 个数中至少有一个数是完全平方数. 如果该完全平方数是奇数, 那么乙就将另一个奇数取偶数次方, 因而黑板上变为两个完全平方数. 如果该完全平方数是偶数, 那么乙就将两个奇数之一做底, 另一个奇数做指数, 于是黑板上剩下一奇一偶两个数, 无论如何, 甲都只能从它们得到一个完全平方数.

II.013 易见直线 KL 平行于 $\angle ABC$ 的平分线, 而直线 MN 垂直于该角平分线, 所以 $\angle MXL = 90°$ (参阅图 5). 记 $a = BC, b = AC$. 不难证明, $ML = AL + BM - AB = a + b$. 线段 ML 与线段 AB 的中点重合. 设 D 是线段 AB 的中点 (线段 ML 的中点), E 为线段 AC 的中点. 因为 XD 是 $\text{Rt}\triangle MXL$ 的中线, 所以 $XD = \dfrac{ML}{2} = \dfrac{a+b}{2}$, 且有 $\angle MDX = 2\angle MLX = \angle ABC$ (后一等号得自直线 LX 与 $\angle ABC$ 的平分线平行). 由于 $\angle MDX = \angle ABC$, 直线 DX 平行于边 BC, 因而包含着中位线 DE. 这表明, $EX = DX - DE = \dfrac{a+b}{2} - \dfrac{a}{2} = \dfrac{b}{2} = EC$, 意即 $\triangle XEC$ 是等腰三角形. 由于 $EX // BC$, 故知 $\angle CEX = \angle ACB$, 则

$$\angle ECX = \frac{1}{2}(180° - \angle ACB) = \frac{1}{2}\angle ACN,$$

此即为所证.

II.014 答案 $999, 1000$ 或 1001.

---

① 编译者注 意即斜率较小的直线与 Oy 轴的交点的纵坐标也较小.
② 编译者注 将排在数 k 前面的大于 k 的数的个数称为 k 所参与的逆序的对子数目.

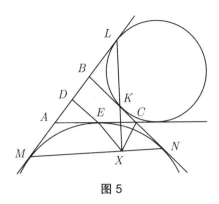

图 5

设序列 a_n 的复杂度是 k. 可以认为, 决定复杂度的所有 ε_i 都是 0 或 1. 记 $b_n = 1 - a_n$, 并注意
$$a_i - a_j = b_j - b_i. \qquad ①$$

我们以 $x \equiv y$ 表示 x 与 y 的奇偶性相同, 由题中条件知
$$a_n \equiv \varepsilon_1 a_{n-1} + \varepsilon_2 a_{n-2} + \cdots + \varepsilon_k a_{n-k},$$
$$a_{n+1} \equiv \varepsilon_1 a_n + \varepsilon_2 a_{n-1} + \cdots + \varepsilon_k a_{n-k+1}.$$

将二式相减, 得到
$$a_n - a_{n+1} \equiv \varepsilon_1(a_{n-1} - a_n) + \varepsilon_2(a_{n-2} - a_{n-1}) + \cdots + \varepsilon_k(a_{n-k} - a_{n-k+1}).$$

由此和 ① 式可知
$$b_{n+1} - b_n \equiv \varepsilon_1(b_n - b_{n-1}) + \varepsilon_2(b_{n-1} - b_{n-2}) + \cdots + \varepsilon_k(b_{n-k+1} - b_{n-k}),$$

亦即
$$b_{n+1} \equiv (1+\varepsilon_1)b_n + (\varepsilon_2 - \varepsilon_1)b_{n-1} + \cdots + (\varepsilon_k - \varepsilon_{k-1})b_{n-k+1} + \varepsilon_k b_{n-k}.$$

这表明 b_n 的复杂度不超过 $k+1$.

交换 b_n 与 a_n 的位置, 可以断言 a_n 的复杂度不超过 $m+1$, 其中 m 是 b_n 的复杂度. 由此可以断言 a_n 与 b_n 的复杂度相差不大于 1.

下面来验证, 当 $k = 1000$ 时, 以下三种情况都可能遇到: $m = 999$, $m = 1000$, $m = 1001$.

(1) $m = k$. 假设一开始所给的序列为 $a_1 = 1$, $a_2 = a_3 = \cdots = a_k = 0$, 且 $a_n = a_{n-k}$. 易知其复杂度不大于 k. 假设其复杂度小于 k, 则 a_n 应当满足关系式
$$a_{i+k} \equiv \varepsilon_1 a_{i+k-1} + \varepsilon_2 a_{i+k-2} + \cdots + \varepsilon_{k-1} a_{i+1}.$$

然而, 在 $i = 1$ 时却得到 $1 = a_{k+1} \equiv 0$, 此为矛盾.

序列 $b_n = 1 - a_n$ 满足关系式 $b_n = b_{n-k}$, 这表明其复杂度亦不超过 k. 而在 k 为偶的情况下, b_n 的复杂度不可能小于 k. 这是因为, 如果在关系式

$$b_{i+k} \equiv \varepsilon_1 b_{i+k-1} + \varepsilon_2 b_{i+k-2} + \cdots + \varepsilon_{k-1} b_{i+1}$$

中令 $i = 1$, 应得 $\varepsilon = \varepsilon_1 + \varepsilon_2 + \cdots + \varepsilon_{k-1} \equiv 0$, 然而, 在 $i = 2, 3, \cdots, k-1$ 时, 我们有 $\varepsilon - \varepsilon_{i-1} \equiv 1$, 由此可得 $\varepsilon_1 = \varepsilon_2 = \cdots = \varepsilon_{k-1} = 1$, 此与 k 的奇偶性相矛盾, 因为对于偶数的 k, 应当有 $\varepsilon \equiv 0$.

(2) $m = k \pm 1$. 设数列的定义为: $a_1 = 1$, $a_2 = a_3 = \cdots = a_k = 0$, 且 $a_n = a_{n-k+1} + a_{n-k}$. 容易验证它的复杂度是 k (与前一数列类似). 我们来证明, b_n 的复杂度不可能小于 $k + 1$. 事实上, 假定

$$b_{i+k} \equiv \varepsilon_1 b_{i+k-1} + \varepsilon_2 b_{i+k-2} + \cdots + \varepsilon_k b_i,$$

令 $\varepsilon = \varepsilon_1 + \varepsilon_2 + \cdots + \varepsilon_k$, 则对 $i = 2, 3, \cdots, k-1$, 可得 $\varepsilon - \varepsilon_{i-1} \equiv 1$, 因而 $\varepsilon_1 = \varepsilon_2 = \cdots = \varepsilon_{k-2}$. 而若令 $i = 1, i = k, i = k+1$, 则可得 $\varepsilon - \varepsilon_k \equiv 0$, $\varepsilon - \varepsilon_1 - \varepsilon_k \equiv 0$, $\varepsilon - \varepsilon_{k-1} \equiv 0$. 因此, 我们得知, 当 $i = 1, 2, \cdots, k-1$ 时, 有 $\varepsilon_i = 0$, 而 $\varepsilon_{k-1} = \varepsilon_k$. 于是, $\varepsilon_{k-1} = \varepsilon_k = 1$ (因为不可能所有的 ε_i 都等于 0), 并且对序列 b_n 应该有关系式

$$b_{k+i} \equiv b_i + b_{i+1}.$$

容易看出, 该式在 $i = 1$ 时就已不成立. 所以, b_n 的复杂度不可能小于 $k + 1$. 另一方面, 我们证明了 a_n 与 b_n 的复杂度不可能相差超过 1. 这就表明 b_n 的复杂度是 $k + 1$.

对 $k = 1000$, 我们已经得到复杂度增加 1 的序列的例子. 对 $k = 999$, 此处的 b_n 给出了这样的序列的例子, 即在反演之下, 复杂度减少 1 的例子.

♦ 设序列 a_n 的复杂度是 k, 那么它必然满足如下关系式:

$$\varepsilon_0 a_n + \varepsilon_1 a_{n-1} + \varepsilon_2 a_{n-2} + \cdots + \varepsilon_k a_{n-k} \equiv 0.$$

(此处我们令 $\varepsilon_0 = 1$.) 设 m 是 $\varepsilon_0, \varepsilon_1, \cdots, \varepsilon_k$ 中 1 的个数. 在 k 是偶数的情况下, 可以得到这样的系数 $\xi_0, \xi_1, \cdots, \xi_{k-1}$, 使得

$$\xi_0 \equiv \varepsilon_0,$$
$$\xi_0 + \xi_1 \equiv \varepsilon_1,$$
$$\xi_1 + \xi_2 \equiv \varepsilon_2,$$
$$\cdots,$$
$$\xi_{k-2} + \xi_{k-1} \equiv \varepsilon_{k-1},$$
$$\xi_{k-1} \equiv \varepsilon_k.$$

这个方程组是超定的, 但是在 m 是偶数的情况下, 最后一个方程 mod 2 是前面所有方程的和, 所以解是存在的. 如果对于系数 ξ_i 成立等式

$$\xi_0 b_{k-1} + \xi_1 b_{k-2} + \xi_2 b_{k-3} + \cdots + \xi_{k-1} b_0 \equiv 0, \qquad ②$$

那么对所有的 $n > k-1$, 都有 (因为 $\xi_0 = 1$)

$$b_n \equiv \xi_1 b_{n-1} + \xi_2 b_{n-2} + \cdots + \xi_{k-1} b_{n-k+1}.$$

关于 b_n 的复杂度的一般性结论是:

若 m 为奇数, 则 b_n 的复杂度是 $k+1$;

若 m 为偶数, 且 ② 式成立, 则 b_n 的复杂度是 $k-1$;

若 m 为偶数, 且 ② 式不成立, 则 b_n 的复杂度是 k.

♦♦ 观察我们在 $\mathbf{Z}_2$ 上的序列 (由整数对 $a_k = (a_{k1}, a_{k2})$ 构成的序列) 的生成函数 $f(x) = \sum a_k x^k$, 它是既约有理函数, 复杂度就是分母的幂次, 反演等价于把 $f(x)$ 加上 $\dfrac{1}{1-x}$, 它至多把分母的幂次变化 1.

十年级

II.015 **证法 1** (关注分母)　易知两个数列中各项都是有理数, 将它们写成既约分数, 在由 x_n 变为 x_{n+1} 的过程中, 分母变为原来的平方. 事实上, 若令 $x_n = \dfrac{p}{q}$, 其中 p 与 q 互质, 则有

$$x_{n+1} = x_n + x_n^2 = \frac{p}{q} + \frac{p^2}{q^2} = \frac{pq + p^2}{q^2}.$$

假如最后这个分数是可约的, r 是其分子与分母的质数公约数, 则有 $r \mid q$, 而由 $(pq + p^2) - pq = p^2$ 可知 $r \mid p$, 从而 r 是 p 与 q 的公约数, 此与它们互质的事实相矛盾. 同理可证, 在由 y_n 变为 y_{n+1} 的过程中, 分母变为原来的平方. 如此一来, 即知 x_n 的分母是 8 的方幂数, 而 y_n 的分母是 10 的方幂数, 所以它们不可能相等.

证法 2 (十进制小数)　我们用归纳法证明, 每个 x_n 都是以 5 结尾的十进制有限小数, 而每个 y_n 都是以 1 结尾的十进制有限小数. $n = 1$ 时, $x_1 = 0.125$, $y_n = 0.1$, 结论成立. 假设 $x_k = \dfrac{x}{10^l}$, 其中 x 是以 5 结尾的十进制正整数, $l \geqslant 1$, 那么

$$x_{k+1} = x_k + x_k^2 = \frac{10^l x + x^2}{10^{2l}}.$$

其中, x^2 以 5 结尾, $10^l x$ 以 0 结尾, 因此 $10^l x + x^2$ 是以 5 结尾的十进制正整数, 除以 10^{2l}, 得到一个以 5 结尾的十进制有限小数, 所以对一切 n, x_n 都是以 5 结尾的十进制有限小数. 关于 y_n 的证明与之类似. 由此即可断言, 对任何正整数 m, n, x_m 与 y_n 都不相等.

证法 3 (交替)　易知两个数列都是递增的. 先进行运算, 得知 $y_2 = 0.1 + 0.1^2 = 0.11$, $y_3 = 0.11 + 0.11^2 = 0.1221$, $y_4 = 0.1221 + 0.1221^2 > 0.13$. 由此可见 $y_3 < \dfrac{1}{8} < y_4$. 现在, 容易用归纳法证明, 对一切 n, 都有 $y_{n+2} < x_n < y_{n+3}$. 对 $n = 1$, 结论已经成立, 由 $y_{k+2} < x_k < y_{k+3}$ 显然可知 $y_{k+2} + y_{k+2}^2 < x_k + x_k^2 < y_{k+3} + y_{k+3}^2$, 亦即 $y_{k+3} < x_{k+1} < y_{k+4}$,

由此完成归纳过渡. 这样一来, 便知数列 $\{x_n\}$ 中的每一项都介于数列 $\{y_n\}$ 的两个相邻项之间, 所以对任何正整数 m,n, x_m 与 y_n 都不相等.

♦ 由 $y_{n+2} < x_n < y_{n+3}$ 易知, 这两个数列在数轴上交替出现: $y_3 < x_1 < y_4 < x_2 < y_5 < x_3 < y_6 < \cdots$.

证法 4 (反推) 由数列 $\{x_n\}$ 与 $\{y_n\}$ 的定义易知, 这两个数列中的所有项都是正有理数. 假设对某个 m 与 n, 有 $x_m = y_n$. 如果 $m > 1$, $n > 1$, 则 x_{m-1} 是方程 $x + x^2 = x_m$ 的正数根, 而 y_{n-1} 是方程 $x + x^2 = y_n$ 的正数根. 这两个方程相同, 它只有唯一的正数根, 从而 $x_{m-1} = y_{n-1}$. 逐步反推下去, 终究会出现角标为 1 的项, 亦即 $x_k = y_1$ 或 $x_1 = y_k$, 其中 $k > 1$ (因为 $x_1 \neq y_1$, 所以 $k \neq 1$). 因为 $x_k > x_1 = \dfrac{1}{8} > \dfrac{1}{10} = y_1$, 所以 x_k 不可能等于 y_1. 若 $x_1 = y_k = \dfrac{1}{8}$, 则 y_{k-1} 是方程 $t^2 + t = \dfrac{1}{8}$ 的正数根, 亦即 $y_{k-1} = \dfrac{-2 + \sqrt{6}}{4}$, 与数列 $\{y_n\}$ 中的所有项都是有理数的事实相矛盾.

II.016 因为 $\triangle AA_1B$ 与 $\triangle AB_1B$ 都是直角三角形, 所以 A, B_1, A_1, B 四点都在以 K 为圆心的同一个圆周上 (参阅图 6). 特别地, $KA_1 = KB_1$. 因此, KM 是线段 A_1B_1 的中垂线. 以下的解答参阅 II.009 题, 不过需注意字母对换.

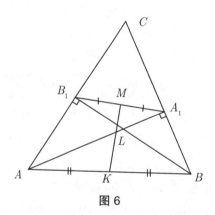

图 6

II.017 同 II.011 题.

II.018 证法 1 (列表) 如果在将正整数 n 表示为 200 个不同正整数的乘积时出现约数 1, 那么去掉它, 否则任意去掉一个约数. 将其余的约数记作 $n_1, n_2, \cdots, n_{199}$, 并假定 $n_1 < n_2 < \cdots < n_{199}$. 现在, 写出 n 的若干个非 1 的正约数:

$n_1, n_2, \cdots, n_{199}$	199 个正约数
$n_1 n_{199}, n_2 n_{199}, \cdots, n_{198} n_{199}$	198 个正约数
$n_1 n_{198} n_{199}, n_2 n_{198} n_{199}, \cdots, n_{197} n_{198} n_{199}$	197 个正约数
$\cdots\cdots$	$\cdots\cdots$
$n_1 n_2 \cdots n_{199}$	1 个正约数

在这个表格的第 $k+1$ 行中, 用最大的 k 个约数的连乘积 $(n_{200-k} n_{201-k} \cdots n_{199})$ 依次与其余各个约数 $(n_1, n_2, \cdots, n_{199-k})$ 相乘, 因此有 $199 - k$ 个正约数. 因为这些正约数一个比

另一个大, 所以它们是互不相同的. 如此一来, 我们就已经列出了正整数 n 的

$$199 + 198 + \cdots + 1 = 19\,900$$

个大于 1 的不同正约数, 连同 1 一起, 就有 19 901 个不同的正约数了.

证法 2 (归纳法) 我们用归纳法证明: n 个不同正整数的乘积有不少于 $\dfrac{n(n-1)}{2}+1$ 个正约数.

$n = 1$ 时显然. 假设结论已经对 $n = k$ 成立. 设 $m = n_1 n_2 \cdots n_{k+1}$, 其中 n_i 是互不相同的正整数, n_{k+1} 是其中最大的一个. 由归纳假设, $m' = n_1 n_2 \cdots n_k$ 有 $\dfrac{k(k-1)}{2}+1$ 个互不相同的正约数, 它们都是 m 的正约数; 此外, m 还有 $\dfrac{m}{n_1}, \dfrac{m}{n_2}, \cdots, \dfrac{m}{n_k}$ 这样一些正约数, 它们由于含有约数 n_{k+1}, 都不同于 m' 的正约数, 事实上, 它们都比 m' 大 (因为对于 $i = 1, 2, \cdots, k$ 都有 $m' = \dfrac{m}{n_{k+1}} < \dfrac{m}{n_i}$, 此因 $n_{k+1} > n_i$). 这样一来, m 就至少有 $\dfrac{k(k-1)}{2}+1+k = \dfrac{k(k+1)}{2}+1$ 个互不相同的正约数, 这就是所要证明的.

♦ $\dfrac{n(n-1)}{2}+1$ 是可以达到的确切上界, 当 $m = p^0 \cdot p^1 \cdots \cdot p^{n-1}$ 时达到, 其中 p 是任一质数. 试证明: 在任何其他情况下都不能达到这个上界.

II.019 答案 不能.

解法 1 我们来考察黑色区域的面积与周长的差的变化量. 显然, 每涂黑一个方格, 因为它的任何一个邻格都没有被涂黑, 所以面积增加 1, 周长增加 4, 差减少 3. 每涂黑一个 1×2 的矩形, 因为此前它刚好有两个黑色邻格, 所以面积增加 2, 周长也只增加 2(虽然边界上新出现了 4 条边, 但是也黑掉了两条边), 差的变化量为 0. 每涂黑一个 2×2 的正方形, 因为它已有 8 个黑色邻格, 所以面积增加 4, 周界却减少 8, 差减少 12. 这就表明, 任何一种操作都导致这个差产生一个值为 3 的倍数的变化量. 但是, 最终要求变化量的总和为 $2000^2 - 4 \times 2000$, 不是 3 的倍数, 当然是不可能实现的.

解法 2 考察方格表内部的小方格的边, 当它的两侧方格均已涂黑时, 就称为 "合格的线段". 我们来数 "合格线段" 的条数. 在涂黑一个方格时, 因为它的邻格都不是黑的, 所以不出现合格线段. 每涂黑一个 1×2 的矩形, 出现 3 条合格线段, 其中两条是它与两个黑色邻格之间的, 一条是它自己内部两个方格之间的. 每涂黑一个 2×2 的正方形, 出现 12 条合格线段, 其中 8 条是它与 8 个黑色邻格之间的, 4 条是它自己内部各个方格之间的. 这就表明, 每次出现的合格线段的条数都是 3 的倍数. 但若所有方格都被涂黑, 则一共有 $2 \times 1999 \times 2000$ 条合格线段. 所以不可能按照题述的法则涂黑所有的方格.

♦ 证明: 按照题中所述的法则, 可以涂黑 1999×1999 方格表中的所有方格.

II.020 证法 1 根据 II.013 题的解答, 点 P 在 $\angle BAB_1$ 的平分线上 (注意字母对号), 点 Q 在 $\angle CAC_2$ 的平分线上. 这两条角平分线交成平角.

证法 2（交比） 设 K 是直线 A_2C_2 与 AC 的交点，L 是直线 A_1B_1 与 AB 的交点，于是，Q, A, P 就是包含着 $\triangle A_2CK$ 与 $\triangle A_1BL$ 的边的直线的交点，意即直线 KC_1, CB, B_2L 相交于同一个点（参阅图 7）。而这也就意味着，交比 $[K, B_2, C, A]$ 与交比 $[C_1, L, B, A]$ 的值相等。我们来证明，这两个交比的值都是 1。

设 $\triangle ABC$ 的三边之长是 a, b, c，半周长是 p。于是，根据旁切圆的切点性质，知 $A_2C = B_2C = p-c$，$C_2A = AB_2 = p-b$，$A_2B = C_2B = p$。根据梅涅劳斯定理，对于 $\triangle ABC$ 和直线 A_2C_2，有

$$\frac{KC}{KA} = \frac{A_2C}{A_2B} \cdot \frac{C_2B}{C_2A}.$$

这意味着

$$[K, B_2, C, A] = \frac{KC}{KA} \cdot \frac{B_2A}{B_2C} = \frac{A_2C}{A_2B} \cdot \frac{C_2B}{C_2A} \cdot \frac{B_2A}{B_2C} = \frac{p-c}{p} \cdot \frac{p}{p-b} \cdot \frac{p-b}{p-c} = 1.$$

同理可证交比 $[C_1, L, B, A] = 1$，这就是所要证明的。

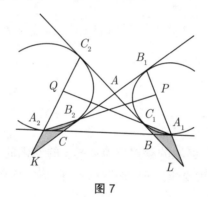

图 7

♦ 请读者自行考虑无穷远点出现的情况。

II.021 答案 64 个。

在区间 $[3, 19]$ 中共有 7 个质数：$3, 5, 7, 11, 13, 17, 19$。为方便起见，将它们记为 $p_1, p_2, \cdots, p_7$。将满足题中条件的所有几乎质数所构成的集合记作 S。

首先证明，S 不多于 64 个元素。暂时忘却 p_7。S 中任何二数之和至少可被 $p_1, p_2, \cdots, p_6$ 之一整除。称一个几乎质数是模 p_i 小的，如果它被 p_i 除的余数属于区间 $\left[1, \frac{p_i-1}{2}\right]$；否则，称为模 p_i 大的。如果两个几乎质数的和可被 p_i 整除，则意味着它们的和被 p_i 除的余数是 p_i。因此，其中一个是模 p_i 大的，一个是模 p_i 小的。对 S 中每个几乎质数都写出 6 个字，依次记录它是模 $p_1, p_2, \cdots, p_6$ 大或小。易知所得到的所有这些 "6 字序列" 各不相同。事实上，只要两个几乎质数的和可被 p_i 整除，它们的序列中的第 i 个字就不相同。因为不同的 "6 字序列" 只有 $2^6 = 64$ 个，所以 S 中的元素不多于 64 个。

下面证明，S 有 64 个元素。为此需要用到中国剩余定理（又称孙子定理），它的内容是：对于任何 k 个质数 $p_1, p_2, \cdots, p_k$ 和任意 k 个整数 $r_1, r_2, \cdots, r_k$，都存在正整数 n，它关于 p_i 与 r_i 同余，$i = 1, 2, \cdots, k$。

我们写出由偶数个 1 和奇数个 -1 构成的所有不同的长度为 7 的序列, 易知这种序列共有 64 个 (前 6 项任意, 第 7 项由前 6 项唯一确定). 其中任何两个序列都至少有两项不同, 因为它们如果只有一项不同, 那么会影响到 1 的个数的奇偶性. 现在, 回到我们的 7 个质数 $p_1, p_2, \cdots, p_7$. 根据中国剩余定理, 对于任何一个这种序列, 都可以找到一个正整数, 它关于我们的 p_i 与数列中的第 i 项同余, $i = 1, 2, \cdots, 7$ (例如, 对于序列 $1, -1, 1, -1, 1, -1, 1$, 就找出一个正整数, 它关于 $3, 7, 13, 19$ 与 1 同余, 而关于 $5, 11, 17$ 则与 -1 同余). 显然所找出的正整数都是几乎质数, 而其中二数的和被 p_i 整除, 当且仅当相应的序列在第 i 个位置上不同. 因为我们所给的任何两个序列都至少有两项不同, 所以任何两个找到的数的和都至少可被 $p_1, p_2, \cdots, p_7$ 中的两个质数整除.

♦1 由本题的解答看出, 本题等价于如下问题: 最多可以找到多少个由 0 和 1 构成的长度为 7 的序列, 使得其中任何两个序列至少有两项不同? 这个问题的一方面的解答可以参考本题解答的前一部分, 只需把模 p_i 大和小分别换成 1 和 0. 解答的另一方面可直接取自本题解答的后一部分 (只需将 -1 换为 0).

♦2 可以推广将本题推广到任意多个奇质数 (记作 n 个) p_i 的情形, 讨论相应的正整数集合 S, 集合中的每个数都不能被 n 个给定质数中的任何一个整除, 但是其中任何二数的和都至少可被这些质数中的 k 个整除. 我们的题目就是 $n = 7$, $k = 2$ 的情形. 这个问题也就等价于: 最多可以找到多少个由 0 和 1 构成的长度为 n 的序列, 使得其中任何两个序列至少有 k 项不同? 这是编码学中的一个著名的古老问题, 它关于一般的 k 的结论迄今未能找到 (参阅文献 [11], [12], [13]).

♦3 可以将本题改述为图论问题. 给定正整数 n 与 k (本题为 $n = 7$, $k = 2$ 的情形). 试问: 对怎样的最大的正整数 m, 可在具有 m 个顶点的完全图的 m 条棱上覆盖 n 个偶子图, 使得每条棱都至少被覆盖 k 次?

正是由数集得到对于完全图的偶子图覆盖. 对于每个 p_i, 我们都来考察这样的图: 它的顶点是我们的几乎质数, 而它的每条边连接一对和数可被 p_i 整除的几乎质数. 在该图中没有长度为奇数的圈, 否则该圈上的所有数的和可被 p_i 整除 (请自行证明这一结论), 因此该图是偶图. 对每个 p_i 都画出这样的图, 即得到所述的覆盖. 反过来, 由图的覆盖得到数集, 作为练习留给读者.

十一年级

II.022 易知所分成的 81 个三角形都是边长为 1 的等边三角形, 其中有 45 个 "头朝上" 的 △ 和 36 个 "头朝下" 的 ▽, 而每个边长为 1 和 2 的平行四边形中包含两个 "头朝上" 的 △ 和两个 "头朝下" 的 ▽, 所以剪不出多于 18 个这样的平行四边形.

♦ 如果已经将大三角形剪开为 18 个边长为 1 和 2 的平行四边形, 试证明: 其中长边平行于大三角形下底边的平行四边形的个数为偶数.

II.023 设点 A_k 的坐标是 (x_k, y_k, z_k), 它们就是向量 $\overrightarrow{OA_k}$ 在 Ox, Oy, Oz 轴上投影的长度. 由三角形不等式知
$$|\overrightarrow{OA_k}| \leqslant x_k + y_k + z_k.$$

我们记
$$x = x_1 + x_2 + \cdots + x_n, \quad y = y_1 + y_2 + \cdots + y_n, \quad z = z_1 + z_2 + \cdots + z_n.$$

因为点 A_k 的坐标都非负, 所以 x, y, z 就是和向量 $\overrightarrow{OA_1} + \overrightarrow{OA_2} + \cdots + \overrightarrow{OA_n}$ 在 Ox, Oy, Oz 轴上的投影长度. 根据勾股定理, 有
$$|\overrightarrow{OA_1} + \overrightarrow{OA_2} + \cdots + \overrightarrow{OA_n}| = \sqrt{x^2 + y^2 + z^2}.$$

于是, 为证题中结论, 只需证明
$$x + y + z \leqslant \sqrt{3}\sqrt{x^2 + y^2 + z^2}.$$

这是显然的, 因为
$$\frac{x+y+z}{3} \leqslant \sqrt{\frac{x^2+y^2+z^2}{3}}.$$

♦1 设对一切 $i = 1, 2, \cdots, n$; $j = 1, 2, \cdots, k$, 有 $a_{ij} \geqslant 0$, 证明:
$$\sqrt{\min\{n, k\}} \sqrt{\sum_{i=1}^{n}(a_{i1} + a_{i2} + \cdots + a_{ik})^2}$$
$$\geqslant \sqrt{\sum_{i=1}^{n} a_{i1}^2} + \sqrt{\sum_{i=1}^{n} a_{i2}^2} + \cdots + \sqrt{\sum_{i=1}^{n} a_{ik}^2}.$$

♦2 设 O 是 4 维空间中的坐标原点, 以 $\|\overrightarrow{OX}\|$ 表示向量 $\overrightarrow{OX}$ 在轴 Ox_1, Ox_2, Ox_3, Ox_4 上投影长度的最大值. 证明: 存在相互垂直的向量 $\boldsymbol{a}_1, \boldsymbol{a}_2, \boldsymbol{a}_3, \boldsymbol{a}_4$, 使得任何对基 $\boldsymbol{a}_1, \boldsymbol{a}_2, \boldsymbol{a}_3, \boldsymbol{a}_4$ 的分解都是正的向量 $\overrightarrow{OA_1}, \overrightarrow{OA_2}, \cdots, \overrightarrow{OA_n}$, 有
$$\|\overrightarrow{OA_1}\| + \|\overrightarrow{OA_2}\| + \cdots + \|\overrightarrow{OA_n}\| \leqslant 2\|\overrightarrow{OA_1} + \overrightarrow{OA_2} + \cdots + \overrightarrow{OA_n}\|.$$

证明: 无论对怎样的基 $\boldsymbol{a}_1, \boldsymbol{a}_2, \boldsymbol{a}_3, \boldsymbol{a}_4$, 常数 2 都不可能换成任何较小的数. 如果我们取沿着坐标轴的向量作为基 $\boldsymbol{a}_1, \boldsymbol{a}_2, \boldsymbol{a}_3, \boldsymbol{a}_4$, 那么将不等式前面的 2 换成 4 也是成立的.

II.024 答案 $2^{2\,000} - 2^{666}$.

森林管理员所种的不是橡树的树都叫作山毛榉. 把森林管理员所栽种的 2 000 棵树的品种所构成的序列简称为树列. 我们来考察所有 $2^{2\,000}$ 种不同的由橡树和山毛榉形成的树列并讨论由它们得到的所有不同数列的数目. 现在的问题是: 由不同树列得到的数列是否一定互不相同?

易知, 如果某两个数列相同, 那么只要它们的第一棵树的品种相同, 这两个树列便完全相同. 事实上, 如果它们的前 k 棵树的品种均对应相同 ($k \geq 1$), 那么写在第 k 棵树上的数就唯一地决定了第 $k+1$ 棵树的品种, 所以它们的前 $k+1$ 棵树的品种均对应相同, 从而这两个树列完全相同.

如果数列中的第一项是 0, 那么树列的前两棵树都是山毛榉, 因而树列唯一确定. 但若数列中的第一项是 1, 则存在两种不同的可能. 事实上, 有可能其中一个树列中的第一棵树是橡树, 而另一个树列中的第一棵树是山毛榉. 因为挂在第一棵树上的牌子写着 1, 所以第二棵树就倒了个个, 相应地分别是山毛榉和橡树. 既然挂在第二棵树上的牌子上又写着相同的数, 所以两个树列中的第三棵树品种相同. 第四棵树则又分别是橡树和山毛榉, 从而得到如下两个数列 (X 表示橡树, S 表示山毛榉):

$$X, S, T_3, X, S, T_6, X, S, \cdots, T_{1998}, X, S;$$
$$S, X, T_3, S, X, T_6, S, X, \cdots, T_{1998}, S, X.$$

其中 T_{3k} 表示两个树列中的第 $3k$ 棵树的品种相同, 对每个 k, 都可同为橡树, 也可同为山毛榉. 并且, 所对应的数列相同, 当且仅当这两个树列具有这种关系. 取代第 $3k$ 棵树的既可是橡树, 又可是山毛榉, 这类 "不确定品种" 的树共有 $[2\,000/3]$ 棵. 因而会产生这种误导的数列有 2^{666} 种, 所以最终可以得到 $2^{2\,000} - 2^{666}$ 种不同的数列.

II.025 注意到对任何正整数 x, 都有 x 与 $F(x)$ 互质, 所以由 $a_i a_j a_k | F(a_i) F(a_j) F(a_k)$ 对任何三个互不相同的角标 i, j, k 成立可以推知, 对任何三个互不相同的角标 i, j, k 都有 $a_k | F(a_i) F(a_j)$. 此外, 数组 $\{a_k\}$ 中的任何三者都整体互质, 因若不然, 则存在 $(a_i, a_j, a_k) = d > 1$, 从而 $d | F(a_i) F(a_j) F(a_k)$, 但事实上, d 却不能整除 $F(a_i), F(a_j), F(a_k)$ 中的任何一个.

我们来证明, 甚至不存在 4 001 个数满足题中条件. 假设不然, 我们来考察连乘积 $A = F(a_1) F(a_2) \cdots F(a_{4\,001})$ 和 $B = a_1 a_2 \cdots a_{4\,001}$. 我们可以证明, 如果 $p^n | B$, 则 $p^{2\,000n} | A$, 于是即可得到 $B^{2\,000n} | A$, 但这是不可能的, 因为 $B^{2\,000n} > A$.

任取 B 的一个质因数 p. 因为对任何三个互不相同的角标 i, j, k 都有 a_i, a_j, a_k 整体互质, 所以只有以下两种可能情况:

(1) 仅存在一个 a_i, 使得 $p | a_i$. 为确定起见, 设 $p^\alpha | a_1$. 于是, 对任何 $i = 1, 2, \cdots, 2\,000$, 都有 $p^\alpha | a_1 | a_{2i} a_{2i+1}$. 因此 $p^{2\,000\alpha} | A$.

(2) 存在 a_i 与 a_j, 使得 $p | a_i$ 与 $p | a_j$. 不妨设 $p^\alpha | a_1$, $p^\beta | a_2$. 于是对任何 $i = 3, 4, \cdots, 4\,001$ 就都有 $p^{\alpha+\beta} | F(a_i)$, 此因 $p^{\alpha+\beta} | a_1 a_2 | F(a_1) F(a_2) F(a_i)$. 从而 $p^{2\,000(\alpha+\beta)} | p^{3\,999(\alpha+\beta)} | A$.

♦ 试求出所有的正整数 a 与 b, 使得 (参阅文献 [14])

$$ab | (a^2 + a + 1)(b^2 + b + 1).$$

II.026 设 H 是 $\triangle ABC$ 的垂心 (参阅图 8). 首先证明, $\triangle B_1 KL$ 是等腰三角形. 因为 $\angle AC_1 C = \angle AA_1 C = 90°$, 所以四边形 $AC_1 A_1 C$ 是圆内接四边形, 故 $\angle BAC =$

$\angle BA_1C_1$, 因此结合题中条件知 $\angle BB_1K = \angle BA_1L$. 所以四边形 KA_1LB_1 也内接于圆. 因此 $\angle KA_1B_1 = \angle KLB_1$. 又由于四边形 ABA_1B_1 内接于圆, $\angle BAC = \angle KA_1B_1$, 可得 $\angle KLB_1 = \angle KA_1B_1 = \angle BAC = \angle LB_1K$, 故知 $\triangle B_1KL$ 是等腰三角形, $B_1K = KL$. 同理可证 $B_1M = ML$. 因此 $B_1K + LM = KL + MB_1$, 且四边形 B_1KLM 外切于圆.

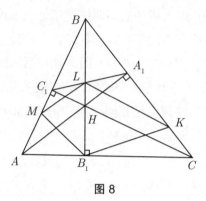

图 8

♦ 假若在本题条件中还有: AC 与 A_1C_1 相交于点 N, 证明: KN 平分高线 CC_1.

II.027 答案 最多可以放入的棋子车的枚数为

$$\begin{cases} \dfrac{(n+1)^2 - 2}{2}, & \text{若 } n \text{ 为奇数}, \\ \dfrac{(n+1)^2 - 1}{2}, & \text{若 } n \text{ 为偶数}. \end{cases}$$

题目的意思是: 每一枚棋子车可以搏杀 4 枚、2 枚或 0 枚别的棋子车. 将棋盘中的一列称为半空的, 如果该列中仅放有 1 枚棋子车. 现设在第 k 行中放有 $2k + a_k$ 枚棋子车 (a_k 可以是负数). 将行自下往上依次编号, 将列自左至右依次编号. 我们来考察放在第 1 行 (最下面一行) 中的棋子车. 易知该行中除了最左和最右两枚车, 其余的车都只能位于半空的列中, 因若不然, 那些处在非半空的列中的车就只能搏杀 3 枚别的车, 与题意不合. 再看第 2 行. 显然, 至多有两枚车位于第 1 行中的棋子车的上方. 另外, 至多还有两枚车位于第 2 行所有棋子的最左和最右. 因此, 至多有 4 枚车不在半空的列中. 并且, 至少有 a_2 枚车位于半空的列中. 继续讨论各行, 得知在第 k 行至多有 a_k 枚车放在半空的列中. 如果从最上面一行讨论起, 也应得到相应的结论, 即若在第 $n+1-k$ 行中共放有 $2k + b_k$ 枚车, 则其中至少有 b_k 枚车放在半空的列中. 于是, 当 n 为奇数时除了正中一行, 当 n 为偶数时除了正中两行, 其余各行中一共放有

$$2 + a_1 + 4 + a_2 + \cdots + 2m + a_m + 2 + b_1 + 4 + b_2 + \cdots + 2m + b_m$$
$$= 2m(m+1) + \sum_{k=1}^{m}(a_k + b_k) = 2m(m+1) + A$$

枚车, 其中

$$A = \sum_{k=1}^{m}(a_k + b_k), \quad m = \begin{cases} \dfrac{n-1}{2}, & \text{若 } n \text{ 为奇数}, \\ \dfrac{n-2}{2}, & \text{若 } n \text{ 为偶数}. \end{cases}$$

棋盘中有 A 列是半空的列, 并且其中的棋子都不在正中的一或两列中.

当 n 为奇数时, 在正中一列中放着不多于 $n-A$ 枚车, 从而整个棋盘中不多于

$$2m(m+1)+A+(n-A)=\frac{(n+1)^2-2}{2}$$

枚车. 当 n 为偶数时, 在正中两列中放着不多于 $2n-2\max\{0,\,A\}$ 枚车 (此处的 $\max$ 只是为了对付 A 为负数的情况), 从而整个棋盘中不多于

$$2m(m+1)+A+2n-2\max\{0,\,A\} \leqslant \frac{(n+1)^2-1}{2}$$

枚车.

为了使得棋子车的枚数达到所估计出的上界, 应该使得所有的 a_k 与 b_k 都是 0, 而且棋子车在棋盘中排列成菱形. $n=6$ 和 $n=7$ 时的放法如图 9 所示.

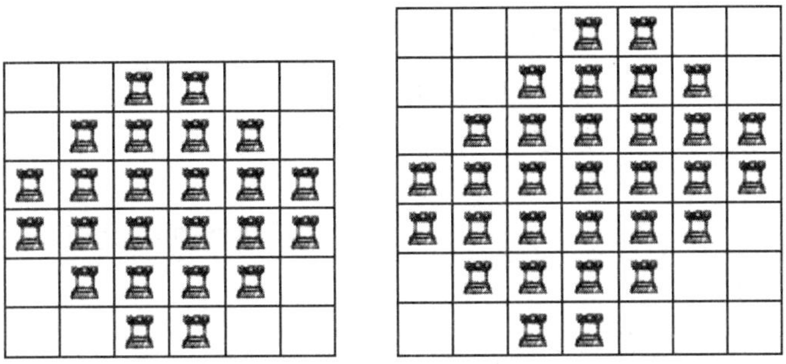

图 9

II.028 答案   可以断言.

解法 1   设

$$\alpha = A_0.a_1a_2a_3\cdots, \qquad \beta = B_0.b_1b_2b_3\cdots,$$
$$\gamma = C_0.c_1c_2c_3\cdots, \qquad \delta = D_0.d_1d_2d_3\cdots$$

分别是数 $\alpha,\beta,\gamma,\delta$ 的二进制表示. 再令

$$A_k = [2^k\alpha],\ \ B_k = [2^k\beta],\ \ C_k = [2^k\gamma],\ \ D_k = [2^k\delta].$$

可以认为, A_0, B_0, C_0, D_0 都是不小于 1 的整数, 因若不然, 我们可将 α, β, γ 或 δ 乘 2 的一个足够大的方幂数. 由题中条件可以推出 (令 $n=2^k$)

$$A_kB_k = C_kD_k, \qquad ①$$

$$(2A_{k-1}+a_k)(2B_{k-1}+b_k) = (2C_{k-1}+c_k)(2D_{k-1}+d_k). \qquad ②$$

如果我们以模 2 看待等式 ②, 则可得到

$$a_kb_k = c_kd_k \pmod 2. \qquad ③$$

因为 $\alpha, \beta, \gamma, \delta$ 都是无理数,所以存在某个正整数 m,使得对 $k > m$,等式 $a_k = b_k = c_k = d_k = 0$ 不可能都成立. 假设该等式对于 $k = k_1 + 1$, $k_2 + 1$, $k_3 + 1$, $\cdots$ 不成立. 我们来证明,对于一切 n,集合 $\{A_{k_n}, B_{k_n}\}$ 都重合于集合 $\{C_{k_n}, D_{k_n}\}$. 注意到,在 $a_{k_n+1}, b_{k_n+1}, c_{k_n+1}, d_{k_n+1}$ 中可能有 1 个 1、2 个 1 或 4 个 1,但由 ③ 式可知其中不可能有 3 个 1. 我们分别来讨论各种情况,为方便起见,将 $k_n + 1$ 简写为 k.

(1) 假设在 a_k, b_k, c_k, d_k 中刚好有 1 个 1,为确定起见,不妨设 $a_k = 1$,此时 ② 式具有形式 $2A_{k-1}B_{k-1} - 2C_{k-1}D_{k-1} + B_{k-1} = 0$,由此与 ① 式可知 $B_{k-1} = 0$,但这是不可能的,因为 $B_0 \geqslant 1$,所以 $B_{k-1} \geqslant 2^{k-1}B_0 \geqslant 2^{k-1}$.

(2) 假设在 a_k, b_k, c_k, d_k 中刚好有 2 个 1,根据等式 ③,必然是 a_k, b_k 中有 1 个 1,在 c_k, d_k 中有 1 个 1,为确定起见,设 $a_k = c_k = 1$, $b_k = d_k = 0$,于是此时 ② 式即为

$$2A_{k-1}B_{k-1} + B_{k-1} = 2C_{k-1}D_{k-1} + D_{k-1},$$

由此和 ① 式可知 $B_{k-1} = D_{k-1} > 0$,再由 ① 式知 $A_{k-1} = C_{k-1}$.

(3) 假设 $a_k = b_k = c_k = d_k = 1$,此时有

$$(2A_{k-1} + 1)(2B_{k-1} + 1) = (2C_{k-1} + 1)(2D_{k-1} + 1).$$

由此并结合 ① 式知 $A_{k-1} + B_{k-1} = C_{k-1} + D_{k-1}$. 再由维耶特定理知集合 $\{A_{k-1}, B_{k-1}\}$ 与 $\{C_{k-1}, D_{k-1}\}$ 重合.

如此一来,对所有的 n,集合 $\{A_{k_n}, B_{k_n}\}$ 与 $\{C_{k_n}, D_{k_n}\}$ 都重合,意即对每个 n,都或者有 $A_{k_n} = C_{k_n}$, $B_{k_n} = D_{k_n}$,或者有 $A_{k_n} = D_{k_n}$, $B_{k_n} = C_{k_n}$. 必要时,将 $\{k_n\}$ 换为其子列,我们可认为两种情况只出现一种情况,为方便起见,设对一切 n,都出现前一种情况. 于是,对一切 k,都有 $a_k = c_k$, $b_k = d_k$,因而 $\alpha = \gamma$, $\beta = \delta$.

解法 2 (采用数学分析方法) 由题中条件知

$$(n\alpha - \{n\alpha\})(n\beta - \{n\beta\}) = (n\gamma - \{n\gamma\})(n\delta - \{n\delta\}),$$

去括号,得

$$n^2(\alpha\beta - \gamma\delta) = n(\alpha\{n\beta\} + \beta\{n\alpha\} - \gamma\{n\delta\} - \delta\{n\gamma\}) + O(1), \qquad ①$$

此处及以下,我们以 $O(1)$ 表示当 $n \to \infty$ 时的有界量,以 $o(1)$ 表示无穷小量,即在 $n \to \infty$ 时趋于 0 的量. 故知有

$$\alpha\beta = \gamma\delta, \qquad ②$$

因若不然,左端就要比右端增长得快得多. 这样一来,就可以把 ① 式改写为

$$\alpha\{n\beta\} + \beta\{n\alpha\} - \gamma\{n\delta\} - \delta\{n\gamma\} = o(1). \qquad ③$$

我们指出,对于任何实数 x,差 $2\{x\} - \{2x\}$ 都只能为 0 或 1. 因此,如果将等式 ③ 或类似的等式两端乘 2,写成关于 $2n$ 的关系式,就具有如下形式:

$$\alpha\varepsilon_1 + \beta\varepsilon_2 = \gamma\varepsilon_3 + \delta\varepsilon_4 + o(1), \qquad ④$$

其中 $\varepsilon_1 = 2\{n\beta\} - \{2n\beta\}$ 等于 0 或 1, 等等. 假设已经确定 $\alpha, \beta, \gamma, \delta$ 之间的大小关系, 例如 $\alpha \geqslant \gamma \geqslant \delta \geqslant \beta$ (这里兼顾了 ② 式). 显然, 可以选取这样的足够大的 n, 使得 $\varepsilon_2 = 1$, 而这样一来, 若要 ④ 式成立, 就只能有 $\varepsilon_4 = 1$, $\varepsilon_1 = \varepsilon_3 = 0$ (并因此得到 $\beta = \delta$) 或 $\varepsilon_1 = \varepsilon_2 = \varepsilon_3 = \varepsilon_4 = 1$ (此时就有 $\alpha + \beta = \gamma + \delta$), 这些结果与 ② 式即为所证.

♦1 细心的读者或许会发现, 这两种解法虽然写法不同, 本质却一样. 归根到底, 它们都是观察差数

$$\Delta(x) = 2\{x\} - \{2x\} = 2(x - [x]) - (2x - [2x]) = [2x] - 2[x],$$

而这恰恰就是

$$\Delta(x) = \begin{cases} 0, & \text{若 } \{x\} < \dfrac{1}{2}, \\ 1, & \text{若 } \{x\} \geqslant \dfrac{1}{2}. \end{cases}$$

这表明, $\Delta(x)$ 就是 x 的二进制表达式的小数点后面的第一位数, 而对于 $n = 2^k$, 差数 $\Delta(nx)$ 就是 x 的二进制表达式的小数点后面的第 $k+1$ 位数. 所以, 我们选取如此之大的 n 使得 $\varepsilon_2 = 1$, 即相当于取这样的 k 使得 $a_k = 1$. 解法 2 中的 ④ 式对应解法 1 中的 ② 式与 ① 式的差. 从而它不允许 $\varepsilon_1, \varepsilon_2, \varepsilon_3, \varepsilon_4$ (或者 a_k, b_k, c_k, d_k) 中恰有一个等于 1, 从而只剩下两种可能的 0 与 1 的分布情况, 从它们得到解法 1 中二进制表达式的前 k 个数字和解法 2 中的渐近等式.

♦2 设无理数 $\alpha, \beta, \gamma, \delta$ 满足条件 $\alpha + \beta = 1$. 证明: $\gamma + \delta = 1$ 成立的充分必要条件是

$$[n\alpha] + [n\beta] = [n\gamma] + [n\delta].$$

(第 46 届波兰数学奥林匹克第二轮竞赛试题, 1995 年 2 月 17 日—18 日.)

2001 年

八年级

II.029 假设存在这样的 20 位十进制正整数 n, 把它的各位数字按相反的顺序写出得到数 $3n$. 设 n 的首位数是 a, 末位数是 b. 于是由题意知, $3n$ 的首位数是 b, 末位数是 a, 这是因为 $3n$ 刚好是 n 按相反顺序写出的数. 于是 a 只可能为 1, 2 或 3.

显然有

$$b \cdot 10^{19} < 3n < 3(a+1) \cdot 10^{19}, \quad \text{且} \quad 3a \cdot 10^{19} < 3n. \qquad ①$$

由此可知 $3a \leqslant b \leqslant 3a + 3$. 不难验证, 当 $a = 1, 2, 3$ 时, b 分别为 7, 4 和 1 (这是因为 $3b$ 应当以 a 结尾). 然而其中的任何一种情况都不能满足不等式 ①, 可见不存在这样的 n.

II.030 答案 线段 BE 较长.

因为垂线短于斜线 (参阅图 10), 所以 $DE < DC = AD$. 这表明, 在 $\triangle ADE$ 中, 边 AD 比边 DE 长, 所以 $\angle AED > \angle DAE$ (大边对大角). 因而

$$\angle BFE = \angle AFD = 90° - \angle DAE > 90° - \angle AED = \angle BEF.$$

在 $\triangle BEF$ 中大角对大边, 所以 $BE > BF$.

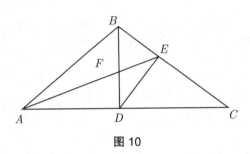

图 10

II.031 答案 $\dfrac{u}{v} = \dfrac{2}{3}$.

假设 $3u \neq 2v$, 则 $n = |3u - 2v| > 0$. 由题意知, 数 $nu + 2$ 与 $nv + 3$ 有公约数 $d > 1$. 从而, 数

$$3(nu + 2) - 2(nv + 3) = n(3u - 2v) = \pm n^2$$

与

$$(nu + 2) - (nv + 3) = n(u - v) - 1$$

也都能被 d 整除, 但这是不可能的, 因为这两个数互质.

这就表明, 开头的假设不成立, 亦即 $3u = 2v$. 从而存在正整数 x, 使得 $u = 2x$, $v = 3x$, 并且对任何正整数 k, 都有

$$(ku + 2,\ kv + 3) = (2kx + 2,\ 3kx + 3) = kx + 1 > 1.$$

II.032 答案 瓦夏有取胜策略.

瓦夏的取胜策略非常简单: 只要自己的称盘里还有别的砝码, 他就不取那个 $2\,001\,\mathrm{g}$ 的砝码. 这样一来, 别佳就不可能在瓦夏之前取光自己称盘里的所有砝码. 事实上, 如果别佳的称盘里只剩下一个砝码, 那么它一定轻于 $2\,001\,\mathrm{g}$, 从而轮到瓦夏取砝码.

II.033 记 $\angle ACB = \gamma$, 则 (参阅图 11),

$$\angle BCE = 90° - \dfrac{\gamma}{2}, \quad \angle ACE = 90° + \dfrac{\gamma}{2}.$$

设边 BC 的中点是 M, 则有 $BM = MC = AC$, 因而 $\angle CAM = \angle CMA = 90° - \dfrac{\gamma}{2}$, 由此可知 $\angle BMA = 90° + \dfrac{\gamma}{2}$, 于是 $\triangle BMA \cong \triangle ACE$ (角边角), 从而 $AF = AB$ (对应边相等).

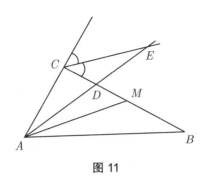

图 11

II.034 假设不然, 存在仅利用一种交通工具, 能够依次到达某 17 个城市 $A_1, A_2, \cdots, A_{17}$ 并回到 A_1 的环状路线, 不妨设这种交通工具是火车. 我们来观察城市 A_k 与 A_{k+2} (角标按模 17 理解, 即 $A_{18} = A_1$, $A_{19} = A_2$ 等). 易知在 A_k 与 A_{k+2} 之间不可能有铁路连接, 因若不然, 就有一条可利用铁路走遍 16 个城市 $A_1, A_2, \cdots, A_k, A_{k+2}, \cdots, A_{17}$ 并回到 A_1 的线路, 与题意相矛盾. 这就是说, 在 A_k 与 A_{k+2} 之间有直达公路连接. 由 k 的任意性知, 存在一条仅利用汽车就可以走遍 17 个城市 $A_1, A_3, \cdots, A_{17}, A_2, \cdots, A_{16}$ 并回到 A_1 的环状路线.

再看另外一个城市 B. 如果它与每个城市 A_i 仅以直达公路相连接, 那么存在由 16 个城市形成的仅利用汽车就可以走遍的环状路线 $B, A_1, A_3, \cdots, A_{17}, A_2, \cdots, A_{14}$ 并回到 B, 此与题意相矛盾. 这表明, 存在某个城市 A_k, 在 B 与 A_k 之间以直通铁路线相连接. 如果在 B 与 A_{k-3}, A_{k+3} 之一之间也以直通铁路线相连接, 不妨设在它与 A_{k+3} 之间以直通铁路线相连接, 那么存在仅利用火车就可走遍 16 个城市 $B, A_{k+3}, A_{k+4}, \cdots, A_k$ 并回到 B 的环状路线, 亦与题意相矛盾. 这就是说, 在 B 与 A_{k-3}, A_{k+3} 之间都是以直达公路相连接. 但这样一来, 又存在仅利用汽车就可以走遍 16 个城市 $B, A_{k+3}, A_{k+5}, \cdots, A_{k-5}, A_{k-3}$ 并回到 B 的环状路线. 终究还是与题意相矛盾.

我们所得到的一系列矛盾表明, 不存在仅利用一种交通工具, 能够依次到达 17 个城市并回到出发点的环状路线.

II.035 魔术师们以任一方式将 78 张牌配成 39 对, 并记住这些对子. 不论观众把哪 40 张牌交给第一个魔术师, 都会含有一组完整的对子 (因为一共只有 39 组对子). 第一个魔术师就把这组对子中的两张牌还给观众. 因为观众只是往这组对子中补入一张牌, 所以第二个魔术师当然很清楚三张牌中哪一张是观众补进去的了.

九年级

II.036 答案 尤拉将会取胜.

解法 1 (终局分析法) 在什么样的步子之后, 游戏会结束? 显然是在方格表中只剩下两个依边相邻的白色方格时. 因为在其余情况下, 其对手都可以继续做下去. 因此, 当表中已经染过 98 个格子, 而只剩下两个依边相邻的白色方格时, 其对手必然输掉. 而这样的局面只有尤拉会遇到, 因为只有在他染过之后, 表中会剩下偶数个白格.

而尤拉有很大的余地能够取胜, 事实上, 他只要注意在每次染过之后, 使得表中都有依边相邻的白色方格即可.

解法 2 (配对法) 将 10×10 方格表分成 50 个 1×2 的矩形. 只要费佳染黑某个矩形中的一个方格, 尤拉就染黑该矩形中的另一个方格. 于是在费佳每次染过之后, 尤拉都有格子可染. 尤拉将会取胜, 因为如果在他染过之后, 方格表中不再剩下任何两个依边相邻的白色方格, 那么这时所有的 1×2 矩形都被染黑了. 这就说明, 费佳在前一步时就已经输了.

II.037 答案 不存在 10 个这样的正数.

假设存在 10 个这样的正数, 那么以它们作为系数, 一共可以构成 720 个各项系数互不相同的二次三项式. 事实上, 我们有 10 种方式选择 x^2 项的系数, 有 9 种方式选择 x 项的系数, 有 8 种方式选择常数项, 因此共可得到 $10 \times 9 \times 8 = 720$ 个各项系数互不相同的二次三项式. 每个二次三项式依赖于 3 个正数 $\{a, b, c\}$. 我们把那些依赖相同的 3 个正数, 只是排列顺序不同的二次三项式分为一组, 于是每组都有 6 个二次三项式, 从而一共分得 120 组. 我们注意到, 如果 $b < a, b < c$, 那么二次三项式 $ax^2 + bx + c = b(x^2+x+1) + (a-b)x^2 + (c-b)$ 恒正, 不可能有实根. 在每组的 6 个二次三项式中都有两个恒正的, 它们是 $ax^2 + bx + c$ 和 $cx^2 + bx + a$, 其中 $b < a, b < c$. 因此, 在 120 组二次三项式中, 一共至多有 $4 \times 120 = 480$ 个 "好的".

◆ 我们把一个二次三项式称为 "好的", 如果它有两个不同的实根, 并且它的各项系数互不相同. 试问: 是否存在 10 个这样的正数, 使得可以找到 480 个 "好的" 二次三项式, 它们的各项系数全都属于这 10 个正数的集合?

II.038 注意 $\triangle ACE$ 是锐角三角形, 因为它的各个内角都小于五边形 $ABCDE$ 的相应内角, 而这些内角都是锐角, 所以其外心 O 位于形内. 我们证明 O 就是凸五边形 $ABCDE$ 的内切圆的圆心 (参阅图 12). 为此, 只需验证点 O 位于 $\angle A, \angle B, \angle D, \angle E$ 的平分线上. $\angle B$ 和 $\angle D$ 的平分线分别是 $\triangle ACE$ 的两条边的中垂线, 所以 $\triangle ACE$ 的外心 O 位于它们之上. 又注意到

$$\angle AEC = \angle E - \angle CED = \angle C - \angle ECD = \angle BCA + \angle ACE = \angle BAC + \angle ACE.$$

因此 $\angle BAC = \angle AEC - \angle ACE$, 所以

$$\angle BAO = \angle BAC + \angle CAO = \angle BAC + (90° - \angle AEC) = 90° - \angle ACE = \angle OAE.$$

我们在上述推导中运用了圆心角等于同弧所对圆周角的 2 倍, 并利用了 $\triangle AOC$ 和 $\triangle AOE$

是等腰三角形的事实 (利用顶角表示底角). 由上述等式可知点 O 位于 $\angle A$ 的平分线上. 类似可证点 O 位于 $\angle E$ 的平分线上.

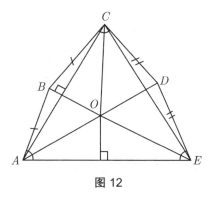

图 12

◆ 本题中的断言在不假定一些角为锐角的情况下也成立.

II.039 我们考察任意一个质数 p, 并证明, 它在 $(ab+c, bc+a, ca+b)$ 和在 (a,b,c) 中的次数相等. 注意到如果 $p | (a,b,c)$, 则 p 在 $(ab+c, bc+a, ca+b)$ 和在 (a,b,c) 中的次数都等于它在 a, b, c 中的最低次数. 事实上, 如果 $p^k | (a,b,c)$, 而 $p^{k+1} \nmid c$, 则 $p^k | ab+c$, $p^{k+1} \nmid ab+c$. 由此即知, 我们只需证明, $(ab+c, bc+a, ca+b)$ 的任何约数 q 都是 (a,b,c) 的约数. 假设 $q \nmid a$, 则由于 $q | bc+a$, 故得 $q \nmid b$, $q \nmid c$. 但是我们有

$$q | (ab+c)(bc+a) - a(ab+c) - c(bc+a) = ac(b^2-1)$$

这样一来, 就有 $q | (b^2-1)$. 同理可得 $q | (a^2-1)$, $q | (c^2-1)$. 此与 $(a^2-1, b^2-1, c^2-1) = 1$ 相矛盾.

II.040 我们指出: 直线 BE 与 BF 分别为 $\angle AEC_1$ 与 $\angle CFA_1$ 的外角平分线 (参阅图 13), 外角平分线与内角平分线具有类似的性质, 即它将对边分为长度比等于二邻边之比的两段, 所以 $AE : EC_1 = AB : C_1B = 2$, 同理 $CF : FA_1 = 2$. 因为四边形 $BA_1B_1C_1$ 为平行四边形, 所以 $\angle AC_1E = \angle CA_1F$. 注意到 $\triangle ABE$ 中的内角 E 是钝角 (因为其补角是 $\angle AEB_1$ 的一半, 小于 $90°$). 因此 $\angle C_1AE$ 是锐角, 同理 $\angle A_1CF$ 是锐角. 由 I.039 题解法 2 知, $\triangle C_1AE \sim \triangle A_1CF$, 于是 $\angle C_1BE = \angle A_1BF$. 由此即可推出题中所需之结论.

亦可参阅 II.052 题的解答.

II.041 答案 $k = m = 1$, $n = l$ 或 $k = l$, $m = n = 1$, 其中 l 为任意正整数.

当 k 与 m 中有等于 1 的数时, 可以立即得出结论. 下设 $k, m > 1$. 因为 $k^m = k^n - m^n + 1$, 所以 $m < n$. 又因为 $m^n = k^n - k^m + 1 < k^n$, 所以 $m < k$. 从而知

$$k^m + m^n \leqslant k^{n-1} + (k-1)^n = k^{n-1} + (k-1)(k-1)^{n-1}$$
$$\leqslant k^{n-1} + (k-1)k^{n-1} = k^n < k^n + 1,$$

这表明此时不能成立等号, 所以方程 $k^m + m^n = k^n + 1$ 无解.

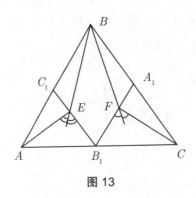

图 13

II.042 我们来证明一个普遍的结论: 假设共有 6 种语言和 $3n$ 个学生, 每个学生刚好会讲其中的两种语言, 而每一种语言则刚好有 n 个学生掌握, 那么就可以把所有学生安排坐成一个圆圈, 使得任何两个邻座都不能相互交谈.

构作一个图, 它有 6 个顶点, 每个顶点代表一种语言. 对于每个学生, 都在他所掌握的两种语言之间连一条边. 如果某 3 个学生所对应的 3 条边两两不交 (其中任何两条边都没有公共顶点), 就称他们为灵三人组; 如果某 6 个学生所对应的 6 条边形成两个互不相交的三角形 (这两个三角形没有公共顶点), 就称他们为灵六人组. 我们先来证明如下引理:

引理 在所作的图中, 或者存在灵三人组, 或者存在灵六人组.

引理之证 我们将图中的顶点分别编为号 $1 \sim 6$. 用反证法, 假设所言不真. 不妨设图中有边 12(连接顶点 1 和 2 的边). 因为该图中一共有 $3n$ 条边, 而由顶点 1 和 2 出发的边不多于 $2n$ 条, 所以图中存在不以这两个顶点作为端点的边. 不妨设存在连接顶点 3 和 4 的边 34. 我们再来观察顶点 5. 如果它有连接顶点 6 的边, 那么 $\{12, 34, 56\}$ 就对应了一个灵三人组. 否则, 顶点 5 至少与顶点 $1, 2, 3, 4$ 中的两者有边相连. 因为如果顶点 5 仅与顶点 $1, 2, 3, 4$ 中的一者有边相连, 那么该顶点也就只能与顶点 5 有边相连, 此与有边 12 和 34 存在的事实相矛盾.

情形 1 顶点 5 与顶点 2 和 3 都有边相连. 如果顶点 6 与 1 有边相连, 那么 $\{16, 25, 34\}$ 就是一个灵三人组; 如果顶点 6 与 4 有边相连, 那么 $\{46, 35, 12\}$ 就是一个灵三人组. 如果从顶点 6 出发的边只连向顶点 2 和 3, 那么从顶点 5 出发的边必有连向顶点 1 或 4 的, 此时亦可找到灵三人组. 因若不然, 由顶点 5 和 6 连向顶点 2 和 3 的边就一共有 $n + n$ 条, 但是在我们的图中至少还有一条边 12 或 34, 于是顶点 2 和 3 中至少有一者的度数不小于 $n + 1$, 而这是不可能的.

情形 2 顶点 5 与顶点 3 和 4 都有边相连. 如果顶点 6 有边与顶点 3(或 4) 相连, 则可找到灵三人组. 否则, 顶点 6 必然与顶点 1 和 2 都有边相连, 于是我们可以找到灵六人组.

顶点 5 与顶点 1 和 2 都有边相连的情形与上述类似. 引理证毕.

下面用数学归纳法证明命题本身. $n = 1$ 的情形显然. 假设断言对 $n \leqslant k$ 均已成立, 我们来看 $n = k + 1$ 的情形.

如果能够找到灵三人组 A, B, C, 不妨设他们分别知晓语言 $12, 34, 56$. 此时由归纳假设知, 可以将其余人安排坐成一个圆圈, 使得任何两个邻座都不能相互交谈.

情形 1 其中有人知晓语言组 $12, 34, 56$ 之一, 例如语言组 12, 那么就将 C, B, A 依次安插在该人与他的邻座之间.

情形 2 其中没有任何人知晓这三个语言组. 此时, 我们可以找到一个人 D, 他的两侧邻座知晓不同的语言组 (这样的学生一定存在, 否则已经就座的学生就只能知晓两种不同的语言组), 假设 D 知晓语言组 23(对于其余情形类似可证). 由于 D 的两侧邻座知晓的语言组不同, 故可设他的右侧邻座 E 知晓的语言组不是 14. 那么 E 知晓的语言组只能为 $15, 16, 45, 46$ 之一. 如果 E 知晓的语言组为 15 或 16, 则可安插 A, B, C 三人为 $D - C - A - B - E$; 如果 E 知晓的语言组为 25 或 26, 则可安插 A, B, C 三人为 $D - C - B - A - E$.

剩下只需考察存在灵六人组的情形. 易知, 可设他们分别知晓语言组 $12, 23, 31, 45, 56, 64$. 先按归纳假设, 将其余人安排坐成一个圆圈, 使得任何两个邻座都不能相互交谈. 如果这些人中有人知晓上述 6 个语言组之一, 不妨设为 12, 那么就可以在该人和他的邻座之间安插六人组为 $45 - 23 - 56 - 31 - 64 - 12$. 否则, 我们就可以将此六个人安插在任何相邻二人之间. 例如, 如果相邻二人分别知晓语言组 14 和 26, 那么可以将六个人安插如下: $14 - 23 - 64 - 31 - 56 - 12 - 54 - 26$.

十年级

II.043 设 $f(x) = a_1 x^2 + b_1 x + c_1$, $g(x) = a_2 x^2 + b_2 x + c_2$, 令

$$h(x) = f(x) - \sqrt{2} g(x) = (a_1 - \sqrt{2} a_2) x^2 + (b_1 - \sqrt{2} b_2) x + (c_1 - \sqrt{2} c_2).$$

由题意知, 对于一切实数 x, 都有 $h(x) \geq 0$. 而所要证明的结论等价于: 对于一切实数 x, 都有 $h(x) > 0$. 假设该结论不成立, 则二次三项式 $h(x)$ 有一个实根, 亦即它的判别式等于 0. 另一方面, 该判别式等于

$$(b_1 - \sqrt{2} b_2)^2 - 4(a_1 - \sqrt{2} a_2)(c_1 - \sqrt{2} c_2) = A + B\sqrt{2},$$

其中

$$A = b_1^2 + 2b_2^2 - 4a_1 c_1 - 8a_2 c_2, \qquad B = -2b_1 b_2 + 4a_1 c_2 + 4a_2 c_1.$$

因为 A 和 B 都是整数, 而 $\sqrt{2}$ 是无理数, 所以当且仅当 $A = B = 0$ 时, 有 $A + B\sqrt{2} = 0$. 但是, A 是二次三项式 $f(x)$ 的判别式与 $g(x)$ 的判别式的 2 倍的和, 而这两个二次三项式都没有实根, 所以它们的判别式均为负数, 因而 $A < 0$, 导致矛盾.

♦ 如果 $f(x)$ 与 $g(x)$ 都是正值整系数二次三项式, 那么表达式 $\dfrac{f(x)}{g(x)}$ 的最小可能值是多少?

II.044 答案 42 次.

考察在每次操作中, 整数的各位数字之和如何变化. 如果整数以 k 个 9 结尾, 其中 $k \geqslant 1$, 则加 1 之后, 这些 9 全部变为 0, 而位于它们之前的数字加 1. 因此各位数字之和增加了 $1 - 9k$. 如果 $k = 0$(整数不以 9 结尾), 则整数的最后一位数字增加 1, 因此各位数字之和也增加了 $1 - 9k = 1$. 这就表明, 经过每一次操作, 整数的各位数字之和都加 1 并减去 $9k$, 而 k 则是末尾变出的 0 的个数.

开始时, 整数的各位数字之和等于 15, 最后则为 1. 这是 400 次操作的结果, 而

$$1 = 15 + 400 - 414 = 15 + 400 - 9 \times 46,$$

所以在整个操作过程中, 共有 46 个 9 变为 0. 因为最后的数中有 5 个 0, 所以有 $46 - 5 = 41$ 个 0 消失在操作过程中, 消失掉的 0 都变为 1 了. 由操作规则知道, 只有处于末尾的 0 才能在操作中变为 1, 故每次操作中至多有一个 0 消失. 这就表明, 在操作过程中, 整数的末尾曾经有 41 次为 0, 加上最后一次, 一共为 42 次.

♦ 本题解答中, 何处用到了题中所给的条件——0 始终放到数的末尾? 能否将这一条件换为 "0 不能放在数的开头"?

II.045 设 E 为边 BC 的中点, 作中位线 DE. 因为 $DE // AC$, 所以

$$\angle ADE = 180° - \angle A = 2(90° - \angle DAO) = 2\angle ADO.$$

(上式中, 第二个等号得自 AO 平分 $\angle A$, 第三个等号得自题中 $\angle AOD$ 是直角的条件.) 因此, DO 是 $\angle ADE$ 的平分线 (参阅图 14), 从而 DE 也与 $\triangle ABC$ 的内切圆相切. 这就意味着四边形 $ADEC$ 外切于圆, 所以

$$AD + CE = AC + DE.$$

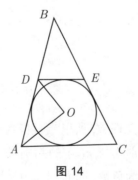

图 14

将 $AD = \frac{1}{2}AB, CE = \frac{1}{2}BC, DE = \frac{1}{2}AC$ 代入其中, 即得

$$\frac{1}{2}(AB + BC) = \frac{3}{2}AC, \quad \text{即} \quad AB + BC = 3AC$$

II.046 在 II.056 题中包含了更强的结论: 可以剪出 85 个尺寸为 1×2 的矩形 (多米诺). 此处给出两种解法, 由解法 1 可以得到 36 个; 而由解法 2 则可以得到 81 个.

解法 1 用两种方法将 20×20 的方格表分为 200 个多米诺, 在第一种分法中, 多米诺全为横向的; 在第二种分法中, 多米诺则全为纵向的. 我们来考察在两种分法下, $1 \times k$ 的矩形可以被分到多少个多米诺中. 为确定起见, 设 $1 \times k$ 的矩形为横向的. 显然, 它刚好被分到 k 个纵向多米诺中, 且可被分到不多于 $\left[\frac{k}{2}\right] + 1$ 个横向多米诺中. 因此, $1 \times k$ 的矩形, 不论是横向的还是纵向的, 都只能被分到一共不多于 $k + \left[\frac{k}{2}\right] + 1$ 个两种方向的多米诺中. 但是在 $k = 20$ 时, 只能被分到不多于 $30 = k + \left[\frac{k}{2}\right]$ 个两种方向的多米诺中. 于是, 所剪出的所有 $1 \times k$ 的矩形共可分到不多于

$$\sum_{k=1}^{20} \left(k + \left[\frac{k}{2}\right] + 1\right) - 1 = 239$$

个两种方向的多米诺中.

这样一来, 在两种分法下, 至少一共有 $400 - 239 = 71$ 个多米诺未被所剪下的 $1 \times k$ 矩形伤及, 其中至少有 36 个多米诺属于同一种分法. 这 36 个多米诺两两不交, 所以它们可以被剪出.

解法 2 将 20×20 的方格表分为 100 个 2×2 的矩形. 注意到, 在剪下 $1 \times k$ 矩形时, 至多会伤及 $\left[\frac{k}{2}\right] + 1$ 个 2×2 矩形, 而在 $k = 20$ 时, 至多会伤及 $\left[\frac{k}{2}\right]$ 个 2×2 矩形. 因此, 被伤及的 2×2 矩形的总数目不超过

$$\sum_{k=1}^{20} \left(\left[\frac{k}{2}\right] + 1\right) - 1 = 119 \text{ 个}.$$

我们来考察任一一个 2×2 矩形, 假设它共被 x 个所剪下的矩形伤及. 易知, 从它里面至少还可以剪出 $2 - x$ 个多米诺. 事实上, 如果 $x = 0$, 则显然可以从它里面剪出 2 个多米诺; 如果 $x = 1$, 则它或者已被剪掉一个 1×1 矩形, 或者已被剪掉一个多米诺, 但无论如何, 它里面都还剩有 1 个多米诺; 如果 $x \geqslant 2$, 则 $2 - x \leqslant 0$, 断言亦成立.

现在, 对 100 个 2×2 矩形的相应的 $2 - x$ 值求和, 该和值为

$$200 - \text{被伤及的} 2 \times 2 \text{矩形的总数目} \geqslant 200 - 119 = 81,$$

所以至少还可以再剪出 81 个多米诺 (尺寸为 1×2 的矩形).

II.047 **答案** $\angle AMN = 60°$.

设 D 为 B 关于直线 AL 的对称点，显然 D 位于直线 AC 上．根据对称性，知 $KD = KB$，$\angle BKD = 2\angle BKL = 60°$，从而 $\triangle BKD$ 为正三角形．注意到 BC 是 $\angle KBD$ 的平分线，所以 $\angle KBC = 30°$．这表明点 D 与 K 关于直线 BC 对称（参阅图 15）．设直线 AB 与 DK 的交点为 E，则 E 与 N 关于直线 AL 对称，于是 $\triangle NKE$ 亦为正三角形．

于是，根据关于 AL 的对称性，知 $\angle KBM = \angle KDC$；由关于 BC 的对称性，知 $\angle KDC = \angle DKC$．而 $\angle DKC$ 与 $\angle MKE$ 为对顶角，所以 $\angle KBM = \angle MKE$．因为 $\angle EMK$ 是 $\triangle KBM$ 的外角，所以

$$\angle EMK = \angle MKB + \angle KBM = \angle MKB + \angle MKE = \angle BKE = 120°.$$

由于 $\angle ENK = 60°$，故知四边形 $EMKN$ 为圆内接四边形，所以 $\angle AMN = \angle EKN = 60°$.

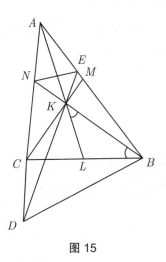

图 15

II.048 本题的结论可由 II.053 题的结论推出：

$$[m,n] + [m+1, n+1] > \frac{2mn}{\sqrt{n-m}} > \frac{2mn}{\sqrt{n}} = 2m\sqrt{n}.$$

II.049 不改变题意，我们可以认为每个议员都认识他自己．对于每个议员，考察他所认识的议员的集合．由题意可知，任何两个这样的集合都不重合．因为对于任何两个议员，都存在第三个议员只认识他们之一，所以此人只属于其中的一个熟人集合．先证一个引理：

引理 设 X 是一个议员，如果总统命令所有与 X 不认识的议员都转变党属关系，则其结果必是：所有拥有的熟人数目不少于 X 的议员都转变了党属关系．

引理之证 假定某个不同于 X 的议员 Y 没有转变党属关系，那么这就意味着 Y 不认识 X 的任何一个非熟人．换言之，Y 的熟人集合包含在 X 的熟人集合中，并且是它的真子集（因为这两个集合不能重合）．因此，Y 的熟人数目严格少于 X 的熟人数目．引理证毕．

将所有议员按照熟人数目的非升顺序排列．我们来证明，对任何 n，总统都可以使得前 n 个议员全都转到同一个党内．用归纳法．$n = 1$ 时显然．假设已经将前 $n-1$ 个议员转入

同一个党内, 而第 n 个议员 (称为 X) 仍在另一个党内. 于是我们让总统命令所有与 X 不认识的议员都转变党属关系. 由引理知, 所有拥有的熟人数目不少于 X 的议员都转变了党属关系. 从而所有排在 X 前面的议员都转变了党属关系, 也就是说, 都变成与 X 属于同一个政党, 所以断言对于 n 也成立.

这样一来, 总统就可以使得所有议员全都属于同一个政党, 如果该党不是他自己所支持的那个党, 那么他只要再命令所有议员都转变一次党属关系, 即可达到目的.

十一年级

II.050 答案 不存在.

我们注意到, 如果可以将这 6 个数分成 3 对, 使得这 3 对数的和彼此相等, 那么其中最大的数必然与最小的数配对. 因为, 若不然, 则其中最大的数所在的 "对" 的和数就严格地大于最小的数所在的 "对" 的和数. 类似地, 第二对数由第二大的数和第二小的数组成, 第三对数则由中间的两个数组成. 但是, 如果 $\sin x$ 最大, 那么 $\cos x = \sqrt{1-\sin^2 x}$ 就必然最小. 因此, 每个角的正弦都与自己的余弦配对, 从而

$$\sin x + \cos x = \sin y + \cos y = \sin z + \cos z,$$

或者经过平方, 得到等式

$$\sin 2x = \sin 2y = \sin 2z.$$

但是对于区间 $[0,\pi]$ 内的两个不同角 α 与 β, 使得等式 $\sin \alpha = \sin \beta$ 成立的充要条件是 $\alpha + \beta = \pi$. 由此可知, 不可能存在满足要求的 3 个不同的数 x,y,z.

II.051 将 2000 个城市分成 1000 对. 将每对中的两个城市都用道路相连, 并且在每两对之间都连接一条道路, 暂时不计较具体由对中的哪个城市连出道路. 这样一来, 由每对都连出了 999 条道路. 将所有的对编号. 现在我们调整这些道路: 在第 k 对城市中, 由其中的第一个城市连出 $k-1$ 条道路通往所有编号小于 k 的对, 而由其中的第二个城市连出 $1000-k$ 条道路通往所有编号大于 k 的对.

如此一来, 我们就得到了满足要求的方案. 事实上, 对于每个 k, 都恰好有两个城市连出 k 条道路: 它们是第 k 对中的第一个城市和第 $1001-k$ 对中的第二个城市.

II.052 证法 1 (作垂线) 我们由点 B 作出如下垂线 (参阅图 16): $BA_2 \perp B_1A_1$, $BA_3 \perp AE$, $BC_2 \perp B_1C_1$, $BC_3 \perp CF$. 由于点 B 在 $\angle A_3EC_2$ 的平分线上, 所以 $BA_3 = BC_2$. 同理 $BA_2 = BC_3$. 线段 BC_2 等于两条平行直线 BC 和 B_1C_1 之间的距离, 因此是 $\triangle A_1B_1C_1$ 的由顶点 A_1 引出的高, 所以等于 $\triangle ABC$ 的由顶点 A 引出的高 h_a 的一半. 于

是 $BA_3 = \frac{1}{2}h_a$. 同理 $BC_3 = \frac{1}{2}h_c$,其中 h_c 是 $\triangle ABC$ 的由顶点 C 引出的高. 由于

$$BC \cdot BA_3 = BC \cdot \frac{1}{2}h_a = S_{\triangle ABC} = BA \cdot \frac{1}{2}h_c = BA \cdot BC_3,$$

所以 $\dfrac{BC}{BA} = \dfrac{BC_3}{BA_3}$. 而 $\triangle BAA_3$ 和 $\triangle BCC_3$ 为直角三角形,可由勾股定理知

$$\frac{BC}{BA} = \frac{BC_3}{BA_3} = \frac{CC_3}{AA_3}.$$

因此 $\triangle BAA_3 \backsim \triangle BCC_3$,$\angle BAE = \angle BCF$.

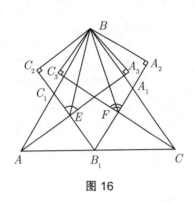

图 16

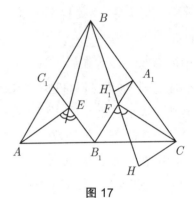

图 17

证法 2 (用正弦定理) 因为 $\triangle ABC$ 是锐角三角形,所以 $\angle BAE$ 和 $\angle BCF$ 都是锐角. 由点 A_1 和 C 分别作直线 BF 的垂线 A_1H_1 和 CH(参阅图 17). 于是 $\triangle BCH \backsim \triangle BA_1H_1$,并且它们的相似比等于 $\dfrac{BC}{BA_1} = 2$. 同理 $\triangle CHF \backsim \triangle A_1H_1F$. 因而有 $\dfrac{CF}{A_1F} = \dfrac{CH}{A_1H_1} = 2$. 类似可证 $\dfrac{AE}{C_1E} = 2$. 由此再对 $\triangle CFA_1$ 和 $\triangle AEC_1$ 运用正弦定理,便得

$$\frac{\sin \angle FA_1C}{\sin \angle A_1CF} = \frac{CF}{A_1F} = 2 = \frac{AE}{C_1E} = \frac{\sin \angle AC_1E}{\sin \angle C_1AE}.$$

但是,$\angle FA_1C$ 与 $\angle AC_1E$ 是平行四边形 $BA_1B_1C_1$ 的一组对角的外角,所以它们相等,其正弦值当然相等,于是 $\sin \angle A_1CF = \sin \angle C_1AE$. 因为它们都是锐角,所以它们自身相等.

II.053 因为任何两个正整数的乘积等于它们的最小公倍数与最大公约数的乘积,所以待证的不等式等价于

$$\frac{mn}{\dagger(m,n)} + \frac{(m+1)(n+1)}{\dagger(m+1,n+1)} > \frac{2mn}{\sqrt{n-m}}.$$

对上式左端运用平均不等式,得到

$$\frac{mn}{\dagger(m,n)} + \frac{(m+1)(n+1)}{\dagger(m+1,n+1)} \geq 2\sqrt{\frac{m(m+1)n(n+1)}{\dagger(m,n) \cdot \dagger(m+1,n+1)}}$$

$$> \frac{2mn}{\sqrt{\dagger(m,n) \cdot \dagger(m+1,n+1)}}. \qquad ①$$

我们知道，任何两个正整数的差可以被它们的最大公约数整除，所以 $\dagger(m,n)\,|\,n-m$，并且 $\dagger(m+1,n+1)\,|\,n-m$. 而 $\dagger(m,n)$ 与 $\dagger(m+1,n+1)$ 互质，所以

$$\dagger(m,n)\cdot\dagger(m+1,n+1)\,|\,m-n,$$

这表明

$$n-m\geqslant\dagger(m,n)\cdot\dagger(m+1,n+1),$$

所以 ① 式的右端不小于 $\dfrac{2mn}{\sqrt{n-m}}$.

II.054 答案 $\angle ABC=60°$.

首先证明 $IM=AM=CM$(这是一个几乎人人皆知的事实). 注意到点 I 和 M 都在 $\angle ABC$ 的平分线上. 于是根据四边形 $ABCM$ 内接于圆, 得知

$$\angle CAM=\angle CBM=\angle ABM=\angle ACM.$$

因此 $\triangle AMC$ 为等腰三角形 (参阅图 18(a)). $\angle AIM$ 是 $\triangle ABI$ 的外角, 所以

$$\angle AIM=\angle ABM+\angle BAI=\angle IAC+\angle CAM=\angle MAI.$$

所以 $\triangle MAI$ 也是等腰三角形, 因而 $IM=AM=CM$.

我们来求等腰 $\triangle AMH$ 和 $\triangle CMH$ 的底角 (参阅图 18(b)):

$$\angle AHM=\angle HAM=\angle HAC+\angle CAM=90°-\angle ACB+\tfrac{1}{2}\angle ABC;$$
$$\angle MHC=\angle HCM=\angle HCA+\angle ACM=90°-\angle BAC+\tfrac{1}{2}\angle ABC.$$

因此

$$180°=\angle AHM+\angle MHC+\angle CHA_1$$
$$=\left(90°-\angle ACB+\tfrac{1}{2}\angle ABC\right)+\left(90°-\angle BAC+\tfrac{1}{2}\angle ABC\right)+\angle ABC=3\angle ABC,$$

所以 $\angle B=60°$.

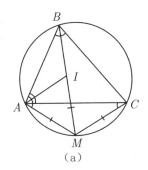
(a)

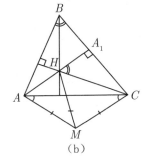
(b)

图 18

II.055 答案 $f(x) = x$ 或 $f(x) = -2x$.

令 $g(y) = y + f(y)$，由归纳法容易证明：对一切正整数 k，都有

$$f(x + kg(y)) = f(x) + 2ky. \qquad \text{①}$$

如果我们在上式中以 $x - kg(y)$ 代替 x，可以知道 ① 式对一切整数 k 都成立.

往证 $f(x)$ 是线性函数. 为此，只需验证对一切 $y \neq 0$，$\dfrac{g(y)}{y}$ 为常数. 事实上，对 $y = y_1, k = g(y_2)$ 运用 ① 式，可得

$$f(x + g(y_1)g(y_2)) = f(x) + 2g(y_2)y_1.$$

再对 $y = y_2, k = g(y_1)$ 运用该式，又得

$$f(x + g(y_1)g(y_2)) = f(x) + 2g(y_1)y_2.$$

因此就有 $g(y_1)y_2 = g(y_2)y_1$，亦即 $\dfrac{g(y_1)}{y_1} = \dfrac{g(y_2)}{y_2}$. 记该比值为 $\alpha + 1$，即得

$$y + f(y) = (\alpha + 1)y,$$

故知，对 $y \neq 0$，有 $f(y) = \alpha y$. 我们指出 $\alpha \neq 0$，因若不然，当 $x \neq 0$ 和 $x \neq -f(1) - 1$ 时，就有

$$0 = f(x + 1 + f(1)) = f(x) + 2 = 2,$$

此为不可能. 我们再证 $f(0) = 0$. 为此，在题中的条件等式中代入不等于 0 和 $f(0)$ 的 x 与 $y = 0$，得到

$$\alpha(x + f(0)) = f(x + f(0)) = f(x) = \alpha x,$$

所以 $f(0) = 0$. 从而对一切 x，都有 $f(x) = \alpha x$. 我们再来看，对于怎样的 α，函数 $f(x) = \alpha x$ 可以满足题中条件. 为此，令 $x = 0, y = 1$，得到

$$f(1 + f(1)) = 2, \quad 即 \alpha^2 + \alpha = \alpha(1 + f(1)) = 2,$$

这是关于 α 的二次方程 $\alpha^2 + \alpha - 2 = 0$，故知 $\alpha = 1$ 或 $\alpha = -2$.

II.056 将所剪下的 $1 \times k$ 矩形都称为 "带子". 假设带子 1×20 是纵向的. 从 20×20 方格纸的左右两侧各剪下一个带子 1×20，再把它们都分为 10 个 1×2 矩形，而把剩下的中间部分分为 90 个 2×2 正方形. 我们把 2×2 正方形以及在方格纸上两侧边缘处于相同高度的 2 个 1×2 矩形都称为广义正方形. 如果广义正方形中有方格处于某个剪下的 $1 \times k$ 带子中，我们就说该广义正方形被该带子伤及.

我们指出，如果从一个广义正方形中不能再剪出任何多米诺 (1×2 矩形)，那么该广义正方形至少被两个带子伤及；而如果从一个广义正方形中不能剪出两个多米诺，那么该广义正方形至少被一个带子伤及. 如此一来，如果从一个广义正方形中不能剪出多于 k 个多米

诺, 那么该广义正方形至少被 $2-k$ 个带子伤及. 因为在方格纸上一共刚好有 100 个广义正方形, 所以从该 20×20 方格纸上可以剪下的多米诺数目不少于 200 减去被所有带子伤及的广义正方形的总个数.

我们再来看旋转 $90°$ 后的广义正方形. 显然, 如果从一个这样的广义正方形中不能剪出多于 k 个多米诺, 那么该广义正方形同样至少被 $2-k$ 个带子伤及. 唯一的例外是被 1×20 的带子伤及的 1×2 "矩形对"(现在这些 "矩形对" 被旋转到了上下两侧边缘上), 因为从这样的广义正方形中剪不出任何多米诺 (注意, 我们假定了带子 1×20 是纵向的). 为方便起见, 我们认为这样的广义正方形被带子 1×20 伤及了两次.

我们将一开始定义的广义正方形称为甲类广义正方形, 把旋转 $90°$ 后定义的广义正方形称为乙类广义正方形.

现在来计算被 $1 \times k$ 的带子伤及的广义正方形的个数. 为确定起见, 假设带子 $1 \times k$ 是纵向的. 如果 $k = 2m - 1$, 则带子 $1 \times k$ 伤及的两类广义正方形都刚好有 m 个, 因此一共有 $2m = k + 1$ 个. 如果 $k = 2m$, 则带子 $1 \times k$ 伤及的一类广义正方形有 m 个, 另一类有 $m + 1$ 个, 因此一共有 $2m + 1 = k + 1$ 个. 这种估计对于 1×20 的带子也成立, 因为我们约定了 1×2"矩形对" 被带子 1×20 伤及了两次. 如此一来, 一共被伤及了

$$2 + 3 + 4 + 5 + \cdots + 21 = 230$$

个广义正方形. 因此, 其中有一类广义正方形被伤及的个数不多于 115.

现在我们就来观察这一类广义正方形. 如前所说, 可以剪出的多米诺数目不少于此类广义正方形个数的 2 倍减去被伤及的此类广义正方形的个数, 即 $200 - 115 = 85$.

我们给出例子来说明, 一般来说, 不可能剪出 86 个多米诺. 按图 19 所示的方式在 20×20 方格纸上剪下各条带子, 未被剪到的方格用黑色表示. 于是, 在方格纸的上部 11 行中不能剪下任何多米诺, 而下部 9 行中仅剩下 171 个未被剪到的方格, 因此不可能剪出 86 个多米诺.

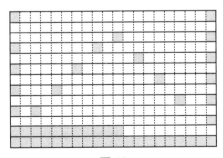

图 19

♦ 如果 20×20 方格纸已经卷成一个纸筒, 那么最多可从剩余部分中剪出多少个多米诺?

2002 年

八年级

II.057 答案 他们中有 10 位戴着礼帽.

我们来跟踪其中一位绅士头上的礼帽数目的变化情况. 在每一时刻该数目都是 0 或 1. 当绅士取下礼帽时, 该数目减少 1, 而当他得到礼帽时, 该数目增加 1. 如果他取下礼帽的次数多于得到礼帽的次数, 那么该数目最终是减少的. 这种情况只能是: 开始时该数目等于 1, 而最后等于 0. 因此, 根据题中条件, 有 10 位绅士开始时戴着礼帽, 而最后却没戴.

现在来计算一下礼帽的顶数. 开始时至少有 10 位绅士戴着礼帽, 所以礼帽顶数不少于 10. 而最后至少有 10 位绅士没戴礼帽, 这也就意味着至多有 10 位绅士戴礼帽, 所以礼帽顶数不多于 10. 综合两方面, 知刚好有 10 顶礼帽. 这意味着任何时刻都有 10 位绅士戴着礼帽.

II.058 对各个数作质因数分解. 每个质数 p 在任何两个相邻的数的乘积中都出现偶数次, 这表明它在各个数中的出现次数的奇偶性相同. 第一个数是 $42 = 2 \times 3 \times 7$, 其中 $2,3,7$ 都是 1 次, 其余质数的次数都是 0. 这就表明, 在其余各个数中, $2,3,7$ 的次数都是 1, 其余质数的次数都是偶数. 于是它们都具有形式: $2 \times 3 \times 7 \times n^2 = 42n^2$, 其中 n 为正整数.

这样一来, 我们可把所给的 5 个不同的正整数依次写为

$$42n_1^2, \quad 42n_2^2, \quad 42n_3^2, \quad 42n_4^2, \quad 42n_5^2,$$

其中 $n_1, \cdots, n_5$ 是互不相同的正整数. 因为正整数 $n_1, \cdots, n_5$ 互不相同, 所以它们中至少有一个数不小于 5, 从而相应的数不小于 $42 \times 5^2 = 1\,050 > 1\,000$.

II.059 设 AA_1 与 B_1C_1 的交点为 O. 因为四边形 $AB_1A_1C_1$ 是平行四边形, 所以点 O 平分线段 AA_1 与 B_1C_1 (参阅图 20). 因而

$$OA_1 = \frac{AA_1}{2} = \frac{BC}{2}, \quad OB_1 = \frac{B_1C_1}{2} = \frac{BC}{4},$$
$$OK = OB_1 + B_1K = \frac{BC}{4} + \frac{BC}{4} = \frac{BC}{2}.$$

如此一来, 就有 $A_1C = OA_1 = OK$, 故四边形 A_1OKC 是菱形, 这表明 $CK /\!/ AA_1$ 且 $CK = OA_1 = \dfrac{BC}{2}$.

观察 $\triangle A_1AB$ 与 $\triangle CBK$. 由于 $\angle BA_1A = \angle BCK$(此因 $CK /\!/ AA_1$), 以及 $A_1A = CB$, $A_1B = CK = \dfrac{BC}{2}$, 故知 $\triangle A_1AB \cong \triangle CBK$, 因此它们的对应边相等, 特别地, $AB = BK$.

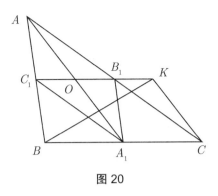

图 20

II.060 答案 不可能.

解法 1 (计算交点个数) 假设所述现象能够发生. 作出经过其中各条线段的一共 30 条直线, 我们用两种不同的方法计算它们的交点个数. 如果经过某个点有多于 2 条直线, 那么就以其中 "直线对" 的数目作为该点处的交点个数. 例如, 假如经过某点 A 有 4 条直线, 那么点 A 处就计算为 $C_4^2 = 6$ 个交点.

一方面, 30 条直线两两相交, 共可得 $C_{30}^2 = \frac{30 \times 29}{2} = 15 \times 29$ 个交点. 另一方面, 我们来求与每一条直线相交的线段 (而不是直线) 条数. 根据题意, 每一条直线都与 15 条线段相交, 所以交点的总个数不少于 30×15. 在这里面每个交点都未被计算了两次. 事实上, 如果线段 a 的延长线与线段 b 相交, 那么线段 b 的延长线就不可与线段 a 相交. 因若不然, 直线 a 与直线 b 就会有两个交点: 一个在线段 a 内部, 一个在线段 b 内部.

这样一来, 一方面它们至多有 15×29 个交点, 另一方面又有不少于 30×15 个交点, 此为矛盾.

解法 2 (有向图) 将 30 条线段对应为 30 个顶点. 如果线段 a 的延长线与线段 b 相交, 则由相应的顶点 A 作一个箭头指向顶点 B. 正如解法 1, 如果由 A 有箭头指向 B, 那么就没有箭头由 B 指向 A. 根据题中条件, 由每个顶点都有箭头指向 15 个不同顶点. 那么有多少个箭头指向各个顶点呢? 显然至多只有 14 个! 因为除了该顶点自身以及被它用箭头指的 15 个顶点, 只剩下 14 个顶点. 这样一来, 所有顶点的出度之和大于它们的入度①之和, 这是不可能的.

II.061 如图 21 所示, 由点 M 作 MK 与 ML, 使它们分别垂直于边 AB 和 BC. 因为 BM 是 $\angle B$ 的平分线, 所以 $MK = ML$. 由题中条件 $\angle BCM = 30°$ 知 $\triangle LMC$ 的三个内角分别为 $30°, 60°, 90°$, 所以有 $MC = 2ML$. 以 N 记线段 MC 的中点, 则有 $MN = ML = MK$. 在等腰 $\triangle AMC$ 中, AN 是底边上的中线, 所以它也是底边上的高和顶角平分线, 故有 $\angle ANM = 90°$. 由此易知 $\triangle AMK \cong \triangle AMN$, 特别地, 有 $\angle MAK = \angle MAN$, 由此亦有 $\angle MAC = 2\angle MAN = 2\angle MAB$.

---

① 编译者注 在有向图中, 由一个顶点连出的箭头数目称为其出度, 所连入的箭头数目称为其入度. 任何有向图中的出度之和都应与入度之和相等.

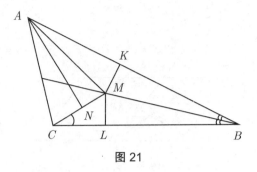

图 21

现在, 我们令 $\angle MAB = \alpha$, 那么

$$\angle MAC = 2\alpha, \quad \angle MCA = 90° - \alpha.$$

这表明, $\triangle ABC$ 中 $\angle A$ 与 $\angle C$ 的和为

$$\angle MAB + \angle MAC + \angle MCA + \angle MCB = \alpha + 2\alpha + (90° - \alpha) + 30° = 120° + 2\alpha.$$

故知 $\angle B = 60° - 2\alpha$, $\angle MBA = \dfrac{1}{2}\angle B = 30° - \alpha$, 则

$$\angle AMB = 180° - \angle MAB - \angle MBA = 180° - \alpha - (30° - \alpha) = 150°.$$

II.062 证法 1 设 d 是乘积 ab 在区间 $(n^2, n^2 + n)$ 中的约数. 由 $d \mid ab$ 知 $d \mid (a - d)(b - d)$. 因为 a, b, d 同属一个长度为 n 的开区间, 所以 $|a - d| < n$, $|b - d| < n$. 由此可知

$$|(a - d)(b - d)| < n^2 < d.$$

因为 $d \mid (a - d)(b - d)$, 而其绝对值却又小于 d, 所以 $(a - d)(b - d) = 0$, 由此即知 $d = a$ 或 $d = b$.

证法 2 设 d 是乘积 ab 的不同于 a 与 b 的约数. 可将它表示为 $d_a d_b$ 的形式, 其中 d_a 与 d_b 分别为 a 与 b 的约数. 如果 $d \in (n^2, n^2 + n)$, 那么在该区间中就有两个数都是 d_a 的倍数, 一个是 a, 一个是 d; 也有两个数都是 d_b 的倍数, 一个是 b, 一个是 d. 这意味着 $d_a \leqslant |a - d| < n$, $d_b \leqslant |b - d| < n$, 于是 $d = d_a d_b < n^2$, 说明 $d \notin (n^2, n^2 + n)$, 此为矛盾.

II.063 如果染黑的方格不超过 59 个, 则所要证明的结论可由如下引理推出:

引理 由 n 个方格形成的任何连通图形的周长都不超过 $2n + 2$.

引理之证 当 $n = 1$ 时, 结论显然成立.

假设 $n \leqslant k$ 时结论成立, 我们来看 $n = k + 1$. 设连通图形 Ψ 由 $k + 1$ 个方格构成. 先从 Ψ 上任意去掉一个方格 A. 假设方格 A 原来有 $j (1 \leqslant j \leqslant 4)$ 条边与图形中其他方格共用. 在去掉方格 A 后, 图形 Ψ 至多分裂为 j 个连通图形. 根据归纳假设, 它们的周长之和不超过 $2k + 2j$. 在重新补入方格 A 后, 有 j 条边变为内部线段, 而边界上则新出现 $4 - j$

条边. 这说明, 边界长度改变了 $-j+(4-j)=4-2j$, 从而原来的 $k+1$ 个方格所构成的连通图形 Ψ 的边界长度不超过

$$2k+2j+(4-2j)=2(k+1)+2.$$

引理证毕.

为证题中结论, 只需考虑染黑的方格数目不少于 60 的情形. 此时未染黑的方格不多于 $81-60=21$ 个, 它们的周界长度之和不大于 $4\times 21=84$. 将未染黑的方格所构成的图形记作 Γ. 易知黑色区域边界上的每一段或者属于 Γ 的边界, 或者属于 9×9 方格表的边界, 所以黑色区域的边界长度不超过 $84+4\times 9=120$.

九年级

II.064 我们来证明: 如果正整数 a 和 $3a$ 都是对称的, 则 a 的各位数字都不大于 3, 由此即可得到题中结论. 考察 a 的末位数字, 分两种情况讨论.

情况 1 a 的末位数字大于 3 (那么 a 的首位数字也大于 3, 从而 $3a$ 的位数比 a 多, 并且以 1 或 2 开头) 或者 a 的末位 (首位) 数字等于 3, 但是进位使得 $3a$ 的位数比 a 多 (此时 $3a$ 以 1 开头). 于是, 这种情况下的 $3a$ 均以 1 或 2 结尾. 显然, 只有 a 的末位数字为 7 时, $3a$ 才以 1 结尾. 但是此时 $3a$ 却以 2 开头, 不是对称的. 类似地, 只有 a 的末位数字为 4 时, $3a$ 才以 2 结尾. 但是此时 $3a$ 却以 1 开头, 也不是对称的. 所以不可能出现这种情况.

情况 2 a 的末位 (首位) 数字小于 3, 或者末位 (首位) 数字等于 3, 但是不产生进位, 因而 $3a$ 的位数与 a 一样多. 我们将去掉 a 的首末位数字后所得的数记为 a'. 易知此时 a' 与 $3a'$ 都是对称的. 这就表明, 它们不属于情况 1 中所列举的情形. 我们再去掉 a' 的首末位数字, 得到 a'', 并如此一直做下去, 即可得知 a 的各位数字都不大于 3.

II.065 以该公司的员工作为顶点, 如果两人为熟人, 就在对应的两个顶点之间连一条线段, 由此得到图 G. 将图 G 中某甲所对应的顶点记作 A. 显然, 那些与顶点 A 有线段相连的偶顶点[①]和那些与顶点 A 没有线段相连的奇顶点所对应的员工都给某甲寄送贺卡. 现在由图 G 中把顶点 A 以及由其所连出的所有的线段都去掉, 所得的子图记作 G_1. 凡是与顶点 A 有线段相连的顶点的奇偶性都发生改变, 而与顶点 A 没有线段相连的顶点的奇偶性都不改变, 从而图 G_1 中所有奇顶点所对应的员工都给某甲寄送贺卡, 偶顶点都不寄送贺卡. 因为任何图中奇顶点的个数都是偶数, 所以某甲应当一共收到偶数张贺卡. 因为他已经收到奇数张贺卡, 所以他至少还应再收到一张贺卡.

---

① 编译者注 图中顶点所连出的线段的条数称为该顶点的度数, 度数为偶数的顶点称为偶顶点, 度数为奇数的顶点称为奇顶点.

II.066 首先提请注意一件事实: 如果 $\triangle AB_1C_1$ 的顶点位于 $\triangle ABC$ 的边上 (B_1 在边 AB 上, C_1 在边 AC 上), 则 $\triangle AB_1C_1$ 的周长小于 $\triangle ABC$ 的周长 (参阅图 22(a)), 此因

$$B_1C_1 < B_1B + BC + CC_1.$$

以正多边形 $A_1A_2\cdots A_n$ 的边长作为单位长度. 我们考察线段 A_kB_k 中的最长者, 不妨设其为 A_2B_2, 并记它的长度为 a(参阅图 22(b)). 这样一来, A_3B_3 就一定是最短者 (如果 A_iB_i 短于 A_3B_3, 那么只要把 $\triangle B_{i-1}A_{i-1}B_i$ 作适当旋转, 就可以放到 $\triangle B_2A_2B_3$ 中, 此与各个 $\triangle A_kB_kB_{k+1}$ 的周长彼此相等的题目条件相矛盾). 记最短的长度为 b. 同理, A_1B_1 也最短. 同理, A_4B_4 也最长. 如此下去, 我们便知道, 线段 A_kB_k 的长度间隔相等. 各个三角形在顶点 A_i 处的角彼此相等 (记为 α), 但是它的两个邻边分别长 $1+a$, b 和 $1+b$, a. 再注意到 $\triangle A_1B_1B_2$ 与 $\triangle A_2B_2B_3$ 的周长相等, 即可得到等式

$$(1+a)^2 + b^2 + 2(1+a)b\cos\alpha = (1+b)^2 + a^2 + 2(1+b)a\cos\alpha,$$

化简后得到 $a(1+\cos\alpha) = b(1+\cos\alpha)$, 所以 $a = b$, 故知题中结论成立.

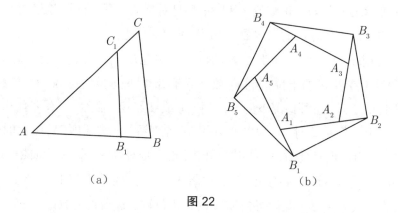

图 22

♦ 由于 A_kB_k 的长度间隔相等, 再结合奇偶性, 可由 $a \neq b$ 推出矛盾, 所以 $a = b$.

II.067 答案 一开始, 嘎里共有 3×2^{16} 只动物.

解法 1 设一开始, 嘎里共有 n 只动物. 易知, 在每次变换后, 米老鼠的数目都按 $\mathrm{mod}\, n$ 加倍. 事实上, 如果嘎里在某一时刻有 p 只米老鼠和 q 只青蛙: 若 $p < q$, 则在一次变换后, 米老鼠的数目变为 $2p$; 若 $p > q$, 则在一次变换后, 米老鼠的数目变为 $p - q = p - (n-p) = 2p - n$. 所以米老鼠的数目被 n 除的余数加倍. 这就意味着, 在嘎里作了 17 种这样的变换之后, 米老鼠的数目为 $2^{17} - nk$, 其中 k 是变为青蛙的数目. 因为该数目 2 倍于青蛙的数目, 所以

$$2^{17} - nk = 2[n - (2^{17} - nk)],$$

亦即 $3 \times 2^{17} = n(3k+2)$. 所以 $n = 3 \times 2^s$, $0 \leqslant s \leqslant 16$. 如果 $s < 16$, 则在 $s+1$ 次变换后, 米老鼠的数目显然就已经 2 倍于青蛙的数目, 早于题中所说的时间. 所以 $s = 16$.

解法 2 假设共有 n 只动物. 往证 n 为偶数. 事实上, 在每次变换后, 米老鼠的数目都按如下规则变化:
$$k \to \varphi(k) = 2k \pmod{n}.$$

如果 n 为奇数, 那么这一过程就是可逆的. 既然最后时刻嘎里有 $2x$ 只米老鼠和 x 只青蛙, 那么在此前就有 x 只米老鼠和 $2x$ 只青蛙, 再在此前就有 $2x$ 只米老鼠和 x 只青蛙. 这样一来, 题中所说的数量关系就不是第一次出现. 这个矛盾表明, 只要嘎里作了多于一次变换, n 就是偶数.

这样一来, 在嘎里作了第一次变换之后, 两种动物的数目就都是偶数. 我们来将米老鼠和青蛙分别两两配对, 易知接下来的变换都可以看成是对 "动物对" 进行的. 于是就可以将原来的问题化归如下问题:

嘎里有一对米老鼠和许多对青蛙. 嘎里可以让青蛙变为米老鼠, 也可以让米老鼠变为青蛙, 其法则如下: 如果青蛙对和米老鼠对的数目不等, 那么其中数目较少的一种的数目就变为原来的 2 倍. 在嘎里作了 16 次这样的变换之后, 米老鼠对的数目首次变为青蛙对数目的 2 倍. 试问: 一开始, 嘎里共有多少只动物?

再如此继续讨论下去, 就又变为动物的 "4 只组" "8 只组" $\cdots\cdots$ 总之, 每再作一次变换, 组内的动物数目都加倍, 一直到第 16 次变换之后, 得到 "2^{16} 只组". 然后再作一次变换, 嘎里得到两个米老鼠的 "2^{16} 只组" 和一个青蛙的 "2^{16} 只组". 所以一开始, 嘎里共有 3×2^{16} 只动物.

II.068 答案 18 根. 图 23 中给出了 18 根短棍的例子.

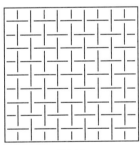

图 23

往证不能少于 18 根长度为 1 的短棍. 将 10×10 的方格表交替地染为黑、白二色, 如同国际象棋盘. 考察边缘上的黑格, 它们共有 18 个. 我们证明: 每个这样的黑格都与一根长度为 1 的短棍相邻. 对于角上的黑格, 此为显然. 对于其余的黑格, 亦易看出, 我们以两侧边缘上的黑格为例: 如果它的下边和竖边都用长度大于 1 的短棍围, 那么它的上边必然要用长度为 1 的短棍.

II.069 答案 费佳的和数较大.

显然, 每个方程的根都是一正一负. 故只需比较如下二式的大小:

$$a + \sqrt{a^2 + 4b} + b + \sqrt{b^2 + 4c} + c + \sqrt{c^2 + 4a}$$

与

$$a + \sqrt{a^2 + 4a} + b + \sqrt{b^2 + 4b} + c + \sqrt{c^2 + 4c}.$$

此二式均具有对称性, 故可设 b 介于 a 与 c 之间. 我们来证明:

$$\sqrt{a^2 + 4b} + \sqrt{b^2 + 4c} + \sqrt{c^2 + 4a}$$
$$\geqslant \sqrt{a^2 + 4b} + \sqrt{b^2 + 4a} + \sqrt{c^2 + 4c}$$
$$\geqslant \sqrt{a^2 + 4a} + \sqrt{b^2 + 4b} + \sqrt{c^2 + 4c}.$$

为证第一个不等号, 先删去两端的相同项, 取平方并化简, 可将其化为

$$\sqrt{c^2 + 4a} \cdot \sqrt{b^2 + 4c} \geqslant \sqrt{b^2 + 4a} \cdot \sqrt{c^2 + 4c},$$

再将其两端平方, 并化简, 得到

$$ab^2 + c^3 \geqslant cb^2 + ac^2,$$

亦即

$$(b^2 - c^2)(a - c) \geqslant 0.$$

因为 b 介于 a 与 c 之间, 所以当然成立. 可以采用类似的办法证明第二个不等号, 最后归结为

$$(a^2 - b^2)(a - b) \geqslant 0.$$

II.070 如图 24 所示, 设 R 是 C 关于 BK 的对称点. 由华莱士定理知, C 到 BK 的距离是 A 到 BK 距离的一半, 故知 $AL = CR$, 从而四边形 $ALCR$ 为平行四边形, 并且 F 是 LR 的中点. 我们指出 $LR = LC$ (L 位于 RC 的中垂线上), $LC = AR$ (平行四边形的对边). 此外, 还有 $\angle CBL = \angle LBR = \angle RBA$. 因为 R 是 AL 的中垂线与 $\angle ABL$ 的平分线的交点 (这是不同的直线: $AB \neq AL$), 亦即 $\triangle ABL$ 的外接圆上 $\overset{\frown}{AL}$ 的中点, 从而 $\angle ARB = \angle ALB = 90°$, 所以 $CL \perp BR$, 再由关于 BL 的对称性得 $RL \perp BC$, 即 $FL \perp BC$.

十年级

II.071 证法 1 (不等式) 将这三个二次三项式分别记为 $f(x), g(x), h(x)$, 将它们的首项系数分别记为 a, b, c, 可以认为 $a > b > c$. 注意到 $f(x) - g(x)$ 恰有一个根, 并且其首项系数为 $a - b > 0$, 于是有

$$f(x) - g(x) = (a - b)(x - x_1)^2.$$

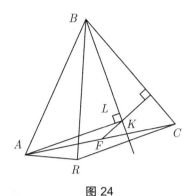

图 24

这就表明,对一切 x,都有 $f(x) - g(x) \geqslant 0$. 同理可得 $g(x) - h(x) \geqslant 0$. 于是对一切 x,都有 $f(x) \geqslant g(x) \geqslant h(x)$. 但是对某个 x_0,却有 $f(x_0) = h(x_0)$,从而这三个二次三项式在 x_0 处的值相互重合,此因 $f(x_0) \geqslant g(x_0) \geqslant h(x_0) = f(x_0)$.

证法 2 (平方和) 运用证法 1 中的符号, 我们有

$$f(x) - g(x) = (a-b)(x-x_1)^2,$$
$$g(x) - h(x) = (b-c)(x-x_2)^2,$$
$$h(x) - f(x) = (c-a)(x-x_3)^2.$$

因此

$$p(x) = (a-b)(x-x_1)^2 + (b-c)(x-x_2)^2 + (c-a)(x-x_3)^2$$
$$= \bigl[f(x) - g(x)\bigr] + \bigl[g(x) - h(x)\bigr] + \bigl[h(x) - f(x)\bigr] \equiv 0.$$

特别地,$p(x_3) = 0$, 因此

$$(a-b)(x_3-x_1)^2 + (b-c)(x_3-x_2)^2 = 0.$$

但是两个平方数的和为 0, 当且仅当它们都是 0. 由此即知 $x_1 = x_2 = x_3$, 亦即三个函数的图像都经过点 $(x_1, f(x_1))$.

II.072 在等腰三角形 ACD 中,中线 CF 就是底边上的高,也是顶角的平分线,故

$$\angle ACF = \angle DCF, \quad \angle AFC = 90°.$$

从而四边形 $ABCF$ 内接于圆 (参阅图 25). 令 $\angle ACF = \alpha$, 则 $\angle DCF = \alpha$, $\angle ACB = 2\alpha$, 且根据四边形 $ABCF$ 内接于圆, 知 $\angle ABF = \alpha$. 于是 $\angle CBF = 90° - \alpha$, 则

$$\angle CLB = 180° - \angle CBF - \angle ACB$$
$$= 180° - 2\alpha - (90° - \alpha) = 90° - \alpha.$$

由此即知 $BC = CL$.

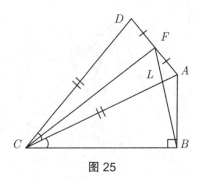

图 25

II.073 我们指出

$$(abc+xyz)\left(\frac{1}{ay}+\frac{1}{bz}+\frac{1}{cx}\right)$$
$$=\left(\frac{bc}{y}+\frac{yz}{c}\right)+\left(\frac{xz}{a}+\frac{ac}{z}\right)+\left(\frac{xy}{b}+\frac{ab}{x}\right).$$

考察其中的一个括号:

$$\frac{bc}{y}+\frac{yz}{c}=\frac{(1-y)c}{y}+\frac{y(1-c)}{c}$$
$$=\frac{c}{y}-c+\frac{y}{c}-y\geqslant 2-c-y.$$

其中最后一步用到不等式 $\frac{c}{y}+\frac{y}{c}\geqslant 2$. 将对三个括号所得的不等式相加, 即得所证.

II.074 证法 1 (分析边缘情况) $100\times 2\,002$ 方格表水平方向的边缘上分布着 $4\,004$ 个小方格. 这些小方格可以属于多米诺, 也可以属于横向或竖向的 "错位双多米诺" 图形. 竖向的 "错位双多米诺" 图形有两种类型: 右上左下型 (简称右型) ⌐┘ 和左上右下型 (简称左型) └┐.

我们来看靠着上方边缘放置的一个竖向的 "错位双多米诺" 图形, 不妨设其为右型的. 将位于它左上方不在其里面的那个小方格记为 K(见图 26(a)). 显然方格 K 只能属于某个多米诺或者某个横向的 "错位双多米诺" 图形. 如果它属于某个横向的 "错位双多米诺" 图形, 那么我们再来看位于该图形左上方不在其里面的那个小方格 L(见图 26(b)). 易知方格 L 也只能属于某个多米诺或者某个横向的 "错位双多米诺" 图形. 如此一直往左边看过去, 最终我们会到达一个靠着边缘的横向多米诺. 同理, 如果从一个靠着上方边缘放置的竖向的左型 "错位双多米诺" 图形出发, 一直往右边看过去, 经过一些横向图形, 也必终将到达一个靠着边缘的横向多米诺.

这样一来, 每个靠着上方边缘放置的竖向的 "错位双多米诺" 图形都对应了一个横向多米诺; 而每个靠着上方边缘放置的横向多米诺都对应了不多于一个左型和不多于一个右型的竖向的 "错位双多米诺" 图形. 对于下方边缘也有类似的结论.

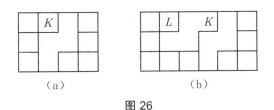

图 26

既然所分出的多米诺不多于 600 个, 它们所占据的靠着上方和下方边缘的小方格也就不多于 1 200 个. 所以靠着这两个边缘放置的竖向的 "错位双多米诺" 图形不多于 1 200 个, 因此它们所占据的靠着上方和下方边缘的小方格也不多于 1 200 个. 于是还剩有 $4004 - 2400 = 1604$ 个小方格, 它们只能属于横向的 "错位双多米诺" 图形. 因为每个这种图形占据两个边缘小方格, 所以至少有 802 个横向的 "错位双多米诺" 图形.

证法 2(染色法) 将 100×2002 的方格表中最上方一行和最下方一行的方格都染为白色, 把与它们相邻的两行方格都染为黑色. 于是我们有白色方格和黑色方格各 4 004 个. 不难看出, 在每个包含 "染色方格" 的竖向的 "错位双多米诺" 图形中, 黑格都比白格多一个; 而在每个包含 "染色方格" 的横向的 "错位双多米诺" 图形 中, 黑格都不少于白格. 至于每个靠着上方和下方边缘的横向多米诺, 则都包含两个白格. 而在其他多米诺中所包含的黑格都不少于白格.

因为黑格与白格的总数相等, 所以包含 "染色方格" 的竖向的 "错位双多米诺" 图形的数目不多于靠着上方和下方边缘放置的多米诺数目的两倍. 这样一来, 被多米诺和竖向的 "错位双多米诺" 图形所占据的白格不多于 2 400 个. 其余的 1 604 个白格只能属于横向的 "错位双多米诺" 图形. 因为每个靠着上方和下方边缘放置的横向的 "错位双多米诺" 图形占据两个白格, 所以至少有 802 个横向的 "错位双多米诺" 图形 .

II.075 答案 不能.

在将 $n = 100a + b$ 变为 $n_1 = a + 3b$ 的操作中, 有 $3n - n_1 = 299a \equiv 0 \pmod{13}$, 所以

$$n_1 \equiv 3n \pmod{13},$$

因而此种操作就是按 mod 13 将原来的整数乘 3. 因为一开始的整数 $81 = 3^4$, 所以无论对它进行多少次两种操作, 也无论它们以怎样的顺序进行, 所得到的数按 mod 13 都是 3 的方幂数. 注意到, 3 的方幂数被 13 除的余数只能为 3, 9 或 1, 并且一定不能为 4, 然而 $82 \equiv 4 \pmod{13}$, 所以不能将 81 变为 82.

II.076 证法 1 如图 27(a) 所示, 设直线 BM 与四边形 $ABCD$ 外接圆的第二个交点为 D_1. 由 $\angle BAD = \angle BMC$ 知 $\widehat{AD_1}$ 与 $\widehat{CD}$ 相等, 从而 $AD_1 = CD$, $CD_1 = AD$, 并且 $\triangle AD_1C \cong \triangle CDA$. 并注意到 $\angle ADC + \angle ABC = 180°$, 即得

$$\frac{AB \cdot CD}{BC \cdot AD} = \frac{AB \cdot AD_1}{BC \cdot CD_1} = \frac{S_{\triangle ABD_1}}{S_{\triangle BCD_1}} = \frac{AM}{CM} = \frac{BN}{DN}.$$

作经过点 C 的直线 $l // BD$, 设 l 与四边形 $ABCD$ 外接圆的第二个交点为 C_1. 又设线段 AC_1 与 BD 相交于点 N_1. 显然 $\overset{\frown}{BC}$ 与 $\overset{\frown}{DC_1}$ 相等, 从而 $\angle AN_1B = \angle ADC$, $BC_1 = DC$, $BC = DC_1$. 由此又可推出

$$\frac{AB \cdot CD}{BC \cdot AD} = \frac{BN_1}{DN_1},$$

从而就有 $\frac{BN}{DN} = \frac{BN_1}{DN_1}$. 这表明点 N 与 N_1 重合 (参阅图 27(b)), 所以 $\angle ANB = \angle ADC$.

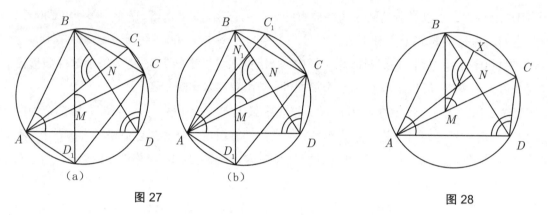

图 27

图 28

证法 2 在边 BC 上取一点 X(见图 28), 使得

$$\frac{BX}{CX} = \frac{AM}{CM} = \frac{BN}{DN},$$

于是有 $XM // AB$, $XN // CD$. 又注意到 $\angle BCA = \angle BDA$, 即知 $\triangle ABD \backsim \triangle MBC$, 故而

$$\frac{BM}{AB} = \frac{BC}{BD} = \frac{BX}{BN},$$

从而又有 $\triangle ANB \backsim \triangle MXB$. 由此即得

$$\angle ANB = \angle BXM = 180° - \angle ABC = \angle ADC.$$

II.077 答案 一般来说, 不可能.

作一个图, 以各个城市为顶点, 以道路为边. 我们来证明, 存在这样的图, 其中每个顶点都是 2001 度的, 但是无论怎样去掉其中的一些边, 都会有某两个顶点的度数不同.

考察各个顶点都是 2001 度的图 G. 从中去掉一些边. 将这些被去掉的边 (连同相应的顶点) 所形成的图记作 G_1, 剩下的图记作 G_2. 如果其中有一个图的各个顶点的度数相等 (设为 d), 那么另一个图的各个顶点的度数也相等 (等于 $2001 - d$). 这样一来, 如果可以通过去掉图 G 的一些边, 得到某个各顶点的度数相等的图, 那么就可以得到一个各顶点的度数为相等的奇数的图 G'. 如所周知, 在任何图中, 度数为奇数的顶点的数目都是偶数. 因此, 在图 G' 的任何连通子图中, 都有偶数个顶点.

我们来构造反例. 先构造一个辅助图 B, 它有 2002 个度数均为 2001 的顶点和 1 个度数为 2000 的顶点. 为构造这种图, 我们可以先构造一个具有 2002 个顶点的完全图, 其顶

点为 $V_1, V_2, \cdots, V_{2002}$ (它们的度数都是 2001), 从中去掉 1000 条边 $V_1V_2, V_3V_4, \cdots, V_{1999}V_{2000}$, 再增加一个顶点 W, 将它与顶点 $V_1, V_2, \cdots, V_{2000}$ 都相连. 该图就是所要的辅助图 B, 其中顶点 W 是 2000 度的, 其余顶点都是 2001 度的.

把图 B 复制 2001 次, 得到它的 2001 个拷贝 $B_1, B_2, \cdots, B_{2001}$, 并将它们中的那个 2000 度的顶点分别记为 $W_1, W_2, \cdots, W_{2001}$. 再引入一个顶点 O, 将它与顶点 W_i 都相连. 所作成的图记为 G, 它的各顶点都是 2001 度的. 该图就是我们所要的反例. 事实上, 如果我们可以去掉它的一些边, 得到各顶点的度数为相等的奇数的图 G'. 那么因为 G' 的各顶点度数相等, 并且地位平等, 所以在得到它的过程中, 我们必然也去掉了由顶点 O 连出的一些边. 但是一旦去掉边 OW_i, 我们也就把图 B_i 中的所有顶点 (一共 2003 个) 从其余部分中分离了出来. 即使图 B_i 在去掉边的过程中被分成了几个互不连通的连通子图, 其中也必然有一个连通子图具有奇数个顶点, 此与图 G' 的各顶点的度数为相等的奇数的假定相矛盾.

十一年级

II.078 同 II.071 题.

II.079 我们来证明, 四边形 $XYCB$ 外切于 $\triangle ABC$ 的内切圆. 为此, 只需证明 I 位于 $\angle BXY$ 和 $\angle XYC$ 的平分线上. 参阅图 29(a), 易知 $\triangle XAI \cong \triangle YAI$, 所以 $\triangle XIY$ 是等腰三角形, 并且 $\angle YXI = \angle XYI$. 根据弦切角等于同弧所对圆周角, 知 $\angle AXI = \angle XYI = \angle YXI$, 同理 $\angle XYI = \angle CYI$. 所以 I 位于 $\angle BXY$ 和 $\angle XYC$ 的平分线上.

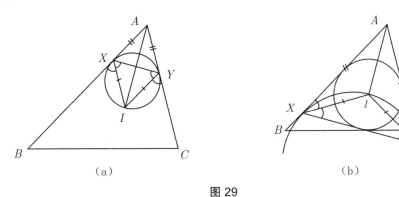

图 29

♦ "点 X 与 Y 分别在边 AB 和 AC 上" 这一条件决定了题中所涉及的唯一情况. 如果将 "在边上" 换成 "在边或其延长线上", 则会存在另一种使得题中断言仍然成立的情形 (参阅图 29(b)), 其证如下:

只需证明 I 位于 $\angle AXY$ 和 $\angle AYX$ 的平分线上. 如同上述, 我们有 $XI = IY$ 和 $\angle IXY = \angle IYX$. 亦有 $\angle AXI = \angle IYX$, 因为它们都等于 $\frac{1}{2}\overset{\frown}{IX}$.

II.080 同 II.073 题.

II.081 可以拼成矩形的各个图形中的小方格的个数可以被 3 整除. 因此, 矩形至少有一条边的长度可以被 3 整除. 为确定起见, 不妨设横边长度可以被 3 整除. 按图 30 中所示的方式在小方格内分别填写 0,1,2.

0	1	2	0	1	2
2	0	1	2	0	1
1	2	0	1	2	0
0	1	2	0	1	2

0	1	2	0	1	2
1	2	0	1	2	0
2	0	1	2	0	1
0	1	2	0	1	2

图 30

因为图 30 所示的表格中, 各行数的和都可以被 3 整除, 所以表中数的总和可以被 3 整除. 并且在每个 1×3 矩形和每个 ⊔ 型与 ⊓ 型角状形中的数的和都可以被 3 整除. 每个 ⊔ 型角状形中的数的和被 3 整除余 1, 而每个 ⊓ 型角状形中的数的和被 3 整除余 2. 所以, 任何两个可以拼成 2×3 矩形的角状形中的数的和都可以被 3 整除. 因此, 被奥莉亚取出的 96 个角状形中的数的和可以被 3 整除. 从而剩下的 4 个角状形中的数的和也可以被 3 整除, 它们只可能是如下 5 种情况之一:

$$0+0+0+0, \quad 0+0+1+2, \quad 0+1+1+1, \quad 0+2+2+2, \quad 1+1+2+2.$$

特别地, 不可能刚好有 3 个角状形中的数的和被 3 整除都余 0. 显然, 上述情况 2 和情况 5 中所有 ⊔ 型和 ⊓ 型角状形都可以拼成 2×3 矩形.

我们来讨论其余情况, 以右表为例. 容易看出, 不可能刚好剩有 3 个 ⊔ 型角状形, 也不可能刚好剩有 3 个 ⊓ 型角状形, 所以不存在情况 3 和情况 4. 而在情况 1 和情况 2 下, 均可以把剩下的 4 个角状形配为两对, 拼成 2 个 2×3 矩形.

II.082 同 II.070 题.

II.083 **答案** $a_0 = 3 \times 2^{2\,002} - 1$.

解法 1 (考察分子分母之和) 将 a_n 写成既约分数 $\dfrac{p}{q}$, 于是由题意知

$$a_{n+1} = \frac{p-q}{2q} \quad \text{或} \quad \frac{2p}{q-p}.$$

我们来指出, 在该表达式中, a_{n+1} 的分子、分母的公约数可能是 1, 也可能是 2. 事实上,

$$(p-q, 2q) \mid (2p-2q, 2q) = (2p, 2q) = 2.$$

因此, 在 a_{n+1} 的既约分数表达式中的分子、分母之和等于 $p+q$ 或 $\dfrac{p+q}{2}$. 这就是说, 当角标增加 1 时, 分子、分母的和或者不变, 或者变为原来的一半. 对于 $a_{2\,002}$, 该和等于 3, 而对

于 a_0, 该和等于 $a_0 + 1$. 并且存在某个正整数 k, 使得 $a_0 + 1 = 3 \times 2^k$. 于是由 $\{a_n\}$ 所满足的关系式知, $a_n = 3 \times 2^{k-n} - 1$, $n = 1, 2, \cdots, k$. 由此可知, 当 $n = k$ 时, a_n 首次等于 2. 从而 $k = 2\,002$, $a_0 = 3 \times 2^{2\,002} - 1$.

解法 2 (从后面分析起)   显然, 该数列中的项都是非负的有理数. 如果 a_{n+1} 的既约分数为 $\frac{p}{q} \notin \mathbf{N}$, 并且 p, q 都是奇数, 则 $a_n = \frac{2p+q}{q}$ 或 $\frac{p}{2q+p}$, 它们都是既约分数, 分子、分母也都是奇数. 尤为值得重视的是:a_n 的分母不小于 a_{n+1} 的分母. 因此, 序列中位于 a_{n+1} 之前的项的既约分数中的分子、分母也都是奇数, 并且分母都大于 1. 这就表明, 任何分数 $\frac{p}{q} \notin \mathbf{N}$ 都不可能由 a_0 得到, 因为 $a_0 \in \mathbf{N}$.

我们来画出所有这样的 $a_{2\,001}$ 和 $a_{2\,000}$, 使得可由它们得到 $a_{2\,002} = 2$ (见图 31). 注意, 其中仅有 $a_{2\,000} = 11$ 合适, 因为根据题意, $a_{2\,000} \neq 2$, 而 $\frac{7}{5}$ 和 $\frac{1}{5}$ 又都不能由 a_0 得到. 下面证明, 对 $n = 0, 1, \cdots, 2\,001$, 项 a_n 都是奇数. 事实上, 若 $a_{k+1} = p$ 为奇数, 则有 $a_k = 2p + 1$ 或既约分数 $\frac{p}{p+2}$, 其分子、分母都是奇数, 这样的项不可能由 a_0 得到. 因此, 对于一切 $n = 0, 1, \cdots, 2\,001$, 都有

$$a_n = 2a_{n+1} + 1.$$

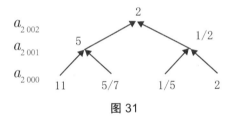

图 31

为求出 a_0, 我们来观察辅助数列 $b_n = a_n + 1$. 显然 $b_n = (2a_{n+1} + 1) + 1 = 2b_{n+1}$, 因此

$$b_0 = 2^{2\,002} b_{2\,002} = 3 \times 2^{2\,002}, \qquad a_0 = 3 \times 2^{2\,002} - 1.$$

解法 3 (显式)   考察辅助数列 $b_n = \frac{1}{a_n + 1}$, 容易验证

$$b_{n+1} = \begin{cases} 2b_n, & \text{若 } 2b_n < 1, \\ 2b_n - 1, & \text{若 } 2b_n > 1. \end{cases}$$

不考虑 $b_1 = 1$ 的情形, 因为此时数列为常数列, 且 $b_{2\,002} \neq \frac{1}{3}$. 由上述关系式得知

$$b_n = \{2^n b_0\} = \left\{\frac{2^n}{a_0 - 1}\right\},$$

其中 $\{x\}$ 表示实数 x 的小数部分, 而 $a_0 - 1 \in \mathbf{N}$. 于是 $\left\{\frac{2^{2\,002}}{a_0 - 1}\right\} = \frac{1}{3}$, 此即表明

$$\frac{2^{2\,002}}{a_0 - 1} - \frac{1}{3} = l \in \mathbf{N}.$$

记 $k = a_0 - 1$,由上式得 $3 \times 2^{2002} = k(3l+1)$. 这意味着 $k = 3 \times 2^m$, $b_n = \left\{\dfrac{2^{n-m}}{3}\right\}$. 由此可知 $m = 2002$,这是因为 $b_m = \dfrac{1}{3}$. 并且我们获知,在 $n = 2002$ 时,b_n 首次等于 $\dfrac{1}{3}$. 这样一来,便知 $b_0 = \dfrac{1}{3 \times 2^{2002}}$,因此 $a_0 = 3 \times 2^{2002} - 1$.

♦ 如果将题中条件换为 $a_{2000} \neq 2$,则整个解答没有变化. 此时不难证明,对一切 $n = 1, 2, \cdots, 2001$,都有 $a_n \neq 2$. 事实上,如果数列中有某一项等于 2 或 $\dfrac{1}{2}$,那么自此往后,数列成为周期的 $2, \dfrac{1}{2}, 2, \dfrac{1}{2}, \cdots$. 在此,如果对 $k < 1000$,有 $a_{2k} = 2$,则 a_{2000} 亦等于 2;如果对 $k \leqslant 1000$,有 $a_{2k+1} = 2$,则 $a_{2002} = \dfrac{1}{2}$,均为矛盾.

II.084 答案 12.

往证,利用质量分别为

$$1, \ 1, \ 2, \ 4, \ 8, \ 16, \ 32, \ 64, \ 128, \ 256, \ 512, \ 976$$

(单位:kg) 的 12 枚砝码,就可以按题中要求称出任何两个质量之和不大于 2000 的物体质量.

我们用归纳法证明:利用质量分别为 $1, 1, 2, 4, 8, \cdots, 2^k$ 的 $k+2$ 枚砝码,就可以按题中要求称出任何两个质量之和不大于 2^{k+1} 的物体. 起始情况显然. 为完成归纳过渡,考察质量分别为 a 和 b ($a \geqslant b$) 的两个物体,其中 $a + b \leqslant 2^{k+1}$. 如果 $a + b \leqslant 2^k$,则由归纳假设知可行. 如果 $a > 2^k$,则由 $(a - 2^k) + b = a + b - 2^k \leqslant 2^{k+1} - 2^k = 2^k$ 和归纳假设知,不用质量为 2^k 的砝码,就可以按题中要求称出质量分别为 $a - 2^k$ 和 b 的两个物体. 现在,用质量为 a 的物体替换质量为 $a - 2^k$ 的物体,并且在另一端加上质量为 2^k 的砝码,天平仍然平衡. 于是只需再考察 $2^k \geqslant a \geqslant b$, $a + b \leqslant 2^{k+1}$ 的情形. 显然,不用质量为 2^k 的砝码,可以按题中要求称出质量分别为 $2^k - a$ 和 b 的两个物体,因为 $(2^k - a) + b \leqslant 2^k$. 如此一来,我们就可以按题中要求称出质量分别为 a 和 b 的两个物体. 同理可证,利用质量分别为 $1, 1, 2, 4, 8, \cdots, 2^k, A$ ($A \leqslant 2^{k+1}$) 的 $k+3$ 枚砝码,可以按题中要求称出任何两个质量之和不大于 $A + 2^{k+1}$ 的物体.

我们指出,如果利用砝码,按题中要求称出一个质量为 a 的物体,那么所用到的砝码的质量之和不小于 $a + 2$. 事实上,此时另一架天平的一端至少放有 1 枚砝码,其质量 $b \geqslant 1$,所以两架天平上的砝码质量之和 $a + 2b \geqslant a + 2$.

再证 11 枚砝码不够. 用反证法,假设质量分别为 $a_1, a_2, \cdots, a_{11}$ ($a_1 \leqslant a_2 \leqslant \cdots \leqslant a_{11}$) 的 11 枚砝码可以满足要求. 我们证明,此时必有 $a_{k+1} \leqslant a_1 + a_2 + \cdots + a_k$. 假设不然,我们取两个质量分别为 $a = a_1 + a_2 + \cdots + a_k$ 和 $1999 - a$ 的物体. 那么此时它们应当可以按题中要求称出质量. 但是如果把两个物体放在同一个天平上来称,则所需的砝码总质量至少为 2001. 于是我们只能把这两个物体放到两个天平上去称. 显然此时仅有一个质量为 1 的砝码没有利用. 然而,仅有一种称质量为 a 的物体的方法,即把质量为 $a_1, a_2, \cdots, a_k$ ($a_1 \leqslant a_2 \leqslant \cdots \leqslant a_k$) 的砝码全都用上,因为其余砝码的质量全都超过 a. 但是这是不可能的, 因为我们证明了有一个质量为 1 的砝码不能用. 这个矛盾表明, 必然对任何 k, 都有 $a_{k+1} \leqslant a_1 + a_2 + \cdots + a_k$. 然而这样一来, 就有

$$a_2 \leqslant a_1 = 1, \quad a_3 \leqslant a_1 + a_2 \leqslant 2, \quad a_4 \leqslant a_1 + a_2 + a_3 \leqslant 4, \quad \cdots,$$
$$a_k \leqslant a_1 + a_2 + \cdots + a_{k-1} \leqslant 1 + 1 + 2 + 4 + \cdots + 2^{k-3} = 2^{k-2},$$

从而

$$a_1 + a_2 + \cdots + a_{11} \leqslant 1 + 1 + 2 + 4 + \cdots + 2^9 = 1\,024 < 2\,000.$$

2003 年

八年级

II.085 假设题中断言不真, 则任何两个不善于交际的村民都互相认识, 而任何两个善于交际的村民都互不认识. 如果所有村民都是不善于交际的, 那么他们都相互认识, 并且都认识不多于 99 个本村人, 这就与该村村民超过 100 人的事实相矛盾. 这就意味着该村至少有一个善于交际的村民 A. 我们来观察 A 的所有熟人, 他们不少于 100 人, 而且都是不善于交际的, 因此他们彼此都认识. 这表明, 他们每个人都有不少于 100 个熟人 (99 个其他人再加上 A), 于是他们就应当都是善于交际的, 导致矛盾.

II.086 **答案** 不能.

假设已将 1 到 50 这 50 个正整数按某种顺序写成一行, 满足要求. 我们来标出其中所有的奇数, 并关注从头数起的第二个奇数 a. 按照要求写在 a 前面的所有数的和 s 应当可被 $a+1$ 整除, 但是由于和数 s 是奇数 (因为其中只有一个数是奇数), 而 a 与 1 的和却是偶数, 这意味着奇数 s 可被偶数 $a+1$ 整除, 这是不可能的.

II.087 $\triangle ABC$ 的内心记作 I (参阅图 32). 根据点 C 与 X 关于直线 BI 的对称性, 可知 $\angle CIB = \angle XIB$. 同理可知 $\angle CIB = \angle CIY$. 但是

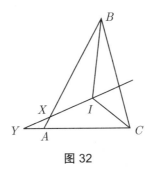

图 32

$$\angle CIB = 180° - \angle IBC - \angle ICB$$

$$= 180° - \frac{1}{2}(\angle ABC + \angle ACB)$$
$$= 180° - \frac{1}{2}(180° - \angle A) = 120°.$$

由此可知 $\angle CIX = \angle CIY = 120°$, 所以 I, X, Y 三点共线.

II.088 证法 1 (染色) 按照图 33所示的方式, 染黑方格表中的一些方格, 一共染黑了 600 个方格. 无论我们怎样划分 1×4 矩形, 它们中所写的数被 4 除的余数都与它们中被染黑的方格的个数相同. 从而所写的所有数的和被 4 除的余数也与所有被染黑的方格的个数相同, 该数目能被 4 整除.

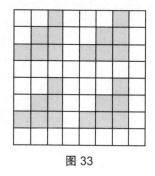

图 33

	1				1		
1	2	3	0	1	2	3	0
	3				3		
	0				0		
	1				1		
1	2	3	0	1	2	3	0
	3				3		
	0				0		

图 34

证法 2 (装备) 按照图 34所示的方式, 在方格表里摆放整数 0,1, 2, 3. 无论我们怎样将方格表分割为一系列 1×4 矩形, 每个矩形所盖住的数的和都与该矩形中所写的数被 4 除的余数相同. 所以所有矩形中所写的数的和被 4 除的余数与所有被摆放的数的和被 4 除的余数相同, 而所有被摆放的数的和是 1 000, 是 4 的倍数.

II.089 答案 198 条直线.

例子很简单: 用 99 条竖直线盖住除最左边一列之外的其余各列, 再用 99 条水平直线盖住除最下面一行之外的其余各行, 即可.

为证明不可能用更少的直线盖住所要盖的对象, 我们采用归纳法: 为按要求盖住 $m \times n$ 点阵中除左下角一个点之外的其余点, 至少需要 $m + n - 2$ 条直线.

起点是: m 与 n 中至少有一者等于 1, 不妨设 $n = 1$. 此时需要盖住 $m-1$ 个点, 而每条符合要求的直线都至多可盖住一个点 (否则该直线经过左下角处的点), 所以需要 $m - 1 = m + n - 2$ 条直线.

归纳过渡: 今有 $m > 1$ 与 $n > 1$, 假设对于所有较小尺寸的点阵所述断言都已经成立, 要证对于 $m \times n$ 点阵, 断言亦成立. 假设除左下角的点外的整个点阵都已经被某个直线族盖住. 我们来观察由整个点阵边缘矩形上的所有点构成的 “框架”, 分两种情况.

情况 1 任何一条直线都未包含 “框架”(视其为矩形) 中的任何一条边, 那么每条直线都至多与 “框架” 相交于两个点. 整个框架中共有 $2m + 2n - 5$ 个点需要覆盖, 而 $m + n - 3$ 条直线至多能盖住 $2m + 2n - 6$ 个点, 所以至少需要 $m + n - 2$ 条直线.

情况 2 至少有一条直线包含 "框架" 的某一条边. 为确定起见, 假定有一条直线包含一条含有 n 个点的边. 此时, 其余的直线覆盖剩下的 $(m-1) \times n$ 点阵 (除了左下角的点). 根据归纳假设, 这组直线应当不少于 $(m-1) + n - 2 = m + n - 3$ 条, 这也就意味着, 一共不少于 $m + n - 2$ 条直线.

◆ 为了盖住除左下角的点以及位于第 i 行第 j 列的点之外的所有点, 至少需要多少条直线?

II.090 将点 B 关于直线 CL 的对称点记作 P(参阅图 35). 因为 CL 是角平分线, 所以点 P 位于直线 CA 上. 由于 $CL \perp BP$, 故 $BM \perp BP$, 这样一来, 就有 $LM = LB = LP$. 但是在四边形 $APMK$ 中, 边 AK, PM 的中点以及边 KM 和 AP 的交点位于同一条直线上, 故由梯形的典型特征知 $AK // PM$. 于是就有 $\angle ABC = \angle CPL$(根据对称性) 和 $\angle CPL = \angle CAK$, 由此即得题中断言.

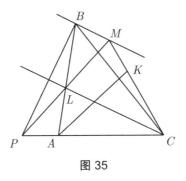

图 35

II.091 首先指出, 为证题中结论, 我们只需找到无穷多对满足如下条件的正整数 a 和 b:

$$\begin{cases} b \mid (a^8 + 1), \\ a \mid (b^4 + 1). \end{cases} \quad \text{①}$$

事实上, 对于这样的 a 和 b, 我们有 $ab \mid (a^8 + 1)(b^4 + 1)$, 亦即 $ab \mid (a^8 b^4 + a^8 + b^4 + 1)$, 因为 $ab \mid a^8 b^4$, 所以有 $ab \mid (a^8 + b^4 + 1)$.

我们来证明, 对于任何满足条件 ① 的一组正整数 (a, b), 都存在另外一组也满足条件 ① 的正整数 (a_1, b_1), 使得 $a_1 + b_1 > a + b$. 又由于数组 $(a, b) = (1, 1)$ 显然满足条件 ①, 由此出发便可知道存在无穷多组满足该条件的正整数 (a, b).

现在假设正整数数组 (a, b) 满足条件 ①. 首先假定 $a \geq b$, 记 $k = \dfrac{a^8 + 1}{b}$, 则由条件 ① 中的第一个条件推知 k 是正整数, 并且 $k \mid (a^8 + 1)$. 再由 $b = \dfrac{a^8 + 1}{k}$ 和条件 ① 中的第二个条件可知

$$a \mid \left[\dfrac{(a^8 + 1)^4}{k^4} + 1 \right].$$

将其右端乘 k^4 (此举不改变整除性), 得

$$a \mid \left[(a^8 + 1)^4 + k^4 \right].$$

其右端的整除性模 a 等价于
$$a \mid (k^4 + 1).$$

结合上面推出的 $k \mid (a^8 + 1)$ 可知数对 (a, k) 亦满足条件 ①. 取 $a_1 = a, b_1 = k$, 我们只需证明 $a_1 + b_1 > a + b$, 亦即 $k > b$. 而这可由 $a \geqslant b$ 的假设得出, 事实上
$$k = \frac{a^8 + 1}{b} > \frac{b^8}{b} \geqslant b.$$

如果 $a < b$, 则改为考虑 $m = \dfrac{b^4 + 1}{a}$, 再作类似的讨论, 即可知道数对 (m, b) 亦满足条件 ①, 并且 $m + b > a + b$, 从而可取 $a_1 = m, b_1 = b$.

九年级

II.092 **证法 1** 注意到
$$\begin{aligned}
&9x^{10} + 2 - 2x^9 - 9x^8 \\
&= 9x^8 (x^2 - 1) - 2(x^9 - 1) \\
&= (x - 1)\left[9x^9 + 9x^8 - 2(x^8 + x^7 + \cdots + x + 1)\right] \\
&= (x - 1)\left[9x^9 + 7x^8 - 2(x^7 + x^6 + \cdots + x + 1)\right],
\end{aligned}$$

故知当 $x \geqslant 1$ 时, 只需证明
$$9x^9 + 7x^8 \geqslant 2(x^7 + x^6 + \cdots + x + 1).$$

因为对于 $x \geqslant 1$, 只要 $n \geqslant k$, 就有 $x^n \geqslant x^k$, 所以此时上式显然成立. 当 $x < 1$ 时, 只需证明
$$9x^9 + 7x^8 < 2(x^7 + x^6 + \cdots + x + 1),$$

因为对于 $x < 1$, 只要 $n \geqslant k$, 就有 $x^n \leqslant x^k$, 所以此时上式也显然成立.

证法 2 对任何正数 x, 我们都有
$$\begin{aligned}
&9x^{10} + 2 - 2x^9 - 9x^8 \\
&= 9x^8(x^2 - 1) - 2(x^9 - 1) \\
&= (x - 1)^2 (9x^8 + 16x^7 + 14x^6 + 12x^5 + 10x^4 + 8x^3 + 4x + 2) \geqslant 0.
\end{aligned}$$

II.093 只需具体给出一个这样的由 100 个两两不同的自然数构成的集合, 使得无论怎样把它分成两个非空的子集, 都有一个子集中的数的和可以被另外一个子集中的数的和整除. 我们来构造例子: 先把由 1 到 99 这 99 个正整数放入该集合 (称为集合 A). 易知, 此时无论怎样把它们分为两个子集, 其中任何一个子集中的所有数的和都不大于 10 000(事实上, 都不大于 5 000). 再选取一个数放入集合 A, 使得集合 A 中所有数的和等于 10 000!. 不难验证, 这样的集合即可满足要求.

事实上, 可以从任何 99 个不同的正整数出发来构造满足要求的集合, 方法完全类似.

II.094 如图 36(a) 所示, 将线段 AC, BD, CE, DF, EA, FB 交成的六边形记作 $A_1B_1C_1D_1E_1F_1$. 为了证明六边形 $A_1B_1C_1D_1E_1F_1$ 有内切圆, 只需证明它的各个内角的平分线相交于同一点. 由题意知 $\triangle AA_1B, \triangle CC_1D, \triangle EE_1F$ 都是等腰三角形, 因此 $AA_1 = A_1B$, $CC_1 = C_1D, EE_1 = E_1F$. 由此易见 $\triangle CC_1B_1 \cong \triangle DC_1D_1$. 同理, $\triangle EE_1D_1 \cong \triangle FE_1F_1$, $\triangle AA_1F_1 \cong \triangle BA_1B_1$. 从而

$$F_1A_1 = A_1B_1, \quad B_1C_1 = C_1D_1, \quad D_1E_1 = E_1F_1,$$

以及

$$\angle BB_1A_1 = \angle CB_1C_1 = \angle DD_1C_1 = \angle ED_1E_1 = \angle FF_1E_1 = \angle AF_1A_1,$$

这就表明

$$\angle A_1B_1C_1 = \angle C_1D_1E_1 = \angle E_1F_1A_1 = \alpha.$$

我们来观察 $A_1B_1C_1D_1E_1F_1$(参阅图 36(b)). 注意,$\angle A_1$ 的平分线是等腰 $\triangle F_1A_1B_1$ 顶角的平分线, 所以它重合于线段 F_1B_1 的中垂线. 同理,$\angle C_1$ 和 $\angle E_1$ 的平分线分别重合于线段 B_1D_1 和 D_1F_1 的中垂线. 因此, 这三个角的平分线相交于同一点 I. 事实上, 点 I 就是 $\triangle B_1D_1F_1$ 的外心. 我们再来证明: IB_1, ID_1, IF_1 分别是 $\angle B_1, \angle D_1, \angle F_1$ 的平分线. 容易看出, $\triangle IF_1A_1 \cong \triangle IB_1A_1$(边角边), 所以 $\angle IF_1A_1 = \angle IB_1A_1 = \beta$. 同理可知 $\angle IB_1C_1 = \angle ID_1C_1 = \alpha - \beta$ 和 $\angle ID_1E_1 = \angle IF_1E_1 = \beta$. 由此可知 $\beta = \frac{1}{2}\alpha$, 从而 IB_1, ID_1, IF_1 分别是 $\angle B_1, \angle D_1, \angle F_1$ 的平分线.

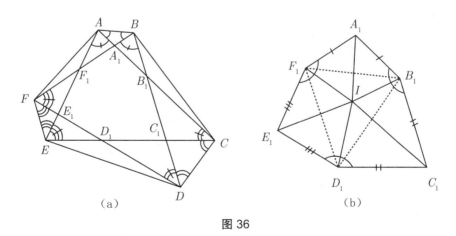

图 36

II.095 答案 在正确的策略下乙将获胜.

我们来观察 "火柴的根数与堆数之和" 的奇偶性. 注意该和的奇偶性在每一次操作之后都发生改变, 除非从某一堆中取走最后一根火柴. 一开始, 该和数是奇数. 我们只需证明: 乙有策略使得这种 "例外的情况" 不出现.

在前 28 步中, 乙可以按照如下策略行事: 如果甲 (按规则) 将某两堆合并为一堆, 乙就任意从一堆中取出一根火柴; 如果甲从某一堆中取走一根火柴, 乙就将某两堆合为一堆. 乙从事这些步骤是没有问题的, 因为任何一堆火柴都不会在 28 步之后只剩下一根. 何况只要有不少于三堆火柴, 就一定会有某两堆火柴的根数的奇偶性相同. 这样一来, 乙就可以在 28 轮操作之后, 使得一共只剩下两堆火柴, 并且此时所剩下的火柴总数为奇数; 因为刚好一共拿走了 28 根火柴. 这样一来, 在第 29 轮中, 甲就不可能把两堆并成一堆, 而只能从某一堆中拿走一根火柴. 从而使得两堆中的火柴数目的奇偶性相同, 于是乙可以把它们并为一堆, 使得一共只剩下一堆火柴, 并且其中的火柴数目为偶数. 接下来, 两人只能一次一根地拿, 于是乙必然赢得胜利.

II.096 证法 1 先证一个引理 (参阅图 37(a)):

引理 过点 R 作 $\triangle PQR$ 外切圆的切线, 它与边 QP 的延长线相交于点 S. 在直线 PQ 上取一点 T, 使得 $\angle TRP = \angle PRS$, 则有 $PT = RP^2/QP$.

引理之证 由弦切角等于同弧所对圆周角, 知 $\angle PRS = \angle PQR$. 因此 $\angle TRP = \angle PQR$, 从而 $\triangle RPT \backsim \triangle QPR$, 所以 $RP/QP = PT/RP$.

回到原题. 在直线 BM 上分别取点 K' 和 K'', 使得 $\angle K'CM = \angle MCD$, $\angle K''AM = \angle MAD$ (参阅图 37(b)). 由引理可知

$$MK' = \frac{CM^2}{MB} = \frac{AM^2}{MB} = MK'',$$

从而点 K' 与点 K'' 相互重合. 又由于 $\triangle ACD$ 与 $\triangle ACK'$ 关于直线 AC 对称, 这就表明: 点 K' 与点 K'' 都重合于点 K.

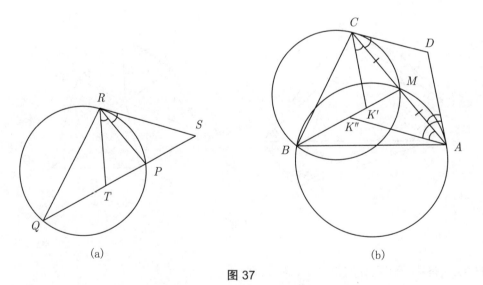

图 37

证法 2 作线段 AC 的中垂线 ME (参阅图 38). 假设点 D' 是点 D 关于 ME 的对称点. 我们指出, 点 D' 是与点 K 关于点 M 对称的, 所以如果我们能够证明点 D' 在直线

BM 上, 那么点 K 也就在直线 BM 上. 因为 $\angle DCA = \angle CBM$, $\angle DAC = \angle ABM$, 所以

$$\angle CD'A = \angle CDA = 180° - \angle DCA - \angle DAC$$
$$= 180° - \angle ABM - \angle CBM = 180° - \angle ABC.$$

如此一来, 即知四边形 $ABCD'$ 内接于圆. 往证点 M 在对角线 BD' 上. 为此, 我们指出 $\angle CBM = \angle CBD'$, 事实上

$$\angle CBM = \angle DCA = \angle CAD' = \angle CBD',$$

其中最后一步是由于四边形 $ABCD'$ 内接于圆.

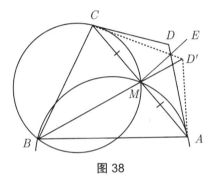

图 38

II.097 将棋盘上的行与列都分别依次用 0 至 7 编号, 下面所有关于编号的运算都按照 mod 8 进行. 我们将表中所填的数按照如下方式调换位置: 将写在方格 (i, j) 中的数换到方格 $(i - j, 8 - j)$ 中. 应当注意: 如果重复进行两次这种变换, 数将回到原位, 事实上

$$(i - j - (8 - j), 8 - (8 - j)) = (i - 8, j) = (i, j).$$

为了能够直观地理解这一变换, 我们来解释几句. 首先, 将方格表中位于主对角线上方的部分剪下来, 把它平移到方格表的下方边缘以下, 再把现在的每一行数依次抄到各条右上左下对角线上, 得到一个正方形数表, 最后再把该数表逆时针旋转 $90°$. 图 39 所示就是 4×4 方格表的变换过程.

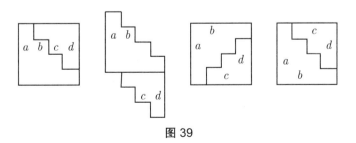

图 39

对于摆法 A, 我们用 $T(A)$ 表示经过如上变换所得的摆法. 下面来证明: 甲在摆法 A 下得到的和数大于乙在摆法 $T(A)$ 下得到的和数.

我们用 x_i 表示第 i 行中位于第 i 列之前 (包括第 i 列) 的所有各数之积; 用 y_i 表示第 i 行中位于第 i 列之后的所有各数之积. 于是, 甲在摆法 A 下得到的和数等于

$$D_A = x_0 y_0 + x_1 y_1 + \cdots + x_6 y_6 + x_7,$$

而乙在摆法 $T(A)$ 下得到的和数则为

$$S_{T(A)} = x_0 + y_0 + x_1 + y_1 + \cdots + x_6 + y_6 + x_7,$$

我们来证明 $D_A > S_{T(A)}$.

设 a 和 b 为正整数, 注意到不等式

$$ab \geqslant a + b + 1$$

仅在 a 与 b 中有一个为 1, 或者两个都是 2 的时候才不成立. 易知, 对于任何 i, x_i 与 y_i 都不可能同时为 2. 而在 a 与 b 中有一个为 1 时, 我们有 $ab = a + b - 1$, 而这种情形只会在 $x_0 = 1$ 或者 $y_6 = 1$ 时才会发生. 所以我们有

$$x_i y_i \geqslant x_i + y_i + 1, \quad \text{当 } i = 1, 2, \cdots, 5 \text{时};$$
$$x_i y_i \geqslant x_i + y_i - 1, \quad \text{当 } i = 0, 6 \text{时}.$$

这就是说, D_A 至少比 $S_{T(A)}$ 大 3.

因为 $T(T(A)) = A$, 所以我们可以把所有摆法分成一对一对的 $(A, T(A))$, 在每一对中, 都有 $D_A > S_{T(A)}$ 和 $D_{T(A)} > S_{T(T(A))} = S_A$.

由于在每一种摆法下, 我们或者有 $D_A > S_A$, 或者有 $S_A \geqslant D_A$. 而在后一种情况下, 我们却有 $D_{T(A)} > S_A \geqslant D_A > S_{T(A)}$. 这就表明, 在每一对摆法 $(A, T(A))$ 中, 甲都一定至少在其中一种摆法下所得的和数大于乙所得的和数.

II.098 答案 一共有两类: (1) 所有的二次三项式 $f(x) = x^2 + px$, 其中 p 是任意非负整数; (2) 所有的二次三项式 $f(x) = x^2 + px + q$, 其中 p 为奇数, q 为偶数.

对于任何二次三项式 $f(x) = x^2 + px$, 我们都有 $(a, b) \mid a^2 + pa$, $(a, b) \mid b^2 + pb$, 所以

$$(a, b) \mid (a^2 + pa, b^2 + pb) = (f(a), f(b)),$$

从而只要 $f(a)$ 与 $f(b)$ 互质, a 与 b 自己也互质.

如果 p 为奇数, q 为偶数, 那么对于任何整数 x, $f(x) = x^2 + px + q$ 都是偶数, 从而不存在整数 a 与 b 使得 $f(a)$ 与 $f(b)$ 互质. 所以, 此类二次三项式也满足题意.

下面只需证明: 再无其他类型的二次三项式满足题意.

证法 1 假设二次三项式 $f(x) = x^2 + px + q$ 满足题意, 并且 $q \neq 0$. 周知, 对于任何整数 $m > 1$, m 都不与 $mf(m)$ 互质, 从而 $f(m)$ 与 $m^2 f^2(m) + pmf(m) + q$ 也不互质. 我们注意到

$$(f(m), m^2 f^2(m) + pmf(m) + q) = (f(m), q) = (m^2 + pm + q, q)$$

$$= (m(m+p),\ q),$$

这就意味着对于任何整数 $m > 1$, 数 q 都与 $m(m+p)$ 有大于 1 的公约数. 我们用 Q 表示 q 的所有质约数的乘积, 亦即: 如果 $q = q_1^{\alpha_1} q_2^{\alpha_2} \cdots q_n^{\alpha_n}$, 那么 $Q = q_1 q_2 \cdots q_n$, 其中 $q_1, q_2, \cdots, q_n$ 为质数. 显然, 如果 $m(m+p)$ 与 q 有大于 1 的公约数, 那么它与 Q 也有大于 1 的公约数. 设 q 与 p 的最大公约数为 d. 写 $p = p'd$, $q = q'd$. 于是 $(p', q') = 1$, $(q', d) = 1$. 我们取 $m = q' + p$, 那么根据上述证明, 知 $m(m+p) = (q'+p)(q'+2p) = (q'+p'd)(q'+2p'd)$ 与 $q = q'd$ 有大于 1 的公约数. 因为

$$((q' + p'd)(q' + 2p'd),\ d) = (q'^2, d) = 1,$$

所以该公约数与 d 互质. 这就意味着该公约数是 q' 的约数. 因为

$$((q' + p'd)(q' + 2p'd),\ q') = (2d^2 p'^2,\ q') = (2, q'),$$

所以该公约数为 2, 因而 q' 是偶数. 并且 p' 与 d 只能为奇数, 从而 p 是奇数.

证法 2 (利用中国剩余定理) 假设存在其他的二次三项式满足题意, 不妨设 $q > 0$. 并且如果 q 是偶数, 那么 p 也是偶数. 正如证法 1 所证, 对任何整数 $m > 1$, 数 q 都与 $m(m+p)$ 有大于 1 的公约数. 设 $q = q_1^{\alpha_1} q_2^{\alpha_2} \cdots q_n^{\alpha_n}$, 其中 $q_1, q_2, \cdots, q_n$ 为质数. 我们指出, 对于任何 q_k, 都能找到小于 q_k 的正整数 r_k, 使得 $q_k \nmid r_k(r_k + p)$. 事实上, 如果 $q_k \ne 2$, 那么只要取 $r_k \not\equiv 0 \pmod{q_k}$ 和 $r_k \not\equiv p \pmod{q_k}$ 即可. 如果 $q_k = 2$, 那么 p 必为偶数, 于是只要取 $r_k = 1$. 由中国剩余定理知, 存在这样的 $r > 1$, 使得 $r \equiv r_k \pmod{q_k}$, $k = 1, 2, \cdots, n$. 这就意味着

$$r(r+p) \equiv r_k(r_k + p) \not\equiv 0 \pmod{q_k}, \quad k = 1, 2, \cdots, n.$$

这与 $r(r+p)$ 和 q 有大于 1 的公约数的事实相矛盾.

十年级

II.099 将该人所得的结果记为 Π, 我们来证明 Π 小于真正的乘积. 将两个 50 位数分别记作

$$A = \sum_{i=0}^{49} a_i 10^i, \quad B = \sum_{i=0}^{49} b_i 10^i$$

再记

$$K = \sum_{i=0}^{49} a_i b_i 10^{2i}.$$

我们指出: 只要该人把每一对相同位置上的数的乘积写成二位数 (不足二位时补零), 他所得的结果就恰好等于 K; 而当 $a_1 b_1, a_2 b_2, \cdots, a_{49} b_{49}$ 中至少有一个为一位数时, Π 严格地小于 K. 从而就有 $\Pi \leqslant K$, 并且当等号成立时, A 与 B 的各位数字都不等于 0.

另一方面, 显然有 $K \leqslant AB$, 因为 K 中的每一项都已经被计入了真正的乘积 AB 中. 并且容易看出, 当 A 与 B 的各位数字都不等于 0 时, 严格地有 $K < AB$. 这样一来, 我们便证得了不等式 $\Pi \leqslant K \leqslant AB$, 并且其中的两个等号不可能同时成立. 于是任何时候都有 $\Pi < AB$, 从而 $\Pi \neq AB$.

II.100 如图 40 所示, 在边 CD 的延长线上取一点 K, 使得 $DK = EF$. 因为四边形 $ABCD$ 内接于圆, 所以
$$\angle ABC + \angle ADC = 180°,$$
于是
$$\angle ADK = 180° - \angle ADC = \angle ABC = 90° - \angle ABD = \angle BEF.$$
于是立知 $\triangle ADK \cong \triangle BEF$, 从而有 $\angle DKA = \angle EFB = 90°$. 再根据垂线短于斜线, 得 $CD + DK = CK < CA$.

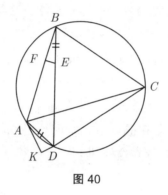

图 40

II.101 答案 甲有取胜策略.

我们将原来的边长为 2003 的正三角形称为大三角形, 把边长为 1 的正三角形的边称为小线段. 甲可以先把大三角形各条边上的中点所在的小线段标出来. 再以它们为基础作成一条不自交的闭折线, 使它围成一个六边形, 该六边形上另外三条边的长度均为 1001 (它的六条边的长度分别为 1, 1001, 1, 1001, 1, 1001). 该六边形将大三角形分成了四个部分 (参阅图 41). 于是在以后的步骤中都只能作不与该六边形的周界相交的折线. 我们划去该六边形的周界上的所有顶点以及以它们作为端点的所有小线段, 得到四个全等的正三角形 (它们的边长均为 1000). 往后, 甲只需采用对称策略: 他将所得到的四个正三角形分为 "两对", 不论乙作什么折线, 他都在同一对中的另外一个正三角形中作同样的折线. 由于游戏或迟或早总会结束, 但是只要乙可以画下去, 甲就可以画下去, 故一定是乙首先不能再画下去.

♦1 如果原三角形的边长是偶数, 则甲仍可取胜, 他的第一步如图 42 所示.

♦2 在 $n \times n \times n$ 立方体的表面上甲、乙二人做游戏, 每人每次沿着网线作一条闭折线, 不得与已作的折线有公共点. 甲先开始, 谁不能继续进行, 就算谁输. 在正确的策略之下, 谁将取胜?

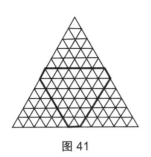
图 41

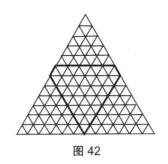
图 42

II.102 将所给的 n 个数记作 $a_1, a_2, \cdots, a_n$. 根据题意, 其中任何 $n-2$ 个数的平方和都被另外两个数的乘积整除.

任意取定其中一个数 a_k, 考察所有不包含 a_k 的 $n-2$ 元数组. 任何一个这样的数组中的所有数的平方和都可被 a_k 整除. 将所有这些平方和相加, 可以得知: 除 a_k 之外的所有数的平方和的 $n-2$ 倍可被 a_k 整除. 又由于任意 $n-2$ 个不包含 a_k 在内的数的平方和都可被 a_k 整除, 即可推得: 对任何 $l \neq k$, 都有 $a_k \mid (n-2)a_l^2$.

再来观察其中任何三个不同的数 a_i, a_j 和 a_k. 由于除 a_i 和 a_k 之外的 $n-2$ 个数的平方和可被 a_k 整除, 而除 a_j 和 a_k 之外的 $n-2$ 个数的平方和也可被 a_k 整除, 因此 $a_k \mid (a_i^2 - a_j^2)$.

如果 $a_1, a_2, \cdots, a_n$ 具有大于 1 的公约数 d, 那么约去 d 之后的数组仍然满足题意, 所以可以假设 $a_1, a_2, \cdots, a_n$ 整体互质. 假设存在质数 p, 使得 $p \mid a_i, p \mid a_k$. 因为 $a_1, a_2, \cdots, a_n$ 整体互质, 所以存在某个 a_j 使得 $p \nmid a_j$. 但是如上所证, 我们有 $a_k \mid (a_i^2 - a_j^2)$, 这就产生了矛盾, 因为非 p 的倍数不可能被 p 的倍数整除. 这个矛盾表明: 我们的数组中数全都两两互质.

然而前面已证: 对任何 $l \neq k$, 都有 $a_k \mid (n-2)a_l^2$, 结合 a_k 与 a_l 互质, 即知 $a_k \mid (n-2)$. 这就是说, $a_1, a_2, \cdots, a_n$ 中的每一个数都是 $n-2$ 的约数, 从而它们中至少有两个是相同的 (事实上有许多个 1).

II.103 答案 9 900 条.

不难构造出这样的例子, 例如: 将所有城市分为两组, 一组有 10 个城市, 另一组有 990 个城市. 任何两个不同组的城市之间都有道路相连, 而任何两个同组的城市之间都没有道路相连. 于是我们刚好有 9 900 条道路, 并且每一条道路的一端都是一个属于大组的城市, 它只有连往小组城市的道路, 刚好有 10 条.

我们来证明: 道路的条数不可能再多. 将连出的道路条数多于 10 的城市称为大城市, 而将其余的城市称为小城市. 根据题意, 任何两个大城市之间都没有道路相连. 下面分两种情况讨论.

情况 1 大城市的数目不少于 10. 此时小城市的数目不多于 990. 因为每一条道路的一端都是一个小城市 (由该城市连出的道路不多于 10 条), 所以道路的总条数不多于 9 900.

情况 2 大城市的数目 $k < 10$. 因为任何两个大城市之间都没有道路相连, 所以从任何一个大城市连出的道路都不多于 $1\,000 - k$ 条, 从而从所有大城市连出的道路一共不多于 $k(1\,000 - k)$ 条. 我们一共有 $1\,000 - k$ 个小城市, 从它们每个城市连出的道路都不多于 10 条, 所以从所有小城市连出的道路一共不多于 $10(1\,000 - k)$ 条. 这就是说, 该国的道路总条数不会超过

$$\frac{1}{2}\left[k(1\,000 - k) + 10(1\,000 - k)\right] = \frac{10 + k}{2}(1\,000 - k) < \frac{19}{2} \times 1\,000 < 9\,900 \quad (k < 10).$$

II.104 不失一般性, 可以认为点 A 位于线段 PB 上 (参阅图 43). 由点 P 作圆 ω 的切线 PK 和 PL. 如所周知,

$$PK^2 = PL^2 = PA \cdot PB.$$

因而 $PK = PL = PC$. 设射线 KC 与圆周 ω 的第二个交点为 M'. 往证点 M' 重合于 $\overset{\frown}{ALB}$ 的中点 M. 为此, 只需证明 $\angle AKM' = \angle BKM'$, 而这又等价于证明 $\angle AKC = \angle BKC$. 根据弦切角等于同弧所对圆周角, 知 $\angle PKA = \angle PBK$, 又易知 $\angle PKC = \angle PCK$. 再由三角形内角与外角的关系得 $\angle BKC = \angle PCK - \angle PBK$. 于是明显的等式 $\angle AKC = \angle PKC - \angle PKA$ 给出了所需的等式 $\angle AKC = \angle BKC$.

这样一来, 就有 K, C, M 三点共线. 类似可证 L, C, N 三点共线. 因而知 $\angle MCN = \angle KCL$, 而后者等于 $\overset{\frown}{MN}$ 与 $\overset{\frown}{KL}$ 长度之和的一半, 当然不依赖于直线 l 的位置.

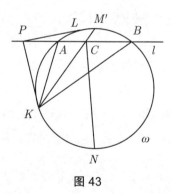

图 43

II.105 证法 1 (穷举法) 先引入一些记号. 考察数组 $\{a_1, a_2, \cdots, a_n\}$ 的 k 元子集中的元素之和被 p 除的余数, 以 $f_k(i)$ 表示其中和数被 p 除的余数为 i 的 k 元子集的个数, 令 $S(i) = \sum_{k=0}^{n}(-1)^k f_k(i)$. 特别地, $S(0)$ 就是题目中所需要考察的和数. 我们来证明一个更加一般的命题: 对于任何元素个数不少于 p 的正整数组, 都有 $S(0), S(1), \cdots, S(p-1)$ 均可被 p 整除.

记 $A = \{a_1, a_2, \cdots, a_{n-1}, a_n\}$, $A' = \{a_1, a_2, \cdots, a_{n-1}\}$, 并且分别以 $S'(0)$, $S'(1), \cdots, S'(p-1)$ 表示关于集合 A' 的相应的各个和值. 我们来证明

$$S(i) = S'(i) - S'(i - a_n), \qquad \text{①}$$

其中差值 $i-a_n$ 按照 $\bmod p$ 计算. 事实上, 可以把 A 的和数被 p 除的余数为 i 的 k 元子集分为两类: 一类包含元素 a_n, 另一类不包含 a_n. 后一类就是数组 A' 的和数被 p 除的余数为 i 的 k 元子集的全体. 对于前一类中的每个 k 元子集 $B \subset A$, 如果我们从中去掉元素 a_n, 那么得到 A' 的一个 $k-1$ 元子集, 其中的元素之和被 p 除的余数为 $i-a_n$. 因此, 这一类子集在 $S(i)$ 中的贡献为 $-S'(i-a_n)$. 综合上述两方面, 即得 ① 式.

由 ① 式可知, 为了证明我们的断言, 只需对恰含有 p 个元素的数组 A 进行证明. 此外, 还可假设 A 中的所有元素都不是 p 的倍数 (否则, 可设 $p \mid a_n$, 而这样一来, 就立即可由 ① 式证得我们的断言).

假设对某个数组 A, 我们的断言已经成立. 那么此时, 对于数组 A' 就有

$$S'(i) \equiv S'(i-a_n)(\bmod p), \quad i=0,1,\cdots,p-1,$$

再由 p 为质数即知 $S'(0), S'(1), \cdots, S'(p-1)$ 被 p 除的余数彼此相等. 另一方面, 结合 ① 式还可知, 如果在数组 A' 增加任意一个不等于 a_n 的非 p 的倍数的正整数, 则所得到的数组仍然可使我们的断言成立. 经过若干次这种代换, 我们可以得到一个恰由 p 个 1 组成的数组. 从而我们只需再验证, 对于由 p 个 1 组成的数组而言, 和值 $S(i)$ 均可被 p 整除. 而这非常简单: 对于这样的数组, 当 $i \neq 0$ 时, 有 $p \mid C_p^i = S(i)$; 当 $i=0$ 时, 有 $S(0) = C_p^0 - C_p^p = 0$.

证法 2 (多项式法) 我们来考察多项式

$$P(x) = (1-x^{a_1})(1-x^{a_2}) \cdots (1-x^{a_n}).$$

以 $q(x)$ 表示 $P(x)$ 被多项式 x^p-1 除的余式. 设整数 $0 \leqslant r < p$, 易知单项式 x^{pk+r} 被 x^p-1 除的余式等于 x^r. 由此可知, 多项式中的指数为 p 的倍数的项的系数之和刚好等于 $q(x)$ 中的常数项. 与证法 1 相同, 我们来证明更加一般的命题: $q(x)$ 的各项系数均可被 p 整除. 不难看出, 该断言与证法 1 中的一般性的命题等价. 我们指出: 因为 $(x-1) \mid (x^{a_i}-1)$, 所以 $(x-1)^p \mid P(x)$, 而

$$(x-1)^p - C_p^1 x^{p-1} + C_p^2 x^{p-2} - \cdots + C_p^{p-1} x - 1 = (x^p-1) + ph(x),$$

其中 $h(x)$ 为整系数多项式. 故而

$$P(x) = r(x)(x-1)^p = (x^p-1)r(x) + ph(x)r(x).$$

所以 $q(x)$ 就是 $ph(x)r(x)$ 被 x^p-1 除的余式. 这就表明: 它的各项系数都是 p 的倍数.

十一年级

II.106 证法 1 注意到

$$17x^{19} + 4 - 4x^{17} - 17x^{15}$$

$$= 17x^{15}(x^4-1) - 4(x^{17}-1)$$
$$= (x-1)\left[17(x^{18}+x^{17}+x^{16}+x^{15}) - 4(x^{16}+x^{15}+\cdots+x+1)\right]$$
$$= (x-1)\left[17x^{18}+17x^{17}+13x^{16}+13x^{15} - 4(x^{14}+\cdots+x+1)\right],$$

即知, 当 $x \geqslant 1$ 时, 只需证明

$$17x^{18}+17x^{17}+13x^{16}+13x^{15} \geqslant 4(x^{14}+\cdots+x+1);$$

而这是显然的, 因为此时只要 $k \geqslant n$, 就有 $x^k \geqslant x^n$. 当 $x < 1$ 时, 只需证明与之相反的不等式, 此亦显然, 因为只要 $k \geqslant n$, 就有 $x^k \leqslant x^n$.

证法 2 所要证明的不等式可以由下述恒等式推出:

$$17x^{19}+4-4x^{17}-17x^{15} = (x-1)^2\left[17x^{17}+34x^{16}+47x^{15}+\sum_{k=0}^{14}4(k+1)x^k\right],$$

该恒等式可以通过去括号直接验证.

II.107 将每张纸上的数分别求和, 以 $s_1, s_2, \cdots, s_{100}$ 表示这些和数. 再记

$$S = s_1 + s_2 + \cdots + s_{100}.$$

显然, 每一对朋友在他们二人自己的卡片上都没有被记录, 而在其余 98 张卡片上则都有记录. 这就是说, 每一对朋友关系都在 S 中被记录了 196 次. 从而 $S = 196k$, 其中 k 就是所有的 "朋友对" 的数目. 于是写第 i 张卡片的绅士的朋友数目就是 $k - \dfrac{s_i}{2}$.

II.108 证法 1 (纯几何方法) 如图 44 所示, 在射线 AL 上取一点 P, 使得 $PC = CA$(因为 $\angle CAL = \dfrac{1}{2}\angle CAB < \pi/2$, 所以存在这样的点 P). 我们指出

$$\angle ACP = \pi - 2\angle CAL = \angle ACB + \angle ABC,$$

所以点 P 与点 A 位于直线 CB 的不同侧, 且有 $\angle PCB = \angle ABC$.

因为 $\angle CPL = \angle CAL = \angle LBC$, 所以四边形 $CLBP$ 内接于圆, 并且

$$\angle CBP = \angle CLP = \angle ACL + \angle CAL = \angle CAB.$$

这表明 $\triangle ABC \backsim \triangle BCP$, 则

$$\frac{CB}{AB} = \frac{CP}{BC} = \frac{AC}{CB},$$

此即为所证.

证法 2 (计算法) 本方法虽然简单, 但是不易找到, 因为计算的直观意义不很明显.

如图 45 所示, 令 $\angle LBC = \alpha$, $\angle LCB = \beta$, 则有 $\angle BLC = 180° - \alpha - \beta$. 分别对 $\triangle LBC$ 和 $\triangle LCA$ 运用正弦定理, 得

$$\frac{BC}{\sin(\alpha+\beta)} = \frac{LC}{\sin\alpha} = \frac{AC}{\sin 2\alpha}.$$

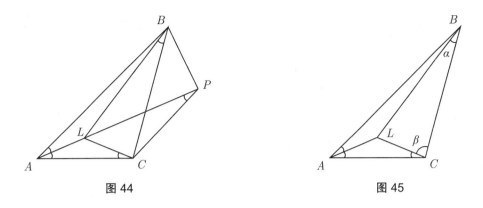

图 44   图 45

再对 △ABC 运用正弦定理, 得

$$\frac{AB}{\sin(\alpha+\beta)} = \frac{BC}{\sin 2\alpha}.$$

综合上述二等式, 即得

$$\frac{BC}{AC} = \frac{AB}{BC},$$

这就是所要证明的.

II.109 **答案** 不能.

解法 1 (运用技巧) 假设存在符合要求的摆法. 我们来进行 mod N 计算. 需要指出: 如果放在数 k 后面的数是由 k 加上 28 得到的, 那么放在数 $k+11$ 后面的数也一定是由 $k+11$ 加上 28 得到的. 因若不然, 那么就有 $k+28 = (k+11) + 17$, 但是圆周上不可能有两个相同的数. 由此可知, 放在数 $k+22, k+33, \cdots$ 后面的数也一定都是通过前面的数加上 28 得到的. 也就是说, 凡是被 11 除的余数相同的数, 其后面的数都等于它加上同一个数. 因此, 对圆周上的数所作的加法运算 (加上 17, 或加上 28) 呈周期性变化.

显然, 在任何 12 个相连摆放在圆周上的数中, 一定有两个被 11 除的余数相同的数. 因此, 加法运算 (加上 17, 或加上 28) 的变化周期不大于 11. 事实上, 如果 $a \equiv b \pmod{11}$, 并且在它们之间所摆放的数的个数 $s \leqslant 11$, 因为 a 与 b 之后的数都是由它们分别加上同一个数得到的, 所以它们后面的数被 11 除的余数也相同. 从而它们后面的数又是分别由它们加上同一个数得到的. 如此等等, 此即表明加法运算 (加上 17, 或加上 28) 的变化周期为 $s \leqslant 11$.

设 M 是加数序列中的一个, $11s \leqslant M \leqslant 28s < 1000$. 显然 $M \mid N$, 而每隔 s 步, 就为一个数加上 M, 这样一来, 隔 $s\dfrac{N}{M}$ 步后, 就为一开始的数加上了 N, 从而等于一开始的数, 此为矛盾.

解法 2 (纯技术性方法) 环绕圆周一周, 假设其中共有 A 次作 "+17 (mod N)" 运算, B 次作 "+28 (mod N)" 运算, 则有

$$A + B = N, \quad N \mid (17A + 28B).$$

这表明 A 和 B 都是 $\frac{N}{11}$ 的倍数 ($11B = 17A + 28B - 17N$ 是 N 的倍数). 设 $A = \frac{aN}{11}$, $B = \frac{bN}{11}$. 我们记

$$k = \frac{11N}{17a + 28b}.$$

不难看出, k 为整数. 我们来证明, 在圆周上存在 k 个相连的数, 其中有 $\frac{ak}{11}$ 次作 "+17 (mod N)" 运算, $\frac{bk}{11}$ 次作 "+28 (mod N)" 运算. 这一点可以利用 "离散连续性原理" 来证明. 首先在圆周上任取 k 个相连的数 $x_1, x_2, \cdots, x_k$, 如果它们不符合要求, 不妨设其中作 "+17 (mod N)" 运算的次数小于 $\frac{ak}{11}$, 那么我们就沿着圆周整体位移一格, 转而考察 $x_2, x_3, \cdots, x_{k+1}$; 如果仍然不合适, 那么再沿着圆周整体位移一格; 如此下去, 我们一定可以在某一步上找到符合要求的 k 个相连的数. 这是因为作 "+17 (mod N)" 运算的次数不能永远小于 $\frac{ak}{11}$, 否则会与 "共有 A 次作 '+17 (mod N)' 运算" 的假设相矛盾. 而在每一次整体位移中, 每种运算的次数都至多变化 1. 所以一定存在符合要求的 k 个相连的数.

如果我们将这 k 个相连的符合要求的数所作的运算的次数相加, 即可发现它们的和等于 N. 这就是说, 圆周上有重复出现的数, 此为矛盾.

II.110 $f \equiv 0$ 的情形显然. 假设 $f \not\equiv 0$ 并且在 $|x| > M$ 时 $f(x) \neq 0$. 于是, 对任何整数 $n > M$, 数 n 与 $nf(n)$ 都有大于 1 的公约数, 因而 $f(n)$ 与 $f(nf(n))$ 也有大于 1 的公约数. 我们指出

$$f(nf(n)) \equiv f(0) \pmod{f(n)},$$

所以 $f(n)$ 与 $f(0)$ 也有大于 1 的公约数 (注意现在有 $f(n) \neq 0$). 设 $p_1, p_2, \cdots, p_k$ 是 $f(0)$ 的所有互不相同的质约数. 对于每个 p_i, 我们都可以找到 d_i, 使得 $p_i \nmid f(d_i)$ (如果找不到这样的 d_i, 那么题中断言已经成立). 根据中国剩余定理, 存在 n, 使得

$$n \equiv d_i \pmod{p_i}, \quad \forall\, i = 1, 2, \cdots, k.$$

可以认为 $n > M$. 对该 n, 我们有 $f(n) \equiv f(d_i) \pmod{p_i}$, 从而 $(f(n), f(0)) = 1$, 此为矛盾.

II.111 设 AA_1, BB_1, DD_1 是 $\triangle ABD$ 的三条高 (参阅图 46). 考察以 B 为中心、2 为系数的同位相似变换 Ψ. 显然, D_1 在 Ψ 下的像为 X, 我们将 A_1 在 Ψ 下的像记为 Y_1, 并将 $\triangle ABD$ 的九点圆在 Ψ 下的像记为 ω. 我们指出, 点 A, X, Y_1, D 都在 ω 上, 因此只需证明 C, X, Y_1 在一条直线上 (这将表明 $Y = Y_1$). 将 H 在 BM 上的投影记作 P. 于是 BP 的中点位于 $\triangle ABD$ 的九点圆上 (并且是 B_1 的对径点), 所以点 P 在圆周 ω 上.

分别记 $\triangle BXY_1$ 和 $\triangle BA_1D_1$ 的外接圆为 ω_1 和 ω_2, 我们来考察 ω, ω_1 和 ω_2. 注意到 ω_1 和 ω_2 相互内切, 切点为直线 BC 上的点 B, 所以直线 BC 是它们的有理轴. 线段 PH 是 ω 和 ω_2 的公共弦, 而 XY_1 是 ω 和 ω_1 的公共弦. 所以, 直线 BC, PH, XY_1 相交于同一点 C, 此即为所证.

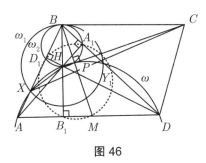

图 46

II.112 答案 存在.

我们来考察如下的向量的集合 V:

$$V = \{(a,b,c):\ a,b,c \in \mathbf{Z},\ |a|,|b|,|c| \leqslant N,\ a^2+b^2+c^2 > 0\},$$

其中 N 是 II.109 题中给定的正整数. 我们来证明, 任何 $\boldsymbol{x}_0 = (a_0,b_0,c_0) \in V$ 都至少与 V 中 100 个两两不共线的向量相垂直.

如果 $\boldsymbol{x}_0$ 的一个坐标等于 0, 例如 $a_0 = 0$, 那么所有的向量 $(k,-c_0,b_0)$, $k = 0,1,\cdots,99$, 都与 $\boldsymbol{x}_0$ 相垂直, 结论成立.

先设 $a_0 b_0 c_0 \neq 0$. 我们来考察如下的向量的集合 V_1:

$$V_1 = \left\{\boldsymbol{y} = (u,v,w):\ u,v,w \in \mathbf{Z},\ |u|,|v|,|w| < \frac{N}{1\,000},\ u^2+v^2+w^2 > 0\right\},$$

我们指出 V_1 中至少有 $\left(\dfrac{N}{500} - 1\right)^3 > N^2$ 个向量. 并且对于任何 $\boldsymbol{y} \in V_1$, 都有

$$|(\boldsymbol{x}_0,\boldsymbol{y})| = |a_0 u + b_0 v + c_0 w| \leqslant 3N \cdot \frac{N}{1\,000} = \frac{3N^2}{1\,000},$$

这就表明, 存在 $\boldsymbol{y}_1, \boldsymbol{y}_2 \in V_1$, 使得 $(\boldsymbol{x}_0,\boldsymbol{y}_1) = (\boldsymbol{x}_0,\boldsymbol{y}_2)$. 我们记 $\boldsymbol{y}_0 = \boldsymbol{y}_1 - \boldsymbol{y}_2 = (u_0,v_0,w_0)$, 则有 $|u_0|,|v_0|,|w_0| < \dfrac{N}{500}$, 并且

$$(\boldsymbol{x}_0,\boldsymbol{y}_0) = a_0 u_0 + b_0 v_0 + c_0 w_0 = 0,$$

而且不可能出现 $u_0 = v_0 = w_0 = 0$ 的情况, 此因 $\boldsymbol{y}_1 \neq \boldsymbol{y}_2$. 从而加式 $a_0 u_0 + b_0 v_0 + c_0 w_0$ 中既有正项 (不妨设 $a_0 u_0 > 0$), 又有负项 (不妨设 $b_0 v_0 < 0$). 于是向量 $(-b_0,a_0,0)$ 与 $(0,a_0,-b_0)$ 中至少有一个不与向量 $\boldsymbol{y}_0$ 共线. 两者情况类似, 不妨设 $(-b_0,a_0,0)$ 不与向量 $\boldsymbol{y}_0$ 共线.

我们来考察向量 $(-b_0,a_0,0) + k\boldsymbol{y}_0$, 其中 $k \in \mathbf{Z}$, $|k| \leqslant 100$, 并且选取 k 的符号, 使得 kv_0 与 b_0 异号. 显然, 这些向量两两不共线, 并且都与 $\boldsymbol{x}_0$ 垂直. 最后, 只需将平行于集合 V 中各向量且都经过同一个点的所有直线所构成的集合作为我们的集合即可.

2004 年

八年级

II.113 以各个蜂蜜罐开始时的质量 (单位: 克) 作为它们的编号, 再以 b_k 表示第 k 号罐子后来的质量. 假设管理员依次比较第 k 号与第 $k+1$ 号罐子的质量. 如果对某个 k, 有 $b_k \geqslant b_{k+1}$, 则在第 k 号罐子中至少有一只淹死的野蜂. 如果对所有的 k, 都有 $b_k < b_{k+1}$, 则表明在第 2004 号罐子中至少有一只淹死的野蜂. 我们来证明这一断言. 设 n 是至少有一只野蜂淹死在其中的一个罐子的号码, 那么第 $n+1$ 号罐子中也至少有一只被淹死的野蜂, 因若不然, 我们就会有 $b_n \geqslant b_{n+1}$. 故知, 只要第 n 号罐中至少有一只被淹死的野蜂, 那么所有号码大于 n 的罐子中都有被淹死的野蜂, 因而第 2004 号罐子亦然.

II.114 如图 47 所示, 以 K 表示由顶点 A 引出的高与经过点 H 的平行于 BC 的直线的交点. 我们来证明 BK 是 $\angle B$ 的平分线, 亦即 $\angle ABK = \angle CBK$. 由角和边的相等可知 $\triangle AHK \cong \triangle CBH$, 故知 $HK = BH$, 这表明 $\triangle BHK$ 是等腰三角形, 因而 $\angle HBK = \angle HKB$. 另一方面, 因为 $HK // BC$, 所以 $\angle HKB = \angle KBC$. 此即表明 $\angle ABK = \angle HKB = \angle CBK$. 由此可得题中结论.

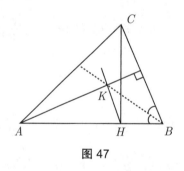

图 47

II.115 假设在 n 中只有一个数字 6. 因为在季玛和萨沙的最终结果中都含有 6, 所以他们的操作或者只在 6 的左边进行, 或者只在 6 的右边进行. 我们来观察位于 6 的左边的各位数字 (暂时忘掉其余数字), 把它们的和记作 s. 每一次操作之后, 该和数变化一个奇数值. 如果季玛对该数进行 k 次操作后擦去了所有数字, 那么 s 的奇偶性与 k 的奇偶性相同. 那么, 萨沙便对该数进行了 $k-1$ 次操作, 因为每次操作减少两位数字, 而最终他留下了两个 5. 这意味着, $s-10$ 与 $k-1$ 的奇偶性相同, 从而 k 与 $k-1$ 同奇偶, 这是不可能的.

♦1 容易构造这样的含有两个数字 6 的正整数 n, 从该数出发, 季玛可以得到 611, 而萨沙得到 556. 例如, 将 n 取为 5 564 321 123 456.

♦2 试证明: 满足要求的正整数 n 至少是 13 位数.

II.116 由题中条件推知, 如下的数也是整数:

$$x + \sqrt{y} - (\sqrt{x} + y) = (\sqrt{x} - \sqrt{y})(\sqrt{x} + \sqrt{y} - 1).$$

易知 $\sqrt{x} + \sqrt{y} \neq 1$, 因若不然, $x, y \in (0, 1)$, 从而

$$0 < x + \sqrt{y} < \sqrt{x} + \sqrt{y} = 1,$$

于是 $x + \sqrt{y}$ 不是整数, 与题意相矛盾. 由此易知 $\sqrt{x} - \sqrt{y}$ 是有理数, 因而 $\sqrt{x}$ 与 $\sqrt{y}$ 都是有理数. 令 $\sqrt{x} = \frac{a}{b}$, 其中 $\frac{a}{b}$ 是既约分数. 于是 $\sqrt{y} = n - \frac{a}{b}$, 其中 n 是某个整数. 从而

$$x + \sqrt{y} = \frac{a^2}{b^2} + n - \frac{a}{b} = n + \frac{a^2 - ab}{b^2},$$

这表明 $b \mid a$, 此因 $x + \sqrt{y}$ 是整数. 然而, $\frac{a}{b}$ 是既约分数, 故知 $b = 1$. 这样一来, x 与 y 就都是整数.

◆ 设 x 与 y 为正数, 使得 $x + \sqrt[3]{y}$, $\sqrt[3]{x} + y$, $\sqrt[3]{x} + \sqrt[3]{y}$ 都是整数. 证明: x 与 y 都是整数.

II.117 我们来跟踪数的交换过程. 在交换一对相邻数时, 其中一者按顺时针方向移动一个位置, 另一者按逆时针方向移动一个位置. 对于顺时针移动位置, 我们称其位移量为 $+1$; 对于逆时针移动位置, 则称位移量为 -1. 因为最终所有数的相对位置都没有变化, 所以各个数的总位移量被 100 除的余数相同. 将该余数记作 r. 这样一来, 数 i 的总位移量就是 $100k_i + r$, 其中 k_i 是某个整数. 假如 $k_1 < k_3$, 那么意味着数 3 至少比数 1 多移动了 100 个位置. 在这些移动中, 1 和 3 都必须交换位置. 然而根据移动法则, 两个奇数是不能交换位置的. 根据同样的道理, 也不可能有 $k_1 > k_3$. 所以必然有 $k_1 = k_3$. 继续这样的讨论, 即可知道 $k_1 = k_3 = k_5 = \cdots = k_{99}$. 同理可知 $k_2 = k_4 = \cdots = k_{100}$. 这样一来, 每个奇数的位移量都是 $100k_1 + r$, 每个偶数的位移量都是 $100k_2 + r$. 另一方面, 所有数的位移量的总和是 0, 因为每一次操作时所交换二数的位移量都是一个 $+1$、一个 -1. 这就表明 $50(100k_1 + r) + 50(100k_2 + r) = 0$, 亦即 $50(k_1 + k_2) + r = 0$, 从而 $50 \mid r$. 然而, r 是整数被 100 除的余数, 所以它只能为 0 或 50.

II.118 为方便起见, 记 $\angle BAC = \alpha$, $\angle BDC = \delta$, $\angle CDE = \gamma$ 和 $\angle CED = \varepsilon$, 于是 $\angle BCA = 2\alpha = \gamma + \varepsilon$ (参阅图 48). 我们需要证明 $2\gamma < \alpha + (\alpha - \delta)$, 亦即 $2\gamma < \gamma + \varepsilon - \delta$, 也就是 $\angle BDE = \gamma + \delta < \varepsilon = \angle BED$. 这样一来, 只需验证 $BE < BD$, 此因大边对大角.

在线段 AC 上取一点 K, 使得 $\angle BKC = \angle BCA$, 于是就有 $\angle ABK = \angle BKC - \angle BAK = 2\alpha - \alpha = \angle BAC$. 由于 $\triangle KBC$ 与 $\triangle AKB$ 都是等腰三角形, 我们有 $BC = BK = AK$, 因而 $BE = BC + CE = AK + AD = DK$, 于是我们只需证明 $DK < BD$, 而这是显然的, 因为 $\angle BKD$ 是钝角.

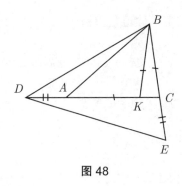

图 48

II.119 为方便起见, 记 $10^{n-1} = k$. 于是黑板上写的就是由 $90k$ 到 $120k$ 的所有正整数. 我们考察其中所有与 6 互质的数, 这样的数共有 $10k$ 个, 这是因为在任何相连的 6 个数中都刚好有两个这样的数 (被 6 除的余数是 1 和 5 的数). 我们写出所有这些数的约数. 它们的约数全都不超过自身的五分之一 (因为它们的最小质约数不小于 5), 因此都小于 $24k$. 又由于它们都与 6 互质, 因此它们一共不多于 $8k$ 个. 因为 $10k$ 个正整数一共只有不多于 $8k$ 个不同的正约数, 所以所选出的正约数中必有某两个相同.

九年级

II.120 答案 2,3,5,1.

首先我们指出, 对于所有实数 $x, y \geq 2$, 都有 $xy \geq x + y$, 而且等号仅当 $x = y = 2$ 时成立. 事实上, 如果 $x \geq y$, 则有 $xy \geq 2x \geq x + y$. 其中第一个不等号仅在 $y = 2$ 时变为等号, 而第二个不等号仅在 $x = y$ 时变为等号. 由此亦可知, 对于互不相等的 x 与 y, 必有 $xy \neq x + y$.

将老师写在黑板上的 4 个数依次记为 a, b, c, d, 由上述讨论知, 当 $\{a+b, c+d\} = \{ab, cd\}$ 时, 只能是 $a + b = cd, c + d = ab$. 因而 $ab = c + d \leq cd = a + b \leq ab$, 这意味着该式中的所有不等号都是等号. 既然这 4 个数互不相等, 那么其中有一个数等于 1. 为确定起见, 不妨设 $d = 1$. 于是就有 $ab = c + 1$ 和 $a + b = c$, 因而 $ab = a + b + 1$, 亦即 $(a-1)(b-1) = 2$, 故知 $a = 2, b = 3$ 或 $a = 3, b = 2$, 并且 $c = ab - 1 = 5$.

II.121 如图 49 所示, 将三角形的高的交点记作 H. 易知四边形 AB_1HC_1 内接于圆, 此因它的一对对角都等于 90°. 这表明, $\angle AC_1B_1 = \angle AHB_1 = 90° - \angle HAC = \angle ACB$. 进而 $\angle DEB_1 = 90° - \angle CBB_1 = \angle ACB$, 故知 $\angle AC_1B_1 = \angle DEB_1$, 因此四边形 B_1DC_1E 内接于圆, 它的对角之和等于 180°. 于是又有 $\angle C_1EB_1 = 180° - \angle B_1DC_1 = 90°$. 故知 $EC_1 /\!/ AC$.

II.122 从右边开始称呼一个十进制正整数的位数, 并且最右一位称为第 0 位, 再自右

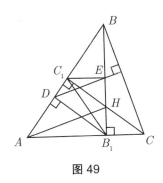

图 49

向左依次称为第 1 位、第 2 位, 如此等等. 这样一来, 如果往第 k 位上加 1, 就相当于把原数增加了 10^k.

将所给的十进制 25 位数记作 N. 假设题中结论不成立, 那么无论将它的哪两位相同数字同时加 1, 都得到一个可被 7 整除的正整数. 我们来看 N 的表达式中的任意三个相同的数字, 设它们分别位于第 k 位、第 m 位和第 n 位. 根据假设, $N+10^k+10^m$, $N+10^k+10^n$ 和 $N+10^m+10^n$ 都是 7 的倍数. 从而它们的差是 7 的倍数. 特别地, 10^k-10^m, 10^k-10^n 是 7 的倍数. 这表明, 10^k, 10^m 和 10^n 被 7 除的余数相同, 将该余数记为 R. 因为 $N+10^m+10^n$ 是 7 的倍数, 所以 $N+2R$ 是 7 的倍数. 具有这种性质的 R 是由 N 自身唯一决定的, 与 k, m 和 n 无关, 这是因为 $2\times 0, 2\times 1, 2\times 2, 2\times 3, 2\times 4, 2\times 5, 2\times 6$ 被 7 除的余数各不相同 (构成余数完全系).

这样一来, 只要我们求得具有这种性质的 R, 对于 N 的任何三位相同的数字, 与它们相应的 10 的方幂数被 7 除的余数就都是 R. 10 的方幂数都不是 7 的倍数, 它们被 7 除的余数形成以 6 为周期的循环数列: 1, 3, 2, 6, 4, 5. 因此, 在 25 个数位上, 每种余数至多出现 5 次 (例如, 在余数为 1 的 10^t 中, 有 $t=0, 6, 12, 18, 24$). 这就表明, 至少有 20 个数位, 相应的 10 的方幂数被 7 除的余数都不是 R, 将它们称为 "不好的数位". 又由于该十进制 25 位数的各位数字都不等于 9, 意即只能为 0 至 8, 根据抽屉原理, N 中某三个 "不好的数位" 上的数字必相同, 这就与我们前面所证明的结论矛盾.

II.123 答案 133.

首先来构造 $k=133$ 的例子. 选取一个方格 A, 使得它到任何一边缘的距离都不小于 33. 以方格 A 为中心做成 "十字架", 即涂黑 A, 并在 A 所在的行中把 A 的左右各涂黑 33 个方格, 在 A 所在的列中把 A 的上下各涂黑 33 个方格, 如此一共涂黑 133 个方格. 容易看出, 这样的 133 个黑格即能满足要求. 事实上, 我们观察任意一个矩形划分, 不妨设沿着竖向的方格线将整个方格表切开为两个矩形. 如果分割线在 A 的左方, 那么 A 就在右边矩形里, A 连同它的上方、下方和右方的 100 个黑格都在右方的矩形里. 分割线在 A 右方的情形类似.

下面证明黑格数目不可少于 133. 首先证明存在具有如下性质的一列方格 B: 在包含列 B 的矩形中, 位于其右方的黑格数目不少于 100; 在包含列 B 的矩形中, 位于其左方的黑格数目不少于 100. 事实上, 我们可以观察这样的最右的一条竖直方格线 L, 在其右边至少有 100 个黑格 (它可以重合于方格表的左侧边缘线), 并把 B 取为紧贴着 L 右侧的一列方格 (以 L 为 B 的左侧边缘线). 因为在 B 的右侧边缘线以右已经不足 100 个黑格, 所以根据题意, 在其左侧边缘线以左有不少于 100 个黑格. 同理, 存在一行方格 C, 在包含它的上方矩形中有不少于 100 个黑格, 在包含它的下方矩形中也有不少于 100 个黑格.

把上述四个矩形中的黑格数目相加, 总和不小于 400, 因为每个矩形都有不少于 100 个黑格. 另一方面, 总和不会超过 $3k+1$, 因为每个黑格被计入不多于 3 次, 除了位于列 B 与行 C 相交处的那一个方格, 它被计入了 4 次 (如果它是黑格). 这表明 $3k+1 \geqslant 400$, 意即 $k \geqslant 133$.

II.124 将这 3 个质数分别记作 p, q 和 r. 注意到两个平方数的差不可能等于 6, 这是因为平方数被 4 除的余数只能是 1 或 0. 因此, p, q 和 r 这 3 个数互不相同, 为确定起见, 不妨设 $p < q < r$. 由题中条件知

$$pq = a^2 + 6, \quad pr = b^2 + 6, \quad qr = c^2 + 6, \qquad ①$$

其中 $a, b, c \in \mathbf{N}_+$. 注意到 $r^2 > pr = b^2 + 6$, 故知 $r > b$; 同理可知 $r > c$. 将 ① 中第三式减去第二式, 得

$$r(q - p) = c^2 - b^2 = (c - b)(c + b).$$

故知 $r \mid (c-b)(c+b)$. 这意味着, 或者 $r \mid (c-b)$, 或者 $r \mid (c+b)$. 第一种情况是不可能的, 因为 $0 < c - b < r$. 又由于 $0 < c + b < 2r$, 故由第二种情况知 $c + b = r$. 这又表明 $c - b = q - p$. 又注意到 $c - b$ 与 $c + b$ 的奇偶性相同, 故又知 $q - p$ 与 r 同奇偶. 这就说明, 我们的 3 个质数中必有一个偶数. 因此, $p = 2, b - c = q - 2$. 这样一来, 就有

$$\begin{aligned} p + q + r &= r + (q-2) + 4 \\ &= (c+b) + (c-b) + 4 = 2c + 4 \\ &= 2(r-b) + 4 = 2r - 2b + 4 \\ &= pr - 2b + 4 \\ &= b^2 + 6 - 2b + 4 = (b-1)^2 + 9. \end{aligned}$$

♦ 从解答过程知, p 一定是 2. 下面列举一些满足要求的小于 10 000 的 (q, r): $(3, 5)$, $(5, 11)$, $(101, 131)$, $(971, 1061)$, $(13 451, 13 781)$, $(32 261, 32 771)$, $(81 661, 82 421)$. 还有无数个满足要求的数对没有找到.

反之, 如果 $(2, q, r)$ 满足题中要求, 则有 $2q = a^2 + 6$, 由此可知 $q = 2\left(\dfrac{a}{2}\right)^2 + 3$. 是否有无穷多个质数可以表示为 $2k^2 + 3$ 的形式? 这依然是一个未解决的问题. 甚至连 "是否存在一个整系数二次三项式, 它在整点上取得无穷多个质数值" 也不清楚. 参阅文献 [17] 或 [18].

II.125 我们用 $d(X, \ell)$ 表示点 X 到直线 ℓ 的距离, 用 $S(F)$ 表示图形 F 的面积. 我们来观察点 B 关于 $\angle KDL$ 和 $\angle ADC$ 的平分线的对称点 B'. 只需证明 D, P, B' 三点共线

(因为这样一来, 就有 $\angle ADP = \angle ADB' = \angle BDC$, 参阅图 50), 而根据泰勒斯定理, 这等价于证明

$$\frac{d(P,DK)}{d(P,DL)} = \frac{d(B',DK)}{d(B',DL)} \Leftrightarrow \frac{d(P,DK)}{d(P,DL)} = \frac{d(B,DL)}{d(B,DK)}. \qquad ①$$

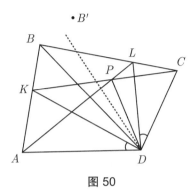

图 50

我们有
$$\frac{d(P,DK)}{d(C,DK)} = \frac{KP}{KC} = \frac{S(KPL)}{S(KCL)},$$

同理
$$\frac{d(P,DL)}{d(A,DL)} = \frac{S(KPL)}{S(AKL)}.$$

由此并利用关系式
$$\frac{d(C,DK)}{d(A,DL)} = \frac{CD}{AD},$$

可得
$$\frac{d(P,DK)}{d(P,DL)} = \frac{CD}{AD} \cdot \frac{S(AKL)}{S(CKL)}.$$

类似地,
$$\frac{d(B,DL)}{d(C,DL)} = \frac{S(BKL)}{S(KCL)}, \quad \frac{d(B,DK)}{d(A,DK)} = \frac{S(BKL)}{S(AKL)},$$

亦即
$$\frac{d(B,DL)}{d(B,DK)} = \frac{CD}{AD} \cdot \frac{S(AKL)}{S(CKL)},$$

① 式获证.

II.126 假设不然. 设 2003 年初, 各个合伙人的资产分别为 $a_1, a_2, \cdots, a_n$ 亿卢布, 而年终时分别为 $b_1, b_2, \cdots, b_n$ 亿卢布. 设序号为 k 的富豪的资产增长比例最高, 意即对每个 i, 都有 $\dfrac{b_i}{a_i} \leqslant \dfrac{b_k}{a_k}$. 我们来关注这位序号为 k 的富豪. 假设开始时, 他的合伙人的序号为 $i_1, i_2, \cdots, i_m$. 由题意知

$$a_k \geqslant \frac{1}{4}(a_{i_1} + a_{i_2} + \cdots + a_{i_m}). \qquad ①$$

到了年底, 他没有增加新的合伙人, 但是失去了若干老合伙人, 从而现在他的合伙人的序号都属于集合 $\{i_1, i_2, \cdots, i_m\}$. 因为现在他的资产变得少于他的现有合伙人资产总和的四分之一, 所以他的资产当然少于他的原有合伙人资产总和的四分之一, 亦即

$$b_k < \frac{1}{4}(b_{i_1} + b_{i_2} + \cdots + b_{i_m}). \qquad ②$$

用 ② 式除以 ① 式, 得到

$$\frac{b_k}{a_k} < \frac{b_{i_1} + b_{i_2} + \cdots + b_{i_m}}{a_{i_1} + a_{i_2} + \cdots + a_{i_m}} = \frac{a_{i_1}\frac{b_{i_1}}{a_{i_1}} + a_{i_2}\frac{b_{i_2}}{a_{i_2}} + \cdots + a_{i_m}\frac{b_{i_m}}{a_{i_m}}}{a_{i_1} + a_{i_2} + \cdots + a_{i_m}}$$

$$\leqslant \frac{(a_{i_1} + a_{i_2} + \cdots + a_{i_m})\frac{b_k}{a_k}}{a_{i_1} + a_{i_2} + \cdots + a_{i_m}} = \frac{b_k}{a_k},$$

此为矛盾.

十年级

II.127 证法 1 (利用图像) 题中条件表明, 每个二次三项式的图像都与 Ox 轴有两个交点, 但是任何两个不同二次三项式的图像都没有交点. 对于每一个二次三项式, 我们都在 Ox 轴上标出介于它的两个根之间的区间. 由于它们的图像互不相交, 如果两个二次三项式的首项系数符号相同, 那么介于它们的两个根之间的区间必然是一个含于另一个内部; 而如果它们的首项系数符号不同, 则这两个区间互不相交.

我们来证明, 存在一点 p, 所有的二次三项式在该点处的值都是负的; 也存在一点 q, 所有的二次三项式在该点处的值都是正的. 由此即可推出题中结论, 因为我们找到一个点使得所有二次三项式的和为正的, 也找到一个点使得所有二次三项式的和为负的.

为方便起见, 我们将首项系数为正的二次三项式称为 "正的", 而将首项系数为负的二次三项式称为 "负的". 不失一般性, 可假定存在 "正的" 二次三项式, 并假定它们介于两根之间的区间最小的一个是 I. 设 p 是区间 I 内部的任意一点. 点 p 介于每个正的二次三项式的两根之间, 所以它们的值在点 p 处都是负的. 另一方面, 点 p 位于每个 "负的" 二次三项式的二根区间之外, 所以它们在 p 处的值也都是负的.

可以类似地找到点 q, 使得所有的二次三项式在该点处的值都是正的.

证法 2 (不涉及二次三项式) 本题结论不仅对二次三项式成立, 而且对连续函数成立, 所以我们直接对连续函数证明题中结论.

每个连续函数都有实根, 意味着它们在实轴上都发生变号. 而任何两个连续函数的差都没有实根, 则意味着函数差在实轴上不变号. 从而对于其中任何两个连续函数, 都有一个恒大于另一个 (意即在每一个 x 处, 都是其中同一个函数的值大于另一个函数的值), 从而可

以按照大小把它们排成一行 $f_1 > f_2 > \cdots > f_n$ (这意味着对任何 x, 都有 $f_1(x) > f_2(x) > \cdots > f_n(x)$). 我们记 $f = \sum_{i=1}^{n} f_i$. 如果 x_1 是 f_n 的一个根, 则显然就有 $f(x_1) = \sum_{i=1}^{n} f_i(x_1) = \sum_{i=1}^{n-1} f_i(x_1) > 0$. 而如果 x_2 是 f_1 的一个根, 则显然就有 $f(x_2) = \sum_{i=1}^{n} f_i(x_2) = \sum_{i=2}^{n} f_i(x_2) < 0$. 因为 f 连续, 且在实轴上发生变号, 所以它至少有一个实根.

证法 3 (判别式) 我们来讨论根的存在性与判别式的符号之间的关系. 在这里, 我们会遇到一种困难, 即二次三项式的和与差未必是二次三项式, 因为首项系数在相加或相减后可能变为 0.

对于形如 $ax^2 + bx + c$ 的函数, 我们将数 $D = b^2 - 4ac$ 称为它的判别式, 注意这里 a 可能是 0. 我们来证明一个辅助命题: 如果函数无根, 则有 $D \leqslant 0$. 事实上, 如果 $a \neq 0$, 则所说函数是二次三项式, 其结论是众所周知的 (甚至得到严格的不等式 $D < 0$). 而若 $a = 0$, 则必有 $b = 0$, 否则函数是一次函数, 它有根, 从而此时 $D = 0^2 - 4 \times 0 \times c = 0$. 命题获证. 由该命题立即推出: 如果 $D > 0$, 则函数至少会有一个根.

设 $f_1, f_2, \cdots, f_n$ 是所给的二次三项式, D_i 是 f_i 的判别式, $D_{i,j}$ 是 $f_i - f_j$ 的判别式 (角标 i 与 j 由 1 取到 n), 而 D 是所有二次三项式的和的判别式. 根据已知条件, 对所有的 i, 都有 $D_i > 0$; 而对于任何 $i \neq j$, 都有 $D_{i,j} \leqslant 0$. 根据辅助引理, 为了证明所有二次三项式的和有根, 只需证明 $D > 0$.

设 $f_i(x) = a_i x^2 + b_i x + c_i$, 我们有

$$D_i = b_i^2 - 4a_i c_i,$$
$$D_{i,j} = (b_i - b_j)^2 - 4(a_i - a_j)(c_i - c_j)$$
$$= D_i + D_j - 2b_i b_j + 4a_i c_j + 4a_j c_i,$$
$$D = (b_1 + \cdots + b_n)^2 - 4(a_1 + \cdots + a_n)(c_1 + \cdots + c_n)$$
$$= \sum_{i=1}^{n} D_i + \sum_{i<j} (2b_i b_j - 4a_i c_j - 4a_j c_i).$$

由此即得

$$D = n \sum_{i=1}^{n} D_i - \sum_{i<j} D_{i,j}.$$

因为对所有的 i 都有 $D_i > 0$, 而对于任何 $i \neq j$ 都有 $D_{i,j} \leqslant 0$, 所以该式表明 $D > 0$.

♦ 考生中没有一人想到证法 1 和证法 2, 确实是一种遗憾. 他们基本上都采用证法 3, 并且都带有各种瑕疵.

II.128 同 II.122 题.

II.129 如图 51所示, 分别在边 AB 和 AC 上取点 K_1 和 L_1, 使得 $AK_1 = AL_1 = KB = LC$. 此时, 线段 LL_1 的中点重合于边 AC 的中点, 因而也与线段 KX 的中点重合, 故知四边形 $KLXL_1$ 是平行四边形. 同理可知, 四边形 KLK_1Y 是平行四边形. 因而,

$\overrightarrow{YK_1} = \overrightarrow{KL} = \overrightarrow{L_1X}$, 于是又知四边形 XL_1YK_1 是平行四边形. 这表明, 线段 XY 的中点与线段 K_1L_1 的中点重合, 后者显然在 $\angle A$ 的平分线上 (因为 $\triangle AK_1L_1$ 是等腰三角形).

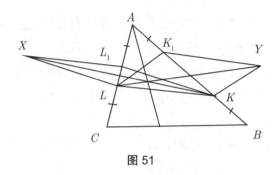

图 51

◆ 本解答中有一精微之处, 即其中涉及的某些平行四边形可能是退化的 (意即位于一条直线上面). 为了我们的解答理由充分, 应当注意, 任何满足条件 $\overrightarrow{AB} = \overrightarrow{DC}$ 的四边形 $ABCD$ 均应视为平行四边形. 在这种理解下, 如下命题依然成立: 四边形 $ABCD$ 是平行四边形, 当且仅当线段 AC 的中点与线段 BD 的中点重合.

II.130 同 II.123 题.

II.131 首先注意到, 点 C_1 在第二个圆上, 这是因为 $AB_1 = AC_1$. 我们先来证明 $\angle A_1C_1L = 90°$. 记 $\alpha = \angle BAC$, 则有 $\angle C_1B_1A = \dfrac{\alpha}{2}$, 此因 $\triangle AB_1C_1$ 是等腰三角形, $\angle C_1A_1B_1 = \angle C_1B_1A$ (在第一个圆上, $\overparen{B_1C_1}$ 所对圆周角等于弦 B_1C_1 与切线的夹角, 参阅图 52(a)), 由此即知 $\angle C_1A_1B_1 = \dfrac{\alpha}{2}$. 设 X 是第二个圆与射线 AB 的交点, 则有 $\angle C_1LB_1 = \angle C_1XB_1$(同弧所对圆周角相等), $\angle C_1XB_1 = 90° - \dfrac{\alpha}{2}$, 此因 $\triangle AXB_1$ 是等腰三角形. 这表明 $\angle C_1LB_1 = 90° - \dfrac{\alpha}{2}$. 于是, 在 $\triangle A_1C_1L$ 中, 有

$$\angle A_1C_1L = 180° - \angle C_1A_1B_1 - \angle C_1LB_1 = 180° - \dfrac{\alpha}{2} - \left(90° - \dfrac{\alpha}{2}\right) = 90°.$$

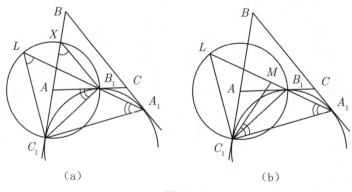

图 52

这样一来, 在 $\triangle A_1C_1L$ 中有 $\angle C_1 = 90°$. 设 M 是线段 A_1L 的中点 (参阅图 52(b)). 我们知道, 在直角三角形中, 斜边的中点是外接圆的圆心, 所以 $C_1M = A_1M = LM$. 由

此可知 $\angle C_1ML = 2\angle C_1A_1L = \alpha = \angle BAB_1$, 并知点 M 在线段 A_1B_1 上, 故 $\angle C_1AB_1 + \angle C_1MB_1 = (180° - \alpha) + \alpha = 180°$. 这表明四边形 AB_1MC_1 内接于圆. 而如果点 M 在线段 LB_1 上, 则有 $\angle C_1AB_1 = 180° - \alpha = \angle C_1MB_1$, 这意味着四边形 AMB_1C_1 内接于圆.

II.132 我们设想多边形的各个顶点不是被编号, 而是分别染为 111 种不同的颜色. 再对每个多边形都按顺时针方向依次将顶点编号为 0 至 110(被 111 除的余数). 对每个余数 k, 我们用 a_k 表示第一个多边形上被染为第二个多边形上 k 号顶点的颜色的顶点的号码.

假设题中断言不成立. 我们来观察将第二个多边形与第一个多边形叠合的所有 111 种不同的方式 (不包括翻面). 用被 111 除的余数来为这些不同的叠合形式编号: 把那种将第二个多边形的 k 号顶点叠合于第一个多边形的 $n+k$ 号 (按 mod 111 理解) 顶点的放置方式称为第 n 号叠合方式. 易见, 仅在第 $n \equiv a_k - k \pmod{111}$ 号叠合方式中, 第二个多边形的 k 号顶点刚好与第一个多边形上的同色顶点叠合. 在我们的假设下, 形如 $a_k - k$ 的余数可以取遍 0 到 110 的所有值, 因而每个值刚好取一次 (因为它们刚好有 111 个).

下面再看翻过面来的叠合关系. 在不翻面的情况下, 两个多边形的顶点编号都是按照顺时针方向编的, 而在翻过面以后, 一个上面编号为逆时针方向, 另一个依然是顺时针方向. 我们仍然把那种将第二个多边形的 k 号顶点叠合于第一个多边形的 $n+k$ 号 (mod 111 理解) 顶点的放置方式称为第 n 号叠合方式. 于是, 仅在第 $n \equiv a_k + k \pmod{111}$ 号叠合方式中, 第二个多边形的 k 号顶点刚好与第一个多边形上的同色顶点叠合. 按照同样道理, 在我们的假设下, 形如 $a_k + k$ 的余数可以取遍 0 到 110 的所有值, 因而每个值刚好取一次.

从而, 我们可将原题改述为如下形式: 对于 $0, 1, 2, \cdots, 110$ 的任何一种排列 $a_0, a_1, a_2, \cdots, a_{110}$, 在集合 $\{a_k - k\}$ 与 $\{a_k + k\}$ 中的元素被 111 除的余数中, 不可能都是 $0, 1, 2, \cdots, 110$ 每样一个.

下面给出这个命题的两种证明方法.

证法 1 由假设的条件推出, 在由所有的 $k, a_k + k, a_k - k$ 被 111 除的余数形成的表格中, 每个余数都刚好出现 3 次. 现在把该表中的每个余数都换成它们被 3 除的余数. 那么, 0,1 和 2 必然出现相同多的次数, 这是因为 111 是 3 的倍数. 另一方面, 我们直接来计算 $k, a_k + k, a_k - k$ 被 3 除的余数, 则会发现: 如果 $3 \nmid k$, 则 $k, a_k + k$ 和 $a_k - k$ 被 3 除的余数各不相同, 这意味着它们对三种不同余数所作的贡献相同; 而若 $3 \mid k$, 则 $a_k + k$ 与 $a_k - k$ 被 3 除的余数相同, 这样的 k 共有 37 个, 37 既不是 3 的倍数, 也不是 2 的倍数, 这就使得被 3 除的各种余数不会一样多. 此为矛盾, 所以我们的假设不对.

证法 2 我们来考察所有 $k, a_k + k, a_k - k$ 被 111 除的余数的平方和. 一方面, 根据假设, 它等于 $3S$, 其中 $S = 0^2 + 1^2 + 2^2 + \cdots + 110^2$, 因为在我们的假设下, $\{k\}, \{a_k + k\}, \{a_k - k\}$ 被 111 除的余数集合相同, 都是由 $0, 1, \cdots, 110$ 构成. 另一方面, 我们来观察如下形式的平

方和:
$$\sum \left(k^2 + (a_k+k)^2 + (a_k-k)^2\right) = \sum (2a_k^2 + 3k^2) = 5S.$$

这意味着 $3S \equiv 5S \pmod{111}$, 由此可得 $111 \mid 2S$, 但是根据公式 $1^2 + 2^2 + \cdots + 110^2 = \dfrac{n(n+1)(2n+1)}{6}$, 我们得到

$$2S = 2 \times \frac{110 \times 111 \times 221}{6} = 110 \times 37 \times 221 \not\equiv 0 \pmod{111},$$

此为矛盾.

♦ 欲将题中的 111 换为 n. 试问: 对怎样的 n, 题中的断言仍可成立?

♦ 试证明: 对于 $n = 111$, 存在两种不同的放法, 使得题中断言成立.

♦♦ 对于哪些 n, 可以存在两种不同的放法, 使得题中断言成立? 这种放法数目 (依赖 n) 的最小可能值是多少?

II.133 本题中的断言属于伊日鲍金 (1963—2000), 他是圣彼得堡的一位优秀的数学家, 遗憾的是他凋落在花样的年轻岁月.

按如下方式将所有正整数分为数对 (f_n, g_n):

$$n = 0: (1, 1);$$
$$n = 1: (2, 3);$$
$$n = 2: (4, 6);$$

一般地, f_n 是前面所有数对中未曾出现的最小正整数, 而 $g_n = f_n + n$.

根据构造法则, 每个数对中的较小数大于前面的所有数对中的较小数. 我们再来定义数列 b_n:

$$b_{f_n} = g_n, \quad b_{g_n} = f_n.$$

根据该构造法则, 我们有 $b_{b_n} = n$, 而 (n, b_n) 是第 $|b_n - n|$ 号数对. 我们来证明, 对一切 n, 都有 $a_n = b_n$. 由此即得我们题中的断言. 先证两个引理.

引理 1 对一切 n, 都有 $n \mid b_1 + b_2 + \cdots + b_n$.

引理 1 之证 假设使得 n 介于 f_l 与 g_l 之间的最小的数对编号是 k, 最大的数对编号是 K. 我们指出, 从 1 到 n 刚好 n 个数, 其中 1 进入自己独有的 0 号对子里, 在 1 至 $k-1$ 号对子中, 两个数都不超过 n, 在其余的 (到 K 号为止) 对子中, 都仅有其中的较小者一个数不超过 n, 因此

$$n = 1 + 2(k-1) + K - (k-1) = K + k.$$

我们来看数单 $b_1, b_2, \cdots, b_n$. 对于 1 至 $k-1$ 号对子, 它们中的两个数都在这个数单中, 而对于编号 $s \in [k, K]$ 的对子, 数单里仅仅包含对子里的较大的数, 并且根据定义, 较大的数等于较小的数加上 s. 如此一来, 就有

$$b_1 + b_2 + \cdots + b_n = (1 + 2 + \cdots + n) + [k + (k+1) + \cdots + K]$$

$$= \frac{n(n+1)+(k+K)(K-k+1)}{2}$$
$$= \frac{n(n+1)+n(n-2k+1)}{2} = n(n-k+1).$$

引理 1 证毕.

引理 2 编号为 n 的对子里的两个数都大于包含数 n 的对子里的数.

引理 2 之证 假设包含数 n 的对子的编号是 k, 那么在数轴上整个位于数 $g_k + \frac{1}{2}$ 左边的对子刚好有 k 对. 其余的不超过 g_k 的数都属于这样的对子 (f_l, g_l), 其中 $f_l < g_k < g_l$. 因此这样的对子刚好有 $g_k - 1 - 2k$ 对, 故而整个位于 g_k 右边的第一个对子的编号为 $k + (g_k - 1 - 2k) + 1 = g_k - k = f_k$, 这表明编号为 f_k 的对子整个位于对子 (f_k, g_k) 的右边, 编号为 g_k 的对子还要靠右. 引理 2 证毕.

现在我们来证明, 对一切 n, 都有 $a_n = b_n$.

假设对前 $n-1$ 项, 两者都相等, 但是有 $a_n \neq b_n$. 我们已知 $n \mid a_1 + a_2 + \cdots + a_n$ 和 $n \mid a_1 + a_2 + \cdots + a_{n-1} + b_n$. 此外, a_n 是前面所没有遇到过的第一个数, 而 b_n 也是前面未曾遇到过的, 而且根据定义, 它是小于 $2n$ 的. 从而 $b_n - n = a_n$, 这意味着 b_n 与 n 形成号码为 a_n 的对子. 根据引理 2, 包含 a_n 的对子中的两个数都小于对子 (n, b_n) 中的数. 而根据构造法则, 如果对子 (k, l) 整个位于对子 (b_i, b_j) 的左边, 则 $k, l \in \{b_1, b_2, \cdots, b_{\min\{i,j\}}\}$. 从而 a_n 较早地出现在数 $b_1, b_2, \cdots, b_{n-1}$ 中, 亦即较早地出现在数 $a_1, a_2, \cdots, a_{n-1}$ 中, 此为矛盾.

十一年级

II.134 假设断言不成立, 亦即任何两个二次三项式的差都没有实根. 经过与 II.127 题类似的讨论, 可知这些二次三项式的和可取得不同符号的值, 此为矛盾.

II.135 同 II.123 题.

II.136 同 II.129 题.

II.137 同 II.124 题.

II.138 答案 4.

如图 53 所示, ω 是 $\triangle ABC$ 的内切圆, I 是其圆心, 而 T, R, S 分别是它与边 AC, BC, AB 的切点. 设线段 AQ 与 BP 的交点是 M. 不难明白, 点 P 在线段 CT 上, 点 Q 在线段 CR 上. 这样一来, 线段 AM 和 BM 就都与圆 ω 第二次相交, 交点分别记为 K 与 L.

由 $AB = BQ$ 可知 $\angle BAQ = \angle BQA$, 因而
$$\widehat{MR} + \widehat{RS} - \widehat{KS} \stackrel{\mathrm{m}}{=} \angle BAQ = \angle BQA \stackrel{\mathrm{m}}{=} \widehat{KS} + \widehat{RS} - \widehat{MR},$$

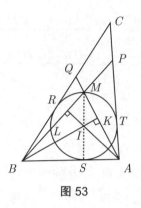

图 53

故知 $\widehat{RS} = \widehat{MR}$. 同理可证 $\widehat{LS} = \widehat{MT}$.

我们指出, BI 是等腰 $\triangle ABQ$ 的顶角平分线, 所以 $BI \perp AM$. 同理可知 $AI \perp BM$. 从而, I 是 $\triangle ABM$ 的垂心, 故有 $MI \perp AB$. 由此可知, 直线 MI 经过点 S. 所以 S 与 M 是圆 ω 的对径点, 由此可知 $\widehat{LR} = \widehat{TK}$. 于是不难明白, K 与 R 也是圆 ω 的对径点. 如此一来, 点 Q 就是边 BC 与 $\triangle ABC$ 的旁切圆的切点 (以点 A 为中心, 把点 K 变为点 Q 的位似变换, 将内切圆变为旁切圆). 于是

$$1 = BQ = \frac{P_{\triangle ABC}}{2} - AB = \frac{P_{\triangle ABC}}{2} - 1,$$

由此即知, $\triangle ABC$ 的周长 $P_{\triangle ABC} = 4$.

II.139 同 II.133 题.

II.140 作一个有向完全图, 即每两个顶点之间都连有一条有向线段.

引理 如果在有向完全图中没有包含 3 个顶点的有向圈, 则可把它的顶点如此编号, 使得每条有向线段都是由号码较小的顶点指向号码较大的顶点.

引理之证 对图的顶点数目作归纳. 由题中条件可知起点情况显然. 假设 $n = k$ 时结论成立, 我们来看 $n = k+1$ 的情形. 先任意空出一个顶点 V, 根据归纳假设, 可以将其余 k 个顶点编号为 $U_1, U_2, \cdots, U_k$, 使得图中的每一条有向线段都是由号码较小的顶点指向号码较大的顶点. 如果存在有向边 $V \to U_i$ 和 $U_{i+1} \to V$, 那么 $V \to U_i \to U_{i+1} \to V$ 就是一个包含 3 个顶点的有向圈, 此与引理条件相矛盾. 所以, 必然是对某个 ℓ, 由顶点 $U_1, \cdots, U_\ell$ 引出有向线段指向顶点 V, 而由顶点 V 引出有向线段指向其余顶点. 从而只要让顶点 V 的编号介于 U_ℓ 和 $U_{\ell+1}$ 之间即可. 引理证毕.

我们来证明题中的结论可对有偶数个队参加的单循环赛成立. 对参赛队的数目 n 作归纳. $n = 2$ 的起点情况显然. 假设结论已经对 $n = 2k-2$ 成立, 我们来看 $n = 2k$ 的情形. 作一个有向完全图, 以各个参赛队作为顶点, 每两个顶点之间都连一条有向线段, 由取胜的队指向失败的队. 显然, 如果可将各个顶点编号, 使得每一条有向线段都是由号码较小的顶点指向号码较大的顶点, 那么题中的结论自然成立.

若不然, 根据引理, 该有向图中就有包含 3 个顶点 B_1, B_2, B_3 的有向图 $B_1 \to B_2 \to B_3 \to B_1$. 我们将这 3 个顶点合并为一个顶点 B. 对于其他顶点 A, 如果原来由 A 至少引出两条有向线段指向 B_1, B_2, B_3 中的某些顶点, 则在 A 与 B 之间引有向线段 $A \to B$; 否则, 如果在 B_1, B_2, B_3 中至少引出两条有向线段指向 A, 则引有向线段 $B \to A$. 现在的图中共有 $2k-2$ 个顶点, 根据归纳假设, 可将其各个顶点编号为 $A_1, A_2, \cdots, A_{2k-2}$, 使得 $A_1 \to A_2 \to A_3 \to \cdots \to A_{2k-2}$ 和 $A_1 \to A_{2k-2}$. 设在其中 $B = A_i$. 于是我们可以按适当顺序将 B_1, B_2, B_3 编号并取代 A_i. 于是对于此编号的各个顶点, 题中的断言依然成立.

2005 年

八年级

II.141 答案 4 个. 例如, 1, 3, 7, 9.

假设能够找到 5 个正整数满足题中要求. 我们来观察它们被 3 除的余数. 如果其中有 3 个余数相同, 那么相应的 3 个整数的和就是 3 的倍数. 如果没有 3 个相同的余数, 则余数 0, 1, 2 都存在. 若不然, 则至多只有不同的两种余数, 每一种又都不超过两个, 那么一共只有不多于 4 个数, 此为矛盾. 这样一来, 这 5 个数中就有被 3 除余 0 的、被 3 除余 1 的和被 3 除余 2 的, 每种数各取出一个相加, 所得之和是 3 的倍数.

这就是说, 从任何 5 个数中都能找出 3 个数, 它们的和是 3 的倍数. 并且该和数一定不是 3, 因为所有各数互不相同. 这就意味着这 3 个数的和是合数.

II.142 证法 1 设 K 是线段 CE 的中点, 于是 $\dfrac{CK}{KA} = \dfrac{1}{2} = \dfrac{CF}{FB}$, 由此和泰勒斯定理知 $KF \parallel AB$. 延长线段 BA, 使得 $AL = KF$(见图 54). 易知 $\triangle AEL \cong \triangle KEF$(边角边, 由 $KF \parallel AB$ 可推知 $\angle LAE = \angle FKE$). 因此, 线段 LE 与 EF 位于同一条直线上, 意即点 E 是线段 LF 的中点. 这样一来, 线段 DE 是 $\triangle FDL$ 的中线, 根据题中条件, 它也是高和角平分线, 意即 DE 是 $\angle ADF$ 的平分线.

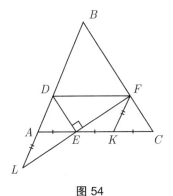

图 54

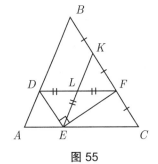

图 55

证法 2 设 K 是线段 BF 的中点, L 是线段 EK 与 DF 的交点. 由泰勒斯定理知 $EK/\!/AB$, 这表明 KL 是 $\triangle BDF$ 的中位线, 于是 $DL = LF$(见图 55). 因而 EL 是 $\triangle DEF$ 的中线. 周知, 直角三角形斜边上的中线等于斜边的一半, 意即 $EL = DL = FL$. 于是 $\triangle DEL$ 是等腰三角形, 它的两个底角相等, 亦即 $\angle EDF = \angle DEL$. 而由 $EK/\!/AB$ 可知 $\angle DEL = \angle ADE$. 这样一来, 即知 $\angle EDF = \angle ADE$.

II.143 假设中途退场的人两两互不认识. 以 k 表示剩下的人数. 根据题意, 每个剩下的人在退场的人中都有相同数目的熟人, 记这个数目为 n. 我们用两种不同的方法计算 125 个人中的熟人对数目 N.

一方面, 该数目等于与退场的人认识的人的数目加上剩下的人中的熟人对数目, 故知 $N = 10(125 - k) + k(10 - n)$; 另一方面, 却有 $N = \dfrac{125 \times 10}{2} = 625$. 于是就有

$$10(125 - k) + k(10 - n) = 625,$$

亦即 $kn = 625$. 因为 n 是 1 到 10 之间的整数, 所以它至多可被 5 的一次方整除, 因而 k 至少可被 5 的三次方整除, 这就意味着 $k \geqslant 5^3 = 125$. 然而这是不可能的, 因为确实有人中途退场, 不是所有人都留下了.

II.144 将每张卡片用一个点表示. 若两张卡片第一次被配为一对, 就在相应的两个点之间连一条红线; 若在第二次被配为一对, 就连一条蓝线. 于是从每个点都连出了一红一蓝两条线, 这意味着所有的点被分在一个个圈上, 而且每个圈上都有偶数个点 (因为红、蓝线段交替出现).

先把乘积未知的那一对卡片对应的点所在的圈撂在一边, 沿着剩下的任意某一个圈走上一趟. 假设它包含 n 个点. 设相应的卡片上的数为 $x_1, x_2, \cdots, x_n$(其中, x_1 与 x_2 第一次配对时配为一对), 并令 $x_{n+1} = x_1$, $x_{n+2} = x_2$, 如此等等. 根据题中条件, 我们有 $x_2 = 1 - x_1$, $x_3 = \dfrac{1}{x_2} = \dfrac{1}{1 - x_1}$, $x_4 = 1 - x_3 = 1 - \dfrac{1}{1 - x_1} = \dfrac{x_1}{x_1 - 1}$, $x_5 = \dfrac{1}{x_4} = \dfrac{x_1 - 1}{x_1}$, $x_6 = 1 - x_5 = \dfrac{1}{x_1}$, $x_7 = \dfrac{1}{x_6} = x_1$. 这表明, 圈上的数以 6 为周期. 我们注意到 $x_3 \neq x_1$ 和 $x_5 \neq x_1$, 因为方程 $\dfrac{1}{1-x} = x$ 和 $1 - \dfrac{1}{x} = x$ 在实数范围内没有解 (事实上它们都化为方程 $x^2 - x + 1 = 0$). 所以, n 应当是 6 的倍数. 若不然, n 被 6 除余 2 或 4, 就有 $x_1 = x_{n+1}$ 等于 x_3 或 x_5, 导致矛盾.

如此一来, 除了剩下的那个圈, 其余各圈上的顶点数目都是 6 的倍数. 因为一共有 30 张卡片, 所以剩下的圈上的顶点数目也是 6 的倍数. 将与其相应的卡片上的数记为 $x_1, x_2, \cdots, x_n$, 其中 x_1 与 x_n 的乘积未知. 按照上面的方法表示各数之间的关系, 最终同样得到 $x_n = x_6 = \dfrac{1}{x_1}$, 亦即 $x_1 x_n = 1$.

II.145 将所给等式改写为

$$[a, b] - [a, c] = (a, c) - (a, b) + 1.$$

该式左端可被 a 整除, 这是因为 $[a,b]$ 与 $[a,c]$ 都可被 a 整除. 但是右端的绝对值却小于 a. 事实上, $(a,c) < a$ 且 $(a,b) < a$, 不等号是严格成立的, 因为 a,b,c 三个数谁都不是谁的约数. 这就表明, 等式两端都等于 0, 从而就有如下两个等式:

$$[a,b] = [a,c], \quad (a,b) = (a,c) + 1.$$

记 $(a,c) = d$, 于是 $(a,b) = d+1$. 利用等式 $[a,b](a,b) = ab$ 和关于 a 与 c 的类似等式, 得到

$$[a,b] = \frac{ab}{d+1}, \qquad [a,c] = \frac{ac}{d}.$$

代入等式 $[a,b] = [a,c]$, 得到

$$\frac{ab}{d+1} = \frac{ac}{d}.$$

约去两端的 a, 可将其改写为

$$b = \frac{c(d+1)}{d} = c\left(1 + \frac{1}{d}\right).$$

由此可知 $b > c$. 如果 $d \geqslant 2$, 则 $1 + \frac{1}{d} \leqslant \frac{3}{2}$, 即 $b \leqslant \frac{3}{2}c$, 这正是所要证明的. 如果 $d = 1$, 则 $1 + \frac{1}{d} = 2$, 于是 $b = 2c$, 此与 "a,b,c 三个数谁都不是谁的约数" 的条件相矛盾.

II.146 先证明一个辅助引理.

引理 如果每个方格都被水平直线分成两个相同的矩形, 上面一个都染为黑色, 下面一个都染为白色, 则在满足题中条件的三角形中, 黑色区域与白色区域的面积相等.

引理之证 设方格的边长是 1.

方格的水平边和方格的水平中位线把三角形分为偶数个梯形和两个三角形 (一个三角形靠着最上方的顶点, 另一个三角形靠着最下方的顶点, 见图 56). 这些梯形和三角形的高都是 $\frac{1}{2}$, 所以每一个梯形的面积都等于其上、下底的和的 $\frac{1}{4}$, 而每个三角形的面积都等于其底边的 $\frac{1}{4}$. 注意到黑色与白色图形交替出现: 最上方的三角形是黑色的, 接下来的梯形是白色的, 再接下来的梯形又是黑色的, 如此等等. 将我们的三角形中的水平线段的长度自上而下依次记为 $a_1, a_2, \cdots, a_{2n-1}$. 于是, 黑色部分的面积为

$$\frac{a_1}{4} + \frac{a_2 + a_3}{4} + \cdots + \frac{a_{2n-2} + a_{2n-1}}{4},$$

白色部分的面积为

$$\frac{a_1 + a_2}{4} + \frac{a_3 + a_4}{4} + \cdots + \frac{a_{2n-1}}{4}.$$

两个和式的值相等. 引理证毕.

回到问题本身. 将每个方格四等分, 除了原来染的颜色, 我们还把右上方的小正方形染为绿色. 于是, 红色与绿色一起占据了每个方格的上半部. 根据引理, 它们一起占据了我们的三角形一半的面积. 同理可知, 蓝色与绿色一起也占据了我们的三角形一半的面积. 这就

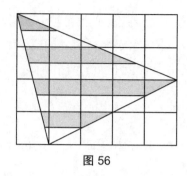

图 56

是说, 红色部分与绿色部分的面积之和等于蓝色部分与绿色部分的面积之和. 所以, 红色区域与蓝色区域占据相同的面积.

♦1 如果去掉本题中的 "三角形的各条边都不在方格线上" 这一条件, 那么题中的结论不一定成立, 试举出反例.

♦2 证明: 每种颜色各占据 $\frac{1}{4}$ 的面积.

II.147 答案 不可能.

把所有硬币编号为 1 至 100. 假设造假者进行了若干次称量, 而所显示的质量则总是如下情况: 如果所称的硬币只是在 92 到 100 号之间, 则所显示的质量为 $10n$, 其中 n 是被称的硬币枚数; 如果所称的硬币中有 n 枚号码在 92 到 100 之间, 还有 $k \geqslant 1$ 枚号码在 1 到 91 之间, 则所显示的质量为 $10n + 9k + 1$. 我们指出, 这种现象是可能出现的, 因为如果 1 至 90 号硬币都是假币, 那么在 1 至 91 号之间的任意 k 枚硬币的真实质量是 $9k$ 或 $9k+1$.

我们来证明, 在此种情况下, 甚至找不出那枚明显的假币. 如上所说, 此时 91 至 100 号是真币. 我们来观察 N 号硬币, 其中 $1 \leqslant N \leqslant 90$. 它不一定是假币, 因为相同的称量结果在 1 至 91 号硬币 (除了 N 号) 都是假币的情况下也会出现. 这就是说, 无论选择哪一枚硬币, 倒霉的造假者都不能断定它是假币.

♦1 试证明: 在题目的条件下, 也不能保证找出一枚真币.

♦2 假若可以找出这样的一枚硬币, 或能确切地知道它是假的, 或能确切地知道它是真的. 试阐述所涉及的矛盾.

九年级

II.148 证法 1 不失一般性, 可设 $0 \leqslant b < a$(否则, 将 b 换为它被 a 除的余数, 此时待证不等式的左端不变). 于是

$$(a,b) + (a, b+c) \leqslant (a-b) + (b+c) = a + c.$$

证法 2 设 $d_1 = (a, b)$, $d_2 = (a, b+c)$, 无论 d_1 还是 d_2 都是 a 的约数. 如果 $d_1 < a$, $d_2 < a$, 则它们中每一个都不大于 $\frac{a}{2}$, 从而它们的和不大于 a. 假若它们不都小于 a, 不

妨设 $d_1 = a$. 于是 $b = ka$, 其中 $k \in \mathbf{N}_+$, 而 $d_2 = (a, b+c) = (a, ka+c) = (a, c) \leqslant c$. 因此 $d_1 + d_2 \leqslant a + c$.

证法 3 首先观察 a, b, c 整体互质的情形. 如果 $(a, b) = d$, 则 $(c, d) = 1$, 因而 $(b+c, d) = 1$. 于是, (a, b) 与 $(a, b+c)$ 是 a 的两个互质的约数. 因此, 它们的乘积不超过 a. 对于任何两个正整数 x 与 y, 都有 $x + y \leqslant xy + 1$ (该不等式得自明显的不等式 $(x-1)(y-1) \geqslant 0$), 从而

$$(a, b) + (a, b+c) \leqslant (a, b)(a, b+c) + 1 \leqslant a + 1 \leqslant a + c.$$

下面考虑 a, b, c 具有大于 1 的公约数的情形. 设该公约数为 k. 记 $a = ka', b = kb', c = kc'$, 于是待证不等式就是

$$(a, b) + (a, b+c) = k(a', b') + k(a', b'+c') \leqslant k(a' + c') = a + c.$$

II.149 假若存在这样的 4 个二次三项式 f, g, h 和 k. 因为每个二次三项式的 x^2 项的系数都是 1, 所以其中任何二者之和的首项系数都是 2. 又因为任何二者之和都刚好有一个实根, 所以这种和都具有形式 $2(x - x_0)^2$.

我们来观察 $f + g + h + k$. 一方面, $f + g$ 与 $h + k$ 都刚好有一个根, 所以

$$f + g + h + k = 2(x-a)^2 + 2(x-b)^2,$$

其中, $a, b \in \mathbf{R}$. 另一方面, $f + h$ 与 $g + k$ 都刚好有一个根, 所以

$$f + g + h + k = 2(x-c)^2 + 2(x-d)^2,$$

其中, $c, d \in \mathbf{R}$. 这样一来, 我们就有等式

$$2(x-a)^2 + 2(x-b)^2 = f + g + h + k = 2(x-c)^2 + 2(x-d)^2.$$

等式两端的二次三项式相等, 所以它们的常数项相等, 意即 $a^2 + b^2 = c^2 + d^2$. 当然它们的一次项系数也相等, 于是就有 $a + b = c + d$. 这样一来, 就有

$$ab = \frac{(a+b)^2 - (a^2+b^2)}{2} = \frac{(c+d)^2 - (c^2+d^2)}{2} = cd.$$

根据韦达定理, c 与 d 就是如下方程的两个根:

$$x^2 - (a+b)x + ab = 0.$$

从而, 或者 $c = a, d = b$, 或者 $c = b, d = a$. 由此即可推知, 4 个二次三项式中有某两个完全相同. 例如, 如果 $c = a$, 则有 $f + g = 2(x-a)^2 = 2(x-c)^2 = f + h$, 从而得 $g = h$. 此与题意相矛盾.

II.150 证法 1 在线段 CK 的延长线上取点 A_1,使得 $A_1K = AK$(见图 57). 于是 $\triangle AKM \cong \triangle A_1KM$(边角边),特别地,有 $A_1M = AM$ 和 $\angle A_1MK = \angle AMK$. 依次将 $\triangle ABC$ 的三个内角分别记为 α, β, γ,则有 $\angle A_1CM = \frac{\gamma}{2}$, $\angle AKA_1 = \alpha + \frac{\gamma}{2}$ 和 $\angle AKM = \frac{\alpha}{2} + \frac{\gamma}{4}$. 因而 $\angle AMK = \alpha - \angle AKM = \frac{\alpha}{2} - \frac{\gamma}{4}$ 和 $\angle CMA_1 = 2\angle AMK = \alpha - \frac{\gamma}{2}$. 因为 $\alpha \geqslant \gamma$,所以 $\angle CMA_1 \geqslant \angle A_1CM$,这表明 $AK + KC = A_1C \geqslant A_1M = AM$.

证法 2 依次将 $\triangle ABC$ 的三个内角分别记为 α, β, γ,则有 $\angle BKL = \angle AKM = \frac{\alpha}{2} + \frac{\gamma}{4}$ 和 $\angle AML = \frac{\alpha}{2} - \frac{\gamma}{4}$. 因而 $AM > AK$,并且可在线段 AM 上取一点 P,使得 $KP = PM$ (见图 58). 于是,$\angle KPC = \alpha - \frac{\gamma}{2}$ 和 $\angle PKA = \frac{\gamma}{2} = \angle KCP$. 由题中条件推知,$\alpha - \frac{\gamma}{2} \geqslant \frac{\gamma}{2}$. 这表明,在 $\triangle APK$ 中,有 $AK \geqslant AP$,而在 $\triangle KPC$ 中,有 $KC \geqslant KP$. 从而就有 $AK + KC \geqslant AP + KP = AM$.

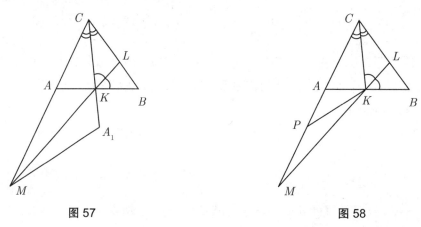

图 57   图 58

II.151 见 II.165 题解答的前两段. 在第二段中给出了和数为 204 的例子,这表明题中所要求证明的估计值是确切的.

◆ 试证明:在主对角线上至少有三个大于 32 的数.

II.152 答案 1999.

称正整数 n 是好数,如果用 10^6 除以 n 时所得的不完全商大于余数. 设 n 是好数,$10^6 = nk + r$,其中 r 是 10^6 除以 n 所得的余数. 于是有 $r < k$, $r < n$,从而 k 也是好数,并且 10^6 除以 k 的不完全商就是 n. 在此,或者有 $n = k = 1000$,或者 n 与 k 之一小于 1000,另一个大于 1000.

如此一来,所有不同于 1000 的好数分成一对一对的,其中一个大于 1000,一个小于 1000. 下面只需指出,所有小于 1000 的正整数 n 都是好数. 事实上,10^6 除以 n 的不完全商大于 n,而余数则小于 n. 因此,好数的个数等于 1999.

II.153 设圆 S_1 和圆 S_2 分别与直线 ℓ_1 相切于点 A_1 和点 A_2,分别与直线 ℓ_2 相切于点 B_1 和 C_1. 于是,我们有
$$A_1A_2 = B_1C_1, \quad AB + BK = AC + CK,$$

$$AB + BK = AA_1 + B_1K, \quad AC + CK = AA_2 + KC_1.$$

其中, 第一个等式可由对称性得到; 第二个等式表示由点 A 向 $\triangle ABC$ 的旁切圆所作的两条切线相等; 第三个等式表示分别由点 A 和点 B 所作的 S_1 的两条切线相等; 第四个等式类似. 于是我们就有

$$2(A_1A + AA_2) = A_1A_2 + B_1C_1 = A_1A + AA_2 + B_1K + KC_1 = 2(A_1A + B_1K),$$

亦即 $AA_2 = B_1K$. 我们指出, 线段 O_1O_2 的中点 P 是等腰梯形 $A_1A_2C_1B_1$ 的外接圆的圆心 (参阅图 59), 所以等腰 $\triangle A_1PA_2 \cong$ 等腰 $\triangle C_1PB_1$. 而 PK 与 PA 刚好是对应边, 故相等.

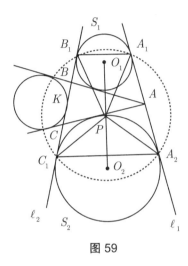

图 59

II.154 作一个有向图, 图中的顶点是该王国的城市, 图中的边是城市间的道路, 边上的方向是行车的方向. 首先证明, 该图中有一个顶点, 由它出发可以到达图中所有其他顶点. 设由顶点 v 出发可以到达的其他顶点数目最多. 如果由顶点 v 不能到达某个顶点 u, 那么根据题中条件, 由 u 一定可以到达 v. 如此一来, 凡是由 v 出发所能到达的任何城市, 都可由 u 出发经由 v 到达, 于是由 u 出发所能到达的城市数目就超过 v 了, 此与我们对 v 的选择相矛盾. 这就表明, 由顶点 v 出发可以到达其他所有城市.

现在, 我们把除了顶点 v 的所有城市分成若干个集合. 先把由 v 有有向边直接连往的顶点都归入集合 S_1. 再把由 S_1 中的顶点有有向边直接连往的所有 S_1 以外的顶点都归入 S_2. 再把由 S_2 中的顶点有有向边直接连往的所有 S_1 与 S_2 以外的顶点都归入 S_3. 如此下去, 直到把每一个顶点都归入某一个集合 S_i 为止. 然后, 令 $A = S_1 \cup S_3 \cup \cdots$, $B = S_2 \cup S_4 \cup \cdots$, 则集合 A 与 B 之一中包含不多于 1002 个顶点, 再把顶点 v 归入这个集合, 将所得到的集合记作 C. 于是 C 中有不多于 1003 个顶点, 并且任何不在 C 中的顶点都被一条自 C 中某个顶点所连出的有向线段连接.

十年级

II.155 证法 1 设 $f_i = x^2 + p_i x + q_i$ 是所给的二次三项式，其中 $i = 1, 2, 3, 4$. 以 (i, j, k, l) 表示 $(1, 2, 3, 4)$ 的排列. 根据题中条件，二次三项式

$$f_i + f_j = 2x^2 + (p_i + p_j)x + (q_i + q_j)$$

的判别式等于 0，因此

$$(p_i + p_j)^2 = 8(q_i + q_j). \qquad ①$$

同理可知 $(p_k+p_l)^2 = 8(q_k+q_l)$. 于是就有 $(p_i+p_j)^2+(p_k+p_l)^2 = 8(q_i+q_j)+8(q_k+q_l)$，由此可知 $p_i p_j + p_k p_l = 8\sum q_i - \sum p_i^2$. 这表明，表达式 $p_i p_j + p_k p_l$ 的值与排列方式 (i, j, k, l) 无关. 于是就有 $p_1 p_2 + p_3 p_4 = p_1 p_3 + p_2 p_4$，亦即 $(p_1 - p_4)(p_2 - p_3) = 0$. 不妨设 $p_2 = p_3$，于是再由等式 $p_1 p_2 + p_3 p_4 = p_1 p_4 + p_2 p_3$ 就可推出 $(p_2 - p_1)(p_2 - p_4) = 0$. 这表明，$p_1, p_2, p_3, p_4$ 四者中至少有三者相等，不妨设 $p_1 = p_2 = p_3$. 于是由等式 ① 推出 $q_1 + q_2 = q_2 + q_3 = q_3 + q_1 = \dfrac{p_1^2}{2}$，由此又得 $q_1 = q_2 = q_3$.

证法 2 我们指出，如果 $p(x) = 2(x - x_0)^2$，则有 $8p(x) = (p'(x))^2$. 于是有

$$8(f+g) = (f'+g')^2, \quad 8(h+k) = (h'+k')^2,$$
$$8(f+h) = (f'+h')^2, \quad 8(g+k) = (g'+k')^2.$$

因而

$$(f'+g')^2 + (h'+k')^2 = 8(f+g+h+k) = (f'+h')^2 + (g'+k')^2.$$

经过去括号，合并同类项等变形，我们得到 $f'g' + h'k' = f'h' + g'k'$，亦即

$$(f' - k')(g' - h') = 0.$$

这样一来，作为两个线性函数乘积的多项式 $(f' - k')(g' - h')$ 在一切实数处都等于 0，这就意味着两个因式之一恒等于 0. 为确定起见，设 $f' = k'$. 这样就有 $8(f+g) = (f'+g')^2 = (k'+g')^2 = 8(k+g)$. 于是，三项式 f 与 k 相互重合，与题意相矛盾.

◆ 是否存在 4 个互不相同的二次三项式，其中任意二者的和都刚好有一个根？

II.156 因为 $\triangle ABC$ 是直角三角形，所以与边 BC 平行的中位线就是边 AB 的中垂线（参阅图 60）. 这样一来，只需要证明点 Y 属于该中垂线. 为此，需要验证 $YA = YB$. 但是，我们知道 $YB = YX$，因为它们是由同一个点所作的同一个圆的两条切线. 以点 Y 为圆心、$YB = YX$ 为半径作圆. 我们需要证明，点 A 在这个圆上. 为此，只需验证 $\angle XYB = 2\angle XAB$，因为 $\angle XYB$ 是圆心角，等于其一半的 $\angle XAB$ 的顶点 A 在圆周上. 记 $\angle BAC = \alpha$，则 $\angle BCX = 90° - \alpha$，于是 $\angle YXB = \angle YBX = 90° - \alpha$，这是因为弦切角等于同弧所对圆周角. 因此 $\angle XYB = 180° - 2(90° - \alpha) = 2\alpha$.

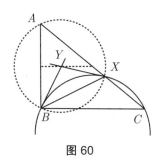

图 60

II.157 以 $A_{m,n}$ 表示 "跛脚王" 由 $m \times n$ 方格表的一个角上的方格走到相对角上的方格的所有不同的路径条数, 则有

$$A_{n-1,n-1} = 2A_{n-2,n-1} + A_{n-2,n-2},$$

事实上只需考虑第一步的三种不同走法即可得出该式. 类似地, 亦有

$$A_n^* = A_{n-2,n-2} + A_{n-1,n-1} + 2A_{n-1,n-2},$$

为得到本式, 只需考虑第一步与最后一步的所有四种不同的组合方式. 再把前面一式代入后面一式, 即得所要证明的等式.

下面来进行讨论, 以给出由上述想法产生的直观证明所对应的基于双射的严格证明.

A_n^* 就是由图 61 所示的 $n \times n$ 方格表中的方格 a 走到方格 b 的不经过所有画 "×" 叉的方格和方格 c 的各种不同路径的条数. 而 $2A_{n-1}$ 就是由方格 p 走到方格 e 的所有不同路径的条数与由方格 q 走到方格 b 的所有不同路径的条数的和. 我们来建立这样的路径集合之间的双方单支的对应. 考察 "跛脚王" 由 p 到 e 的任意一条行走路线. 往其上面添补 a 到 p 的一步和 e 到 b 的一步后, 就得到了一条由 a 到 b 的不经过被禁方格的路径. 在该路径上的第一步是水平的, 最后一步是竖直的. 我们再来观察 "跛脚王" 由 q 到 b 的任意一条路径. 如果它不经过 c, 那么就往它上面补上由 a 到 q 的一步, 得到由 a 到 b 的一条不经过被禁方格的路径, 它的第一步是对角线方向的, 最后一步是对角线方向或向上的. 如果它经过 c, 那么我们删去由 c 到 b 的一步, 再把所得到的由 q 到 c 的路径整个往下平移一格, 得到一条由 p 到 d 的路径, 再往它上面补上 a 到 p 的一步和 d 到 b 的一步, 得到一条由 a 到 b 的路径, 该路径不经过被禁的方格, 它的第一步是水平方向的, 最后一步是对角线方向的. 显然, 这种对应关系是一一的, 即双方单值的.

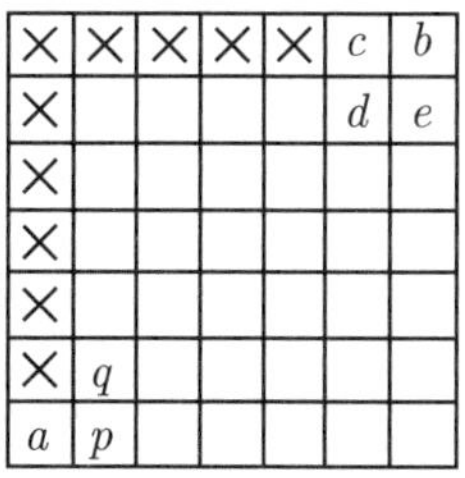

×	×	×	×	×	c	b
×					d	e
×						
×						
×						
×	q					
a	p					

图 61

II.158 答案 $x = y = 1$ 和 $x = 5, y = 4$.

解法 1 将所给方程改写为

$$2y^3 - x^3 = 2y - x.$$

记 $m = 2y - x$. 我们来证明 $m > 0$. 事实上, 在相反的情况下, $x \geqslant 2y$, 从而有

$$x^3 - x = x(x^2 - 1) \geqslant 2y((2y)^2 - 1) > 2y(y^2 - 1) = 2(y^3 - y),$$

此与所给方程相矛盾.

下面来观察所给方程的关于 m 的模. 我们得到 $x \equiv 2y \pmod{m}$ 和 $x^3 \equiv 2y^3 \pmod{m}$, 于是就有

$$2y^3 \equiv x^3 \equiv (2y)^3 \equiv 8y^3 \pmod{m}.$$

于是就有 $m | 6y^2$. 然而 y 与 m 是互质的, 事实上, $(y, m) = (y, 2y - x) = (y, -x) = 1$. 因此, $m | 6$, 因为 $m > 0$, 所以 m 只能是 $1, 2, 3$ 或 6. 再用 y 和 m 表示 x 与 x^3, 得到 $x = 2y - m, x^3 = 2y^3 - m$. 故有 $(2y - m)^3 = 2y^3 - m$, 并最终得到三次方程

$$6y^3 - 12my^2 + 6m^2y - m^3 + m = 0.$$

需要针对 m 的四个可能的具体值来解这个方程. 而我们感兴趣的只是使得 $2y - m = x > 0$ 的情形, 意即那些超过 $\frac{m}{2}$ 的 y 值.

当 $m = 1$ 时, 我们有

$$y^3 - 2y^2 + y = y(y - 1)^2 = 0,$$

这意味着 $y = 1$ 和 $x = 2y - 1 = 1$.

当 $m = 2$ 时, 我们有

$$y^3 - 4y^2 + 4y - 1 = (y - 1)(y^2 - 3y + 1) = 0,$$

它没有大于 $\frac{m}{2} = 1$ 的正整数解.

当 $m = 3$ 时, 我们有

$$y^3 - 6y^2 + 9y - 4 = (y - 1)^2(y - 4) = 0,$$

于是 $y = 4$ 和 $x = 2y - 3 = 5$.

最后, 对 $m = 6$, 需要解方程

$$y^3 - 12y^2 + 36y - 35 = 0,$$

它没有正整数解, 因为它的正整数解必须是 35 的因数, 但是 $1, 5, 7$ 和 35 都不满足方程.

解法 2 (仅用不等式, 几乎不用数论中的定理) 记住已有的解 $x=y=1$, 我们来讨论 $x>1$ 和 $y>1$ 的情形. 易知在此种情形下有 $x>y$, 从而

$$\frac{x^3}{y^3} < \frac{x}{y} \cdot \frac{x^2-1}{y^2-1} = 2,$$

由此可得

$$y < x < \sqrt[3]{2}y. \qquad ①$$

因为 $(x,y)=1$, 所以有 $x\,|\,2(y^2-1)$ 和 $y\,|\,(x^2-1)$. 这表明

$$xy\,|\,2(x^2-1)(y^2-1) = 2\left\{x^2y^2 - 2xy - [(x-y)^2-1]\right\}.$$

故知

$$xy\,|\,2[(x-y)^2-1].$$

因为 $x>y$, 所以 $(x-y)^2-1 \geqslant 0$, 并且等号成立, 当且仅当 $x=y+1$. 而此时由原方程得到 $y=4$, $x=5$. 在其余情况下有不等式 $(x-y)^2-1 \geqslant \dfrac{xy}{2}$, 但这是不可能的, 因为由 ① 式和明显的不等式 $\sqrt[3]{2} < \dfrac{3}{2}$ 推出

$$(x-y)^2 - 1 < \left[(\sqrt[3]{2}-1)^2-1\right]^2 \cdot y^2 < \frac{y^2}{4} < \frac{xy}{2}.$$

II.159 答案 男爵最少只需要 1 个砝码.

至少需要 1 个砝码. 若不然, 如果所有猎物的质量都是现在的一半, 那么称量结果不会改变. 下面说明男爵如何借助于一个 1 kg 重的砝码完成他的展示. 先说明他如何让观众相信猎物的质量分别为 $n, n+1, \cdots, n+14$ kg. 为此, 他先在天平的一端放上重 51 kg 的猎物, 在另一端放上重 50 kg 的猎物和那枚质量为 1 kg 的砝码. 天平显然平衡. 他再在天平的一端放上重 52 kg 的猎物, 在另一端放上重 51 kg 的猎物和那枚质量为 1 kg 的砝码. 天平显然又平衡. 如此下去, 即可使得观众相信猎物的质量依次相差 1 kg. 然后他再来确定 n 的值. 他把质量为 $n, n+1, \cdots, n+7$ kg 的猎物置于天平的一端, 再把质量为 $n+8, n+9, \cdots, n+14$ kg 的猎物和那枚质量为 1 kg 的砝码置于天平的一端. 天平依然平衡. 这表明

$$n+(n+1)+\cdots+(n+7) = (n+8)+(n+9)+\cdots+(n+14)+1,$$

亦即 $8n+28 = 7n+78$, 所以 $n=50$.

♦ 如果猎物的质量分别为 $51, 52, \cdots, 65$ kg, 那么他最少需要多少个砝码?

II.160 显然, $\triangle APC \backsim \triangle DFC$ (参阅图 62). 事实上, $\angle DFC = 180° - \angle EFC = 180° - \angle EPC = \angle APC$ 和 $\angle FDC = \angle EDC = \angle EAC = \angle PAC$, 其中用到了四边形 $ADEC$ 内

接于圆的事实. 这表明 $\dfrac{AP}{DF} = \dfrac{AC}{DC}$, 亦即 $AP = AC \cdot \dfrac{DF}{DC}$. 同理, $CQ = AC \cdot \dfrac{FE}{AE}$. 于是有

$$\dfrac{AP}{CQ} = \dfrac{DF/DC}{FE/AE} = \dfrac{DF/FE}{DC/AE} = 1,$$

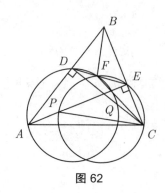

图 62

亦即 $AP = CQ$, 这是因为

$$\dfrac{DF}{FE} = \dfrac{DB}{BE} = \dfrac{DC}{AE},$$

其中, 第一个等号来自角平分线性质, 第二个等号来自 $\triangle BDC \backsim \triangle BEA$.

II.161 答案 最少有 n 个互不相同的正整数. 达到最少数目的例子有: 假如一开始所给定的 n 个互不相同的正整数是 $1, 2, \cdots, 2^{n-1}$, 那么黑板上所写出的也刚好就是这 n 个数.

我们来对 n 作归纳, 以证明黑板上至少写着 n 个互不相同的数. 当 $n = 2$ 时, 黑板上写着这两个数的最大公约数和最小公倍数, 它们显然不会相等, 所以结论成立.

假设题中结论已经对少于 n(此处 $n \geqslant 3$) 个数的情形成立, 我们来看 n 个互不相同的数的情形. 如果它们整体有大于 1 的公约数, 那么约去该公约数, 此时不会减少互不相同的数的个数. 我们现在来看其中某一个数的质因数 p. 将这 n 个数分为两个非空的组: 一个组内的数都可被 p 整除, 另一个组内的数都不可被 p 整除. 于是第一个组内任何二数的最大公约数和最小公倍数都是 p 的倍数, 而第二个组内任何二数的最大公约数和最小公倍数都不是 p 的倍数. 如果两个组内都不少于两个数, 那么分别对它们运用归纳假设就可证得所需的结论. 如果有一个组内仅有一个数 x, 那么先对另一组应用归纳假设, 然后再利用 x, 至少可使黑板上增加一个数.

十一年级

II.162 答案 不存在. 参阅 II.149 题解答.

II.163 同 II.156 题.

II.164 同 II.152 题.

II.165 我们针对 $n \times n$ 方格表解答本题.

为方便起见, 我们用写在里面的数称呼方格. 因为所有的数各不相同, 所以这种称呼不会引起混乱. 我们说到 "某某数的钩子", 指的是: 所有位于该数所在方格上方的方格和左方的方格以及该数自己所在的方格构成的图形. 易知, 对于每个位于左下右上方向的主对角线上的数, 它的钩子里都包含 n 个方格, 并且任何两个不同的钩子都恰好有一个共同的方格 (见图 63). 我们来观察位于该主对角线上的数, 并把它们按递增顺序记为 $a_1 < a_2 <$

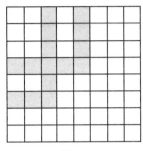

图 63

$\cdots < a_n$. 于是 $a_1 \geqslant n$, 因为它不会小于它的钩子里的方格数目. 因为 $a_2 > a_1$, 所以 a_2 不会小于 a_1 的钩子和 a_2 的钩子里的所有的数, 意即它不会小于这两个钩子的并集里的方格数目, 故 $a_2 \geqslant 2n - 1$. 如此下去, 可知 a_k 不会小于 k 个钩子的并集里的方格数目, 也就是不小于 $kn - C_k^2$. 所以

$$a_1 + a_2 + \cdots + a_n \geqslant \sum_{k=1}^{n}(kn - C_k^2) = A.$$

刚才估计出来的下界是可以达到的, 事实上, 我们只要使得左下右上对角线上的数 a_k 确切地等于 $kn - C_k^2$ 即可. 图 64(a) 展示的是 $n = 8$ 的情形.

1	2	3	4	5	6	7	8
9	10	11	12	13	14	15	
16	17	18	19	20	21		
22	23	24	25	26			
27	28	29	30				
31	32	33					
34	35						
36							

(a)

1	2	5	10	17	26	37	50
3	4	6	11	18	27	38	51
7	8	9	12	19	28	39	52
13	14	15	16	20	29	40	53
21	22	23	24	25	30	41	54
31	32	33	34	35	36	42	55
43	44	45	46	47	48	49	56
57	58	59	60	61	62	63	64

(b)

图 64

下面来寻找写在另一条对角线上的数的和的最小可能值. 将写在第 k 行与第 k 列相交处的方格里的数记作 b_k. 根据题意, b_k 不小于不比它更右也不比它更下处的每一个数, 这

也就意味着 $b_k \geq k^2$(见图 64(b)). 所以
$$b_1 + b_2 + \cdots + b_n \geq 1^2 + 2^2 + \cdots + n^2 = B.$$

我们来证明 $A = B$.

由前 n 个正整数的平方的求和公式, 立知
$$B = \frac{n(n+1)(2n+1)}{6}.$$

而由公式 $1 + 2 + \cdots + n = \frac{n(n+1)}{2}$ 和 $C_2^2 + C_3^2 + \cdots + C_n^2 = C_{n+1}^3$ 可知
$$\begin{aligned}A &= n\sum_{k=1}^{n} k - \sum_{k=1}^{n} C_k^2 \\ &= \frac{n^2(n+1)}{2} - C_{n+1}^3 \\ &= \frac{n(n+1)(2n+1)}{6}.\end{aligned}$$

所以 $A = B$.

♦ 在 $n = 8$ 的特殊情况下, $A = B$ 是显然的, 用不着经过此处的复杂变换.

II.166 同 II.159 题.

II.167 设 I 是 $\triangle ABC$ 的内心, 点 A_1, B_1, C_1 分别是内切圆与边 CB, AC, AB 的切点. 于是, C, D, A_1, I 都在一个以 CI 为直径的圆上 (参阅图 65), 因此
$$\angle(DA_1, A_1C) = \angle(DI, IC) = \angle(C_1B_1, B_1A_1) = \angle(A_1C_1, A_1C),$$

其中第二个等号是由于 $A_1B_1 \perp IC, B_1C_1 \perp DI$, 而两条边对应垂直的角相等; 第三个等号是由于弦切角等于同弧所对的圆周角.

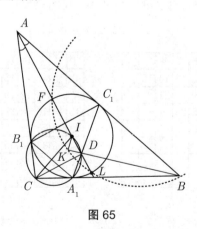

图 65

由此即知 D, A_1, C_1 三点共线. 而 A_1, C_1, K, B 四点在一个以 IB 为直径的圆上, 由幂等定理得 $DF \cdot DL = DC_1 \cdot DA_1 = DK \cdot DB$, 故知 F, L, B, K 四点共圆.

II.168 证法 1 任取一列方格, 将其编号为第 0 列, 再从其右侧的列开始, 自左往右依次编号为第 $1, 2, 3, \cdots$ 列; 从其左侧的列开始, 自右往左依次编号为第 $-1, -2, -3, \cdots$ 列. 在奇数编号的列中, 自下而上依次填写 $1, a, a^2, a^3, \cdots$; 在偶数编号的列中, 自下而上依次填写 $-1, -a, -a^2, -a^3, \cdots$ (见图 66). 我们再来选择一个实数 a, 使得题中的所有要求都得到满足. 为此, 需要 $a \in (0, 1)$, 并且对任何正整数 n, 都要有如下的关系式成立:

$$4a^n = a^{n-1} + a^{n+1} - 2a^n.$$

当 $a = 3 - 2\sqrt{2}$ 时, 这些关系式都能成立, 因为它是方程 $a^2 - 6a + 1 = 0$ 的根.

a^7	$-a^7$	a^7	$-a^7$	a^7	$-a^7$
a^6	$-a^6$	a^6	$-a^6$	a^6	$-a^6$
a^5	$-a^5$	a^5	$-a^5$	a^5	$-a^5$
a^4	$-a^4$	a^4	$-a^4$	a^4	$-a^4$
a^3	$-a^3$	a^3	$-a^3$	a^3	$-a^3$
a^2	$-a^2$	a^2	$-a^2$	a^2	$-a^2$
a	$-a$	a	$-a$	a	$-a$
1	-1	1	-1	1	-1

图 66

证法 2 把直线上方的行自下而上依次编号为第 $1, 2, \cdots$ 行, 对列按照证法 1 的办法编号. 我们在坐标为 (x, y) 的方格里填入 $a^x \cos y\varphi$, 其中 $0 < a < 1$ (见图 67). 所填的数的绝对值都不大于 1. 只要 φ 选得合适, 就会对所有的整数 y 都有 $\cos y\varphi \neq 0$, 而且所填各数均不相同. 为此, 只需取 $\varphi = r\pi$, 其中 r 为任一无理数 (或者 $\varphi = \pi$, 此时我们得到证法 1 中的填法). 此时我们再选取 a, 使得题中条件 (2) 成立, 亦即使得对于任何整数 x 与 y, 都有

$$4a^x \cos y\varphi = a^{x-1} \cos y\varphi + a^{x+1} \cos y\varphi + a^x \cos(y-1)\varphi + a^x \cos(y+1)\varphi$$
$$= a^{x-1} \cos y\varphi + a^{x+1} \cos y\varphi + 2a^x \cos y\varphi \cos \varphi.$$

$a^6 \cos(-2\varphi)$	$a^6 \cos(-\varphi)$	a^6	$a^6 \cos \varphi$	$a^6 \cos 2\varphi$
$a^5 \cos(-2\varphi)$	$a^5 \cos(-\varphi)$	a^5	$a^5 \cos \varphi$	$a^5 \cos 2\varphi$
$a^4 \cos(-2\varphi)$	$a^4 \cos(-\varphi)$	a^4	$a^4 \cos \varphi$	$a^4 \cos 2\varphi$
$a^3 \cos(-2\varphi)$	$a^3 \cos(-\varphi)$	a^3	$a^3 \cos \varphi$	$a^3 \cos 2\varphi$
$a^2 \cos(-2\varphi)$	$a^2 \cos(-\varphi)$	a^2	$a^2 \cos \varphi$	$a^2 \cos 2\varphi$
$a \cos(-2\varphi)$	$a \cos(-\varphi)$	a	$a \cos \varphi$	$a \cos 2\varphi$
$\cos(-2\varphi)$	$\cos(-\varphi)$	1	$\cos \varphi$	$\cos 2\varphi$

图 67

为此，只需有如下等式成立：
$$4a = a^2 + 2a\cos\varphi + 1.\quad\text{①}$$

如果 $0 < \cos\varphi < 1$，则二次方程 ① 的判别式为正数，故它有两个实根，它们显然都是正根. 这两个正根的乘积等于 1，所以其中之一属于区间 $(0,1)$，我们将其取作 a 即可.

♦1 以上两种证法中的填数方法实际上都是图 68 所示的填法的特殊情况. 现在说一说如何想到这种填法的. 我们来寻找恰当的形如 $a^x b^y$ 的数，其中 x 与 y 是方格的坐标. 选择这种形式的数的理由很好理解. 因为只要一个方格里的数满足题中的条件 (2)，所有的数便都满足条件 (2) 了. 下面较为详细地谈谈我们的想法. 我们需要对正整数 x 与 y 有如下的等式成立：
$$4a^x b^y = a^{x-1}b^y + a^{x+1}b^y + a^x b^{y-1} + a^x b^{y+1},$$

也就是
$$4 = a + \frac{1}{a} + b + \frac{1}{b}.$$

该方程没有正数解，但只要其中有一个数是负的，就能从区间 $(0,1)$ 中找到第二个数. 特别地，若令 $b = -1$，我们就得到了证法 1 中的解. 对于其他的负数 b，乘积 $a^x b^y$ 将可能是无界的. 我们来看看，如果将 b 取为非实数，会是怎样的一番景象？如果 $|b| \neq 1$，那么乘积 $a^x b^y$ 仍将可能是无界的. 所以我们只选取绝对值为 1 的数作为 b，亦即令 $b = e^{i\varphi}$，其中，i 为虚数单位，$\varphi \in [0, 2\pi]$. 此时，我们得到方程
$$4 = a + \frac{1}{a} + e^{i\varphi} + e^{-i\varphi} = a + \frac{1}{a} + 2\cos\varphi.$$

它具有小于 1 的正根，并且给出填法 $a^x e^{iy\varphi}$. 如果我们取出所有各数的实部，则所得的填法仍然满足题中条件. 这就是我们在证法 2 中给出的填法. 同理，如果取出所有各数的虚部，亦即 $a^x \sin y\varphi$，则也能得到满足要求的填法，只要适当地选取 φ，使得对一切整数 n，都有 $\sin n\varphi \neq 0$ 即可.

a^7b^{-2}	a^7b^{-1}	a^7	a^7b	a^7b^2	a^7b^3
a^6b^{-2}	a^6b^{-1}	a^6	a^6b	a^6b^2	a^6b^3
a^5b^{-2}	a^5b^{-1}	a^5	a^5b	a^5b^2	a^5b^3
a^4b^{-2}	a^4b^{-1}	a^4	a^4b	a^4b^2	a^4b^3
a^3b^{-2}	a^3b^{-1}	a^3	a^3b	a^3b^2	a^3b^3
a^2b^{-2}	a^2b^{-1}	a^2	a^2b	a^2b^2	a^2b^3
ab^{-2}	ab^{-1}	a	ab	ab^2	ab^3
b^{-2}	b^{-1}	1	b	b^2	b^3

图 68

♦2 下面的讨论涉及各个数在数表中出现的次数. 如果要求每个数都在数表中至多出现两次，那么我们可以选择 φ，使得对于不同的非负的 x 与 y，乘积 $a^x \cos y\varphi$ 的值各不相

同. 如果有某两对不同的 x 与 y 对应相同的乘积 $a^x \cos y\varphi$, 记为 $a^{x_1}\cos y_1\varphi = a^{x_2}\cos y_2\varphi$, 那么也就意味着存在整数 k, m, n, 其中 $m \neq n$, 使得

$$a^k \cos n\varphi = \cos m\varphi. \qquad ②$$

证明一个引理.

引理 若多项式序列 $\{T_n(x)\}$ 满足: $T_0(x) = 1$, $T_1(x) = x$ 与

$$T_{n+1}(x) = 2xT_n(x) - T_{n-1}(x), \quad n \geqslant 2,$$

则对任何 φ, 都有 $\cos n\varphi = T_n(\cos \varphi)$.

引理之证 对 n 归纳. $n = 0, 1$ 时结论已经成立. 假设结论已经对所有角标不超过 n 的项成立, 我们来证明结论对 $T_{n+1}(x)$ 也成立. 事实上, 有

$$\begin{aligned}
T_{n+1}(\cos\varphi) &= 2\cos\varphi T_n(\cos\varphi) - T_{n-1}(\cos\varphi) \\
&= 2\cos\varphi \cos n\varphi - \cos(n-1)\varphi \\
&= 2\cos\varphi \cos n\varphi - (\cos\varphi \cos n\varphi + \sin\varphi \sin n\varphi) \\
&= \cos\varphi \cos n\varphi - \sin\varphi \sin n\varphi = \cos(n+1)\varphi.
\end{aligned}$$

引理证毕.

容易看出, 这些多项式的系数都是整数.

回到等式 ②. 利用我们的多项式序列, 可把它改写为 $a^k T_n(\cos\varphi) = T_m(\cos\varphi)$, 这恰好是 I 型切比雪夫多项式. 为方便计, 记 $\theta = \cos\varphi$. 于是

$$a^k = \frac{T_m(\theta)}{T_n(\theta)}.$$

我们来证明, θ 是代数数 (整系数多项式的根). 通过 ① 式求出 a, 得到 $a = (2-\theta) - \sqrt{D}$, 其中 $D = (2-\theta)^2 - 1$, 因而

$$\begin{aligned}
a^k &= \left[(2-\theta) - \sqrt{D}\right]^k = \sum_{j=0}^{k} C_k^j (2-\theta)^{k-j}(-\sqrt{D})^j \\
&= \sum_{j=0}^{[\frac{k}{2}]} C_k^{2j}(2-\theta)^{k-2j} D^j - \sqrt{D} \sum_{j=0}^{[\frac{k-1}{2}]} C_k^{2j+1}(2-\theta)^{k-2j-1} D^j \\
&= P_k(\theta) + Q_k(\theta)\sqrt{(2-\theta)^2 - 1},
\end{aligned}$$

其中, P_k 与 Q_k 都是整系数多项式. 于是

$$P_k(\theta) + Q_k(\theta)\sqrt{(2-\theta)^2 - 1} = \frac{T_m(\theta)}{T_n(\theta)}.$$

因而

$$Q_k(\theta) T_n(\theta) \sqrt{(2-\theta)^2 - 1} = T_m(\theta) - P_k(\theta) T_n(\theta).$$

所以
$$Q_k^2(\theta)T_n^2(\theta)\left[(2-\theta)^2-1\right]-\left[T_m(\theta)-P_k(\theta)T_n(\theta)\right]^2=0.$$

从而, θ 就是这个整系数多项式的根. 这就表明, 对于超越数 θ, 等式 ② 是不可能成立的. 因此, $\theta=\dfrac{1}{\mathrm{e}}$ 不会使 ② 式成立. 于是, 我们就令 $\varphi=\arccos\dfrac{1}{\mathrm{e}}$, 此时每个数在表中都至多出现两次.

2006 年

八年级

II.169 证法 1 由题中条件和角平分线的性质知
$$\frac{AK}{LB}=\frac{CL}{LB}=\frac{AC}{AB},$$
又因为 $\angle KAC=\angle LAB$, 所以 $\triangle AKC\backsim\triangle ALB$. 因为 $\triangle ALB$ 是等腰三角形, 所以 $\triangle AKC$ 亦是等腰三角形, 故有 $AK=CK$(参阅图 69).

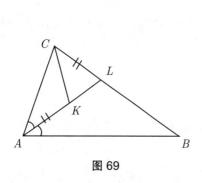

图 69

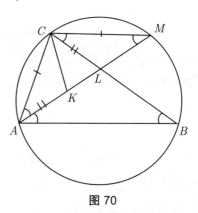

图 70

证法 2 如图 70 所示, 作出 $\triangle ABC$ 的外接圆, 并延长角平分线 AL 与外接圆相交于点 M. 结合题中条件, 知 $\angle CAM=\angle ABC=\angle MAB$, 由此易知 $\angle BCM$ 和 $\angle CMA$ 亦与它们相等. 由角相等可知弦 AC 与 CM 相等. 这表明 $\triangle ACK\cong\triangle CML$ (边角边). 于是又有 $\angle ACK=\angle CML=\angle CAK$, 因而 $AK=CK$.

II.170 答案 $\dfrac{198}{197}$.

解法 1 (调和级数①) 将关系式 $b=\dfrac{2ac}{a+c}$ 改写为
$$\frac{1}{b}=\frac{a+c}{2ac}=\frac{1}{2}\left(\frac{1}{a}+\frac{1}{c}\right).$$

---

① 编译者注 在算术级数, 即等差数列中, 每一项都等于其前后两项的算术平均值; 在几何级数, 即等比数列中, 每一项都等于其前后两项的几何平均值; 而现在, 在我们的数列中, 每一项都等于其前后两项的调和平均值, 故谓之调和级数.

这就表明, 如果把数列中的每一项都换成其倒数, 则除了头尾两项, 每一项都等于其前后两项的算术平均值. 所以它们的倒数形成等差数列, 其第一项是 1, 最后一项是 $\frac{1}{2}$, 这表明公差等于
$$\frac{\frac{1}{2}-1}{99}=-\frac{1}{198}.$$
因此, 倒数数列的第二项是 $1-\frac{1}{198}=\frac{197}{198}$, 故原数列的第二项是 $\frac{198}{197}$.

解法 2 (显式) 由所给关系式解出 $c=\frac{ab}{2a-b}$. 假设该行中的第二个数是 x. 将 $a=1$, $b=x$ 代入 c 的表达式, 得到第三个数是 $\frac{x}{2-x}$. 再把 $a=x$, $b=\frac{x}{2-x}$ 代入其中, 得知第四个数是
$$\frac{x\cdot\frac{x}{2-x}}{2x-\frac{x}{2-x}}=\frac{x}{3-2x}.$$
再多算几步, 即可得出规律, 即该行数中的第 k 个数是
$$\frac{x}{k-1-(k-2)x}.$$
现用归纳法证明这一公式. 起步情况已明. 假设公式已对 k 与 $k+1$ 成立, 那么第 $k+2$ 个数就是
$$\frac{\frac{x}{k-1-(k-2)x}\cdot\frac{x}{k-(k-1)x}}{\frac{2x}{k-1-(k-2)x}-\frac{x}{k-(k-1)x}}=\frac{x}{k+1-kx},$$
正如所愿. 如此一来, 知第 100 个数就是 $\frac{x}{99-98x}$. 由题中条件知
$$\frac{x}{99-98x}=2,$$
解得 $x=\frac{198}{197}$.

II.171 第一次操作之后, 黑板上的数变为 306 或 318. 若是 306, 因为其数字中有 0, 在后来的操作中黑板上的数永远不变, 永为 306, 所以不可能再现 312. 若是 318, 则它是 2 的倍数, 而不是 4 的倍数. 我们要来证明, 这一性质将保持始终. 为此, 我们需要如下的引理.

引理 若多于一位数的偶数不是 4 的倍数, 则它的各位数字的乘积是 4 的倍数.

引理之证 根据被 4 除的判别准则, 知该数的末尾两位数字所成的二位数不是 4 的倍数. 可以验证, 这种二位数, 或者其末位数是 4 的倍数, 或者其首位数是偶数. 在前一种情况下, 该数各位数字的乘积显然是 4 的倍数; 在后一种情况下, 因为相乘的数字中至少有两个偶数 (因为该数是偶数, 所以末位数是偶数), 所以乘积也是 4 的倍数. 引理证毕.

如此一来, 如果黑板上的正整数是 2 的倍数, 而不是 4 的倍数, 那么每分钟它都改变 (增加或减少) 一个 4 的倍数, 从而依然是偶数, 却不是 4 的倍数. 从而, 312 永远不会再现.

为了完整地解答本题, 还需做一个小小的补充. 如果黑板上的数变为个位数, 那么引理将会失效, 因为引理仅对二位以上的数适用. 事实上, 黑板上不可能出现个位数. 但是需要

花费笔墨来证明这一点. 与其证明这种情况不可能出现, 不如说明如何来摆脱这种情况. 因为一旦出现不是 4 的倍数的个位偶数, 它很快就会变为 22 或 14, 事实上

$$2 \to 4 \to 8 \to 16 \to 22, \quad 6 \to 12 \to 14,$$

它们都是二位偶数, 且不是 4 的倍数.

♦1 在所述的操作下, 黑板上的整数的位数是不会减少的 (特别地, 在题目的条件下, 永远不会小于 100). 假设我们的数位于 10^k 与 10^{k+2} 之间, 设其为 $m \cdot 10^{k+1} + n \cdot 10^k + r$, 其中 m 与 n 是其开头两位数字. 数 r 不多于 $k-1$ 位, 所以它的各位数字的乘积小于 10^{k-1}, 因此原数的各位数字的乘积小于 $mn \cdot 10^{k-1}$. 将原数减去其各位数字的乘积, 所得结果不小于

$$m \cdot 10^{k+1} + n \cdot 10^k - mn \cdot 10^{k-1} = 10^{k-1}(10m + n - mn) \geqslant 10^k,$$

这是因为

$$10m + n - mn = 10 + (10-n)(m-1) \geqslant 10.$$

♦2 另一方面, 黑板上的数永远不会多于 23 位. 因为 $9^{22} < 10^{21}$, 所以位数刚超过 22 时, 它小于 $10^{22} + 10^{21}$, 这意味着它的第二位数字是 0, 因此以后便停止增长.

II.172 假设不然, 则每两个孩子所得的糖果都只有一种颜色的数目相同 (不可能只有两种颜色的数目相同, 因为每个人所得的糖果总数都是 100 颗, 一旦有两种颜色的数目相同, 第三种颜色的数目也就相同了). 观察任意一个孩子 A, 假设他得到 k 颗红色、s 颗蓝色和 z 颗绿色的糖果. 由于剩下的孩子中的每一人都刚好有一种颜色的数目与 A 相同, 因此他们被分为三个集合, 第一个集合中每个孩子都分到 k 颗红色糖果, 第二个集合中每个孩子都分到 s 颗蓝色糖果, 第三个集合中每个孩子都分到 z 颗绿色糖果. 可能有某个集合为空集. 从其中一个集合, 例如第一个集合中任意找出二人 B 和 C. 再假设至少有一个孩子 D 在另一个集合中, 不妨设他在第二个集合中. 我们来比较 B 和 D. 他们所得的红色糖果数目不同 (因为 D 不属于第一个集合); 他们所得的蓝色糖果数目也不同 (因为 B 不属于第二个集合); 但是他们所得的糖果组合又不是完全不同, 因而他们所得的绿色糖果数目相同. 再对 C 和 D 作同样的讨论, 得知 C 与 D 所得的绿色糖果的数目相同. 这样一来, B 与 C 就不仅所得的红色糖果数目相同 (因为他们都在第一个集合中), 而且所得的绿色糖果数目也相同, 从而他们所得的蓝色数目也相同, 于是所得的糖果组合完全相同, 与前面的假设相矛盾.

最后, 我们来考虑不存在上述的 D 的情况. 此时所有的人全都属于第一个集合, 这意味着每个人都得到 k 颗红色糖果, 从而他们所得的蓝色糖果数目应该各不相同. 这些数目只能属于集合 $\{0, 1, 2, \cdots, 100\}$, 只有 101 种不同数目, 但是他们一共有 102 人, 所以必有二人蓝色糖果数目相同. 于是他们的红色糖果数目和蓝色糖果数目都相同, 因而三种糖果数目都相同, 与前面的假设相矛盾.

II.173 如图 71所示, 以 K 表示直线 CE 与 AD 的交点. 由 $\triangle AKE$ 与 $\triangle BCE$ 相似, 可知 $\dfrac{AK}{BC} = \dfrac{AE}{BE}$. 然而根据题意, $\dfrac{AE}{BE} = \dfrac{AD}{BC}$, 所以 $\dfrac{AK}{BC} = \dfrac{AD}{BC}$. 由此可知 $AK = AD$. 这表明 HA 是 Rt$\triangle KHD$ 的斜边上的中线, 因此它等于 KD 的一半, 亦即 AD.

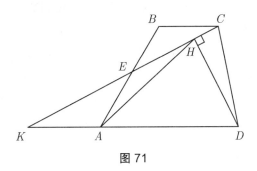

图 71

II.174 答案 甲有取胜策略.

为了取胜, 甲应当在第一步把自己的棋子王放在紧贴棋盘①中心点的一个方格里, 例如第 4 行第 4 列. 在后面的步骤里, 他都把棋子放在与乙所放位置关于中心点对称的方格里. 在这样的放法下, 除了第一枚棋子, 其余的棋子在甲放过之后都形成棋盘上的对称集合. 而在靠近中心点的四个方格 (第 4 行第 4、5 列, 第 5 行第 4、5 列) 里, 除了最初的一枚棋子占了一个方格, 其余三个方格都必须空着, 因为它们都属于第一枚棋子所能搏击的位置. 在整个过程中, 只要乙能够为自己的黑色王找到一个不属于白色王所能搏击的空位, 该位置关于中心点的对称位置就一定是一个不属于黑色王所能搏击的空位, 因此甲也一定能摆放自己的棋子王. 所以甲能取胜.

II.175 10^{35} 的正约数都是形如 $2^k \times 5^m$ 的数, 其中 $0 \leqslant k \leqslant 35$, $0 \leqslant m \leqslant 35$. 把它们写成一个图 72所示的 36×36 的数表. 它的行与列都以 0 到 35 编号, 在第 k 列第 m 行的方格里写着 $2^k \times 5^m$.

1	2	2^2	2^3	2^4	2^5	2^6
1	5×2	5×2^2	5×2^3	5×2^4	5×2^5	5×2^6
5^2	$5^2 \times 2$	$5^2 \times 2^2$	$5^2 \times 2^3$	$5^2 \times 2^4$	$5^2 \times 2^5$	$5^2 \times 2^6$

图 72

容易看出, $20 = 2^2 \times 5$ 的所有正约数可以分为两组, 使得两组数的和数相等:

$$1 + 20 = 2 + 4 + 5 + 10.$$

这 6 个约数构成我们数表左上角的 2×3 子表. 把它们都乘 $2^3 = 8$(这相当于把子表往右平

---
① 编译者注 国际象棋盘是一个 8×8 的方格表, 棋子放在方格里面.

移 3 格) 后, 左右对换位置, 再与原来的等式相加, 即得

$$1+20+16+32+40+80 = 2+4+5+10+8+160.$$

这表明我们已经对数 160 解答了我们的问题: 它的所有正约数被分成了两组, 两组数的个数相同, 和数也相等. 这些约数构成了数表左上方的 2×6 子表.

把整个数表划分为 18×6 个互不相交的 2×6 子表, 在每个子表中都能进行类似的分组, 使得两组数的个数相同, 和数相等. 事实上, 它们就是把左上角 2×6 子表所分成的两组数的成员都乘形如 $2^{6k} \times 5^{2m}$ 的数而已. 再分别合并所有各个子表所分成的两个组即可.

九年级

II.176 答案 不可能.

假设存在二次三项式 f 和等比数列 q_1, q_2, q_3, q_4 满足要求. 设公比为 q. 于是二次三项式 $g(x) = f(x) - qx$ 就有三个不同的根 q_1, q_2, q_3, 这是不可能的.

II.177 设 M 是线段 FL 的中点. 由 M 分别作 MA_2 和 MB_2 垂直于 BC 和 AC(参阅图 73). CM 是 $\angle ACB$ 的平分线, 故 $MA_2 = MB_2$. 有鉴于此, 可由等式 $MF = ML$ 推出 $A_1A_2 = B_1B_2$. 故有 $\triangle MA_1A_2 \cong \triangle MB_1B_2$(两条直角边对应相等), 所以 $MA_1 = MB_1$.

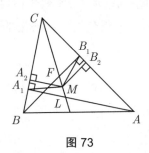

图 73

II.178 证法 1(从头分析) 我们来证明, 操作具有如下的不变性质: 任何时候都有一个数不能被最大数的最小质约数整除. 从而不可能所有的数都变为相等.

开始时, 具有这一性质, 这是因为所有的数整体互质. 假设在所面临的操作中, 最大数是 m, 它的最小质约数是 p, 而 w 是某张卡片上的不能被 p 整除的数. 如果在操作之后最大数未变化, 那么自然仍非所有数都可被 p 整除. 假如操作之后的最大数是 n, 它的最小质约数是 q. 注意, 那张写着 m 的卡片仍在. 下面分两种情况:

(1) $n = m + p$. 如果 $q = p$, 那么依然存在不可被 p 整除的数 (它是 w 或 $w+p$). 否则, $q < p$, 那么 $q \nmid m$(因为 p 是 m 的最小质约数, 它不能被更小的质数整除).

(2) $m < n < m + p$. 此时 $(m, n) = (m, n-m) = 1$, 这是因为 m 没有小于 p 的质约数, 而 $0 < n - m < p$ 不可能以不小于 p 的质数为约数, 因此 $q \nmid m$.

证法 2 (从尾分析) 假设到某个时刻, 所有的数都变成同一个数 m, 而 p 是 m 的最小质约数. 我们来证明, 此前任意时刻 p 都可整除每一个数, 从而与题意相矛盾.

假设在某一时刻, 所有的数都是 p 的倍数, 而其中最大的数是 tp. 如果在前一步, 最大的数也是 tp, 那么它的最小质约数也是 p. 如果在前一步, 最大的数是别的数, 则该数依然存在于我们的某一张卡片上 (因为所选出来的最大的数是不加上自己的最小质约数的), 因此它是 sp, 其中 $s < t$. 这意味着, 在这一步操作中, 我们往一些数上所加的数不小于 $tp - sp \geqslant p$. 因此, sp 的最小质约数不小于 p, 从而就是 p. 这就是说, 前一时刻的各数就是把现有的一些数减去 p 后的情形. 因此, 这些数都是 p 的倍数.

♦ 证法 2 中使用了倒推归纳法.

II.179 如果一块纸的面积不小于原来方格纸面积的 $\frac{1}{3}$, 就称其为大块, 否则就称其为小块. 我们把这个过程一直进行到所有大块全都消失为止. 然后证明, 该状况在至多进行 60 次操作之后便会出现. 以 $f(t)$ 表示第 t 次操作之后所有的大块的半周长之和. 那么在第 $t + 1$ 次操作之后, 会有如下三种可能的情况:

(1) 一个大块被分为一大一小两块, 那么此时 $f(t+1) \leqslant f(t) - 1$, 这是因为新的大块至少有一条边比原来变短了.

(2) 一个大块被分为两个大块, 那么此时 $f(t+1) \leqslant f(t) + 70$, 此因和数增加了大块的一边之长, 其值不超过 70.

(3) 一个大块被分为两个小块, $f(t)$ 减小了该大块的半周长, 其值不小于 81. 此因半周长不大于 80 的矩形的面积不超过 $40^2 < \frac{70^2}{3}$, 因而是小块. 因此 $f(t+1) \leqslant f(t) - 81$.

开始时, $f(0) = 140$, 最终在 k 次操作后所有大块消失, $f(k) = 0$. 假设进行了 s 次第二类操作 (可能 $s = 0$), 那么应进行了 $s + 1$ 次第三类操作和 $k - (2s+1)$ 次第一类操作, 因而

$$0 = f(k) \leqslant 140 - (k - 2s - 1) + 70s - 81(s+1) \leqslant 60 - k.$$

所以 $k \leqslant 60$.

II.180 如图 74 所示, 以 P 表示经过点 B 与 AC 平行的直线与 $\triangle ABC$ 的外接圆的交点 (在 $AB = BC$ 时, 点 P 与点 A 重合). 以 Q 表示直线 PD 与 $\triangle ABC$ 的外接圆的第二个交点. 我们来证明, 点 Q 即为所求. 不失一般性, 可认为点 L 在 $\widehat{AQ}$ 上. 于是就有 $\angle BLQ = \angle BLC + \angle CLQ = \angle BAC + \angle CPQ = \angle ACP + \angle CPQ = \angle ADP$, 所以 K, L, Q, D 四点共圆. 由此可知所有的圆都经过点 Q.

II.181 作一个图, 它的顶点是城市, 它的边是连接城市的道路. 把所有顶点分别染为 2007 种不同的颜色, 使得同一个国家的城市为同一种颜色. 我们要来证明, 该图中存在长度不小于 4012 的圈. 假设不是如此.

我们按如下方式遍历各个城市: 从某个 1 号色的顶点 a_1 出发, 到达唯一与它相连的 2 号色的顶点, 再相继到达 $3, 4, \cdots, 2006, 1, 2$ 号色的顶点, 直到成圈为止. 显然, 成圈的时候

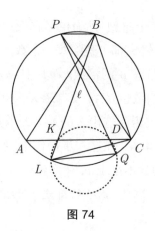

图 74

我们一定回到了出发的顶点 a_1(若不然, 则会有某个顶点与两个同色的顶点相邻), 这表明我们得到了长度是 2006 的倍数的圈. 由于假设了在我们的图中没有长圈, 因此所得到的圈 Z 是经过前 2016 种颜色的顶点 $a_1, a_2, \cdots, a_{2016}$ 的圈.

我们来尝试建立经过 2007 号色的顶点的圈. 仍然按照原来的规则行事, 从 1 号色的顶点 a_1 出发, 相继经过 $1, 2, \cdots, 2006, 2007, 1, 2$ 号色的顶点, 如此等等. 于是我们得到一个长度为 2007 的圈, 意即在原来的圈 Z 上在顶点 a_{2006} 与 a_1 之间增添了一个顶点 a_{2007}. 而若从顶点 a_2 出发, 相继经过 $2, 3, \cdots, 2006, 1, 2007, 2$ 号色的顶点, 则也从圈 Z 得到一个长度为 2007 的圈, 不过它上面的 2007 号色的顶点是位于 a_1 与 a_2 之间的. 易知这个 2007 号色的顶点就是刚才的那个顶点 a_{2007} (因为只有一个与 a_1 相邻的 2007 号色顶点). 这就表明, 我们的顶点 a_{2007} 也与顶点 a_2 相邻. 继续这种讨论, 可知顶点 a_{2007} 与 $a_1, a_2, \cdots, a_{2006}$ 中的每一个都相邻.

以 Z_i 表示用顶点 a_{2007} 取代圈 Z 上的顶点 a_i 后所得的圈, 其中 $1 \leqslant i \leqslant 2006$. 对 Z_i 作类似于前面的讨论, 可知顶点 a_i 与圈 Z_i 上的每一个顶点都相邻. 于是, 顶点 $a_1, a_2, \cdots, a_{2007}$ 两两相邻. 由于我们的图是连通图, 而且图中每个顶点的度数都是 2006, 这就只能说明图中再无别的顶点. 此与题中条件相矛盾, 因为题目中说顶点数目多于 2007 个.

◆ 我们来揭示问题的本质, 并且解答一个可以用来取代我们的题目作为赛题的问题:

图中有多于 n 个顶点, 它们被分别染为 n 种不同的颜色 $(n \geqslant 2)$. 每一个顶点都与 $n-1$ 个顶点相邻, 这些顶点是与自己不同的 $n-1$ 种颜色每种一个. 试求该图中的最长的圈的长度的最小可能值.

由前面的讨论可知, 该图中存在长度不小于 $2n-2$ 的圈. 不难构造出满足题中条件的图, 它有 $2n$ 个顶点. (在最长的圈上刚好有这么多个顶点.) 取两个各有 n 个顶点的完全图 G 与 H, 它们的顶点被分别染为 $1, 2, \cdots, n$ 号色. 在每个图中都去掉 1 号色与 2 号色顶点间的连线, 再把 G 中的 1 号色点与 H 中的 2 号色点相连, G 中的 2 号色点与 H 中的 1 号色点相连. 容易看出, 这个图满足题中所有条件.

从归纳的观点来看, 圈的最大长度就是 $2n$. 现在我们就来证明这个结论.

假设图 G 满足题中条件,但是图中却没有长度为 $2n$ 的圈. 此时我们可以假设图 G 中存在长度为 $2n-2$ 的圈 $a_1a_2\cdots a_{n-1}b_1b_2\cdots b_{n-1}$(记为 Z), 其中 a_i 与 b_i 是被染为 i 号色的顶点 (为了证明这一点,只需把 II.181 题证明中的 2007 改作 n 即可). 我们尝试在圈上的 $n-1$ 号色与 1 号色的顶点之间加上一个 n 号色的顶点,在从顶点 a_{n-1} 出来后,我们来到某个 n 号色的顶点 x. 如果得不到长度为 $2n$ 的圈, 那么由顶点 x 应当到达 a_1. 可推知, 经过 $2n-2$ 个顶点的圈 Z 上的任何两个顶点都与同一个 n 号色的顶点相邻. 如此一来,在 n 为奇数时, Z 上的所有顶点都与同一个 n 号色顶点相邻, 这是不可能的.

下设 n 为偶数. 此时存在两个 n 号色的顶点, 称为 x 与 y, 它们交替地与 Z 上的 $n-1$ 个顶点相邻 (意即 x 与 $a_1, a_3, \cdots, a_{n-1}, b_2, b_4, \cdots, b_{n-2}$ 相邻, 而 y 与其余顶点相邻). 此种情况下, 不难构造出一个不仅经过 Z 上所有顶点, 而且经过顶点 x 与 y 的长度为 $2n$ 的圈.

II.182 我们来考察两种情况.

(1) 假设自某一位开始, $\dfrac{p}{q}$ 与 $\dfrac{m}{n}$ 的十进制小数变得完全相同. 我们用较大的数减去较小的数, 得到一个有限的十进制分数 $\dfrac{s}{t}$. 其分母是一个 2 的方幂数与一个 5 的方幂数的乘积. 根据题中条件, $\dfrac{s}{t}$ 在第 500 000 位之后有一个非零数字, 故知 $t \geqslant 2^{500\,000}$. 由此即知 q 与 n 中的较大者大于 10^{50}.

(2) 分数 $\dfrac{p}{q}$ 与 $\dfrac{m}{n}$ 的十进制小数表示中没有从某一位之后完全重合的情况. 根据题意, 在小数点后面的第 500 000 ~ 1 000 000 位内, 两个小数互不重合, 至多有 4 999 个数位上的数字互不相同, 它们把这 500 000 个数位至多分成 5 000 段. 因为 $4\,999 + 99 \times 5\,000 < 500\,000$, 所以由抽屉原理知存在一个至少包含 100 个相连数位的段, 在这一段数位上两个数完全重合. 我们把两个数同乘足够大的 10 的方幂数, 使得这个相连段直接接在小数点之后, 再把它们的整数部分都减掉. 我们只需对这两个剩下来的分数证明题中的断言. 现在用这两个分数中的较大者减去较小者, 所得的差数在小数点之后至少有 100 个 0, 亦即得到的分数 $\dfrac{s}{t} < \dfrac{1}{10^{100}}$, 所以 $t > 10^{100}$, 由此即知 q 与 n 中的较大者大于 10^{50}.

十年级

II.183 证法 1(抛物线) 设数列的公比是 $k > 0$. 我们来观察二次三项式 $y = f(x)$ 的图像, 它是一条抛物线. 在该抛物线上标出点 $(a, f(a)), (f(a), f(f(a))), (f(f(a)), f(f(f(a))))$. 因为 a, $f(a)$, $f(f(a))$, $f(f(f(a)))$ 形成公比为 k 的等比数列, 所以它们都在直线 $y = kx$ 上. 但若 a, $f(a)$, $f(f(a))$, $f(f(f(a)))$ 不是常数序列, 则它们是三个互不相同的点, 这也就意味着方程 $f(x) - kx = 0$ 有三个不同的根, 这是不可能的.

证法 2 假设所说的数列不是常数序列. 令 $f(x) = Ax^2 + Bx + C$. 则有

$$f(y) - f(x) = (y-x)(A(x+y) + B). \qquad \text{①}$$

等比数列中的项都等于其前后两项的几何平均值, 所以

$$a \cdot f(f(a)) = (f(a))^2, \qquad f(a) \cdot f(f(f(a))) = (f(f(a)))^2.$$

这意味着方程 $x \cdot f(f(x)) - (f(x))^2 = 0$ 至少有 a 与 $f(a)$ 这两个根. 利用 ① 式对这个方程进行改写:

$$\begin{aligned}
0 = x \cdot f(f(x)) - (f(x))^2 &= x \cdot \Big(f(f(x)) - f(x)\Big) + f(x)(x - f(x)) \\
&= x(f(x) - x)\Big(Ax + Af(x) + B\Big) - f(x)(f(x) - x) \\
&= (f(x) - x)\Big(Ax^2 + Axf(x) + Bx - f(x)\Big) \\
&= (f(x) - x)(Axf(x) - C).
\end{aligned}$$

因为数列不是常数序列, 所以 $a \neq f(a), f(a) \neq f(f(a))$, 故 a 与 $f(a)$ 都是方程 $Axf(x) = C$ 的根. 从而有 $Aaf(a) = C = Af(a)f(f(a))$, 这意味着 $a = f(f(a))$, 此因 $Af(a) \neq 0$. 因此, 数列的公比等于 ± 1, 此与题中条件相矛盾.

证法 3 (茹科夫斯基函数) 假设所说数列不是常数序列, 记其公比为 k, 并设 $f(x) = Ax^2 + Bx + C$. 我们来观察函数

$$g(x) = \frac{f(x)}{x} = Ax + B + \frac{C}{x}.$$

根据题意, 方程 $f(x) = k$ 有三个不同的根 $a, f(a)$ 与 $f(f(a))$. 于是

$$Ax + \frac{C}{x} = k - B \qquad ②$$

也有三个不同的根. 而若

$$Ax + \frac{C}{x} = Ay + \frac{C}{y},$$

则有

$$A(x - y) = \frac{C}{y} - \frac{C}{x} = \frac{C(x - y)}{xy}.$$

于是, $x = y$ 或者 $x = \dfrac{C}{Ay}$, 意即方程 ② 至多有两个不同的根. 导致矛盾.

♦ 通常把 $g(z) = \dfrac{1}{2}\left(z + \dfrac{1}{z}\right)$ 称为茹科夫斯基函数, 其中 z 为复数. 茹科夫斯基[①]在 20 世纪初曾运用函数 $g(z)$ 计算飞机的机翼环流.

我们来观察位于复平面上的经过点 ± 1 的圆 ω_0 及其内部与之相切于点 1 的圆 ω (在图 75(a) 中, 圆 ω_0 的圆心在点 $\left(0, \dfrac{1}{5}\right)$, 并作以 $(0, 1)$ 为中心, $\dfrac{4}{5}$ 为系数的位似变换, 由它得到另一个圆). 此时, 圆 ω 在茹科夫斯基函数映射下的像便很好地近似了机翼环流的剖面 (参阅图 75(b), 环流理论在航空领域十分重要). 感兴趣的读者可从有关书籍中找到进一步的详细描述 (见参考文献 [24], [25], [26] 等).

[①] 编译者注　尼古拉·叶戈罗维奇·茹科夫斯基 (1847—1921), 俄国力学家, 对空气动力学的发展做出过重大贡献.

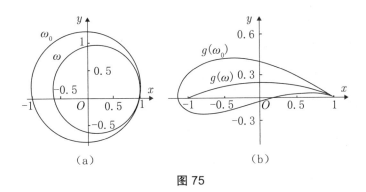

图 75

II.184 如图 76 所示,我们有 $\angle AKL = \angle MLC$,故知 $\triangle AKL \backsim \triangle CLM$. 将它们的相似比记作 k. 于是就有

$$k \cdot AL = CM, \quad k \cdot LK = LM, \quad k \cdot AK = CL.$$

根据题意,$AL + LM + MB > CL + LK + KB$,因此

$$AL + LM + CB - MC > CL + LK + AB - AK.$$

因为 $\triangle ABC$ 是等腰三角形,所以

$$AL + LM + AK > CL + LK + MC.$$

这样一来,就有

$$AL + AK - LK > CL + MC - LM = k \cdot (AK + AL - LK).$$

故知 $k < 1$,且 $LM = k \cdot LK < LK$.

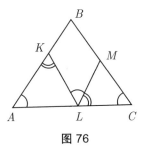

图 76

II.185 答案 甲有取胜策略.

长度为 1 cm 的棍子不能进入任何三角形,因此它只能剩下,所以下面的讨论不太涉及它. 我们来证明,甲一直能继续下去,于是在他的第 17 步之后,耗尽所有 99 根棍子,从而乙失败. 为此,甲每次都把 3 根最短的棍子(除了那根长度为 1 cm 的棍子)搭成三角形. 假定根据这一规则,他在某一步上需要面对长度为 a, b, c cm 的棍子,其中 $a < b < c$,我们

要来证明他能够成功. 为此只需证明 $a+b>c$ 这一个不等式. 根据规则, 此时所有长度小于 a 的棍子都已经被用去, 而且长度为

$$a+1, a+2, \cdots, b-1, b+1, b+2, \cdots, c-1$$

的棍子也都已经被乙用掉. 于是, 仅就此而言, 乙已经用掉 $c-a-2$ 根棍子, 而在此过程中甲所用掉的棍子不多于 $a-2$ 根, 因为他所用去的棍子的长度都在 2 cm 到 $(a-1)$ cm 之间. 因为在相同的步骤里, 二人所用去的棍子数目相同, 所以 $a-2 \geqslant c-a-2$, 这表明 $a+b>2a \geqslant c$.

♦ 试解答问题: 今有长度分别为 $1, 2, \cdots, 200$ cm 的 200 根短棍. 甲、乙二人做游戏, 每人每次选择 3 根短棍, 用它们搭成一个三角形, 并烧掉它. 甲先开始, 谁先不能继续做下去就算谁输. 谁有取胜策略?

II.186 证法 1(相乘) 因为质数不可能是完全平方数, 所以只需证明, 季玛能得到多于 $\sqrt{p-1}$ 个互不相同的余数. 首先假设, 不同的余数的个数严格少于 $\sqrt{p-1}$. 于是根据抽屉原理, 有某个余数 r 的出现次数 $k > \sqrt{p-1}$. 假定 $a_1! < a_2! < \cdots < a_k!$ 被 p 除的余数都是 r. 显然, $(a_1+1)!, (a_2+1)!, \cdots, (a_k+1)!$ 被 p 除的余数各不相同, 这是因为这些余数是 r 与互不相同的整数 $a_1+1, a_2+1, \cdots, a_n+1$ 的乘积被 p 除的余数, 它们互不相同, 而且这些余数都不等于 r(因为所乘的这些数都大于 1 且都小于 $p+1$). 这样一来, 我们就找到了 $k+1$ 个互不相同的余数. 诚然, 在 $a_k = p-1$ 时, $(a_k+1)! = p!$ 不在考察之列. 纵然如此, 也留下多于 $\sqrt{p-1}$ 个不同的余数.

以上的讨论在刚好有 $\sqrt{p-1}$ 个不同的余数, 但有一个余数的出现次数多于 $\sqrt{p-1}$ 的场合下依然适用. 于是下面只需再考虑刚好有 $\sqrt{p-1}$ 个不同的余数, 且每种余数都刚好出现 $\sqrt{p-1}$ 次的情况. 我们取一个与 $(p-1)!$ 被 p 除的余数不同的余数 r. 因为 $p>2$, 所以能够找得到这样的余数. 通过与上类似的讨论, 亦可找到 $\sqrt{p-1}+1$ 个不同的余数, 与题意相矛盾.

♦ 利用威尔逊定理 (Wilson's theorem)[①], 可以把我们的解答规范化, 写成如下形式: 依次写出 $p-1$ 个阶乘被 p 除的余数. 假定有某个余数 r 的出现次数 $k > \sqrt{p-1}$. 如果 $(p-1)! \not\equiv r \pmod{p}$, 则它与列在它后面的 k 个余数各不相同, 它们一共有 $k+1 \geqslant \sqrt{p-1}+1$ 个. 如果 $(p-1)! \equiv r \pmod{p}$, 则根据威尔逊定理, $r = p-1$. 因此该余数不可能写在第一个位置. 这意味着它与列在它前面的 k 个余数各不相同, 它们一共有 $k+1 \geqslant \sqrt{p-1}+1$ 个.

证法 2(相除) 假设这些阶乘被 p 除的余数中有 $a_1, a_2, \cdots, a_k$ 这些不同的值. 我们来观察所有可能的比值 $\dfrac{a_i}{a_j}$, 其中 $i \neq j$. 这种比值一共有 $k(k-1)$ 个, 并且分明其中包含从 2 到 $p-1$ 的所有整数:

$$2 = \frac{2!}{1!}, \quad 3 = \frac{3!}{2!}, \quad \cdots, \quad p-1 = \frac{(p-1)!}{(p-2)!}.$$

[①] 编译者注 威尔逊定理是数论中的一个基本定理, 据说威尔逊在 1770 年陈述这个定理时, 他和他的老师都没有证明出来, 而是拉格朗日在 1771 年第一个证出了它. 它的内容是: 正整数 p 是质数, 当且仅当 $(p-1)! \equiv -1 \pmod{p}$.

这意味着 $k(k-1) \geqslant p-2$,所以 $k^2 \geqslant p$.

II.187 答案 不可能.

解法 1(三个和数) 假定经过 n 次操作,可把圆周上的某 11 个数变为相等. 我们把原来的 12 个数都乘 2^n,使得它们在整个操作过程中都始终保持为整数. 以各个数开始时的值作为其所在位置的编号. 我们来观察三个和数 S_k,其中 $k=0,1,2$ 是位置编号被 3 除的余数. 开始时,$S_0 = 0+3+6+9 = 18$, $S_1 = 1+4+7+10 = 22$, $S_3 = 2+5+8+11 = 26$. 我们来证明,差数 $S_i - S_j$ 被 3 除的余数不变. 事实上, 由 $a, 2b, c$ 变为 $a+b, 0, c+b$ 后, 这些差数或者不变,或者改变了 $3b$,所以被 3 除的余数不变. 开始时,差数 $S_1-S_0, S_2-S_0, S_2-S_1$ 都不可被 3 整除,但若有某 11 个数变为相等, 那么这三个差数中至少有一者被 3 除的余数变为 0, 但事实上, 它们都不变, 此为矛盾.

解法 2(表达式不变) 假设不然. 将圆周上的数记为 $a_0, a_1, a_2, \cdots, a_{11}$. 如同解法 1, 把它们乘 2 的一个足够大的方幂数,使得在整个操作过程中,所有的数都保持为整数. 令

$$S = 0 \cdot a_0 + 1 \cdot a_1 + 2 \cdot a_2 + \cdots + 11 \cdot a_{11}.$$

我们来证明, S 被 3 除的余数是一个不变量. 为方便起见, 我们记 $a_{12} = a_0$ 和 $a_{13} = a_2$. 于是就有 $12 \cdot a_{12} \equiv 0 \cdot a_0 \pmod{3}$ 和 $13 \cdot a_{13} \equiv 1 \cdot a_1 \pmod{3}$. 如果三个数 (a_{k-1}, a_k, a_{k+1}) 变为 $\left(a_{k-1} + \frac{a_k}{2}, 0, a_{k+1} + \frac{a_k}{2}\right)$, 那么只要 $1 \leqslant k \leqslant 10$, 就有 S 不变. 只有需要把 $12 \cdot a_{12}$ 换作 $0 \cdot a_0$, $13 \cdot a_{13}$ 换作 $1 \cdot a_1 \cdots \cdots$ 时, S 才会在形式上有所变化. 但无论怎样,它被 3 除的余数都不发生变化. 开始时, $S \equiv 2 \pmod{3}$, 这是因为在 S 的表达式里有 8 个非 3 的倍数的完全平方数和 4 个 3 的倍数的完全平方数. 然而, 最终却要变为所有各数都是 3 的倍数, 意味着 S 也应是 3 的倍数, 这是不可能的.

♦**1.1** 假设整数 $0, 1, 2, \cdots, n-1$ 依次写在圆周上. 如果 n 是 3 的倍数, 则不可能通过所说的操作把其中 $n-1$ 个数变为相等.

假设 n 可被 3^k 整除, 但不可被 3^{k+1} 整除. 易验证

$$S = 0 \cdot a_0 + 1 \cdot a_1 + 2 \cdot a_2 + \cdots + (n-1) \cdot a_{n-1}$$

被 3^k 除的余数的不变性. 开始时, S 等于

$$1^2 + 2^2 + \cdots + (n-1)^2 = \frac{(n-1)n(2n-1)}{6},$$

它不可被 3^k 整除. 但如果除了其中一个数, 其余的数都变为相等, 那么它们就都是 $\frac{n}{2}$, 这就表明 S 可被 3^k 整除.

♦**1.2** 数 $0, 1, 2, \cdots, 7$ 依次写在一个圆周上. 每次允许选择其中一个数, 把它变为 0, 而把它的两个邻数都分别加上它的一半. 试问: 能否通过这种操作使得 8 个数中的 7 个变为相等?

♦2 试在一般情况下研究该问题. 看来, 若想通过所说的操作把其中除一个数外的其余数都变为相等, 则必须 n 不是 3 的倍数.

II.188 证法 1 如图 77 所示, 我们来观察 $\triangle A_0B_0C_0$, 此处 A, B, C 分别是线段 B_0C_0, C_0A_0, A_0B_0 的中点 (这种三角形很容易画出来, 只要用不同的方法把 $\triangle ABC$ 扩充为平行四边形). 于是, A_0, A_1, A_2 三点共线, 而这条直线就是 $\triangle A_0B_0C_0$ 的角平分线. 事实上, $A_2B = AC = BA_0, A_1C = AB = CA_0, \angle A_0BA_2 = \angle A_0CA_1$, 亦即 $\triangle A_0BA_2$ 与 $\triangle A_0CA_1$ 都是等腰三角形, 且彼此相似. 再观察分布在其他两条角平分线上的点, 亦有类似的结论. 从而直线 A_1A_2, B_1B_2, C_1C_2 相交于 $\triangle A_0B_0C_0$ 的内心.

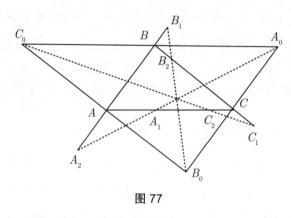

图 77

证法 2 我们来观察直线 B_1B_2. 假设 B_1B_2 与边 AC 相交于点 B_3 (参阅图 78). 易知, $BB_1 = BB_2 = |AB - AC|$, 故而 B_1B_2 垂直于 $\angle B$ 的外角平分线. 将 $\angle B$ 的平分线与对边的交点记作 B_0. 于是根据泰勒斯定理和角平分线的性质, 得到

$$\frac{AB_0}{B_0C} = \frac{AB}{BC} = \frac{AB}{AB_1} = \frac{AB_0}{AB_3}.$$

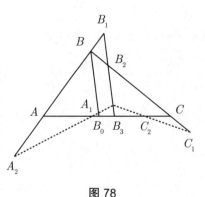

图 78

因此, $AB_3 = B_0C$, 且 B_0 与 B_3 关于 AC 的中点对称. 由此可知, 直线 B_1B_2 与 $\triangle ABC$ 中 $\angle B$ 的平分线关于该三角形的中点三角形的内心对称. 这就意味着, 直线 A_1A_2, B_1B_2 和 C_1C_2 全都经过 $\triangle ABC$ 的内心关于其中点三角形的内心的对称点.

II.189 证法1(箭头改连)　可以认为这些数放在一个正 2006 边形的各个顶点上. 假设题中结论不正确. 对每个 k, 我们都用箭头连接 k 与 $k+1$, 其中 $1 \leqslant k \leqslant 2006$, 将 2007 理解为 1. 这些箭头形成一个圈. 根据题意, 箭头可以分成一对一对的, 每对箭头的方向刚好相反 (若 $a+1$ 是 b 的左邻, 则 $b+1$ 就是 a 的左邻). 因为我们假设了在任何 k 的左边都不是 $k+1$, 所以没有哪个箭头自己与自己成对. 正因如此, 多边形的边被这些箭头 (也是被放在顶点上的数) 分成一对一对的.

我们来观察两个边对 (α, β) 与 (γ, δ)(参阅图 79(a)), 通过改连箭头, 把它们改造成边对 (α, δ) 与 (β, γ). 我们来证明, 在这样的改连之后, 圈的数目的奇偶性不变.

事实上, 这种改连是由两个相同性质的改连组成的 (见图 79(b)). 而由图 79(c) 和图 79(d) 可见, 一个改连恰好将圈的数目改变 1, 从而两个改连或者使得圈的数目不变, 或者使它改变 2.

经过一系列这种改连, 每条边都与自己的相对边形成一对. 此时所有的箭头刚好形成两个圈, 一个圈经过所有奇数编号的顶点, 另一个圈经过所有偶数编号的顶点. 这就表明, 一开始就应当有两个圈, 此与事实不符.

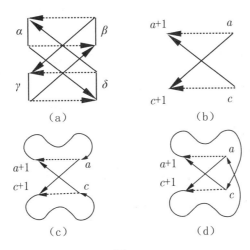

图 79

证法 2(欧拉圈)　假设题中断言不真. 取一个正 2006 边形, 把它的各条边都依照顺时针方向标上箭头. 把数放在它的各条边上. 于是每个箭头对应了一个号码 (以放在它上面的数作为号码). 相邻放置的数对确定多边形的顶点. 根据题意, 由数对 $a+1$ 与 b 确定的顶点与由数对 $b+1$ 和 a 确定的顶点相对应, 并且没有任何顶点自己对应自己. 于是, 可以按照对应关系把多边形的顶点两两配对. 我们将每一对顶点黏合在一起, 得到一个有向图, 其中每一个顶点的出度与入度都是 2. 我们指出, 在它里面有着两个欧拉圈[①]: 一个对应于沿着顺时针方向的箭头走遍多边形的边, 另外一个则是按照箭头的号码递增的顺序绕行一圈.

这两个圈具有如下性质: 位于向量 a 之后的向量, 在两个圈中, 不论从顺时针还是逆时

[①] 编译者注　欧拉圈就是经过图中的每条边恰好一次的圈.

针的角度来看,方向始终是相反的 (事实上,以向量 a 的终点作为起点的向量有两个,一个顺时针,一个逆时针). 因为每个顶点的出度都是 2,所以每个向量之后的向量在两个圈里都是唯一确定的.

观察任意一个这样的多重图,其中每个顶点的出度和入度都是 2. 假设在它里面给定了一个欧拉圈 C. 我们来构造第二个圈,为此,需在 a 的终点 X 处选择那个未在 C 中紧随 a 之后的以 X 作为起点的向量作为 a 的后继向量. 在这样的操作下,得到的可能不是一个圈,可能是把向量的集合分划为若干个圈. 我们把这些圈称为横截圈. 通过对图的顶点数目归纳可以证明,横截圈数目的奇偶性与顶点数目的奇偶性相反. 将这一结论运用于我们的情形,即可得出矛盾①.

我们从该图中去掉一个顶点,而把在 C 中经过该顶点的前后两个向量合并为一个向量. 假定在被去掉的顶点处没有环. 如果进出该顶点的 4 个向量属于同一个横截圈,那么这个圈就分开为两个圈. 而如果这个顶点被两个圈经过,则恰恰相反,这两个圈合并为一个圈. 如果在被去掉的顶点处有环,那么该环自成一个横截圈. 在该顶点被去掉之后,这个横截圈也随之消失,而其余的圈都被保留下来. 如此一来,顶点数目和横截圈数目的奇偶性都发生变化. 这就说明,我们可以运用归纳假设. 从而只需再验证开头的情形. 然而,对于 1 个顶点和两个环的情况,结论是显然的.

证法 3(排列的奇偶性) 我们来考察这样的函数 $f(x)$,它定义在集合 $\{1, 2, \cdots, 2006\}$ 上,其函数值就是 x 左邻的数. 这个函数给出了一个奇排列,因为这个排列是一个长度为偶数的圈. 根据同样的理由,函数 $g(x) = x - 1$ 也给出了一个奇排列. 因此,它们的复合 $h(x) = f(x) - 1$ 就是偶排列. 如果 $a+1$ 是 b 的左邻,则 $h(b) = f(b) - 1 = (a+1) - 1 = a$. 同理,根据 $b+1$ 是 a 的左邻,知 $h(a) = b$. 如果题中的断言不成立,则 k 的左邻不可能是 $k+1$. 这就意味着,在排列 $h(x)$ 中没有任何数可以留在原位不动. 这样一来,$h(x)$ 就是 1003 个对换的乘积,因而是奇排列,此为矛盾.

十一年级

II.190 把那些体积不小于原正方体体积一半的块块称为大块. 假设 1 h 后至少还剩有一个大块. 那么,在第 60 min 时,它是从另一个大块得到的(该大块的体积严格大于原正方体体积的一半);而它又是在第 59 min 时从另一个大块得到的,如此等等. 这就意味着,每分钟科斯佳都从正方体上切下一个大块. 必须指出,在每次这样的切割中,所得的平行六面体的三条彼此垂直的棱的长度和都至少减小 1. 这就表明,经过 1 h 所得到的平行六面体是 $a \times b \times c$ 的话,那么它的三棱长度和 $a + b + c \leqslant 3 \times 90 - 60 = 210$. 因此,该大块的体积必

---

① 编译者注 在黏合顶点后的图中只有 1003(奇数) 个顶点,从而横截圈的数目应当是偶数,但事实上它只有一个,故为矛盾.

须满足不等式
$$V = abc \leqslant \left(\frac{a+b+c}{3}\right)^3 \leqslant 70^3 < \frac{90^3}{2},$$
此为矛盾.

II.191 因为质数都不是完全平方数,所以为证明题中结论,只需证明互不相同的余数的个数不小于 $\sqrt{p}$. 假设不然,则就有某个余数 r 出现了 $k \geqslant \sqrt{p}$ 次 (显然该余数不是 0). 假设 $a_1! < a_2! < \cdots < a_k!$ 被 p 除的余数都是这个 r. 那么, $(a_1+1)!, (a_2+1)!, \cdots, (a_k+1)!$ 被 p 除的余数就各不相同. 显然, $a_k \leqslant p-1$, 因为 $r \neq 0$.

亦可参阅 II.186 题解答.

II.192 证法1(角) 如图 80 所示,设直线 PN 与 AB 相交于点 X. 由平行关系和圆的切线性质有 $\angle(AX, XP) = \angle(AB, BD) = \angle(AD, DP)$, 故知 X, A, P, D 四点共圆. 同理, 若直线 PK 与 CD 相交于点 Y, 则 Y 位于该圆上. 因而
$$\angle(KX, XN) = \angle(AB, BD) = \angle(AC, CD) = \angle(KY, YN),$$
所以 X, Y, K, N 四点共圆. 由此可知
$$\angle(KN, NC) = \angle(KN, NY) = \angle(KX, XY) = \angle(AX, XY) = \angle(AD, DY)$$
$$= \angle(AD, DC) = \angle(AB, BC) = \angle(KB, BC).$$

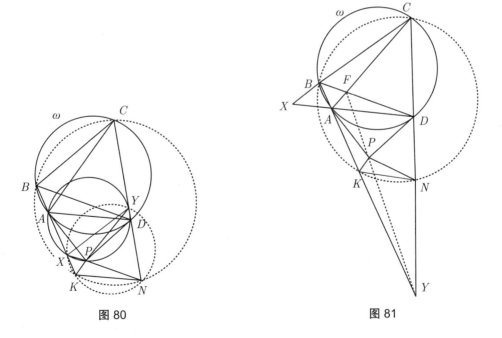

图 80   图 81

证法2(极线) 如图 81 所示,设直线 AD 与 BC 相交于点 X, 直线 AB 与 CD 相交于点 Y, 而对角线 AC 与 BD 相交于点 F. 于是, F, P 和 Y 都在点 X 关于所给圆周的极

线① 上. 又由于 $FD//PN$ 和 $FA//PK$, 根据泰勒斯定理, 有

$$\frac{YK}{YA} = \frac{YP}{YF} = \frac{YN}{YD}.$$

因而 $AD//KN$. 所以, $\angle NKB + \angle BCN = \angle DAB + \angle BCD = 180°$, 意即四边形 $KBCN$ 内接于圆.

II.193 把两个坐标值都是整数的点称为整点, 而把位于我们的正方形内部的整点称为内部整点.

引理 1 如果 (严格地) 在 $\triangle ABC$ 的边 BC 和 AB 的内部分别存在整点 U, V 和 X, Y, 则在 $\triangle ABC$ 的内部存在整点.

引理 1 之证 不失一般性, 可认为点 Y 和 U 在 $\triangle XBV$ 的边上 (参阅图 82), 则使得四边形 $YUVU_1$ 与 $XYUY_1$ 是平行四边形的点 U_1 与 Y_1 之一在四边形 $XYUV$ 中. 引理 1 证毕.

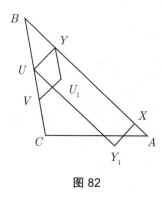

图 82

引理 2 任何一条直线都不包含多于 2005 个内部整点.

引理 2 之证 对于竖直直线, 结论是显然的. 至于任何一条非竖直直线, 对于每个固定的 $x_0 \in \{1, 2, \cdots, 2005\}$, 都至多包含一个横坐标是 x_0 的整点 (x_0, y).

引理 2 证毕.

如果在某个所分出的三角形的边界上有多于 2008 个整点, 则由引理 1 和引理 2 立刻推知该三角形内部具有整点. 而如果在任何一个三角形的边界上都有不多于 2008 个内部整点 (并且它们每一个都在两个或更多个三角形的公共边界上), 那么所有这些三角形的边界上的内部整点的数目不多于 $\frac{2008 \times 4000}{2} < 2005^2$. 这就表明, 在某个三角形的内部还有整点.

II.194 $0 = x_0 < x_1 < x_2 < \cdots < x_{n-2} < x_{n-1} = 1$ 是 $p(x)$ 的 n 个不同实根. 于是根据洛尔定理, 在 $p(x)$ 的每两个相邻根之间都有导函数 $p'(x)$ 的根. 这样一来, 导函数的所

---

① 编译者注 极线的概念参阅本书 "专题分类指南" 几何部分.

有的根都是实根, 并且都在区间 $(0,1)$ 中. 不失一般性, 可设 $p(x)$ 的首项系数是 1. 于是在 $x \geqslant 1$ 时, $p'(x) > 0$.

(1) 如果对某个 $t \in \left[1 - \dfrac{1}{n}, 1\right]$, 有 $p'(t) \leqslant 0$, 则由介值定理立得题中结论. 现设对一切 $x \in \left[1 - \dfrac{1}{n}, 1\right]$, 都有 $p'(x) > 0$, 我们来证明此为不可能. 根据洛尔定理, $p'(x)$ 在 x_{n-2} 与 x_{n-1} 之间有根, 因此 $x_{n-2} < 1 - \dfrac{1}{n}$. 由此可知 $p\left(1 - \dfrac{1}{n}\right) < 0$. 我们有

$$p'(x) = \Big[(x-x_0)(x-x_1)\cdots(x-x_{n-1})\Big]'$$
$$= p(x)\left(\frac{1}{x-x_0} + \frac{1}{x-x_1} + \cdots + \frac{1}{x-x_{n-1}}\right). \qquad ①$$

因此

$$0 < p'\left(1 - \frac{1}{n}\right) = p\left(1 - \frac{1}{n}\right) \sum_{i=0}^{n-1} \frac{1}{1 - \dfrac{1}{n} - x_i}.$$

因为 $p\left(1 - \dfrac{1}{n}\right) < 0$, 所以 $\displaystyle\sum_{i=0}^{n-1} \frac{1}{1 - \dfrac{1}{n} - x_i} < 0$. 然而 $x_{n-1} = 1$, 所以

$$\sum_{i=0}^{n-1} \frac{1}{1 - \dfrac{1}{n} - x_i} = -n + \sum_{i=0}^{n-2} \frac{1}{1 - \dfrac{1}{n} - x_i} \geqslant -n + (n-1) \cdot \frac{1}{1 - \dfrac{1}{n}} = 0,$$

此为矛盾.

上述想法的几何解释正如我们从 ① 式所看到的, $p'(x) = 0$ 等价于

$$\frac{1}{x-x_0} + \frac{1}{x-x_1} + \cdots + \frac{1}{x-x_{n-1}} = 0.$$

我们来运用图形解此方程. 其左端是一些分式线性函数的和, 它们的图像都是一些通常的双曲线 (参阅图 83(a)), 它们的和函数的图像则如图 83(b) 所示. 设 x^* 是左端的最小根.

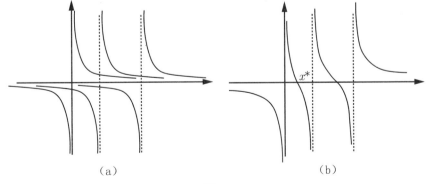

图 83

如果我们往右移动除最左边一个之外的任何一个双曲线 (这相当于增大 $x_1, \cdots, x_{n-1}$ 的值), 那么左端在 x^* 处的值增大, 并变为正的, 因此左端的最小根也随之右移. 把所有的

双曲线都平移，使它们的渐近线都重合于直线 $x = 1$，我们得到方程
$$\frac{1}{x} + \frac{n-1}{x-1} = 0.$$
它的根 $x = \frac{1}{n}$ 就是 $p'(x)$ 的最小根的最靠右的位置。因此，$p'(x)$ 的最小根小于 $\frac{1}{n}$。同理可证，它的最大根总是大于 $1 - \frac{1}{n}$。

(2) 证法 1 对某个 k，其中 $1 \leqslant k \leqslant n-3$，我们将 $p(x)$ 的根 x_k 与 x_{k+1} 换为 x'_k 与 x'_{k+1}，其中 $x_k \leqslant x'_k \leqslant x'_{k+1} \leqslant x_{k+1}$，且 $x_k + x_{k+1} = x'_k + x'_{k+1}$，其余 $n-2$ 个根则保持不动。称这种变换为对多项式 $p(x)$ 的改造，将改造后的多项式记为 $p_1(x)$。

引理 改造后的多项式 $p_1(x)$ 的导函数 $p'_1(x)$ 的最大根不比 $p'(x)$ 的最大根增大。

引理之证 我们有 $p(x) = p_1(x) - \delta \cdot P(x)$，其中 $P(x) = \dfrac{p_1(x)}{(x - x'_k)(x - x'_{k+1})}$，$\delta = x'_k \cdot x'_{k+1} - x_k \cdot x_{k+1} \geqslant 0$。设 w 是 $p'_1(x)$ 的最大根。我们来证明 $p'(w) \leqslant 0$。由此即可推知 $p'(x)$ 在区间 $[w, 1]$ 上有根 (因为 $p'(1) > 0$)。我们有
$$p'(w) = p'_1(w) - \delta \cdot P'(w)$$
$$= p'_1(w) - \delta \frac{p'_1(w)}{(w - x'_k)(w - x'_{k+1})} + \delta \frac{(2w - x'_k - x'_{k+1})p_1(w)}{(w - x'_k)^2 (w - x'_{k+1})^2} < 0,$$
这是因为 $p'_1(w) = 0$，$p_1(w) < 0$，而 $w > x'_{k+1} > x'_k$。引理证毕。

同理可证，对多项式的改造不减小导函数的最小根。

经过有限次改造，我们得到
$$p_{\text{new}}(x) = x(x-1)(x-c)^{n-2}, \quad c = \frac{x_1 + x_2 + \cdots + x_{n-2}}{n-2}.$$
我们只需对这个新的多项式证明题中结论。多项式 $p'_{\text{new}}(x)$ 的根满足二次方程
$$(x-1)(x-c) + (n-2)x(x-1) + x(x-c) = 0.$$
此方程的两根之差是
$$\sqrt{1 - \frac{2}{n} + \left(\frac{1-2c}{n}\right)^2} \geqslant \sqrt{1 - \frac{2}{n}}.$$

证法 2 在前一证法中，我们运用了一些有益的思维，对所讨论的对象进行了合理的理解。而下面的证法则完全不需要这些。

引理 设 $0 < x_2 \leqslant y_2 \leqslant x_3 \leqslant y_3 \leqslant \cdots \leqslant y_k \leqslant y_{k+1} < 1$，令
$$A = \frac{x_2 x_3 \cdots x_{k+1}}{y_2 y_3 \cdots y_k}, \quad B = \frac{(1-x_2)(1-x_3)\cdots(1-x_{k+1})}{(1-y_2)(1-y_3)\cdots(1-y_k)},$$
则 $A + B \leqslant 1$。

引理之证 对 k 归纳。若 $k = 1$，则有 $A + B = 1$ (当分母中的因子个数为 0 时，将分母理解为 1)。假设结论已在小于 k 时成立，我们来看对 k 的情形。取定所有的 x_i 与 y_i，仅除了 $x_{k+1} \in [y_k, 1]$。因为 $A + B$ 的表达式对于 x_{k+1} 是线性的，其最大值在区间 $[y_k, 1]$ 的两个

端点之一处达到. 当 $x_{k+1} = 1$ 时, 有 $B = 0$, 又因为 $x_i \leqslant y_i$, 所以 $A \leqslant 1$. 而若 $x_{k+1} = y_k$, 则可由归纳假设知结论成立. 引理证毕.

现在设 $0 = x_1 < y_1 < x_2 < y_2 < \cdots < y_{n-1} < x_n = 1$, 其中 x_i 是 $p(x)$ 的根, 而 y_i 是 $p'(x)$ 的根. 于是根据洛尔定理, 它们如所说的那样交替排列. 不失一般性, 可设 $p(x)$ 的首项系数是 1, 于是

$$p(x) = x \prod_{i=2}^{n}(x - x_i), \qquad p'(x) = n \prod_{i=1}^{n-1}(x - y_i).$$

因为 $p'(x)$ 的常数项等于 $p(x)$ 的一次项系数, 所以

$$ny_1 y_2 \cdots y_{n-1} = x_2 x_3 \cdots x_n. \qquad ①$$

将 $p(x)$ 换为 $p(1-x)$, 得到

$$n(1-y_1)(1-y_2) \cdots (1-y_{n-1}) = (1-x_2)(1-x_3) \cdots (1-x_n). \qquad ②$$

由于对一切 $i = 2, 3, \cdots, n-1$, 都有 $1 - x_i \leqslant 1 - y_{i-1}$, 故可由 ② 式推出 $n(1 - y_{n-1}) \leqslant 1$, 此即 (1) 中所要证明的结论.

对 $k = n - 2$, 得到

$$n\bigl[y_1 y_{n-1} - (1-y_1)(1-y_{n-1})\bigr] \leqslant 1.$$

于是由下述不等式即可推出 (2) 中的结论:

$$(y_{n-1} - y_1)^2 = (1 - y_1 - y_{n-1})^2 + 1 - 2\bigl[y_1 y_{n-1} - (1-y_1)(1-y_{n-1})\bigr] \geqslant 1 - \frac{2}{n}.$$

♦1 **洛尔定理** 设 $f(x)$ 是定义在闭区间 $[a,b]$ 上的实值连续函数, 在开区间 (a,b) 上可导. 如果 $f(a) = f(b)$, 则导函数 $f'(x)$ 在区间 (a,b) 中有根.

♦2 **介值定理** 设 $f(x)$ 是定义在闭区间 $[a,b]$ 上的实值连续函数, 如果 $f(a)$ 与 $f(b)$ 相互异号, 则 $f(x)$ 在区间 (a,b) 上有根.

2007 年

八年级

II.195 答案 能.

为了回答这个问题, 需要验证例子. 下面列出了所有满足要求的例子:

$$10\,001\,506 + 10\,060\,501 \quad 10\,002\,955 + 10\,059\,052 \quad 10\,004\,557 + 10\,057\,450$$
$$10\,005\,007 + 10\,057\,000 \quad 10\,005\,637 + 10\,056\,370 \quad 10\,005\,916 + 10\,056\,091$$
$$10\,012\,495 + 10\,049\,512 \quad 10\,013\,854 + 10\,048\,153 \quad 10\,014\,097 + 10\,047\,910$$
$$10\,014\,376 + 10\,047\,631 \quad 10\,015\,456 + 10\,046\,551 \quad 10\,024\,753 + 10\,037\,254$$
$$10\,026\,355 + 10\,035\,652 \quad 10\,027\,435 + 10\,034\,572 \quad 10\,029\,037 + 10\,032\,970$$
$$10\,029\,316 + 10\,032\,691 \quad 10\,030\,198 + 10\,031\,809 \quad 10\,030\,918 + 10\,031\,089$$

其中的例子 $10\,005\,637 + 10\,056\,370$ 是由一位考生想出来的, 他的思路如下: 显然, 所要寻找的数具有 $1000\cdots$ 的形式. 把接在后面的 $\cdots$ 记作 x. 再把 x 整个往前移一位, 前面变为 $100\cdots$ 的形式, 而接在后面的 $\cdots$ 变为 $10x$. 为了使得这两个数的和等于 $20\,062\,007$, x 应当满足等式 $62\,007 = 10x + x$. 幸运的是, $62\,007$ 刚好是 11 的倍数, 方程有正整数解 $x = 5637$.

II.196 **证法 1** 根据泰勒斯逆定理, 只需证明 $\dfrac{AX}{XB} = \dfrac{AB_1}{B_1C}$ (参阅图 84). 我们有

$$\frac{AX}{XB} = \frac{BY}{XB} = \frac{AB}{BC} = \frac{AB_1}{B_1C},$$

其中第二个等号得自 $\triangle XBY \backsim \triangle CBA$ (两对角相等), 第三个等号得自周知的角平分线的性质.

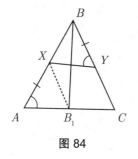

图 84

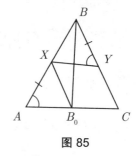

图 85

证法 2 如图 85 所示, 设经过点 X 的平行于 BC 的直线与边 AC 相交于点 B_0. 于是 $\angle AXB_0 = \angle ABC$, 且 $\triangle XB_0A \cong \triangle BXY$ (角边角). 这表明 $XB_0 = XB$, 因而 $\angle ABC = \angle AXB_0 = \angle XBB_0 + \angle XB_0B = 2\angle XBB_0$, 所以 BB_0 是 $\angle ABC$ 的平分线, 且 $B_0 = B_1$.

II.197 我们来证明, 每一列中, 或者都是老实人, 或者都是骗子. 由此当然可以推出题中结论. 假设不然, 假定在方格 a1 中站着一个老实人, 在方格 a2 中站着一个骗子 (国际象棋盘中的列用英文字母排序, 行用数字排序). 那么由题意可知, 第 1 行中的骗子要比列 a 中的多, 而第 2 行中的骗子不比列 a 中的多. 注意, 老实人总说真话, 骗子总说假话. 这说明, 第 1 行中的骗子比第 2 行中的多. 这样一来, 可以找到一列, 在它与第 1 行相交处的方格里站着一个骗子, 而在它与第 2 行相交处的方格里站着一个老实人 (假若不然, 第 1 行中的骗子数目不会多于第 2 行, 导致矛盾). 不失一般性, 可以认为方格 b1 里站着一个骗子,

方格 b2 里站着一个老实人. 再对这两个方格进行刚才对方格 a1, a2 所作的讨论, 可知第 2 行中的骗子比第 1 行中的多, 此为矛盾.

II.198 答案 111 111 个解.

因为 $b(a+3)$ 可被 $\ddagger[b, a+3]$ 整除, 所以在题设条件下, 它可被 $\ddagger[a, b+1]$ 整除, 而后者可被 a 整除, 这意味着 $a \mid 3b$. 又因为 $a(b+1)$ 可被 $\ddagger[a, b+1]$ 整除, 所以在题设条件下它可被 $\ddagger[b, a+3]$ 整除, 后者可被 b 整除, 这意味着 $b \mid a$. 综合上述两方面, 或者 $a = b$, 或者 $a = 3b$. 如果 $a = b$, 我们有

$$a(a+1) = \ddagger[a, a+3].$$

因此, $a(a+1) = (a+3)(a-2) + 6$ 可被 $a+3$ 整除. 这表明 $a+3$ 是 6 的约数, 故知 $a = 3, b = 3$. 然而这一对数并不满足方程. 在 $a = 3b$ 时, 我们有

$$\ddagger[3b, b+1] = \ddagger[b, 3(b+1)].$$

如果 b 是 3 的倍数, 则左端可被 3 的比右端高的幂次整除. 如果 $b+1$ 是 3 的倍数, 则右端可被 3 的比左端高的幂次整除. 如果 b 被 3 除的余数是 1, 则等式两端都等于 $3a(a+1)$. 这样一来, 只需找出所有满足条件 $3b < 1\,000\,000$ 的形如 $b = 3x+1$ 的正整数, 它们共有 111 111 个.

II.199 让每个城市都再驶出 3 辆汽车沿着其余 3 条道路 (除了那条已经有车驶往最近的城市的道路) 驶往各自所连的城市. 于是一共有 150 辆增加的汽车. 所有的汽车一共行驶了 50 000 km(每条路上有两辆汽车, 一辆从这头驶往那头, 一辆从那头驶往这头). 这意味着增加的汽车一共行驶了 45 000 km, 其中之一行驶了不少于 300 km.

II.200 把两位游戏者按照开始的先后分别称为甲和乙.

答案 甲有取胜策略.

甲的取胜策略是把所有的翻动方式 (状态) 配成对子, 每一个对子中的两个状态仅在某四幅肖像上不同, 例如开头的四幅. 于是, 甲每次都只需翻动开头的四幅肖像即可. 在甲第一次翻动之后, 他得到的状态就是那种与初始状态配对的状态. 此后在乙的每一次翻动之后, 只要出现的状态是前所未有的, 甲翻动开头的四幅肖像后所得到的状态就刚好是与其配对的状态并且也是前所未有的. 因为状态的数目是有限的, 所以必在某一时刻乙不可能翻出以前从未出现过的状态.

II.201 我们来观察前 10 步操作中 (显然总的操作步数肯定超过 10 步), 所得结果的首位数会变为何数. 显然, 如果它变为 5 或 7, 那么在接下来的步骤里, 所得的数就都是 5 或 7 的倍数, 因而不可能是 6^{100}. 如果它是 1, 那么在接下来的步骤里我们的数就不再变化. 如果它是 4, 那么将现有的数乘 4 以后, 首位数变为 1, 此后不再变化. 而如果它是 2, 那么乘 2 以后首位数变为 4 或 5, 正如前面所言, 不可能最终得到 6^{100}. 如果首位数是 9, 则下一步

变为 8, 接着变为 6(也可能是 7, 对于 7, 前面已经说过不能得到 6^{100}), 然后就是 4(此种情况已经说过) 或 3. 如果它是 3 的话, 那么紧接在 3 后面的数字一定不小于 6, 从而在下一步之后首位数变为 1. 由此看来, 首位数是 9,8,6 时, 都不能得到 6^{100}. 最后来看首位数是 3 的情况. 显然一步之后, 首位数变为 9 或 1. 这两种情况均已讨论过, 都不能得到 6^{100}.

◆ 不少读者拥有功能很好的计算器, 那么我们可以反过来解答这道题. 数 6^{100} 等于 653 318 623 500 070 906 096 690 267 158 057 820 537 143 710 472 954 871 543 071 966 369 497 141 477 376. 我们并不需要确切地写出它来, 只需观察它的前 6 位数, 写为 $6^{100} \approx 653\,318 \times 10^{72}$. 而它的个位数约数是 $1,2,3,4,6,8$ 和 9. 对 1 我们不感兴趣, 因为乘 1、除 1 数都不变. 6^{100} 除以 $2,3,4,6,8$ 和 9 中的哪一个所得的商的首位数与除数相同? 答案只有一个, 就是 8. 事实上 $\frac{6^{100}}{8} \approx 81\,664 \times 10^{72}$. 再对所得结果作类似的考察, 发现答案只有 9, 事实上 $\frac{6^{100}}{72} \approx 9\,073 \times 10^{72}$. 再继续这样的考察, 发现答案只有 3: $\frac{6^{100}}{216} \approx 3\,024 \times 10^{72}$. 但是再对所得的 76 位数作这样的考察, 就会发现, 无论除以 $2,3,4,6,8$ 和 9 中的哪一个, 所得的商的首位数与除数都不相同. 这样一来, 至多可操作三步, 因而 6^{100} 不可能由少于 76 位的数得到.

九年级

II.202 首先提请注意以下两个显然的事实:

(1) 如果对某个 c_0, 方程 $x^2 + px + q = c_0$ 有唯一的根, 则 c_0 是二次三项式 $x^2 + px + q$ 的最小值.

(2) 如果对某个 c_0, 方程 $x^2 + px + q = c_0$ 有根, 则对所有的 $c > c_0$, 方程 $x^2 + px + q = c$ 都有根 (因为此处 x^2 的系数是正的.)

回到原题. 因为方程 $f(f(x)) = 0$ 有根, 所以二次三项式 $f(x)$ 至少有一个根. 对 $f(x)$ 分解因式:$f(x) = (x-a)(x-b)$, 其中 $a \leqslant b$. 于是方程 $f(f(x)) = 0$ 可写为

$$(f(x) - a)(f(x) - b) = 0.$$

如果 x_0 是该方程的唯一根, 则 $f(x_0) = a$ 或 $f(x_0) = b$. 在 $a \neq b$ 的情况下, 不可能有 $f(x_0) = a$, 因为此时 $a < b$, 所以 $f(x) = b$ 也有根, 此与 $f(f(x)) = 0$ 仅有一个实根的事实相矛盾. 所以只能有 $f(x_0) = b$, 并且 x_0 是该方程的唯一根. 从而对于我们的二次三项式 $f(x)$ 来说, 它的大根与它的最小值都是 b.

因为 $f(x) = x^2 + px + q$ 的二次项系数为正, 它又有根, 所以它的最小值非正, 因此它的根亦非正. 于是由韦达定理知它的两个系数 p 与 q 均非负.

◆ 试找出如下说法中的错误, 这些说法来自许多考生的答卷: "根据题中条件, 二次方程 $f^2 + pf + q = 0$ 只有一个实根 (此处 $f(x)$ 是题中的二次三项式). 这意味着, 该方程的

♦ 正系数二次三项式 $f(x)$ 使得方程 $f(f(x))=0$ 有三个根. 证明: 该二次三项式的判别式大于 16.

♦ 设有两个二次三项式 $f(x)$ 和 $g(x)$, 今知方程 $f(g(x))=0$ 与 $g(f(x))=0$ 都无实根, 证明: 方程 $f(f(x))=0$ 与 $g(g(x))=0$ 中至少有一者没有实根.

II.203 证法 1 因为 $\angle B=45°$, 所以 $\triangle BA_1A$ 是等腰三角形, 点 A_1 位于线段 AB 的中垂线上 (参阅图 86). 因此, $OA_1//C_1H$(这两条直线都垂直于 AB). 同理可知 $OC_1//A_1H$. 这表明四边形 OA_1HC_1 是平行四边形, 从而它的对角线 OH 平分另一条对角线 A_1C_1.

证法 2 如图 87 所示, 以 C_2 表示线段 AB 的中点. 如上所证, $\angle A_1C_2C_1=90°$. 这表明 A_1C_1 是 $\triangle ABC$ 的九点圆的直径, 因而 A_1C_1 的中点是这个圆的圆心, 如所周知, 它位于欧拉直线 OH 上[①].

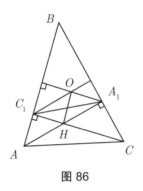

图 86

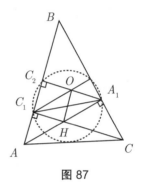

图 87

II.204 证法 1 利用 II.217 题解答, 我们知道该数是 11 的倍数, 且是一个奇数位的正整数, 假设它等于 $1111\cdots 121$(共 k 个数字). 把它除以 11, 得到 $1010\cdots 1011$(其中有 $\frac{k-3}{2}$ 组 10). 这个商数还可被 11 整除. 于是由被 11 整除的判别条件知, $k-3$ 可被 11 整除. 这就表明, k 本身不可被 11 整除.

证法 2 假设 $k=11m$. 于是我们的数就是 $n=\frac{10^{11m}+89}{2}$. 由 II.217 题的解答, 我们知道 m 为奇数. 这表明 $10^{11}\equiv -1 \pmod{23}$, 从而意味着

$$9n=10^{11m}+89\equiv 88\equiv -4 \pmod{23}.$$

但是, -4 是模 23 的二次非剩余. 这表明, $9n$ 乃至 n 自身不是完全平方数, 此与题意相矛盾.

♦ 本题还可根据 $10^{11}+1$ 的另一个质约数 4093 的模来考察, 因为按照此模, 88 是二次非剩余.

II.205 答案 男爵说错了.

[①] 编译者注 关于九点圆和欧拉直线的介绍可参阅本书末尾的"专题分类指南".

每一个图形都是一个单位正方形凸起一块或者凹下一块. 假设能够利用这种图形拼成一个面积为 2006 的矩形. 由于 2006 是 2 的倍数, 但不是 4 的倍数, 该矩形的一边的长度应当是偶数, 另一边是奇数. 这样一来, 该矩形的周长必然也是非 4 的倍数的偶数.

在图形的每个凸起上放置一个 +1, 每个凹陷上放置一个 -1(参阅图 88). 于是任何两个图形接口处所放置的数的和都是 0. 所以, 用来拼接矩形的所有图形上所放置的数的总和是 0.

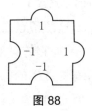

图 88

换一种办法计算这些数的和. 显然, ⌐状的图形放在角上, ⌐状的图形沿着边放置, 其余的图形放在内部. 角上图形上的数的和是 0, 而 ⌐状图形上的数的和是 1. 因此沿着周界放置的所有图形上的数的和是偶数, 但不是 4 的倍数. 但是内部任何图形上的数的和都是 4 的倍数, 因此所有图形上的数的总和被 4 除的余数是 2. 此为矛盾.

II.206 先证明一个引理.

引理 如图 89 所示, $\triangle AOD$ 的内切圆分别与边 AO 和 OD 相切于点 X 和 Y, 则由顶点 A 向 $\angle D$ 的平分线所作的垂线的垂足位于直线 XY 上.

引理之证 $\angle D$ 的平分线与直线 XY 相交于点 M. 以 I 表示 $\triangle AOD$ 的内心. 我们来证明 $\angle AMD = 90°$. 易见

$$\angle OXY = \frac{1}{2}(180° - \angle XOY) = \frac{1}{2}(\angle OAD + \angle ODA)$$
$$= \angle IAD + \angle IDA = \angle MIA.$$

因此, A, X, M, I 四点共圆, 且以线段 AI 为直径 (这是因为 $\angle IXA = 90°$). 这就意味着 $\angle AMD = 90°$.

引理证毕.

◆ 试证明: 点 M 亦在 $\triangle AOD$ 的平行于边 OD 的中位线上.

现在来证明题目本身. 注意到点 M 是点 A 在 $\triangle AOD$ 中的 $\angle D$ 的平分线上的投影, 其中 O 是四边形 $ABCD$ 的两条对角线的交点; 点 N 是点 D 在该三角形中的 $\angle A$ 的平分线上的投影. 这意味着直线 MN 经过 $\triangle AOD$ 的内切圆与边 AO 和 OD 的切点. 因而, 点 X 与 Y 到 $\triangle AOD$ 的内心 P 的距离相等 (参阅图 90).

◆ 想一想: 本题为什么是 II.218 题的特殊情况?

II.207 把所有小于 2005 的数都换成 2005. 把所得的一列数称为 "高估的数". 每当对原来的数进行一次操作, 都对高估的数中处于相应位置的数进行一次同样操作. 任何时

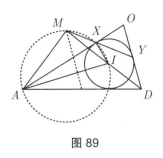
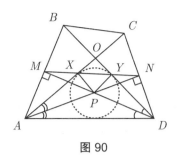

图 89　　　　　　　　　　　　　　　图 90

候操作的结果都不会超过对高估的数所得的相应结果. 于是, 我们只需证明, 无论从哪一个 2005 出发, 在对高估的数的操作后都不会得到超过 $2006\frac{1}{4}$ 的数. 为方便计, 我们把得到数 $2006\frac{1}{4}$ 称为"达标". 我们用粗黑体表示多次参与操作的数.

在取平均值的操作中, 最大数显然不会增大. 由此可知, 如果某次操作是对 **2 005**, 2 006 和 2 007 进行, 那么显然不可能达标, 因为新得到的最大数不超过 2006 (原来是 2007). 同理, 如果是对 **2 005** 和 2 007 进行了操作, 那么也不可能达标.

于是我们只需对有 2006 参与的操作进行考察. 基于前面的讨论, 我们现在只需考察两种情况: ① 对 2006 和 2007 取平均值; ② 对 2006 和 **2 005** 取平均值.[①]

在情况 ① 中得到两个 $2006\frac{1}{2}$. 在接下来的步骤里, 或者对 **2 005** 和两个 $2006\frac{1}{2}$ 取平均, 其结果是最大数不大于 2006. 或者先对 **2 005** 和一个 $2006\frac{1}{2}$ 取平均, 得到 $2005\frac{3}{4}$; 再次利用高估的办法, 剩下一个 $2006\frac{1}{2}$, 把其余的数都换成 $2005\frac{3}{4}$; 下面有意义的操作就只有对 **$2005\frac{3}{4}$** 和 $2006\frac{1}{2}$ 取平均, 结果是得到 $2006\frac{1}{4}$. 这正是我们所希望的结果.[②]

在情况 ② 中, 先得到数 $2005\frac{1}{2}$, 数列中还保留了 2007. 此时我们把除 2007 之外的数都换为 $2005\frac{1}{2}$. 于是, 有意义的操作就只剩下对 **$2005\frac{1}{2}$** 和 2007 取平均, 结果是最大数变为 $2006\frac{1}{4}$, 再次得到所希望的结果.

♦ 能否在一开始写着 1 的地方, 让最后的数小于 $2006 + 26^{-2006}$?

II.208　在去掉该图中的任何一个生成树后, 我们会得到一个不含圈的图 (若不然, 在去掉该圈并恢复生成树之后, 我们可以得到一个连通图, 与题意相矛盾). 我们选择一个这样的生成树: 它包含从某个顶点 V 所连出的所有的边, 这样的生成树显然存在. 在去掉这个选出的生成树之后, 图中就没有圈了, 而且 V 成了孤立点. 因此, 在剩下的图中有不多于 $n-2$ 条边. 因为树上共有 $n-1$ 条边, 所以原图中一共有不多于 $2n-3$ 条边.

相应的例子有: 具有公共底边的 $n-2$ 个三角形.

♦ 本题可用图论语义改述如下: 在连通图中有 $n \geqslant 3$ 个顶点. 在去掉图中任何一个圈上的所有边后成为不连通图. 该图中最多可有多少条边?

---

① 编译者注　这两种操作都没有使得数列中的最大数小于所要达到的目标 $2006\frac{1}{4}$.

② 编译者注　从而在对原来数列的操作中, 只能得到小于 $2006\frac{1}{4}$ 的数.

十年级

II.209 同 II.202 题.

II.210 对于本题来说, 正确作图非常重要. 对于不少考生来说, 他们没有想到的是: L 和 K 在 $\angle ACB$ 外角的平分线上竟然位于顶点 C 的不同侧, 如图 91 所示.

我们有 $\dfrac{CA_1}{CA} = \dfrac{CB_1}{CB} = \cos\angle ACB$. 这表明 $\triangle CA_1B_1 \backsim \triangle CAB$, 相似比为 $k = \cos\angle ACB$. 不失一般性, 可认为点 L 在射线 AB 上. 我们来观察 $\triangle CAL$ 与 $\triangle CA_1K$. 显然它们在顶点 C 处的内角相等, 因为 KL 是 $\angle C$ 外角的平分线; 它们在顶点 A 与顶点 A_1 处的内角对应相等, 因为它们是相似三角形 $\triangle CA_1B_1$ 与 $\triangle CAB$ 中的对应角. 所以 $\triangle CAL \backsim \triangle CA_1K$. 由此可得 $\dfrac{CK}{CL} = \dfrac{CA_1}{CA}$. 由题中条件知 $\dfrac{CK}{CL} = \dfrac{1}{2}$. 另一方面, 我们又已经知道 $\dfrac{CA_1}{CA} = \cos\angle ACB$. 这表明 $\cos\angle ACB = \dfrac{1}{2}$, 所以 $\angle C = 60°$.

◆ 为何点 K 一定在射线 A_1B_1 上? 事实上, 如果 K 在射线 B_1A_1 上的话, 那么 $\triangle CAL$ 中的顶点 C 与顶点 A_1 处的内角之和就大于 $180°$.

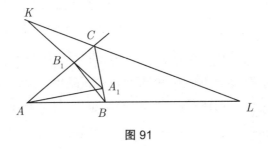

图 91

◆◆ 如果我们按如下办法解答题目, 那么就可以避免对点的位置的讨论.

考察从 $\triangle ABC$ 到 $\triangle A_1B_1C$ 的变换. 这个变换是以 C 为中心、$k = \cos\angle ACB$ 为系数的位似变换与关于 $\angle C$ 的平分线的对称变换的复合. 在这个变换中, $\angle ACB$ 的外角平分线变为自身, 而线段 AB 变为线段 A_1B_1. 这意味着点 L 变为点 K, 此时 $CK = k \cdot CL$, 由此可知 $k = \dfrac{1}{2}$.

II.211 **答案** 不可能.

解法1(闲暇的讨论) 增大 50%, 就是把数乘 $\dfrac{3}{2}$, 减小 50% 就是把数乘 $\dfrac{1}{2}$. 这表明, 60 次操作之后, 每一个数都具有 $\dfrac{3^k}{2^{60}}$ 的形式, 其中 k 是该数被增大的次数. 假定这些数在经过 1 h, 总和是 1, 那么就有

$$\frac{3^{k_1}}{2^{60}} + \frac{3^{k_2}}{2^{60}} + \cdots + \frac{3^{k_{10}}}{2^{60}} = 1, \qquad ①$$

其中 $k_1, k_2, \cdots, k_{10}$ 分别是第 $1, 2, \cdots, 10$ 个数被增大的次数. 根据题意, 有

$$k_1 + k_2 + \cdots + k_{10} = 5 \times 60 = 300,$$

这是因为每次操作都是增大其中的 5 个数,减小其中的另外 5 个数. 把 ① 式去分母,得

$$3^{k_1} + 3^{k_2} + \cdots + 3^{k_{10}} = 2^{60}. \qquad ②$$

考察其左端被 4 除的余数. 我们知道, 3 的偶数次方幂被 4 除余 1, 奇数次方幂被 4 除余 3, 所以

$$3^k \equiv 2k+1 \pmod 4.$$

故知

$$3^{k_1} + 3^{k_2} + \cdots + 3^{k_{10}} \equiv 2(k_1 + k_2 + \cdots + k_{10}) + 10 = 600 + 10 \equiv 2 \pmod 4.$$

然而, ② 式右端却是 4 的倍数. 此为矛盾.

解法 2 (基本同上法, 但较短较活泼) 每一次都将各数乘 2, 于是原来的问题变为: 黑板上写着 10 个 1. 每一步将其中 5 个数乘 3, 其余不变. 能否在若干步以后, 这些数的和变为 10×2^{60}?

实际上, 每一步操作都使得这些数的和被除的余数改变 2, 因为一开始余数是 2, 所以偶数次变化后仍然是 2, 不可能是 4 的倍数.

解法 3 (格列勃·涅纳舍夫供解) 采用解法 2 的变化方法. 注意到 $10 \times 2^{60} \equiv 19 \pmod{27}$. 这就意味着, 如果 10×2^{60} 是 10 个 3 的方幂数的和, 则其中至少有 3 个数不超过 9. 注意到我们的 10 个数的乘积在 1 h 后是 3^{300}, 而其中有 3 个数的乘积不大于 3^6, 这就意味着其余 7 个数中至少有一个数不小于 $3^{\frac{300-6}{7}} = 3^{42} > 81 \times 9^{18} > 80 \times 8^{18} = 10 \times 2^{60}$. 此为矛盾.

II.212 由 II.208 题的解答知, 题中的断言在 198 条道路的情形下, 亦能成立. 对 199 条路可以给出更加简单的解答. 为此, 我们需要如下引理:

引理 如果道路的条数不少于城市的个数, 则必可找到若干条道路形成圈.

引理之证 对城市个数归纳. 起点情况 (3 个城市, 3 条道路) 显然成立. 假设结论已经对 $n-1$ 个城市的情形成立, 要证它对 n 个城市的情形也成立. 如果有某个城市, 自它连出的道路少于两条, 那么就去掉这个城市以及自这个城市所连出的至多一条路. 那么在剩下的图中有 $n-1$ 个城市和不少于 $n-1$ 条路. 根据归纳假设, 此时存在圈. 在其余情况下, 自每个城市都至少连出两条道路. 我们自某个城市出发, 沿着道路不断走下去, 每到一个城市, 都沿着不同于来时的另一条路走出去. 因为城市的数目是有限的, 所以我们迟早会走到一个已经到过的城市. 于是我们由一个城市到另一个城市依次走过的路就是一个圈. 引理证毕.

回到原题. 因为开始时道路多于 100 条, 所以根据引理, 其中存在圈. 从这个圈上任意去掉一条道路. 显然, 现在仍然可由任一城市到达任一城市. 再从剩下的 198 条道路中依然能找到圈, 再从圈上任意去掉一条道路, 仍然可由任一城市到达任一城市. 如此下去, 直到

只剩下 99 条道路为止. 此时仍然可由任一城市到达任一城市. 现在来看被去掉的 100 条道路. 根据引理, 它们中有某些道路形成圈. 于是只要把不在这个圈上的道路都恢复, 题目即已获解.

II.213 同 II.207 题.

II.214 设 $A_n = \overline{a_1 a_2 \cdots a_n}$ 是在第 n 步时所写出的数. 设 $p_1, p_2, \cdots, p_k$ 是按递增顺序列出的前 k 个质数. 我们要来证明, 或迟或早所出现的 A_n 可被大于 p_k 的质数整除. 假设不然, 费佳所遇到的都仅仅是可被 $p_1, p_2, \cdots, p_k$ 的某种方幂数整除的数.

我们来取正整数 r, 使得 $2^r > 10^k$. 在某一时刻, 费佳所写出的数 $A_n > (p_1 p_2 \cdots p_k)^r$. 那么自该数开始, 对于每一个数, 进入它的分解式的每一个质因数的指数就都不小于 r. 现在来看 $A_n, A_{n+1}, \cdots, A_{n+k}$. 根据抽屉原理, 它们中有某两个数 A_i 与 A_j 的差 (不妨设 $i < j$) 可被同一个质数的 r 次方整除, 将该质数记作 p. 而这样一来, 数

$$\overline{a_{i+1} a_{i+2} \cdots a_j} = A_j - 10^{j-i} A_i$$

也可被 p^r 整除. 因为该数非零, 所以它不小于 p^r, 当然也就不小于 2^r. 因为 $2^r > 10^k$, 所以它至少应当是 $k+1$ 位数. 但事实上, 它至多是 k 位数 (因为 $j - i \leqslant k$). 此为矛盾.

♦ 在我们的情形中, $k = 25$, $r = 84$, 而 $n = 3907$. 这样一来, 我们证明了, 在前 3932 个正整数中, 可以遇到这样的数, 它具有大于 100 的质因数. 当然, 这种估计是相当粗糙的. 但是似乎找不出比这里更好的初等证明.

II.215 我们来观察这样一些操作, 在执行它们之后, 棋子的放法与开始时对称. 当我们对某一条直线上的棋子作重新排列, 我们就说该直线上的棋子都经历了一次运动 (哪怕有的棋子根本没有移位). 将一枚棋子称为 "快的", 如果它不位于对角线上, 而且刚好经历了两次运动. 这种棋子在自己的第一次运动后应当位于对角线上, 在第二次运动后到达它的最终位置. 对于每一枚快的棋子, 我们都标出它所经历过的对角线上的方格. 我们发现, 每个对角线上的方格都至多被标注两次. 事实上, 如果对角线上有某个方格 A 被 3 枚快的棋子经过, 那么其中必有某两枚棋子原在同一行或同一列. 在对该行或该列的第一次操作时, 它们中只能有一枚棋子被换到方格 A 中, 这就意味着另一枚棋子不可能是快的.

假设共有 k 枚快的棋子, 于是在对角线上有不少于 $\frac{k}{2}$ 个方格被标出. 放在被标出的方格中的棋子不可能总是在该格子中, 这意味着它至少要经过两次运动 (一次离开, 另一次回归). 如此一来, 对角线上的棋子至少完成 k 次运动, 而快的棋子至少完成 $2k$ 次运动. 其余 $n^2 - n - k$ 枚棋子中的每一枚都至少完成 3 次运动, 亦即一共不少于 $3n^2 - 3n - 3k$ 次运动. 三类棋子相加, 一共至少完成 $3n^2 - 3n$ 次运动, 意即不少于 $3n - 3$ 次操作.

♦ 我们来证明, 在 $n \geqslant 4$ 时, 经过 $3n - 3$ 次操作后, 可以得到对称的分布.

引理 1 对于任何正整数 $n > 2$, 都可在 $n \times n$ 方格表中放置整数 0 至 $n-1$, 使得每一行、每一列以及主对角线上都没有相同的数.

引理 1 之证 对列自左至右编号,对行则自上往下编号. 当 n 为奇数时,只需在方格 (i,j) 中放置数 $i+j \pmod n$ 即可.

现设 n 为偶数. 先在 $(n-1)\times(n-1)$ 方格表中按照如上方式放置数 0 至 $n-2$. 再在表的右侧添上一列,下侧添上一行. 在左上右下对角线上的每个方格里都写上 $n-1$(把原来的数改掉),并在最右一列和最下一行中写数,使得每一行与每一列中都没有相同的数. 再把最左一列调至最右侧,把最下面两行交换位置,即得所需的 $n\times n$ 数表. 引理 1 证毕.

引理 2 对正整数 $n\geq 4$,存在这样的函数 $f(i,j)$ $(i,j=0,1,\cdots,n-1)$,使得:

(1) 对每个 i,数 $f(i,j)$,$j=0,1,\cdots,n-1$,均取得整数 0 至 $n-1$ 各一次;

(2) 对每个 j,数 $f(i,j)$,$i=0,1,\cdots,n-1$,均取得整数 0 至 $n-1$ 各一次;

(3) 对一切 $j=0,1,\cdots,n-1$,都有 $f(0,j)=f(j,0)$;

(4) 对一切 $i=0,1,\cdots,n-1$,都有 $f(i,i)=0$.

引理 2 之证 这种函数的存在性由引理 1 推知. 我们只需改令 $f(i,i)=0$,并令 $f(0,i)=f(i,0)=i$. 引理 2 证毕.

下面论述用 $3(n-1)$ 次操作把棋子变为关于主对角线对称的方法. 首先,把每个方格 (i,j) 中的棋子都挪到方格 $(i,f(i,j))$ 中,再把棋子由方格 $(i,f(i,j))$ 挪到 $(j,f(i,j))$ 中,最后再从该方格挪到方格 (j,i) 中. 我们指出,为了实现第一阶段的挪动,需要在除第 0 行之外的各行中进行重排;为了实现第二阶段的挪动,需要在除第 0 列之外的各列中进行重排;为了实现第三阶段的挪动,需要在除第 0 行之外的各行中进行重排.

十一年级

II.216 证法 1 设 $a_1,a_2,\cdots,a_n$ 是这些等比数列的首项,而 $q_1,q_2,\cdots,q_n$ 是它们的公比. 于是

$$A=\sum_{i=1}^n a_i,\quad B=\sum_{i=1}^n q_i a_i,\quad C=\sum_{i=1}^n q_i^2 a_i.$$

我们知道,A,B,C 三数成等差数列,当且仅当 $2B=A+C$,亦即

$$\sum_{i=1}^n 2q_i a_i=\sum_{i=1}^n a_i(q_i^2+1).$$

而这是不可能的,因为对于每一项,我们都有 $2q_i a_i < a_i(q_i^2+1)$.

证法 2(凸性) 引入记号如同证法 1. 考察函数 $f_i(x)=a_i q_i^x$. 该函数严格凸,因此它们的和函数 $f(x)$ 也是严格凸的,所以 $f(0)+f(2)>2f(1)$. 而 $f(0)=A,f(1)=B,f(2)=C$,故知 $A+C>2B$,这就表明这三个数不形成等差数列.

II.217 因为完全平方数不可能以 2 结尾,所以该平方数的末位数是 1. 而平方数不可能以 11 结尾,否则模 4 余 3,这是不可能的. 这样一来,就只有唯一的可能性,即该数以 21

结尾. 如果在 2 的前面的 1 的个数可被 11 整除, 那么它被 11 除的余数是 10, 从而又不是完全平方数. 而当 2 的前面的 1 的个数不可被 11 整除时, 它显然可被 11 整除.

II.218 我们指出, $\angle BEA = \angle DFB$(参阅图 92), 这是因为它们是等弧所对的圆周角. 因而四边形 $ZYEF$ 内接于圆, 因此 $\angle XYZ = \angle EFB$. 同理可知, $\angle YXZ = \angle BAE$. 又因 $\angle BAE$ 与 $\angle BFE$ 是同弧所对的圆周角, 故相等. 如此一来, $\angle XYZ = \angle YXZ$, 从而 $XZ = YZ$.

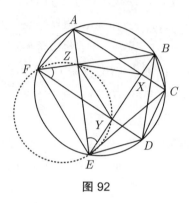

图 92

II.219 同 II.212 题.

II.220 证法 1(标出中点) 如图 93 所示, 以 X 记 AF 的中点, 以 Y 记 EC 的中点, 以 Z 记 AC 的中点. 于是, YZ 是 $\triangle AEC$ 的中位线, 从而 $YZ // EA$ 且 $YZ = \frac{1}{2}EA = \frac{1}{2}EF$. 同理, $XZ // FC$ 且 $XZ = \frac{1}{2}FC = \frac{1}{2}EK$. 由平行线的性质得
$$\angle XZY = \angle ABC = \angle KEF.$$
故知 $\triangle XZY \backsim \triangle KEF$ 且相似比为 2, 所以 $XY = \frac{1}{2}FK$.

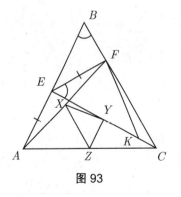
图 93

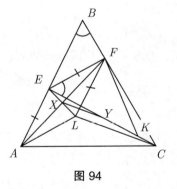
图 94

证法 2(扩充成菱形) 如图 94 所示, 以 X 与 Y 分别记 AF 和 EC 的中点, 而 L 是菱形 $AEFL$ 的第四个顶点. 于是, 显然有 $\triangle LFC \cong \triangle FEK$. 因为 XY 是 $\triangle LEC$ 的中位线, 所以 $XY = \frac{1}{2}LC = \frac{1}{2}FK$.

证法 3(向量) 我们来观察向量 $\overrightarrow{EA}$ 与 $\overrightarrow{FC}$(参阅图 95). 前者的长度不过是 "一个破折号", 后者的长度是 "两个破折号", 它们之间的夹角是 "一弓". 再看向量 $\overrightarrow{EF}$ 与 $\overrightarrow{EK}$, 前者的长度也是 "一个破折号", 后者的长度也是 "两个破折号", 它们之间的夹角依然是 "一弓". 这就意味着

$$KF = |\overrightarrow{EF} - \overrightarrow{EK}| = |\overrightarrow{EA} - \overrightarrow{FC}|.$$

其右端两个向量的差刚好是位于线段 AF 与 EC 的中点之间的线段的 2 倍.

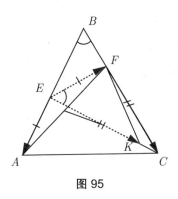

图 95

II.221 同 II.214 题.

II.222 不难看出, 所给数列单调上升, 故有

$$x_{n+1} = x_n + \frac{x_n^2}{n(n+1)} < x_n + \frac{x_n x_{n+1}}{n(n+1)},$$

稍稍改写这个不等式, 得到

$$\frac{1}{x_n} - \frac{1}{x_{n+1}} = \frac{x_{n+1} - x_n}{x_n x_{n+1}} < \frac{1}{n(n+1)} = \frac{1}{n} - \frac{1}{n+1}.$$

将此不等式中的 n 对 1 至 $k-1$ 求和, 得到

$$\frac{1}{x_1} - \frac{1}{x_k} < 1 - \frac{1}{k} < 1,$$

亦即 $x_k < \frac{x_1}{1-x_1}$, 表明数列有界.

2008 年

八年级

II.223 分别用 a 和 b 表示其中所有正数之和与所有负数之和, 则黑板上所有数的和等于 $a + b = 2000$, 而它们的绝对值的和等于 $a - b$. 如果擦去所有的负数, 则剩下的数的和就

是 a, 因为剩下的数都是正数与 0. 然而
$$a = \frac{(a+b)+(a-b)}{2} = \frac{2\,000+(a-b)}{2} = 1\,000 + \frac{a-b}{2},$$
由此即得题中所需的结论.

II.224 由图 96 可以看出, 无论怎样放置图形, 图形所盖住的最右边一列中的方格数目都不超过它们在相邻一列中所盖住的方格数目的一半. 因为它们在相邻一列中至多盖住 17 个方格, 所以在最右边一列中至多盖住 8 个方格. 另一方面, 这些图形所盖住的方格数目是 9 的倍数 (每个图形中刚好有 9 个方格). 所以当瓦夏所告知的各数之和等于 $9k-r$ 时, 其中 $0 \leqslant r \leqslant 8$, 在最右边一列中刚好染黑了 r 个方格.

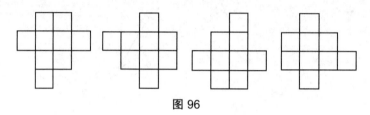

图 96

II.225 答案 $p=3, q=2$ 或 $p=2, q=3$.

可以认为 $q \leqslant p$. 由题中条件推知 $(q+1)(q^2-q+1) = q^3+1$ 可被 p^2 整除. 因为 $0 < q^2-q+1 < p^2$, 所以该式左端第二个括号不可被 p^2 整除 (但可能被 p 整除). 这意味着该式左端第一个括号可被 p 整除, 亦即 $p \mid q+1$. 因为 $q \leqslant p$, 所以 $q+1 = p$. 这就表明 p 与 q 是相连的正整数. 在质数中, 只有 2 和 3 是相连的, 因此 $q=2, p=3$. 剩下只需指出 $p=2, q=3$ 亦可满足题中等式即可.

II.226 我们指出, $\angle FCA + \angle FAC = \frac{1}{2}(\angle BDA + \angle BDC) = 90°$, 所以 $\triangle AFC$ 是直角三角形. 以下有两种不同的证法.

证法 1 在 Rt$\triangle AFC$ 中作斜边上的中线 FK. 周知 $FK = KC = AK$, 因而 $\angle AKF = \angle FCK + \angle CFK = 2\angle FCK = \angle ADB$. 这意味着 $FK /\!/ BD$. 此外, $FK = \frac{1}{2}AC = \frac{1}{2}BD$. 以上两点表明, FK 是 $\triangle DBE$ 的中位线, 故知 $DK = KE$. 又因为 $AK = KC$, 所以 $AD = CE$ (参阅图 97).

证法 2 如图 98 所示, 取点 L, 使得点 F 是线段 AL 的中点. 于是, CF 在 $\triangle ACL$ 中既是中线又是高, 所以 $\triangle ACL$ 是等腰三角形, 因此 $\angle ACL = 2\angle ACF = \angle ADB$, 故知 $CL /\!/ BD$. 此外, $CL = AC = BD$. 这就表明, 四边形 $BDCL$ 是平行四边形. 特别地, $BL = DC$. 由平行线的性质可知 $\angle BLA = \angle FAC$. 因此, $\triangle FLB \cong \triangle FAE$ (角边角), 则 $BL = AE$. 总之, 我们有 $DC = BL = AE$, 由此可知

$$AD = AC - DC = AC - AE = EC.$$

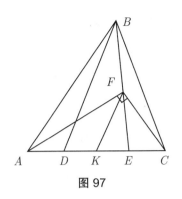

图 97

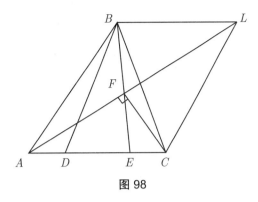

图 98

II.227 答案 黑猫穆尔卡的牙齿名列第 16.

假设一只猫 A 在某一项指标上优于猫 B, 那么猫 A 就送给猫 B 一只老鼠. 由此可知, 没有哪一只猫 B 可以从另一只猫 A 那里得到 3 只老鼠. 因为这样一来, 猫 A 就比猫 B 更美, 而且也比那 12 只不比猫 B 更美的猫更美, 从而猫 A 就比 13 只猫更美, 与题意相矛盾. 这样一来, 便知每一只不比猫 A 更美的猫都从猫 A 那里得到两只老鼠, 而每一只比猫 A 更美的猫则都从它那里得到一只老鼠. 这就说明, 猫 A 一共送出 $12+2\times 12=36$ 只老鼠 (同时, 它也得到了这么多只老鼠), 我们的黑猫穆尔卡亦是如此. 因为它在胡须排名上得到 7 只老鼠, 在尾巴排名上得到 14 只老鼠, 所以它在牙齿排名上得到 15 只老鼠, 从而排名 16.

II.228 答案 $\angle MXN = 32°$.

解法 1 如图 99 所示, 在射线 AC 上取点 Y, 使得 $AY=AB$. 于是 $\triangle MAY \cong \triangle CAB$ (两边夹一角), 由此知 $\angle MYX = 44°, MY = AB = MX$. 于是 $\triangle XMY$ 为等腰三角形, $\angle MXA = 44°$. 我们已经不需要更多的点 Y.

以 Z 记点 M 关于直线 AC 的对称点 (参阅图 100), 则有 $AZ = AM = AC = BN$, $\angle CAZ = \angle CAM = \angle ACB$, 故知 $AZ//CB$. 因而四边形 $AZNB$ 是平行四边形, $ZN = AB = MX = XZ$, 且 $\triangle XNZ$ 是等腰三角形. 剩下只需计算角度. 我们有

$$\angle BAC = \frac{1}{2}(180° - 44°) = 68°.$$

对 $\triangle XMA$ 利用外角性质, 得

$$\angle XMA = 68° - 44° = 24°.$$

于是就有

$$\angle XZN = \angle XZA + \angle AZN = \angle XMA + \angle ABN = 24° + 44° = 68°.$$

在等腰 $\triangle NXZ$ 中, 我们有

$$\angle NXZ = \frac{1}{2}(180° - 68°) = 56°.$$

现在有 $\angle NXC = \angle NXZ - \angle CXZ = 56° - 44° = 12°$，因此

$$\angle MXN = \angle MXC - \angle NXC = 44° - 12° = 32°.$$

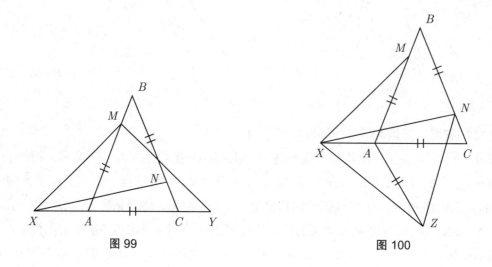

图 99 　　　　　　　　　　　　　　　图 100

解法 2　我们指出，在射线 CA 上只有唯一的点 X 使得 $MX = AB$(参阅图 101). 事实上，在直线 AC 上还有另一个点 Y 具有该性质，它就是我们在解法 1 中所用到的点，但是它不在射线 CA 上. 设点 K 在线段 AC 上，使得 $MK//BC$(因而就有 $MK = AM = BN$, 故四边形 $MBNK$ 是平行四边形). 再设点 X' 在射线 KA 上，使得 $KX' = AB$. 于是 $\triangle MKX' \cong \triangle ACB$ (边角边)，因而 $MX' = AB$. 再由唯一性即知 $X = X'$. 于是，如下四个三角形彼此相似：$\triangle AMK$, $\triangle KNC$, $\triangle ABC$ 和 $\triangle KXM$. 所以 $\dfrac{KC}{KM} = \dfrac{KC}{AC} = \dfrac{KN}{AB} = \dfrac{KN}{NX}$. 这表明 $\triangle KNX \backsim \triangle KCM$(角相等，二对应边成比例). 由此可知 $\angle NXK = \angle KMC$. 我们来计算角度：在 $\triangle ABC$ 中，有 $\angle BAC = 68°$；在 $\triangle AMC$ 中，有 $\angle AMC = 56°$. 因此，$\angle NXK = \angle CMK = \angle AMC - \angle AMK = 56° - 44° = 12°$，所以 $\angle MXN = \angle MXC - \angle NXK = 44° - 12° = 32°$.

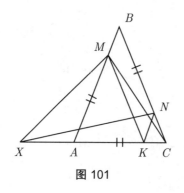

图 101

II.229　答案　50.

设 $a,b(a \geqslant b)$ 为一对邻数, $a = qb + r$, 其中 r 是 a 被 b 除的余数, 则 $a+b = qb+b+r \geqslant 2b+r \geqslant 3r+2$, 这是因为 $r \leqslant b-1$. 把这些不等式对所有的相邻数对求和, 得 $2 \times 800 \geqslant 3 \times 500 + 2n$. 由此可知 $n \leqslant 50$.

另一方面, 存在 $n = 50$ 的例子, 即 25 个 21 与 25 个 11 相间排列, 它们的和是 800, 每一对相邻数 (较大的数对较小的数) 做带余除法的余数都是 10, 所以余数的和等于 500.

九年级

II.230 **证法 1** (对称) 如图 102所示, 将坐标原点记作 O, 关于直线 $y = x$ 作对称, $\triangle ABC$ 的外接圆变为自己, 两条坐标轴交换位置. 因此, 点 A 与 B(作为圆与坐标轴的交点) 关于直线 $y = x$ 对称. 这表明 $OA = OB$. 二次三项式在零点的值等于 $-OB$, 而 $-OA$ 是它的根. 于是就有 $-OB = b$ 和 $b^2 + ab + b = 0$. 约去 $b \neq 0$, 即得 $a+b+1 = 0$.

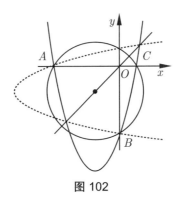

图 102

证法 2 (公式) 抛物线 $y = x^2 + ax + b$ 交纵轴于点 B, 其坐标为 $(0, b)$, 与横轴相交于点 A 和 C, 它们分别具有坐标 $(x_1, 0)$ 和 $(x_2, 0)$, 其中 x_1 与 x_2 是方程 $x^2 + ax + b = 0$ 的根, 所以有
$$x_1, x_2 = \frac{-a \pm \sqrt{a^2 - 4b}}{2}.$$
$\triangle ABC$ 的外心 O 位于线段 AC 的中垂线上, 并且也位于直线 $x = \frac{x_1 + x_2}{2} = -\frac{a}{2}$ 和 $y = x$ 上. 因此它具有坐标 $\left(-\frac{a}{2}, \frac{a}{2}\right)$. 显然有 $OB^2 = OC^2$, 这是因为 O 是 $\triangle ABC$ 的外心. 于是, 由勾股定理得知
$$\frac{a^2 + 2ab + 2b^2}{2} = \left(-\frac{a}{2}\right)^2 + \left(-\frac{a}{2} - b\right)^2 = OB^2 = OC^2$$
$$= \left(-\frac{a}{2}\right)^2 + \left(-\frac{a}{2} - \frac{-a - \sqrt{a^2 - 4b}}{2}\right)^2 = \frac{a^2 - 2b}{2}.$$

因此 $2ab + 2b^2 = -2b$. 易知 $b \neq 0$, 若不然, 点 B 与 C 重合, 导致矛盾. 于是, 由等式 $2ab + 2b^2 = -2b$ 即得 $a+b = -1$.

II.231 假设国王的命令得到了正确的执行. 观察被国王下令关闭的最便宜的道路 r. 设它是构成途经城市 A, B 和 C 的线路上的一段道路, 我们把这条线路称为 "经济的". 沿着这条线路走的时候, 除了 r 这一段路, 在其他各段上的花费都比通过 r 时便宜. 因此, 这些路段都未被关闭. 这说明, 在这条经济的线路上仅仅关闭了一段路. 为确定起见, 假定这条线路最先途经城市 A, 再通过城市 B, 最后是 C. 由于被关闭的路段不可能既位于 A 与 B 之间又同时位于 B 与 C 之间, 这两个区段至少有一者是畅通的. 这表明, 在 A, B 和 C 这三个城市中, 至少有两个城市之间可以通行. 此为矛盾.

II.232 **证法 1**(三角形全等) 由同一个点向同一个圆所作的两条切线相等, 把这一点与题中所给条件结合 (参阅图 103), 容易得出 $AN = AP = CK = CL$, $BP = BK = DL = DM$ 和 $EM = EN$. 现在我们可以看到, 由点 A 和 C 向圆 s 所作的切线相等, 并且由这两个点所作的切线间的夹角相等, 故有 $\angle EAB = \angle BCD$. 这表明 $\triangle ABN \cong \triangle CDK$, 则 $BN = KD$. 同理可知, $\angle ABC = \angle CDE$, 因而又有 $\angle NBK = \angle KDM$. 于是 $\triangle NBK \cong \triangle KDM$, 这样一来就有 $KN = KM$, 所以 $\triangle ENK \cong \triangle EMK$(边边边). 于是 $\angle AEK = \angle DEK$. 从而, 在四边形 $EABK$ 与 $EDCK$ 中, 已经有三对角分别对应相等, 所以它们的第四对角也相等, 故有 $\angle BKE = \angle CKE$, 意即 $EK \perp BC$.

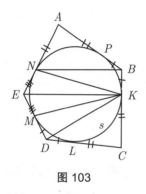

图 103

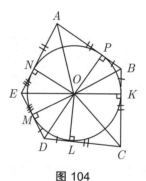

图 104

证法 2(内切圆圆心) 如图 104 所示, 将圆 s 的圆心记作 O. 根据 $AB = BC = CD$, 由同一点向同一个圆所作的两条切线相等, 可以推出 $AN = AP = CK = CL$, $BP = BK = DL = DM$ 和 $EM = EN$. 此外, 由内切圆半径推知 $OK = OL = OM = ON = OP$. 因此有

$$\triangle ANO \cong \triangle APO \cong \triangle CKO \cong \triangle CLO,$$
$$\triangle BPO \cong \triangle BKO \cong \triangle DLO \cong \triangle DMO$$

和 $\triangle ENO \cong \triangle EMO$. 这样一来, 就有

$$\angle EON + \angle NOA + \angle AOP + \angle POB + \angle BOK$$
$$= \angle EOM + \angle COL + \angle COK + \angle DOL + \angle DOM.$$

这意味着 $\angle EOK = 180°$, 因而点 E, O, K 在同一条直线上, 所以 $\angle EKC = \angle OKC = 90°$.

证法 3 如图 105 所示, 延长线段 EA 与 ED, 使它们与直线 BC 相交, 交点分别为 X 与 Y. 如同证法 1, 易证 $\angle EAB = \angle BCD$ 与 $\angle ABC = \angle CDE$. 因此, $\triangle AXB \cong \triangle CYD$ (角边角). 故知 $\angle AXB = \angle CYD$, 意即 $\triangle XEY$ 是等腰三角形. 因而

$$XK = XN = XE - EN = YE - EM = YM = YK.$$

所以, EK 是等腰三角形底边上的中线, 这表明 $EK \perp BC$.

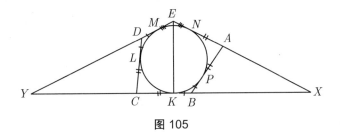

图 105

II.233 证法 1 显然 $x_2 = \dfrac{1}{2}$, 且对 $n \geqslant 2$, 有

$$x_{n+1} = 1 - x_n(1 - x_n).$$

令 $1 - x_n = y_n$, 得 $y_{n+1} = y_n - y_n^2$.

我们来对 n 归纳以证明, 当 $n \geqslant 2$ 时, 都有 $y_n \leqslant \dfrac{1}{n}$. 起点情况显然. 下面由 n 向 $n+1$ 过渡. 假设已有 $y_n \leqslant \dfrac{1}{n}$. 因为函数 $x - x^2$ 在区间 $\left[0, \dfrac{1}{2}\right]$ 中上升 (该二次三项式在 $x = \dfrac{1}{2}$ 处达到最大值), 所以

$$y_{n+1} = y_n - y_n^2 \leqslant \frac{1}{n} - \frac{1}{n^2} < \frac{1}{n} - \frac{1}{n^2 + n} = \frac{1}{n+1}.$$

证法 2(巧妙的代换) 由归纳法易证, 数列中的所有项都属于区间 $(0, 1)$. 因为当 $n \geqslant 2$ 时, 有 $x_1 x_2 \cdots x_{n-1} = 1 - x_n$, 所以可将递推式改写为

$$1 - x_{n+1} = x_n(1 - x_n).$$

令 $z_n = \dfrac{1}{1 - x_n}$. 易知 $z_n > 1$, 这是因为 $x_n \in (0, 1)$. 而 $\{z_n\}$ 的递推式为

$$\frac{1}{z_{n+1}} = 1 - x_{n+1} = x_n(1 - x_n) = \left(1 - \frac{1}{z_n}\right)\frac{1}{z_n} = \frac{z_n - 1}{z_n^2}.$$

因此

$$z_{n+1} = \frac{z_n^2}{z_n - 1} = z_n + 1 + \frac{1}{z_n - 1} > z_n + 1.$$

由此可知 $z_{n+1} > n - 1 + z_2 > n$, 因此可以得到所要证明的结论.

II.234 设 $d = \circledast(ab+1, bc+1, ca+1)$, 则显然, a, b, c 都与 d 互质. 然而
$$d \mid (ab+1) - (bc+1) = b(a-c).$$
故知 $d \mid a-c$. 同理可知, $a-b$ 与 $b-c$ 都可被 d 整除. 这意味着 a, b, c 被 d 除的余数相同, 只是不完全商有所区别. 从而, 其中一个不完全商不小于 1, 另一个不完全商不小于 2, 仅此二数的和就已经不小于 $3d$ 了.

II.235 证法 1(点的幂次与角度的计算)　我们来利用如下的众所周知的性质: 如果点 E, X, Y, Z 和 T 分布如图 106(a) 所示, 即点 Y 在射线 EX 上, 点 T 在射线 EZ 上, 则 X, Y, Z, T 四点共圆, 当且仅当 $EX \cdot EY = EZ \cdot ET$.

把这一法则应用于四边形 $ABCD$, 得到 $EA \cdot EB = EC \cdot ED$. 在射线 EF 上取一点 P'(参阅图 106(b)), 使得 $EF \cdot EP' = EA \cdot EB = EC \cdot ED$.

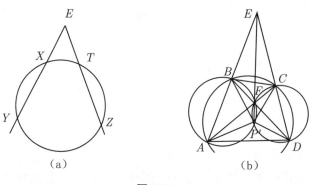

图 106

设点 P' 不与点 F 重合. 于是, 由内接圆法则知点 P' 位于 $\triangle ABF$ 的外接圆上, 也位于 $\triangle CDF$ 的外接圆上. 由同弧所对的圆周角性质得 $\angle BP'E = \angle BAC = \angle CDB = \angle CP'E$(第二个等号得自四边形 $ABCD$ 内接于圆).

如果 $P' = F$, 则有 $EF^2 = EA \cdot EB = EC \cdot ED$, 由此可知 EF 是 $\triangle ABF$ 的外接圆和 $\triangle CDF$ 的外接圆的公切线. 观察该切线与弦 AF 和 DF 之间的夹角, 得到等式 $\angle BP'E = \angle BAC = \angle CDB = \angle CP'E$ (顺便指出, 如果 $P' = F$, 则由 $\angle BFE = \angle CDB$ 可以推出 $EF // CD$, 然而这是不可能的, 这是因为点 E 在射线 CD 上).

如此一来, 就有 $\angle BP'E = \angle CP'E$, 亦即 P' 满足与 P 相重合的条件. 如果这样的点唯一, 那么就有 $P = P'$, 此时有 $\angle APB = \angle AFB = \angle DFC = \angle DPC$, 其中第一个等号得自四边形 $ABPF$(或 $ABFP$) 内接于圆, 第三个等号得自四边形 $DCPF$(或 $DCFP$) 内接于圆, 而第二个等号则是对顶角相等. 如此一来, 如果 $P = P'$, 则有 $\angle APB = \angle DPC$, 这就是所要证明的.

下面只要考虑 $P \neq P'$ 的情形. 由 $\angle BPE = \angle CPE$ 推出 PB 与 PC 关于 EF 对称. 同理, $P'B$ 与 $P'C$ 亦关于该直线对称. 由此推知, 在关于 EF 的对称映射下, 点 B 变为点 C, 点 A 变为点 D. 于是由对称性得知 $\angle APB = \angle DPC$.

证法 2 (调和四点组)   题中结论甚至在去掉四边形 $ABCD$ 内接于圆的条件后仍能成立. 现在我们给出基于调和四点组性质的证明. 我们知道, 假定 (A,B,X,Y) 是分布在同一条直线上的四点组, 若有 $\dfrac{AX}{BX}=\dfrac{AY}{BY}$, 则称之为调和四点组. 不难确认, (A,B,X,Y) 中任意一点的位置都能完全由其余三点的位置确定. 在此, X 与 Y 之一位于线段 AB 上, 另一者则位于 AB 的延长线上.

现在来解答题目本身. 如图 107 所示, 四边形 $ABCD$ 为任一凸四边形, E 是直线 AB 与 CD 的交点, F 是 AC 与 BD 的交点. 设 X 与 Y 分别是直线 EF 与线段 AD 和 BC 的交点. 以 Z 表示直线 AD 与 BC 的交点 (当这两条直线平行时, 容易另外给出证明: 因为此时 X 与 Y 分别是线段 AD 和 BC 的中点, 所以四边形 $ABCD$ 关于直线 EF 对称, 由对称性即可得知 $\angle APB=\angle DPC$).

题中断言可由三个周知的事实推出, 我们把这些事实用引理的形式陈述出来.

引理 1   四点组 (A,D,X,Z) 与 (B,C,Y,Z) 都是调和的.

引理 1 之证   我们只证明四点组 (A,D,X,Z) 的调和性, 对于 (B,C,Y,Z) 的证明与之类似. 由于直线 EX,DB 与 AC 相交于同一点, 由关于 $\triangle AED$ 的塞瓦定理知

$$\frac{AB}{BE}\cdot\frac{EC}{CD}\cdot\frac{DX}{XA}=1.$$

由于 B,C,Z 三点共线, 由关于 $\triangle AED$ 的梅内劳斯定理, 得到等式

$$\frac{AB}{BE}\cdot\frac{EC}{CD}\cdot\frac{DZ}{ZA}=1.$$

用前一个等式除以后一个等式, 可得 $\dfrac{DX/XA}{DZ/ZA}=1, \dfrac{DX}{AX}=\dfrac{DZ}{AZ}$. 引理 1 证毕.

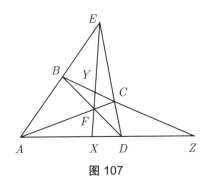

图 107

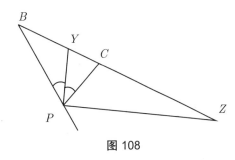

图 108

引理 2   如图 108 所示, 如果 (B,C,Y,Z) 是调和四点组, PY 是 $\triangle PBC$ 中 $\angle P$ 的平分线, 则 PZ 是该角的外角平分线, 特别地, 有 $PZ\perp PY$.

引理 2 之证   假设 PZ' 是 $\triangle PBC$ 的 $\angle P$ 的外角平分线. 根据角平分线与外角平分线的性质, 知

$$\frac{BY}{CY}=\frac{PB}{PC}=\frac{CZ'}{BZ'},$$

这表明四点组 (B,C,Y,Z') 是调和的, 而四点组 (B,C,Y,Z) 是调和的, 由此即知 $Z'=Z$. 引理 2 证毕.

引理 3 如图 109 所示, (A,D,X,Z) 是调和的四点组, 点 X 在线段 AD 上, 而 $PX \perp PZ$, 则 PX 是 $\triangle PAD$ 中 $\angle P$ 的平分线 (PZ 为其外角平分线).

引理 3 之证 不失一般性, 可设点 D 位于 X 与 Z 之间. 在线段 XZ 上取一点 D', 使得 $\angle D'PX = \angle APX$. 于是 PX 是 $\triangle APD'$ 中 $\angle P$ 的平分线, 而 PZ 是其外角平分线. 类似于前一引理的证明, 可知 (A,D',X,Z) 是调和的四点组. 因为 (A,D,X,Z) 也是调和的四点组, 所以 $D'=D$. 引理 3 证毕.

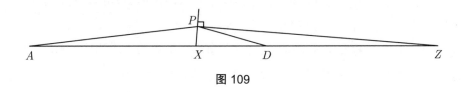

图 109

现在就可由诸引理证得题目中的结论了. 由引理 1 知 (A,D,X,Z) 与 (B,C,Y,Z) 都是调和的四点组. 由 $\angle BPE = \angle CPE$ 推知, PY 是 $\angle BPC$ 的平分线 (参阅图 110). 由此及引理 2 知 $PZ \perp PY$. 再由引理 3 知 PX 是 $\angle APD$ 的平分线, 故知 $\angle APE = \angle DPE$. 再由 $\angle BPE = \angle CPE$ 与 $\angle APE = \angle DPE$ 即知 $\angle APB = \angle DPC$, 这是因为 $\angle APB = \angle APE - \angle BPE$ 与 $\angle DPC = \angle DPE - \angle CPE$.

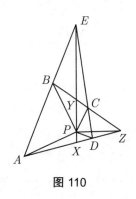

图 110

II.236 为方便起见, 记 $n=2\,008$. 将方格表分为如图 111 所示的两个彼此全等的部分. 在其中一个部分中有不少于一半的 0. 为确定起见, 设其为白色部分. 将其中 0 的个数记为 k, 则有 $k \geqslant \dfrac{n^2}{4}$. 一开始, 逐步合并黑色部分中的方格. 经过若干步合并之后, 黑色部分中的方格与方格之间的分隔线全部被擦去, 变成为由所有黑色方格形成的一个大的黑色区域, 其中所写的是一个不大于 1 的数. 接着再逐步把标有星号的方格与该大区域合并, 这类方格共有 $\dfrac{n}{4}$ 个 (参阅图 111). 剩下的每一个白格都至少与大区域中的一个方格有公共边界,并且它们中有不少于 $k - \dfrac{n}{4} \geqslant \dfrac{n^2-n}{4}$ 个方格中写着 0. 现在再以任意顺序逐个将剩下的写着 1 的白色方格与大区域合并, 我们得到一个由 $n^2 + \dfrac{n}{4} - k$ 个方格组成的大区域, 其中所写的数不大于 1. 在其余的 $k - \dfrac{n}{4}$ 个方格中则都写着 0. 现在我们再逐个将这种方格与大区域合并, 并且观察写在大区域中的数. 显然, 每一步合并都使得该数变为原来的一半, 从而在经过 $k - \dfrac{n}{4}$ 步合并之后我们所得的数不大于

$$\dfrac{1}{2^{k-\frac{n}{4}}} \leqslant \dfrac{1}{2^{\frac{n^2-n}{4}}} = \dfrac{1}{2^{502 \times 2\,007}} < \dfrac{1}{2^{10^6}}.$$

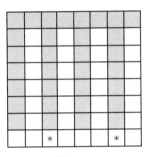

图 111

♦ 将一个由方格构成的集合 $\mathcal{M}$ 称为 "好的", 如果它是连通的, 并且在它外面的每一个方格都与该集合中的某个方格有公共边界.

在上述解答中, 我们把这样的一个集合取为好集合, 即在它外面分布着尽可能多个写着 0 的方格. 我们先对该集合中的所有的数取平均, 然后把外面的所有写着 1 的方格并入该集合, 最后再逐个并入外面的写着 0 的方格.

以上所选的好集合远远不是最佳的. 我们来说一说如何选取更好的好集合. 显然, 存在一行, 其中 1 的个数不多于 $\dfrac{n}{2}$. 为确定起见, 不妨设这一行就是最上面一行. 于是在其余各行中有不少于

$$k \geqslant \dfrac{n^2}{2} - \dfrac{n}{2}$$

个 0. 我们来观察集合 $\mathcal{M}_0$, $\mathcal{M}_1$ 和 $\mathcal{M}_2$, 其中集合 $\mathcal{M}_r$ 由第一行所有列号被 3 除的余数是 r 的列以及第一列和最后一列构成 (参阅图 112), 使得剩下的每一个方格都至少与集合中的一个方格有公共边界 (在插图中这些方格都标有星号). 在这样三个集合之一 (记为 $\mathcal{M}_j$) 的外面, 有着不少于

$$\dfrac{2}{3}(k - 2n) \geqslant \dfrac{2}{3}\left(\dfrac{n^2}{2} - \dfrac{5n}{2}\right) = \dfrac{n^2 - 5n}{3}$$

个 0. 利用这个好集合, 经过与前述类似的讨论, 我们可以得知最后的数不大于 $2^{-\frac{n^2-5n}{3}}$.

♦♦ 细心的读者应该注意到, 利用前述的讨论可以得到估计 $2^{-\frac{n^2-5n+8}{3}}$.

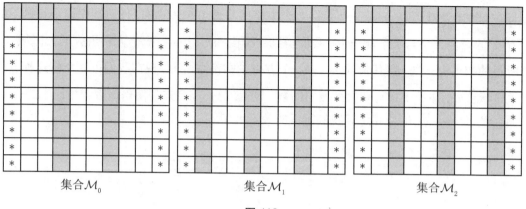

集合 $\mathcal{M}_0$ 集合 $\mathcal{M}_1$ 集合 $\mathcal{M}_2$

图 112

十年级

II.237 如果 $a < 0$, 则二次三项式 $f(x)$ 终究会取得负值, 因而我们只需考虑 $a > 0$ 的情形. 当 $c < 0$ 时, 显然有 $f(0) = c < 0$. 所以只需考虑 $c \geqslant 0$ 的情形. 此时, 我们需要证明 $f(x)$ 的判别式为正, 亦即 $b^2 > 4ac$.

由题中条件知, 将 $f(x)$ 的任何一个系数换为 1 以后所得的二次三项式的判别式都非负, 亦即有如下各不等式成立:

$$1 \geqslant 4ac, \quad b^2 \geqslant 4a, \quad b^2 \geqslant 4c.$$

因为 $a > 0$, 所以其中第二个不等式表明 $b > 0$. 将后两个不等式相乘, 再结合第一个不等式, 即得

$$b^4 \geqslant 16ac \geqslant 64a^2c^2,$$

故有 $b^2 \geqslant 8ac$. 如果 $ac > 0$, 则由该式得 $b^2 > 4ac$. 如果 $ac = 0$, 则显然有 $b^2 > 4ac$, 这是因为 $b > 0$.

II.238 证法 1 如图 113 所示, $\angle AOC = 110°$ 且 $\angle ABC > \angle ADC$, 故知 $\angle ADC = 55°$, 而 $\angle ABC = 125°$. 如此一来, $\angle ABC + \angle BAD > 180°$. 因而边 AD 与 BC 的延长线相交于点 K, 并且点 K 与四边形 $ABCD$ 位于直线 AB 所分成的两个不同的半平面中. 显然, $\angle KAB = 70°, \angle KBA = 55°$, 因而 $\angle AKB = 55°$, 从而 $AK = AB$. 现在来观察 $\triangle KDC$. 由于 $\angle DKC = 55° < 70° = \angle DCK$, 在三角形中大角对大边, 故知 $CD < DK = AD + AK = AD + AB$.

证法 2 在证法 1 中已经算得 $\angle ABC = 125°, \angle ADC = 55°$. 现设 $\angle ABD = \alpha$(参阅图 114), 则有 $\angle DBC = 125° - \alpha$ 和 $\angle ADB = 180° - \angle DBA - \angle DAB = 70° - \alpha$. 设四边形 $ABCD$ 的外接圆半径是 r, 则由正弦定理知 $AB = 2r\sin(70° - \alpha)$, $AD = 2r\sin\alpha$, $CD = $

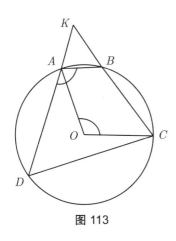

图 113

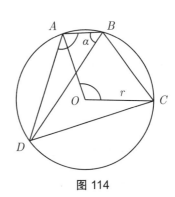

图 114

$2r\sin(125° - \alpha)$. 消去 $2r$, 所要证明的不等式即为

$$\sin\alpha + \sin(70° - \alpha) < \sin(125° - \alpha).$$

利用和差化积公式, 即知

$$\sin\alpha + \sin(70° - \alpha) = 2\sin 35° \cos(35° - \alpha)$$
$$< \cos(35° - \alpha) = \sin(125° - \alpha).$$

其中用到不等式 $2\sin 35° > 2\sin 30° = 1$.

II.239 同 II.234 题.

II.240 答案 最少需要提出 $n-1$ 个问题.

因为回答的顺序是任意的, 所以真正有意义的是回答中包含了多少个 "是"、多少个 "否". 如果我们一共提出 k 个问题, 那么可能得到的不同回答就有 $k+1$ 种 (0~k 个 "是"). 所以针对题目中的问题, 我们要想得到那个唯一正确的答案, 就必须有 $k+1 \geqslant n$, 即 $k \geqslant n-1$.

我们来看如何实现. 设第 i 个问题是 "你的数是否大于 i?" $(i = 1, 2, \cdots, n-1)$. 只要对第 i 个问题回答 "是", 对第 1 至第 $i-1$ 个问题也就必然回答 "是". 所以, 如果在所得的回答中含有 t 个 "是", 就意味着所要猜的数是 $t+1$.

II.241 同 II.235 题.

II.242 将凸 100 边形的顶点交替地染为黑色与白色. 显然, 每一个被分出的三角形都至少有一条边的两个端点同色. 这样的边是好的对角线. 在题目中所说的将三角形染为两种不同颜色的染法下, 同色三角形没有公共边. 因此, 如果能够找到 50 个甚至更多个同一种颜色的三角形, 则可找到不少于 50 条不同的好的对角线. 然而根据题意, 这是不可能的. 一共分出了 98 个三角形 (这是容易证明的, 例如计算它们的内角之和, 该和应当等于凸 100 边形的内角和, 即 98π). 因此, 两种颜色的三角形各有 49 个.

II.243 注意到 $x_2 = 0.5$, 而对于 $n \geq 2$, 有

$$x_{n+1} = 1 - x_n(1 - x_n).$$

令 $y_n = 1 - x_n$, 则有 $y_{n+1} = y_n - y_n^2$. 再令 $z_n = \dfrac{1}{y_n}$. 易知

$$z_{n+1} = \frac{z_n^2}{z_n - 1} = z_n + 1 + \frac{1}{z_n - 1}.$$

由于 $z_2 = 2$, 根据归纳法可证得, 对一切 $n > 2$, 都有 $z_n > n$, 由此即知 $y_{100} < \dfrac{1}{100}$ 和 $x_{100} > 0.99$.

另一方面, 有

$$z_{100} = 100 + \frac{1}{z_2 - 1} + \frac{1}{z_3 - 1} + \cdots + \frac{1}{z_{99} - 1}$$
$$< 100 + \left(1 + \frac{1}{2} + \frac{1}{3} + \cdots + \frac{1}{100}\right) < 110,$$

由此即可得出所需的结论.

上式中所用到的不等式

$$1 + \frac{1}{2} + \frac{1}{3} + \cdots + \frac{1}{100} < 10$$

可用多种不同的方法证明. 例如, 将分数 $\dfrac{1}{51}$ 到 $\dfrac{1}{100}$ 全部换为 $\dfrac{1}{50}$, 分数 $\dfrac{1}{26}$ 到 $\dfrac{1}{50}$ 全部换为 $\dfrac{1}{25}$, 分数 $\dfrac{1}{13}$ 到 $\dfrac{1}{25}$ 全部换为 $\dfrac{1}{13}$, 分数 $\dfrac{1}{7}$ 到 $\dfrac{1}{12}$ 全部换为 $\dfrac{1}{6}$, 分数 $\dfrac{1}{2}$ 到 $\dfrac{1}{6}$ 全部换为 $\dfrac{1}{2}$, 那么就有

$$1 + \frac{1}{2} + \frac{1}{3} + \cdots + \frac{1}{100} < 50 \times \frac{1}{50} + 25 \times \frac{1}{25} + 13 \times \frac{1}{13} + 6 \times \frac{1}{6} + 6 \times \frac{1}{2} + 1 < 10.$$

♦ 和数

$$S_n = 1 + \frac{1}{2} + \frac{1}{3} + \cdots + \frac{1}{n}$$

可以有一个比较精确的估计. 我们来证明, 对一切正整数 n, 都有

$$\ln(n+1) < S_n \leq 1 + \ln n. \qquad ①$$

利用对一切 $t > -1$ 都能成立的不等式 $\ln(1+t) \leq t$, 易知对任何正整数 k, 都有

$$\ln(k+1) - \ln k = \ln \frac{k+1}{k} = \ln\left(1 + \frac{1}{k}\right) \leq \frac{1}{k}.$$

将该式对 k 自 1 至 n 求和, 即得 ① 式左端.

为证 ① 式右端, 我们指出

$$\ln \frac{k-1}{k} = \ln\left(1 - \frac{1}{k}\right) \leq -\frac{1}{k}.$$

由此可知
$$\frac{1}{k} \leqslant -\ln\frac{k-1}{k} = \ln\frac{k}{k-1} = \ln k - \ln(k-1).$$

将此不等式对 k 自 2 至 n 求和, 可得
$$\frac{1}{2} + \frac{1}{3} + \cdots + \frac{1}{n} \leqslant \ln n - \ln 1 = \ln n.$$

于是就有
$$S_n \leqslant 1 + \ln n.$$

由所证的不等式 ① 可以得到估计
$$z_{100} < 100 + \left(1 + \frac{1}{2} + \frac{1}{3} + \cdots + \frac{1}{100}\right) < 101 + \ln 100 < 105.606,$$

这意味着
$$x_{100} = 1 - \frac{1}{z_{100}} < 1 - \frac{1}{101 + \ln 100} < 0.9906.$$

♦♦ 实际上, 我们有关系式
$$z_n = n + \ln n + \alpha_n,$$

其中, 对一切 n, 都有 $|\alpha_n| < 1$. 事实上, 我们已经得到了上界估计: 由不等式 $z_n < n + \ln n + 1$ 即得, 对一切 n, 都有 $\alpha_n < 1$.

另一方面, 有
$$\alpha_n = n + \frac{1}{\alpha_2 - 1} + \frac{1}{\alpha_3 - 1} + \cdots + \frac{1}{\alpha_{n-1} - 1}$$
$$> n + \frac{1}{1 + \ln 1} + \frac{1}{2 + \ln 2} + \cdots + \frac{1}{n-1 + \ln(n-1)}.$$

我们来观察其中的一个加项
$$\frac{1}{k + \ln k} = \frac{1}{k} \cdot \frac{1}{1 + \frac{\ln k}{k}} > \frac{1}{k} \cdot \left(1 - \frac{\ln k}{k}\right) = \frac{1}{k} - \frac{\ln k}{k^2}.$$

如此一来, 便知
$$z_n > n + S_n - T_{n-1},$$

其中
$$T_n = \frac{\ln 2}{2^2} + \frac{\ln 3}{3^2} + \cdots + \frac{\ln n}{n^2}.$$

所以, 我们只需验证, 对一切 n, 都有 T_n 小于 1. 为此, 我们指出, 当 $k \geqslant 4$ 时, 有
$$\frac{1 + \ln(k-1)}{k-1} - \frac{1 + \ln k}{k} \geqslant \frac{\ln k}{k^2}. \qquad ②$$

事实上, 经过去分母, 待证的不等式变为
$$k^2 \ln(k-1) + k \geqslant (k^2 - 1)\ln k,$$

也就是
$$\ln(k-1) + k \geqslant (k^2-1)\ln\left(1+\frac{1}{k-1}\right).$$

为了验证它的成立, 只需指出, 当 $k \geqslant 4$ 时, 有
$$(k^2-1)\ln\left(1+\frac{1}{k-1}\right) \leqslant (k^2-1) \cdot \frac{1}{k-1} = k+1 \leqslant k + \ln(k-1).$$

我们来对 ② 式中的 k 自 4 至 n 求和, 得到
$$\frac{\ln 4}{4^2} + \frac{\ln 5}{5^2} + \cdots + \frac{\ln n}{n^2} \leqslant \frac{1+\ln 3}{3} - \frac{1+\ln n}{n} < \frac{1+\ln 3}{3}. \qquad ③$$

于是就有
$$T_n < \frac{\ln 2}{2^2} + \frac{\ln 3}{3^2} + \frac{1+\ln 3}{3} = 0.99489\cdots < 1.$$

如果运用 $x \geqslant 3$ 时函数 $\frac{\ln x}{x^2}$ 的单调性以及分部积分公式, 则 ③ 式的证明要简洁得多:
$$T_n < \int_3^n \frac{\ln x}{x^2}\mathrm{d}x = -\frac{\ln x}{x}\bigg|_3^n + \int_3^n \frac{\mathrm{d}x}{x^2} = -\frac{\ln x}{x}\bigg|_3^n - \frac{1}{x}\bigg|_3^n$$
$$= \frac{1+\ln 3}{3} - \frac{1+\ln n}{n} < \frac{1+\ln 3}{3}.$$

其中, 在第一步中我们用到了
$$\int_{k-1}^k \frac{\ln x}{x^2}\mathrm{d}x > \int_{k-1}^k \frac{\ln k}{k^2}\mathrm{d}x = \frac{\ln k}{k^2}.$$

运用所证得的关系式 $z_n = n + \ln n + \alpha_n$, 可以给出 x_{100} 的估计:
$$0.9903480 = 1 - \frac{1}{99 + \ln 100} < x_{100} = 1 - \frac{1}{100 + \ln 100 + \alpha_{100}}$$
$$< 1 - \frac{1}{101 + \ln 100} = 0.9905308.$$

直接计算知 $x_{100} = 0.9905142\cdots$.

十一年级

II.244 答案 最少要染黑 $1\,000\,000$ 个格子.

将原来的方格表划分为 $1\,000\,000$ 个 10×10 子表, 每个子表中要有一个黑格, 所以黑格数目不得少于 $1\,000\,000$ 个.

满足题中要求的染法很多, 仅介绍其中一种方法. 对表中的行与列编号, 以方格所在的列号 x 与行号 y 作为其坐标 (x,y). 将 $10y + x$ 为 100 的倍数的方格 (x,y) 都染黑即可. 在每一行中, 我们确切地每隔 100 个方格染黑一个, 所以在每个 1×100 的水平带子中都恰有一个被染黑的方格. 下面证明, 在每个 10×10 子表中都恰有一个被染黑的方格. 在每个

这样的子表中, 都恰有一列的列号是 10 的倍数 (记为 x_0), 并且行号给出了被 10 除的所有不同的余数, 所以存在一行的行号 y_0, 使得 $y_0 + \frac{x_0}{10}$ 是 10 的倍数. 所以这样的方格 (x_0, y_0) 是被染黑的.

II.245 同 II.232 题.

II.246 我们来证明, 可以找到不少于 $1\,001$ 个二次三项式, 它们都至少有一个根位于区间 $(0, 4]$ 中.

记
$$f_k(x) = x^2 - a_k x + b_k,$$
观察这些多项式在 $x = 0$ 和 $x = 4$ 处的值:
$$f_k(0) = b_k > 0,$$
$$f_k(4) = 4^2 - 4a_k + b_k \leqslant 16 + 4\,016 - 4a_k = 4(1\,008 - a_k).$$

其中第二个不等式的值在 $a_k \geqslant 1\,008$ 时非正. 显然有不少于 $1\,001$ 个二次三项式满足这个条件, 所以至少有 $1\,001$ 个二次三项式在 $x = 4$ 处的值为负值. 这就意味着它们都至少有一个根位于区间 $(0, 4]$ 中. 把这个区间分成 $1\,000$ 个形如 $\left(\frac{i-1}{250}, \frac{i}{250}\right]$ 的小区间. 至少可在其中的一个小区间中找到不少于两个根, 它们的差小于 $\frac{1}{250}$.

◆ 当然可以以其他形式的区间 $(0, \beta]$ 来代替区间 $(0, 4]$, 并可证明有足够多的二次三项式都至少有一个根落在这个区间中, 再利用抽屉原理. 但是, 所有由这些区间得到的估计都不如由区间 $(0, 4]$ 得到的估计好.

◆◆ 可以证明有某两个根的距离小于 $\frac{3}{800}$. 只需观察那些两个系数 a_k 和 b_k 都不小于 $1\,008$ 的多项式, 这些多项式不少于 $1\,001$ 个, 对于它们, 有
$$f_k(4) = 4^2 - 4a_k + b_k \leqslant 16 + 4\,016 - 4 \times 1\,008 = 0,$$
$$f_k\left(\frac{1}{4}\right) = \frac{1}{4^2} - \frac{a_k}{4} + b_k \geqslant \frac{1}{4^2} - \frac{4\,016}{4} + 1\,008 > 0.$$

所以, 这些二次三项式都至少有一个根位于区间 $\left(\frac{1}{4}, 4\right]$ 中; 则其中有某两个根之间的距离小于 $\frac{1}{1\,000} \times \left(4 - \frac{1}{4}\right) = \frac{3}{800}$.

II.247 答案 98 个 1.

先来给出例子, 说明可能出现 98 个 1. 在圆周上按逆时针方向依次放上正整数 $2^k \times 3^{100-k}$ (参阅图 115(a)). 在第一轮之后, 圆周上将放着 99 个 3 和 1 个 2^{99}; 在第二轮之后, 将放着 98 个 1、1 个 3 和 1 个 2^{99}.

下面证明不可能出现 99 个或 100 个 1. 假定 m 是所有数的最大公约数. 那么第一轮之后所有的数仍然都可以被 m 整除. 所以可以假定开始的 100 个正整数整体互质. 我们来看其中一个数的质约数, 记之为 p. 在圆周上所摆放的数中有不能被 p 整除的. 我们从中选

出这样的数 a: 它自己不能被 p 整除, 但是它的顺时针方向的邻数 b 却可以被 p 整除 (见图 115(b)). 容易看出, 在 a 的位置上永远都不会出现可被 p 整除的数, 从而在 b 的位置上永远都是可被 p 整除的数, 特别地, 它不会等于 1. 根据题意, b 不可被 a 整除, 所以 a 可被某个质数 $q \neq p$ 整除 (至于 b 能否被 q 整除, 这并不重要). 再对 q 选出相应的 c 和 d(其中, d 可被 q 整除, c 不可被 q 整除). 于是, d 所在的位置永远不会出现 1. 最后只需指出, b 和 d 处在不同的位置上, 若不然, 就有 $a=c$, 但这是不可能的, 因为 a 可被 q 整除, c 则不可.

♦ 细心的读者可能已经注意到, 题中所给的条件"任何两个数都不能相互整除"过强, 事实上我们只需较弱的条件:"不存在这样的一个数, 使得其余的数都可被它整除."

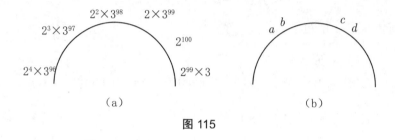

图 115

II.248 设 CM 是 $\triangle ABC$ 的高, 则 A,M,K,C 四点共圆 (在以 AC 作为直径的圆上, 参阅图 116), 从而

$$BL \cdot BD = BK \cdot BC = BM \cdot BA.$$

这样一来, 又有 A,M,L,D 四点共圆, 这意味着 $\angle AMD = \dfrac{\pi}{2}$. 于是, 直线 AB 同时垂直于平面 CMD 中的两条相交直线 (直线 CM 与 MD), 因而它垂直于该平面中的所有直线, 包括直线 CD.

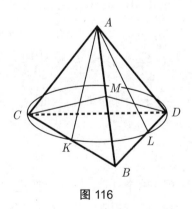

图 116

II.249 答案 $\dfrac{1}{2}(1413^2+1) = 998285$.

如同 II.234 题解答, 以 d 表示所求的最大公约数, 并证得 a,b,c 被 d 除的余数 (记为 r) 相同. 不妨设 $a<b<c$, 则有 $a \geqslant r, b \geqslant d+r, c \geqslant 2d+r$ 以及 $a+b+c \geqslant 3(d+r)$. 这

表明 $r+d \leqslant 10^6$. 我们还发现

$$r^2+1 = ab+1+b(r-a)+r(r-b)$$

可被 d 整除. 下面考察 4 种情形:

(1) $d = r^2+1$. 此时我们有 $r^2+r+1 = d+r \leqslant 10^6$. 由此可知 $r \leqslant 999$ 和 $d \leqslant 999^2+1 = 998\,002$. 并且可以看出, 值 $d = 999^2+1$ 可在 $a = r, b = r+d, c = r+2d$ 且 $r = 999, d = r^2+1$ 时实现. 这意味着, d 的最大可能值不小于 $998\,002$. 假设 $d > 998\,002$, 我们来考察如下情形:

(2) $d = \dfrac{r^2+1}{2}$. 此时 $\dfrac{(r+1)^2}{2} = r+d \leqslant 10^6$, 故知 $r+1 \leqslant 1000\sqrt{2} = 1414.2\cdots$, 因此 $r \leqslant 1413$ 和 $d \leqslant \dfrac{1413^2+1}{2} = 998\,285$. 值 $d = 998\,285$ 可在 $r = 1413$ 和 $d = \dfrac{r^2+1}{2}$, $a = r, b = r+d, c = r+2d$ 时实现. 假设这个值还不是最大的. 我们来继续前进.

(3) $d = \dfrac{r^2+1}{3}$. 此时 d 不是整数, 因为 r^2 被 3 除的余数不会是 2.

(4) $998\,285 < d = \dfrac{r^2+1}{k}$, 其中整数 $k \geqslant 4$. 此时 $r \leqslant 10^6 - d < 1715$, 因而 $r^2+1 < 4 \times 999^2 < 4d$, 导致矛盾.

这样一来, 根据我们对所有可能情形的考察, d 的最大可能值是 $998\,285$, 它在上述情形 **(2)** 中达到.

II.250 按任一方式将 $10\,000$ 个城市分为 100 组, 每组 100 个城市. 如果没有道路连接任何一组内部的两个城市, 那么这样的划分即为所求. 否则, 必在某一组中有道路连接该组的某两个城市. 我们把这样的路称为 "坏的". 下面逐步改造我们的分组方式, 使得每一次改造之后, 坏的道路都至少减少一条. 因为坏的道路数目是有限的, 所以迟早会得到合适的分组方式.

我们来观察任意一条坏的道路 r, 假定它连接组 $\mathcal{A}$ 内部的某两个城市. 因为自每个城市所连出的道路都至多为 99 条, 而 $\mathcal{A}$ 中至少有一条路连接本组内的两个城市, 所以自组 $\mathcal{A}$ 中至多有 $100 \times 99 - 2$ 条道路连向组外. 所以, 能够找到另外一组 $\mathcal{B}$, 它与组 $\mathcal{A}$ 所连的道路不多于 99 条. 我们把这些道路以及 r 统称为 "有趣的路". 下面我们仅考虑由组 $\mathcal{A}$ 和组 $\mathcal{B}$ 所连出的道路. 因为 "有趣的路" 一共不超过 100 条, 所以根据题意, 它们不可能形成奇圈 (长度为奇数的圈). 因此, 可以将组 $\mathcal{A}$ 与组 $\mathcal{B}$ 中的城市重新分配为组 $\mathcal{A}'$ 和组 $\mathcal{B}'$, 每组 100 个城市, 使得 "有趣的路" 都连在不同组的城市之间. 这意味着, 在新的分法下, "有趣的路" 都不是坏的道路, 换句话说, 新的分法至少减少了一条坏的道路 (r), 这是因为在组 $\mathcal{A}'$ 和组 $\mathcal{B}'$ 内部的城市之间所连的道路都不是原先那些坏的 "有趣的路".

2009 年

八年级

II.251 答案 能. 例如: $27\,096 \div 2 = 13\,548$, $98\,760 \div 12\,345 = 8$.

◆ 事实上, 一共存在 94 对这样的数. 它们的商数可以取遍 2 到 9 之间除 6 之外的所有不同值. 对于不同的商数逐一举例如下:

$$27\,096 \div 2 = 13\,548\,(共有48对),$$
$$69\,174 \div 3 = 23\,058\,(共有6对),$$
$$68\,940 \div 4 = 17\,235\,(共有8对),$$
$$93\,270 \div 5 = 18\,654\,(共有12对),$$
$$98\,532 \div 7 = 14\,076\,(只有1对),$$
$$98\,760 \div 8 = 12\,345\,(共有16对),$$
$$95\,742 \div 9 = 10\,638\,(共有3对).$$

II.252 证法 1 (赋价法) 假设 1 枚螺栓售价为 1 卢布, 1 个榫头售价为 2 卢布. 于是三种类型套装的售价分别为

$$4 + 5 \times 2 = 14, \quad 5 + 8 \times 2 = 21, \quad 8 + 3 \times 2 = 14$$

卢布, 都是 7 的倍数. 而组装一个玩具火车头的价值是

$$3 + 2 \times 2 = 7$$

卢布, 也是 7 的倍数. 这就表明, 瓦夏所剩下的零件的价值也应当是 7 的倍数. 但事实上, 1 枚螺栓和 1 个榫头一共只值 3 卢布, 不是 7 的倍数.

◆ 也可以假设 1 枚螺栓售价为 5 卢布, 1 个榫头售价为 3 卢布.

证法 2 (代数法) 假设瓦夏一共有 a 套第一种类型的套装、b 套第二种类型的套装、c 套第三种类型的套装. 那么他就一共有 $4a + 5b + 8c$ 枚螺栓和 $5a + 8b + 3c$ 个榫头. 如果瓦夏刚好剩下 1 枚螺栓和 1 个榫头, 因为每个玩具火车头要用 3 枚螺栓, 所以他一共组装了 $\frac{4a + 5b + 8c - 1}{3}$ 个玩具火车头; 另一方面, 每个玩具火车头要用 2 个榫头, 所以他一共组装了 $\frac{5a + 8b + 3c - 1}{2}$ 个玩具火车头. 两种算法的结果应当相等, 故得

$$\frac{4a + 5b + 8c - 1}{3} = \frac{5a + 8b + 3c - 1}{2}.$$

将该式去分母, 合并同类项并整理后, 变为

$$7a + 14b - 7c = 1.$$

然而这是不可能的, 因为该式左端是 7 的倍数, 右端却不是.

证法 3 (补入新的套装)   允许瓦夏使用任意多套由 7 枚螺栓构成的套, 也允许他使用任意多套由 7 个榫头构成的套. 这时, 他可以用 1 套第一种类型的套装加上所允许的套, 组装成 6 个玩具火车头, 事实上

$$4 + 2 \times 7 = 6 \times 3, \quad 5 + 7 = 6 \times 2;$$

可以用 1 套第二种类型的套装加上所允许的套, 组装成 4 个玩具火车头, 因为

$$5 + 7 = 4 \times 3, \quad 8 = 4 \times 2;$$

也可以用 1 套第三种类型的套装加上所允许的套, 组装成 5 个玩具火车头, 事实上

$$8 + 7 = 5 \times 3, \quad 3 + 7 = 5 \times 2.$$

假若一开始, 瓦夏不使用所允许的套, 仅利用那三种套装, 装成了若干个玩具火车头, 并刚好剩下 1 枚螺栓和 1 个榫头. 我们来拆卸这些火车头, 把拆下的螺栓和榫头一个个放回原来的套装中. 然后再加上所允许的套重新组装火车头 (每个第一种类型的套装组装出 6 个玩具火车头, 每个第二种类型的套组装出 4 个玩具火车头, 每个第三种类型的套组装出 5 个玩具火车头), 于是与一开始相比, 多出了一些火车头. 显然, 在这些多出来的火车头中所用到的螺栓和榫头的数目被 7 除的余数都是 1(因为它们用了开始时所剩下的螺栓和榫头, 以及若干套由 7 个榫头构成的套或由 7 枚螺栓构成的套).

这样一来, 螺栓的数目被 7 除的余数是 1, 该数目也是火车头数目的 3 倍. 这种情况只能在火车头的数目被 7 除的余数是 5 时发生 (这一结论可用枚举法验证). 然而, 榫头的数目被 7 除的余数也是 1, 并且该数目是火车头数目的 2 倍. 这种情况只能在火车头的数目被 7 除的余数是 4 时发生. 由此得出矛盾.

证法 4 (模除法)   假设不然, 我们来找矛盾. 以下的计算都是模 7 运算. 在第一种类型的套装中, 螺栓的数目够组装 $\frac{4}{3} \equiv 6$①个火车头, 与此同时, 榫头的数目也够组装 $\frac{5}{2} \equiv 6$ 个火车头. 结合两方面, 可知第一种类型的套装可刚好组装 6 个火车头, 于是可以放下不表. 类似地, 在第二种类型的套装中, 螺栓的数目够组装 $\frac{5}{3} \equiv 4$ 个火车头, 榫头的数目也够组装 $\frac{8}{2} \equiv 4$ 个火车头; 第三种类型的套装中, 螺栓的数目够组装 $\frac{8}{3} \equiv 5$ 个火车头, 榫头的数目也够组装 $\frac{3}{2} \equiv 5$ 个火车头; 也都可以放下不表. 这样一来, 余下的 1 枚螺栓和 1 个榫头也可放下不表, 然而事实上, 螺栓的数目够组装 $\frac{1}{3} \equiv 5$ 个火车头, 榫头的数目却够组装 $\frac{1}{2} \equiv 4$ 个火车头, $5 \not\equiv 4$, 这表明我们不能放下不表, 此为矛盾.

II.253   共有两个满足题中条件的点 F, 我们来证明, 对这两个点 F, 都有 $AD = DF$ (参阅图 117, 只画出了一种情形). 根据勾股定理, 在 $\triangle DFC$ 中, 有

$$DF^2 = FC^2 + CD^2 = OB^2 + CD^2.$$

---

① 编译者注   取最小的正整数 k, 使得 $4 + 7k$ 可被 3 整除, 该值就是所得的商数.

另一方面，根据勾股定理，在 $\triangle AOD$，$\triangle DOC$，$\triangle BOC$ 中，有

$$AD^2 = AO^2 + OD^2 = BC^2 + (CD^2 - OC^2)$$
$$= (BC^2 - OC^2) + CD^2 = OB^2 + CD^2.$$

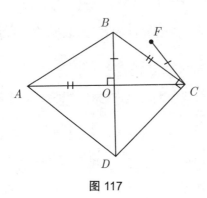

图 117

II.254 证法 1 (估计合约数) 让费佳从 1 开始按递增顺序依次写出该正整数 m 的正约数，假设 $k \geqslant 3$. 将 m 的最小的质约数记作 p，那么 $k = p - 1$ (因为 1 的后面就是 p). 应当注意，m 的最小的合约数不会小于 p^2，因为它是 m 的某两个质约数的乘积，而这两个质数都不小于 p. 所以，只要费佳所写出的正约数小于 p^2，就全都是质约数. 根据题意，费佳所写出的质约数依次为 $1, k+1, 2k+1, 3k+1, \cdots$. 这意味着在他所写出的质约数中包含了合数 $(k-2)k + 1 = (k-1)^2 = (p-1)^2 < p^2$，此为矛盾.

对于 $k = 1$ 与 2，可分别举例如下：对于 $m = 12$，有 $1, 2, 3, 4$；对于 $m = 3^2 \times 5 \times 7$，有 $1, 3, 5, 7, 9$.

证法 2 (欧几里得辗转相除) 先证一个引理.

引理 如果将所有质数按递增顺序依次排列为 $p_1 < p_2 < p_3 < \cdots$，则有 $p_{n+1} < p_1 p_2 \cdots p_n$.

引理之证 数 $p_1 p_2 \cdots p_n - 1$ 与 $p_1, p_2, \cdots, p_n$ 中的每一个都互质，这就表明，或者它自己就是一个质数，或者它含有不同于 $p_1, p_2, \cdots, p_n$ 的质因数 p，因此 $p_n < p$ 且 $p \leqslant p_1 p_2 \cdots p_n - 1$，这就是说 $p_n < p \leqslant p_1 p_2 \cdots p_n - 1$. 引理证毕.

◆ 此处顺便证明了质数有无穷多个.

回到原题. 假设 $k \geqslant 3$. 我们来对质数 p_n 的角标 n 作归纳，以证明 k 应当可被所有的质数整除，因而说明这样的 k 不存在.

对于 $n = 1$. 我们指出，k 应当是偶数，若不然，$1 + k$ 就是不小于 4 的偶数，从而是合数，与题意不符. 所以 k 可被 $p_1 = 2$ 整除.

假设 k 可被 $p_1, p_2, \cdots, p_n$ 中的每一个整除，要证它也可被 p_{n+1} 整除. 由假设知 k 可

被乘积 $p_1p_2\cdots p_n$ 整除, 因而就有

$$p_{n+1} < p_1p_2\cdots p_n \leqslant k < 1+k.$$

注意到 $1+k$ 是费佳的整数的最小的质约数, 而它大于 p_{n+1}, 这就表明它不可被 p_{n+1} 整除.

如果 k 不可被 p_{n+1} 整除, 那么它就与 p_{n+1} 互质, 既然如此, 序列

$$1, k+1, 2k+1, \cdots, (p_{n+1}-1)k+1$$

被 p_{n+1} 除的余数各不相同, 从而其中必有某个数 a 是 p_{n+1} 的倍数.

a 不小于 $k+1 > p_{n+1}$, 这表明它是合数. 又因为它不可被 $p_1, p_2, \cdots, p_n$ 整除, 所以它不小于 p_{n+1}^2. 进而, 我们还有

$$a \leqslant (p_{n+1}-1)k+1 \leqslant k^2+1 < (k+1)^2.$$

这说明 a 小于费佳的整数的最小的质约数的平方, 这表明无论是 a 还是比 a 小的正整数, 都不可能是费佳的整数的正约数. 于是, 费佳既不可能写出 a, 也不可能写出比它小的合数的质因数, 此为矛盾.

归纳证明到此结束.

II.255 答案 3.

解法 1 我们指出, 每个数都不等于 0. 若不然, 就可推出所有各数都是 0, 与题意相矛盾.

记 $a+b+c = s$. 将题中所给的三个等式相加, 得到

$$a+b+c = ab+bc+ca+a+b+c,$$

故知 $ab+bc+ca = 0$. 由此可推知其中任何二数之和都不是 0, 于是就有 $a = -\dfrac{bc}{b+c}$, 则

$$c = a - ab = a(1-b) = -\dfrac{bc(1-b)}{b+c}, \quad 即 \quad -\dfrac{b(1-b)}{b+c} = 1,$$

由此解得 $c = b^2 - 2b$. 同理可得 $a = c^2 - 2c$, $b = a^2 - 2a$. 将这三个等式相加, 得

$$s = a+b+c = a^2+b^2+c^2 - 2(a+b+c) = a^2+b^2+c^2 - 2s$$
$$= s^2 - 2(ab+bc+ca) - 2s = s^2 - 2s,$$

亦即

$$s^2 - 3s = 0,$$

故知 $s = 0$ 或 $s = 3$. 但第一种情况不可能发生, 若不然, 就会有

$$a^2+b^2+c^2 = (a+b+c)^2 - 2(ab+bc+ca) = 0,$$

从而 $a = b = c = 0$, 与题意相矛盾. 所以 $s = 3$.

解法 2 易知每个数都不等于 0. 若不然, 就可推出所有各数都是 0, 与题意相矛盾. 记 $a + b + c = s$. 按解法 1 推知 $ab + bc + ca = 0$. 再将题中所给的三个等式改写为

$$a(1-b) = c, \quad b(1-c) = a, \quad c(1-a) = b. \qquad ①$$

将这三个等式相乘, 得

$$abc(1-a)(1-b)(1-c) = abc,$$

故知 $(1-a)(1-b)(1-c) = 1$. 将其整理后即为

$$-(a+b+c) + (ab+bc+ca) - abc = 0,$$

亦即 $a + b + c = -abc$. 分别将 ① 中的三个等式乘 c, a, b, 得到

$$ac(1-b) = c^2, \quad ab(1-c) = a^2, \quad bc(1-a) = b^2.$$

将这三个等式相加, 得

$$a^2 + b^2 + c^2 = ab + bc + ca - 3abc = -3abc = 3s,$$

亦即

$$3s = a^2 + b^2 + c^2 = (a+b+c)^2 - 2(ab+bc+ca) = (a+b+c)^2 = s^2,$$

故得 $s = 0$ 或 $s = 3$. 但 s 不可能为 0, 若不然, 就有 $abc = -s = 0$, 从而 a, b, c 中至少有一个为 0, 导致矛盾.

◆ 可以证明: 满足题中条件的数是存在的, 尽管这一点并不要求考生证明. 找出这样的三个数比求出它们的和要难一些. 下面给出这种数的存在性的一个证明.

在以上的解答中, 我们已经得知

$$a + b + c = 3, \quad ab + bc + ca = 0, \quad abc = -3. \qquad ②$$

我们来证明, 满足这些条件的三个互不相等的实数 a, b, c 或者满足题中三个等式, 或者满足如下三个等式:

$$a = ac + b, \quad b = ab + c, \quad c = bc + a.$$

在后一种情况下, 只需交换 b 与 c 的位置, 就能得到满足题中条件的三个数.

为此, 我们指出 $b + c = 3 - a$, $b^2 + c^2 = 9 - a^2$, 这是因为

$$a^2 + b^2 + c^2 = (a+b+c)^2 - 2(ab+bc+ca) = (a+b+c)^2 = 9.$$

观察如下乘积:

$$(a - c - ab)(a - b - ac) = a^2 - a(b+c) + bc - a^2(b+c) + a(b^2+c^2) + a^2bc$$
$$= a^2 - 2a(b+c) - a^2(b+c) + a(b^2+c^2) - 3a$$
$$= a^2 - 2a(3-a) - a^2(3-a) + a(9-a^2) - 3a = 0.$$

这就表明，或者 $a-c-ab=0$，或者 $a-b-ac=0$. 不妨设前一等式成立，亦即 $a=ab+c$. 同理可得，或者 $b=bc+a$，或者 $b=ab+c$. 但此时不可能为第二种情况，否则就有 $a=b$，导致矛盾. 最后，

$$c = 3 - a - b = 3 - (ab+c) - (bc+a) = ca + b.$$

下面求满足条件 ② 的数. 根据韦达定理，它们应当是如下方程的根：

$$f(x) = x^3 - 3x^2 + 3 = 0.$$

我们证明，该方程具有 3 个不同的实根. 注意 $f(-1) = f(2) = -1$ 与 $f(0) = f(3) = 3$，故知 $f(x)$ 在区间 $(-1,0), (0,2), (2,3)$ 的两个端点处的符号都不相同，所以在这三个区间中都至少有 $f(x) = 0$ 的一个根，所以 $f(x) = 0$ 有三个不同的实根. 不仅如此，容易解出这三个根：

$$x_1 = 1 - 2\cos\frac{\pi}{9}, \quad x_2 = 1 - 2\cos\frac{5\pi}{9}, \quad x_3 = 1 - 2\cos\frac{11\pi}{9}.$$

但是这些结果未必能简化前面的讨论.

II.256 作出正 19 边形的两条不同边的中垂线，它们的交点就是该正 19 边形的中心 O，由此可作出其外接圆. 假设 $A_1, A_2, \cdots, A_7$ 是正 19 边形的 7 个相连的顶点 (参阅图 118)，则有

$$\angle A_1 O A_7 = \frac{6 \times 2\pi}{19}.$$

再作一个角

$$\angle A_1 O B = \frac{2\pi}{3},$$

由

$$\frac{1}{57} = \frac{1}{3} - \frac{6}{19}$$

即知

$$\angle BOA_7 = \angle A_1 OB - \angle A_1 OA_7 = \left(\frac{1}{3} - \frac{6}{19}\right) 2\pi = \frac{2\pi}{57}.$$

再用 $\widehat{BA_7}$ 分割圆周，即得正 57 边形的各个顶点.

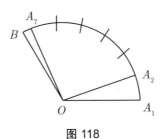

图 118

II.257 答案 乙有取胜策略.

为了取胜, 乙应当使得在自己的每一步之后, 所剩的数都按严格递增的顺序排列, 并且都是奇数与偶数交替出现. 一开始, 这些条件是满足的, 并假定这些条件一直被满足. 那么甲在轮到操作时, 是无法擦去任何数的. 假设甲在某一步上给数 a 加了 1, 而紧跟其后的数是 b. 由于 b 与 a 的奇偶性不同, 或者有 $b = a+1$, 或者有 $b \geqslant a+3$. 在前一种情况下, 队列中出现了相等的数, 乙就可以在自己的步骤中把它们擦去. 其结果是: 队列依然是递增的; 并且由于所擦去的是两个相邻的数, 剩下的数依然是奇数与偶数交替出现. 在后一种情况下, 乙就在甲加了 1 的数上再加上 1. 此后队列中就有 $a+2$ 与 b 这两个相邻数, 它们依然异奇偶, 并且 $a+2 < b$. 这就是说, 只要甲能进行自己的操作, 乙也就一定能进行自己的操作. 剩下只需说明, 游戏迟早要结束. 因为不能往最大的数上加 1, 所以每个数都不能超过 2009, 因此对其中每个数至多可加上 2009 次 1; 而擦数的操作至多可进行 2009 次. 从而一共不超过 $2009 \times 2009 + 2009$ 次操作.

♦ 试证明: 操作的次数不超过 $\dfrac{2008^2}{2}$ (每个人都操作不多于 $\dfrac{2008^2}{4}$ 次). 并且只要乙跟着, 就擦掉所说的数, 那么甲就可以使得操作次数达到 $\dfrac{2008^2}{2}$.

♦♦ 如果甲不能取胜, 那么他是否一定要操作 $\dfrac{2008^2}{4}$ 次 (甲或者取胜, 或者一定操作 $\dfrac{2008^2}{4}$ 次)?

九年级

II.258 证法 1 我们来尝试求出这些正整数. 我们将寻求形如 cx 的数 y. 于是 $cz = xy = cx^2$, 这意味着 $z = x^2$. 并且, $bx^2 = bz = x+y = (c+1)x$, 因而 $x = \dfrac{c+1}{b}$. 因为 $c+1$ 可被 b 整除, 所以 x 是正整数, 因而 y 与 z 也是正整数.

证法 2 因为 $b \mid c+1$, 所以 $c+1 = bk$, 其中 k 是某个正整数, 于是 $c = bk-1$. 为了能够通过给定的 z 求出相应的 x 与 y, 只需如下的一元二次方程有正整数解:

$$f(t) = t^2 - bzt + cz = t^2 - bzt + (bk-1)z = 0.$$

它的判别式等于

$$D = b^2 z^2 - 4zbk + 4z = (bz - 2k)^2 + 4z - 4k^2.$$

只要 $z = k^2$, D 就是一个完全平方数. 此时方程 $f(t) = 0$ 的解是 k 与 $bk^2 - k$. 易知 $bk^2 - k > 0$, 事实上, $bk^2 - k = k(c+1) - k = kc$. 这就意味着, 可将 x 与 y 取作 k 与 $bk^2 - k$.

证法 3 我们发现, 只需求出正整数 x 与 y, 使得 $\dfrac{xy}{x+y} = \dfrac{c}{b}$. 事实上, 由 $b \mid c+1$ 可

知 b 与 c 互质, 从而 $\frac{c}{b}$ 是既约分数. 设 z 是 xy 与 $x+y$ 的最大公约数. 在约去 xy 与 $x+y$ 的最大公约数 z 之后, 变为既约分数 $\frac{c}{b}$, 所以 $xy = cz, x+y = bz$.

因为 $b|c+1$, 所以可记 $c+1 = kb$, 即 $c = kb-1$, 代入等式 $\frac{xy}{x+y} = \frac{c}{b}$, 得 $\frac{xy}{x+y} = \frac{kb-1}{b} = k - \frac{1}{b}$. 于是

$$x - \frac{x^2}{x+y} = \frac{xy}{x+y} = k - \frac{1}{b}.$$

我们取 $x = k$, 并证明, 存在正整数 y, 使得 $\frac{x^2}{x+y} = \frac{1}{b}$, 亦即 $\frac{k+y}{k^2} = b$, 或者 $y = bk^2 - k$. 最后, 只需注意 $y = bk^2 - k = k(c+1) - k = kc$ 是正整数即可.

II.259 假设不存在那道合适的题目. 对每道题, 或者所有人都解出了, 或者有少于一半的人解出了, 亦即至多有 19 个人解出. 作一个 40×30 的方格表, 40 行代表 40 个命题委员, 30 列代表 30 道题. 哪个委员解出了哪道题, 就在相应的方格中画一个 "√". 我们来统计 "√" 的数目 x. 一方面, 有 $x = 40 \times 26$, 因为每个委员都刚好解出了 26 道题. 另一方面, 假如有 k 道题被所有委员都解出, 其余 $30-k$ 道题则至多被 19 个委员解出, 那么 "√" 的数目不多于 $40k + 19(30-k) = 21k + 19 \times 30$. 这样一来, 就有 $21k + 19 \times 30 \geqslant 40 \times 26$, 亦即 $21k \geqslant 470$, $k \geqslant 23$. 这就是说, 至少有 23 道题被所有人都解出了. 去掉这样的 23 道题, 在剩下的 7 道题中, 每个委员都刚好解出 3 道题, 并且任何两人所解出的 3 道题都不完全相同. 但是 $C_7^3 = 35$, 说明从 7 道题中选出 3 道题的组合方式只有 35 种, 少于所有委员的人数 40. 此为矛盾.

◆ 如果把题中预选题的选择标准由 "至少一半" 改为 "多于一半", 则不一定能找出预选题. 下面是一个例子:

将 40 个委员编号为 1 至 40. 假设前 20 个委员都在第 1 至 7 题中各解出了 3 道题, 但没有哪两个人所解出的 3 道题完全相同 (这是可能的, 因为 $C_7^3 = 35 > 20$), 并且他们都解出了第 8 至 30 题. 然后, 第 $20+k$ 号委员在第 1 至 7 题中刚好解出了第 k 号委员所没有解出的那 4 道题, 并且解出了所有第 9 至 30 题, $k = 1, 2, \cdots, 20$. 易知每个委员都刚好解出 26 道题, 并且第 1 至 8 题各有 20 个人解出, 其余各题都被所有人解出.

◆◆**思考题** 若干个学生解答 30 道题目. 每个人都刚好解出其中 26 道题, 并且每两人所解出的题目都不完全相同. 现在发现, 每道题或者被所有这些学生解出, 或者被其中不足一半的学生解出. 试问: 这些学生至多有多少人?

II.260 证法 1 用 (x,y) 表示正整数 x 与 y 的最大公约数. 观察题中所给的等式

$$[x,y] - [x,z] = y - z.$$

其左端可被 x 整除, 右端 $y - z$ 亦应当被 x 整除. 这表明, y 与 z 被 x 除的余数相同, 因而

$(x,y)=(x,z)$,将其记作 d. 利用关系式 $[a,b]=\dfrac{ab}{(a,b)}$,可将题中所给等式改写为

$$\frac{xy}{d}-\frac{xz}{d}=y-z.$$

因为 $y-z\neq 0$,所以可在上式两端同时约去 $y-z$,得到 $\dfrac{x}{d}=1$,亦即 $x=d$. 这就是说,x 与 y 的最大公约数是 x,故 $x\mid y$. 显然,此时亦有 $x\mid z$.

证法 2 设 d 是正整数 x,y 和 z 的最大公约数. 如果我们将题中所给的等式两端同时除以 d,那么等式仍然成立,故可假设 x,y 和 z 整体互质. 我们来证明,x 与 y 亦互质. 假设不然,它们具有公约数 p,那么就有 $p\mid [x,y]$, $p\mid [x,z]$ 和 $p\mid y$. 这样一来,由所给等式就可推出 $p\mid z$. 此为不可能. 同理亦可推知 x 与 z 互质. 此时就有 $[x,y]=xy$, $[x,z]=xz$. 这表明,我们的等式就是

$$x(y-z)=[x,y]-[x,z]=y-z.$$

因为 $y-z\neq 0$,所以 $x=1$. 而再将该式除以 d,就有 $x=d$,这表明 $x\mid y$, $x\mid z$.

II.261 证法 1 因为四边形 APA_1B 与 CPC_1B 都内接于圆,所以 (参阅图 119)

$$\angle PA_1K=\angle PBA=\angle PCK.$$

这意味着,四边形 PKA_1C 也内接于圆. 由于点 P 在 $\angle AKC$ 的平分线上,故

$$\angle PCA_1=\angle PKA=\angle PKC=\angle PA_1C.$$

但因为 $\angle AA_1P=\angle PCK=\angle PCA$,所以 $\angle AA_1C=\angle ACA_1$. 从而 AP 是等腰三角形 $\triangle AA_1C$ 中的顶角平分线,故有 $AP\perp BC$. 同理可知 $CP\perp AB$. 所以点 P 是 $\triangle ABC$ 的垂心.

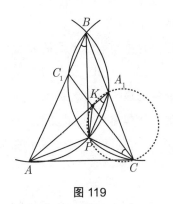

图 119

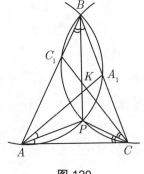

图 120

证法 2(求角) 因为点 P 是 $\triangle AKC$ 的内心,所以直线 AP 和 CP 分别是 $\angle KAC$ 与 $\angle KCA$ 的平分线. 从而 $\angle CAP=\angle PAA_1=\alpha$, $\angle ACP=\angle PCC_1=\gamma$(参阅图 120). 因为四边形 APA_1B 内接于圆,所以 $\angle PBC=\angle PAA_1=\alpha$. 同理可知 $\angle PBA=\angle PCC_1=\gamma$.

作经过点 P 的三条直线 AA', BB', CC' (参阅图 121). 四边形 $BA'B'A$ 内接于圆, 这是因为 $\angle B'BA' = \alpha = \angle A'AB'$. 因而 $\angle BB'A' = \angle BAA'$ 且 $\angle AA'B' = \angle ABB' = \gamma$. 于是, 四边形 $PA'CB'$ 内接于圆, 这表明 $\angle PB'A' = \angle PCA'$. 从而
$$\angle BAA' = \angle BB'A' = \angle PB'A' = \angle PCA' = \angle BCC'.$$
我们发现
$$\angle BB'A = 180° - \alpha - \gamma - \angle BAA'$$
$$= 180° - \alpha - \gamma - \angle BCC' = \angle CC'A.$$
这就表明 $\angle CC'A$ 也是直角. 因此, BB' 与 CC' 都是 $\triangle ABC$ 中的高, 故 P 是其垂心.

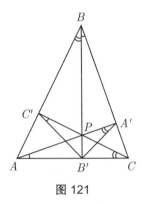

图 121

II.262 设点 M 是边 AC 的中点. 因为 $\angle MXB = \angle MYB = 90°$, 所以四边形 $MXBY$ 内接于圆, 并且 BM 是圆的直径 (参阅图 122). 在 $\triangle XBY$ 中运用正弦定理, 得
$$\frac{XY}{\sin \angle XBY} = BM, \quad 即 \quad \frac{XY}{BM} = \sin \angle XBY.$$
根据题中条件, 有 $XY = BB_1$, 从而 $\frac{BB_1}{BM} = \sin \angle XBY$. 另一方面, BB_1 与 BM 分别是 Rt$\triangle BB_1M$ 的直角边和斜边, 故有 $\frac{BB_1}{BM} = \sin \angle BMA$. 如此一来, 就有
$$\sin \angle ABC = \sin \angle XBY = \sin \angle BMA.$$
因而
$$\angle ABC = \angle BMA \quad 或 \quad \angle ABC = 180° - \angle BMA = \angle BMC.$$
在前一种情况下, 有 $\triangle ABC \backsim \triangle AMB$, 所以
$$\frac{AC}{AB} = \frac{AB}{AM} = \frac{AB}{\frac{1}{2}AC} = \frac{2AB}{AC},$$
故有 $AC^2 = 2AB^2$, 即 $AC = \sqrt{2}AB$. 在后一种情况下, 即有 $\angle ABC = \angle BMC$, 则通过类似的讨论, 可得 $AC = \sqrt{2}BC$.

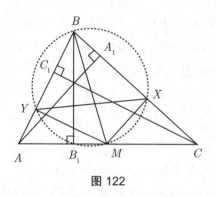

图 122

II.263 构造一个反映棋盘状况的二部图：将棋盘中的每一行方格都对应左部的一个顶点，每一列方格都对应右部的一个顶点. 如果某一行与某一列相交处的方格属于棋盘，就在相应的两个顶点之间连一条边. 一组 k 枚 "好的" 棋子车对应着该图中的 k 条两两不相交的边 (没有公共顶点的边)，并且不能再增加任何一条边，否则就会出现相交情况. 这样的一组边称为最大匹配.

我们来证明，如果二部图中存在由 2008 条边构成的最大匹配 α，也存在由 2010 条边构成的最大匹配 β，那么就必然存在由 2009 条边构成的最大匹配. 考察匹配 α 与 β 中的所有的边. 它们形成一个子图，其中每个顶点的度数都不大于 2，因此图中的边形成一些圈和路，并且在这些圈和路上，α 与 β 中的边交替出现. 因为 β 中的边多于 α 中的边，所以存在这样一个连通分支 Γ，它本身就是一条路，并且它的第一段和最后一段都是 β 中的边 (这条路的长度为奇数). 如果把 $\alpha \cap \Gamma$ 中的所有边都换成 $\beta \cap \Gamma$ 中的边，而其余的边都保持为 α 中的边，那么所得的匹配 α' 就是由 2009 条边构成的最大匹配.

II.264 证法 1 我们知道，二次三项式 $p(x)$ 与 $q(x) = p(x - x_0)$ 的判别式是一样的. 所以，如果我们把二次三项式 $f(x), g(x), h(x)$ 换为 $f(x - x_0), g(x - x_0), h(x - x_0)$ 来考察，那么题中的条件与结论都不会发生变化，其中 x_0 是某个常数.

因为 $h(x)$ 的判别式是 1，所以它有两个不同的实根，设其中较小的一个是 x_0. 我们来考察二次三项式 $f(x - x_0), g(x - x_0), h(x - x_0)$. 这样一来，我们就把问题化归一种特殊情形，其中第三个二次三项式有一个根是 0，另一个根大于 0. 我们来证明在此种情况下题中断言成立. 设

$$f(x) = a_1 x^2 + b_1 x + c_1, \quad g(x) = a_2 x^2 + b_2 x + c_2, \quad h(x) = a_3 x^2 + b_3 x + c_3,$$

其中 $c_3 = 0, b_3 \geqslant 0$. 并且 $h(x)$ 的判别式为 $1 = b_3^2 - 4a_3 c_3 = b_3^2$，因此 $b_3 = 1$. 而 $f(x) + h(x)$ 的判别式为

$$1 = (b_1 + b_3)^2 - 4(a_1 + a_3)(c_1 + c_3) = (b_1 + 1)^2 - 4(a_1 + a_3)c_1.$$

这表明

$$0 = b_1^2 + 2b_1 - 4a_1 c_1 - 4a_3 c_1 = 1 + 2b_1 - 4a_3 c_1.$$

此处利用了 $f(x)$ 的判别式为 1. 于是

$$b_1 = 2a_3c_1 - \frac{1}{2}.$$

顺便指出, $c_1 \neq 0$, 因为这样一来就有 $b_1 = -\frac{1}{2}$. 但另一方面, 根据判别式为 1, 可知 $b_1 = \pm 1$, 此为矛盾. 由 $b_1^2 - 4a_1c_1 = 1$ 解得

$$a_1 = \frac{b_1^2 - 1}{4c_1} = \frac{\left(2a_3c_1 - \frac{1}{2}\right)^2 - 1}{4c_1} = \frac{4a_3^2c_1^2 - 2a_3c_1 - \frac{3}{4}}{4c_1}$$
$$= a_3^2 c_1 - \frac{a_3}{2} - \frac{3}{16c_1}.$$

同理可得

$$a_2 = a_3^2 c_2 - \frac{a_3}{2} - \frac{3}{16c_2}, \quad b_2 = 2a_3c_2 - \frac{1}{2}.$$

最后, 利用 $f(x) + g(x)$ 的判别式是 1, 得到

$$\begin{aligned}
1 &= (b_1 + b_2)^2 - 4(a_1 + a_2)(c_1 + c_2) \\
&= \left(2a_3(c_1 + c_2) - 1\right)^2 - 4\left(a_3^2(c_1 + c_2) - a_3 - \frac{3}{16c_1} - \frac{3}{16c_2}\right)(c_1 + c_2) \\
&= 1 - \frac{3}{4} \cdot \frac{(c_1 + c_2)^2}{c_1 c_2}.
\end{aligned}$$

由此可得 $c_1 + c_2 = 0$, 于是

$$\begin{aligned}
a_1 + a_2 &= a_3^2 c_1 - \frac{a_3}{2} - \frac{3}{16c_1} + a_3^2 c_2 - \frac{a_3}{2} - \frac{3}{16c_2} = -a_3, \\
b_1 + b_2 &= 2a_3c_1 - \frac{1}{2} + 2a_3c_2 - \frac{1}{2} = -1 = -b_3, \\
c_1 + c_2 &= 0 = -c_3.
\end{aligned}$$

如此一来即知, 对一切实数 x, 都有 $f(x) + g(x) + h(x) = 0$.

证法 2 将 $p(x)$ 的判别式记作 $\mathcal{D}_p$. 经过简单的去括号运算, 不难验证

$$\mathcal{D}_{f+g+h} = \mathcal{D}_{f+g} + \mathcal{D}_{g+h} + \mathcal{D}_{h+f} - \mathcal{D}_f - \mathcal{D}_g - \mathcal{D}_h.$$

由题中条件得知 $\mathcal{D}_{f+g+h} = 0$, 这表明, $f(x) + g(x) + h(x)$ 有两个相同的实根, 意即 $f(x) + g(x) + h(x) = k(x-\beta)^2$. 因为 $p(x)$ 与 $p(x+\beta)$ 的判别式相同, 所以 $f(x+\beta), g(x+\beta), h(x+\beta)$ 的判别式都是 1, 而这三个二次三项式的和等于 kx^2. 这仅在 $k = 0$ 时成立. 事实上, 如果令

$$f(x+\beta) = ax^2 + bx + c, \quad g(x+\beta) + h(x+\beta) = Ax^2 + Bx + C,$$

则有

$$a + A = k, \quad b + B = 0, \quad c + C = 0,$$

并且还有 $1 = b^2 - 4ac$ 和

$$1 = B^2 - 4AC = b^2 + 4(k-a)c = b^2 - 4ac + 4kc = 1 + 4kc.$$

如果 $k \neq 0$, 则 $c = C = 0$. 因为可以任取 $f(x)$, $g(x)$, $h(x)$ 之一作为 $f(x)$, 所以表明 $f(x+\beta)$, $g(x+\beta)$, $h(x+\beta)$ 的常数项都是 0. 于是它们的一次项系数都是 ± 1. 但这是不可能的. 因为这样一来, $g(x+\beta) + h(x+\beta)$ 的一次项系数就是 0 或 ± 2, 导致其判别式为 0 或 4, 此为矛盾.

十年级

II.265 如果 x 可被质数 p 整除, 则 y 亦可被 p 整除. 若不然, 等式右端是 p 的倍数, 左端却不是, 此为矛盾. 假设某个质数 p 在 x 的质约数分解式中的指数是 a, 在 y 的质约数分解式中的指数是 b, 那么它在 (x^7, y^4) 的指数是 $\min\{7a, 4b\}$, 在 (x^8, y^5) 的指数是 $\min\{8a, 5b\}$. 于是得到等式

$$\min\{7a, 4b\} + \min\{8a, 5b\} = a + b.$$

如果 $\min\{7a, 4b\} = 7a$, $\min\{8a, 5b\} = 8a$, 则 $a + b = 15a$ 是 3 的倍数. 这意味着质数 p 在 xy 的质约数分解式中的指数是 3 的倍数. 如果 $\min\{7a, 4b\} = 4b$, $\min\{8a, 5b\} = 5b$, 则 $a + b = 9b$ 也是 3 的倍数, 质数 p 在 xy 的质约数分解式中的指数也是 3 的倍数. 显然, $\min\{7a, 4b\} + \min\{8a, 5b\} \neq 7a + 5b$ 和 $\min\{7a, 4b\} + \min\{8a, 5b\} \neq 8a + 4b$, 因为这两个和数都大于 $a + b$.

II.266 对角线 AC 与 BD 都把四边形 $ABCD$ 分为两个三角形, XZ, XT, YZ, YT 分别是这些三角形中的中位线 (参阅图 123), 所以它们的长度分别等于 $\frac{1}{2}AB$ 或 $\frac{1}{2}CD$. 这样一来, 便有 $XZ = XT = YZ = YT$, 故知四边形 $XZYT$ 是菱形. $\triangle OZT$ 的外心在边 ZT 的中垂线, 即直线 XY 上.

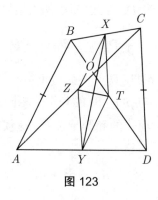

图 123

II.267 将 $p(x)$ 的判别式记作 $\mathcal{D}_p$. 经过简单的去括号运算, 不难验证

$$\mathcal{D}_{f+g+h} = \mathcal{D}_{f+g} + \mathcal{D}_{g+h} + \mathcal{D}_{h+f} - \mathcal{D}_f - \mathcal{D}_g - \mathcal{D}_h.$$

从而 $\mathcal{D}_{f+g+h} = 3 - 3 \times 2 = -3$, 所以二次三项式 $f(x) + g(x) + h(x)$ 没有实根.

II.268 以 R 表示由市中心点 O 到外环线的距离, 以 r 表示由市中心点 O 到谢尔盖所建议的路线的最短距离, 以 φ 表示外环线上 A 与 B 之间的较短弧的弧度. 我们指出, 在谢尔盖所建议的路线上应该沿着射线状道路至少走过距离 $2(R-r)$(参阅图 124), 并沿着圆形道路走过距离 $r\varphi$. 易知

$$2(R-r) + r\varphi = \left(1 - \frac{r}{R}\right) \cdot 2R + \frac{r}{R} \cdot \varphi R \geqslant \min\{2R, \varphi R\}.$$

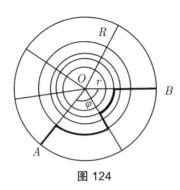

图 124

II.269 同 II.263 题.

II.270 证法 1 (有趣的解除绝对值)   我们来证明该数列以 9 为周期.

首先验证, 数列中并非都是正数. 假设 x_n, x_{n+1} 和 x_{n+2} 都是正数, 那么就有

$$x_{n+2} = x_{n+1} - x_n \quad \text{和} \quad x_{n+3} = x_{n+2} - x_{n+1} = -x_n.$$

这就说明数列中有非正数.

再证明数列中存在相连两项都是非正数. 假若不然, 设 $x_n \leqslant 0$, 那么有 $x_{n-1} > 0$, $x_{n+1} > 0$. 于是

$$\begin{aligned}
x_{n+1} &= |x_n| - x_{n-1} = -x_n - x_{n-1} > 0, \\
x_{n+2} &= |x_{n+1}| - x_n = x_{n+1} - x_n > 0, \\
x_{n+3} &= |x_{n+2}| - x_{n+1} = x_{n+2} - x_{n+1} \\
&= x_{n+1} - x_n - x_{n+1} = -x_n \geqslant 0, \\
x_{n+4} &= |x_{n+3}| - x_{n+2} = -x_n - (x_{n+1} - x_n) \\
&= -x_{n+1} = x_n + x_{n-1} < 0, \\
x_{n+5} &= |x_{n+4}| - x_{n+3} = -x_{n+4} - x_{n+3} \\
&= -x_n - x_{n-1} + x_n = -x_{n-1} < 0.
\end{aligned}$$

这就是说, 在数列中能够找到相邻二项为非正数.

我们设 $x_{n-1} = a \leqslant 0$, $x_n = b \leqslant 0$, 那么不难算出它们后面接着的 11 项:

$$-a, \ -b, \ a+b, \ a+2b, \ b, \ -a-b, \ a, \ 2a+b, \ a+b, \ -a, \ -b.$$

数列中的项由其前面的两项完全确定, 我们得知该数列以 9 为周期.

♦1 只要这个数列不是全零数列, 我们就可以证明数列的最小正周期是 9. 事实上, 我们已经证明, 数列以 9 为周期, 因此其最小正周期是 9 的约数. 而若数列以 3 为周期, 则有

$$-x = x + 2y, \quad -y = y,$$

于是 $x = y = 0$, 数列为全零数列. 这就表明, 只要这个数列不是全零数列, 那么 3 就不是其周期.

♦2 试证明: 该数列是纯周期数列.

♦3 我们来观察满足如下关系式的数列:

$$x_{n+2} = \begin{cases} ax_{n+1} - x_n, & \text{如果 } x_{n+1} \geq 0, \\ bx_{n+1} - x_n, & \text{如果 } x_{n+1} < 0. \end{cases}$$

该递推式即为

$$x_{n+2} = \frac{1}{2}(a-b)|x_{n+1}| + \frac{1}{2}(a+b)x_{n+1} - x_n.$$

(1) 设 $a = 2\cos\frac{\pi}{n}$, 其中 $n \geq 2$; $b = 2\cos\theta$, 其中 $0 < \theta < \pi$, 且 $\frac{\theta}{2\pi} = \frac{p}{q}$ 为有理数. 试证明:

① 若 q 为奇数, 则数列以 $2np + q$ 为周期;

② 若 q 为偶数, 则数列以 $np + \frac{q}{2}$ 为周期.

(2) 若 a 与 b 都是负数, 且 $ab = 4\cos^2\frac{\pi}{2n}$, 其中 $n \geq 2$, 则数列是周期数列.

证法 2 (分段线性映射)   我们来考察平面映射

$$F: (x, y) \mapsto (y, |y| - x).$$

并证明它以 9 为周期. 这等价于我们的数列以 9 为周期.

F 在半平面 $y \geq 0$ 与半平面 $y \leq 0$ 中都是线性的. 我们来看点 $(1, 0)$, $(0, -1)$, $(-1, 1)$, $(1, 2)$, $(2, 1)$, $(1, -1)$, $(-1, 0)$, $(0, 1)$, $(1, 1)$. 在变换 F 下, 第 1 个变为第 2 个, 第 2 个变为第 3 个, 如此下去, 最后一个变为第 1 个. 以坐标原点为起点, 作经过各点的射线 (参阅图 125(a)). 这些射线将平面分为 9 个角状区域, 每一个区域都完整地位于半平面 $y \geq 0$ 或半平面 $y \leq 0$ 中. 这意味着, F 在每一个角状区域中都是线性的. 而我们的每一条射线 r 在 F 下都变为另一条射线, 这条射线是将 r 顺时针旋转后的下下条射线 (中间隔着一条). 根据线性性质可知, 每一个角状区域都变为下下个角状区域 (参阅图 125(b)). 由此即知, 将 F 复合 9 次, 就是恒同变换.

II.271 设 P 是直线 YX 与直线 AC 的交点, K 是圆 $AYXC$ 的圆心, U 是 $\triangle MON$ 的外心. 我们要证 $BO \perp OU$ (参阅图 126).

由 II.276 题所证可知 $OU // KP$, 所以只需证 $BO \perp KP$. 而这由如下事实立即推出: BO 是点 P 关于圆 $AYXC$ 的圆心 K 的配极曲线.

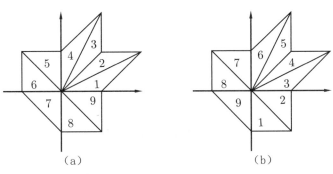

图 125

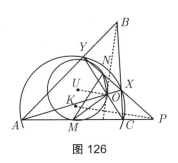

图 126

十一年级

II.272 设 $f(x) = ax^2 + bx + c$. 如果 f 的值在 $y \neq z$ 处相等,则有

$$ay^2 + by + c = f(y) = f(z) = az^2 + bz + c. \qquad ①$$

因而 $a(y^2 - z^2) = b(z - y)$, 意即 $y + z = -\dfrac{b}{a}$. 反之, 如果关系式 $y + z = -\dfrac{b}{a}$ 成立, 则有 ① 式成立.

假设 M 与 N 相交, 则存在偶数 y_0 和奇数 z_0, 使得 $y_0 + z_0 = -\dfrac{b}{a}$. 因为 $y_0 + z_0$ 是一个偶数与一个奇数的和, 所以它是奇数, 这表明 $-\dfrac{b}{a}$ 是奇数. 于是, 无论 y 是怎样的偶数, $-\dfrac{b}{a} - y$ 都是奇数, 并且 $f(y) = f\left(-\dfrac{b}{a} - y\right)$. 这表明, 集合 M 中的任何一个数都属于集合 N, 亦即 $M \subset N$. 如果任取一个奇数 z, 则 $-\dfrac{b}{a} - z$ 是偶数并且 $f(z) = f\left(-\dfrac{b}{a} - z\right)$, 所以 $N \subset M$. 如此一来, 我们就证明了, 只要集合 M 与 N 的交非空, 就有 $M = N$.

II.273 同 II.260 题.

II.274 同 II.268 题.

II.275 答案 共有偶数种不同的方法.

将如图 127 所示的方格图形称为曲边三角形, 图 (a)、(b) 的区别在于底边所包含的方格数目的奇偶性不同.

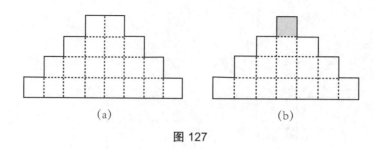

图 127

引理 用 $f(n)$ 表示将底边包含 n 个方格的曲边三角形剪开为角状形的不同方法数目，则：

(1) $f(2n+1)$ 是偶数；

(2) $f(4n+2)$ 是偶数；

(3) $f(2n)$ 与 $f(n-2)$ 同奇偶.

引理之证 将每一种剪为角状形的方法都作关于曲边三角形底边上的高的对称. 于是所有不同的分法，除了那些自己与自己对称的方法，都被分成了一对一对的. 所以我们只需弄清楚那些自己与自己对称的分法数目的奇偶性.

(1) 对于底边包含奇数个方格的曲边三角形，不存在自己与自己对称的分法. 事实上，盖住图 127(b) 中黑色方格的角状形就不是关于底边上的高对称的. 因此，每一种分法在关于底边上的高的对称下都变为与自己不同的另一种分法. 故知 $f(2n+1)$ 是偶数.

(2) 我们来讨论 $f(2n)$ 的奇偶性. 易知任何自己与自己对称的分法都与图 128 中的线段 AB 不相交. 这就表明，每一种自己与自己对称的分法都可由对曲边三角形 CAB 的一种分法借助于关于 AB 的对称得到.

我们来讨论曲边三角形 CAB 的分法数目的奇偶性. 所有不关于 AE 对称的分法都可以配为一对一对的 (与自己在关于 AE 的对称变换下的像配为一对). 所以我们感兴趣的是在关于 AE 的对称变换下变为自己的分法数目的奇偶性. 我们指出，在所有这类分法中，凡是包含黑色方格的角状形都是关于 AE 对称的. 下面分两种情况讨论.

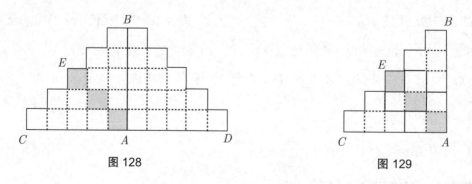

图 128 图 129

情况 1 n 为奇数，此时 AC 包含奇数个方格 (参阅图 129)，因而包含黑色方格的关于 AE 对称的角状形不能覆盖所有的黑格. 这意味着不存在自己与自己对称的分法，因此总的分法数目是偶数. 这样一来, $f(2n)$ 就是偶数. 再结合结论 **(1)**, 可知 $f(2n)$ 与 $f(n-2)$ 同奇偶.

情况 2 n 为偶数, 此时 AC 包含偶数个方格, 而包含黑色方格的角状形分布如图 130所示. 于是自己与自己对称的分法与以 CF 为底边的曲边三角形的分法数目同奇偶, 亦即与 $f(n-2)$ 同奇偶.

引理证毕.

回到原题. 不关于 AB 对称的分法数目为偶数 (参阅图 131), 因为它们都可以与自己在关于 AB 对称下的像配为一对一对的. 至于在自己与自己对称的分法中, 那些覆盖对角线上的方格的分法如图 130 所示. 这意味着这类分法的数目等于曲边三角形 CDE 的分法. 而在我们的题目中, 它的底边 DE 中包含 2 006 个方格. 根据引理, 其分法数目的奇偶性 $f(2\,006)$ 与 $f(2\,004)$ 相同. 多次运用我们的引理, 可得

$$f(2\,004) \equiv f(1\,000) \equiv f(498) \equiv f(247) \equiv 0 \pmod{2}.$$

这就是说, 我们所感兴趣的分法数目是偶数.

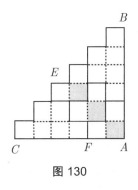

图 130

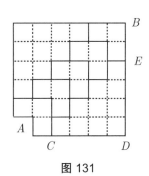

图 131

II.276 我们将两次运用这样一个众所周知的并不算复杂的引理: 经过三角形一个顶点且包含一条高线的直线与外接圆的经过这个顶点的直径关于这个顶点处的角平分线对称.

我们发现 $\triangle BCE \backsim \triangle ADE$, 这是因为它们的中线 EX 与 EY 分别与相应的边 ED 和 EC 夹成相等的角 (参阅图 132). 于是 $\angle YEX$ 与 $\angle CED$ 的平分线相互重合 (在同一条直线上). 这样一来, 根据引理即知, 包含 $\triangle EXY$ 的外接圆直径的直线 EO_1 在关于 $\angle CED$ 的平分线 ℓ_1 的对称下, 变为与 XY 垂直的直线.

因为 O 是 $\triangle ABC$ 的边的中垂线的交点, 所以 $\angle OXF$ 与 $\angle OYF$ 都是直角. 这意味着, 点 X 与 Y 都在以 FO 为直径的圆周上. 从而在关于 $\angle BFA$ 的平分线 ℓ_2 的对称下, FO 变为与 XY 垂直的直线.

最后只需指出, $\ell_1/\!/\ell_2$, 这是因为 $\angle FCE = \angle EDF$.

II.277 本题的解答分为若干个标准步骤. 我们将城市称为顶点, 将道路称为边.

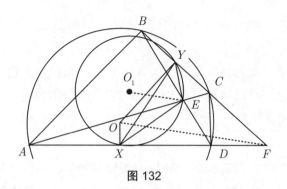

图 132

第一，我们考察大多数边所染的那种颜色，将由这种颜色的边构成的图称为 G，那么 G 中顶点的平均度数不小于 1 004. 将这种图称为非常重要的.

第二，从非常重要的图中去掉一个度数不大于 502 的顶点，剩下的图仍然是非常重要的 (所有顶点的度数之和至多减小 1 004，而顶点则仅减少 1 个). 经过若干次这种操作，得到一个子图，其中每个顶点的度数都不小于 503. 把这种图称为重要的.

在重要的图中取出最长的简单路 $a_1 a_2 \cdots a_k$. 我们指出，a_1 只可能与这条路上的顶点有边相连 (否则该条路就不是最长的). 因为自 a_1 连出了不少于 503 条边，所以有一条边由它连向了顶点 a_ℓ，其中 $\ell \geqslant 504$. 于是，圈 $a_1 a_2 \cdots a_\ell$ 即为所求.

II.278 看某个正数 x，构造数列如下：

$$a_1 = x, \quad a_{n+1} = f(a_n), \quad n \geqslant 1.$$

假设无论对哪个正数 x，如此构造的数列都不能满足题中条件. 这意味着，对每个正数 x，都存在某个 k，使得 $a_k \leqslant b_k - \frac{1}{10}$ (称这样的 x 为 "小的") 或者 $a_k \geqslant b_k + \frac{1}{10}$ (称这样的 x 为 "大的"). 函数 $f(x) = x^2 + x$ 在 $x > 0$ 时单调上升，所以 x 越大，a_k 就越大，因此，小的 x 形成区间 $(0, x_0)$ 或 $(0, x_0]$. 因为作为 x 的函数的 a_k 是连续的，所以 x_0 是小的 (因为所有 $x < x_0$ 都是小的)，然而 x_0 又是大的 (因为所有 $x' > x_0$ 都是大的). 接下来只需证明，任何一个正数 x，都不可能既是小的又是大的. 假设不然，有某个正数 x，使得 $a_k \geqslant b_k + \frac{1}{10}$ 与 $a_l \leqslant b_l - \frac{1}{10}$.

首先我们设 $k \leqslant l$，则

$$a_{k+1} = f(a_k) \geqslant f\left(b_k + \frac{1}{10}\right) = \left(b_k + \frac{1}{10}\right)^2 + \left(b_k + \frac{1}{10}\right)$$
$$\geqslant f(b_k) + \frac{1}{100} + \frac{1}{10} > b_{k+1} + \frac{1}{10}.$$

由此并结合归纳即知，对一切 $n \geqslant k$，都有 $a_n > b_n + \frac{1}{10}$，其中包括 $n = l$，此为矛盾.

对于 $l \leqslant k$，则有

$$b_{l+1} \geqslant f(b_l) - \frac{1}{1000} \geqslant f\left(a_l + \frac{1}{10}\right) - \frac{1}{1000} \geqslant f(a_l) + \frac{1}{10} = a_{l+1} + \frac{1}{10}.$$

其余步骤与上类似.

选拔赛试题解答

2000 年

九年级

III.001 答案 不存在.

假设存在这样四个二次三项式 $f_1(x)$, $f_2(x)$, $f_3(x)$, $f_4(x)$ 满足题中条件. 如果它们在 $x_1 < x_2$ 处的值有不同的排列顺序, 则对某两个角标 i 与 j, 有 $f_i(x_1) > f_j(x_1)$ 和 $f_i(x_2) < f_j(x_2)$, 那么 $f_i(x)$ 与 $f_j(x)$ 的图像在某个点 x_0 处有交点, 其中 $x_1 \leqslant x_0 \leqslant x_2$. 我们自左往右沿着 Ox 轴移动, 并观察四个多项式的排列顺序. 不难发现, 顺序的改变只会在这些多项式的图像相交点处发生.

观察 $f_1(x)$, $f_2(x)$, $f_3(x)$, $f_4(x)$ 的图像的相交点. 因为每两个二次三项式的图像至多有两个交点, 所以四个二次三项式的图像至多可有 $2C_4^2 = 12$ 个交点. 这就表明, 这四个多项式的值至多可以有 13 种不同的排列顺序. 但是, 4 个不同元素的排列方式一共有 $4! = 24$ 种, 远多于 13. 所以不可能存在满足题中条件的四个二次三项式.

III.002 设直线 CK 和 DK 与圆 S_3 的第二个交点分别是 L 和 M, 根据对称性可知 $CL = AB = DM$. 因此, C, D, L, M 是等腰梯形的四个顶点. 于是, 点 K 与 C 和 D 的距离相等, 因为后者是等腰梯形的一条底边的两个端点 (参阅图 1), 意即 $KC = KD$.

III.003 答案 有 $\frac{1}{2}(1001^2 + 1)$ 个蓝格.

将与蓝格相邻的未染色方格称为 "坏方格". 将 1001×1001 的方格表按国际象棋盘那样将方格交替地染为黑色与白色, 使得角上的方格是黑色的. 从方格表上任意去掉一个黑色方格. 不难发现, 剩下的部分可以划分为一系列的多米诺 (1×2 的矩形). 易知, 只要一个多米诺中的一个方格是蓝色的, 另一个方格就一定是一个 "坏方格". 这样一来, 在所有多米诺上的蓝格数目不多于 "坏方格" 的数目. 然而, 蓝色方格的数目多于与它们相邻的未染色方格的数目. 这就表明, 被去掉的那个黑格也是蓝色的. 根据这个黑格的任意性, 可知所有的黑格都是蓝色的, 所以一共有 $\frac{1}{2}(1001^2 + 1)$ 个蓝色方格.

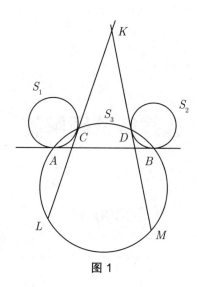

图 1

III.004 答案 存在.

考察由 1 000 个互不相同的质数构成的集合 $P = \{p_1, p_2, \cdots, p_{1\,000}\}$, 记

$$x_i = \frac{p_1 p_2 \cdots p_{1\,000}}{p_i}, \qquad i = 1, 2, \cdots, 1\,000.$$

我们来证明数组 $X = \{x_1, x_2, \cdots, x_{1\,000}\}$ 即可满足要求.

设 d 是 $Y \subset X$ 中各数的最大公约数, 则 d 的所有质因数都属于集合 P. 并且, $p_i | d$ 当且仅当 $x_i \notin Y$. 这就表明, 子集 Y 被其成员的最大公约数唯一确定, 意即 X 的各个不同子集中的成员的最大公约数各不相同.

III.005 将线段 A_2B_1 的中点记作 L_1, 线段 C_2B_1 的中点记作 K_1. 根据题意, $L_1 \in CC_1$, $K_1 \in AA_1$(参阅图 2).

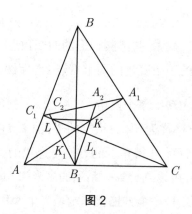

图 2

不难证明, $\triangle ABC$ 中的高 AA_1 是垂足 $\triangle A_1B_1C_1$ 中的角平分线. 由此不难推知, A_1K_1 在 $\triangle A_1C_2B_1$ 中既是中线又是角平分线, 这意味着该三角形是一个等腰三角形, 且 AK_1 也是高. 如此一来, $A_1K_1 \perp C_2B_1$. 同理可证, $C_1L_1 \perp A_2B_1$.

特别地, 我们已经证明了 LL_1 与 KK_1 都是 $\triangle KLB_1$ 中的高. 因为三角形的三条高相交于一点, 而直线 BB_1 经过两条高 LL_1 与 KK_1 的交点, 所以 $BB_1 \perp KL$. 又由题意知 $BB_1 \perp AC$, 所以 $KL // AC$.

III.006 证法 1 (位置分析)   将这 100 个点的集合记作 S. 在 S 中任取一点 O, 我们来证明, 以点 O 作为顶点且边平行于坐标轴的矩形不多于 81 个. 经过点 O 作直线 x 与 y 分别平行于两条坐标轴. 显然, 我们所作的以点 O 为顶点的每个矩形都有一个顶点在直线 x 与 y 之外. 所以, 这种矩形的个数不超过 S 中位于直线 x 与 y 之外的点的数目. 因此, 我们只用考虑这种点不少于 82 个的情形. 在这种情况下, 在直线 x 与 y 上, 除点 O 之外, 至多还有 S 中 17 个点. 每个矩形中的与点 O 相邻的两个点分别在直线 x 与 y 上. 因此, 矩形的个数不超过这样的点对的数目: 其中一个点在直线 x 上, 另一个点在直线 y 上 (这两个点都不同于点 O). 容易看出, 这种点对的数目不多于 $8 \times 9 = 72 < 81$. 故以点 O 作为顶点且边平行于坐标轴的矩形不多于 81 个. 考虑到每个矩形都有 4 个顶点, 所以一共可得不多于 $\dfrac{100 \times 81}{4} = 2\,025$ 个矩形, 此即为所证.

证法 2 (利用不等式)   将这 100 个点的集合记作 S. 集合 S 中的点分布在有限条竖直直线上 (记为 n 条), 设第 1 条竖直直线上有 x_1 个点, 第 2 条竖直直线上有 x_2 个点, 如此等等, 在第 n 条竖直直线上有 x_n 个点, 于是 $s = \sum\limits_{i=1}^{n} x_i = 100$. 两条竖边在第 i 与 j 条竖直直线上的矩形个数不多于 $\min\left(C_{x_i}^2, C_{x_j}^2\right)$. 易知, 如果 $x \leqslant y$, 则

$$4\min(C_x^2, C_y^2) = 4C_x^2 = 2x(x-1) \leqslant x(y-1) + y(x-1) = 2xy - x - y.$$

从而, 我们的矩形的个数不多于

$$\frac{1}{4} \sum_{1 \leqslant i < j \leqslant n} (2x_i x_j - x_i - x_j) = \frac{s^2 - \sum x_i^2}{4} - \frac{n-1}{4}s = 2\,525 - \frac{1}{4}\left(\sum x_i^2 + 100n\right)$$

$$\leqslant 2\,525 - \frac{1}{4}\left(\frac{s^2}{n} + 100n\right) \leqslant 2\,025.$$

其中, 倒数第二步利用了算术平均与二次平均之间的不等式, 最后一步则利用了算术平均与几何平均之间的不等式, 事实上

$$\frac{s^2}{n} + 100n = 100\left(\frac{100}{n} + n\right) \geqslant 100 \times 2\sqrt{100} = 2\,000.$$

♦ 2025 这个上界是确切的、可以达到的. 达到上界, 当且仅当 100 个点刚好是 10 条水平直线与 10 条竖直直线的交点时.

III.007 答案 $a = 5, b = 2$.

如果 $b = 1$, 则有 $a + 1 \mid a^2 + 1$, 从而推知 $a = 1$, 但这是不可能的, 因为 a 与 b 是不同的正整数. 所以, $b > 1$.

由题意知，存在某个质数 p 和某个正整数 m，使得 $b^2 + a = p^m$. 于是

$$a^2 \equiv -b \pmod{b^2 + a}, \qquad b^2 \equiv -a \pmod{b^2 + a}.$$

由此可以推知 $b^2 + a | b(b^3 + 1) = b^4 + b$. 因为 b 与 $b^3 + 1$ 互质，而 $b^2 + a = p^m$，所以或者有 $b^2 + a | b$，或者有 $b^2 + a | b^3 + 1$，前一种情况是不可能的，因此有 $b^2 + a | b^3 + 1 = (b+1)(b^2 - b + 1)$. 因为 $b + 1 < b^2 + ab^2 - b + 1 < b^2 + a$，所以这两个因子都不可被 $b^2 + a$ 整除. 但因为它们的乘积可被 $b^2 + a = p^m$ 整除，所以它们都被 p 整除，因而它们不可互质，即有 $p | (b+1, b^2 - b + 1)$. 另一方面，$b^2 - b + 1 \equiv 3 \pmod{b+1}$，所以我们有 $p = 3$ 且 $3^m | (b+1)(b^2 - b + 1)$. 当 $m = 1$ 时，无解；当 $m = 2$ 时，有 $b^2 + a = 9$，可以解得 $a = 5, b = 2$.

当 $m \geq 3$ 时，因为对任何正整数 b，数 $b^2 - b + 1$ 都不可被 9 整除，所以 $3^{m-1} | b + 1$，从而

$$b \geq 3^{m-1} - 1, \qquad 3^{m-1} = \frac{b^2 + a}{3} > \frac{(3^{m-1} - 1)^2}{3} > 3^{m-1},$$

此为矛盾. 如此一来，我们已经考察了所有情况. 所以本题只有唯一解：$a = 5, b = 2$.

III.008 将两个航空公司按开始的先后分别称为甲公司和乙公司.

答案 乙公司将可取胜.

我们来观察这样一个时刻，即航线网暂时还不符合要求，但无论添加哪一条航线，它都变为符合要求的了，把这一时刻称为临界时刻. 此时，因为航线网尚不符合要求，所以存在一个机场 A，一旦关闭它，其余的机场就分成两个集合 G_1 与 G_2，使得由 G_1 中任何一个机场都不能飞往 G_2 中任何一个机场.

我们来看机场 A 与 G_1 中所有的机场. 如果这些机场中还有某两个之间没有航线，那么我们就开设它们之间的那条航线. 易知此后航线网仍然不符合要求，因为一旦关闭机场 A，照样不能由 G_1 中任何一个机场飞往 G_2 中任何一个机场，此与临界时刻的定义不符，所以在机场 A 和 G_1 中各个机场之间以及 G_1 中任何两个机场之间都已经开设有航线. 同理，在临界时刻，在机场 A 和 G_2 中各个机场之间以及 G_2 中任何两个机场之间都已经开设有航线. 此外，再无其他航线.

假设 G_1 中共有 k 个机场，于是 G_2 中共有 $1999 - k$ 个机场，那么在临界时刻，该国共有航线

$$C_{k+1}^2 + C_{2000-k}^2 = \frac{k(k+1)}{2} + \frac{(1999-k)(2000-k)}{2} = k(k - 1999) + 1\,999\,000$$

条，这是一个偶数. 可见，临界时刻只能在乙公司的步骤之后到来.

乙公司实际上不需要什么策略，只需注意不要在自己的步骤后使航线网变成符合要求的即可（由上述证明过程看出，这是可以做到的）. 所以所谓比赛，不过是一个笑话.

♦ 取定一个正整数 k. 把航线网称为理想的，如果在关闭任何 $2k - 1$ 个已经投入使用的机场，仍然可以由任何机场飞往任何其他机场（包括中转后到达）. 某国仍有 2000 个

机场, 并且开始时还没有航线, 两个航空公司轮流开设新的直通航线, 如果在某一个公司开设新航线之后, 整个航线网成为符合要求的, 那么该公司就输了. 试问: 哪一个公司有取胜策略?

十年级

III.009 对于首项系数是 1 的二次三项式, 其值负的区间 (以下简称负值区间) 的长度等于 $\sqrt{\Delta}$ (Δ 是其判别式). 因为其中任何两个多项式的和都有两个根, 所以每两个多项式的负值区间都有公共内点 (这是因为我们的多项式的图像都是形状相同的抛物线, 它们只是沿着水平方向相互平移而已). 但是, 所有这些负值区间之并集是一个长度小于 $2\sqrt{\Delta}$ 的区间, 因若不然, 含有该并集左端点的负值区间与含有该并集右端点的负值区间就没有公共内点, 产生矛盾. 这就表明, 所有的负值区间具有一个公共内点, 这就是它们的并集的中点. 在该点处, 所有这些二次三项式的和为负值, 而该和的首项系数为正数, 所以它的图像是一条与 x 轴有两个交点的、开口向上的抛物线, 故该和有两个不同的实根.

III.010 同 III.004 题.

III.011 由于 $(b^2-1)^2-a^2 = (b^2-1+a)(b^2-1-a)$ 可被 b^2+a-1 整除, 加上 a^2+b-1 以后, 得到 $(b^2-1)^2+b-1$ 也可被 b^2+a-1 整除. 分解因式, 知 $b(b-1)(b^2+b-1)$ 可被 b^2+a-1 整除. 这三个因式两两互质, 又都比 b^2+a-1 小 (易知 $a>b$), 但是其中至少有两个因式大于 1, 这就表明在 b^2+a-1 的质约数分解式中至少出现两个不同的质数.

III.012 如果有某两个角状形形成 2×3 矩形, 那么可以把其余角状形全都去掉, 只留下这两个角状形即可满足要求. 所以, 可以认为任何两个角状形都不形成 2×3 矩形. 对每个角状形, 将包含它的那个 2×2 正方形中的第四个方格称为它的补格. 根据题意, 每个角状形的补格都被另一个角状形盖住. 我们来构造一个角状形序列, 以任意一个角状形作为序列的第一项, 对于序列中的每一项都把那个盖住它的补格的角状形作为下一项. 在这个序列中迟早要出现已经出现过的项, 从而形成圈. 圈上的所有角状形所构成的集合具有题中所要求的性质. 如果这个集合没有包含所有 111 个角状形, 那么只要去掉该集合以外的所有角状形即可. 下面来看该圈上出现所有 111 个角状形的情形.

事实上, 这种情况是不可能出现的. 因为圈上的角状形个数只能为偶数. 我们来证明这一点. 观察由角状形 形成的圈的可能形状. 因为任何两个角状形都不形成 2×3 矩形, 所以它们只能形成如下三种形状: . 将盖住角状形的 2×2 正方形的中心称为角状形的 "中心". 在这三种情况下, 第二个角状形的中心都处于相同的位置, 即都是将第一个角状形的中心沿着小方格的对角线往右上方向平移到下一个顶点. 这就意味着, 如果我们沿着角状形所形成的圈上的各个角状形的中心画一条闭折线, 它的每一段都是一个小方格的对角线. 这种闭折线只可能含有偶数段. 事实上, 折线上各个顶点的横坐标都是整数, 并且任何两个相邻顶点的横坐标都相差 ±1, 而且当我们沿着折线行走一圈时, 总差值变为 0. 奇数个 ±1 的和不可能为 0, 所以折线上的总段数是偶数. 由此即可推出题中的结论.

III.013 答案 100 个.

假设两两不同的差数少于 100 个. 我们以任一顺序写出所有的 $a-b$, 其中 a 与 b 都是所给定的正整数, 且 $a>b$. 那么一共有 $C_{20}^2 = 190$ 个差数. 因为它们一共只有不到 100 个不同的值, 所以在写了多于 90 个差值之后, 就不免出现相同的差数, 意即会有多于 90 个形如 $a-b=c-d$ 的等式, 其中 a,b,c,d 都是给定的正整数, 并且 $a>b, c>d$. 每一个这样的差值等式都对应一个和值等式 $a+d=b+c$. 反过来, 每一个这样的和值等式都至多对应两个不同的差值等式, 亦即四个差值等式 $a-b=c-d, b-a=d-c, a-c=b-d, c-a=d-b$ 中的两个正值等式. 这就意味着, 由我们的差值等式 (它们中有不少于 90 个不同的差值等式) 至少可以得到 45 个不同的和值等式 (所谓不同的和值等式, 是指相互间不能通过左右移项和改变加项顺序而得到的各种和值等式).

我们来证明这是不可能的. 一共有 210 个两两之和 (其中 190 个是不同正整数的和, 另外 20 个是单个正整数的 2 倍). 根据题意, 它们一共只有 201 个不同的值, 亦即可以分成 201 组, 各组内部和值相等, 各组之间和值不等. 如果一个组内有 k 对数的和值, 那么它们给出 $C_k^2 = \dfrac{k(k-1)}{2}$ 个形如 $a+b=c+d$ 的等式. 这意味着, 差值等式的个数为

$$\sum_{i=1}^{201} \frac{k_i(k_i-1)}{2}, \qquad ①$$

其中 $k_1, k_2, \cdots, k_{201}$ 是各组内的不同数对 (它们的和值相等) 的数目. 我们指出, 该和数达到最大值, 当且仅当所有的 k_i 中除了一个, 其余的都等于 1, 这是因为所有的 k_i 都是正整数, 并且 $\sum_{i=1}^{201} k_i = 210$. 如果存在 $k_j \geqslant k_i > 1$, 那么只要把它们分别换为 k_j+1 和 k_i-1, 就可以使得和数 ① 上升, 事实上

$$\frac{k_j(k_j+1)}{2} + \frac{(k_i-1)(k_i-2)}{2} = \frac{k_j(k_j-1)}{2} + \frac{k_i(k_i-1)}{2} + k_j - k_i + 1.$$

将 $k_1 = k_2 = \cdots = k_{200} = 0, k_{201} = 10$ 代入和式 ①, 算得和数 45. 这表明至多有 45 个和值等式. 由此得出矛盾, 这正是我们期望的目标.

下面给出 20 个正整数的例子, 它们之间刚好有 201 个不同的两两和值以及 100 个不同的差值: 令 $c = 10^{11}$, 再令 $a_k = c + 10^k, b_k = c - 10^k, k=1,2,\cdots,10$, 则这 20 个正整数即为所求. 事实上, 它们之间刚好有 201 个不同的两两和值: $2c, 2c \pm 2 \times 10^k, 2c \pm 10^l \pm 10^m, 1 \leqslant l < m \leqslant 10$. 而其中每两个数的差值 (大减小) 则具有如下形式: 2×10^k (10 个), $10^m - 10^l (1 \leqslant l < m \leqslant 10)$ (45 个), $10^m + 10^l (1 \leqslant l < m \leqslant 10)$ (45 个), 刚好 100 个不同的值.

III.014 将第一个圆与线段 AB 的切点记作 P, 与线段 AC 的切点记作 Q, 并将这个圆称为圆 S_1. 在线段 DB 的延长线上取一点 P_1, 在线段 DC 的延长线上取一点 Q_1(参阅图 3), 使得 $BP_1 = BP, CQ_1 = CQ$. 于是,

$$DP_1 = DB + BP_1 = DB + BP = DB + BA - AP$$
$$= AC + DC - AQ = DC + CQ = DQ_1.$$

所以, 存在圆 S_2 与直线 DB 和 DC 分别相切于点 P_1 和 Q_1. 因为 $BP^2 = BP_1^2$, 所以点

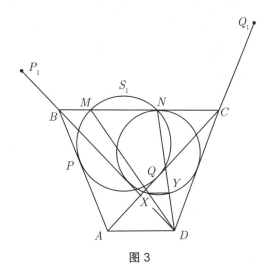

图 3

B 关于圆 S_1 和圆 S_2 的幂相等. 同理可证, 点 C 关于圆 S_1 和圆 S_2 的幂相等. 这意味着 BC 是这两个圆的根轴. 因为点 M 与 N 在该轴上, 所以圆 S_2 经过这两个点. 我们作一个以 D 为中心的位似变换, 把圆 S_2 变为 $\triangle BCD$ 的内切圆. 于是点 M 与 N 分别变为点 X 和 Y. 所以, 直线 XY 平行于梯形的底边, 亦即 $XY \parallel AD$.

III.015 用反证法, 假设主对角线上 8 个数的和小于 1. 那么, 在每一行中都能找到一个方格, 它里面的数大于与它同列的主对角线上方格中的数. 我们把这种方格称为 "好的". 我们从主对角线上的任意一个方格出发, 走到它所在的行中的好的方格, 再沿着该方格所在的列回到主对角线上, 然后再走到它所在行中的好的方格, 如此下去, 若干步之后我们得到一个圈. 现在, 我们先把 8 个棋子车放在主对角线上的 8 个方格里, 再把位于圈上的各个方格中的棋子车都移动到同列的所走过的好的方格中. 显然, 现在的 8 个棋子车仍然不能相互搏杀, 但是它们所在方格中的数的乘积增大了, 此与题意相矛盾. 所以, 主对角线上 8 个数的和不小于 1.

III.016 答案 可以.

我们采用图论的语言: 要求构造一个图, 它的每个顶点都是 3 度的, 而图中的每个圈的长度都不小于 30. 我们用归纳法证明: 对任何正整数 $n \geqslant 3$, 都存在一个图 G_n, 它的各个顶点都是 3 度的, 图中的每个圈的长度都不小于 n.

当 $n = 3$ 时, 将 G_3 取为四面体 (4 个顶点的完全图) 即可.

假设我们已经构造出符合要求的 G_k, 亦即它的各个顶点都是 3 度的, 图中的每个圈的长度都不小于 k. 假设其中共有 m 条边. 将它的边编号为 1 至 m, 在第 l 号边的一个端点处写上数 2^l. 取定一个足够大的正整数 M (只要 $M > k \cdot 2^m$ 就可以了). 把图 G_k 中的每个顶点都置换为一个由 M 个新顶点构成的集合, 该集合中的顶点则用 0 至 $M-1$ 编号 (用被 M 除的余数编号). 对图 G_k 中的每条边都在新的图中按如下法则引出 M 条边: 如果一条边的号码为 l, 它连接着 a 与 b 两个顶点, 并且在端点 a 处写着数 2^l, 而 A 与 B 是新图中分别与 a 和 b 对应的顶点组, 那么对每个 $i = 0, 1, \cdots, M-1$, 我们将 A 组中的 i 号顶点与 B 组中的 $i + 2^l \pmod{M}$ 号顶点相连. 在这样的法则下, B 组中的 i 号顶点恰与 A 组中的 $i - 2^l \pmod{M}$ 号顶点相连.

显然, 在新图中每个顶点都与 3 个顶点相连, 它们分别属于三个不同的顶点组 (这三个顶点组分别与 G_k 中该顶点的三个相邻顶点相对应). 下面证明这个新图中的每个圈的长度都不小于 $k+1$. 假设不然, 我们来观察其中任一长度不大于 l 的圈 $a_1 a_2 \cdots a_j$, 其中 $j \leqslant l$. 我们关注圈上的各个顶点所归属的顶点组, 这些顶点组对应着原图 G_k 中的一条闭折线 (可能自交) $a_1' a_2' \cdots a_j'$. 易知, 这条闭折线不可能经过同一顶点两次, 这是因为在新图中各个顶点属于不同的顶点组. 如果该圈自交, 那么可以分离出简单圈, 然而根据归纳假设, 这个简单圈的长度不小于 l, 因此 $a_1' a_2' \cdots a_j'$ 本身就是简单圈, 并且 $j = l$.

现在关注新图中圈上各个顶点 a_i 在其所述的顶点组中的编号. 根据法则, a_i 与 a_{i+1} 的编号相差 $\pm 2^{k_i} \pmod{M}$, 其中 k_i 是原图 G_k 中的边 $a_i' a_{i+1}'$ 的编号 (此处将 a_{j+1}' 理解为 a_1'). 这样一来, 就会对正负号的某种组合有 $\pm 2^{k_1} \pm 2^{k_2} \pm \cdots \pm 2^{k_j} \equiv 0 \pmod{M}$. 但这是不可能的, 因为 $\pm 2^{k_1} \pm 2^{k_2} \pm \cdots \pm 2^{k_j} < M$, 由它对 M 的整除性只能推出 $\pm 2^{k_1} \pm 2^{k_2} \pm \cdots \pm 2^{k_j} = 0$. 这样一来, 只要把其中的负项移项到等号右侧, 就能得到同一个正整数的两种不同的二进制表示 (此因 k_i 各不相同), 导致矛盾.

十一年级

III.017 答案 不存在这样的二次三项式.

假定存在这样的二次三项式 $f(x) = ax^2 + bx + c$. 那么对任何正整数 n, 都有
$$[f(n)] = f([n]) = f\left(\left[n + \frac{1}{2}\right]\right) = \left[f\left(n + \frac{1}{2}\right)\right],$$
因此, $f\left(n + \frac{1}{2}\right) \leqslant f(n) + 1$. 另一方面, 只需取 $n = \left[\frac{1}{a}\right] + 1$, 就有
$$f\left(n + \frac{1}{2}\right) = an^2 + an + \frac{1}{4} + bn + \frac{b}{2} + c > f(n) + an \geqslant f(n) + 1,$$
此为矛盾.

III.018 答案 3 次.

我们来证明, 如果知道右边盘中的砝码总重比左边盘中砝码总重为多少, 就可知道哪些砝码在哪个盘中.

假若不然, 那么我们可以有两种不同的方式往天平两端放砝码, 使得两端的差相同. 假设第一次往两个盘中放的砝码分别是 $3^{a_1}, 3^{a_2}, \cdots, 3^{a_k}$ 和 $3^{b_1}, 3^{b_2}, \cdots, 3^{b_l}$; 第二次往两个盘中放的砝码分别是 $3^{c_1}, 3^{c_2}, \cdots, 3^{c_m}$ 和 $3^{d_1}, 3^{d_2}, \cdots, 3^{d_n}$. 那么就有

$$(3^{a_1} + 3^{a_2} + \cdots + 3^{a_k}) - (3^{b_1} + 3^{b_2} + \cdots + 3^{b_l})$$
$$= (3^{c_1} + 3^{c_2} + \cdots + 3^{c_m}) - (3^{d_1} + 3^{d_2} + \cdots + 3^{d_n}),$$

亦即

$$3^{a_1} + 3^{a_2} + \cdots + 3^{a_k} + 3^{d_1} + 3^{d_2} + \cdots + 3^{d_n} = 3^{b_1} + 3^{b_2} + \cdots + 3^{b_l} + 3^{c_1} + 3^{c_2} + \cdots + 3^{c_m}.$$

可以认为, 左右两端已经删去相同的项 (显然不可能全部删光). 假定可以整除左端的 3 的方幂数的最高指数为 a_i, 那么形式为 3^{a_i} 的项在左端至多两项. 显然, a_i 也是可以整除右端的 3 的方幂数的最高指数, 这就表明右端也有形式为 3^{a_i} 的项, 而这是不可能的.

我们事实上证明了这样一个结论: 任何整数都有唯一的系数为 0, 1, −1 的三进制表示方式.

将 27 个砝码编号为 1 至 27. 在天平的右盘里放上 1 至 9 号砝码, 在左盘里放上 10 至 18 号砝码. 如上所证, 我们能知道哪些砝码放在哪个盘中. 再在左盘中放入 1,2,3,11,12,14,19,20,21 号砝码, 在右盘里放上 4,5,6,14,15,16,22,23,24 号砝码. 根据称量结果, 我们就能知道如下 9 个砝码组 (1 − 3, 4 − 6, · · · , 25 − 27) 中的每一个组分别出现在哪一边. 最后, 再把所有号码被 3 除的余数为 1 的砝码放入左盘, 号码被 3 除的余数为 2 的砝码放入右盘. 如此一来, 我们就可以判断出各个砝码的质量了.

如果我们只称量两次, 则存在两个甚至 3 个砝码, 它们两次都出现在天平的同一端 (或者两次未上托盘). 事实上, 在第一次称量时, 至少在一个托盘中放置不少于 9 个砝码; 在第二次称量时, 它们中至少有 3 个出现在同一个托盘中或者同时被取下天平. 如果改变这些砝码的质量排序, 则丝毫不会影响两次称量的结果. 所以, 如果只称量两次, 则不可能把 27 个砝码按质量排序.

◆ 如果该天平只能显示两端质量差的绝对值 (不显示哪一端较轻), 那么为了完成题中所要求的排序, 至少需要称量几次?

III.019 同 III.011 题.

III.020 证法 1 设在 $\triangle ABC$ 中, H 为垂心, C_1, A_1 为高的垂足. 因为

$$\angle BKH = \angle BC_1H = \angle BA_1H = 90°,$$

所以 C_1, A_1, K, H, B 这 5 个点都在以 BH 为直径的圆上 (参阅图 4). 我们指出

$$\angle KBA \stackrel{m}{=} \frac{1}{2}\widehat{BA} \stackrel{m}{=} \angle C = 90° - \angle HBC = \angle BHA_1 = \angle BC_1A_1,$$

其中最后一步是由于四边形 BA_1HC_1 内接于圆. 从而 $BK//A_1C_1$, 意即四边形 BKC_1A_1 为圆内接梯形, 由此可知四边形 BKC_1A_1 是等腰梯形.

注意到 A_1L 与 C_1L 都是直角三角形斜边 AC 上的中线, 所以它们都等于 AC 的一半. 从而 $\triangle BA_1L \cong \triangle KC_1L$ (角边角). 事实上, $BA_1 = KC_1$, $A_1L = C_1L$ 以及 $\angle BA_1L = \angle BA_1C_1 + \angle C_1A_1L = \angle KC_1A_1 + \angle A_1C_1L = \angle KC_1L$. 故知 $BL = KL$, 所以 $\triangle BKL$ 是等腰三角形.

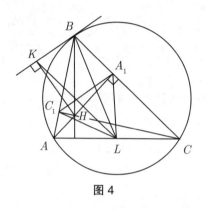

图 4

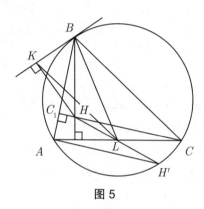

图 5

♦ 读者不难把上述讨论推广到 A 和 K 位于直线 BC 不同侧的情形.

证法 2 作点 H 关于点 L 的对称点 H', 则点 H' 在 $\triangle ABC$ 的外接圆上, 且与点 B 互为对径点, 这是因为 $\angle BAH' = \angle BAC + \angle LAH' = \angle BAC + \angle LCH = 90°$ (参阅图 5), 其中第二个等号得自对称性, 第三个等号是由于直角三角形中两个锐角之和为 $90°$, 由此即知点 H' 是点 B 的对径点. 如此一来, 就有 $H'B \perp l$, 从而点 L 在直线 l 上的投影就是点 H 与 H' 在直线 l 上投影之间线段的中点, 因而与线段 BK 的中点相重合. 这就表明了 $\triangle BKL$ 是等腰三角形 (中线与高重合).

III.021 答案 可以.

假设正方形的边长是 1 m, 而小球的飞行速度也是 1 m/min (每分钟 1 m). 因为小球以常速飞行, 遇到边后按照反射定律被弹射 (入射角等于出射角), 所以每个小球的速度向量在水平方向的投影长度都不超过 1 m, 当且仅当小球沿水平方向飞行时投影长度达到 1 m. 因此, 同一个小球接连两次撞击左边缘的时间间隔不少于 2 min, 我们可以在两个小球相继撞击左边缘的时间间隔中找到一段不小于 1 min 的区间. 而这个间隔时间恰有 1 min 时, 这两个小球都在水平飞行.

我们来观察这个时间间隔第一次超过 1 min 的那个时机. 我们钉住那条与左壁相距 ε 的竖直线, 对于足够小的 $\varepsilon > 0$, 可以找到长度大于 1 min 的时间区间 (两个小球相继穿越这条竖直线的时间间隔). 在这段时间内, 蜘蛛和蜘蛛网将会顺利地由正方形上面的边到达

下面的边. 而如果两个小球相继撞击左边缘的时间间隔刚好为 1 min, 则它们都是水平飞行并且同时与正方形上下边中点连线相交. 我们就把爬着蜘蛛的蜘蛛网由正方形上边缘的中点处往下放, 掌握好时机, 使得两个小球穿越中点连线时, 蜘蛛与蜘蛛网刚好落到与偏上的一个小球飞行的水平线还有一半距离的地方, 于是它们往下坠落的时间少于 1 min, 而每个小球再次与中点连线的中点相交都在 1 min 之后. 所以, 蜘蛛与蜘蛛网可以顺利穿越它们所形成的封锁线.

♦1 如果在正方形框架里有 n 个小球以相同的速度飞行, 那么为了顺利穿越飞行区域, 由正方形上边缘到达下边缘, 蜘蛛和蜘蛛网应当以怎样的最小速度运动?

♦2 在 $1\times1\times1$ 正方体内 n 个小球以相同的速度互不干扰地飞行, 在遇到壁时按照反射定律被弹射 (入射角等于出射角). 试问: 应当以怎样的最小速度从正方体的上底面往下底面投放一张纸片, 使得它在下落过程中不会与任何一个小球碰撞?

III.022 证法 1 (逐步增大右端) 容易证明如下的辅助不等式: 若 $0 \leqslant x \leqslant y$, $0 < a \leqslant 1$, 则

$$x + y \leqslant ax + \frac{y}{a}. \qquad ①$$

因为 $x_1 \leqslant x_2 \leqslant \cdots \leqslant x_n$, 所以根据 ① 式, 有

$$x_1 + x_{n-1} \leqslant x_1 \cdot \frac{x_2}{x_3} + x_{n-1} \cdot \frac{x_3}{x_2},$$

从而原不等式的右端

$$x_1 + x_2 + \cdots + x_{n-1} + x_n \leqslant x_1 \cdot \frac{x_2}{x_3} + x_2 + \cdots + x_{n-1} \cdot \frac{x_3}{x_2} + x_n.$$

同理, 又可得到

$$x_1 \cdot \frac{x_2}{x_3} + x_2 + \cdots + x_{n-1} \cdot \frac{x_3}{x_2} + x_n \leqslant x_1 \cdot \frac{x_2}{x_3} + x_2 \cdot \frac{x_3}{x_4} + \cdots + x_{n-1} \cdot \frac{x_3}{x_2} \cdot \frac{x_4}{x_3} + x_n.$$

继续对 $x_3, \cdots, x_{n-2}$ 施用类似的方法, 得到

$$x_1 + x_2 + \cdots + x_{n-1} + x_n$$

$$\leqslant x_1 \cdot \frac{x_2}{x_3} + x_2 \cdot \frac{x_3}{x_4} + \cdots + x_{n-2} \cdot \frac{x_{n-1}}{x_n} + x_{n-1} \cdot \frac{x_3}{x_2} \cdots \frac{x_n}{x_{n-1}} + x_n$$

$$= x_1 \cdot \frac{x_2}{x_3} + x_2 \cdot \frac{x_3}{x_4} + \cdots + x_{n-2} \cdot \frac{x_{n-1}}{x_n} + x_{n-1} \cdot \frac{x_n}{x_2} + x_n. \qquad ②$$

注意

$$x_{n-1} \cdot \frac{x_n}{x_2} = x_n \cdot \frac{x_{n-1}}{x_2} \geqslant x_n.$$

所以

$$x_{n-1} \cdot \frac{x_n}{x_2} + x_n \leqslant x_{n-1} \cdot \frac{x_n}{x_2} \cdot \frac{x_2}{x_1} + x_n \cdot \frac{x_1}{x_2} = x_{n-1} \cdot \frac{x_n}{x_1} + x_n \cdot \frac{x_1}{x_2}. \qquad ③$$

用 ③ 式右端替换 ② 式右端最后两项, 即得所证.

证法 2 (归纳法) 将所要证明的不等式的左端减去右端记作函数 $f_n(x_1, x_2, \cdots, x_n)$. 显然有 $f_2(x_1, x_2) \geqslant 0$, 所以下面只需证明

$$f_{n+1}(x_1, x_2, \cdots, x_n, x_{n+1}) \geqslant f_n(x_1, x_2, \cdots, x_n).$$

具体写出两者之差:

$$f_{n+1} - f_n = \frac{x_{n-1}x_n}{x_{n+1}} + \frac{x_n x_{n+1}}{x_1} + \frac{x_{n+1}x_1}{x_2} - x_{n+1} - \frac{x_{n-1}x_n}{x_1} - \frac{x_n x_1}{x_2}$$

$$= x_{n-1}x_n \left(\frac{1}{x_{n+1}} - \frac{1}{x_1} \right) + x_{n+1}\left(\frac{x_n}{x_1} - 1 \right) + \frac{x_1}{x_2}(x_{n+1} - x_n).$$

因为

$$x_{n-1}x_n \left(\frac{1}{x_{n+1}} - \frac{1}{x_1} \right) \leqslant 0, \quad \frac{x_1}{x_2}(x_{n+1} - x_n) \geqslant 0,$$

所以

$$f_{n+1} - f_n \geqslant x_n^2 \left(\frac{1}{x_{n+1}} - \frac{1}{x_1} \right) + x_{n+1}\left(\frac{x_n}{x_1} - 1 \right) + \frac{x_1}{x_n}(x_{n+1} - x_n)$$

$$= (x_{n+1} - x_n)\left(\frac{x_1}{x_n} + \frac{x_n}{x_1} - \frac{x_n + x_{n+1}}{x_{n+1}} \right)$$

$$\geqslant (x_{n+1} - x_n)\left(2 - \frac{x_n + x_{n+1}}{x_{n+1}} \right) \geqslant 0.$$

♦**1.1** 如果不作 x_k 单调的假设, 对于怎样的 n, 所给不等式可以成立?

♦**1.2** 在题中所给的条件下, 证明如下三个不等式:

$$\frac{x_1 x_2}{x_n} + \frac{x_2 x_3}{x_1} + \cdots + \frac{x_{n-1}x_n}{x_{n-2}} + \frac{x_n x_1}{x_{n-2}} \geqslant x_1 + x_2 + \cdots + x_n;$$

$$\frac{x_1 x_3}{x_2} + \frac{x_2 x_4}{x_3} + \cdots + \frac{x_{n-1}x_1}{x_n} + \frac{x_n x_2}{x_1} \geqslant x_1 + x_2 + \cdots + x_n;$$

$$\frac{x_1}{x_2 + x_3} + \frac{x_2}{x_3 + x_4} + \cdots + \frac{x_{n-1}}{x_n + x_1} + \frac{x_n}{x_1 + x_2} \geqslant \frac{n}{2}. \qquad ③$$

♦**2.1** 如果不作 x_k 单调的假设, 对于怎样的 n, 上面的不等式 ③ 可以成立?

♦**2.2** 证明如下不等式可在 $\lambda = \frac{1}{4}$ 时成立:

$$\frac{x_1}{x_2 + x_3} + \frac{x_2}{x_3 + x_4} + \cdots + \frac{x_{n-1}}{x_n + x_1} + \frac{x_n}{x_1 + x_2} \geqslant \lambda n. \qquad ④$$

♦**2.3** 试求出可使不等式 ④ 对一切 $n \geqslant 3$ 成立的最大的常数 λ.

关于问题 1.2 中三个不等式的证明, 可在参考文献 [33] 和 [34] 中找到. 关于问题 2.3 的回答, 可参阅文献 [35] 或 [36]. 关于这些不等式的实际背景和来源, 可参阅文献 [37].

III.023 以 P' 表示使得 $F(X) = 1$ 的所有的点 X 的集合. 观察任一 $X \in P'$. 易知凸多边形 P 和点 X 的凸包是 $\triangle A_i A_k X$ 与多边形 $A_k A_{k+1} \cdots A_i$ 的并集 (参阅图 6), 并且顶点 $A_i, A_{i+1}, \cdots, A_k$ 在 $\triangle A_i A_k X$ 的内部或边界上, 其余的顶点 $A_{k+1}, A_{k+2}, \cdots, A_{i-1}$ 则

在该三角形外. 设直线 l 经过点 X 且与对角线 A_iA_k 平行. 如果我们将点 X 沿着直线 l 移动, 则 $\triangle A_iA_kX$ 与多边形 $A_kA_{k+1}\cdots A_i$ 的面积不变. 因此只有在图形, 即其结构发生变化时, 凸包的面积才会发生改变. 这种变化可能会使得多边形的某个顶点由三角形内变到三角形外, 或者反过来, 由形外变到形内. 并且变到外部的只可以是 A_{i+1}, 而变到内部的点只可以是 A_k. 这两个事件发生在直线 l 与边 $A_{k+1}A_k$ 或边 A_iA_{i+1} 的延长线的交点处. 因而, 多边形 P' 的顶点只能分布在原多边形的边的延长线上. 在经过与相应的边的交点之后, 我们的点将平行于对角线 A_iA_{k+1} 或对角线 $A_{i+1}A_k$ 移动. 因此, 多边形 P' 的相邻边的夹角等于 $180°$ 减去相应的两条对角线的夹角, 由此可知 P' 是一个凸多边形. 并且它的顶点数目不多于 $2n$, 此因每条直线与它的交点只能不多于两个, 而它的所有顶点都在原多边形的诸边延长线上. 并且我们顺便证明了多边形 P' 的边都平行于多边形 P 的对角线.

◆ 多边形 P' 的边可以少于 $2n$ 条. 例如, 可以根据方格八边形 P 构造一个多边形 P'(参阅图 7), 所得的 P' 是一个十二边形; 或者根据一个六边形, 此时的 P' 是八边形.

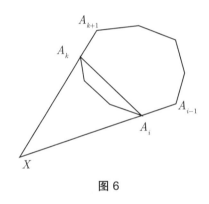

图 6

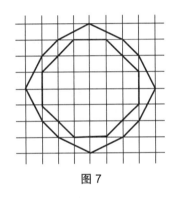

图 7

III.024 答案 400 万条.

假设在擦去一定数目的单位线段后, 剩下的线段不再形成任何与原先不同的矩形. 我们来挖去所有剩下的线段, 于是整个方格表分解为一定数目的方格图形 (由方格拼成的图形), 它们都不是矩形. 每一个图形都至少包含 3 个方格 (否则就是矩形), 因此一共不多于 200 万个图形. 另外, 我们知道, 在每个具有 a 个顶点的图形中, 至少擦去了 $a-1$ 条线段 [①]. 因此, 一共至少擦去

$$2\,000 \times 3\,000 - 2\,000\,000 = 4\,000\,000$$

条单位线段 (在 $2\,000 \times 3\,000$ 的方格表中, 有 $6\,000\,000$ 个顶点, 它们分布在至多 $2\,000\,000$ 个图形中, 每个图形中擦去的线段数目都比其顶点数目少一个).

下面说明, 确实可以只擦去 400 万条线段以满足题中的条件. 如图 8(a) 所示, 将 6×4 的矩形划分为 8 个角状形. 再用这些角状形拼成 $2\,000 \times 3\,000$ 的矩形 (见图 8(b)). 进而,

---

[①] 编译者注 在具有 a 个顶点的连通图中至少有 $a-1$ 条边.

将那些 ✥ 状图形 (它们分布在第 $4i-1, 4i, 4i+1, 4i+2$ 列与第 $6k-1, 6k, 6k+1, 6k+2$ 行相交处) 全都换成 ⊞ 状图形, 最终变为图 9(a) 所示的样子.

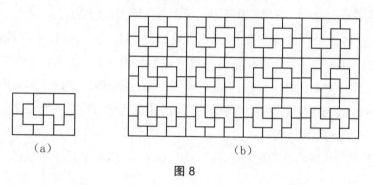

图 8

图 9(b) 所示的是本题的另一种解法.

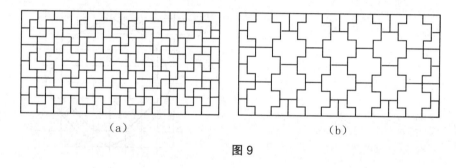

图 9

♦1 试回答: 怎样的矩形可以划分为一系列的角状形, 使得其中没有任何尺寸小于原来的矩形?

♦2 试问: 在 $1000 \times 2000 \times 3000$ 的长方体中, 应当拿掉最少多少个单位正方形, 才能使得剩下的部分中不包含任何尺寸小于原来的长方体?

2001 年

九、十年级

III.025 将 10×10 方格表分为 25 个 2×2 的正方形. 我们指出, 在每个这样的正方形中都至多有一个偶数, 也至多有一个数为 3 的倍数. 因此, 在每个这样的正方形中都至少有两个数等于 1, 5 或 7. 从而在整个方格表中至少有 50 个数等于 1, 5 或 7. 因而其中必有一个数至少出现 17 次.

♦ 试给出一个例子, 使得数表每个数都至多出现 17 次.

III.026 假设 $\angle ABC + \angle BAD \neq 180°$, 那么 AD 不平行于 BC, 设 E 为它们的交点. 先设点 E 位于射线 AD 和 BC 上 (参阅图 10). 我们指出, 点 P 和点 Q 位于 $\angle AEB$ 的平分线上, 因为点 P 是 $\triangle ABE$ 的内心, 而点 Q 是 $\triangle CDE$ 的旁心 (点 Q 是该三角形的两个外角的平分线的交点). 这样一来, $\triangle ABE$ 中的 $\angle AEB$ 的平分线经过边 AB 的中点. 从而 $\triangle ABE$ 是等腰三角形, 并且 AB 是其底边. 于是 $\angle ABC = \angle BAD$, 这就是所要证明的.

如果直线 AD 和 BC 的交点位于射线 DA 和 CB 上, 则同理可证.

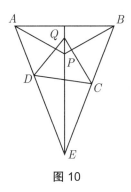

图 10

III.027 答案 存在.

解法 1 令
$$f(x) = x^2 + x + a, \quad g(x) = x^2 + x + b.$$

我们来取 a 和 b, 使题中条件得到满足. 为了使得 $f(n), g(n)$ 和 $f(n) + g(n)$ 都不是整数, 只需 a, b 和 $a+b$ 都不是整数. 如果我们取非整数 a 和 b, 使得 $a+b = \frac{1}{2}$, 并使 ab 为整数, 那么
$$f(n) \cdot g(n) = (n^2+n)^2 + \frac{n(n+1)}{2} + ab$$

就是整数. 这样的 a, b 是存在的, 例如可将它们取为方程 $x^2 - \frac{1}{2}x - 1 = 0$ 的两个根.

解法 2 我们来考察二次三项式
$$f(x) = (x-\sqrt{2})(x-\sqrt{3}), \quad g(x) = (x+\sqrt{2})(x+\sqrt{3}).$$

易知对任何整数 n, 乘积 $f(n) \cdot g(n) = (n^2-2)(n^2-3)$ 都是整数. 而 $f(n) + g(n) = 2n^2 + 2\sqrt{6}$ 不是整数, 甚至不是有理数. 容易证明 $f(n)$ 和 $g(n)$ 都不是整数. 事实上, 如果 $f(n)$ 是整数, 那么 $g(n) = \frac{(n^2-2)(n^2-3)}{f(n)}$ 是有理数, 于是它们的和 $f(n) + g(n)$ 是有理数, 导致矛盾.

III.028 答案 90.

显然, 点的横坐标的大小顺序只与坐标轴的方向有关, 而与原点位置无关, 故可将原点位置取定于点 O. 这样一来, 坐标系就完全由射线 OX 的方向决定. 对于任何 $1 \leqslant i < j \leqslant$

10，我们用 l_{ij} 表示经过点 O 且与直线 A_iA_j 相垂直的直线. 易知, 只要射线 OX 被任何一条直线 l_{ij} 包含, 则对应的坐标系都不合要求, 因为此时点 A_i 与点 A_j 有相同的横坐标.

平面被这些直线 l_{ij} 分成了若干个扇形. 我们来证明, 在两个坐标系之下得到 $1,2,\cdots,10$ 的同一种排列, 当且仅当这两个坐标系中的射线 OX 位于同一个扇形中时. 考察被直线 l_{ij} 分成的两个半平面. 容易看出, 当射线 OX 由其中的一个半平面转动到另一个半平面时, 点 A_i 与点 A_j 的横坐标顺序发生改变; 而只要射线 OX 保持在同一个半平面中, 横坐标顺序就都不发生改变. 换言之, 两个正整数 i 与 j 在两种排列中的顺序相同, 当且仅当两个坐标系中的射线 OX 位于由直线 l_{ij} 分出的同一个半平面中. 由此即可得知我们关于扇形的断言成立. 事实上, 如果两条射线位于两个不同的扇形中, 那么它们至少位于由一条直线 l_{ij} 分成的两个不同的半平面中, 从而数 i 与 j 在两个排列中的顺序不同. 而如果两条射线位于同一个扇形中, 那么对于任何一条直线 l_{ij} 来说, 它们都位于由直线 l_{ij} 分出的同一个半平面中, 从而任何两个数 i 与 j 在两种排列中的顺序都相同.

这样一来, 最多可以得到的 $1,2,\cdots,10$ 的不同排列的数目就是由直线 l_{ij} 分出的扇形的数目, 亦即这一类直线数目的 2 倍, 即 $2C_{10}^2 = 90$. 我们再来证明该数目可以达到. 事实上, 只要标出的 10 个点 $A_1,A_2,\cdots,A_{10}$ 所决定的直线中, 任何两条都不平行就可以了. 我们可以按照归纳步骤来选取这些点. 假设已经取好点 $A_1,A_2,\cdots,A_k$, 那么我们只要将点 A_{k+1} 取得不在经过其中任何一点 A_m 而平行于任意一条直线 A_iA_j 的直线上即可, 因为这样的直线一共只有有限条, 所以一定可以取到合适的点 A_{k+1}.

III.029 答案 先开始的将会取胜.

将先开始的称为甲, 将其对手称为乙.

解法 1 (完全分析法) 将所有大于 1 的整数分为两个集合 $\mathcal{L}$ 与 $\mathcal{W}$, 凡是具有形式 $2^{2k+1}m + 1$ (其中 m 为奇数) 的数全部归入集合 $\mathcal{L}$; 其余的数则都归入集合 $\mathcal{W}$, 亦即 $\mathcal{W}$ 中的数都具有形式 $2^{2k}m + 1$ (其中 m 为奇数), 易见所有的偶数都在 $\mathcal{W}$ 中.

我们将会证明, 如果黑板上写着的数属于集合 $\mathcal{W}$, 则一定可以把它变成集合 $\mathcal{L}$ 中的数; 而如果黑板上写着的数属于集合 $\mathcal{L}$, 则任何一步都把它变成集合 $\mathcal{W}$ 中的数.

由于一开始写在黑板上的数 $1\,000\,000 \in \mathcal{W}$, 甲就可以有如下的取胜策略: 每一步都把属于 $\mathcal{W}$ 的数变为属于 $\mathcal{L}$ 的数. 因为任何一步都把 $\mathcal{L}$ 的数变成集合 $\mathcal{W}$ 中的数, 所以乙一定还给他一个 $\mathcal{W}$ 的数. 因此甲的策略可以一直进行下去, 并且只有甲才会遇到集合 $\mathcal{W}$ 中的数. 特别地, 甲迟早会遇到 2. 因为黑板上的数是单调下降的, 所以这一时刻一定会到来. 于是甲只要再写出 $\left[\frac{2+1}{2}\right] = 1$, 即告获胜.

现在我们来证明前面的断言. 假设黑板上写着 $n(\in \mathcal{W})$, 则有 $n = 2^{2k}m + 1$ (其中 m 为奇数). 如果 k 为正整数, 则 $\left[\frac{n+1}{2}\right] = 2^{2k-1}m + 1 \in \mathcal{L}$; 而如果 $k = 0$, 则有 $n = m + 1 = (2l+1) + 1 = 2l+2$, 因此由操作规则可以得到 $n - 1 = 2l+1$ 或 $\left[\frac{n+1}{2}\right] = l+1$. 如果 $l \neq 0$, 则这两个数中必有一个属于集合 $\mathcal{L}$; 如果 $l = 0$, 那么这两个数都是 1, 游戏结束.

如果黑板上写着 $n \in \mathcal{L}$，则有 $n = 2^{2k+1}m + 1$ (其中 m 为奇数). 按游戏规则，可以由它或者得到 $n - 1 = 2^{2k+1}m$ (这是一个偶数)，或者得到 $\left[\dfrac{n+1}{2}\right] = 2^{2k}m + 1$，它们显然都是 $\mathcal{W}$ 中的数.

解法 2 (非显策略) 在只需有限步就可以结束的任何游戏中，任何一个局面要么是制胜的 (从该局面开始具有取胜策略)，要么是落败的 (对手具有取胜策略). 从任何一个制胜局面有可能落入落败局面，而由落败局面无论如何都只能变成 (对手的) 制胜局面.

我们用归纳法来证明，一切偶数都是制胜局面. 首先，2 是制胜局面，因为由 2 一步就可以得到 1. 假设我们已经证得所有小于 n 的偶数都是制胜局面，而 $n = 2m$ 却是落败局面. 那么，因为由它只能进入制胜局面，所以 $n - 1 = 2m - 1$ 和 $\left[\dfrac{n+1}{2}\right] = m$ 都是制胜局面. 这样一来，由 $2m - 1$ 就可以得到某个落败局面. 换言之，在 $2m - 2$ 与 m 中必有一个为落败局面. 由归纳假设知 $2m - 2$ 是制胜局面，因此只能是 m 为落败局面. 然而，刚才已说 m 是制胜局面，产生矛盾. 于是我们便证得了一切偶数都是制胜局面. 因此，1 000 000 是制胜局面，即甲可以取胜.

III.030 先证点 K 在 $\triangle ABC$ 的外接圆上 (参阅图 11(a)). 由弦与切线的夹角的性质，知
$$\angle BKH = \angle CBH = 90° - \angle C, \quad \angle CKH = \angle BCH = 90° - \angle B.$$
故知
$$\angle BKC = \angle BKH + \angle CKH = 180° - \angle B - \angle C = \angle A.$$
因而 A, B, C, K 四点共圆.

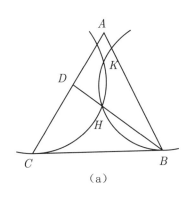 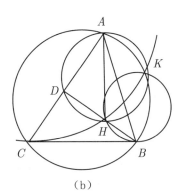

图 11

再证点 K 在以 AH 为直径的圆上 (参阅图 11(b))，亦即 $KA \perp KH$. 事实上，如果点 K 位于 $\triangle ABC$ 外接圆上的 $\overparen{AB}$ 上，那么就有 $\angle AKB = 180° - \angle C$ 与
$$\angle AKH = \angle AKB - \angle BKH = (180° - \angle C) - (90° - \angle C) = 90°.$$
而如果点 K 位于 $\triangle ABC$ 外接圆上的 $\overparen{AC}$ 上，那么只需交换上述推导中 B 与 C 的位置即可.

于是为证题中结论, 就只需证明 KH 是 $\angle BKD$ 的平分线 (这样一来, 与 KH 垂直的直线 KA 就是该角的外角平分线, 从而点 A 与其两边的距离相等). 因为 $HD \perp AD$, 所以点 D 也在以 AH 为直径的圆上, 因此

$$\angle DKH = \angle DAH = 90° - \angle C = \angle BKH,$$

故知 KH 是 $\angle BKD$ 的平分线.

III.031 假设有 $\sigma^k(n) = n^m$. 可以认为 m 与 k 互质, 否则可以将它们除以它们的最大公约数. 由于 $\sigma(n) > n$ (因为 n 也是自己的约数), 故 $m > k$. 这表明 $m \geqslant k+1$, 以及 $\sigma^k(n) \geqslant n^{k+1}$.

另一方面, 由 $n^m = \sigma^k(n)$ 知 n^m 是一个正整数的 k 次方; 因为 m 与 k 互质, 所以 n 自己也是一个正整数的 k 次方. 我们来证明, 如此一来, 就有 $\sigma^k(n) < n^{k+1}$, 从而导致矛盾. 设 n 的质因数分解式为 $n = p_1^{\alpha_1} p_2^{\alpha_2} \cdots p_l^{\alpha_l}$, 那么所有的指数 α_i 都可被 k 整除, 从而 $\alpha_i \geqslant k$. 容易证明, n 的所有正约数的和等于

$$\sigma(n) = \prod_{i=1}^{l} (1 + p_i + p_i^2 + \cdots + p_i^{\alpha_i}) = \prod_{i=1}^{l} \frac{p_i^{\alpha_i+1} - 1}{p_i - 1},$$

由此可知 $\sigma(n) \leqslant \prod_{i=1}^{l} p_i^{\alpha_i+1}$, 从而

$$\sigma^k(n) \leqslant \prod_{i=1}^{l} p_i^{k\alpha_i + k} = n^{k+1}.$$

此即表明确实存在所说的矛盾.

III.032 证法 1 对 n 作归纳, 以证明题中断言. $n = 1$ 时断言显然成立.

我们将所下盘数最多的人称为甲. 如果甲所下盘数不多于 $\frac{1}{2}(n+1)$, 那么 n 个人所下的盘数的总和当然不超过 $\frac{1}{2}n(n+1)$. 下设甲所下盘数多于 $\frac{1}{2}(n+1)$. 我们将甲没有参与的盘称为 "无甲盘". 由题意知, 甲下了不多于 n 盘棋, 所以只需验证 "无甲盘" 的数目不多于 $\frac{1}{2}n(n-1)$. 如果我们能够验证, 除甲之外的其余人的各种情况仍然满足题中条件, 那么可以由归纳假设立即得知结论.

为此, 我们只需证明, 其余 $n-1$ 个人中的每个人都下了不多于 $n-1$ 盘 "无甲盘" 棋, 并且其中任何两个没有对弈过的人所下的 "无甲盘" 的盘数之和也都不超过 $n-1$. 对于那些同甲下过棋的人 (或者在两个没有对弈过的人中至少有一个人同甲下过棋的对子中), 该结论显然成立, 因为总盘数不超过 n, 所以 "无甲盘" 的数目不超过 $n-1$. 我们来看那些没有同甲下过棋的人. 根据条件, 他们中的任何一个人所下的盘数与甲所下的盘数之和都不超过 n, 因为甲所下的盘数多于 $\frac{1}{2}(n+1)$, 所以他们中的每个人所下的盘数都不多于 $\frac{1}{2}(n-1)$. 由此即知所说的结论成立.

证法 2 将这 n 个人记为 $X_1, X_2, \cdots, X_n$,假设他们分别与计算机下了 $a_1, a_2, \cdots, a_n$ 盘棋,与其他人下了 $d_1, d_2, \cdots, d_n$ 盘棋. 于是 $D = \frac{1}{2}\sum d_i$ 是人与人所下的总盘数;而 $A = \sum a_i$ 是人与计算机所下的总盘数. 从而 $V = A + D$ 就是一共所下的盘数. 我们以 P 表示人与人下过棋的"对子"数目 (P 不一定等于 D,因为同一对人可能不止下一盘棋).

由题意知:如果 X_i 与 X_j 没有下过棋,那么就有 $a_i + a_j + d_i + d_j \leqslant n$;如果 X_i 与 X_j 下过棋,那么亦有 $a_i + a_j + d_i + d_j \leqslant 2n$. 将所有这些不等式相加,可得

$$(n-1)(V+D) = (n-1)(A+2D) \leqslant n(C_n^2 - P) + 2nP = nC_n^2 + nP$$

(在上述计算中,每个人所下的盘数都被计算了 $n-1$ 次;$C_n^2 - P$ 是没有对弈过的人的"对子"数目). 注意到 $D \geqslant P$, $P \leqslant C_n^2$,于是可由上述结果推出

$$(n-1)V \leqslant nC_n^2 + nP - (n-1)D \leqslant nC_n^2 + P \leqslant (n+1)C_n^2,$$

从而

$$V \leqslant \frac{(n+1)C_n^2}{n-1} = \frac{n(n+1)}{2}.$$

十一年级

III.033 同 III.025 题.

III.034 同 III.027 题.

III.035 先证一个引理:

引理 有无穷多个质数 p 是形如 $m^4 + 1$ 的数的约数.

引理的证法 1 假设只有有限个这样的质数,将它们记为 $p_1, p_2, \cdots, p_k$. 再设 p 是 $p_1^4 p_2^4 \cdots p_k^4 + 1$ 的一个质因数. 显然 p 不可能是 $p_1, p_2, \cdots, p_k$ 中的任何一个,导致矛盾.

引理的证法 2 我们证明,形如 $2^{2^k} + 1$ 的数两两互质. 事实上

$$\begin{aligned} 2^{2^k} - 1 &= \left(2^{2^{k-1}} + 1\right)\left(2^{2^{k-1}} - 1\right) \\ &= \left(2^{2^{k-1}} + 1\right)\left(2^{2^{k-2}} + 1\right)\left(2^{2^{k-2}} - 1\right) = \cdots \\ &= \left(2^{2^{k-1}} + 1\right)\left(2^{2^{k-2}} + 1\right) \cdots \left(2^{2^2} + 1\right)\left(2^2 + 1\right)(2+1). \end{aligned}$$

如果 $2^{2^k} + 1$ 与 $2^{2^m} + 1$ ($k > m$) 有公共的质因数 p,那么 p 可以整除

$$\left(2^{2^k} + 1\right) - 2 = 2^{2^k} - 1,$$

从而 p 可以整除 2,因此 $p = 2$. 但是 $2^{2^k} + 1$ 不可被 2 整除.

于是我们便证得了形如 $2^{2^k}+1$ 的数的质约数两两互质. 从而作为 $2^{2^k}+1$ 的数的约数的质数有无穷多个. 而当 $k \geqslant 2$ 时, 数 $2^{2^k}+1$ 具有形式 n^4+1.

引理的证法 3 假设这样的质数一共只有 n 个 (有限个), 则在 1 与 N 之间有不少于 $\sqrt[4]{N}$ 个整数具有形式 k^4+1. 另一方面, 所有这些数又都具有形式 $\prod_{i=1}^{n} p_i^{k_i}$, 其中 $k_i \leqslant \log_2 N$, 从而这些数的数目不多于 $(\log_2 N)^n$ 个. 产生矛盾.

我们再来利用引理推出题中结论. 将至少是一个形如 m^4+1 的数的约数的质数的全体记作 $\mathcal{P}$. 设 $p \in \mathcal{P}$, 并且 $p \mid (m^4+1)$. 再设 m 被 p 除的余数为 r, 则有 $r < p$, $p \mid (r^4+1)$ 以及 $p \mid [(p-r)^4+1]$. 设 $n = \min\{r, p-r\}$, 则显然 $n < \dfrac{1}{2}p$, 亦即 $p > 2n$. 如果 n 可以由其他的 $p \in \mathcal{P}$ 按照类似的办法得到, 那么所有这些 p 都是 n^4+1 的质约数.

由此可知每个如此构造出来的 n 都对应了集合 $\mathcal{P}$ 中有限个质数. 因为 $\mathcal{P}$ 中的元素个数无限, 所以所能构造出的 n 的个数也无限.

III.036 证法 1 参阅图 12, 我们来考察 $\triangle AMC$ 的外接圆 ω. 我们指出, 其他所有满足题中条件的点 M 都位于圆周 ω 上的 $\overset{\frown}{AC}$ 上. 因为 $\angle AMC + \angle ABC = 180°$, 所以四边形 $BDME$ 可内接于圆, 将其外接圆记作 ω_1. 将圆周 ω 与 ω_1 除点 M 之外的另一个交点称为 K. 为确定起见, 设点 K 位于圆周 ω 上的 $\overset{\frown}{MC}$ 上. 于是有

$$\angle DBK = \angle DMK = 180° - \angle KMA = \angle KCA.$$

这就是说, 圆周 ω_1 经过圆周 ω 上的满足条件 $\angle DBK = \angle KCA$ 的点 K. 我们来证明这样的点是唯一的. 假设不然, 还存在另外一个这样的点 K', 例如在 $\overset{\frown}{AK}$ 上. 不难看出, 现在却有

$$\angle CBK' > \angle DBK = \angle KCA > \angle K'CA,$$

导致矛盾. 这样一来, 我们便可断言, 只要 ω_1 不与 ω 相切, 就必经过 ω 上的一个固定点 K. 如果圆周 ω_1 与 ω 相切, 则有

$$\angle MBD = \angle DEM = \angle MCA.$$

总之, 圆周 ω_1 一定经过点 K.

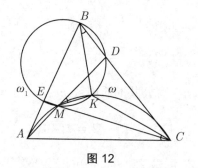

图 12

证法 2 (反演与配极的深沉魅力) 我们发现,四边形 $MEBD$ 内接于圆 (它的对角互补). 我们将用到有向角的概念, 关于它的定义与符号, 可参阅参考文献 [15]. 关于极线和配极概念的介绍可参阅本书末尾的 "专题分类指南". 设 $\triangle ABD$ 与 $\triangle EBC$ 的外接圆还相交于点 P(参阅图 13(a), 试想一下, 为什么这两个圆不是相切). 于是

$$(AP, PC) = (AP, PB) + (PB, PC)$$
$$= (AD, DB) + (EB, EC) = (MD, DB) + (EB, EM) = 0,$$

上式中的最后一步利用了四边形 $EBDM$ 内接于圆的性质. 于是得知点 P 在直线 AC 上.

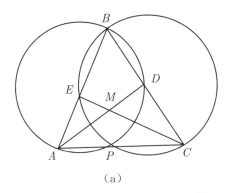
(a)

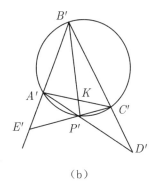
(b)

图 13

观察以点 B 为中心的反演, 我们以带撇的字母表示各个点在该反演下的像 (参阅图 13(b)). 因为 A, P, C 位于同一条直线上, 所以 B', A', P', C' 在同一个圆周上. 根据类似的理由, 点 C', P', E' 在同一条直线上, 点 A', P', D' 在同一条直线上. 假设 $B'P'$ 与 $A'C'$ 相交于点 K. 于是点 E'(直线 $B'A'$ 与 $C'P'$ 的交点) 就在点 K 关于 $\triangle B'A'C'$ 的外接圆的配极 ℓ 上. 同理可知 $D' \in \ell$. 这表明, 点 K 就是直线 $D'E'$ 的极. 但若直线 $D'E'$ 的极在直线 $A'C'$ 上, 则直线 $A'C'$ 的极在直线 $D'E'$ 上. 这就说明, 不论点 M 的初始位置在哪, 直线 $D'E'$ 都经过一个固定点, 即直线 $A'C'$ 的极, 因而 $\triangle BED$ 的外接圆始终通过这个点的反演.

III.037 同 III.028 题.

III.038 记 $\sin x_1 + \sin x_2 + \cdots + \sin x_{10} = S$. 我们指出

$$\cos x_1 = \sqrt{1 - \sin^2 x_1} = \sqrt{\sin^2 x_2 + \sin^2 x_3 + \cdots + \sin^2 x_{10}}$$

从而由二次平均与算术平均之间的不等式得

$$\frac{\cos x_1}{3} = \sqrt{\frac{\sin^2 x_2 + \sin^2 x_3 + \cdots + \sin^2 x_{10}}{9}}$$
$$\geqslant \frac{\sin x_2 + \sin x_3 + \cdots + \sin x_{10}}{9} = \frac{S - \sin x_1}{9},$$

即
$$3\cos x_1 \geqslant S - \sin x_1.$$

按此思路, 即可证得
$$3\cos x_k \geqslant S - \sin x_k, \quad k = 1, 2, \cdots, 10.$$

将这些不等式相加, 得到
$$3(\cos x_1 + \cos x_2 + \cdots + \cos x_{10}) \geqslant 10S - (\sin x_1 + \sin x_2 + \cdots + \sin x_{10}) = 9S.$$

在上式两端同除以 3, 即得所证.

III.039 将连接多边形两个顶点的线段中长度最大的线段称为多边形的直径. 我们来证明两个引理.

引理 1 在凸多边形中, 任何两条直径都具有公共点.

引理 1 之证 不妨设凸多边形的直径长度等于 1. 假设它的两条直径 AB 与 CD 不相交. 此时 A, B, C, D 四点形成某个四边形. 因为原来的多边形是凸的, 所以该四边形也是凸的. 但是这样一来, 或者它的两条对角线 AC 与 BD 之一的长度大于 1; 或者 AC 与 BD 的长度之和大于 AB 与 CD 的长度的和 2. 而这都与 AB 和 CD 是直径的事实相矛盾.

引理 2 如果在满足题中条件的凸多边形中不存在两条相互垂直的对角线, 则由它的每个顶点都恰好可以引出两条直径, 并且它们的另一个端点是多边形的两个相邻顶点.

引理 2 之证 根据题中条件, 该凸多边形的直径长度等于 1.

我们首先证明, 自多边形的任何顶点引出不少于 2 条直径. 假设不然. 如果自某个顶点 A 没有直径引出, 那么由 A 到其他任何顶点的距离都严格小于 1. 将 A 的两侧相邻的顶点分别记作 B 和 C. 在 $\triangle ABC$ 中作出高 AH. 于是在直线 AH 上点 A 的外侧可以找到一点 A', 它到其他各个顶点的距离仍然都严格小于 1. 将原来的多边形中的顶点 A 换成 A', 得到一个新的多边形, 它的直径应当还是 1, 面积却比原来的大, 此因 $S_{\triangle A'BC} - S_{\triangle ABC} > 0$. 而这与原来的多边形的面积的最大性相矛盾. 如果自某个顶点 A 仅有一条直径 AD 引出. 那么由 A 到除 D 之外的其余顶点的距离都严格小于 1. 以 D 为圆心作一个半径为 1 的圆. 在该圆周上位于 $\triangle ABC$ 之外的弧上取一点 A', 使得由 A' 到除 D 之外的其余顶点的距离都严格小于 1. 再将原来的多边形中的顶点 A 换成 A', 得到一个新的多边形, 它的直径应当还是 1, 面积也比原来的大, 此因 $S_{\triangle A'BC} - S_{\triangle ABC} > 0$. 从而又与原来的多边形的面积的最大性相矛盾. 综合上述, 自多边形的任何顶点引出不少于 2 条直径.

如果自多边形的某个顶点 A 引出两条直径 AK 和 AM, 而 K 和 M 却不是多边形的两个相邻顶点. 此时在它们之间还有另外一个顶点 L. 自顶点 L 亦引出两条直径, 其中的每一条都与直径 AK 和 AM 相交. 然而这是不可能的, 因为与线段 AK 和 AM 都相交的经过点 L 的直线只有一条, 即 AL. 由此还可顺便推出: 自每个顶点都恰好可以引出两条直径. 事实上, 如果自某个顶点可以引出至少 3 条直径, 那么它们的另一个端点就应当是多边形的两两相邻的顶点, 而这是不可能的.

现在我们利用引理证明题中结论. 如果在多边形 M 中没有两条相互垂直的对角线, 那么由引理 2 知, 自它的每个顶点都恰好引出两条直径, 这两条直径的另一个端点是 M 的两个相邻的顶点. 如果以 M 的所有顶点为顶点, 以它的所有的直径为边, 那么我们得到了一个由偶数个顶点构成的图 G. 假如将该图中的顶点间隔一个相连, 我们仍然得到了一个由所有顶点构成的圈 (因为我们实际上就是连出了多边形 M 的所有的边). 而这也就意味着, 图 G 仅由一个偶圈构成. 但是, 这是不可能的. 因为如果我们每隔一个顶点地连接偶圈上的各个顶点, 那么应当得到两个圈. 此为矛盾.

III.040 证法 1 先证一个引理:

引理 设 $x_1, x_2, \cdots$ 为数列, 使得对于任何质数 p 和任何正整数 a, 集合 $\{k: p^a | x_k\}$ 或者为空集, 或者等于集合 $\{d, 2d, 3d, \cdots\}$, 其中 d 为由 p 和 a 决定的某个正整数. 则对任何正整数 m 和 n, 乘积 $x_{n+m} x_{n+m-1} \cdots x_{n+1}$ 都可以被乘积 $x_m x_{m-1} \cdots x_1$ 整除.

引理之证 将 $x_{n+1}, x_{n+2}, \cdots, x_{n+m}$ 中可以被 p^a 整除的项的个数记作 $K(m, n, p^a)$. p^a 只可整除数列中角标为 d 的倍数的项. 因为在任何 m 个相连整数中, 可被 p^a 整除的项的个数都不少于开头的 m 个整数中可被 p^a 整除的项的个数, 所以

$$K(m, n, p^a) \geqslant K(m, 0, p^a). \qquad ①$$

又注意到, 在乘积 $x_{n+m} x_{n+m-1} \cdots x_{n+1}$ 中, p 的指数为

$$K(m, n, p) + K(m, n, p^2) + K(m, n, p^3) + \cdots.$$

由不等式 ① 得知, 上述和数不小于

$$K(m, 0, p) + K(m, 0, p^2) + K(m, 0, p^3) + \cdots,$$

也就是不小于乘积 $x_m x_{m-1} \cdots x_1$ 中的 p 的指数. 这个结论对任何质数 p 都成立, 所以

$$x_m x_{m-1} \cdots x_1 \mid x_{n+m} x_{n+m-1} \cdots x_{n+1}.$$

下面只需证明题中的数列满足引理的条件. 首先证明数列 $\{x_n\}$ 严格上升. 事实上, 如果 $x_{n+1} > x_n$, 那么就有

$$x_{n+2} = c x_{n+1} - x_n \geqslant 2x_{n+1} - x_n > x_{n+1},$$

其中 $c = a$ 或 b, 取决于 n 的奇偶性. 因为 $x_1 > x_0$, 所以数列 $\{x_n\}$ 严格上升.

我们再来揭示数列 $\{x_n\}$ 的另一个性质: 设 q 为一正整数, 使得 $q | x_k$, 则对所有正整数 $n \leqslant k$, 都有

$$x_{k+n} \equiv -x_{k-n} \pmod{q}. \qquad ②$$

特别地, $q|x_{k+n} \Leftrightarrow q|x_{k-n}$.

对 n 进行归纳. $n = 0$ 的情形显然, $n = 1$ 的情形易于验证. 我们由 n 向 $n+1$ 过渡. 如果 $k+n$ 为偶数, 则 $k-n$ 亦为偶数, 此时

$$x_{k+n+1} = ax_{k+n} - x_{k+n-1}, \quad x_{k-n-1} = ax_{k-n} - x_{k-n+1}.$$

因此

$$x_{k+n+1} = ax_{k+n} - x_{k+n-1} \equiv -ax_{k-n} + x_{k-n+1} = -x_{k-n-1} \pmod{q}.$$

对于 $k+n$ 和 $k-n$ 为奇数的情形, 只需将 a 统统换成 b 即可.

现在来证明题中的数列 $\{x_n\}$ 满足引理中的条件. 如果数列 $\{x_n\}$ 中的任何项都不能被 p^a 整除, 则对于 p^a, 引理中的条件满足. 假设数列 $\{x_n\}$ 中第一个可以被 p^a 整除的项的角标为 d. 我们来证明数列中只有那些角标为 d 的倍数的项可以被 p^a 整除. 为此, 只需证明, 凡是角标为 md 的项都可以被 p^a 整除, 而其余的项都不能被 p^a 整除. 利用 ② 式和归纳法 (请注意, 该数列中还有一项为 $x_0 = 0$) 即可证明凡是角标为 md 的项都可以被 p^a 整除. 为证其余的项都不能被 p^a 整除, 也需利用 ② 式: 假设断言不真, 我们观察可以被 p^a 整除的项 x_l, 其中 $l = kd + r$ 是最小的非 d 的倍数的角标. 因为 $p^a|x_l = x_{kd+r}$, 所以由 ② 式知 $p^a|x_{kd-r}$. 但是 $kd - r < l$, 此与 l 的最小性相矛盾.

证法 2 (奇异关系) 利用关系式 $x_1 = bx_0 - x_{-1}$, 可将 x_{-1} 的值定义为 -1.

利用归纳法, 可以证明, 对一切 $n \geqslant -1$, 都有

$$x_{n+2}x_{n+1} - x_n x_{n+3} = x_2 x_1. \qquad ①$$

事实上, 我们有

$$x_{n+2}x_{n+1} - x_n x_{n+3} = x_{n+2}(cx_n - x_{n-1}) - x_n(cx_{n+2} - x_{n+1})$$
$$= x_{n+1}x_n - x_{n-1}x_{n+2},$$

其中

$$c = \begin{cases} a, & \text{若 } n \text{ 为偶数}; \\ b, & \text{若 } n \text{ 为奇数}. \end{cases}$$

这表明, $x_{n+2}x_{n+1} - x_n x_{n+3}$ 的值与 n 无关, 而当 $n = 0$ 时其值等于 $x_2 x_1$.

下面再用归纳法证明, 对一切 $n \geqslant 2$, 都有

$$x_{n+1}x_n = (ab-1)x_n x_{n-1} - (ab-1)x_{n-1}x_{n-2} + x_{n-2}x_{n-3}. \qquad ②$$

设 n 为奇数, 则

$$x_{n+1}x_n = (ax_n - x_{n-1})x_n = ax_n^2 - x_n x_{n-1}$$
$$= (ab-1)x_n x_{n-1} - ax_n x_{n-2}$$
$$= (ab-1)x_n x_{n-1} - a(bx_{n-1} - x_{n-2})x_{n-2}$$

$$= (ab-1)x_n x_{n-1} - (ab-1)x_{n-1}x_{n-2} - x_{n-1}x_{n-2} + ax_{n-2}^2$$
$$= (ab-1)x_n x_{n-1} - (ab-1)x_{n-1}x_{n-2} + x_{n-2}x_{n-3}.$$

而若 n 为偶数, 则只需交换 a 与 b 的位置.

我们从关系式 ① 与 ② 出发, 证明差值 $x_{m+n+1}x_{m+n} - x_n x_{n-1}$ 可被 x_n 整除. 通过对 n 归纳来证明. 利用 ② 式可实现由 x_{n-2}, x_{n-1}, x_n 向 x_{n+1} 的过渡. 事实上, 有

$$\begin{aligned} x_{m+n+1}x_{m+n} - x_{n+1}x_n =& (ab-1)(x_{m+n}x_{m+n-1} - x_n x_{n-1}) \\ &- (ab-1)(x_{m+n-1}x_{m+n-2} - x_{n-1}x_{n-2}) \\ &+ (x_{m+n-2}x_{m+n-3} - x_{n-2}x_{n-3}). \end{aligned}$$

根据归纳假设, 等号右端的每一个括号内的差值都可被 x_m 整除, 因此等号左端也可被 x_m 整除. 从而只需验证最初的三个起始情况. $n = 0, 1$ 的情形显然, $n = 2$ 的情形由 ① 式推知.

回到原题, 我们通过对 m 与 n 归纳证明题中结论.

起点 $m = 0, n = 0$ 与 $m = 1, n = 1$ 的情形显然.

假设题中结论已经对所有满足关系式 $m' \leqslant m, n' \leqslant n$ 的 (m', n') 成立, 其中至少成立一个严格的不等号. 由关于 m 和 $n-2$ 的归纳假设可知

$$x_1 x_2 \cdots x_m \mid x_{n-1}x_n \cdots x_{m+n-2},$$

因此只需证明

$$x_1 x_2 \cdots x_m \mid x_{n+1}x_{n+2} \cdots x_{m+n-2}(x_{m+n-1}x_{m+n} - x_{n-1}x_n).$$

由关于 $m-2$ 和 n 的归纳假设知

$$x_1 x_2 \cdots x_{m-2} \mid x_{n+1}x_{n+2} \cdots x_{m+n-2};$$

由关于 $m-1$ 和 n 的归纳假设知

$$x_1 x_2 \cdots x_{m-1} \mid x_{n+1}x_{n+2} \cdots x_{m+n};$$

而前面我们已经证明 $x_m \mid x_{n+1}x_{n+2} \cdots x_{m+n}$, 因此 $x_{n+1}x_{n+2} \cdots x_{m+n}$ 是如下的最小公倍数的倍数:

$$\begin{aligned}[x_1 x_2 \cdots x_{m-2}x_m, \ x_1 x_2 \cdots x_{m-1}] &= x_1 x_2 \cdots x_{m-2} \cdot [x_m, \ x_{m-1}] \\ &= x_1 x_2 \cdots x_{m-2}x_{m-1}x_m,\end{aligned}$$

这是因为数列中的相邻项是互质的 (关于这一点亦容易通过归纳法来证明).

2002 年

九年级

III.041 注意到 $10\,101$ 可以被 37 整除，将所给的正整数改写为

$$\overline{a0a0\cdots a0b0c0c0\cdots c}$$
$$=\underbrace{\overline{a0a0\cdots 0a}}_{2\,003\text{个数字}}\underbrace{\overline{00\cdots 00}}_{2\,002\text{个}0}+\underbrace{\overline{c0c0\cdots c}}_{2\,003\text{个数字}}+(b-a-c)\cdot 10^{2\,002},$$

该式左端可以被 37 整除，右端的前两项也可以被 37 整除，所以右端的第三项 $(b-a-c)\cdot 10^{2\,002}$ 可以被 37 整除，故知 $b=a+c$.

III.042 如图 14 所示，在边 AB 上取一点 K，使得 $AK=AD$，$KB=BC$. 于是有 $\angle BCK=\angle BKC$，$\angle ADK=\angle AKD$. 因为 $\triangle ABC$ 三个内角之和等于 $180°$，所以 $\angle BKC=90°-\dfrac{1}{2}\angle KBC$. 同理，$\angle AKD=90°-\dfrac{1}{2}\angle KAD$. 因此

$$\angle DKC = 180° - (\angle BKC + \angle AKD)$$
$$= 180° - \left(90° - \dfrac{1}{2}\angle KBC + 90° - \dfrac{1}{2}\angle KAD\right)$$
$$= \dfrac{1}{2}(\angle KBC + \angle KAD) = 90°.$$

$\angle A$ 与 $\angle B$ 的平分线分别是直角三角形 CKD 的边 KD 和 KC 的中垂线，所以它们的交点位于斜边 CD 上.

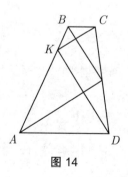

图 14

III.043 **答案** 不能.

解法 1（考察奇偶性） 显然，树上的任何两个顶点之间有唯一的不自交的路，该路上的边的数目就是这两个顶点之间的距离. 考察树上的任意一条边，将其记作 r. 因为树上没有圈，所以一旦去掉边 r，树便被分成两个各自连通的子图 T_1 和 T_2（分别位于边 r 的左面和右面）. 对于 T_1 中的任意一个顶点 x 和 T_2 中的任意一个顶点 y，树上原有唯一的不自交的

路连接它们, 该路显然穿过边 r. 而对于同属于 T_1 或 T_2 的任意两个顶点, 连接它们的不自交的路则都不穿过边 r. 这样一来, 在计算距离之和时, 边 r 被计算的次数就等于 T_1 中的顶点数目与 T_2 中的顶点数目的乘积. 而 T_1T_2 中的顶点数目之和为 25, 所以该乘积是偶数. 由于每一条边都被计算了偶数次, 所以总的距离之和一定是偶数, 故不可能等于 1 225.

解法 2 (染色法) 不难看出, 可以按照常规方式将树的所有顶点染为两种不同的颜色, 使得其上的任何一条边的两端都相互异色. 这样一来, 立即可以知道同色顶点间的距离一定为偶数, 异色顶点间的距离一定为奇数. 假设其中有一种颜色的顶点的数目为 k, 那么另一种颜色的顶点数目就是 $25-k$. 由此可知距离为奇数的顶点一共有 $k(25-k)$ 对, 即有偶数对, 所以总的距离之和一定是偶数, 故不可能等于 1 225.

III.044 如果 k 次操作之后, 黑板上写着整数 t 至 s, 那么必有 $5+3k \leqslant t \leqslant 5+4k$, $10+7k \leqslant s \leqslant 10+8k$, 并且这些数的和为 $\frac{1}{2}(t+s)(s-t+1)$. 如果该和数是 3 的方幂数, 那么只能或者 $\frac{1}{2}(t+s)$ 和 $s-t+1$ 均为 3 的方幂数, 或者 $\frac{1}{2}(s-t+1)$ 和 $t+s$ 均为 3 的方幂数. 这就是说, 它们中有一个数是另一个数的 $1,3,9,\cdots$ 倍, 而这是不可能的, 因为我们由 t 和 s 所属的区间可以推出: 在前一种场合下, 有

$$\frac{1}{2}(t+s) \in [7.5+5k, 7.5+6k] \subset (s-t+1, 3(s-t+1));$$

在后一种场合下, 有

$$\frac{1}{2}(s-t+1) \in [3+1.5k, 3+2.5k] \subset (3(s+t), 9(s+t)).$$

III.045 **答案** $\alpha = \frac{11}{20}$.

算出 11 个实数的算术平均值 $\bar{a}$. 如果 $\bar{a} > \frac{1}{2}$, 则仅把 $a_1 = 0$ 划入第一组, 把其余 10 个数划入第二组. 因为其余 10 个数的算术平均值等于 $\bar{a}$ 的 $\frac{11}{10}$, 所以大于 $\frac{11}{20}$. 如果 $\bar{a} \leqslant \frac{1}{2}$, 则仅把 $a_{11} = 1$ 划入第一组, 而把前 10 个数划入第二组. 因为所有 11 个数的和等于 $11\bar{a} \leqslant \frac{11}{2}$, 所以前 10 个数的和不大于 $\frac{9}{2}$, 其算术平均值不大于 $\frac{9}{20} = 1 - \frac{11}{20}$.

下面的例子说明不能把 α 取得更大: 令 11 个实数为 $0, \frac{1}{10}, \frac{2}{10}, \cdots, \frac{9}{10}, 1$. 易知其中任何 k 个数的和都不小于其中前 k 个数的和 $A_k = \frac{k(k-1)}{20}$, 并且都不大于 $D_k = A_{11} - A_{11-k}$. 而对于任何 k, 都有

$$\frac{D_{11-k}}{11-k} - \frac{A_k}{k} = \frac{11}{20}.$$

III.046 设直线 OK 与 BC 相交于点 X, 与 AC 相交于点 Y. 设 Z 是 $\triangle ODC_1$ 外接圆上与点 O 对径的点 (参阅图 15). 因为 $OD \perp AB$, $\angle ODA = 90°$, 所以 Z 是直线 OK 与直线 AB 的交点. 注意到四边形 $ZODC_1$ 内接于圆 K, 知 $\angle COX = \angle ADC_1$. 类似可证 $\angle DAC_1 = \angle OCX$. 所以 $\triangle COX \backsim \triangle ADC_1$. 从而 $\frac{OX}{OC} = \frac{DC_1}{AD}$. 同理 $\frac{OY}{OC} = \frac{DC_1}{DB}$. 再比较上述二式的右端即可.

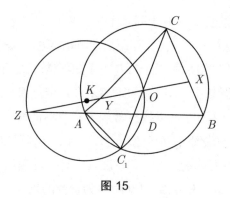

图 15

III.047 答案 可以.

将整数 1 至 1717 中的每个数都对应为它的模 17 和模 101 的余数 (每个数对应两个余数). 根据中国剩余定理, 上述对应关系相互唯一确定. 因此只需在方格表中填写余数对, 使得在每个所说形状的图形中和数都可以被 17 或 101 整除即可. 将方格表的行自上至下依次编号为 1 至 17, 方格表的列自左至右依次编号为 1 至 101.

解法 1 我们先给出一种填法, 使得填在每个水平的多米诺中的数的和都可以被 17 整除, 而填在每个竖直的多米诺中的数的和都可以被 101 整除. 方法如下: 在第 k 行中, 按模 17 的余数依次填写 $k, -k, k, -k, \cdots$. 这样一来, 余数 k 便出现在第 k 行的奇数列和第 $17-k$ 行的偶数列中, 注意 k 与 $17-k$ 的奇偶性是不同的. 再在各列中类似地交替填写模 101 的余数, 使得相同的余数出现在奇偶性相同的列中. 于是, 在第 $50+n$ 列 $(-50 \leqslant n \leqslant 50)$ 中交替地填写 $n, -n, n, -n, \cdots$.

下面来检验: 每一种余数对 (i, j) $(-50 \leqslant j \leqslant 50)$ 都在方格表中出现. 如果 i 和 j 中至少有一个为 0, 此为显然. 当 i 和 j 都不为 0 时, 分以下情况讨论:

若 i 和 j 都是偶数, 则余数对 (i, j) 在第 i 行、第 $51-j$ 列交叉处的方格中;

若 i 为偶, j 为奇, 则余数对 (i, j) 在第 $17-i$ 行、第 $51-j$ 列交叉处的方格中;

若 i 为奇, j 为偶, 则余数对 (i, j) 在第 i 行、第 $51+j$ 列交叉处的方格中;

若 i 和 j 都是奇数, 则余数对 (i, j) 在第 $17-i$ 行、第 $51+j$ 列交叉处的方格中.

解法 2 在第 i 行中写数 $(-1)^i(2i-1)(\mod 17)$, 在第 j 列中写数 $(-1)^j(2j-1)(\mod 101)$. 易知在每个纵向放置的图形中所填之数的和按 $\mod 17$ 计, 为

$$(-1)^i(1-2i) + 2(-1)^{i+1}[1-2(i+1)] + (-1)^{i+2}[1-2(i+2)], \quad i = 2, 3, \cdots, 16.$$

横向放置的图形中所填之数的和按 $\mod 101$ 计, 也有类似的表达式. 现在只需指出: 数

$$(-1)^i(1-2i), \quad i = 1, 2, \cdots, p$$

$\mod p$ 的余数两两不同, 其中 p 为奇数. 事实上, 如果 i 与 j 同奇偶, 并且 $i \neq j$, 则有

$$p \nmid (-1)^i(1-2i) - (-1)^j(1-2j);$$

如果 i 与 j 异奇偶, 则有

$$(-1)^i(1-2i) - (-1)^j(1-2j) = 2(-1)^i(1-i-j),$$

其中仅当 $j = (p+1) - i$ 时才会 mod p 为 0. 但是, 此时 i 与 j 恰恰同奇偶. 如此一来, 每个余数恰好出现一次.

III.048 将多边形 F 的顶点个数记作 n, 我们来对 n 作归纳. $n = 4$ 时显然. 假设题中断言已经对 $n \leqslant k$ 成立, 我们来看 $n = k+1$ 的情形. 根据周知的事实, 可以在每种分法下找到这样的三角形: 它的两条边是多边形 F 的两条相邻的边. 设 $\triangle ABC$ 就是第一种分法下的这种三角形, 其中 BA 和 BC 是 F 的两条相邻边. 如果在第二种分法下也有 $\triangle ABC$, 那么只需对 $F \setminus \triangle ABC$ 运用归纳假设即可. 如果如果在第二种分法下没有 $\triangle ABC$, 那么我们考察其中以 B 为顶点的所有三角形: $\triangle ABD_1, \triangle D_1BD_2, \cdots, \triangle D_{m-1}BD_m, \triangle D_mBC$. 我们来说明如何找出位于 F 中的凸四边形.

证法 1 如果 $\angle AD_1D_2, \angle D_1D_2D_3, \cdots, \angle D_{m-1}D_mC$ 中至少有一个小于 $180°$, 那么以它的 3 个顶点和 B 为顶点的四边形即为所求 (参阅图 16). 如果这些角都大于 $180°$, 则由于顶点 $D_1, D_2, \cdots, D_m$ 都位于 $\triangle ABC$ 之外, $\angle D_1AB + \angle ABC + \angle BCD_m > 180°$, 于是多边形 $CBAD_1D_2\cdots D_m$ 的内角之和大于 $(m+1) \cdot 180°$, 这是不可能的, 所以不存在这种情况.

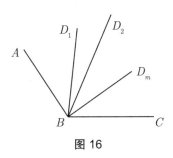

图 16

证法 2 我们来证明存在一个四边形 $ABCD_i$ 整个位于 F 中. 经过点 $D_1, D_2, \cdots, D_m$ 各作一条 AC 的平行直线 $l_1, l_2, \cdots, l_m$. 假设 l_j 离 AC 最近. 那么在第二种分法下, 对角线 BD_i 都与 l_j 相交 ($i \neq j, 1 \leqslant i \leqslant m$). 从而四边形 $ABCD_j$ 包含在多边形 $CBAD_1D_2\cdots D_m$ 中, 当然整个位于 F 中.

十年级

III.049 不妨设 $k \leqslant l \leqslant m$. 于是

$$n^2 = p^k(1 + p^{l-k} + p^{m-k}).$$

因此，p^k 是 n^2 的约数，并且 $2|k$. 由于奇数 t 的偶数次方被 8 除的余数等于 1，而奇数次方被 8 除的余数与 t 相同. 因此

$$p^k \equiv 1 \pmod 8, \quad n^2 \equiv 1 \pmod 8,$$

由此，结合等式 $p^k + p^l + p^m = n^2$，即知 $8|p^l + p^m$. 这也意味着 l 与 m 的奇偶性不同. 于是

$$1 \equiv n^2 \equiv p^k + p^l + p^m \equiv p + 2 \pmod 8,$$

所以 $p+1$ 可被 8 整除.

III.050 参阅 III.045 题解答.

III.051 将各种物质按份量的多少由少至多依次编号. 假定炼丹术士已经将第 $1, 2, \cdots, k$ 号物质变为质量相等 (记为 a)，而第 $k+1$ 号物质的质量为 $b > a$，并且号码更大的物质的质量都不小于 b. 我们来看如何把前 $k+1$ 号物质的质量变为相等. 我们观察任何正数 $x \leqslant \dfrac{a}{49}$. 由题意知，对于其中任何一种物质，如果从其余各种物质中都取出 x，把它变为这种物质，那么这种物质的质量就增加了 $49x$，而其余各种物质的质量都分别减少 x. 我们来对第 $1, 2, \cdots, k$ 号物质都作一次这种操作. 易见，这些物质中的每一种的质量都增加了 $(50-k)x$，而其余物质的质量都分别减少了 kx. 由 x 的取法知，此时各种物质的质量都仍然是正数. 并且这一系列操作的结果使得前 k 号物质的质量与后面物质质量的差减少了 $50x$. 如果此时前 k 号物质的质量仍然最小，那么再对某个 $x < \dfrac{a}{49}$ 重复作上述操作，其结果都使得质量的最小值上升. 因为一开始第 $k+1$ 号物质与前 k 号物质的质量的差为 $b-a$，所以只要经过几次这样的操作，即可使得它们变为相等. 从而利用这种操作，我们可以首先使得前两种物质的质量变为相等，然后使得前 3 种物质的质量变为相等，如此一直下去，即可使得所有 50 种物质的质量变为相等.

III.052 不失一般性，可设点 L 位于对角线 AC 的延长线上点 C 之外 (参阅图 17). 根据同弧所对的圆周角相等，知 $\angle DAC = \angle DBC$ 和 $\angle DCA = \angle DBA$. 由 $AB // DY$ 知 $\angle DCA = \angle DBA = \angle BDY$. 从而知 $\triangle DAC \backsim \triangle YBD$. 由此易得 $\triangle DMC \backsim \triangle YND$. 于是 $\angle DML = \angle DNL$，从而 M, N, L, D 四点共圆.

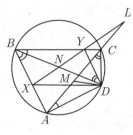

图 17

♦ 读者们注意到了本题与 III.046 题的联系吗?

III.053 答案 在正确的策略下, 甲将获胜.

注意 $1959 = C_{63}^2 + 6$, 即比具有 63 个顶点的完全图的边数大 6. 我们来证明甲可以使得有一个顶点具有 6 条进入的边而没有任何出来的边. 为此, 他先将顶点分成 32 对, 并且在每一对顶点之间都连一条边. 不论乙如何给这些边标箭头, 都会有 32 个顶点, 它们都分别只有 1 条进入的边而都没有出来的边. 甲再将这 32 个顶点分成 16 对, 再在每一对顶点之间都连一条边. 不论乙如何给这些边标箭头, 都会有 16 个顶点, 它们都分别只有两条进入的边, 并且都没有出来的边. 如此一直下去, 即能得到一个顶点 A, 它有 6 条进入的边而没有任何出来的边.

此后甲再逐步作出其余 63 个 (除 A 外) 顶点间的一切可能的连线, 乙则逐条标箭头. 最终得到一个具有 1959 条边的有向图, 其中的顶点 A 没有出来的边, 不能由它到达其他任何顶点, 故甲获胜.

III.054 只需证明由两个相对点所作的岛屿的切线的交点位于湖内. 如图 18 所示, 设点 A, C, O, D, B 等间距地分布在一条直线上, 其中 A, B 是湖岸上的两个相对点, C, D 是岛屿上的点, O 为对称中心. 设分别由点 A 和 B 所作的岛屿的切线相交于点 K. 而 $S \in AK, T \in BK$ 均为岛屿上的点. 应当证明, 线段 KO 上位于 $\triangle KST$ 中的部分不多于它的一半. 令 $DR // CS, R \in BK$. 易知点 R 位于线段 BT 之上 (因为经过点 C, D 可以向岛屿作平行的支撑直线).

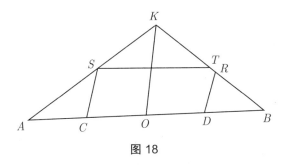

图 18

只需证明线段 KO 上位于 $\triangle KSR$ 中的部分不大于 $\dfrac{KO}{2}$. 不失一般性, 可以认为 $\triangle AKB$ 是边长为 1 的等边三角形 (这可以通过作恰当的仿射变换来实现). 令 $S = pK + (1-p)A$, $R = qK + (1-q)B$(线段 KA, KB 上的重心坐标). 以适当的系数对 $\triangle RBD$ 作位似变换, 它可以靠上 $\triangle ASC$, 得到等边. 这意味着系数等于 $\dfrac{p}{q}$, 并且 $\dfrac{1}{4}\left(1 + \dfrac{p}{q}\right) = p$ (我们已经使两边相等). 于是 $p + q = 4pq$. 在点 A 和点 B 处均放上质量 $(1-p)(1-q)$, 在点 K 处放上质量 $m = p(1-q) + q(1-p)$. 从一方面看, 重心应当在 SR 上; 从另一方面看, 重心应当为 $mK + 2(1-p)(1-q)O$. 这表明应当证明 $m \geqslant 2(1-p)(1-q)$, 亦即

$$p + q - 2pq \geqslant 2 - 2(p+q) + 2pq,$$

这等价于 $8pq \geqslant 2$(因为 $p + q = 4pq$). 而该式是成立的:
$$pq = \frac{(4pq)^2}{16pq} = \frac{(p+q)^2}{16pq} \geqslant \frac{1}{4}.$$

III.055 如所周知, 把 n 个同样的物体放入 k 个不同的盒子, 使得每个盒子都不空的放法有 C_{n-1}^{k-1} 种. 或者说, 有 C_{n-1}^{k-1} 种方法把正整数 n 分拆为 k 个 (有序) 正整数的和.

特别地, 有 $C_{13}^6 = 1\,716$ 种方法把正整数 14 分拆为 7 个 (有序) 正整数的和. 因此, 密探们可以把 1 700 个密码分别对应将 14 分拆为 7 个 (有序) 正整数的不同的拆法. 显然, 每一种拆法都由其中的前 6 个正整数确定. 而这 6 个正整数的和不超过 13.

这样一来, 密探只需分别扔 6 次石头, 每次所扔的石头块数等于相应的正整数, 他们就可以相互告知自己所掌握的密码. 但是这样一来, 所用去的石头不多于 26 块. 如果此后还剩有石头, 那么他们以任意的方式扔掉其余的石头.

III.056 假定蟋蟀的总跳动次数为 $2k$ ($2k \leqslant p-1$), 其中往右和往左各跳动了 k 次. 从 $2k$ 中选取 k 次往左跳动的方法有 C_{2k}^k 种 (这里还没有考虑唱曲问题). 因为该蟋蟀会唱出 $\frac{p-1}{2}$ 种不同的曲子, 每跳动一次, 它都要唱上一曲, 所以跳动次数为 $2k$ 的不同的唱曲行程有 $C_{2k}^k \cdot \left(\frac{p-1}{2}\right)^{2k}$ 种. 对 k 求和, 得唱曲行程的总数为

$$M = \sum_{k=0}^{\frac{p-1}{2}} C_{2k}^k \left(\frac{p-1}{2}\right)^{2k}.$$

往证 M 是 p 的倍数.

证法 1 令 $q = \frac{p-1}{2}$, 于是

$$M = \sum_{k=0}^{q} C_{2k}^k \left(\frac{p-1}{2}\right)^{2k} \equiv \sum_{k=0}^{q} \left(\frac{1}{4}\right)^k C_{2k}^k \pmod{p}.$$

我们来证明: 对一切整数 $0 \leqslant k \leqslant q$, 都有:

$$C_{2k}^k \left(\frac{-1}{4}\right)^k \equiv C_q^k \pmod{p}.$$

这一结论不难用归纳法证明. $k = 0$ 时显然. 为归纳过渡, 我们注意

$$\frac{C_q^{k+1}}{C_q^k} = \frac{q-k}{k+1} = \frac{\frac{p-1}{2} - k}{k+1} \equiv -\frac{2k+1}{2(k+1)} \pmod{p},$$

$$\frac{C_{2k+2}^{k+1}}{C_{2k}^k} = \frac{2(2k+1)}{k+1},$$

即可得知我们的断言. 如此一来, 就有

$$M \equiv \sum_{k=0}^{q} (-1)^k C_q^k = 0 \pmod{p}.$$

证法 2 我们有

$$M = \sum_{k=0}^{\frac{p-1}{2}} C_{2k}^k \left(\frac{p-1}{2}\right)^{2k} \equiv \sum_{k=0}^{\frac{p-1}{2}} C_{2k}^k 2^{-2k} = \frac{p!!}{(p-1)!!} \pmod{p},$$

其中最后一步对所有奇数 p 成立 (不难用归纳法证明).

十一年级

III.057 我们来依次将如下 41 个数写成一行: 表中第 1 行中的第 5 个、第 4 个、第 3 个和第 2 个数, 然后接着写第 1 列中的各个数, 即 $e_1, d_1, c_1, b_1, a_1, a_2, a_3, \cdots, a_{36}, a_{37}$. 易知, 这些写出的数按非升顺序排列 (参阅图 19). 事实上, 由题意知, 前 5 个数按非升顺序排列; 此外还有 $a_k = b_{k+1} \geqslant a_{k+1}$. 因为这 41 个整数都在 1 到 10 之间, 所以由抽屉原理知其中必有 5 个相同的数. 因为它们按非升顺序排列, 所以 5 个相同的数相连. 假设 a_k 是它们中的最后一个数, 那么第 k 行中的数全都相等.

a_1	b_1	c_1	d_1	e_1
a_2	b_2	c_2	d_2	e_2
a_3	b_3	c_3	d_3	e_3
...	...	...	...	...
a_{37}	b_{37}	c_{37}	d_{37}	e_{37}

图 19

III.058 设 I 是四边形 $ABCD$ 的内切圆圆心, 于是 I 位于 $\angle XAD$ 和 $\angle YDA$ 的平分线上 (参阅图 20). 令 $\alpha = \angle XAI = \angle IAD$, $\delta = \angle YDI = \angle IDA$, $\varphi = \angle AXY = \angle DYX$. 我们指出

$$2\alpha + 2\delta + 2\varphi = 360°,$$

因为它们刚好是四边形 $ADYX$ 的内角之和. 因此 $\alpha + \delta + \varphi = 180°$. 由此可知 $\angle YID = \alpha$ 和 $\angle XIA = \delta$. 因此 $\triangle AXI \sim \triangle IYD$. 于是 $\frac{AX}{IY} = \frac{IX}{DY}$, 因而 $AX \cdot DY = IX \cdot IY$. 同理可知 $BX \cdot CY = IX \cdot IY$. 所以 $AX \cdot DY = BX \cdot CY$, 即 $\frac{AX}{BX} = \frac{CY}{DY}$.

III.059 答案 有界.

考察辅助序列

$$c_n = \sqrt{1 + \sqrt{1 + \cdots + \sqrt{1 + \sqrt{1}}}},$$

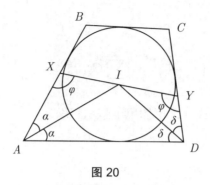

图 20

其中共有 n 重根号. 易知 $c_n < 2$. 事实上, $c_1 < 2$, $c_{n+1} = \sqrt{1+c_n} < \sqrt{3} < 2$. 我们来证明 $b_n < 4$. 先用归纳法证明 $F_n \leqslant 2^{n-1}$. $n = 1$ 和 $n = 2$ 时显然. 然后由

$$F_{n+1} = F_n + F_{n-1} \leqslant 2^{n-1} + 2^{n-2} \leqslant 2^n$$

完成归纳过渡. 再利用不等式 $n(n-1) \leqslant 2^n$ 和归纳法, 易证

$$a_n = F_n^n \leqslant 2^{n(n-1)} \leqslant 2^{2^n}.$$

因此

$$b_n = \sqrt{a_1 + \sqrt{a_2 + \cdots + \sqrt{a_n}}} \leqslant \sqrt{2^{2^1} + \sqrt{2^{2^2} + \cdots + \sqrt{2^{2^n}}}}$$
$$= 2\sqrt{1 + \sqrt{1 + \cdots + \sqrt{1 + \sqrt{1}}}} = 2c_n < 4.$$

III.060 参阅 III.055 题, 密码范围改为由 1 到 900 的正整数.

III.061 **答案** 4 或 1.

解法 1 先从一个熟悉的引理出发:

引理 $(2^k - 1,\ 2^n - 1) = 2^{(k,n)} - 1.$

我们先来证明这一引理. 为确定起见, 设 $n > k$. 对 k 和 n 运用辗转相除法:

$$n = kq_0 + r_1, \quad 1 \leqslant r_1 < k,$$
$$k = r_1 q_1 + r_2, \quad 1 \leqslant r_2 < r_1,$$
$$r_1 = r_2 q_2 + r_3, \quad \leqslant r_3 < r_2,$$
$$\cdots,$$
$$r_{m-2} = r_{m-1} q_{m-1} + r_m, \quad \leqslant r_m < r_{m-1},$$
$$r_{m-1} = r_m q_m.$$

其中, r_m 就是 k 和 n 的最大公约数. 因为 $n = kq_0 + r_1$, 所以

$$(2^k - 1,\ 2^n - 1) = (2^k - 1,\ 2^n - 2^k) = (2^k - 1,\ 2^k(2^{n-k} - 1))$$
$$= (2^k - 1,\ 2^{n-k} - 1) = \cdots = (2^k - 1,\ 2^{n-kq_0} - 1)$$

$$= (2^k - 1,\ 2^{r_1} - 1).$$

因此

$$(2^k - 1,\ 2^n - 1) = (2^k - 1,\ 2^{r_1} - 1) = (2^{r_1} - 1,\ 2^{r_2} - 1)$$
$$= \cdots = (2^{r_{m-1}} - 1,\ 2^{r_m} - 1).$$

但是, $2^{r_{m-1}} - 1$ 可被 $2^{r_m} - 1$ 整除, 所以

$$(2^k - 1,\ 2^n - 1) = (2^{r_{m-1}} - 1,\ 2^{r_m} - 1) = 2^{r_m} - 1 = 2^{(k,n)} - 1.$$

下面解答题目本身. 我们指出

$$(2^{2a+1} + 2^{a+1} + 1)(2^{2a+1} - 2^{a+1} + 1) = (2^{2a+1} + 1)^2 - (2^{a+1})^2 = 2^{4a+2} + 1.$$

因此

$$\left(2^{2a+1} + 2^{a+1} + 1,\ 2^{2b+1} + 2^{b+1} + 1\right) \mid \left(2^{4a+2} + 1,\ 2^{4b+2} + 1\right),$$

亦有

$$\left(2^{2a+1} + 2^{a+1} + 1,\ 2^{2b+1} + 2^{b+1} + 1\right) \mid \left(2^{8a+4} - 1,\ 2^{8b+4} - 1\right).$$

而由引理知

$$\left(2^{8a+4} - 1,\ 2^{8b+4} - 1\right) = 2^{(8a+4,\ 8b+4)} - 1 = 2^4 - 1 = 15.$$

这就是说, $2^{2a+1} + 2^{a+1} + 1$ 与 $2^{2b+1} + 2^{b+1} + 1$ 的最大公约数 d 是 15 的约数. 但是

$$2^{2a+1} + 2^{a+1} + 1 \equiv 2^{a+1} \not\equiv 0 \pmod{3},$$

所以 $3 \nmid d$. 这样一来, 就有或者 $d = 1$, 或者 $d = 5$. 而这两种情况都有可能, 事实上:

$$\begin{cases} 5 \mid (2^{2a+1} + 2^{a+1} + 1), & \text{如果 } 4 \mid a, \\ 5 \nmid (2^{2a+1} + 2^{a+1} + 1), & \text{如果 } 4 \nmid a. \end{cases}$$

解法 2 设 $2^{2a+1} + 2^{a+1} + 1$ 与 $2^{2b+1} + 2^{b+1} + 1$ 的最大公约数为 d. 我们来考察平方同余式

$$2x^2 + 2x + 1 \equiv 0 \pmod{d}.$$

由于 $x = 2^a$ 满足该关系式, 所以

$$2^a \equiv \frac{-1 + \sqrt{-1}}{2} \pmod{d}.$$

因此

$$2^{2a+1} \equiv -2^a - 1 \equiv \pm\sqrt{-1} \pmod{d}.$$

同理

$$2^{2b+1} \equiv \pm\sqrt{-1} \pmod{d}.$$

由此即知 $2^{2a-2b} \equiv \pm 1 \pmod{d}$, $2^{4a-4b} \equiv 1 \pmod{d}$. 我们考察使得 $2^k \equiv 1 \pmod{d}$ 成立的最小正整数 k. 由最小性知 $d|(4a-4b)$, 由此即知

$$(2a+1, k) \mid (2a+1, a-4) = (2a+1, 4b+2) = (2a+1, 2b+1).$$

根据题意, $2a+1$ 与 $2b+1$ 互质, 所以 $2a+1$ 与 k 互质. 另一方面, 我们有

$$2^{4(2a+1)} \equiv 1 \pmod{d},$$

所以 $k|4(2a+1)$, $k|4$, 并且 $2^4 \equiv 1 \pmod{d}$. 于是 d 是 15 的约数. 接下来的推导同解法 1.

III.062 先证一个引理:

引理 如图 21 所示, 给定以 O 为圆心的圆周 ω 和圆外一点 A. 由点 A 向 ω 所作的两条切线分别与 ω 相切于点 K 和 L, 而 KL 与直线 AO 相交于点 A'. 在圆周 ω 上任取一点 $A_1 \notin AO$, 则都有

$$\angle OA'A_1 = \angle OA_1A.$$

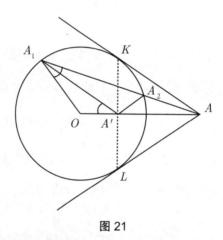

图 21

引理之证 易知 $\mathrm{Rt}\triangle AA'K$ 与 $\mathrm{Rt}\triangle AKO$ 相似, 因此

$$\frac{OA_1}{OA'} = \frac{OK}{OA'} = \frac{OA}{OK} = \frac{OA}{OA_1}.$$

因此 $\triangle OA'A_1 \backsim \triangle OA_1A$, 从而 $\angle OA'A_1 = \angle OA_1A$.

回到原题.

分别以 O, A' 和 Y 表示 $\triangle ABC$ 的内心、AO 与 B_1C_1 的交点以及 AX 与直线 BC 的交点 (参阅图 22). 因为 $\triangle AA_1X$ 为直角三角形, 所以为证点 Y 是线段 AX 的中点, 只需证明 $A_1Y = YA$ 或者 $\angle YAA_1 = \angle YA_1A$. 因为此时 $\triangle YA_1X$ 亦为等腰三角形, 所以 $YA = A_1Y = YX$.

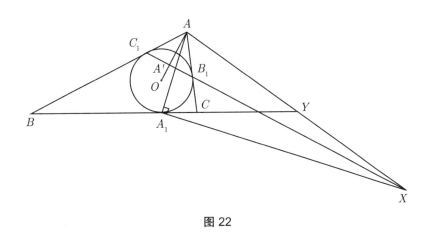

图 22

因为 $\angle AA'X = \angle AA_1X = 90°$, 所以四边形 $AA'A_1X$ 内接于圆, 因此 $\angle XAA_1 = \angle XA'A_1$. 由引理得 $\angle OA'A_1 = \angle OA_1A$. 所以 $\angle YA_1A = \angle XA'A_1$. 由此即得 $\angle XAA_1 = \angle YA_1A$.

III.063 答案 $2, 3, 5, 9, 17, \cdots, 2^m + 1, \cdots$.

写 $k - 1 = 2^p q$, 其中 p 为非负整数, q 为奇数. 假设 $q \neq 1$, 并设黑板上写有一个正整数 a, 其中 $a \not\equiv 1 \pmod{q}$. 我们来证明, 在这种情况下萨沙总能够把黑板上的数变成一个依旧是被 q 除不余 1 的正整数. 假设季玛说了一个正整数 x. 因为萨沙只能从 $a + x$ 与 $a - x$ 中选出一个写在黑板上, 所以我们要来证明, 它们中至少有一个被 q 除不余 1. 因若不然, 就有 $(a + x) - (a - x) = 2x$ 是 q 的倍数, 亦即 $q | x$, 从而

$$a + x \equiv a - x \equiv a \not\equiv 1 \pmod{q},$$

此为矛盾. 所以此种情况下, 萨沙总能达到自己的目的. 也就是说, 季玛不可能最终得到 k 的方幂数.

往证: 对任何形如 $2^m + 1$ 的正整数 k, 季玛都可以最终得到 k 的方幂数. 我们来对 m 使用归纳法. 当 $m = 0$ 时, 有 $k = 2$. 此时季玛应当如此行事: 如果黑板上写着 $a = 2^u(2v+1)$, 其中 $v \geqslant 1$, 则他应当说 $x = 2^u$, 因为这样一来就会有

$$a - x = 2^{u+1}v, \quad a + x = 2^{u+1}(v+1),$$

其中 2 的指数都增大, 而最大的奇数因子都减小. 于是, 一旦最大的奇数因子变为 1, 季玛就得到了 $k = 2$ 的方幂数. 假设断言已经对 $k = 2^m + 1$ 成立, 我们来证明断言对 $n = 2^{m+1} + 1$ 也成立. 为此, 只需证明如何可以由 k 的方幂数得到 n 的方幂数. 注意到 $n = 2k - 1$. 假设黑板上写着 $a = k^u n^v$, 我们来看如何缩小 k 的指数 u. 事实上, 此时季玛只要说 $x = (k-1)k^{u-1}n^v$, 就有

$$a - x = k^{u-1}n^v, \quad a + x = (2k-1)k^{u-1}n^v = k^{u-1}n^{v+1},$$

所以恰好经过 u 步即可得到 n 的方幂数.

III.064 答案 $f(x) = x^\alpha + x^{-\alpha}$, 其中 $\alpha \geqslant 0$.

在所给的等式中令 $x = y = 1$, 即得 $f^2(1) = 2f(1)$, 由于 $f(1) > 0$, 故得 $f(1) = 2$. 再在所给的等式中令 $x = 1$, 则对任意的 $y > 0$, 都有 $2f(y) = f(y) + f\left(\dfrac{1}{y}\right)$, 故知 $f(y) = f\left(\dfrac{1}{y}\right)$, 从而只需对 $x > 1$ 确定 $f(x)$ 的值. 在所给的等式中令 $x = y$, 得到

$$f^2(x) = f(x^2) + 2. \qquad ①$$

往证: 对一切 $x > 0$, 都有 $f(x) \geqslant 2$. 由题意知 $f(x) > a_0 = 0$. 由 ① 式可知: 如果对一切 $x > 0$ 都有 $f(x) \geqslant a_n$, 那么有 $f^2(x) \geqslant a_n + 2$. 若记

$$a_{n+1} = \sqrt{a_n + 2}, \qquad ②$$

则有 $f(x) \geqslant a_{n+1}$. 这样一来, 我们就可以瓮中捉鳖了: 由于 $a_0 = 0 = 2\cos\dfrac{\pi}{2}$, 由 ② 式立得 $a_1 = 2\cos\dfrac{\pi}{4}$, 循此既往, 即得 $a_n = 2\cos\dfrac{\pi}{2^{n+1}}$. 这就是说, 我们对一切正整数 n, 都有

$$f(x) \geqslant 2\cos\dfrac{\pi}{2^n},$$

所以 $f(x) \geqslant 2$.

我们来考察连续函数 $g: (0, \infty) \to (0, \infty)$, 使得 $f(x) = g(x) + \dfrac{1}{g(x)}$. 它可以通过方程 $g^2(x) - f(x)g(x) + 1 = 0$ 解出, 例如可取 $g(x) = \dfrac{1}{2}\left(f(x) + \sqrt{f^2(x) - 4}\right) \geqslant 1$. 由 $f(1) = 2$ 可得 $g(1) = 1$. 将函数 $g(x)$ 代入 ① 式, 可得

$$\left[g(x) + \dfrac{1}{g(x)}\right]^2 = g(x^2) + \dfrac{1}{g(x^2)} + 2,$$

由此可知 $g^2(x) + \dfrac{1}{g^2(x)} = g(x^2) + \dfrac{1}{g(x^2)}$, 亦即

$$g^2(x) - g(x^2) = \dfrac{g^2(x) - g(x^2)}{g^2(x)g(x^2)}.$$

从而知或者 $g^2(x) = g(x^2)$, 或者 $g^2(x) \cdot g(x^2) = 1$. 因为已证 $g(x) \geqslant 1$, 所以在 $g^2(x) \cdot g(x^2) = 1$ 时必有 $g^2(x) = 1 = g(x^2)$. 综合两种情况, 对一切 $x > 0$, 都有 $g^2(x) = g(x^2)$. 我们来证明对任何正整数 n, 对一切 $x > 0$, 都有 $g^n(x) = g(x^n)$. 假设该等式已经对所有不大于 n 的正整数 k 成立, 我们来证明它对 $n + 1$ 也成立. 在题中所给的关于 $f(x)$ 的等式中令 $y = x^n$, 得到 $\left(\text{注意 } f \text{ 具有性质 } f(t) = f\left(\dfrac{1}{t}\right)\right)$

$$f(x)f(x^n) = f(x^{n+1}) + f(x^{n-1}).$$

因为对一切正整数 $k \leqslant n$, 都有 $f(x^k) = g(x^k) + \dfrac{1}{g(x^k)} = g^k(x) + \dfrac{1}{g^k(x)}$, 所以由上式得

$$\left[g(x^{n+1}) + \frac{1}{g(x^{n+1})}\right] + \left[g(x^{n-1}) + \frac{1}{g(x^{n-1})}\right]$$
$$= \left[g(x) + \frac{1}{g(x)}\right] \cdot \left[g(x^n) + \frac{1}{g(x^n)}\right]$$
$$= \left[g(x) + \frac{1}{g(x)}\right] \cdot \left[g^n(x) + \frac{1}{g^n(x)}\right]$$
$$= \left[g^{n+1}(x) + \frac{1}{g^{n+1}(x)}\right] + \left[g^{n-1}(x) + \frac{1}{g^{n-1}(x)}\right],$$

从而就有

$$g(x^{n+1}) + \frac{1}{g(x^{n+1})} = g^{n+1}(x) + \frac{1}{g^{n+1}(x)},$$

由此不难断言 $g(x^{n+1}) = g^{n+1}(x)$.

我们再来指出, 对一切有理数 α, 都有

$$g(x^\alpha) = g^\alpha(x). \qquad ③$$

事实上, 当 $\alpha = \dfrac{m}{n}$ 时, 我们有 $g^n(x^{\frac{m}{n}}) = g(x^m) = g^m(x)$. 再由连续性即知 ③ 式对一切实数 α 都成立. 于是

$$g(x) = g(10^{\lg x}) = g^{\lg x}(10) = x^{\lg g(10)}.$$

最后, 只需注意 $f(x) = g(x) + \dfrac{1}{g(x)} = x^\alpha + x^{-\alpha}$, 其中 $\alpha = \lg g(10)$.

2003 年

九年级

III.065 只要有一个学生换到了相邻的位置上, 我们就称为进行了 "1 个步骤". 因为每分钟都有两个相邻的学生交换位置, 所以每分钟都进行了 "2 个步骤". 我们来考察那个原在队首的学生. 他要到达队尾, 必须经过不少于 "9 个步骤". 而第 2 个学生既要到达队首又要到达队尾, 从而必须经过不少于 "10 个步骤". 第 3 个学生必须经过不少于 "11 个步骤", 第 4 个学生必须经过不少于 "12 个步骤", 第 5 个学生必须经过不少于 "13 个步骤", 相应地, 接下来的学生必须分别经过不少于 "13,12,11,10,9 个步骤". 为此一共必须经过不少于 "$2 \times (9 + 10 + 11 + 12 + 13) = 110$ 个步骤". 此外, 除了最终分别站在队首和队尾的两个学生, 其余的学生还必须到达他们各自的最终位置. 为此, 其中有两人至少需要经过 "4 个步骤", 有两人至少需要经过 "3 个步骤", 有两人至少需要经过 "两个步骤", 有两人至少需要经

过 "1 个步骤", 因此至少还需要经过不少于 "$2 \times (4+3+2+1) = 20$ 个步骤". 这样一来, 总共需要经过不少于 "130 个步骤", 故知至少经过了 65 min.

♦ 试证明: 65 min 足以完成题中所述的目标.

III.066 设 $\angle CAD = \alpha$, $\angle BDA = \beta$. 于是 $\angle BFC = 180° - 2\alpha - 2\beta$, 从而 $\angle BFA = \angle CFD = \alpha + \beta$. 因为 $\angle BXA$ 既是 $\triangle AXF$ 的外角又是 $\triangle BXC$ 的外角, 所以

$$\alpha + (\alpha + \beta) = \angle BFA + \angle CAF = \angle FBC + \angle ACB = 2\alpha + \angle ACB,$$

故知 $\angle ACB = \beta$, 这表明亦有 $\angle ACF = \beta$. 类似可得 $\angle CBD = \angle DBF = \alpha$. 这样一来, BL 和 CL 就都是 $\triangle BCF$ 的角平分线, 从而 FL 也是角平分线. 于是就有 $\angle BFL = \angle CFL$, $\angle AFL = \angle DFL$. 所以 $\angle AFL = 90°$. 将直线 AB 与 CD 的交点记作 E. 我们注意到四边形 $ABLF$ 可内接于圆, 故

$$\angle ABL = 180° - \angle AFL = 90°.$$

同理可知 $\angle DCL = 90°$. 于是 DB 和 AC 都是 $\triangle AED$ 的高, 从而 EL 也是该三角形的高. 所以高 EL 的垂足就是 F, 因为由点 L 只能作直线 AC 的一条垂线 (参阅图 23).

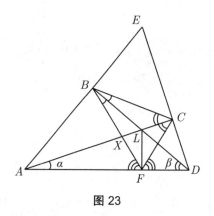

图 23

III.067 答案 后开始的人有取胜策略.

分别将二人称为甲和乙, 甲先开始. 甲先在平面上任取一点 A. 于是乙作为回应, 取一点 A' 与点 A 的距离为 2. 将线段 AA' 的中点记为 O. 对于平面上的任意一点 P, 我们用 P' 表示点 P 关于 O 的对称点. 乙的应对策略就是: 不论甲在平面上取什么点, 他都取该点关于 O 的对称点.

我们来证明, 在乙的这种策略下, 一定是在乙走过以后才出现败局. 假设不然. 设甲的最后一步选择点 B, 而乙选择点 B', 导致 (面积) 不合格的三角形出现, 设其为 $\triangle B'CD$. 但是因为 $\triangle BC'D' \cong \triangle B'CD$, 所以 $\triangle BC'D'$ 也是不合格的, 而它在甲选择点 B 时就已经出现了. 所以 $\triangle B'CD$ 是合格的. 并且 $\triangle BB'C$ 也是合格的. 事实上, 我们有 $BO =$

OB', $CO = OC'$, 所以四边形 $BCB'C'$ 是平行四边形, 因此 $\triangle BB'C$ 与 $\triangle BCC'$ 的面积相等, 所以 $\triangle BB'C$ 也是合格的. 这就说明, 只要甲能走, 乙就能走.

我们来证明游戏迟早要结束. 首先指出, 一旦在平面上标出了点 A 和点 A', 以后的点就只能在一个宽度为 $\dfrac{2\,000}{AA'}$ 的带状区域内选取 (参阅图 24). 因此, 在标注两对点之后, 就只能在某个平行四边形中取点了. 取一个正整数 N, 使得对于该平行四边形中的任何两点 X 和 Y, 都有 $XY < N$. 于是为了避免出现面积小于 1 的三角形, 游戏者们所取的任何两点之间的距离都不能小于 $\dfrac{1}{N}$. 但是如此一来, 游戏就至多可以进行有限步. 事实上, 如果用平行于边的直线将原来的平行四边形分割为一系列边长为 $\dfrac{1}{N^2}$ 的小平行四边形, 那么在每个小平行四边形中至多可以各取一个点.

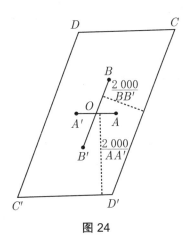

图 24

III.068 **证法 1** 本证法简短, 但不直观. 设 d 是 $n!$ 的一个小于它自己的约数, 记 $k = \dfrac{n!}{d}$. 设 k 的最小质约数为 p. 因为 $k | n!$, $p | k$, 所以 $p \leqslant n$. 故有 $(p-1) | n!$. 显然 $p-1$ 不是质数, 它可以表示为一些小于 p 的质数的方幂的乘积. 由此可知 k 与 $p-1$ 互质, 因而 $(p-1) | d$. 于是 $f = \dfrac{d}{p-1}$ 是整数, 而且显然也是 $n!$ 的约数. 注意到

$$d + f = d + \frac{d}{p-1} = \frac{dp}{p-1}, \qquad \frac{n!}{d+f} = \frac{(p-1) \cdot n!}{pd} = \frac{(p-1)k}{p},$$

因为 $p | k$, 所以 $\dfrac{(p-1)k}{p}$ 是整数, 因此 $d + f$ 是 $n!$ 的约数.

证法 2 (归纳法) $n = 1$ 的情形显然. 我们来由 n 向 $n+1$ 过渡. 考察 $(n+1)!$ 的小于自己的正约数 k. 并且将其写为 $k = ab$, 其中 a 是 $n!$ 的正约数, 而 b 是 $n+1$ 的正约数. 如果 a 是 $n!$ 的小于自己的正约数, 那么由归纳假设立知, 存在 $n!$ 的一个正约数 d, 使得 $a + d$ 仍然是 $n!$ 的正约数. 显然, bd 也是 $(n+1)!$ 的正约数, 而且 $k + bd = (a+d)b$ 也是 $(n+1)!$ 的正约数, 此时断言成立. 下面来考察 $a = n!$ 的情形. 易知现在必有 $b < n+1$,

否则 $k = (n+1)!$, 与我们对 k 的取法不符. 如果 $n+1$ 是合数, 那么有 $n+1 = bc$, 并且可将 k 表示为 $k = (n+1)a'$, 其中 $a' = \dfrac{n!}{c}$. 接下来的步骤与前面类似. 如果 $n+1$ 是质数, 那么它的唯一小于自己的正约数就是 1, 从而 $k = n!$. 此时只要取 $(n+1)!$ 的另一个正约数 $(n-1)!$, 就有 $n! + (n-1)! = (n+1) \cdot (n-1)!$, 仍然是 $(n+1)!$ 的正约数. 结论亦成立.

证法 3 (证明一个更加广泛的命题) 我们来证明如下的命题:

如果正整数 m 具有性质:

$$若 p 是 m 的质约数, 则亦有 (p-1)|m, \qquad ①$$

那么 m 就具有题中所述的性质.

由结论 ① 可以推知 $p(p-1)|m$, 所以具有性质 ① 的正整数 m 一定是偶数. 假设上述命题不成立, 那么存在 m 的一个小于自己的正约数 k 不具备题中所述的性质. 如果 $2k|m$, 那就是说 $k+k$ 仍然是 m 的约数, 此与对 k 的选取相矛盾, 所以 $2k \nmid m$. 这表明在 k 的质因数分解式中 2 的指数与 m 的质因数分解式中 2 的指数相同. 因此, k 必为偶数. 假设在 k 的质因数分解式与 m 的质因数分解式中前面几个 (较小的) 质因数的指数都相等, 我们来考察 m 的下一个质因数 (记为 p) 的指数. 由性质 ① 知, 此时有 $(p-1)|m$. 我们来指出, 此时亦有 $(p-1)|k$. 事实上, $(p-1)|m$ 表明 $p-1$ 的质因数分解式中只含有 m 的前面几个 (较小的) 质因数, 而且指数都不超过 m 的分解式中的相应指数. 因为 k 的质因数分解式与 m 的质因数分解式中前面几个 (较小的) 质因数的指数都相等, 所以 $(p-1)|k$. 根据对 k 的选取, $k + \dfrac{k}{p-1} = \dfrac{kp}{p-1}$ 不是 m 的约数, 而这只有在 m 和 k 的质因数分解式中 p 的指数相同时才有可能. 所以 p 的指数在两者的质因数分解式中亦相等. 循此既往, m 与 k 有完全相同的质因数分解式, 从而 $k = m$. 此与 $k < m$ 的事实相矛盾.

因为对任何自然数 n, 数 $m = n!$ 都具有性质 ①, 所以都具有题中所述的性质.

III.069 证法 1 (考察顶点类型) 什么叫作 "图的顶点的正确 5 染色"? 那就是将图的所有顶点分为 5 组, 同组的任何两个顶点之间都无棱相连.

我们注意到, 如果按照由各个顶点出发的棱的颜色将顶点分类, 那么一共可以分成 15 类, 其中: 单色的有 4 类, 即 1, 2, 3, 4; 有两种颜色的棱从其出发的顶点有 6 类, 即 12, 13, 14, 23, 24, 34……而四种颜色都有的顶点只有 1 类, 即 1234.

我们将一种颜色称为两个顶点的 "共有色", 如果由它们出发的棱中都有这种颜色的. 假设顶点 A 与 B 之间有棱相连, 那么它们当然具有 "共有色", 不妨设它们至少有两种 "共有色", 设为 1 和 2, 并且棱 AB 为 1 号色. 因为由 A 和 B 出发的棱中均有 2 号色的, 从而存在由三条棱组成的路, 并且它的第一条棱和第三条棱都是 2 号色的, 此与题意相矛盾, 所以 A 和 B 恰有一种 "共有色". 此外, 如果由 A 出发的棱都是 1 号色的, 那么由 B 出发的棱中一定还有别的颜色的 (注意, 我们已经假定由 A 和 B 均至少有两条棱出发). 这样一来, 我们就只需将我们的 15 种类型的顶点分为 5 组, 使得同一组中的任何两个顶点或者没有"共有色",或者至少有两种"共有色",因为在这些情况下它们之间都没有棱相连. 我们可以有许多方法来分组,表 1 所示是其中的两种方法.

表 1

	第一种方法	第二种方法
1 号色	1, 234, 23	1,2,3,4
2 号色	2, 134, 14	123, 124, 134, 234, 1234
3 号色	3, 124, 24	12, 34
4 号色	4, 123, 13	14, 23
5 号色	12, 34, 1234	13, 24

证法 2 (拥有色) 将我们的图称为 G. 在本方法中,我们牢牢抓住 G 中那些度数不超过 4 的顶点. 如果 G 中有度数不超过 4 的顶点 A,那么可以先对其余顶点染色,因为与顶点 A 相邻的顶点至多只有 4 个,而我们一共有 5 种颜色,所以可以将 A 染为与它们都不同的颜色.

因此我们只需考虑各个顶点的度数都不小于 5 的情形. 显然,此时从每个顶点出发的棱中都至少有两条同色的. 如果由顶点 A 出发的棱中有两条 i 号色的,那么我们将 A 染为 i 号色 (如果有多种颜色的棱各不少于两条,那么任选其中一种颜色).

我们来看看此时是否会有两个有棱相连的顶点的颜色相同. 假设顶点 A 与 B 之间有棱相连,并且都被染为 1 号色. 那么此时从每个顶点出发的棱中都至少有两条为 1 号色. 从而,不论棱 AB 为何种颜色的,从 A 出发的其余棱中至少有一条为 1 号色的,从 B 出发的其余棱中也至少有一条为 1 号色的. 于是在这三条棱所组成的路上,第一条棱和第三条棱的颜色相同,此为不可能. 可见 A 与 B 的颜色不可能相同. 所以我们的染色办法是正确的. 事实上,此时我们只用到 4 种颜色. 但是我们还需考虑 4 度的顶点,那时需要用到 5 种颜色.

III.070 由题意知 $\dfrac{KX}{CX} = \dfrac{CD}{BD}$,因此

$$\frac{KC}{CX} = 1 + \frac{KX}{CX} = 1 + \frac{CD}{BD} = \frac{CB}{BD},$$

这就表明 $\dfrac{CX}{KC} = \dfrac{BD}{CB}$. 易知

$$\frac{S_{\triangle BCX}}{S_{\triangle BKC}} = \frac{CX}{KC} = \frac{BD}{CB} = \frac{S_{\triangle BDK}}{S_{\triangle BCK}},$$

所以

$$S_{\triangle BCX} = S_{\triangle BDK} = S_{\triangle ABK},$$

上式中的最后一个等号得自"K 是 AD 的中点". 再由题中条件 $\angle XBC = \angle ABK$ 知上式即为 $XB \cdot BC = AB \cdot BK$,亦即 $\dfrac{AB}{BC} = \dfrac{XB}{BK}$. 由此和 $\angle BAX = \angle BCK$ 知 $\triangle ABX \sim \triangle CBK$,从而 $\angle BAX = \angle BCX$(参阅图 25).

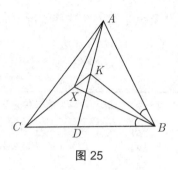

图 25

III.071 答案 $(2n-3)!!$ 种办法.

本题根据 Schröder 的四个问题之一 (问题 2) 改编而成.

解法 1(归纳法) 我们来对礼物的件数 n 作归纳,并且证明: 为放 n 件礼物,圣诞老人刚好需要 $n-1$ 个麻袋. $n=2$ 时的情形显然, 圣诞老人只有一种方式 (自然方式) 把两件礼物放进一个麻袋, 结论成立. 假设结论已经对 n 成立, 即有 $(2n-3)!!$ 种不同方式把 n 件礼物放入 $n-1$ 个麻袋; 我们来证明结论对 $n+1$ 也成立.

假设圣诞老人已经把 $n+1$ 件礼物放入 n 个麻袋, 我们来观察其中的第 $n+1$ 件礼物. 它一定与另外一件物品一起放在某个麻袋里. 如果我们去掉第 $n+1$ 件礼物和那个装它的麻袋 (只去掉麻袋, 留下另一件物品), 便得到一种把 n 件礼物放入 $n-1$ 个麻袋的方式. 反之, 对于任何一种把 n 件礼物放入 $n-1$ 个麻袋的方式, 我们都可以把第 $n+1$ 件礼物和其中的任何一件物品一起装入一个新的麻袋, 放在该物品原来的地方, 得到一种把 $n+1$ 件礼物放入 n 个麻袋的方式. 根据归纳假设, 在放 n 件礼物时共放置了 $2n-1$ 件物品 (n 件礼物和 $n-1$ 个麻袋), 所以我们有 $2n-1$ 种不同的选择与第 $n+1$ 件礼物放在同一个麻袋里的方式, 因此一共有 $(2n-1)\cdot(2n-3)!! = (2n-1)!!$ 种把 $n+1$ 件礼物放入 n 个麻袋的方式. 所以结论也成立.

解法 2(通过一一对应转化为易于计数的形式) 采用 Schröder 关于问题 2 的讨论.

不难明白, 为放 n 件礼物, 需要 $n-1$ 个麻袋 (例如, 可以通过画 "分装树" 来说明). 我们将 n 件礼物分别编号为 1 至 n, 然后将除最外面的麻袋之外的麻袋分别编号为 $n+1$ 至 $2n-2$, 编号方式如下 (按照归纳方式): 如果号码 1 至 m 已经各有所属, 那么把放有两件已经编过号码的物品的麻袋编为第 $m+1$ 号; 如果这样的麻袋有好几个, 那么把放有最小号码的物品 (其中之一的号码最小) 的麻袋编为第 $m+1$ 号.

图 26 给出 $n=7$ 时的一种编号方式 (其中 1 至 7 号是礼物, 8 至 12 号是麻袋).

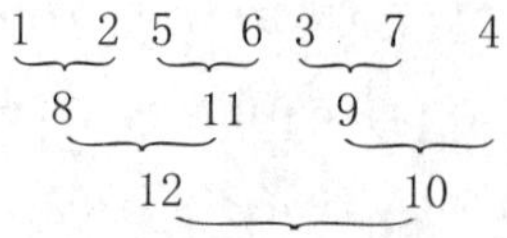

$$\underbrace{\underbrace{1\ 2}_{8}\ \underbrace{5\ 6}_{11}\ \underbrace{3\ 7}_{9}\ 4}_{12}\ \underbrace{}_{10}$$

图 26

编完号码之后, 我们写出各个麻袋中所放的物品的号码 (按任意顺序). 例如对于上例, 有
$$\{1,\ 2\},\ \{5,\ 6\},\ \{3,\ 7\},\ \{8,\ 11\},\ \{9,\ 4\},\ \{10,\ 12\}.$$
如此所得到的 "数对组" 与不同的放法之间形成一一对应. 所以它们的数目相等. 这种 "数对组" 的成员之间没有先后顺序, 不难算出一共有
$$\frac{(2n-2)!}{2^{n-1}(n-1)!} = (2n-3)!!$$
种不同的这种 "数对组".

解法 3 (卡塔兰数) 我们来证明麻袋的数目一定是 $n-1$. 假设圣诞老人有 m 个麻袋. 我们用两种不同的方法计算放在麻袋里的物品数目. 一方面, 每个麻袋里都刚好放两件物品, 所以一共有 $2m$ 件物品. 另一方面, 所有的物品 (除了最外面的麻袋) 都放在麻袋里面, 所以麻袋里一共放了 $m+n-1$ 件物品. 由此即得 $m = n-1$.

现在假设圣诞老人不是把物品放入麻袋, 而是装入盒子, 那么放法数目会怎样变化呢? 因为装盒时, 物品可以分出左右, 所以现在的放法数目是原来的 2^{n-1} 倍. 我们来求装盒的方法数目. 将每个盒子各用一个左开右闭的括号 "( ]" 来表示. 于是每一种将物品放入盒子的方法对应一种正确放置 $n-1$ 对括号的方式. 如所周知①, 正确放置 $n-1$ 对括号的方式有 $\frac{1}{n}C_{2n-2}^{n-1}$ 种, 所以原来的放置礼物的方法种数为
$$\frac{1}{n}C_{2n-2}^{n-1}\frac{1}{2^{n-1}} = (2n-3)!!.$$

III.072 本题可以利用 Cauchy 不等式来证明.

十年级

III.073 对于任何二次三项式 $h(x) = x^2 + cx + d$, 都有
$$h(d) = d^2 + cd + d = d(d+c+1) = h(0) \cdot h(1).$$
我们来观察二次三项式
$$g(x) = f(x) - f(p) = x^2 + ax + [b - f(p)].$$
显然 $p \in (0,1)$ 是 $g(x)$ 的根. 因为 $f(b-f(p)) > f(p)$, 所以
$$0 < f(b-f(p)) - f(p) = g(b-f(p)) = g(0) \cdot g(1).$$
这表明 $g(0)$ 与 $g(1)$ 同号, 因为 $g(x) = 0$ 有一个根 $p \in (0,1)$, 所以它的另一个根也在该区间中, 记为 q, 如此一来, 就有 $f(p) = f(q)$. 最后我们指出, 因为 $p \neq -\frac{a}{2}$, 所以 $q \neq p$.

---

① 编译者注 可参阅有关书籍, 例如在苏淳编著的由中国科学技术大学出版社出版的《同中学生谈排列组合》一书中就有关于卡塔兰数和此类放置方法数目的推导.

III.074 证法 1 因为 $\triangle BDF$ 与 $\triangle BAL$ 都是等腰三角形,并且顶角相等,所以它们相似. 从而 $\angle ABL = \angle DBF$,并且

$$\angle ACD = \angle ABD = \angle LBF,$$

这表明 B, L, F, C 四点共圆 (参阅图 27). 因为 $DE = DB = DF$,所以

$$\angle DFE = 90° - \frac{1}{2}\angle EFD = 90° - \angle ADK,$$

其中 K 是线段 BF 的中点. 这样一来,就有

$$\angle DFL = \angle LBC = \angle ABC - \angle ABL = 180° - \angle ADC - \angle DFK$$
$$= 90° - (\angle ADC - \angle KDF) = 90° - \angle ADK = \angle DFE,$$

由此即得题中断言.

本证法的缺点是: 只能适用于题目中的特定条件. 下面我们给出适用面较宽的证法.

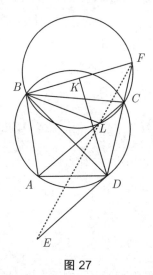

图 27

证法 2 (方向角) 由 $\triangle BDF \backsim \triangle BAL$ 可知

$$\angle(LC, CF) = \angle(AC, CD) = \angle(AB, BD) = \angle(LB, BF),$$

所以 B, L, F, C 四点共圆 (参阅图 28). 将 AD 与 BF 的交点记作 M (在平行四边形的情形下,L 与 C 重合). 进而有

$$\angle(DE, EM) = \angle(MB, DB) = \angle(DF, FM),$$

所以 D, E, M, F 四点共圆. 这样一来,就有

$$\angle(DF, FE) = \angle(DM, ME) = \angle(FM, MD)$$
$$= \angle(FM, DF) + \angle(DF, MD) = \angle(BD, BF) + \angle(BC, BA)$$

$$= \angle(BC, BA) + \angle(BA, BL) = \angle(BC, BL) = \angle(FC, FL),$$

由此即得题中断言.

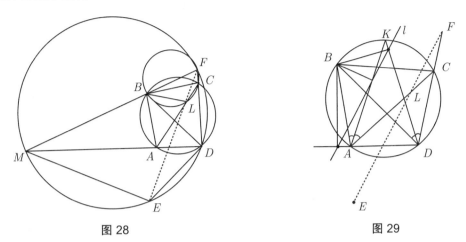

图 28　　　　　　　　　　图 29

证法 3 (西姆松线)　设四边形 $ABCD$ 外接圆上 $\overparen{BC}$ 的中点为 K(见图 29). 显然, 直线 AK 与 DK 分别是 $\angle BAC$ 和 $\angle BDC$ 的平分线. 作点 B 关于 $\triangle AKD$ 三条边的对称点, 分别得到点 E, F 和 L. 因为 B 位于 $\triangle AKD$ 的外接圆上, 所以由点 B 所作 $\triangle AKD$ 三条边的垂线的垂足位于同一条直线 l (西姆松线) 上. 由此即可得知 F, L, E 三点共线. 事实上, 它们所在的直线就是 l 在以点 B 为中心所作的系数为 2 的同位相似下的像.

III.075　同 III.069 题.

III.076　证法 1 (倒向分析)　设正 4006 边形的顶点依次为 $A_0, A_1, A_2, \cdots, A_{4005}$, 并且 A_0 就是甲所标出的那个顶点. 注意: 甲的目的是阻止乙把棋子移到顶点 A_0 上, 否则甲就输了. 这样, 甲就有一些需要回避的走法 (不能沿着某些对角线按某个方向移动棋子). 我们把甲为了避免输棋而不该走的对角线 (向量) 全都标出来. 容易知道, 它们是 $\overrightarrow{A_{4002}A_{4004}}, \overrightarrow{A_{2005}A_2}, \overrightarrow{A_{2001}A_{4004}}, \overrightarrow{A_{2001}A_{2003}}, \overrightarrow{A_{2005}A_{2003}}$ (参阅图 30), 因为它们都拱手让乙赢棋.

甲是否值得走 $\overrightarrow{A_{1997}A_{1999}}$ 或者 $\overrightarrow{A_{4002}A_{1999}}$ 呢? 显然也不值得, 因为乙可以回应 $\overrightarrow{A_{1999}A_{2001}}$, 而从顶点 $\overrightarrow{A_{2001}}$ 出发的任何可能导致这种局面的走动都对甲无益. 同理, 甲不值得走 $\overrightarrow{A_{2009}A_{2007}}$ 或者 $\overrightarrow{A_4 A_{2007}}$.

甲是否值得走 $\overrightarrow{A_8 A_6}$ 或者 $\overrightarrow{A_{2009}A_6}$ 呢? 显然也不值得, 因为乙可以回应 $\overrightarrow{A_6 A_4}$, 而从顶点 $\overrightarrow{A_4}$ 出发的任何可能导致这种局面的走动同样也都对甲无益. 如此讨论下去, 即可发现任何走动都对甲不利. 需要指出的是, 我们的讨论依赖于 2003 是奇数这一性质.

证法 2 (朝一个方向运动)　假定甲第一步按顺时针方向沿着最短的对角线 (简称短步) 或者沿着主对角线 (简称长步) 移动棋子. 而乙总是回应以顺时针方向的短步, 除非他可以立即取胜. 这样一来, 整个游戏过程中的短步必定都是顺时针方向的. 执行这种策略的结果

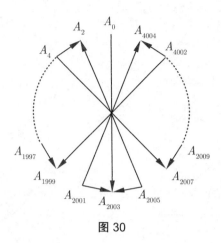

图 30

是: 即使棋子没有到遍正 4006 边形的每一个顶点, 也到遍了每一对对径顶点中的至少一个顶点. 这是因为, 每经过一步或者两步, 棋子都会由一对对径点按顺时针方向移动到另一对对径点.

显然, 只要游戏持续足够长的时间 (最多经过 2003 次短步移动), 棋子必定回到它一开始所在的那一对对径点. 假定 A 是甲所标出的顶点, 而 B 是它的对径点. 假定此时乙还没有取胜, 那么在 A 和 B 这一对对径点中, 或者是甲首先到达, 并且是到达点 A; 或者是乙首先到达, 却是到达点 B. 我们来考察接下来的情况. 两种情形类似, 不妨设为前一种情形 (接下来是乙首先从顶点 A 移走棋子).

我们将所有顶点依次编号, 设顶点 A 为 1 号, 那么顶点 B 就是 2004 号, 并且任何一对对径顶点的号码都是一奇一偶. 显然, 每一次长步都改变所在顶点号码的奇偶性, 而每一次短步都保持奇偶性不变. 假设又按照所说的策略继续走了 2003 步, 我们来观察所有可能的情况. 假设其中走了 k 次长步. 如果 k 为偶数, 那么意味着乙首先到达 A 和 B 这一对对径点. 因为顶点的奇偶性一共改变了偶数次, 所以他一定到达顶点 A, 从而取胜. 如果 k 为奇数, 则意味着甲首先到达 A 和 B 这一对对径点, 并且到达的是顶点 B(因为奇偶性改变了奇数次), 于是下一步乙即可取胜.

III.077 因为 K 是 AD 的中点 (参阅图 31), 所以 $S_{\triangle ACK} = S_{\triangle CKD}, S_{\triangle ABK} = S_{\triangle BKD}$. 因而 $S_{四边形ABKC} = S_{\triangle KBC}$, 再结合条件 $S_{\triangle AKC} = S_{\triangle KBX}$, 即得

$$S_{\triangle ABK} = S_{四边形ABKC} - S_{\triangle AKC} = S_{\triangle KBC} - S_{\triangle KBX} = S_{\triangle BCX}.$$

因为 $\angle ABK = \angle XBC$, 所以上述面积等式就是 $XB \cdot BC = AB \cdot BK$, 亦即 $\dfrac{AB}{BC} = \dfrac{XB}{BK}$, 从而 $\angle BAX = \angle BCX$.

III.078 答案 所有由 7 个 1 和 1 个 0 组成的 8 位数, 一共有 7 个这样的 8 位数.

显然, 所有这样的 8 位数都可以通过所述的操作得到 7. 往证没有其他的 8 位数满足要求.

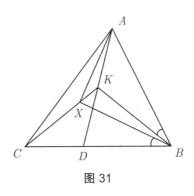

图 31

我们倒过来观察得到 7 的过程. 从怎样的正整数只需一次操作就可以得到 7? 显然只能是那些由 7 个 1 和若干个 0 组成的正整数. 我们来观察一个这样的正整数 a. 显然, 它也是由某个别的数 a_1 通过操作得到的 (否则我们就回到答案中的 7 个数了). 根据题意, 在 a 的最右端写着由 a_1 得到 a 的操作中所减去的 1 的个数. 该 "个数" 既不会是 0, 也不会是 1, 于是它必不小于 10. 因此再前一步, a_1 中有不少于 10 个不超过 2 的数字. 这就意味着, 在由 a_2 得到 a_1 时, 我们在 a_1 的末尾写上的 1 的个数不小于 10(无论是 0,1 还是 2 都不合适, 因为在这些情况下我们都至少从 9 个数位上减去 1, 所以应当在 a_1 的末尾写上 9). 这样一来, 在 a_2 中有不少于 10 个不超过 3 的数字. 我们可以如此一直分析下去, 最终得到由 8 个非零数字构成的 8 位数 a_8, 它的每位数字都不超过 9.

我们来观察 a_8. 由它得到 a, 我们共经过 8 次操作, 每一次减去多于 9 个 1. 不难看出, 在每次操作之后, 各位数字之和都至少减少 9. 因为 a 的各位数字之和是 7, 所以 a_8 的各位数字之和不小于 $7 + 8 \times 9 = 79$, 它大于任何 8 位数的各位数字之和. 我们知道, 在进行操作时, 各位数字之和是不会增加的, 因而 a_8 不可能由任何 8 位数通过操作来得到. 这就表明, 除了我们所列出的 7 个 8 位数, 没有其他任何 8 位数可以满足要求.

III.079 证法 1 (拿取和染色) 显然可以假设图中的所有顶点的度数都不小于 3(否则, 可以先不染这些顶点, 然后补入它们, 并为它们染色).

显然, 我们可以把所有那些至少连出 3 条颜色不同的棱的顶点都染为同一种颜色 (要证明这一点并不困难, 可以参阅 III.069 题的解答). 将这些顶点称为 "大顶点", 并且暂时忘却它们.

我们来考察其余的顶点. 假设在它们中有一个顶点 A, 由它连出的所有的棱都是同一种颜色的 (不妨设为 1 号色). 我们标出 A 的所有相邻顶点 (不包括它们中的大顶点). 对于任何一个这样的顶点 B, 由它连出的所有的棱中, 除了 AB, 都被染为不同于 1 号色的另一种颜色. 这是因为 B 不是大顶点, 所以由它至多连出两种颜色的棱. 而如果在除 AB 之外的棱中还有某一条棱 BC 被染为 1 号色, 那么可以找到一条由 3 条同色棱组成的路 B_1ABC, 此与题意相矛盾. 将棱 AB 标上箭头 $\overrightarrow{AB}$. 我们来考察 B 的除大顶点和 A 之外的所有相邻顶点. 对于任何一个这样的顶点 C, 由它连出的所有的棱中, 除了 BC, 都被染

为不同于棱 AB 的另一种颜色 (否则, 将可找到某条道路 $ABCD$ 或 C_1BCD, 它的第一条和第三条棱的颜色相同). 将棱 BC 标上箭头 $\overrightarrow{BC}$. 我们将这个标注箭头的过程一直进行下去, 只要所到达的顶点还有非大顶点的相邻顶点. 在每一步上, 我们都沿着箭头走到一个顶点 E, 由它连出的所有的棱都被染为两种颜色, 并且有一种颜色只染了一条棱, 而这条棱就是已经标有指向顶点 E 的箭头的棱. 我们将会沿着另一种颜色的棱走到下一个顶点, 并且在该条棱上标上指向下一个顶点的箭头. 所以每次我们都会到达一个新的顶点. 这就表明, 我们所经过的所有顶点形成一个 "树", 因此不难用两种颜色为它们染色. 这是一种情况, 即有某个顶点, 由它连出的所有的棱都是同一种颜色的.

最后只需再考虑那些顶点, 由它们连出的棱被染为两种颜色. 可以把这些顶点按照棱的颜色分成 6 类: 12, 13, 14, 23, 24, 34. 正如 III.069 题的证法 1 所说明的那样, 同一种类型的顶点不可能有棱相连, 因此可以把这些顶点分别染为 3 种颜色: 类型 12 和 34 为一种颜色; 类型 14 和 23 为另一种颜色; 而类型 13 和 24 为第三种颜色. 这就完成了全部证明.

证法 2(两次分组) 这种证法简洁而漂亮, 但是对于竞赛的参加者来说, 比较难于想到.

考察由我们的所有顶点以及那些被染为 1 号色和 2 号色的棱构成的图. 我们来证明该图中没有长度为奇数的圈. 用反证法, 假设图中有长度为奇数的圈. 我们来考察这样的圈, 并且设法弄清楚如何为它的棱染色. 不难明白, 一开始是两条同一种颜色的棱, 接着是两条另一种颜色的棱, 然后又是两条头一种颜色的棱, 如此等等. 但是这种情形只有对长度为偶数的圈才有可能. 因此我们的图中没有长度为奇数的圈. 这样, 我们的图是一个二部图, 意即它的顶点可以分为 H_1 和 H_2 两组, 在每组的内部都没有 1 号色和 2 号色的棱.

经过类似的证明, 又可知我们图中的顶点可以分为 F_1 和 F_2 两组, 在它们的内部都没有 3 号色和 4 号色的棱. 综合上述, 在 $H_1 \cap F_1$, $H_1 \cap F_2$, $H_2 \cap F_1$ 和 $H_2 \cap F_2$ 的内部均无棱相连, 于是可以将各组顶点分别用一种颜色染色, 从而一共需要 4 种颜色.

III.080 答案 只有唯一一组解: $a = 3, b = 2$.

对于质数 p 和正整数 a, n, 我们用 $p^n \parallel a$ 表示 $p^n \mid a$, 但是 $p^{n+1} \nmid a$. 我们来陈述一个引理.

引理 设 p 为质数, a, b, k, l 为正整数, 使得 $p^l \parallel a-1$, $p^k \parallel b$, 则: 当 $p > 2$ 或 $k \geqslant 1$ 时, 有 $p^{k+1} \parallel a^b - 1$; 而当 $p = 2$ 和 $l = 1$ 时, 有 $2^{k+2} \parallel a^b - 1$.

本引理是广为人知的, 可以通过对 k 归纳来证明.

下面来解答题目本身. 观察 b 的最小质约数 p.

(1) $p > 2$ 的情形. 当 $p \nmid a - 1$ 时, 假设 $d > 1$ 是使得 $a^d \equiv 1 \pmod{p}$ 成立的最小正整数. 因为 $a^{p-1} \equiv 1 \pmod{p}$ 和 $a^b \equiv 1 \pmod{p}$, 所以有 $d \mid p-1$ 和 $d \mid b$. 由此推知 p 不是 b 的最小质约数. 当 $p \mid a - 1$ 时, 假设 $p^t \parallel a-1$ 和 $p^k \parallel b$. 于是根据引理, 有 $p^{k+t} \parallel a^b - 1$. 再由 $p^{ak} \mid b^a$ 可知 $k + t \geqslant ak$. 然而, 不难明白 $t < a - 1$, 以及 $k + t < k + a - 1 \leqslant ka$, 亦导

致矛盾.

(2) 剩下只有 $2|b$ 的情形. 此时 a 显然为奇数. 设 $2^k \| b$ 和 $2^t \| a-1$. 如果 $t \geq 2$, 则由引理知 $2^{k+t} \| a^b - 1$, 由此再次得到 $k+t \geq ak$. 由与上类似的理由知此为不可能. 下设 $t = 1$. 此时由引理知 $2^{k+2} \| a^b - 1$. 因为 $2^{ak} | b^a$, 所以 $k+2 \geq ak$. 不难看出 $a \geq 3$, 故知 $ka \geq 3k \geq k+2$. 此时所有的不等式均应为等式, 而这只有在 $k=1, a=3$ 时才有可能. 在这种情况下有 $b = 2c$, 其中 c 为奇数. 因而 $(2c)^3 | (3^{2c} - 1)$, 以及 $c^3 | (9^c - 1)$. 设 $c > 1$, 而 q 是 c 的最小质约数. 显然 q 为奇数, 并且 $(c, q-1) = 1$. 与上类似, 我们再观察使得 $9^d \equiv 1 \pmod{q}$ 成立的最小正整数 d. 由 $9^1 - 1 = 8$ 不是奇质数可知 $d > 1$. 但此时有 $9^c \equiv 1 \pmod{q}$ 和 $9^{q-1} \equiv 1 \pmod{q}$, 所以有 $d | (c, q-1)$. 但是 $d > 1$, 而 $(c, q-1) = 1$, 此为不可能. 由上述种种矛盾知只有唯一的可能: $a = 3, b = 2$. 经验证, 此组数满足要求.

十一年级

III.081 答案 $k = 2$, $k = 6m+3$, $k = 6m+5$, 其中 m 是任何非负整数.

$k = 2, 3, 5$ 的例子如图 32 中前 3 个子图所示. $k = 6m+3$, $k = 6m+5$ 的例子可以按照跨度 6 来归纳构造 $(k \Rightarrow k+6)$: 先按图 32 中第 4 个子图的方式画出宽度为 3 的 "框架", 然后根据归纳假设填补其内部.

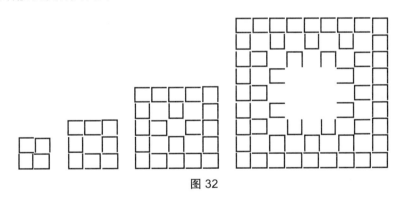

图 32

下面来解答题目本身. 注意 $k \times k$ 方格表的骨架由 $2k(k+1)$ 条单位线段构成 ($k+1$ 条长度为 k 的竖线, 以及相同数目的横线). 骨架中的每个图形都由 3 条线段构成, 所以为了能画出骨架, 应当有 $3 | 2k(k+1)$.

观察那个包含最左上方单位长线段的图形, 不失一般性, 可认为该图形开口向右, 即具有形状 ⌐. 位于其下方的方格的框架就是一个开口向上的图形 ⌊. 如此沿着外框一个个看下去, 等我们绕行一圈, 就得到图 32 中的第 4 个图形.

如果其内部不再包含任何单位长线段, 我们就得到了尺寸为 2×2 与 3×3 的方格表的框架. 否则, 我们就要继续观看排列在第 2 行与第 2 列中的方格. 它们的左方与上方的边都已经归属上一层框架,所以另外两边则应分别归属两个不同的图形. 容易看出, 该方格的右方的竖边应当属于包围相邻的方格的开口向上的图形⊔. 继续沿着框架中的尚未查看的部分前进, 我们发现距离边缘为 1 的所有方格的支撑情况如图 32 右图所示.

通过如上所述的观察, 我们知道方格表的宽度应当为奇数. 如此一来, k 为奇数且 $3 \mid k(k+1)$. 因此, 当 $k > 2$ 时, 必具形状 $6k+3$ 或 $6k+5$.

III.082 先证明一个不复杂的引理.

引理 如图 33 所示, 直角的顶点为 O, 点 A 位于直角的一条边上, 而点 B, C, D 位于直角的另一条边上. 如果 $\angle BAC \leqslant \angle CAD$, 则必有 $BC < CD$.

引理之证 分别在 $\triangle BAC$ 和 $\triangle CAD$ 中应用正弦定理, 可得

$$\frac{BC}{AB} = \frac{\sin \angle BAC}{\sin \angle BCA} \leqslant \frac{\sin \angle CAD}{\sin \angle DCA} = \frac{CD}{AD}.$$

在 $\triangle BAD$ 中, AD 是钝角所对之边, 故有 $AD > AB$, 所以 $BC < CD$.

现在证明题目本身. 将题中的角记为 $\angle K_1PK_2$, 而 K_1K_2 则为题中所言的直线 (见图 34). 将编号为奇数的线段称为黑线段, 其余的线段则称为白线段. 由点 P 作直线 K_1K_2 的垂线 PH. 如果垂足 H 位于黑线段上, 那么我们不用考虑 H 所在的黑线段. 此时, 在 H 的左方黑白线段条数相等, 在 H 的右方黑白线段条数也相等, 并且由引理可知黑线段的长度之和大于白线段的长度之和. 如果垂足 H 位于白线段上, 那么 H 将该线段分成两个白线段. 此时, 在 H 的左方黑白线段条数相等, 在 H 的右方黑白线段条数也相等, 于是再次由引理立知黑线段的长度之和大于白线段的长度之和.

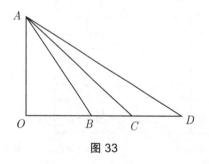

图 33

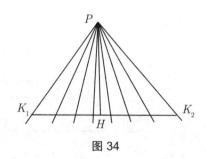

图 34

III.083 可以认为写在黑板上的三个正整数 a, b, c 整体互质 (否则可以同时除以它们的最大公约数).

首先证明可以把其中两个数变为互质. 设 P 是既可整除 b 又可整除 c 的所有质数的乘积; 而 Q 是 c 的其余质约数的乘积. 显然有 $(a, P) = 1$ (因为 a, b, c 三个正整数整体互质). 因为 $(b, Q) = 1$, 所以 Q 被 kb $(k = 1, 2, \cdots, Q)$ 除的余数各不相同, 从而也就是所有可能的余数的全体. 特别地, 存在 $k \in \mathbf{N}$, 使得 $kb \equiv (1-a) \pmod{Q}$. 我们将 a 加上 kb 得到数组 $(a+kb, b, c)$. 因为 $b \mid P$, 所以 $(a+kb, P) = (a, P) = 1$. 而由 k 的取法可知 $(a+kb, Q) = (1, Q) = 1$. 这样一来, 就有 $(a+kb, c) = 1$. 以下将所得的数组记作 (A, B, C).

因为 $(A,C)=1$, 所以存在 $l \in \mathbf{N}$, 使得 $C|(A+lB)$, 记 $A+lB=mC$. 于是只要先将第二个数加上第一个数的 $l+1$ 倍, 再将第一个数加上第三个数的 m 倍, 就可以使得第一、二个数相等.

III.084 答案 不能.

我们可以证明函数 $f(x) = a \cdot 2^x + b \cdot 3^x + c \cdot 9^x$ (其中 $abc \neq 0$) 不能表示为 k 个实值周期函数的和. 事实上, 如果可以的话, 我们设 T_1 是其中一个函数的周期, 那么 $f(x) - f(x+T_1)$ 应该是较少个函数的和, 但事实上其形式却同原来的一样.

III.085 用反证法. 假设存在正整数集合的某个无限子集 M 使得题中断言不成立. 设 $2 = p_1 < p_2 < \cdots < p_k$ 是小于 $1\,000\,000$ 的所有质数. 那么 M 中任何两个元素的和都具有形式 $m = \prod_{i=1}^{k} p_i^{\alpha_i}$. 如果该乘积中因子 $p_j^{\alpha_j}$ 最大, 我们就把 m 与 p_j 相对应. 设 $x_1 < x_2 < \cdots < x_{k+1} \in M$. 我们取 $n \in M$, 使得 $n > x_{k+1}^k$, 并考察 $n+x_1, n+x_2, \cdots, n+x_{k+1}$. 其中必有某两个数 $n+x_k$ 与 $n+x_l$ 对应同一个 p_j, 从而它们都可以被 $p_j^\alpha > n^{1/k}$ 整除. 而这样一来, 就有

$$|x_k - x_l| = |(n+x_k) - (n+x_l)| > p_j^\alpha > n^{1/k} > x_{k+1} > |x_k - x_l|,$$

这是不可能的.

III.086 作一个图, 图中的顶点是该国的城市, 图中的边则是道路. 该图是一个直径不大于 8 的树. 考察各个城市到其他城市的最大距离, 将其中"最大距离"最小的城市称为"树心". 设城市 C 是一个树心 (如果不止一个树心, 则可以任取其中一个). 显然, 由 C 到达其他任何城市的路径都至多由 4 段道路组成 (距离最大为 4). 我们以 C 作为"树根", 并且将其他各个城市 (顶点) 按照到 C 的距离分类: 凡是距离为 i 的顶点统统归为第 i 类, 称为水平为 i 的顶点. 最多有 4 个水平, 并且所有水平为 4 的顶点都是"叶", 也就是交通不便的城市.

假设题中的断言不成立. 我们来证明, 此时所有的顶点都是交通不便的城市. 由于每个城市都最多与 7 个交通不便的城市有道路相连, 因此每个水平为 3 的顶点都至多连接着 7 个水平为 4 的顶点, 从而每个水平为 3 的顶点的度数都不大于 8, 这就意味着它们都是交通不便的城市. 而这样一来, 每个水平为 2 的顶点又都至多连接着 7 个水平为 3 的顶点, 从而每个水平为 2 的顶点的度数都不大于 8, 于是它们也都是交通不便的城市. 以此类推, 可知所有的顶点都是交通不便的城市.

我们要指出, 现在每个顶点的度数都不大于 7, 因若不然, 那个度数不小于 8 的顶点就是一个最少与 8 个交通不便的城市有道路相连的城市, 从而与我们的假设相矛盾. 我们来看看这样的树上可能有多少个顶点. 首先, 因为顶点 C 的度数不大于 7, 所以至多有 7 个水平为 1 的顶点; 因为每个水平为 1 的顶点的度数都不大于 7, 所以它们各自至多有 6 个相

邻的水平为 2 的顶点,从而至多有 $7 \times 6 = 42$ 个水平为 2 的顶点;同理,至多有 7×6^2 个水平为 3 的顶点和 7×6^3 个水平为 4 的顶点. 于是一共有

$$1 + 7 \times (1 + 6 + 6^2 + 6^3) = 1\,814 < 2\,003$$

个顶点,此与题意相矛盾. 所以题中的断言成立.

III.087 首先证明两个引理.

引理 1 在 $\triangle ABC$ 中,M 和 N 分别为边 AC 和 BC 的中点,而 K 和 L 是内切圆分别与边 AB 和 BC 相切的切点,则直线 KL 与 MN 的交点 P 位于 $\angle A$ 的平分线上.

引理 1 之证 不妨设 $AB > AC$(参阅图 35). 显然

$$PN = NL = |BL - BN| = \frac{1}{2}|AB + BC - AC - BC| = \frac{1}{2}(AB - AC),$$

从而

$$MP = |MN - PN| = \frac{1}{2}|AB - (AB - AC)| = \frac{1}{2}AC = MA,$$

于是

$$\angle BAC = \angle PMC = \angle PAM + \angle APM = 2\angle PAM.$$

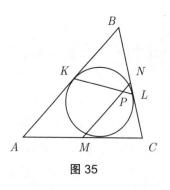

图 35

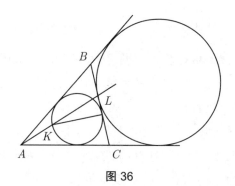

图 36

引理 2 在 $\triangle ABC$ 中,K 是内切圆与边 BC 的切点的对径点 (参阅图 36),L 是直线 AK 与 BC 的交点,则 $\triangle ABC$ 的旁切圆与边 BC 相切于点 L.

引理 2 之证 考察以 A 为中心的将内切圆变为旁切圆的同位相似变换. 在这个变换下,点 K 变为点 L,所以 L 位于旁切圆上.

现在证明题目本身. 设 $\triangle ABC$ 的两个旁切圆分别与边 BC 和 AB 相切于点 P 和 Q,将边 BC 和 AC 的中点分别记为 A' 和 B'. 将直线 AE, CD 同直线 KL 的交点分别记为 X, Y(见图 37). 由引理 2 知直线 AE, CD 分别经过点 P 和 Q,这样一来就有 $AQ = \frac{1}{2}(AB + BC - AC) = AC$. 注意到 $\angle A$ 的平分线和中位线 $A'B'$ 都经过线段 CQ 的中点,而由引理 1 知直线 KL 也经过该点,因此该点就是 Y,于是 $B'Y = \frac{1}{2}AQ = \frac{1}{2}AC$. 同理可证 $B'X = \frac{1}{2}AC$.

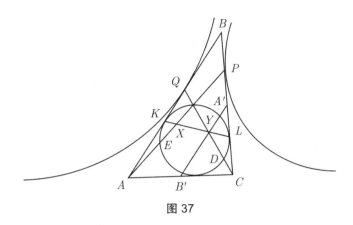

图 37

III.088 证法 1 (有趣的投影) 我们要利用如下两个显然的引理.

引理 1 如果 M 是平面上的有限点集,则 M 的凸包的面积不超过以 M 中的点作为顶点的面积最大的三角形面积的 4 倍.

本引理的证明很简单. 过面积最大的三角形的三个顶点分别作对边的平行直线, 则凸包一定位于这三条直线所围成的三角形中.

引理 2 如果平面上有 km 个给定点, 它们的凸包的面积为 S, 则可以从中找出 k 个点, 使得它们的凸包的面积不大于 $\dfrac{S}{m}$.

本引理的证明思路是: 把最左边的 k 个点作为一组, 再把接下来的 k 个点作为一组, 如此等等. 易知其中必有一组 k 个点的凸包的面积不大于 $\dfrac{S}{m}$.

现在开始证明题目本身. 设以点集中的点作为顶点的面积最大的三角形 $\triangle_1$ 的面积为 S. 我们来证明存在一个三角形 $\triangle_2$, 它的三个顶点都属于该点集, 它在三个坐标平面上的投影的面积都不大于 $\dfrac{S}{2n}$, 于是由三余弦定理知它的面积不超过 $\dfrac{S}{n}$, 从而 $\triangle_1$ 与 $\triangle_2$ 的面积之比不小于 n.

由引理 1 知, 该点集在第一个坐标平面上的投影的凸包的面积不超过 $4S$. 从而由引理 2 知可以从中选出 $125n^2$ 个点, 它们在第一个坐标平面上的投影的凸包的面积不超过 $\dfrac{S}{2n}$. 将这些点投影到第二个坐标平面上, 又可以找出 $15n$ 个点, 它们在第一个坐标平面上和第二个坐标平面上的投影的凸包的面积都不超过 $\dfrac{S}{2n}$. 再将这些点投影到第三个坐标平面上, 就可以从中找出 3 个点, 它们所形成的三角形的面积不超过 $\dfrac{4S}{15n-2} < \dfrac{S}{2n}$ (因为由 $15n$ 个点至多可以形成 $15n - 2$ 个三角形).

证法 2 本证法只需要 $1000n\sqrt{n}$ 个点.

我们来观察具有最大面积 S 的 $\triangle ABC$. 设它的三条高中最长的一条为 h, 并可设它是边 AB 上的高. 经过 $\triangle ABC$ 的各个顶点都作一个平面, 使它们都垂直于平面 ABC, 且都平行于对边. 我们指出, 在这三个平面所围成的无限三棱柱之外, 没有任何给定点, 因若不然, 就会有某个三角形在平面 ABC 上的投影的面积大于 S. 易知任何给定点到边 AB 的

距离都不大于 h, 因此它们到平面 ABC 的距离都不大于 h. 因此, 所有给定点都在一个直三棱柱 $XYZX'Y'Z'$ 中, 该三棱柱的高为 $2h$, 而 $\triangle XYZ$ 是 $\triangle ABC$ 的系数为 2 的同位相似 (见图 38(a)).

取自然数 k, 使得 $4\sqrt{2n} < k < \dfrac{10\sqrt{n}}{\sqrt[3]{3}}$. 用平行于各边的直线将 $\triangle XYZ$ 等分为 k^2 个相同的小三角形. 再过这些直线作垂直于平面 XYZ 的平面. 然后在平面 XYZ 与平面 $X'Y'Z'$ 之间等间距地作 $k-1$ 个平行于平面 XYZ 的平面. 于是, 直三棱柱 $XYZX'Y'Z'$ 被分成 k^3 个相互全等的小直三棱柱, 其中 $k = 2$ 的情形如图 38(b) 所示.

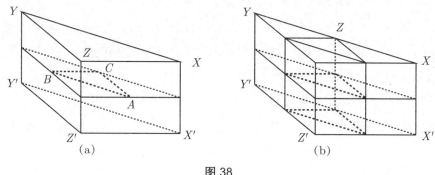

图 38

因为 $3k^3 < 1000n\sqrt{n}$, 所以必有一个小直三棱柱中至少有 3 个给定点. 它们所形成的三角形的面积不超过小直三棱柱表面积的一半, 而小直三棱柱的表面积则是直三棱柱 $XYZX'Y'Z'$ 的表面积的 $\dfrac{1}{k^2}$. 我们来估计直三棱柱 $XYZX'Y'Z'$ 的表面积. 首先, 直三棱柱 $XYZX'Y'Z'$ 的上下底面的面积都是 $4S$, 而它的每个侧面的面积则都不超过 $2AB \cdot 2h = 8S$, 所以直三棱柱 $XYZX'Y'Z'$ 的表面积不超过 $32S$. 因此小直三棱柱的表面积不超过 $\dfrac{32S}{k^2}$, 由 k 的选取知 $\dfrac{32S}{k^2} \leqslant \dfrac{S}{n}$. 这样一来, 上面所涉及的两个三角形的面积之比不小于 n.

2004 年

九年级

III.089 证法 1 假设 $\overline{ab} \cdot \overline{bc} \cdot \overline{ca} = \overline{ba} \cdot \overline{ac} \cdot \overline{cb}$. 我们指出 $\overline{ab} \equiv -\overline{ba} \pmod{11}$, 事实上

$$-\overline{ab} \equiv 10\overline{ab} = \overline{ab0} = \overline{ba} + 99x \equiv \overline{ba} \pmod{11}.$$

因此

$$\overline{ab} \cdot \overline{bc} \cdot \overline{ca} \equiv (-\overline{ba}) \cdot (-\overline{ac}) \cdot (-\overline{cb}) \equiv -\overline{ba} \cdot \overline{ac} \cdot \overline{cb} = -\overline{ab} \cdot \overline{bc} \cdot \overline{ca} \pmod{11},$$

从而 $11|\overline{ab}\cdot\overline{bc}\cdot\overline{ca}$, 这意味着三个乘数之一是 11 的倍数, 意即它的两位数字相同, 此与题意相矛盾.

证法 2 因为 $\overline{xy} = 10x+y$, 所以等式 $\overline{ab}\cdot\overline{bc}\cdot\overline{ca} = \overline{ba}\cdot\overline{ac}\cdot\overline{cb}$ 即为 $a^2b+b^2c+c^2a = ab^2+bc^2+ca^2$, 亦即 $(a-b)(b-c)(c-a) = 0$, 这意味着其中某两个数相等, 与题意相矛盾.

♦ 如果数字 a,b,c 两两不同, 证明: $\overline{abc}\cdot\overline{bca}\cdot\overline{cab} \neq \overline{bac}\cdot\overline{acb}\cdot\overline{cba}$.

III.090 **答案** $k = 2n$.

假设我们将某 n 个方格染成了黑色. 我们来证明一定可以找到一个周长为 $2n$ 的矩形, 其中没有黑色方格.

如果有一行或一列方格, 其中无黑格, 那么我们可以将该行 (或该列) 方格去掉一个边缘上的方格, 所得到的矩形作为我们的矩形, 它的周长刚好为 $2n$, 其中没有黑格. 如果在每一行、每一列中都至少有一个黑格, 因为一共只染黑了 n 个方格, 所以每一行、每一列中都刚好有一个黑格. 那么在第一列中刚好有一个黑格. 该黑格所在的行中后面 $n-1$ 个方格都是白格, 故只要将这 $n-1$ 个方格所构成的矩形取为我们的矩形即可.

而如果在 $n \times n$ 方格表的一条主对角线上的 n 个方格被染成黑色, 那么可以取得周长大于 $2n$ 的矩形, 其中没有黑色方格.

♦ 在 $n \times n$ 国际象棋盘中放置 n 枚不能相互搏杀的棋子车. 证明: 不能在棋盘上找到一个周长大于 $2n$ 的矩形, 其中没有棋子车. 证明: 在对 n 枚棋子车的其他任何一种放置方法中, 都可在棋盘上找到一个周长为 $2n+2$ 的矩形, 其中没有棋子车.

♦ 在 $n \times n$ 方格表中有某 $m(1 \leqslant m \leqslant 2n)$ 个方格被染成黑色. 试问: 对怎样的最大的 k, 可在该方格表中找到一个周长为 k 的矩形, 其中没有黑色方格?

♦ 在由 n^3 个单位正方体垒成的 $n \times n \times n$ 立方体中有某 n 个单位正方体被染成黑色. 试问: 对怎样的最大的 k, 可在该立方体中找到一个周长为 k 的平行六面体, 其棱平行于立方体的棱, 其中没有黑色方格?

♦ 在黑板上写出所有的不含 0 的 n 位数. 某甲擦去了其中 9 个数. 试问: 对怎样的最大的 k, 存在两个 n 位数 $\overline{a_1a_2\cdots a_n}$ 和 $\overline{b_1b_2\cdots b_n}$, 使得 $k = (a_1+a_2+\cdots+a_n) - (b_1+b_2+\cdots+b_n)$, 并且只要对 $k=1,2,\cdots,n$ 都有 $a_k \leqslant x_k \leqslant b_k$, 数 $\overline{x_1x_2\cdots x_n}$ 就出现在黑板上. 如果某甲擦去了其中 m 个数, 再讨论类似的问题.

III.091 如图 39所示, $\triangle ABC$ 的三个顶点按顺时针方向标注. 在 $\triangle ABC$ 中, 记 $\angle A = \alpha$, $\angle C = \gamma$, 不妨设 $\alpha \geqslant \gamma$. 此时, $\triangle AFB$ 位于 $\triangle ABC$ 形内, $\triangle BLC$ 位于 $\triangle ABC$ 形外. 在题中条件下, $\triangle AFB$ 与 $\triangle BLC$ 是彼此相似的等腰三角形, 我们以 φ 表示它们的底角的大小. 根据题中条件, 有 $\alpha - \varphi = \angle CAF = \angle ACL = \gamma + \varphi$, 故知 $\varphi = \dfrac{\alpha-\gamma}{2}$. 作以点 B 为中心、$\dfrac{BF}{BA} = \dfrac{BL}{BC}$ 为系数且逆时针旋转 φ 的旋转位似变换. 在此变换下, $\triangle BAC$ 变为 $\triangle BFL$. 这意味着 (原来的) 直线 FL 可由 (原来的) 直线 AC 逆时针旋转 φ 得到. 因此, 直线 FL 与直线 AC 之间的夹角 (确切地说, 与向量 $\overrightarrow{FL}$ 和 $\overrightarrow{AB}$ 同向的射线之间的夹角)

等于 $\angle BAC - \varphi = \alpha - \frac{1}{2}(\alpha - \gamma) = \frac{1}{2}(\alpha + \gamma)$, 而直线 FL 与 BC 之间的类似的夹角等于 $\angle ACB + \varphi = \gamma + \frac{1}{2}(\alpha - \gamma) = \frac{1}{2}(\alpha + \gamma)$. 因为这两个角相等, 所以与直线 FL 夹成 $\angle BAC$ 的三角形是等腰三角形.

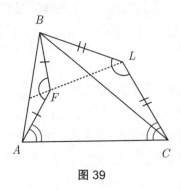

图 39

♦ 试证明: FL 是 $\angle B$ 的平分线的中垂线.

III.092 答案 不一定.

假定所写的 120 个数是 $a_1 \leqslant a_2 \leqslant \cdots \leqslant a_{120}$. 我们来证明, 只要其中有一处不等关系成立, 就不可能把所有的数变为相等. 为此, 只需证明, 任何时候都至少有一处保持严格的不等号. 设 $a_k < a_{k+1}$. 我们以 $a'_1, a'_2, \cdots, a'_n$ 表示对 $a_1, a_2, \cdots, a_n$ 作了某种平均运算所得的数组. 如果 a_k 与 a_{k+1} 都未参与平均运算, 则 $a'_k = a_k < a_{k+1} = a'_{k+1}$, 意即不等号被保持. 如果我们对 $a_{k+1}, a_{k+2}, \cdots, a_m$ 取平均, 则有 $a'_k = a_k < a_{k+1} \leqslant a'_{k+1}$, 这是因为 $a_{k+1} \leqslant a_{k+2} \leqslant \cdots \leqslant a_m$. 同理, 如果我们对 $a_i, a_{i+1}, \cdots, a_k$ 取平均, 则有 $a'_k \leqslant a_k < a_{k+1} = a'_{k+1}$. 最后, 如果我们对 $a_i, a_{i+1}, \cdots, a_m$ 取平均, 其中 $i \leqslant k < k+1 \leqslant m$, 则有 $a_i < a'_i$ 和 $a_m > a'_m$. 事实上, 我们有 $a_i \leqslant a_{i+1} \leqslant \cdots \leqslant a_k < a_{k+1} \leqslant a_{k+2} \leqslant \cdots \leqslant a_m$. 故 $a_i \leqslant a_j$ 对任何 $j = i, i+1, \cdots, m$ 都成立, 且其中至少有一处为严格不等号, 因此 $(m - i + 1)a_i < a_{i+1} + a_{i+2} + \cdots + a_m$, 这就表明 $a_i < \frac{a_{i+1} + a_{i+2} + \cdots + a_m}{m - i + 1} = a'_i$. 注意, 在这里, 或者有 $i > 1$, 或者有 $m < 120$, 这是因为在题中的条件下我们不能同时对全部的数取平均. 如果 $i > 1$, 那么有 $a'_{i-1} \leqslant a_i < a'_i$. 类似地, 如果 $m < 120$, 则有 $a'_m < a_m \leqslant a_{m+1} = a'_m$. 总之, 始终会有一处的严格不等号被保持下来.

♦ 在圆周上写着 120 个实数. 谢廖沙每次可以擦去任意若干个相连排列的数 (但不是全部), 并在每一个被擦去的数的位置上写上此次被擦去的所有数的算术平均值. 试问: 他是否一定能够使得所有的数变为相等? 而如果圆周上写有 127 个数呢?

III.093 为方便计, 记 $a = 5^m - 2^m$. 由题意知, $5^n \equiv 2 \pmod{a}$, $2^k \equiv 5 \pmod{a}$. 因此, $5^{nk} \equiv 2^k \equiv 5 \pmod{a}$, 故而 $5^{nk-1} - 1 \equiv 0 \pmod{a}$. 同理, $2^{nk-1} - 1 \equiv 0 \pmod{a}$. 所以 $5^{nk-1} - 2^{nk-1} \equiv 0 \pmod{a}$. 假设 $(n, m) = d > 1$. 于是 $m = m_1 d$, 且

$$a = 5^m - 2^m = (5^d)^{m_1} - (2^d)^{m_1}$$

是 b 的倍数, 其中 $b = 5^d - 2^d$. 同理, $5^{nk-d} - 2^{nk-d}$ 是 b 的倍数. 由此即知

$$5^{nk-1} - 5^{nk-d} 2^{d-1} = 5^{nk-1} - 2^{nk-1} - 2^{d-1}(5^{nk-d} - 2^{nk-d})$$

是 b 的倍数. 但是 $5 \nmid b$, 故上式表明 $b | 5^{d-1} - 2^{d-1}$. 然而这是不可能的, 因为

$$0 < 5^{d-1} - 2^{d-1} < 5^d - 2^d = b,$$

此为矛盾.

III.094 如图 40 所示, 将直线 BD 与 EF 的交点记为 F', 我们来证明 $F' = F$. 事实上, 只需证明 $F'B = F'C$, 这是因为线段 BC 的中垂线不可能与直线 EF 相交于两个不同的点 F, F'. 若如此, 则意味着直线 EF 也是线段 BC 的中垂线, 因而 $EF \perp BC$, 但这样一来, 就有 $AB \perp BC$, 且 $\triangle ABC$ 是直角三角形, 而不是锐角三角形, 因而与题意相矛盾.

我们有

$$\angle(EF', F'D) = \angle(AB, BD) = \angle(AC, CD) = \angle(EC, CD),$$

所以 E, F', C, D 四点共圆. 这就表明, 只要我们证得 $F' = F$, 也就证得了题中结论.

利用方向角的性质, 我们有

$$\angle(F'C, CB) = \angle(F'F') + \angle(F'D, BC)$$
$$= \angle(EC, ED) + \angle(DB, BC)$$
$$= \angle(EC, ED) + \angle(DA, AC)$$
$$= \angle(DA, ED) + \angle(AD, AE)$$
$$= \angle(AC, AD) = \angle(BC, BD) = \angle(BC, BF'),$$

意即 $\triangle F'BC$ 是等腰三角形, 这就是所要证明的.

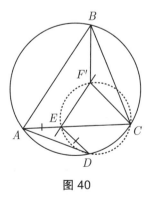

图 40

III.095 通过配方, 容易验证如下三个不等式:

$$\frac{ab}{3a+b} \leqslant \frac{a+12b}{49}, \quad \frac{bc}{b+2c} \leqslant \frac{8b+9c}{49}, \quad \frac{ac}{c+2a} \leqslant \frac{a+18c}{49}.$$

将它们相加即得所证. 当 $a:b:c=6:3:2$ 时, 等号成立.

◆ 验证所说的三个不等式有多种不同的方法. 例如, 第一个不等式可利用 6 个 $2b$ 和一个 a 的调和平均与算术平均间的不等式来证明, 即

$$\frac{7}{\frac{1}{2b}+\frac{1}{2b}+\frac{1}{2b}+\frac{1}{2b}+\frac{1}{2b}+\frac{1}{2b}+\frac{1}{a}} \leqslant \frac{2b+2b+2b+2b+2b+2b+a}{7}.$$

同理, 第二个不等式和第三个不等式可分别利用 6 个 $3c$ 和一个 a 以及 4 个 $2b$ 和 3 个 $3c$ 的相应不等式来证明.

III.096 将点 A 处所写的数记为 $f(A)$.

引理 1 如果四边形 $ABCD$ 是整边矩形 (边长为整数的矩形), 则有 $f(A)+f(C)=f(B)+f(D)$.

本引理的结论曾经作为一道独立的试题在圣彼得堡数学奥林匹克中出现过 (2000 年七年级第二试). 我们将以如下形式证明这个引理.

引理 1′ 如果在 100×100 方格表的每个方格里写有一个整数, 现知每个 2×2 子表的两个对角上的数的和都相等, 则在任何矩形的两个对角上的数的和都相等.

引理 1′ 之证 显然, 如果把任意一行数或任意一列数同时加上一个相同的数, 那么无论是引理的条件, 或是待证的结论, 都不发生变化. 我们将每一行数都减去该行与最左边一列相交处的数, 再将每一列数都减去该列与最下方一行相交处的数. 那么所得的数表中的最左边一列和最下面一行都是 0. 而在引理的条件下, 数表中的所有数都是 0. 对于全 0 数表, 引理的结论显然成立. 引理证毕.

现在继续解答原题. 设矩形 $DEBF$ 的边长 $EB=4\sqrt{2}$, $ED=3\sqrt{2}$. 我们来证明 $f(B)+f(D)=f(E)+f(F)$.

如图 41 所示, 引入直角坐标系, 使得 $B=(7,4)$, $D=(0,3)$, $E=(3,0)$, $F=(4,7)$. 再令 $A=(4,0)$, $C=(3,7)$. 于是四边形 $ABCD$ 是边长为 5 的正方形, 根据引理, $f(A)+f(C)=f(B)+f(D)$. 而四边形 $AFCE$ 则是 1×7 矩形, 所以 $f(A)+f(C)=f(E)+f(F)$. 故而 $f(B)+f(D)=f(E)+f(F)$.

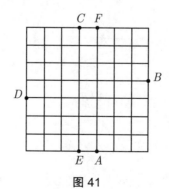

图 41

如此一来, $3\sqrt{2} \times 4\sqrt{2}$ 矩形的两组对角上的数的和相等. 我们再来看 $12\sqrt{2} \times 12\sqrt{2}$ 矩形. 将其分为 12 个 $3\sqrt{2} \times 4\sqrt{2}$ 矩形, 用与引理证明类似的方法, 即可证得它的两组对角上的数的和相等.

现在我们观察以 12 为单位的网络, 以 a_{ij} 表示坐标为 (i,j) 的点 (在通常的坐标系下坐标为 $(12i, 12j)$ 的点) 的数. 根据引理, 得

$$a_{ij} = a_{i0} + a_{0j} - a_{00}. \qquad ①$$

进而, $a_{10} + a_{12} = a_{01} + a_{21}$ (因为坐标为 $(1,0)$, $(2,1)$, $(1,2)$, $(0,1)$ 的点分别是边长为 $12\sqrt{2}$ 的正方形的四个顶点). 利用 ① 式, 得

$$a_{10} + a_{10} + a_{02} = a_{01} + a_{20} + a_{01},$$

亦即 $(a_{02} - a_{20}) = 2(a_{01} - a_{10})$. 接下来, 我们再观察长度加倍后的框架, 得到

$$(a_{04} - a_{40}) = 2(a_{02} - a_{20}) = 4(a_{01} - a_{10}),$$

如此下去, 一般地, 我们有

$$(a_{0,2^n} - a_{2^n,0}) = 2^n(a_{01} - a_{10}).$$

由此即知 $a_{01} = a_{10}$ (若不然, 就可找到两个数的差大于 1, 与题意相矛盾).

如此一来, 任何两个相距 $a = 12\sqrt{2}$ 的数都彼此相等. 由于任何两个点都可以用每一节长都是 a 的折线相连, 因此平面上所写的数全都彼此相等.

十年级

III.097 答案 $k = 20$.

参阅 III.090 题关于 $n = 10$ 的解答.

III.098 同 III.091 题.

III.099 记 $s_n = a_1 + \cdots + a_n$. 我们用归纳法证明 $s_n > n$.

当 $n = 1$ 时有 $s_1 = a_1 = 2 > 1$. 假设 $s_k > k$, 则有

$$s_k^2 - (k+1)s_k + k = (s_k - k)(s_k - 1) > 0,$$

从而

$$s_{k+1} - (k+1) = s_k + a_{k+1} - (k+1) = s_k - (k+1) + \frac{k}{s_k}$$

$$= \frac{1}{s_k}\left[s_k^2 - (k+1)s_k + k\right] > 0.$$

由归纳法原理即知, 对一切 n, 都有 $s_n > n$.

因为 $a_{n+1} = \dfrac{n}{s_n}$, 所以对一切 $n > 1$, 都有 $a_n < 1$, 且 $s_n = 2 + a_2 + \cdots + a_n < n+1$, 这意味着

$$a_{n+1} = \frac{n}{s_n} > \frac{n}{n+1} = 1 - \frac{1}{n+1}.$$

所以

$$1 > a_{2004} > 1 - \frac{1}{2005} > 0.999.$$

♦ 对上述证明稍作变形, 即可证得如下结论: 对一切 n, 都有

$$1 - \frac{1}{n^2+1} \leqslant a_{n+1} \leqslant 1 - \frac{1}{2n^2+1}.$$

为方便起见, 记 $t_n = s_n - n \in (0,1)$, 则有

$$t_{n+1} = s_{n+1} - (n+1) = s_n + \frac{n}{s_n} - (n+1) = t_n + \frac{n - s_n}{s_n}$$
$$= t_n - \frac{t_n}{n + t_n} = t_n\left(1 - \frac{1}{n+t_n}\right).$$

因此

$$\frac{t_{n+1}}{t_n} = 1 - \frac{1}{n+t_n} > 1 - \frac{1}{n} = \frac{n-1}{n}.$$

故而

$$\frac{t_{n+1}}{t_2} > \frac{n-1}{n}\frac{n-2}{n-1}\cdots\frac{1}{2} = \frac{1}{n},$$

即

$$t_{n+1} > \frac{t_2}{n} = \frac{1}{2n}.$$

另一方面, 我们又有

$$\frac{t_{n+1}}{t_n} = 1 - \frac{1}{n+t_n} < 1 - \frac{1}{n+1} = \frac{n}{n+1}.$$

因此

$$\frac{t_{n+1}}{t_2} < \frac{n}{n+1}\frac{n-1}{n}\cdots\frac{2}{3} = \frac{2}{n+1},$$

故又有

$$t_{n+1} < \frac{2t_2}{n+1} = \frac{1}{n+1}.$$

综合上述两方面, 即得

$$\frac{1}{2(n-1)} < t_n < \frac{1}{n},$$

即

$$n + \frac{1}{2(n-1)} < s_n < n + \frac{1}{n}.$$

故知
$$a_{n+1} = \frac{n}{s_n} > \frac{n}{n + \frac{1}{n}} = \frac{n^2}{n^2+1} = 1 - \frac{1}{n^2+1},$$

和
$$a_{n+1} = \frac{n}{s_n} < \frac{n}{n + \frac{1}{2(n-1)}} = 1 - \frac{1}{2n^2+1}.$$

III.100 先证一个引理.

引理 如果正整数 a 与 b 互质, 则 $a^3 + b^3$ 与 $a^2 + ab + b^2$ 也互质.

引理之证 设 p 是 $a^3 + b^3$ 与 $a^2 + ab + b^2$ 的公共质因数. 注意到 $a^2 + ab + b^2$ 是奇数 (如果 a 与 b 都是奇数, 则 $a^2 + ab + b^2$ 是三个奇数的和; 如果 a 与 b 一奇一偶, 则 $a^2 + ab + b^2$ 是一个奇数与一个偶数的和; 因为 a 与 b 互质, 所以它们不可能都是偶数), 所以 $p \neq 2$. 因为 $(a^3 + b^3) + (a-b)(a^2 + ab + b^2) = 2a^3$, 所以 $p|2a^3$. 因为 p 是质数且不等于 2, 所以 $p|a$. 从而又有 $p|(a^2+ab+b^2) - a(a+b) = b^2$, 即 $p|b$, 这表明 p 是 a 与 b 的公共质因数. 此与 a 和 b 互质的事实相矛盾, 意即 $a^3 + b^3$ 与 $a^2 + ab + b^2$ 也互质. 引理证毕.

由所证引理知, 在本题的条件下 a 与 b 不互质. 因为 $a-b$ 可被 a 与 b 的任一公约数整除, 所以 $(a,b) = a-b$, 意即 a 与 b 的最大公约数就是 $a-b$. 由于 $a-b$ 是质数, 我们记 $a-b = p$, 并写 $a = px$, $b = py$. 将其代入等式 $a-b = p$, 化简后得知 $x-y = 1$, 而根据条件 $a^3 + b^3$ 可被 $a^2 + ab + b^2$ 整除, 得知 $(x^2 + xy + y^2)|p(x^3 + y^3)$. 由于 x 与 y 互质, 故由引理知 $x^3 + y^3$ 与 $x^2 + xy + y^2$ 互质, 从而 $(x^2 + xy + y^2)|p(x^3 + y^3)$ 表明 $(x^2 + xy + y^2)|p$. 因为 p 是质数, $x^2 + xy + y^2 > 1$, 所以 $x^2 + xy + y^2 = p$. 这就意味着 $a^3 - b^3 = (a-b)(a^2+ab+b^2) = (a-b)(x^2+xy+y^2)p^2 = p \cdot p \cdot p^2 = p^4$, 意即 $a^3 - b^3$ 是完全四次方数.

III.101 答案 $2^{100} - 1$.

解法 1 先证 $N \geqslant 2^{100} - 1$. 我们用归纳法证明一个更广泛的命题: 设 $A_1, A_2, \cdots, A_n$ 为 n 个集合, 它们全体的交集是奇集, 但对于任何正整数 $m < n$, 其中任何 m 个集合的交集都是偶集, 则所有这 n 个集合的并集中至少含有 $2^n - 1$ 个元素.

$n = 1$ 的情形显然. 我们从 $n = k$ 向 $n = k+1$ 过渡. 假设集合 $A_1, A_2, \cdots, A_{k+1}$ 是满足命题中条件的 $k+1$ 个集合. 记 $X = \bigcup_{i=1}^{k+1} A_i$. 再令 $B_j = A_j \cap A_{k+1}$, $j = 1, 2, \cdots, k$. 易知 $B_1, B_2, \cdots, B_k$ 为满足命题中条件的 k 个集合. 事实上, 对任何 $m < k$, 任何 $1 \leqslant i_1 < i_2 < \cdots < i_m \leqslant k$, 都有
$$B_{i_1} \cap B_{i_2} \cap \cdots \cap B_{i_m} = A_{i_1} \cap A_{i_2} \cap \cdots \cap A_{i_m} \cap A_{k+1}.$$

根据假设的条件, 上式右端的交集为偶集, 除非 $m = k$. 从而根据归纳假设, $|\bigcup B_j| \geqslant 2^k - 1$. 并且, 这亦表明 $|A_{k+1}| \geqslant 2^k - 1$ (因为 $\bigcup B_j \subset A_{k+1}$). 但 A_{k+1} 是偶集 (取 $m = 1$ 可知), 所以 $|A_{k+1}| \geqslant 2^k$.

再令 $C_i = A_i \backslash A_{k+1}$ $(1 \leqslant i \leqslant k)$，则 $C_1, C_2, \cdots, C_k$ 亦为满足命题中条件的 k 个集合. 事实上，对任何 $m < k$，任何 $1 \leqslant i_1 < i_2 < \cdots < i_m \leqslant k$，都有

$$C_{i_1} \cap C_{i_2} \cap \cdots \cap C_{i_m} = (A_{i_1} \cap A_{i_2} \cap \cdots \cap A_{i_m}) \backslash A_{k+1}$$
$$= (A_{i_1} \cap A_{i_2} \cap \cdots \cap A_{i_m}) \backslash (A_{i_1} \cap A_{i_2} \cap \cdots \cap A_{i_m} \cap A_{k+1})$$

这是两个集合的差集，并且第二个集合是第一个集合的子集，而且只要 $m < k$，这两个集合就都是偶集，只有 $m = k$ 时第二个集合才是奇集. 于是根据归纳假设，$|\bigcup C_i| \geqslant 2^k - 1$. 但是，$C_i$ 均不与 A_{k+1} 相交，因此 $\bigcup C_i \subset X \backslash A_{k+1}$，故知 $|X \backslash A_{k+1}| \geqslant |\bigcup C_i| \geqslant 2^k - 1$. 这就表明

$$|X| \geqslant |A_{k+1}| + |X \backslash A_{k+1}| \geqslant 2^k + 2^k - 1 = 2^{k+1} - 1.$$

这就是所要证明的.

下面只需举例说明，N 可以等于 $2^{100} - 1$. 设 X 是所有长度为 100 的由 0 和 1 构成的序列，除了全 0 序列. 显然 $|X| = 2^{100} - 1$. 对每个 i，集合 $A_i \cap X$ 由所有第 i 项是 1 的序列构成. 于是，集合类 $A_1, A_2, \cdots, A_{100}$ 即为所求. 事实上，对任何正整数 $m \leqslant 100$，其中任何 m 个集合的交集中都含有 2^{100-m} 个序列（在某 m 个固定的位置上都是 1，在其余 $100 - m$ 个位置上任意）. 显然，当 $m < 100$ 时其个数为偶数，仅当 $m = 100$ 时其个数为 1，就是那一个由 100 个 1 构成的序列.

解法 2 设 $A_1, A_2, \cdots, A_{100}$ 为所选出的 100 个子集. 对于任何 $1 \leqslant m \leqslant 100$ 和任何一组角标 $1 \leqslant i_1 < i_2 < \cdots < i_m \leqslant 100$，我们用 $B_{i_1 i_2 \cdots i_m}$ 表示那些属于 $A_{i_1}, A_{i_1}, \cdots, A_{i_m}$ 中的每一个集合，而不属于其他集合的所有元素所形成的集合. 这类形式的集合称为原子. 显然，原子两两不交，而且由集合类 $\{A_i\}$ 通过取并、取交、取差运算所得到的一切集合都是某些原子的并集. 特别地，$\bigcup A_i$ 等于所有 $2^{100} - 1$ 个原子的并集.

我们来证明每一个原子都是奇集. 通过对 $n - m$ 归纳来证明，其中 m 是原子定义中的角标数目. 观察原子 $B_{i_1 i_2 \cdots i_m}$，其中 $m < n$. 假设已经对所有角标数目更大的原子证得了其奇集性. 我们指出，交集 $A_{i_1} \cap A_{i_2} \cap \cdots \cap A_{i_m}$ 由 2^{n-m} 个原子构成，这些原子的角标组中都含有 $\{i_1, i_2, \cdots, i_m\}$. 根据条件，这些交集是偶集. 但根据归纳假设，所有构成它们的原子，除 $B_{i_1 i_2 \cdots i_m}$ 之外，都是奇集. 这意味着原子 $B_{i_1 i_2 \cdots i_m}$ 也是奇集.

这样一来，所有的原子都是奇集. 特别地，它们中的每一个都至少含有一个元素. 因为一共有 $2^{100} - 1$ 个原子，它们两两不交，所以原来的集合中至少含有 $2^{100} - 1$ 个元素.

达到 $2^{100} - 1$ 个元素的集合的例子（根据证明，这种例子从本质上说是唯一的）现在可以说得比解法 1 更简单了. 让每个原子中都只有一个元素，而集合 A_i 由所有那些角标集合中包含 i 的原子构成.

III.102 如图 42 所示，设 E 是边 AB 的中点. 因为 EL 是 $\triangle ABD$ 中的中位线，所以 $\angle BEL = \angle BAD$. 进而又有 $\angle BAD = \angle MAX = \angle MKY$，这是因为四边形 $AXKM$ 内接于圆. 这意味着 $\angle BEL = \angle MKY$. 由该等式推知 K, L, M, E 四点共圆，由此可得

$\angle XLM = \angle KEA$(为证明这一等式, 需要分别考虑点 K, L, M, E 在线段 XY 与 AB 上的四种不同位置情况, 或者关注方向角). 由于 KE 是 $\triangle ABC$ 中的中位线, 故有 $\angle KEA = \angle CBA = \angle YBM$. 这意味着 $\angle XLM = \angle YBM$, 由此可知四边形 $LMBY$ 是圆内接四边形, 这就是所要证明的.

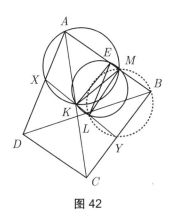

图 42

III.103 同 III.096 题.

III.104 引理 设 $x^k = y^n$, 其中 $x, y, k, n \in \mathbf{N}_+, x, y \geqslant 2$, 并设质数 p 出现在 k 和 n 的质因数分解式中, 指数分别为 s 和 t, 且有 $s > t$, 则 y 是确切的 p^{s-t} 次方数.

引理之证 直接由正整数的质因数分解式得到. 引理证毕.

下面来解答原题.

(1) 假设存在质数 p, 有 $p \mid b$ 和 $p \nmid d$, 那么就有 $p^{c^{d^e}} \mid b^{c^{d^e}}$ 和 $p \nmid d^{c^{d^e}}$. 根据引理, e 应当是确切的 $p^{c^{d^e}}$ 次方数. 这是不可能的, 因为指数 $p^{c^{d^e}}$ 就已经本质地大于 e 本身了. 这就表明, b 与 d 具有相同的质因数集合, 记 $b = p_1^{k_1} \cdots p_n^{k_n}$ 和 $d = p_1^{m_1} \cdots p_n^{m_n}$, 于是

$$b^{c^{d^e}} = p_1^{k_1 c^{d^e}} \cdots p_n^{k_n c^{d^e}}, \quad d^{c^{b^a}} = p_1^{m_1 c^{b^a}} \cdots p_n^{m_n c^{b^a}}.$$

(2) 假设 $b^{c^{d^e}} \neq d^{c^{b^a}}$, 则可以认为, 对某个 i, 有 $k_i c^{d^e} > m_i c^{b^a}$. 易知

$$c^{\min(d^e, b^a)} \mid k_i c^{d^e} - m_i c^{b^a}.$$

如果 $\min(d^e, b^a) = d^e$, 则根据引理, e 是确切的 $p_i^{c^{d^e}}$ 次方数, 这是不可能的. 因而, $\min(d^e, b^a) = b^a$, 但这样一来, 就有

$$e \geqslant p_i^{c^{b^a}} \geqslant 2^{2^{2^a}} > a + 2.$$

进而, 如果对某个 j, 有 $k_j > m_j$, 则有 $k_j c^{d^e} - m_j c^{b^a} > c^{d^e}$, 根据引理, e 是确切的 $p_j^{c^{d^e}}$ 次方数, 这也是不可能的. 而若对所有的 j, 都有 $k_j \leqslant m_j$, 则有 $b \leqslant d$ 和

$$k_i c^{d^e} - m_i c^{b^a} > c^{d^e} - d \cdot c^{b^a} > c^{d^e} - c^{2d^a} > \frac{1}{2} c^{d^e},$$

于是根据引理, e 又是确切的 $p_i^{[\frac{1}{2}c^{d^e}]}$ 次方数, 亦为不可能.

(3) 因此 $b^{c^{d^e}} = d^{c^{b^a}}$ 和 $a = e$. 于是, 对所有 $i \in \{1, 2, \cdots, n\}$, 都有 $\dfrac{m_i}{k_i} = \dfrac{c^{d^a}}{c^{b^a}}$. 我们知道, 对任何 $u \geqslant 2$ 和正整数 x, y $(x > y)$ 都成立如下不等式:
$$\frac{u^x}{u^y} = u^{x-y} \geqslant \frac{x}{y}.$$

事实上
$$\frac{u^x}{u^y} = u^{x-y} \geqslant 2^{x-y} \geqslant 2(x-y) \geqslant (x-y)+1 \geqslant \frac{x-y}{y}+1 = \frac{x}{y}.$$

因而, 在 $d > b$ 的情况下, 有
$$\frac{c^{d^a}}{c^{b^a}} \geqslant \frac{d^a}{b^a} > \frac{d}{b} = \prod \frac{p_i^{m_i}}{p_i^{k_i}} \geqslant \prod \frac{m_i}{k_i} = \left(\frac{m_i}{k_i}\right)^n \geqslant \frac{m_i}{k_i},$$

此与上面所证相矛盾, 所以 $b = d$.

十一年级

III.105 同 III.090 题.

III.106 记 $s_n = x_1 + \cdots + x_n$. 我们有 $s_2 = x_1 + x_2 = x_1 + \dfrac{1}{x_1} \geqslant 2$, 此即表明 $s_2 \geqslant 2$. 与 III.099 题类似, 用归纳法证明 $s_n \geqslant n$. 从而就有 $x_{n+1} = \dfrac{n}{s_n} \leqslant 1$. 特别地, $x_{2\,004} \leqslant 1$.

III.107 同 III.100 题.

III.108 同 III.094 题.

III.109 将汽车在停车场里的停放状况称为情景, 将命令序列称为程序, 把应用于情景 A 的程序 P 的执行结果称为对于情景 A 的反馈, 它们是从情景 A 出发逐步执行程序 P 中的各条命令的情况反馈 (成功执行与否, 它们是由 "是" 与 " 否" 构成的序列). 我们称程序 P 能够区分情景 A 和情景 B, 如果它对于情景 A 和情景 B 的反馈不同.

引理 1 如果 A 和 B 是两种不同的情景, 但是程序 P 不能区分它们, 那么分别由它们开始执行程序 P 所给结果亦是两种不同的情景.

引理 1 之证 一旦知道程序、反馈和终结情景, 只要每一步都反过来执行, 就可得到起始情景. 这就表明, 如果终结情景相同, 那么起始情景也必相同. 引理 1 证毕.

引理 2 对于任何两种不同的情景, 都存在能够区分它们的程序.

引理 2 之证 如果 A 和 B 是两种不同的情景, 那么就意味着存在一辆汽车 M, 它所在位置的行号或者列号在两种情景下是不同的. 不妨设 M 在情景 A 下的行号大于它在情景 B 下的行号. 显然, 对于情景 A, 存在一个程序, 在执行它之后, 汽车 M 的行号减小. 我们来一步步写出这个程序, 使得对于情景 A, 该程序中的每一个命令都能成功执行, 但是对

于情景 B, 至少会有一个命令不能被成功执行. 若不然, 汽车 M 的每一步移动都与它从情景 A 出发时一样, 从而它最终会移到停车场的所有方格的下方, 跑到方格外去了. 引理 2 证毕.

引理 3 如果 A 和 B 是两种不同的情景, P 是任意一个程序, 则可以在 P 的后面添加一系列命令, 得到一个可以区分情景 A 和 B 的程序.

引理 3 之证 如果程序 P 已经可以区分情景 A 和 B, 那么就不用续写任何命令. 如果 P 不能区分情景 A 和 B, 那么根据引理 1, 在执行完程序 P 之后, 仍然得到两种不同的情景 A' 和 B'. 根据引理 2, 存在一个程序 P' 可以区分情景 A' 和 B'. 将程序 P' 接到程序 P 的后面, 就得到一个可以区分情景 A 和 B 的程序. 因为它的反馈是情景 A 和 B 对于程序 P 的反馈续上情景 A' 和 B' 对于程序 P' 的反馈而得到的, 其中至少有一处不同. 引理 3 证毕.

从空的程序开始, 按照引理 3, 我们逐步把区分所有可能的不同情景对子的程序一条条地续写在后面 (这种程序显然只有有限条). 所得到的 "大程序" 显然就是科斯佳所需要的. 事实上, 设想一下将这个程序应用于一切可能的情景, 在所得的结果中, 他只能找到唯一的一个情景, 它与实际的反馈相吻合, 意即他可以唯一地确定他的汽车停靠的最初位置.

III.110 如图 43(a) 所示, 将四边形 $ABCD$ 的两条对角线的交点记作 K. 我们首先指出, $\triangle ANP$ 与 $\triangle BNQ$ 的外接圆的不同于 N 的交点重合于直线 AB, AC, BD, MN 的密克尔点, 所以它重合于 $\triangle ABK$ 与 $\triangle PKQ$ 的外接圆的有别于 K 的交点. 类似地, $\triangle CMP$ 与 $\triangle DMQ$ 的外接圆交点重合于 $\triangle CDK$ 与 $\triangle PKQ$ 的外接圆的有别于点 K 的交点. 剩下只需证明, $\triangle ABK, \triangle CDK$ 和 $\triangle PKQ$ 的外接圆具有除点 K 以外的公共点.

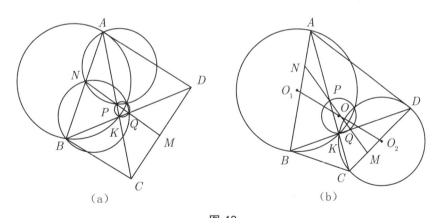

图 43

将这 3 个三角形的外心分别记作 O_1, O_2 和 O(参阅图 43(b)). 易知 O 是线段 $O_1 O_2$ 的中点. 事实上, 点 O 在直线 AC 上的投影重合于线段 KP 的中点, 亦即重合于介于点 O_1 与 O_2 在 AC 上的投影之间的线段的中点. 这是因为, 在以点 K 为中心、2 为系数的位似变换下, 这几个投影分别变为 P, A, C, 而 P 恰好是线段 AC 的中点. 我们类似地观察它们在直

线 BD 上的投影，由此亦可推知，O 是线段 O_1O_2 的中点. 所以，$\triangle ABK$，$\triangle CDK$，$\triangle PKQ$ 的外接圆全都经过点 K 关于直线 O_1O_2 的对称点，此时题中所给的 4 个圆全都经过该点. 细心的读者会发现，直线 O_1O_2 并不经过点 K.

III.111 首先，题中结论在 $v=4$ 时成立，因为在该二部图中至多只有 4 条边.

如果在图 G 中有度数不大于 3 的顶点，那么就去掉该顶点，得到一个具有 $v-1$ 个顶点的图 G_1，它依然满足题中条件. 于是根据归纳假设，可知图 G_1 中至多有 $3(v-1)-8 = 3v-11$ 条边，因而图 G 中至多有 $3v-8$ 条边.

下面来观察所有顶点的度数都不小于 4 的情形. 将图 G 中的所有顶点按正确方式分别染为 1 号色和 2 号色. 假定我们的图中已经不能再添加任何一条边，使之仍然满足题中条件，并且在平面上画出该二部图时边的交点数目最少. 那么此时任何两条相交的边都不可能有公共的顶点，否则不难画出交点数目更少的图.

我们来观察任意一对相交的边 u_1u_2 和 v_1v_2（见图 44）. 不妨设 u_1 和 v_1 是 1 号色的，u_2 和 v_2 是 2 号色的. 设 u_1u_2 和 v_1v_2 的交点是 A，并设部分边 Au_1, Av_1, Au_2, Av_2 按顺时针方向排列. 那么此时，对于 Au_1 而言，由点 A 沿着 Av_1 到达与 u_1 同色的顶点是向右的，而沿着 Av_2 到达与 u_1 异色的顶点是向左的；对于 Au_2 亦是如此. 对于 Av_1 和 Av_2，则遵循相反的规律. 这种状况给了我们一种区分边 u_1u_2 和 v_1v_2 的办法. 也就是说，我们可以把边 u_1u_2 称为右向的，而把边 v_1v_2 称为左向的. 把图 G 中不与其他边相交的边称为简单的.

因为再无别的边可与 u_1u_2 和 v_1v_2 相交，所以可以改为连接异色点 u_1 和 v_2、u_2 和 v_1，得到两条新的边 u_1v_2 和 u_2v_1，它们都不会与图 G 中任何其他边相交（边 u_1v_2 可以基本上沿着路径边 u_1Av_2 走，而边 u_2v_1 可以基本上沿着路径边 u_2Av_1 走）. 于是，根据我们对图 G 的选择，它里面只会有边 u_1v_2 和 u_2v_1，并且它们都是简单边.

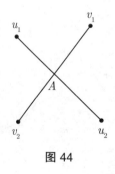

图 44

引理 (1) 对于图 G 中的任一顶点 w，由其出发的右向边的数目都不大于由其出发的简单边的数目.

(2) 对于图 G 中的任一顶点 w，由其出发的左向边的数目都不大于由其出发的简单边的数目.

引理之证 只需证明 (1). 设 $wx_1, wx_2, \cdots, wx_k$ 是所有以 w 作为端点的边. 假定边 wx_i 与图 G 中某条左向边 y_iz_i 相交，并且 y_i 与 x_i 同色，根据我们前面所言，wy_i 就是图

G 中的一条简单边. 而如果对某一对 i 与 j, 顶点 y_i 与 y_j 重合, 那么边 wx_i 与 wx_j 不可能在自己的相交对里面都是右向边. 因此, $wy_1, wy_2, \cdots, wy_k$ 是不同的右向边. 引理证毕.

假定在图 G 中, 有 v 个顶点、e 条边和 t 对相交边. 擦去 G 中所有左向边, 得到图 G', 它有 $e' = e - t$ 条边, 它们都是 G 中的简单边和右向边. 假定图 G' 将平面分为 f 部分, 那么根据欧拉公式, 有 $v - e' + f = 2$. 由于我们的图是二部图, 它的每一个部分的边界上都有偶数条边, 因为没有重边, 所以条数不少于 4. 因此, $f \leqslant \dfrac{e'}{2}$ 且 $2 \leqslant v - e' + \dfrac{e'}{2}$, 由此可得 $e' \leqslant 2v - 4$. 于是, 只需证明 $t \leqslant v - 4$.

根据引理, 图 G 中任一顶点的度数都不超过图 G' 中同一顶点度数的 2 倍, 并且在图 G' 中具有公共端点的边中, 简单边不少于一半. 因为在图 G 中没有低于 4 度的顶点, 所以图 G' 中各个顶点的度数都不小于 2. 假定在图 G' 中有 k_2 个 2 度顶点和 k_3 个 3 度顶点. 因为该图中所有顶点的度数之和不超过 $2e' \leqslant 4v - 8$, 所以

$$2k_2 + 3k_3 \leqslant 4v - 8 \leqslant 4(k_2 + k_3) - 8,$$

由此可知 $2k_2 + k_3 \geqslant 8$. 如果某个顶点 w 在图 G' 中的度数是 2, 那么根据引理, 它在图 G 中的度数应当是 4. 因为在此种情况下, 我们在由图 G 得到图 G' 的过程中, 刚好擦去了由顶点 w 出发的边中的一半, 于是根据引理, 在由顶点 w 出发的边中没有右向边. 如果某个顶点 w 在图 G' 中的度数是 3, 根据引理, 由它出发的边中至少有两条简单边, 且至多有一条右向边. 对于 G' 中的任何其他顶点, 都至多有一半由其出发的边是右向边. 因为每条边有两个端点, 所以对于右向边的条数 t, 就有如下的估计:

$$t \leqslant \dfrac{2e - k_3 - 2k_2}{4} \leqslant \dfrac{2e - 8}{4} \leqslant v - 4.$$

III.112 先陈述一个引理.

引理 设 $x^k = y^n$, 其中 $x, y, k, n \in \mathbf{N}_+$, $x, y \geqslant 2$, 质数 p 在 k 与 n 的质因数分解式中出现的幂次分别为 s 与 t, 其中 $s > t$, 则 y 是确切的 p^{s-t} 次幂.

引理之证 此引理由质因数分解式的唯一性立即得到. 引理证毕.

我们来解答题目本身.

(1) 假若存在质数 p, 使得 $p \mid b$ 但 $p \nmid c$, 则有 $p^{c^d} \mid b^{c^d}$, 但是 $p \nmid c^{b^a}$. 然而根据引理, d 应当是确切的 p^{c^d} 次幂, 结果却不可能. 如此一来, 在 b 与 c 的分解式中出现的就是同样的一些质数, 令 $b = p_1^{k_1} \cdots p_n^{k_n}$, $c = p_1^{m_1} \cdots p_n^{m_n}$. 于是

$$b^{c^d} = p_1^{k_1 c^d} \cdots p_n^{k_n c^d}, \qquad c^{b^a} = p_1^{m_1 b^a} \cdots p_n^{m_n b^a}.$$

(2) 假若 $b^{c^d} \neq c^{b^a}$, 不妨设前者较大, 于是有某个 i, 使得 $k_i c^d > m_i b^a$. 由于 $c^d = \prod p_j^{m_j d}$, $b^a = \prod p_j^{k_j a}$, 故对一切 $j \in \{1, 2, \cdots, n\}$, 都有

$$p_j^{\min(m_j d,\, k_j a)} \mid (k_i c^d - m_i b^a).$$

如果对某个 j, 有 $\min(m_j d, k_j a) = m_j d$, 则根据引理 (对 $x = b^{c^d}$, $y = c^{b^a}$, $p = p_i$ 运用引理), d 是确切的 $p_i^{p_j^{m_j d}}$ 次幂, 然而这是不可能的. 这样一来, 对于一切 $j \in \{1, 2, \cdots, n\}$, 就都有 $m_j d > k_j a$, 由此得到 $a^b | c^d$ 且 $a^b \neq c^d$. 特别地, $c^d \geqslant 2a^b$. 此外, 根据引理 (对 $x = b^{c^d}$, $y = c^{b^a}$ 和 $p = p_1$ 运用引理), d 是确切的 $p_i^{p_1^{k_1 a}}$ 次幂, 因而 $d \geqslant 2^{2^a} > a + 2$.

(2a) 设 $b \leqslant c$, 则

$$k_i c^d - m_i b^a > c^d - c \cdot b^a > c^d - c^{a+1} > c^d - c^{d-1} \geqslant \frac{1}{2} c^d.$$

根据引理, d 是确切的 $p_i^{[\frac{1}{2}c^d]}$ 次幂. 不难验证, 这是不可能的.

(2b) 如此一来, 我们就有 $b > c$. 从而存在某个 $j \in \{1, 2, \cdots, n\}$, 使得 $k_j > m_j$. 因而 $k_j c^d - m_j b^a > c^d$. 根据引理, d 是确切的 $p_j^{c^d}$ 次幂, 这亦为不可能的.

(3) 于是可知 (2) 中的假设不真. 因而 $b^{c^d} = c^{b^a}$ 和 $a = d$. 于是, 对一切 $i \in \{1, 2, \cdots, n\}$, 都有 $\frac{m_i}{k_i} = \frac{c^a}{b^a}$. 我们来证明, 这是不可能的. 事实上, 对任何 $u \geqslant 2$ 和正整数 x, y $(x > y)$ 都有 $\frac{u^x}{u^y} = u^{x-y} \geqslant \frac{x}{y}$ (请看 III.104 题解答中关于这一不等式的证明). 于是, 在 $c \neq b$ 时, 有

$$\frac{c^a}{b^a} > \frac{c}{b} = \prod \frac{p_i^{m_i}}{p_i^{k_i}} > \prod \frac{m_i}{k_i} = \left(\frac{m_i}{k_i}\right)^n \geqslant \frac{m_i}{k_i}.$$

此为矛盾.

2005 年

九年级

III.113 如果令 $t = \sqrt[21]{x}$, 则可把原方程改写成如下的一元二次方程的形式:

$$\sqrt[21]{a} t^2 + \sqrt[21]{b} t + \sqrt[21]{c} = 0.$$

对于题中所给的 a, b, c, 方程的系数都属于区间 $[1, 2]$. 由此易知, 判别式 $D = \sqrt[21]{b^2} - 4\sqrt[21]{ac} < 0$, 所以方程无实根.

III.114 证法 1 假设不然, 在作了少于 45 次交换之后, 已经不能再进行任何交换. 那么至少还存在一对数未曾进行交换, 我们选出这样的一对数 a 与 b, 使得它们是所有未曾交换过的数对中距离最近的, 不妨设 a 在 b 的左边. 因为任何两个相邻的数都可进行交换, 所以 a 与 b 不相邻, 它们之间至少间隔一个数. 设 c 位于它们之间. 于是, c 与 a、c 与 b 都曾经进行交换, 从而在原来的排列中, c 的位置应当在 a 的左边又在 b 的右边, 这是不可能的.

证法 2 可以假设开始时 1 到 10 按照递增顺序排列. 对于数 a 与 b, $a < b$, 在交换它们的位置之前, b 一直在 a 的右边, 交换后则 b 一直位于 a 的左边. 假设在进行一些次数的交换之后, 已经不能再进行任何交换. 我们来证明, 已经刚好进行了 45 次交换. 观察两个相邻的数 a 与 b(a 左 b 右). 既然它们已经不能再交换位置, 那么此前它们已经交换过, 这表明 $a > b$. 这就是说, 在最终的场景下诸数是按递降顺序排列的. 因此, 任何二数都已经交换过位置, 所以一共进行了 45 次交换.

III.115 设 I 是 $\triangle ABC$ 的内心, 点 P 是 $\triangle ABC$ 的外接圆上不含顶点 C 的 $\overarc{AB}$ 的中点. 由于点 P 在 $\angle C$ 的平分线上, 又在 $\triangle ABC$ 的外接圆上, 故由题中条件知, 点 P 就是 $\triangle XYC$ 的旁切圆的圆心 (参阅图 45). 由此可知

$$\angle AXP = \angle PXY = \frac{1}{2}\angle AXY = \frac{1}{2}(\pi - \angle ABC)$$
$$= \frac{1}{2}\angle CAB + \frac{1}{2}\angle ACB = \angle CAI + \angle ACI = \angle AIP,$$

这表明, A, X, I, P 四点共圆. 于是, 有

$$\angle AXI = \pi - \angle IPA = \pi - \angle CPA = \pi - \angle CBA = \angle AXY,$$

这就表明, 点 I 在线段 XY 上.

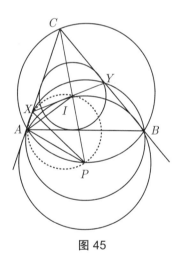

图 45

III.116 答案 不能.

解法 1 假设可以把所有大于 2005 的正整数分为两个不相交的子集 A 与 B, 满足题中要求. 我们取定 $d \in A$, 于是对任何 $x \in A$, 所有的数 $x + kd^2$ 都属于 A, 其中 $k \in \mathbf{N}_+$. 这样一来, 就存在某个足够大的正整数 m, 在所有大于 m 的正整数中, 以 d^2 为公差的等差数列或者整个属于 A, 或者整个属于 B.

我们来观察包含数 $kd^2 + 1$ 的集合, 不妨设它就是 A. 如果在 A 中包含数 $y > m$, 那么也就包含 $z = y + (kd^2 + 1)^2$. 不难看出, $z \equiv y + 1 \pmod{d^2}$. 并且, A 中又包含数

$z + (kd^2+1)^2 \equiv y + 2 \pmod{d^2}$, 如此下去, 可知在 A 的足够大的数中, 可以给出被 d^2 除的任何余数. 再结合前面所证, 便知 A 中包含了所有足够大的正整数, 从而 B 就只能是一个有限集合, 此为矛盾.

解法 2 假设可以把所有大于 2005 的正整数分为两个不相交的子集 A 与 B, 满足题中要求. 那么 A 与 B 就都是无限集合. 因此, 可以找到这样的两个不同的正整数 x 与 y, 使得 $x, y \in A$, 而 $x+1$ 与 $y+1$ 都属于 B. 于是, 所有形如 $kx^2 + y$ 的数都属于集合 A, 其中 $k \in \mathbf{N}_+$, 而所有形如 $n(x+1)^2 + (y+1)$ 的数都属于集合 B, 其中 $n \in \mathbf{N}_+$. 然而, 对于正整数 $k = (x+2)^2$ 和 $n = x^2 + 2x - 1$, 我们却有

$$n(x+1)^2 + (y+1) = (x^2+2x)^2 - 1 + (1+y) = (x+2)^2 x^2 + y = kx^2 + y,$$

这就导致了矛盾, 因为它既属于集合 A 又属于集合 B.

解法 3 众所周知, 如果两个由正整数构成的无限的等差数列的公差是互质的正整数, 那么这两个数列必然会相交, 即存在公共的项.

假设可以把所有大于 2005 的正整数分为两个不相交的子集 A 与 B, 满足题中要求. 设 $a, c \in A$, $b, d \in B$, 其中 a 与 b 互质. 正如解法 1 所证, 在集合 A 中包含等差数列 $a^2 x + c$, 在集合 B 中包含等差数列 $b^2 y + d$. 然而这两个数列是有公共项的, 由此产生矛盾.

如此看来, 任何两个互质的正整数都属于同一个集合. 设 $2006 \in A$. 因为 2006 与 2007 互质, 所以 $2007 \in A$. 同理, $2008 \in A$. 如此下去, 可知所有的正整数都属于集合 A. 于是 B 为空集, 此与题中要求不符.

◆ 试找出所有不同的将全体大于 2005 的正整数分为两个不相交的子集的分法, 使得只要 x, y, z 是属于同一个集合的互不相同的正整数, $x^2 + y^2 + z$ 也属于该集合.

III.117 对于 $x, y \in [0, 1]$, 有 $(x-1)(y-1) \geqslant 0$, 所以

$$(x+1)(y+1) = (x-1+2)(y-1+2) \geqslant 2(x-1) + 2(y-1) + 4 = 2(x+y).$$

同理, 有

$$(x+1)(z+1) \geqslant 2(x+z), \quad (y+1)(z+1) \geqslant 2(y+z).$$

将这三个不等式相乘, 得到

$$(x+1)^2(y+1)^2(z+1)^2 \geqslant 8(x+y)(x+z)(y+z).$$

此与所要证明的不等式等价.

III.118 先把 1 到 $p-1$ 中的每两个不同的数都相乘, 再把得到的每个乘积都分别乘 $1, 2, \cdots, p-1$. 在所得到的乘积中均匀地含有被 p 除的所有非零余数. 三个不同数的乘积 (称为 abc 型乘积) 在这些乘积中都刚好出现 3 次, 而 $a^2 b$ 型的乘积则都出现两次 (其中两

个数相同, 第三个数与之不同). 因此, 那些在 a^2b 型乘积中较少遇到的余数在 abc 型乘积中会较多地遇到.

再把 $1, 2, \cdots, p-1$ 中每个数的平方都分别乘 $1, 2, \cdots, p-1$ 中的每个数. 在所得到的所有乘积中仍然均匀地含有被 p 除的所有非零余数. 在这些乘积中, 每个 a^2b 型的乘积都刚好出现一次, $1, 2, \cdots, p-1$ 中每个数的立方数也都刚好出现一次. 这表明, 在 a^2b 型乘积中较多遇到的余数在立方数中较少遇到. 这样一来, 在 abc 型乘积中较多遇到的余数也在立方数中较多遇到.

假设方程 $x^3 \equiv 2 \pmod{p}$ 有 n 个不同的解 $x_1, x_2, \cdots, x_n$, 那么演绎之后可知 $1, \frac{x_2}{x_1}, \cdots, \frac{x_n}{x_1}$ 就是方程 $x^3 \equiv 1 \pmod{p}$ 的 n 个不同的解. 这表明, 在 $1^3, 2^3, \cdots, (p-1)^3$ 被 p 除的余数中, 1 的出现次数不比 2 少.

♦ 某甲求出了 1 到 100 中的每 4 个不同数的乘积, 并求出了这些乘积被 101 除的余数. 在他的结果中, 1 的出现次数不比其他余数多. 为了保险起见, 他又算了一遍, 在这一次的计算结果中, 1 的出现次数不比其他余数少. 证明: 此人的两次结果都错了.

III.119 记 $\angle ABL = \angle LBC = \beta$, $\angle LBP = \varphi$. 于是 $\angle BPL = 2\pi - \angle BPC - \angle LPC = 2\pi - \frac{\pi}{2} - (\pi - \beta) = \frac{\pi}{2} + \beta$. 由 $\triangle BLP$ 可得 $\angle BLP = \frac{\pi}{2} - \beta - \varphi$. 所以, 点 O 与 L 位于直线 BP 的同一侧, 并且 (参阅图 46)

$$\angle OBP = \frac{1}{2}(\pi - \angle BOP) = \frac{1}{2}(\pi - 2\angle BLP) = \beta + \varphi = \angle ABP.$$

故知点 O 在射线 BA 上. 进而还有 $\angle OLB = \angle LBO = \angle LBC$, 所以 $LO \parallel BC$. 只需再指出, 梯形 $BCLO$ 二腰延长线的交点 A、其两条对角线的交点及底边中点 M 位于同一条直线上.

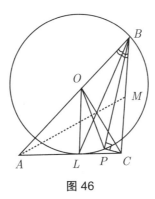

图 46

III.120 答案 最多可修 $14\,700$ 条道路. 达到 $14\,700$ 条道路的例子有: 将 210 个城市分为 3 个集合 S_1, S_2, S_3, 每个集合 70 个城市. 同一集合的城市间无道路连接, 任何两个分属不同集合的城市之间都有道路连接, 行车方向为由 S_1 中城市驶往 S_2 中城市, 由 S_2 中城市驶往 S_3 中城市, 由 S_3 中城市驶往 S_1 中城市.

再证不可能多于 14 700 条道路. 设 A 是连有道路最多的城市, 有 x 条驶入 A 的道路和 y 条驶出 A 的道路. 将所有城市分为 3 个集合 M_1, M_2, M_3: 在 M_1 中包括了所有有道路直接驶入 A 的城市, 在 M_2 中包含了由 A 能够直接驶到的所有城市, 在 M_3 中包括了连同 A 在内的所有其他城市. 根据题中条件, 在 M_1 中任何两个城市之间均无道路相连, 在 M_2 中任何两个城市之间也无道路相连. 所以, 由 M_1 中每个城市至多连有 $210-x$ 条道路, 由 M_2 中每个城市至多连有 $210-y$ 条道路, 因而由 M_3 中每个城市至多连有 $x+y$ 条道路. 如此一来, 道路的总条数不多于

$$s \leqslant \frac{1}{2}\Big[(210-x-y)(x+y)+x(210-x)+y(210-y)\Big]$$
$$= \frac{1}{2}\Big[210^2 - x^2 - y^2 - (210-x-y)^2\Big].$$

不难看出, 平方和

$$x^2 + y^2 + (210-x-y)^2$$

在 $x = y = 210-x-y = 70$ 时达到最小值, 所以

$$s \leqslant \frac{1}{2}(210^2 - 3 \times 70^2) = 14\,700.$$

♦ 设城市数目 $n \geqslant 3$, 试证明: 道路条数的最大可能值是 $\left[\dfrac{n^2}{3}\right]$.

十年级

III.121 **证法 1** (算坐标) 不失一般性, 可认为抛物线的方程为 $y = x^2$. 它的位于 $A(a, a^2)$ 和 $B(b, b^2)$ 的切线方程分别为 $y = 2ax - a^2$ 与 $y = 2bx - b^2$, 它们相交于点 $C = \left(\dfrac{a+b}{2}, ab\right)$. 而点 K 的坐标是 $\left(\dfrac{a+b}{2}, \dfrac{a^2+b^2}{2}\right)$. 所以, 线段 KC 的中点的坐标就是 $\left(\dfrac{a+b}{2}, \dfrac{ab}{2} + \dfrac{a^2+b^2}{4}\right) = \left(\dfrac{a+b}{2}, \dfrac{(a+b)^2}{4}\right)$, 故在抛物线上.

证法 2 (抛物线的几何定义) 设 F 是抛物线的焦点, 点 A 与 B 在准线上的投影分别是 M 与 N. 于是 $AF = AM$, $BF = BN$, 且 AC 与 BC 分别是 $\angle MAF$ 与 $\angle NBF$ 的平分线 (抛物线的焦点性质). 因为 $\triangle MAF$ 是等腰三角形, 所以顶角平分线 AC 就是底边 MF 的中垂线. 同理, BC 是线段 FN 的中垂线. 因而, 点 C 是 $\triangle FMN$ 的外心. 这表明, 点 C 在线段 MN 的中垂线上. K 是线段 AB 的中点, 故它亦在线段 MN 的中垂线上. 设 L 是 KC 与 MN 的交点, 点 D 是线段 KC 的中点 (参阅图 47). 只需证明 $DL = DF$. 为此, 我们证明, $\triangle ABC$ 的与 AB 平行的中位线重合于线段 LF 的中垂线.

设 A_1 是线段 AC 的中点. 我们指出

$$\angle FCN = 2\angle FMN = 2\left(\frac{\pi}{2} - \angle AMF\right) = 2\angle MAC = \angle MAF.$$

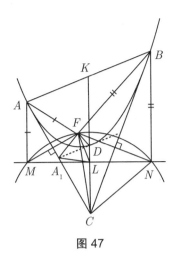

图 47

这意味着 $\triangle MAF \backsim \triangle NCF$(它们都是等腰三角形,且顶角相等). 所以, 存在以 F 为中心的旋转位似变换, 把点 A 变为点 M, 把点 C 变为点 N. 在此变换中, 线段 AC 的中点 A_1 变为线段 MN 的中点 L. 因此, $\triangle MAF \backsim \triangle LA_1F$. 这表明, 点 A_1 到点 F 与 L 的距离相等. 同理可知, BC 的中点到点 F 与 L 的距离相等. 于是, 线段 FD 的中垂线就是 $\triangle ABC$ 的中位线.

III.122 参阅 III.134 题解答.

III.123 同 III.115 题.

III.124 $3^k - 1 = m^2 + n^2$. 注意 $3^2 - 1 = 2^2 + 2^2$. 我们来证明, 如果 $3^{2k} - 1$ 可以表示为两个平方数的和, 则 $3^{4k} - 1$ 亦可表示为两个平方数的和. 事实上, 如果 $3^{2k} - 1 = m^2 + n^2$, 则

$$3^{4k} - 1 = (3^{2k} - 1)(3^{2k} + 1) = (m^2 + n^2)\left((3^k)^2 + 1^2\right)$$
$$= (3^k m + n)^2 + (3^k n - m)^2.$$

此处我们用到了如下的等式:

$$(a^2 + b^2)(c^2 + d^2) = (ad - bc)^2 + (ac + bd)^2.$$

只需再说明 $3^k n - m \neq 0$. 事实上, 如果 $3^k n - m = 0$, 则有 $3^{4k} - 1 = (3^k m + n)^2$, 而这是不可能的, 因为该式左边的数被 3 除的余数是 2, 右边的完全平方数被 3 除的余数只可能是 0 或 1, 不可能是 2. 于是, $3^{4k} - 1$ 可表示为两个平方数的和, 意即如下的方程亦有解:

$$3^{4k} - 1 = m^2 + n^2.$$

这就是说, 只要 k 是 2 的方幂数的倍数, 方程 $3^k = m^2 + n^2 + 1$ 就有解, 所以它有无穷多组正整数解.

III.125 记 $\delta_k = x_{k+1} - (x_1 + x_2 + \cdots + x_k) \geqslant 0$. 我们注意到
$$1 - \frac{x_1}{x_2} = \frac{x_2 - x_1}{x_2} = \frac{\delta_1}{x_2},$$
而对 $k > 1$, 则有
$$\begin{aligned}
\frac{1}{2} - \frac{x_k}{x_{k+1}} &= \frac{x_{k+1} - 2x_k}{2x_{k+1}} \\
&= \frac{x_1 + \cdots + x_k + \delta_k - x_k - (x_1 + \cdots + x_{k-1} + \delta_{k-1})}{2x_{k+1}} \\
&= \frac{\delta_k - \delta_{k-1}}{2x_{k+1}}.
\end{aligned}$$
这样一来, 就有
$$\begin{aligned}
\frac{n}{2} - \sum_{k=1}^{n-1} \frac{x_k}{x_{k+1}} &= 1 - \frac{x_1}{x_2} + \sum_{k=2}^{n-1} \left(\frac{1}{2} - \frac{x_k}{x_{k+1}} \right) \\
&= \frac{\delta_1}{x_2} + \sum_{k=2}^{n-1} \frac{\delta_k - \delta_{k-1}}{2x_{k+1}} = \frac{\delta_1}{2x_2} + \frac{1}{2} \sum_{k=2}^{n-1} \delta_k \left(\frac{1}{x_{k+1}} - \frac{1}{x_{k+2}} \right) \geqslant 0,
\end{aligned}$$
这是因为每一个加项都是非负的. 由此立即可知, 等号只能在所有的 δ_k 都等于 0 时成立, 亦即仅当
$$\begin{aligned}
&x_2 = x_1, \quad x_3 = x_1 + x_2 = 2x_2, \quad x_4 = x_1 + x_2 + x_3 = 4x_1, \quad \cdots, \\
&x_n = x_1 + x_2 + \cdots + x_{n-1} = 2^{n-2} x_1, \quad \cdots
\end{aligned}$$
时成立.

III.126 我们来换一个角度讨论问题.

假设在圆周上按顺时针方向依次写着正整数 $1, 2, \cdots, n^2$. 允许交换任何两个相邻数的位置, 只要它们此前没有被交换过. 如果经过一系列交换之后, 发现如下所述的各种交换都已经进行过一次, $1 \leftrightarrow 2, 2 \leftrightarrow 3, \cdots, (n-1)^2 \leftrightarrow n^2, n^2 \leftrightarrow 1$, 那么我们至少已经进行过 $\frac{n^3}{100}$ 次交换.

一旦交换了 a 与 b 的位置, 我们就对这两个数各标记一次. 我们来证明, 一共做了不少于 $\frac{n^3}{50}$ 个标记. 将数 $1, 2, \cdots, n^2$ 分成 n 个组, 每组 n 个相连排列的数, 我们来证明, 对每个组的数所做的标记总数都不少于 $\frac{n^2}{50}$. 观察其中一个组, 例如 $1, 2, \cdots, n$. 假设对该组数所做的标记总数少于 $\frac{n^2}{50}$. 于是, 该组数中的每一个都相对于起始位置至多移动了 $\frac{n^2}{50}$ 个位置. 由于开始时, 2(按顺时针方向) 在 1 的后面, 而 2 与 1 恰好交换了一次位置, 在交换位置时, 双方的移动距离都小于四分之一圆周, 因此最终 1 在 2 的后面. 同理, 在最终时刻, 2 在 3 的后面, 2 在 4 的后面, 3 在 4 的后面 $\cdots\cdots$ $n-1$ 在 n 的后面. 如此一来, 每一对数 (i, j) 都至少参与了一次交换 $(1 \leqslant i < j \leqslant n)$. 若不然, i 在最终时刻就像在起始时刻一样, 位于 j 的前面. 于是, 任何二数都交换了位置, 一共交换了 $C_n^2 = \frac{1}{2} n(n-1)$ 次, 从而所做的标记数目不少于 $n^2 - n > \frac{n^2}{50}$. 此为矛盾.

III.127 证法 1 如图 48 所示, 点 K 是线段 A_1C_1 的中点, 点 H_1 是 $\triangle BA_1C_1$ 的垂心, 而点 T 是由顶点 B 所作的该三角形的高的垂足. 我们还注意到, 点 H 是 $\triangle LA_1C_1$ 的重心. 因为四边形 $A_1HC_1H_1$ 是平行四边形, 所以 $HH_1 = HL$. 并且射线 BT 经过点 O, 这是因为 $\angle TBC_1 = 90° - \angle BC_1A_1 = 90° - \angle ACB$. 用 M 表示线段 AC 的中点, 以 O' 表示 H_1L 在点 H 处的垂线与射线 BT 的交点, 以 M' 记点 O' 在 AC 上的投影. 我们只需证明 $M' = M$. 可以认为 $AB > CB$, 此时显然有 $AL > LC$ 和 $\angle ALH < 90°$. 因为四边形 $KTO'H$ 与 $HO'M'L$ 都内接于圆, 所以

$$\angle H_1KC_1 = \angle H_1O'H = \angle HO'L = \angle HM'L.$$

另一方面, $\angle H_1KC_1 = \angle HML$, 因为它们是彼此相似的 $\triangle ACB$ 与 $\triangle A_1C_1B$ 中的对应角, 所以 $M = M'$. 这就是所要证明的.

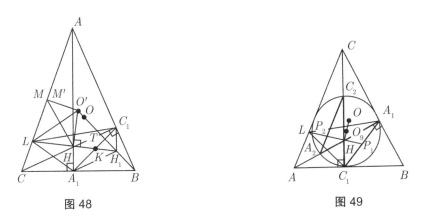

图 48　　　　　　　　　图 49

证法 2 如图 49 所示, 设点 A_2 与 C_2 分别是线段 HA 与 HC 的中点. 于是, 四边形 $A_1C_1A_2C_2$ 内接于 $\triangle ABC$ 的九点圆. 设 HL 与直线 A_1C_1 和 A_2C_2 分别交于点 P_1 和 P_2. 于是, $HL = 2HP_1$ (此因 H 是 $\triangle A_1C_1L$ 的重心, 它把中线分成长度比例为 $2:1$ 的两段), 亦有 $HL = 2HP_2$ (此因 A_2C_2 是 $\triangle AHC$ 的中位线, 它平分 HL). 由此可知, $HP_1 = HP_2$. 将蝴蝶定理运用于四边形 $A_1C_1A_2C_2$ 和直线 P_1HP_2, 可知该直线被九点圆截出的弦被点 H 平分, 故 $O_9H \perp HL$, 其中 O_9 是九点圆的圆心. 接下来只需记住, O_9 是线段 OH 的中点.

III.128 为方便起见, 在讨论 $1, 2, \cdots, m$ 以及被 m 除的余数时, 我们通常用它们被 m 除的余数表述. 显然, 只需对含有 17 个余数的有序集合讨论问题 (每个余数在有序集合的和数中出现的次数是在无序集合的和数中出现次数的 17! 倍). 以下凡说到集合, 都是指由模 m 的余数组成的有序集合. 因为 $17 | m$, 所以可以通过考察模 17 的余数来考察模 m 的余数.

(1) 和数为 0 的由 17 个互不相同的余数构成的有序集合的个数等于这样的由 17 个不同余数构成的有序集合的个数, 在这些集合的第一个位置上放置 0, 并且和数是 17 的倍数. 事实上, 对于每个由 17 个不同余数构成的和数为 0 的有序集合 $(x_1, x_2, \cdots, x_{17})$, 可以看和

数为 17 的倍数的有序集合 $(x_1 - x_1, x_2 - x_1, \cdots, x_{17} - x_1)$. 反之, 对于和数为模 m 与 $17t$ 同余的有序集合 $(0, x_2, \cdots, x_{17})$, 可以考察和数为 0 的有序集合 $(-t, x_2 - t, \cdots, x_{17} - t)$. 同理, 由 17 个互不相同的余数构成的和数为 1 的有序集合的数目与这样的由 17 个不同余数构成的有序集合的个数相同, 其中第一个位置上是 0, 且和数模 17 余 1.

(2) 对于任何 $k \in \{1, 2, \cdots, 16\}$, 我们将考察由不同的模 m 余数构成的所有可能的有序集合 $(y_1, y_2, \cdots, y_k)$. 在这些集合的和数中, 我们遇到相同次数的各种不同的模 m 余数, 因为 17 个集合 $(y_1, y_2, \cdots, y_k), (y_1+1, y_2+1, \cdots, y_k+1), \cdots, (y_1+16, y_2+16, \cdots, y_k+16)$ 的和数取遍了模 17 的所有不同余数.

(3) 将由不同余数构成的和数为 17 的倍数的有序集合 $(0, y_1, \cdots, y_k)$ 的数目记作 a_k, 而将和数为模 17 余 1 的此类集合的个数记作 b_k. 我们来证明, 对 $k \in \{1, 2, \cdots, 16\}$, 都有

$$\begin{cases} a_k < b_k, & \text{如果 } k \text{ 是奇数,} \\ a_k > b_k, & \text{如果 } k \text{ 是偶数.} \end{cases}$$

对 $k = 16$ 运用这一结论, 即得题中所要证明的结论.

对 $k = 1$, 结论显然, 此因在前一种形式的对子 $(0, x_1)$ 中, x_1 可以取 $17, 34, \cdots$; 而在后一种形式的对子中, x_1 可以取 $18, 35, \cdots$, 所以和为 17 的倍数的数对的个数刚好比和数模 17 余 1 的对子个数少 1.

假设结论对 $k - 1$ 成立, 我们来证明它对 k 也成立. 根据 (2), 和数是 17 的倍数的由不同余数构成的有序集合 $(y_1, y_2, \cdots, y_k)$ 的数目与和数模 17 余 1 的有序集合的数目相同, 记为 d_k. 每一种这样的有序集合都对应一个 $(0, y_1, \cdots, y_k)$, 其中后面 k 个余数各不相同, 但其中可能有一个是 0. 因而, $a_k = d_k - k \cdot a_{k-1}$, $b_k = d_k - k \cdot b_{k-1}$, 于是由归纳假设知关于 k 的结论亦成立.

十一年级

III.129 同 III.114 题.

III.130 我们来看 a_{2n-1} 和 a_{2n}. 若它们都是质数, 则 $d(a_{2n-1}) = 2$, $a_{2n} = d(2n-1) + 2$. 这样一来, $d(2n-1) + 2$ 就是奇数, 因而 $d(2n-1)$ 是奇数. 然而, 一个整数有奇数个正约数, 当且仅当该整数是完全平方数, 这就意味着 $2n - 1$ 是完全平方数. 在 1 至 400 之间刚好有 10 个奇数是完全平方数. 这就说明, 在该数列的 200 个相邻对子 $(a_1, a_2), (a_3, a_4), \cdots, (a_{399}, a_{400})$ 中, 至多有 10 个对子中的两项都是质数, 其余 190 个对子中都至多有一项是质数, 所以该数列中质数不多于 $190 + 2 \times 10 = 210$ 个.

III.131 同 III.115 题.

III.132 同 III.124 题.

III.133 如果我们已经证得

$$\left(x^2 + \frac{3}{4}\right)\left(y^2 + \frac{3}{4}\right) \geqslant x + y, \qquad ①$$

那么只要把它与其他两个类似的不等式相乘, 即可得到所要的不等式. 故只需证明不等式 ①. 有若干种不同的证法.

证法 1 利用柯西不等式, 得

$$(4x^2 + 1 + 1 + 1)(1 + 4y^2 + 1 + 1) \geqslant (2x + 2y + 2)^2 \geqslant 16(x + y).$$

两边同除以 16, 即得所证. 如果视 $s = x + y$, 则其中第二个不等号得自 $(s + 1)^2 \geqslant 4s$.

证法 2 我们有

$$\begin{aligned} 16\left(x^2 + \frac{3}{4}\right)\left(y^2 + \frac{3}{4}\right) &= 16x^2y^2 + 12x^2 + 12y^2 + 9 \\ &= (16x^2y^2 + 1) + 4(x^2 + y^2) + 8(x^2 + y^2 + 1) \\ &\geqslant 16xy + 8(x^2 + y^2 + 1) = 8(x + y)^2 + 8 \geqslant 16(x + y), \end{aligned}$$

两边同除以 16, 即得所证.

证法 3 令 $x = a + \frac{1}{2}$, $y = b + \frac{1}{2}$, 可把待证的不等式改写为

$$(a^2 + a + 1)(b^2 + b + 1) \geqslant a + b + 1.$$

经过去括号, 移项, 合并同类项, 该式即为

$$a^2b^2 + a^2 + b^2 + a^2b + ab^2 + ab \geqslant 0.$$

而该式就是如下三个显然的不等式的和:

$$\frac{a^2}{2} + ab + \frac{b^2}{2} \geqslant 0, \quad \frac{a^2}{2} + a^2b + \frac{a^2b^2}{2} \geqslant 0, \quad \frac{a^2b^2}{2} + ab^2 + \frac{b^2}{2} \geqslant 0.$$

证法 4 为方便起见, 记 $p = y^2 + \frac{3}{4}$, 把所有各项都移到左端, 固定 y, 把表达式视为 x 的二次三项式:

$$f(x) = \left(x^2 + \frac{3}{4}\right)\left(y^2 + \frac{3}{4}\right) - (x + y) = px^2 - x + \left(\frac{3}{4}p - y\right).$$

我们需要证明 $f(x) \geqslant 0$. 为此, 只需验证它的判别式非正. 然而, 这是显然的, 事实上

$$\begin{aligned} D &= 1 - 4p\left(\frac{3}{4}p - y\right) = -3y^4 + 4y^3 - \frac{9}{2}y^2 + 3y + \frac{11}{16} \\ &= -\frac{1}{16}(2y - 1)^2(12y^2 - 4y + 11) \leqslant 0. \end{aligned}$$

III.134 题目要求证明, 或者可以找到 7 个人, 他们从不交际, 都没有任何熟人; 或者可以找到善于交际的 7 个人, 其余人中的每个人都至少认识他们中的某个人. 为此, 我们来寻

找这样的 "寡交群体 G": 其中任何二人都互不认识. 首先任取一人作为 G 的成员, 再逐步增加, 即把那些与 G 中已有的人都不认识的人逐个补进 G 中, 一直到不能再补充为止. 假定最终 G 中一共有 n 个成员. 为方便起见, 把 G 中的成员称为寡交者, 把其余的人称为善交者. 每个善交者都至少认识一个寡交者, 否则可以把他补入 G 中. 我们指出, 必有 $n \leqslant 8$. 若不然, 如果 n 不小于 9, 那么可以往 G 中任意补入一人, 得到一个 10 人群体, 其中没有哪三个人两两互相认识, 与题意相矛盾. 而如果 $n \leqslant 7$, 那么可以以任意方式扩充 G, 得到由 7 个人组成的 "善交群体", 从而完成证明.

下面只需考察 $n = 8$ 的情形. 任意请出 G 外 2 人 A 与 B, 连同 G 中 8 人, 刚好为 10 个人. 因为在任何 10 个人中都有某 3 个人两两相互认识, 所以 A 与 B 应当相互认识. 这就意味着, G 以外的任何两人都相互认识. 进而, 如果 G 中仅有一人有熟人 (事实上, 我们已经证明了 G 中至少有一个这样的人), 我们就很容易找到 7 个从不交际、没有任何熟人的人. 下面只需再看 G 中至少有两个人有熟人的情形. 如果在 G 外有某甲认识 G 中至少两个人, 那么他最多与 G 中 6 个人不认识. 这些人与某甲一起构成 "善于交际的 7 个人", 因为其余人中的每个人都认识某甲. 如果在 G 外没有谁至少认识 G 中两个人, 那么我们任取 G 中两个人, 他们分别认识 G 外的两个人 C 和 D (我们知道这是两个不同的人). 一旦把 C 和 D 补入 G, 所得到的 10 个人中就没有哪 3 个人两两相互认识, 与题意相矛盾.

III.135 设点 O 是 $\triangle ABC$ 的外心. 确定 H, 使得 $\overrightarrow{OH} = \overrightarrow{OA} + \overrightarrow{OB} + \overrightarrow{OC}$ (这样的点 H 当然是存在的, 事实上它就是 $\triangle ABC$ 的垂心). 我们来证明 H, A_2, B_2, C_2 四点共圆 (参阅图 50). 我们有 $\overrightarrow{OA_2} = \overrightarrow{OB} + \overrightarrow{OC} - \overrightarrow{OA_1} = \overrightarrow{OH} - (\overrightarrow{OA} + \overrightarrow{OA_1})$. 我们发现, 点 O, X 以及线段 AA_1, BB_1, CC_1 的中点同在一个 (以 OX 作为直径的) 圆上. 现在以 O 为中心, 作以 -2 为系数的位似变换, 得知 O, A_3, B_3, C_3 位于同一个圆上, 其中 $\overrightarrow{OA_3} = -(\overrightarrow{OA} + \overrightarrow{OA_1})$, 如此等等. 把它们平移向量 $\overrightarrow{OH}$, 刚好就分别是 H, A_2, B_2, C_2. 我们的固定点 Y 就是 H.

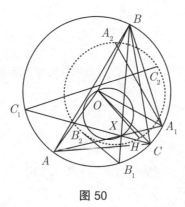

图 50

III.136 答案 n 可能为质数或 2 的方幂数.

引理 设 r 为奇数, $\varepsilon \neq 1$ 是 1 的 r 次方根, 亦即 $\varepsilon = e^{2k\pi i / r}$, 其中 $0 < k < r$. 则

$$(1+\varepsilon)(1+\varepsilon^2)(1+\varepsilon^3)\cdots(1+\varepsilon^r) = 2.$$

引理之证 事实上, $\varepsilon, \varepsilon^2, \cdots, \varepsilon^r$ 是 1 的所有 r 次方根, 这是因为, 对 $j = 1, 2, \cdots, r$, 数 kj 取遍了被 r 除的所有不同余数, 所以

$$t^r - 1 = (t - \varepsilon)(t - \varepsilon^2) \cdots (t - \varepsilon^{r-1})(t - \varepsilon^r).$$

在其中令 $t = -1$, 得到

$$-2 = (-1 - \varepsilon)(-1 - \varepsilon^2) \cdots (-1 - \varepsilon^{r-1})(-1 - \varepsilon^r)$$
$$= -(1 + \varepsilon)(1 + \varepsilon^2) \cdots (1 + \varepsilon^{r-1})(1 + \varepsilon^r),$$

其中最后一步是因为 r 是奇数. 引理证毕.

回到原题. 假设在全部操作之后, 正 n 边形的各个顶点上的数全都相同. 那么, 因为每一次操作都把数的总和加倍, 所以 $n - 1$ 次操作之后, 数的总和变为 2^{n-1}. 另一方面, 各个顶点上的数都是相同的整数, 所以 2^{n-1} 可被 n 整除. 因此, 在这种情况下 n 是 2 的方幂数.

对顶点上的数增加一个操作, 即把每个数都加上自己. 这个操作不会改变其中相等的数的个数. 把多边形的顶点编号为 0 到 $n - 1$. 将顶点上的数的分布对应多项式 $f(t) = a_{n-1}t^{n-1} + a_{n-2}t^{n-2} + \cdots + a_1 t + a_0$, 其中 a_k 是 k 号顶点上的数. 我们指出, 第 k 次操作就是用 $t^k + 1$ 去乘多项式 $f(t)$, 并按模 $t^n - 1$ 看待乘积. 与最初的数的分布所对应的多项式就是 1. 所以, 在完成所有 n 次操作后的多项式就是

$$P(t) = (1 + t)(1 + t^2)(1 + t^3) \cdots (1 + t^n).$$

因为在最后的情况下, 有 $n - 1$ 个顶点上的数相等, 所以与此时数的分布对应的多项式为

$$Q(t) = at^m + b(t^{n-1} + t^{n-2} + \cdots + t + 1).$$

这样就有 $P(t) \equiv Q(t) \pmod{(t^n - 1)}$. 因此

$$P(t) = (1 + t)(1 + t^2)(1 + t^3) \cdots (1 + t^n) \equiv at^m \pmod{R(t)},$$

其中 $R(t) = t^{n-1} + t^{n-2} + \cdots + t + 1$. 特别地, $P(\varepsilon) = a\varepsilon^m$, 如果 ε 是 $R(t)$ 的根, 或者说, ε 是 1 的不同于 1 的 n 次方根.

首先假定 n 是偶数. 此时, -1 是多项式 $P(t)$ 与 $R(t)$ 的根, 所以 $a(-1)^m = 0$, 故知 $a = 0$, 亦即最终所有各个顶点上的数全都彼此相等. 根据前面所证, 此时 n 是 2 的方幂数.

再设 n 是奇合数. 根据所证, $P(\varepsilon) = a\varepsilon^m$, 其中 $\varepsilon = e^{2\pi i/n}$ 是 1 的 n 次方根. 根据引理, 我们有 $a\varepsilon^m = P(\varepsilon) = 2$, 所以 $|a\varepsilon^m| = 2$, 则 $|a| = 2$.

设 $n = p\ell$, 其中 p 是 n 的某个质约数. 取 $\varepsilon = e^{2\pi i/p}$ (1 的 p 次方根). 根据所证, 有 $P(\varepsilon) = a\varepsilon^m$. 另一方面, 根据引理, 有

$$P(\varepsilon) = (1 + t) \cdots (1 + t^p)(1 + t) \cdots (1 + t^p)(1 + t) \cdots (1 + t^p).$$
$$= \left[(1 + t)(1 + t^2) \cdots (1 + t^p)\right]^\ell = 2^\ell.$$

于是 $a\varepsilon^m = 2^\ell$. 从而, $|a| = 2^\ell$, 这表明 $\ell = 1$. 因此, n 是质数.

只需再证质数与 2 的方幂数都可满足题中要求. 现设 n 是质数. 此时只需验证 $P(t) \equiv 2 \pmod{R(t)}$. 而这等价于验证对于 $R(t)$ 的每个根 ε, 都有 $P(\varepsilon) = 2$. 这种验证不过就是利用引理解答习题而已. 再设 $n = 2^\ell$, 那么就只需验证关系式 $P(t) \equiv 0 \pmod{R(t)}$, 意即 $R(t) \mid P(t)$, 这当然也是显然的, 因为

$$R(t) = (1+t)(1+t^2)(1+t^4)\cdots(1+t^{2^{\ell-1}}).$$

2006 年

九年级

III.137 参阅 III.145 题解答.

III.138 引理 在凸四边形 $KLMN$ 内部给定一点 Z, 则 $\triangle KLZ$ 与 $\triangle MNZ$ 的外接圆相切, 当且仅当 $\angle KLZ + \angle NMZ = \angle KZN$.

引理之证 如果所说的两个外接圆彼此相切, 则它们在点 Z 处的公切线将 $\angle KZN$ 分为两个角. 根据弦切角等于同弧所对圆周角的定理, 它们分别等于 $\angle KLZ$ 和 $\angle NMZ$. 而如果给定 $\angle KLZ + \angle NMZ = \angle KZN$, 则将 $\angle KZN$ 分为 $\angle KLZ$ 与 $\angle NMZ$ 的直线与两个圆都相切于点 Z(参阅图 51). 引理证毕.

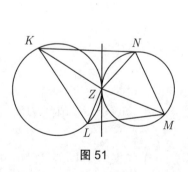

图 51

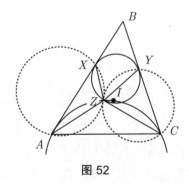

图 52

现在来证明题中结论. 根据引理, 只需验证 $\angle AXZ + \angle CYZ = \angle AZC$(参阅图 52). 因为 A, Z, I, C 在同一个圆周上, 所以

$$\angle AZC = \angle AIC = \frac{\pi + \angle B}{2}.$$

而 $\angle AXZ + \angle CYZ$ 等于内切于 $\angle B$ 的圆上的 $\overset{\frown}{XZY}$, 亦即 $\dfrac{\pi + \angle B}{2}$.

III.139 答案 甲有取胜策略.

为了取胜, 他应使得在每次操作之后, 常数项为奇数, 而二次项系数与一次项系数同奇偶. 因为这种多项式在任何整数处的值都是奇数, 因而不会是 0, 故无整数根. 这就保证了甲不会输.

每一次操作之后, 系数之和都减小 1. 因而有限步之后, 它将变为 0, 故终究会在某一步上得到一个以 1 为根的多项式, 这意味着游戏迟早会结束, 因此甲迟早会赢.

III.140 答案 $n=2, k=3$.

2 的方幂数被 7 除的余数只能是 1,2 或 4. $n^3 - 5n + 10$ 被 7 除的余数不可能为 2 或 4(这一点可以方便地通过枚举来验证). 因此, 如果 $n^3 - 5n + 10 = 2^k$, 则 $2^k - 1$ 是 7 的倍数, 这意味着 k 是 3 的倍数, $k = 3m$. 故 $n^3 - 5n + 10 = (2^m)^3$, 亦即 $n^3 - (2^m)^3 = 5n - 10$, 也就是

$$(n - 2^m)(n^2 + 2^m n + 4^m) = 5(n-2).$$

当 $n = 2$ 时, 得到 $m = 1$; 当 $n = 1$ 时, 无解. 如果 $n \geq 3$, 则 $5(n-2) > 0$, 这意味着 $n - 2^m > 0$ 以及

$$5n - 10 = (n - 2^m)(n^2 + 2^m n + 4^m) \geq n^2 + 2^m n + 4^m$$
$$\geq n^2 + 2n + 4 = 5n - 10 + (n^2 - 3n) + 14 > 5n - 10,$$

此为矛盾.

III.141 如图 53 所示, 以 M 记边 AC 的中点, 以 T 记点 M 关于 $\triangle ABC$ 外心的对称点. 因为三角形中的角平分线位于相应的高与中线之间, 所以点 L 在线段 MP 上, 而点 T 在线段 KQ 上, 其中, 点 P 是 $\triangle ABC$ 中的由顶点 B 引出的高的垂足, 而点 Q 是与边 AC 平行的直线 KT 与高 BP 的交点. 由同一个点引出的两条斜线中, 斜足离垂足近者较短, 而四边形 $MHBT$ 是平行四边形 (线段 MT 与 BH 平行且等长), 所以 $BK > BT = HM > HL$.

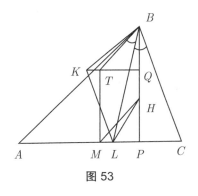

图 53

III.142 答案 记 $n = k + 200$, 则图 G 中最多可能有 $200k + C_{200}^2 - 1 = 200k + 19899$ 条棱. 本结论对 $n \geq 202$ 成立.

对图的顶点数目作归纳. 当 $n = 202$ 时, 不难明白, 该图不可能是完全图, 其中至少缺掉两条棱. 于是该图中的棱数不多于 $C_{202}^2 - 2 = 400 + 19\,899$ 条棱. 当 $n > 200$ 时, 图中必定会有度数不大于 200 的顶点, 去掉该顶点后得到满足题中条件的顶点数目较少的图. 因此, 当图中的顶点数目增加 1 时, 棱数至多增加 200.

下面构造满足题意的例子. 先造一个具有 200 个顶点的完全图 (将该图的顶点集合记作 U) 并去掉它的一条棱. 再让其余 $n - 200$ 个顶点中的每一个都与 U 中各个顶点有棱相连, 并且也仅与 U 中的顶点有棱相连. 我们来证明这样的图满足题中要求. 该图中的棱数恰好达到我们所给出的数目. 我们来考察任意一个顶点集合 A. 如果 $|A| \leqslant 201$, 则显然 A 中每个顶点都至多与 200 个顶点有棱相连. 如果 A 中至少有 3 个顶点不属于 U, 则这 3 个顶点都与 A 中不多于 200 个顶点有棱相连. 最后, 仅有 $A \supset U$ 且 $|A| = 202$ 这一种情况. 容易看出, 此时 A 中至少有 4 个顶点分别与 A 中 200 个顶点有棱相连.

III.143 **证法 1** (估计加项的大小)   将所证不等式的左端乘 2, 并证明该和数不大于 1. 显然 $\dfrac{2a_i a_{i+1}}{2 - (a_{i+1} - a_i)^2} < 1$, 而 $(a_i - a_{i+1})^2 > 0$, 所以

$$\frac{2a_i a_{i+1}}{2 - (a_{i+1} - a_i)^2} \leqslant \frac{2a_i a_{i+1} + (a_{i+1} - a_i)^2}{2 - (a_{i+1} - a_i)^2 + (a_{i+1} - a_i)^2} = \frac{a_i^2 + a_{i+1}^2}{2},$$

因此

$$\sum_{i=1}^n \frac{a_{i+1} a_i}{2 - (a_{i+1} - a_i)^2} \leqslant \sum_{i=1}^n \frac{a_i^2 + a_{i+1}^2}{2} = 1.$$

证法 2 (估计分母的大小)   利用显然的不等式, 可知对一切 $k \neq i$, 都有 $2a_k a_{k+1} \leqslant a_k^2 + a_{k+1}^2$, 故得

$$2a_1 a_2 + \cdots + 2a_{i-1} a_i + 2a_{i+1} a_{i+2} + \cdots + 2a_{n-1} a_n + 2a_n a_1$$
$$\leqslant 2a_1^2 + \cdots + 2a_{i-1}^2 + a_i^2 + a_{i+1}^2 + 2a_{i+2}^2 + \cdots + 2a_n^2 = 2 - a_i^2 - a_{i+1}^2.$$

所以

$$S = 2\sum_{k=1}^n a_k a_{k+1} \leqslant 2a_i a_{i+1} + 2 - a_i^2 - a_{i+1}^2.$$

这表明每个分数的分母都不小于 S, 所以

$$\sum_{i=1}^n \frac{a_{i+1} a_i}{2 - (a_{i+1} - a_i)^2} \leqslant \sum_{i=1}^n \frac{a_{i+1} a_i}{S} = \frac{\frac{S}{2}}{S} = \frac{1}{2}.$$

III.144 不妨设 $a > b$, 且可设 a 与 b 互质, 若不然, 则可以除以它们的最大公约数. 写 $n = pqr$, 其中 p, q 和 r 是三个不同的奇质数.

引理 1   如果 s 是 $a^n - b^n$ 的质因数, 且 $a^{pq} - b^{pq}$, $a^{pr} - b^{pr}$, $a^{qr} - b^{qr}$ 都不能被 s 整除, 则 s 被 n 除的余数是 1, 特别地, 有 $s > n$.

引理 1 之证 显然, a 与 b 都不可被 s 整除. 若不然, 如果 a 与 b 之一可被 s 整除, 那么由于 $a^n - b^n$ 可被 s 整除, 另一者也可被 s 整除, 这与 a 和 b 互质的假设相矛盾. 因此, 存在 $c \in \mathbf{Z}$, 使得 $a \equiv cb \pmod{s}$, 从而

$$0 \equiv a^n - b^n \equiv b^n(c^n - 1) \pmod{s}.$$

这表明 $s \mid (c^n - 1)$. 而通过类似的推导, 知 $s \nmid (c^{pq} - 1)$, $s \nmid (c^{pr} - 1)$, $s \nmid (c^{qr} - 1)$.

假设 k 是使得 $s \mid (c^k - 1)$ 成立的最小正整数, 则 $s \mid (c^m - 1)$ 当且仅当指数 m 可被 k 整除时 (事实上, 如果 $c^m \equiv 1 \pmod{s}$, 则对 $m' = m - k$ 亦是如此, 这是因为 $c^{m'} \equiv c^{m'}c^k = c^m \equiv 1 \pmod{s}$. 继续减去 k, 那么迟早会变为 0, 因为 k 是具有所述性质的最小正整数).

因而, $n = pqr$ 可被 k 整除, 但是 pq, pr, qr 都不可被 k 整除, 这就表明 $k = n$. 根据费马小定理, $s \mid (c^{s-1} - 1)$. 在上述推导中令 $m = s - 1$, 即得 $n \mid (s - 1)$. 引理 1 证毕.

如果能找到满足引理 1 的质数 s, 则我们的题目获解. 假设不存在这样的质数, 那么 $a^n - b^n$ 的每一个质因数同时也是

$$N = [a^{pq} - b^{pq}, \ a^{pr} - b^{pr}, \ a^{qr} - b^{qr}]$$

的质因数.

引理 2 如果质因数 s 在 $a^n - b^n$ 的质因数分解式中的指数高于 N 中的指数, 则 s 必是 p, q, r 之一.

引理 2 之证 不妨设 $s \mid (a^{qr} - b^{qr})$. 记 $A = a^{qr}$, $B = b^{qr}$, 则有

$$a^n - b^n = A^p - B^p = (A - B)(A^{p-1} + A^{p-2}B + \cdots + B^{p-1}).$$

由于 s 在 $a^n - b^n$ 的质因数分解式中的指数比它在 $A - B$ 中的高, 因此上式右端第二个括号是 s 的倍数. 然而该括号中共有 p 项, 其中每一项都关于 s 跟 A^{p-1} 同余 (因为 $A \equiv B \pmod{s}$), 故知该括号中的数关于 s 跟 pA^{p-1} 同余. 但是 A^{p-1} 不可被 s 整除, 这是因为 A 与 B 互质, 因而必有 $s \mid p$, 由此即知 $s = p$. 引理 2 证毕.

引理 3 如果 $a^n - b^n$ 可被 p 整除, 则 p 在 $a^n - b^n$ 的质因数分解式中的指数恰好比它在 $a^{qr} - b^{qr}$ 的质因数分解式中的指数大 1.

引理 3 之证 记 $A = a^{qr}$, $B = b^{qr}$, 根据费马小定理, $a^n = A^p \equiv A \pmod{p}$, $b^n = B^p \equiv B \pmod{p}$, 这表明 $A - B \equiv a^n - b^n \equiv 0 \pmod{p}$. 故知 $p \mid (A - B)$. 令 $A - B = kp$, $k \in \mathbf{Z}$, 根据二项式定理, 有

$$A^p = (B + kp)^p = B^p + p \cdot kp \cdot B^{p-1} + \frac{p(p-1)}{2}(kp)^2 B^{p-2} + \cdots$$

其中用省略号表示的加项可被 $(kp)^3$ 整除. 又因为 $\dfrac{p(p-1)}{2}$ 可被 p 整除 (p 是奇数), 所以上式中的第二项可被 kp^3 整除, 从而

$$A^p - B^p = kp^2 B^{p-1} + kp^3 M,$$

其中 M 是某个整数. 该式中的第一项中的 p 的指数比它在 k 中的指数大 2, 而第二项中的 p 的指数比它在 k 中的指数大 3. 这表明, p 在和数中的指数与在第一项中的相同, 亦即比它在 $kp = A - B$ 中的指数大 1. 引理 3 证毕.

回到原题. 我们曾假设 $a^n - b^n$ 不具有满足引理 1 的质因数. 于是, 根据引理 2, $a^n - b^n$ 的所有质因数, 除 p, q 和 r 之外, 在 $a^n - b^n$ 的质因数分解式中的指数与在 N 中的相应指数相同; 而根据引理 3, p(同理, q 与 r) 在 $a^n - b^n$ 的质因数分解式中的指数比在 N 中的相应指数至多大 1. 由此推知, $pqrN$ 可被 $a^n - b^n$ 整除. 于是为了得出矛盾, 只需再证

$$pqrN < a^n - b^n.$$

我们指出

$$N = \frac{(a^{pq} - b^{pq})(a^{pr} - b^{pr})(a^{qr} - b^{qr})(a - b)}{(a^p - b^p)(a^q - b^q)(a^r - b^r)}.$$

该结论由如下公式推出:

$$[x, y, z] = \frac{xyz \cdot (x, y, z)}{[x, y][y, z][x, z]},$$

其中, $[t, u, v]$ 表示整数 t, u, v 的最小公倍数, 对于 $[u, v]$ 亦作相应的理解, 而 (u, v) 表示整数 u 和 v 的最大公约数. 这一公式可以通过计算质因数的指数来验证, 并需用到如下等式:

$$(a^k - b^k, a^m - b^m) = a^d - b^d, \quad d = (m, k),$$

该等式可用欧几里得辗转相除法证明 (参阅 ♦2).

如此一来, 只需对正整数 a, b, p, q, r, 其中 a, b 互质, $p, q, r \geqslant 3$, 证明

$$pqr \frac{(a^{pq} - b^{pq})(a^{pr} - b^{pr})(a^{qr} - b^{qr})(a - b)}{(a^p - b^p)(a^q - b^q)(a^r - b^r)} < a^{pqr} - b^{pqr}.$$

易知 $\frac{a^p - b^p}{a - b} > p$, $a^q - b^q > q$, $a^r - b^r > r$, 所以为证上式, 只需证明

$$(a^{pq} - b^{pq})(a^{pr} - b^{pr})(a^{qr} - b^{qr}) < a^{pqr} - b^{pqr}.$$

我们指出, 对于任何正整数 m 与 k, 都有

$$(a^m - b^m)(a^k - b^k) \leqslant a^{m+k} - b^{m+k}.$$

该式可以通过去括号直接验证. 利用它可以推出所要证明的不等式的左端不超过 $a^{pq+pr+qr} - b^{pq+pr+qr}$. 因此, 我们只需证明

$$a^{pq+pr+qr} - b^{pq+pr+qr} < a^{pqr} - b^{pqr}.$$

我们指出, 当 $m \leqslant k$ 时, 有 $a^m - b^m \leqslant a^k - b^k$(在此不等式的左端乘 $a^{k-m} - b^{k-m}$ 后仍然成立). 因此, 为证我们的不等式, 只需证明

$$pq + pr + qr \leqslant pqr.$$

两端同时除以 pqr, 该式变为
$$\frac{1}{p}+\frac{1}{q}+\frac{1}{r}\leqslant 1,$$
该式显然成立, 因为左端每一个分数都不超过 $\frac{1}{3}$.

♦1 **费马小定理** 设 p 为质数, a 为正整数. 若 $p\nmid a$, 则 $p\,|\,(a^{p-1}-1)$.

♦2 事实上, 假若 $k>m$, 则
$$(a^k-b^k)-a^{k-m}(a^m-b^m)=b^m(a^{k-m}-b^{k-m}),$$
由此可知 $(a^k-b^k,\,a^m-b^m)=(a^m-b^m,\,a^{k-m}-b^{k-m})$, 这是因为 a 与 b 互质.

♦♦1 事实上, 本题中的结论对一切整数 $n>2$ 都能成立, 参阅文献 [27] 或 [28]. 而 $b=1$ 时, 题中结论可对一切整数 $n>2$ 都成立的断言看来最先出现在参考文献 [29] 中.

♦♦2 我们所证得的结论比题中的要求更强. 事实上, $a^{pqr}-b^{pqr}$ 具有形如 $mpqr+1$ 的质因数, 它不是 $a^{pq}-b^{pq}$, $a^{pr}-b^{pr}$, $a^{qr}-b^{qr}$ 三者中任何一者的质因数. 由此不难推出, 任何一个形如 $x_k=kpqr+1$ 的等差数列中都有无穷多项是质数. 因为我们可以利用归纳法造出所需形式的质数. 先取一个大于 p 和 q 的质数 r_1, 于是 $a^{pqr_1}-b^{pqr_1}$ 具有形如 m_1pqr_1+1 的质因数, 这表明数列中的项 $x_{m_1r_1}$ 是质数. 假设我们已经构造了质数项 $x_{m_1r_1}<x_{m_2r_2}<\cdots<x_{m_{j-1}r_{j-1}}$, 再令 $r_j=x_{m_{j-1}r_{j-1}}$. 那么数 $a^{pqr_j}-b^{pqr_j}$ 具有形如 m_jpqr_j+1 的质因数. 所以, 项 $x_{m_jr_j}$ 也是质数, 并且大于先前所构造的各项.

十年级

III.145 证法 1 (完全平方) 任取一个能整除所给的 101 个数的乘积的质数 p. 因为所有这些数整体互质, 所以从中能找到一个数 c, 使得它不能被 p 整除. 把其余的 100 个数分为两组, 每组 50 个数, 将两组数的乘积分别记为 a 与 b. 由题中条件知, $b\,|\,ac$, $a\,|\,bc$. 这表明, p 在 a 的质因数分解式中的指数与在 b 中的指数相同, 因为 p 不出现在 c 的分解式中. 这就表明, 在所有数的乘积 abc 的质因数分解式中, p 的指数是偶数. 这一断言对乘积的每一个质因数都成立, 所以这些数的乘积是完全平方数.

证法 2 (完全 100 次方数) 将所给的 101 个数分别记作 $a_1,a_2,\cdots,a_{101}$. 考察其中某一个数的任一质因数 p. 将 p 在 a_i 的质因数分解式中的指数记作 k_i. 不失一般性, 可认为 $k_1\leqslant k_2\leqslant\cdots\leqslant k_{101}$. 因为这 101 个数整体互质, 所以其中必有某些指数是 0, 例如 $k_1=0$. 我们指出
$$k_1+k_2+\cdots+k_{51}\geqslant k_{52}+k_{53}+\cdots+k_{101}, \qquad ①$$
这是因为 $a_{52}a_{53}\cdots a_{101}\,|\,a_1a_2\cdots a_{51}$. 因为 k_i 是按递增顺序排列的, 所以 ① 式只可能在 $k_2=k_3=\cdots=k_{101}$ 时成立. 这就表明, p 在这 101 个正整数的乘积 $A=a_1a_2\cdots a_{101}$ 的质因数分解式中的指数是 100 的倍数. 因此, A 是完全 100 次方数.

III.146 如图 54所示, 分别以 A_1, B_1 表示 $\triangle ABC$ 的内切圆与边 BC 和 CA 相切的切点. 于是可知 $\text{Rt}\triangle BIA_1$ 与 $\text{Rt}\triangle FIB_1$ 彼此全等 (斜边及一条直角边相等), 由此知 $A_1B = B_1F$, 所以 $CB = CF$. 这意味着 $A_1B_1 \parallel BF$. 因而, 直线 A_1B_1 包含 $\triangle BFL$ 的与 BF 平行的中位线. 而该直线亦经过弦 BL 的中点, 它与 I 在该弦上的投影相重合.

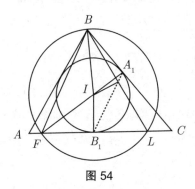

图 54

III.147 证法 1 (二次三项式)　我们注意到
$$\cos\alpha = \cos(\pi - \beta - \gamma) = \sin\beta\sin\gamma - \cos\beta\cos\gamma.$$

观察二次三项式
$$f(x) = x^2 - 2(y\cos\gamma + z\cos\beta)x + y^2 - 2yz\cos\alpha + z^2.$$

计算它的判别式:
$$\begin{aligned}&(y\cos\gamma + z\cos\beta)^2 - (y^2 - 2yz\cos\alpha + z^2)\\ &= y^2\cos^2\gamma + 2yz\cos\beta\cos\gamma + z^2\cos^2\beta - y^2 + 2yz\cos\alpha - z^2\\ &= -(y\sin\gamma - z\sin\beta)^2.\end{aligned}$$

因为 $f(x)$ 有实根, 所以它的判别式非负. 而此时有 $y\sin\gamma = z\sin\beta$, 亦即 $\dfrac{\sin\beta}{y} = \dfrac{\sin\gamma}{z}$. 经过类似的讨论, 亦得 $\dfrac{\sin\beta}{y} = \dfrac{\sin\alpha}{x}$. 于是有
$$\frac{\sin\alpha}{x} = \frac{\sin\beta}{y} = \frac{\sin\gamma}{z}.$$

将该比值记作 k. 我们来观察以 α, β, γ 作为内角的三角形. 以它为基础, 借助于同位相似, 得到一个三角形, 它的外接圆半径等于 $\dfrac{1}{2k}$. 于是, 根据正弦定理, 它的三条边分别等于 $\dfrac{\sin\alpha}{k}, \dfrac{\sin\beta}{k}, \dfrac{\sin\gamma}{k}$, 亦即 x, y, z.

证法 2 (平方和)　注意到
$$\begin{aligned}&x^2 + y^2 + z^2 - 2(xy\cos\gamma + yz\cos\alpha + zx\cos\beta)\\ &= (y\sin\gamma - z\sin\beta)^2 + (y\cos\gamma + z\cos\beta - x)^2 = 0.\end{aligned}$$

这意味着 $y\sin\gamma = z\sin\beta$. 余下的讨论与证法 1 的后半段相同.

证法 3 (向量的内积) 如图 55 所示, 在平面上取定一条长度为 z 的线段 AB. 在点 B 处作长度为 x 的线段 BC, 使其与线段 AB 夹成角度 β, 再在点 C 处作长度为 y 的线段 CD, 使得 $\angle BCD = \gamma$. 为解答本题, 只需证明, 点 A 与 D 重合. 我们指出

$$(\overrightarrow{AB}, \overrightarrow{BC}) = zx\cos(\pi-\beta) = -zx\cos\beta,$$

这是因为向量 $\overrightarrow{AB}$ 与 $\overrightarrow{BC}$ 之间的夹角是 $\pi-\beta$. 同理可知

$$(\overrightarrow{BC}, \overrightarrow{CD}) = -xy\cos\gamma \quad \text{与} \quad (\overrightarrow{CD}, \overrightarrow{AB}) = -yz\cos\alpha.$$

我们来求向量 $\overrightarrow{AD}$ 的长度:

$$|\overrightarrow{AD}|^2 = (\overrightarrow{AD}, \overrightarrow{AD}) = (\overrightarrow{AB}+\overrightarrow{BC}+\overrightarrow{CD},\ \overrightarrow{AB}+\overrightarrow{BC}+\overrightarrow{CD})$$
$$= x^2+y^2+z^2 - 2(xy\cos\gamma + yz\cos\alpha + zx\cos\beta) = 0.$$

所以 $\overrightarrow{AD} = \mathbf{0}$, 意即点 A 与 D 重合.

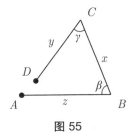

图 55

♦ 设 $a \geqslant b \geqslant c$ 是某个三角形的三条边, 而 x, y, z 是另一个三角形的三个内角. 试证明不等式 (参阅文献 [16])

$$bc + ca - ab < bc\cos x + ca\cos y + ab\cos z \leqslant \frac{a^2+b^2+c^2}{2}.$$

III.148 答案 2^{99} 种开设航线的方法.

我们发现, 由任何城市都可以飞到其他任何城市, 且至多中转一次. 事实上, 根据题中条件, 任何需要中转两次或更多次的路径都可以缩短. 我们观察任一城市 A. 我们把与 A 直接有航线相连的城市称为邻近的, 而把其余城市都称为远的. 考察任意一个远的城市 D. 正如我们上面所说的, 它与某个邻近的城市 B_1 直接有航线相连. 于是, 对于其他任一邻近的城市 B_2, 便都存在航线 $B_2 - A - B_1 - D$. 因此, 根据题中条件, 在 B_2 与 D 之间也直接有航线相连. 这就表明, 任一远的城市与任一邻近的城市之间都直接有航线相连. 如果我们把城市 A 算作远的城市, 那么所说的性质仍然保持. 这就表明, 所有的城市被分为两个非空的集合, 任何两个分属不同集合的城市之间都直接有航线相连. 如果再无其他航线, 那么这样的航线图当然满足题中条件, 而且有 $2^{99} - 1$ 种不同的开设方式 (比如, 固定城市 A, 其余

每个城市则都可以是邻近的或远的, 但是不能都是远的). 而如果哪怕是某两个属于同一个集合的城市之间直接有航线相连, 那么根据题意, 任何两个城市之间都有航线直接相连, 此时的航线图是一个完全图. 所以, 一共有 $(2^{99}-1)+1=2^{99}$ 种开设航线的方法.

III.149 证法 1 (用两次平均不等式) 根据平均不等式, 得

$$1 = a^2+b^2+c^2+d^2 \geqslant 4\sqrt{abcd},$$

故知 $abcd \leqslant 2^{-4}$. 再利用关于 a,b,c,d 和 32 个 $\dfrac{1}{32abcd}$ (一共 36 个数) 的平均不等式, 得到

$$a+b+c+d+32 \times \frac{1}{32abcd} \geqslant 36\sqrt[36]{\frac{abcd}{32^{32}(abcd)^{32}}}$$

$$= \frac{36}{32^{\frac{8}{9}}(abcd)^{\frac{31}{36}}} \geqslant 36 \times 2^{-\frac{40}{9}} \times 2^{\frac{31}{9}} = 18.$$

证法 2 (用一次平均不等式) 运用关于如下 196 个数的算术 – 几何平均不等式: 数 $2a^2, 2b^2, 2c^2, 2d^2$ 各取 31 次; 数 a,b,c,d 各取 2 次; 数 $\dfrac{1}{32abcd}$ 取 64 次. 我们得到

$$62 + 2\left(a+b+c+d+\frac{1}{abcd}\right)$$

$$= 31(2a^2+2b^2+2c^2+2d^2)+2(a+b+c+d)+64 \times \frac{1}{32abcd}$$

$$\geqslant 196\left[\frac{(16a^2b^2c^2d^2)^{31}(abcd)^2}{32^{64}(abcd)^{64}}\right]^{\frac{1}{196}} = 196(2^{4 \times 31-5 \times 64})^{\frac{1}{196}} = 98.$$

再将上式两端同除以 2, 并减去 31, 即得所证.

III.150 答案 后开始的一位有取胜策略.

如果糖果是免费的, 那么大家都容易理解 "补三" 这种取胜策略: 如果糖果总数是 3 的倍数, 那么这种策略可致后开始者取胜, 他只要每次将已取的糖果数目补足为 3 的倍数即可 (如果对方刚刚取 2 块, 那么他就取 1 块; 如果对方刚刚取 1 块, 那么他就取 2 块); 而如果糖果总数不是 3 的倍数, 那么这种策略可致先开始者取胜, 他只需注意第一次取后, 使得剩下的糖果总数是 3 的倍数, 以后再按 "补三" 规则行事即可. 然而, 在我们的题目中, 糖果是买来的, 游戏者必须在手中的钱足够的情况下, 才能使用上述策略. 而我们的两位游戏者手中的钱都不足糖果数目的三分之二. 这意味着, 他们不能随意地使用 "补三" 策略. 因为, 如果对手每次都只买一块糖, 那么他就必须每次都买两块糖, 而他并无这种实力把事情进行到底. 因此, 要想取胜, 必须精心规划自己的行动.

为便于陈述后开始者的取胜策略, 将两个男青年按开始的先后分别称为甲和乙.

我们把小卖部里刚好剩下 300 块糖果的时刻叫做本题中的 "关键时刻". 在关键时刻到来以前, 乙始终采用 "重复策略", 即甲买几块, 他就买几块, 一直到关键时刻到来为止. 我们说, 关键时刻一定会到来. 因为要想不出现关键时刻, 那就只有一种办法越过它: 在小卖部里刚好剩下 301 块糖果的时刻买走 2 块. 但是在乙每次买过之后, 小卖部里剩下的糖果

数目都是偶数,因此根据他的行事原则,他不会这么做. 而甲没有机会这么做, 因为每次轮到甲买糖时,小卖部里所剩下的糖果数目都是偶数. 所以关键时刻必然会到来. 在该时刻到来之时,两个人一共花去 700 卢布, 而且乙所花去的数目不比甲多. 这就意味着他手中剩有 200 卢布, 刚好是剩下的糖果数目的三分之二. 所以从这一时刻开始, 他不必再为钱是否够花担心.

如果关键时刻到来时刚好轮到甲买糖, 那么乙只需使用 "补三" 策略即可取胜.

如果关键时刻到来时刚好轮到乙买糖, 那么说明此前甲比乙多买了一次糖, 所以他所花去的钱数超过 700 卢布的一半, 意即手中所剩少于 200 卢布. 于是, 乙只要每次只买一块糖, 一直到甲也只能买一块糖为止. 这一时刻迟早会到来, 因为甲不可能每次买两块糖, 一共买 100 次, 因为他手中的钱不够. 这时候乙仍然只买一块糖. 到此时为止, 小卖部里剩下的糖果数目仍然是 3 的倍数, 因为乙每次只买一块, 甲为了 "补三", 必须每次买两块, 而到了他力不从心只能买一块时, 就变成了乙一块、甲一块, 于是此时乙再买一块, 就变为一共买掉 3 块, 因而小卖部剩下的糖果数目是 3 的倍数. 此时变为甲先开始了, 从而乙可执行 "补三" 策略并最终取胜.

◆ 实际上, 开始阶段二人可以毫无心计地游戏. 假定乙在自己的前 350 步中, 都是每次买一块糖. 如果此后再一次轮到他时, 小卖部所剩的糖果数目不是 3 的倍数, 那么他就可以把它变为 3 的倍数并根据 "补三" 策略取胜. 而如果再一次轮到他时, 小卖部所剩的糖果数目是 3 的倍数, 那么他可按我们前面所说的策略取胜.

◆ 请考虑这样的问题: 两个男青年在小卖部买糖果招待一位姑娘. 每一次有一位男青年向售货员买 1 块或 2 块糖果给姑娘, 两个人轮流购买. 开始时, 一个男青年有 k 卢布, 另一个有 m 卢布, 小卖部里有 n 块糖果. 每块糖果价值为 1 卢布. 谁先不能买糖果招待姑娘, 就算谁输. 谁有取胜策略? 试对不同的 k, m 和 n 进行讨论.

III.151 证法 1 不失一般性, 可设 $AB \leqslant BC$(参阅图 56). 以 BL 表示 $\triangle ABC$ 中 $\angle ABC$ 的平分线, 以 T 表示由点 L 所作边 AB 的垂线的垂足. 易知 $\angle AXY$ 的平分线与 $\angle XYC$ 的平分线相交于点 L, 所以 $LT = LK \leqslant LI$, 其中 K 是点 L 在直线 XY 上的投影. 但若 LT 与 $\triangle ABC$ 的内切圆相交 (参阅图 57), 则有 $\angle BTI > \angle ITL$(这是因为射线 TB 在关于 TI 的对称变换下变为 TL). 这样一来, 就有

$$\angle TIL > \angle BTI > \angle ITL,$$

于是就有 $LT > LI$. 此为矛盾. 这就意味着线段 LT 不可能与内切圆相交, 而这只有在 $\angle BAC$ 是钝角时才有可能.

证法 2 为确定起见, 设 $AB < BC$. 设 Z 是题中所说的两个角的相交于 AC 上的角平分线的交点 (见图 58), F 是直线 XY 与 AC 的交点, L 是线段 XZ 与 AI 的交点. 由题中条件知, AI 与 XZ 是 $\triangle FXA$ 的外角平分线. 如所周知, 三角形的三个外角的平分线的 "线足"(与对应内角对边的延长线的交点) 在同一条直线上, 这就表明 FB 是 $\triangle FXA$ 的第三个

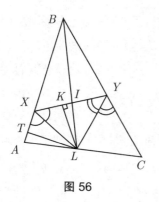

图 56

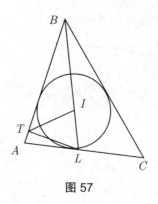

图 57

外角的平分线. 因为 FL 是 $\triangle FXA$ 的第三个内角的平分线, 所以 $\angle BFL = 90°$(这一点在我们的附图上完全看不出来). 于是, $\angle BAC = \angle BFC + \angle ABF = 90° + \angle LFC + \angle ABF$, 意即 $\triangle ABC$ 是钝角三角形.

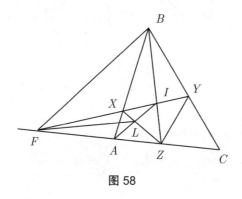

图 58

III.152 我们来证明一个更为广泛的结论:

两两不同的实数 $a_1, a_2, \cdots, a_n$ 和 $b_1, b_2, \cdots, b_m$ 都属于区间 $[0, 1)$. 对一切 $1 \leqslant i \leqslant n$ 和 $1 \leqslant j \leqslant m$, 在黑板上都写出了 $a_i + b_j$ 的小数部分. 今知黑板上一共出现 $n + m - 2$ 个不同的数. 证明: 每个数都至少在黑板上写了两遍.

为简单起见, 记 $A = \{a_1, a_2, \cdots, a_n\}$, $B = \{b_1, b_2, \cdots, b_m\}$. 我们把由 $a_1 + a$, $a_2 + a$, $\cdots$, $a_n + a$ 的小数部分构成的集合称为对集合 A 的模 1 平移 a, 并将之记作 $A + a$. 平移不改变集合中的元素个数. 我们发现, 如果题中结论成立, 那么该结论对于任何 a 与 b, 亦对集合 $A + a$ 和 $B + b$ 成立, 这是因为它们的元素和的小数部分所构成的集合就是原来的集合的和数集合的模 1 平移 $a + b$.

固定 $n + m$, 我们来对 m 归纳.

$m = 1$ 时, 黑板上写着 n 个互不相同的数. 根据条件, 它们只有 $m + n - 2 = n - 1 < n$ 个不同的数, 这根本就是不可能的, 这意味着此时结论成立.

假设结论已经对所有的元素个数少于 m 的集合 B 成立. 我们来证明, 当 B 中元素个数为 m 时, 结论亦成立. 假设此时有某个数在黑板上只出现了一次, 为确定起见, 设该数就

是和数 $a_n + b_m$ 的小数部分. 我们把集合 A 与 B 分别换为 $A - a_n$ 与 $B - b_m$. 在这两个集合中都含有 0, 对于它们, 在和数的小数部分所构成的集合中, 0 只能通过唯一的方式得到, 亦即它是 $0 + 0$ 的小数部分. 为了不使符号过于复杂, 我们假定原来的两个集合就是 $A = \{0, a_1, a_2, \cdots, a_{n-1}\}$ 和 $B = \{0, b_1, b_2, \cdots, b_{m-1}\}$.

我们来观察集合 $A + b_1$, 它里面没有 0, 否则就会出现 0 的另一种产生方式. 因为该集合中的元素个数与 A 相同, 所以它里面有某个未在 A 中出现的元素, 不妨设就是 $\{a_1 + b_1\}$. 我们再来观察这样的角标 j 的集合, 它们使得 $\{a_1 + b_j\}$ 未在集合 A 中出现, 把这种角标所构成的集合记作 J. 正如我们前面所说, 这样的集合 J 非空.

对所有的角标 $j \in J$, 自集合 B 中去掉 b_j, 而把 $\{a_1 + b_j\}$ 补入集合 A. 这些补入的数互不相同, 并且都是 A 中原先没有的. 从而, A 中的成员依然各不相同, 并且 A 与 B 中的元素总个数保持不变, 但是 B 中的元素个数严格地少于 m. 不过, B 不会变空, 这是因为本来 $a_1 + 0$ 就在 A 中, 所以 0 仍留在 B 中.

我们来证明, 所进行的改造不增加不同的两两之和的数目, 特别地, 不会形成新的和数. 事实上, 我们来观察新出现的和数 $(a_1 + b_j) + b_i$, 其中 $j \in J$ 而 $i \notin J$. 显然有 $(a_1 + b_j) + b_i = (a_1 + b_i) + b_j$, 而根据我们对 J 的定义, $a_1 + b_i$ 本来就是 A 中的元素, 所以该和数本来就是对于老的集合能得到的 (当然对于改造后的集合是以新的方式得到这个和数). 所以其结果就是, 虽然消失了某些老的和数, 但是给出了重新得到这些和数的新的方式, 并且以新的方式得到的和数与老的和数一一对应.

如此一来, 根据归纳假设, 所有这些和数全都至少出现两次. 然而, 和数 $0 = 0 + 0$ 却照旧只出现一次, 此为矛盾. 于是我们就完成了由含有少于 m 个元素的集合向含有 m 个元素的集合的过渡.

十一年级

III.153 将所给的四面体记作 $ABCD$, 并令 $x = \frac{1}{2}(AC + BD)$, $y = \frac{1}{2}(BC + AD)$, $z = \frac{1}{2}(AB + CD)$ 是它的三组相对棱长度之半. 不妨设 AB 是四面体的最长棱, 于是就有 $|AC - BC| \leqslant 1$, $|BD - AD| \leqslant 1$ 及 $2|x - y| = |(AC + BD) - (BC + AD)| \leqslant |AC - BC| + |BD - AD| \leqslant 2$. 所以 $|x - y| \leqslant 1$, 但若三元数组 (x, y, z) 不是好的, 则 z 是该数组中的最小数, 且满足如下不等式之一: $z < x - 1$, $z < y - 1$. 不妨设 $z < x - 1$. 易知, 此时 CD 是四面体的最短棱. 我们有

$$AB + CD + 2 = 2z + 2 < 2x = AC + BD \leqslant AB + BD.$$

所以 $CD + 2 \leqslant BD$. 与此同时, 在面 ACD 上, 我们或者有 $AC \leqslant CD + 1$, 或者有 $AD \leqslant CD + 1$. 在前一种情况下, 得到 $AC + BD \leqslant CD + 1 + AB$, 此与 $CD + 2 \leqslant BD$ 且

AB 是最长棱的假设相矛盾. 而在第二种情况下, 有

$$AD \leqslant CD + 1 \leqslant BD - 1 \leqslant AB - 1.$$

这表明面 ABD 中的三条棱长不形成好的三元数组, 亦为矛盾.

III.154 同 III.140 题.

III.155 证法 1 如图 59 所示, $\triangle KIC_1$ 与 $\triangle CIA_1$ 都是直角三角形, 它们的斜边和一条直角边对应相等, 故它们彼此全等, 因而 $C_1K = A_1C$. 设 F 是 K 关于 C_1 的对称点, 则四边形 A_1CFC_1 关于 $\angle ABC$ 的平分线对称 (因为 $C_1F = A_1C$), 所以 $A_1C_1 // CF$, 这表明直线 C_1A_1 包含 $\triangle FKC$ 的中位线.

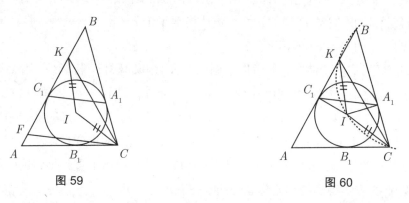

图 59　　　　图 60

证法 2 (西姆松线)　易知 Rt$\triangle KIC_1$ 与 Rt$\triangle CIA_1$ 全等, 所以 $\angle C_1KI = \angle ICB$, 这表明四边形 $BCIK$ 内接于圆 (参阅图 60). 从而, 根据西姆松定理, 点 I 在直线 BK, BC, CK 上的投影在同一条直线上.

III.156 同 III.148 题.

III.157 对 n 归纳. 当 $n = 0$ 时结论显然成立. 假设结论已对 $n - 1$ 成立, 我们来证明它对 n 也成立. 假如一共有 k 个蓝类集合, 那么就有 $k(2^n + 1 - k)$ 种不同方式生成红集与蓝集的对称差. 如果所生成的这些对称差各不相同, 那么白集的数目就是 $k(2^n + 1 - k)$, 当然不小于 2^n.

如果存在不同的蓝集 B_1 与 B_2 和不同的红集 R_1 与 R_2, 使得 $B_1 \Delta R_1 = B_2 \Delta R_2$, 那么就有某个元素 x_0 刚好属于集合 B_1 与 B_2 二者之一, 并且也刚好属于集合 R_1 与 R_2 之一. 于是我们就可以把所有的蓝集分为两个子类: 凡是属于子类 U_1 的蓝集都含有元素 x_0, 而所有属于子类 U_2 的蓝集都不含有元素 x_0. 可以类似地把所有红集分为两个子类 V_1 与 V_2. 显然, 在 (U_1, V_1) 与 (U_2, V_2) 之一中含有不少于 $2^{n-1} + 1$ 个不同的集合. 根据归纳假设, 由它可以得到不少于 2^{n-1} 个互不相同的白集, 并且在这些白集中都不含有元素 x_0. 同理, 可在 (U_1, V_2) 与 (U_2, V_1) 之一中得到不少于 2^{n-1} 个互不相同的白集, 这些白集都含有元素 x_0. 由此完成归纳过渡.

III.158 证法 1 假设在 3 维空间中, 我们的凸 n 边形 F 位于平面 $z=0$ 中. 对于 F 的每一条边 AB, 观察包含 AB 的与平面 $z=0$ 夹成 $\frac{\pi}{4}$ 的位于 $z>0$ 中的半平面. 所有这些二面角的交 M 是一个多面体. 为了证明题中结论, 只需证明 M 是有界的. M 在平面 $z=0$ 上的投影就是原来的多边形 F. 由多边形中的每个点所引出的朝上的射线都至少与多面体 M 的一个面 (有可能与它的多个面) 相交. 这就表明, 在竖直方向上, M 是有界的. 注意到 M 有 $n+1$ 个面 (其中一个面就是原来的多边形, 其余的 n 个面分别位于我们所构造的各个半平面里). 我们来观察 M 的任意一个不是 F 的顶点的顶点 P. 点 P 在 F 里的投影是位于 F 里的这样的圆的圆心, 这个圆与 F 的这样一些边相切, 而点 P 刚好位于经过这些边所作的那些半平面中. 特别地, 每一个顶点的度数都是 3(意即在每个顶点处都汇聚着多面体的 3 个面). 因此, 如果多面体 M 有 k 个顶点不是 F 的顶点的话 (也就意味着有这么多个圆), 那么 M 一共有 $n+k$ 个顶点, 从而一共有 $\frac{3(n+k)}{2}$ 条棱 (每个顶点的度数都是 3). 于是由关于多面体的欧拉公式 (面数 + 顶点数 = 棱数 +2) 可知

$$(n+1)+(n+k)=\frac{3(n+k)}{2}+2,$$

亦即 $k=n-2$.

证法 2 如果位于多边形内部的圆与它的两条边相切, 我们就用一条线段连接这两条边的中点 (也可以不是中点, 可以是这些边上的某种类型的固定点).

引理 1 所连出的任何两条线段都没有公共点.

引理 1 之证 设 AC 与 BD 是所连出的两条相交的线段, 其中点 A,B,C,D 的排列顺序如图 61 所示. 其中, A 是所连线段的端点, 而我们也用 A 称呼它所在的边, 对其余几个点亦是如此. 于是, 圆 ω_1 与 ω_2 分别与边对 (A,C) 和 (B,D) 相切于所说的四个点 (ω_1 与 ω_2 都被切点分为两段弧, 而 ω_1 上的每一段弧都与 ω_2 上的每一段弧相交), 这是不可能的.

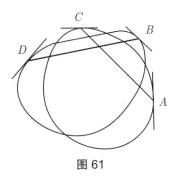

图 61

引理 1 证毕.

引理 2 对于多边形的每两条相邻的边, 都存在一个半内切于多边形的圆与它们都相切.

引理 2 之证 在多边形的一个内角里作一个小圆与它的两条边相切, 再逐步增大这个圆, 直到它与第三条边相切为止.

引理 2 证毕.

引理 3   设半内切于多边形的圆 ω 与边 A,B,C 相切，而 A 与 C 不相邻，则存在半内切于多边形的圆与边 A,C 以及又一条边 D 相切，并且点 B 与 D 分别位于线段 AC 的不同侧.

引理 3 之证   我们平移 ω，使其离开边 B，但仍与边 A 和边 C 相切 (例如，作以直线 A 和 C 的交点为中心的同位相似)，直到与又一条边相切为止. 此时的圆即为所求.

引理 3 证毕.

根据引理 1,2,3，我们所作的所有线段刚好构成对以原多边形各边中点作为顶点的凸 n 边形 T 的一种"三角形剖分"(事实上，我们证明了至少有一个三角形，而且不同的三角形互不相交，并且这些三角形的每条是 T 的对角线的边的两侧都各有一个三角形). 而凸 n 边形的任一三角形剖分都由 $n-2$ 个三角形构成的，由此即得题中结论.

证法 3   对 n 归纳. 当 $n=4$ 时，可直接得出结论. 设 $n>4$. 观察半径最小的半内切于 F 的圆 S. 我们来证明，它与多边形 F 的三条相连的边相切. 观察被该圆切的三条边延长后所交成的 $\triangle ABC$ (对于其中有两边平行的情形留待后面讨论). 易知 S 或者内切于 $\triangle ABC$，或者旁切于 $\triangle ABC$. 我们指出，如果经过顶点 A 和 S 的圆心的直线与 F 的某条边 ℓ 相交，则 S 应当与这条边 ℓ 相切 (否则，我们可以以 A 为中心作小于 1 的正系数的位似变换，得到一个依然与 F 的位于直线 AB 和 AC 上的边相切，并且还与 F 的一条离顶点 A 更近的边相切的圆，此与 S 的半径的最小性相矛盾). 因此，S 与 F 的三条相连的边相切，并且是 $\triangle ABC$ 的旁切圆. 延长其中两条不相邻的边直到相交，并去掉第三条边，得到一个凸 $n-1$ 边形. 根据归纳假设，它具有 $n-3$ 个半内切圆. 这些圆显然也半内切于 F. 因此，连同 S，凸 n 边形 F 一共有 $n-2$ 个半内切圆.

下面再考虑 S 所切的 3 条边中有两条平行的情形. 将这两条平行的边记作 ℓ_1 与 ℓ_2. 与这两条平行边之一相交的边不止两条. 将圆移动到与 ℓ_1、ℓ_2 及 F 的又一条边 (称为 a) 都相切的位置. 延长边 a，使之与 ℓ_1 和 ℓ_2 都相交. 把 S 的圆心和各个交点都连接起来，其中必有某条连线与 F 的边相交. 于是利用与上类似的方法，可以得到与 S 的半径的最小性的矛盾. 故对于半径最小的半内切圆，不存在这种情况.

III.159   我们来置换序列 $f(k)$，使得待证不等式的左端增大的程度超过右端. 最后得到一个可以直接证明的不等式.

首先指出，可以认为，对一切 k，都有 $f(k) \geqslant k$. 事实上，如果对某个 k_0，有 $f(k_0) < k_0$，则亦有 $f(f(k_0)) < f(k_0)$. 于是，对一切 k，令

$$f^*(k) = \max(f(k), k).$$

序列 $f^*(k)$ 作为两个非降序列中的较大者，当然是非降序列. 将 f 换为 f^* 后，我们加强了所要证明的不等式. 这是因为对所有的 k，不等式左右端对应项的差都减小了. 例如，我们把正值差 $f(k_0) - f(f(k_0))$ 换成了 0 差值 $f^*(k_0) - f^*(f^*(k_0))$.

这样一来, 我们可设对一切 k, 都有 $f(k) \geqslant k$; 特别地, $f(n) = n$. 构造辅助序列 k_i 如下:

$$\max_{1 \leqslant k \leqslant n} (f(k) - k) = f(k_1) - k_1;$$

$$\max_{k_1 \leqslant k \leqslant n} (f(k) - k) = f(k_2) - k_2;$$

$$\max_{k_2 \leqslant k \leqslant n} (f(k) - k) = f(k_3) - k_3;$$

$$\cdots.$$

(如果左端的最大值在多个 k 处达到, 则我们以其中最小的 k 作为 k_i.) 当依次取的最大值变为 0 时, 我们就中断对序列 k_i 的构造. k_s 是所构造的序列的最后一项. 可以认为 $k_s = n$. 若不然, 等式 $f(k) = k$ 可在某个 $k > k_s$ 处达到. 那么, 我们只要在各处把 n 换成 k_s, 就可加强不等式. 显然有 $k_1 < k_2 < \cdots < k_s$. 再令 $k_0 = 1$. 现在, 按如下公式构造序列 $f^*(k)$:

$$f^*(k) = k_i, \text{ 若 } k_{i-1} \leqslant k < k_i, 1 \leqslant i \leqslant s; \quad f^*(n) = n.$$

我们指出, 根据该定义, 对于 $i < s$, 都有 $f^*(k_i) = k_{i+1}$. 显然, $f^*(k)$ 非降. 我们来证明, 若把 f 换作 f^*, 可使不等式增强. 事实上, 当 $k_{i-1} \leqslant \overline{k} < k_i$ 时, 有

$$f^*(f^*(\overline{k})) - f^*(\overline{k}) = k_{i+1} - k_i \geqslant f(k_i) - k_i$$
$$= \max_{f(k_{i-1}) \leqslant k \leqslant n} (f(k) - k) \geqslant f(f(\overline{k})) - f(\overline{k}).$$

该式中的第一个 "$\geqslant$" 之所以成立, 是因为根据角标 k_{i+1} 的定义, 该角标是在区间 $[f(k_i), n]$ 中选取的. 第二个 "$\geqslant$" 之所以成立, 是因为 $f(\overline{k}) \geqslant f(k_{i-1})$, 故差值 $f(f(\overline{k})) - f(\overline{k})$ 在该 "$\geqslant$" 左方的最大值的选取范围内.

这样一来, 对每个 $\overline{k}$, 都有 $f^*(f^*(\overline{k})) - f^*(\overline{k}) \geqslant f(f(\overline{k})) - f(\overline{k})$. 因此, 只需对 f^* 证明所需的不等式. 而对于 f^*, 我们有

$$\sum_{k=1}^{n} \left(f^*(f^*(k)) - f^*(k) \right) = \sum_{i=1}^{s} \sum_{k_{i-1} \leqslant k < k_i} (k_{i+1} - k_i)$$
$$= \sum_{i=1}^{s} (k_i - k_{i-1})(k_{i+1} - k_i).$$

下面只需证明该和值不超过 $\frac{n^2}{4}$. 记 $y_i = k_i - k_{i-1}$, 得到不等式

$$y_1 y_2 + y_2 y_3 + y_3 y_4 + \cdots + y_{s-1} y_s \leqslant \frac{1}{4}(y_1 + y_2 + \cdots + y_s)^2.$$

(严格地说, $y_1 + y_2 + \cdots + y_s = n - 1$, 而不是 n, 这表明我们进一步加强了所要证明的不等式.) 该不等式可以方便地化为两个变元的情形. 令

$$\tilde{y}_1 = \max\{y_1, y_2, \cdots, y_s\}, \quad \tilde{y}_2 = y_1 + y_2 + \cdots + y_s - \tilde{y}_1.$$

于是
$$y_1 + y_2 + \cdots + y_s = \tilde{y}_1 + \tilde{y}_2,$$
$$y_1 y_2 + y_2 y_3 + y_3 y_4 + \cdots + y_{s-1} y_s \leqslant \tilde{y}_1 \tilde{y}_2.$$

因此, 只需证明 $\tilde{y}_1 \tilde{y}_2 \leqslant \dfrac{1}{4}(\tilde{y}_1 + \tilde{y}_2)^2$. 这个不等式是显然成立的.

♦ 现在从几何角度来谈谈对序列 k_i 选择的直观想法. 为了不增加绘图的复杂性, 我们把序列 $f(k)$ 图像画成连续函数 $y = f(x)$ 的形式. 于是 $f(f(k)) - f(k)$ 就是宽度为 1 的矩形的面积, 如图 62(a) 所示. 选择使得 $f(k) - k$ 的值达到最大的 k 作为 k_1 (见图 62(b) 中的竖直的粗黑线段). 再把序列中 $k \leqslant k_1$ 时的项都换成 $f(k_1)$. 于是, 在 $k \leqslant k_1$ 时, 反映差值 $f(f(k)) - f(k)$ 的矩形的面积具有最大可能的高度. 意即对于这样的 k, 我们增大了 $f(f(k)) - f(k)$ 的值. 接下来, 我们再对 $k > k_1$ 的序列中项作类似的处理.

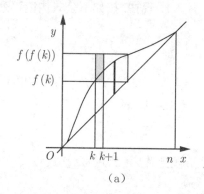
(a)

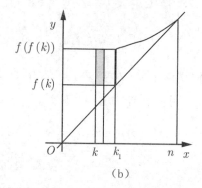
(b)

图 62

III.160 证法 1 先证明一个引理.

引理 设 p 为质数, 记 $S_k = 1^k + 2^k + \cdots + (p-1)^k$, 则有
$$S_k \equiv \begin{cases} 0 \pmod{p}, & \text{若 } 1 \leqslant k \leqslant p - 2; \\ -1 \pmod{p}, & \text{若 } k = p - 1. \end{cases}$$

引理之证 $k = p - 1$ 的情形由费马小定理可得. 对于 $k < p - 1$, 先找一个模 $p - 1$ 的余数 g, 使得 $f(g) = g(g^k - 1)$ 不能被 p 整除. 这是可以做到的, 因为 $f(g)$ 是 g 的 $k + 1$ 次多项式, 它关于模 p 有不多于 $k + 1$ 个根. 于是, 数 $g, 2g, \cdots, (p-1)g$ 取遍模 p 的各个余数各一次. 于是
$$S_k = \sum_i i^k \equiv \sum_i (gi)^k \pmod{p} = g^k S_k \pmod{p}.$$

根据我们对 g 的选择, 知 $S_k \equiv 0 \pmod{p}$.

引理证毕.

回到原题. 先证明在诸 a_i 中存在 p 的倍数. 如果把所有的 a_i 都加上同一个常数, 则题中的条件仍然成立, 因此诸 a_i 给出了模 p 的所有不同的余数.

按模 p 观察所有的 $a_i + b_j$ 的和 S. 一方面, 模 p 的每一个余数都出现 q 次, 故有 $S = qS_1$ (S_1 的含义见引理). 另一方面, 每个 a_i 都在该和中出现 q 次, 而每个 b_j 都出现 p 次, 所以 $S = p\sum b_j + q\sum a_i \equiv q\sum a_i$, 则 $q\sum a_i = qS_1$, 从而得 $\sum a_i \equiv S_1$. 下面观察 $a_i + b_j$ 的平方和.

一方面, 该平方和等于

$$\sum(a_i + b_j)^2 = q\sum a_i^2 + 2(\sum a_i)(\sum b_j) + p\sum b_j^2.$$

另一方面, 它等于 qS_2. 由此知, 如果 $\sum a_i \equiv S_1 \equiv 0(p > 2)$, 则有 $\sum a_i^2 \equiv S_2$. 继续这样的思路, 讨论诸 $a_i + b_j$ 的立方和、四次方和, 如此等等, 可得 $\sum a_i^k \equiv S_k$, $k = 1, 2, \cdots, p-1$ (每一步上都要用到引理). 对 $k = p - 1$, 我们得到 $\sum a_i^{p-1} \equiv S_{p-1} \equiv -1$. 如果在诸 a_i 中不存在 p 的倍数, 则 $\sum a_i^{p-1}$ 可被 p 整除, 因为根据费马小定理, 它的每一个加项被 p 除的余数都是 1.

证法 2 (爱森斯坦判别法[①]) 整系数多项式称为 (在 **Z** 上) 不可约, 如果它不能表示为一些次数较低的整系数多项式的乘积. 如下的命题称为整系数多项式不可约性的爱森斯坦判别法:

引理 设 $f(x) = a_0 + a_1 x + a_2 x^2 + \cdots + a_n x^n$ 为整系数多项式, p 为质数. 如果除 a_n 外的所有系数都可被 p 整除, 而 a_0 不可被 p^2 整除, 则多项式 $f(x)$ 不可约.

本引理的证明可参阅有关文献, 例如 [31].

回到本题. 观察多项式

$$f(x) = \sum x^{a_i} \sum x^{b_j} = \sum x^{a_i + b_j}.$$

因为诸 $a_i + b_j$ 给出了被 pq 除的所有可能的余数, 所以单项式 $x^{a_i+b_j}$ 在被 $x^{pq} - 1$ 除时给出了所有可能的余式 $1, x, x^2, \cdots, x^{pq-1}$. 因此, 多项式 $f(x)$ 可被如下的多项式整除:

$$1 + x + x^2 + \cdots + x^{pq-1},$$

故亦可被多项式 $H(x) = 1 + x + x^2 + \cdots + x^{p-1}$ 整除. 根据爱森斯坦判别法, 多项式 $H(x)$ 是不可约的, 这是因为

$$H(x+1) = p + C_p^2 x + C_p^3 x^2 + \cdots + x^{p-1}.$$

这就意味着, 两个因式 $\sum x^{a_i}$ 与 $\sum x^{b_j}$ 之一可被 $H(x)$ 整除. 这表明, 或者诸 a_i 给出了被 p 除的所有余数相同多次 (这正是我们所期望的), 或者诸 b_j 给出了被 p 除的所有余数相同多次 (这显然是不可能的).

[①] 编译者注 爱森斯坦 (Eisenstein F. G. M., 1823—1852), 德国数学家, 英年早逝.

2007 年

九年级

III.161 假设每一行都与偶数个正方形相交. 因为行的长度是奇数, 所以每一行都与奇数个单位正方形相交. 如此一来, 每一行也都与奇数个 2×2 的正方形相交. 每一个 2×2 正方形可以分为两个横向多米诺, 因此每一行中都有奇数个多米诺. 因为总行数 2007 是奇数, 所以方格表中一共有奇数个多米诺. 而这是不可能的, 因为每个 2×2 正方形都包含两个多米诺. 此为矛盾.

III.162 参阅 III.170 题解答.

III.163 如图 63 所示, 将梯形的两条对角线的交点记作 O. 我们注意到 $CK^2 = CX \cdot CB$ 与 $DK^2 = DY \cdot DA$ (点 C 与 D 关于圆的幂), 所以

$$\frac{CK^2}{DK^2} = \frac{CX \cdot CB}{DY \cdot DA}.$$

另一方面, 又有

$$\frac{CK}{DK} = \frac{CO}{DO} = \frac{CB}{DA}$$

(其中第一个等号得自泰勒斯定理, 第二个等号得自 $\triangle AOD$ 与 $\triangle COB$ 的相似性). 故知 $\frac{CX}{DY} = \frac{CB}{DA}$. 不难看出, 由此即可推得题中断言.

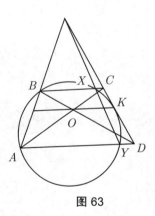

图 63

III.164 证法 1 先把所有硬币放成一堆. 从中取出两枚过秤, 如果它们不平衡, 就抛弃它们 (因为它们中有假币, 因而在剩下的硬币中真币多于一半); 如果它们的质量相等, 就把它们装入盒子. 接下来的称量都是一枚取自堆中, 一枚取自盒子 (如果盒子空了, 就从堆中取两枚). 如果两枚质量相等, 就把它们装入盒子; 如果不等, 就抛弃它们. 在每次称量之后, 在未被抛弃的硬币中都是真币多于一半 (因为在每次被抛弃的两枚硬币中都有假币). 盒子

中的硬币的质量始终彼此相等. 在经过不多于 $2n-3$ 次称量后, 堆中只剩下两枚硬币没有参与过称量. 如果此时盒子中至少有两枚硬币, 那么盒子中的硬币就全是真的, 因为它们的质量相等, 而在剩下的硬币中真币多于两枚. 如果此时盒子是空的, 则剩下未称的两枚硬币是真的. 盒子中不可能只剩下一枚硬币, 因为我们每次都是成对地抛弃硬币, 并且硬币的总数是偶数.

证法 2 我们来证明, 如果 $2n+1$ 枚硬币中真币多于一半, 则只需 $2n-1$ 次称量. 我们的题目就归结为将其中一枚硬币直接不看, 放到一边即可.

对 n 归纳. 对 $n=1$, 称其中两枚硬币. 如果平衡, 它们就都是真的; 如果不平衡, 则剩下的一枚是真的.

现在把所有硬币, 除一枚硬币 x 之外, 两两配对, 并将每一对硬币过秤. 如果有某一对硬币不等重, 则其中至多有一枚是真的. 假设其中等重的有 k 对. 把这些等重的对子中的硬币都称为蓝色的, 把除 x 之外的其余硬币都称为白色的. 我们来看两种情况:

(1) k 为偶数. 自每个蓝色的对子中各取出一枚硬币, 再把 x 添进去. 于是在这 $k+1$ 枚硬币中有超过一半的硬币是真的. 若不然, 则在它们中有不超过 $\frac{k}{2}$ 枚硬币是真的, 那么在其余 k 枚蓝色硬币中也就有不多于 $\frac{k}{2}$ 枚硬币是真的, 从而在这 $2k+1$ 枚硬币中一共只有不多于 k 枚硬币是真的. 此外, 至多还有 $n-k$ 枚白色硬币是真的. 于是一共只有不多于 $\frac{k}{2}+\frac{k}{2}+(n-k)=n$ 枚硬币是真的. 此为矛盾. 在这 $k+1$ 枚硬币中经过不多于 $k-1$ 次称量可找出假币 (根据归纳假设). 从而一共需要不多于 $n+k-1 \leqslant 2n-1$ 次称量.

(2) k 为奇数. 此时, 自 k 个蓝对中各取出一枚来的 k 枚硬币中有多于一半是真币. 其余讨论与上类似.

III.165 答案 先开始的人有取胜策略.

按开始的先后将两个人分别称为甲和乙.

解法 1 甲第一步把常数项减 1; 以后他都采用补衡策略, 即使得 x 的系数和常数项均衡地减小: 如果乙把 x 的系数减 1, 他就将常数项减 1; 反之, 如果乙将常数项减 1, 他就把 x 的系数减 1. 如此经过 63 对步骤之后, 二次三项式变为 $x^2-38x+361$, 其判别式等于 0. 此前判别式都严格小于 $38^2-4 \times 361=0$.

解法 2 (几何解释, 对游戏过程的详细研究) 我们来看整系数二次三项式 $f(t)=t^2+pt+q$. 把它对应于平面上的点 (p,q) 称为位置. 该多项式是否有根取决于判别式 p^2-4q 的符号. 如果点 (p,q) 位于抛物线 $y=\frac{x^2}{4}$ 的上方, 则相应的二次三项式没有实根; 如果在抛物线上或其下方, 则至少有一个根. 故可把游戏规则改述如下: 在点 (p_0,q_0) 处放着一枚跳棋, 每一次可将它向左或向下移动一个位置, 谁首先把它移到抛物线上或其下方, 即谁获胜. 这种解释使得我们可以讨论: 对于怎样的初始位置 (p_0,q_0), 甲可以取胜或者不可以取胜.

我们以黑点表示甲可取胜的初始位置, 以白点表示甲不可取胜的初始位置 (参阅图 64).

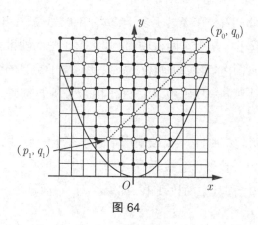

图 64

我们来逐步标注黑点与白点. 第一步, 把那些一步即可把跳棋移到抛物线上或其下方的点都标为黑点, 然后把那些只能由其到达黑点的点都标为白点, 再把那些由其可以到达某个白点的点都标为黑点, 如此等等. 经过这些标注, 我们把接近于抛物线"底部"的节点都染了颜色. 我们发现, 同一类型的点都分布在与 Ox 轴交成 $45°$ 的对角直线上.

设 ℓ 是经过点 (p_0, q_0) 且与 Ox 轴交成 $45°$ 的直线, 亦即 $y = x + (q_0 - p_0)$. 以 (p_1, q_1) 记直线 ℓ 上位于抛物线 $y = \dfrac{x^2}{4}$ 上方的最靠下的整点 (见图 64). 不难算出 $(p_1, q_1) = (p_0 - k, q_0 - k)$, 其中 k 是小于 $p_0 - 2 + 2\sqrt{q_0 - p_0 + 1}$ 的最大整数. 根据 (p_1, q_1) 的选取, 点 $(p_1 - 1, q_1 - 1)$ 一定在抛物线上或其下方.

以下我们将认为 $p_1 \leqslant -3$ (对于 p_1 的其他情形, 图 64 已经显示得很清楚了). 此时抛物线的斜率很大且点 $(p_1 + 1, q_1 - 1)$ 显然在抛物线的下方, 事实上可证明如下:

$$(p_1 + 1)^2 = p_1^2 + 2p_1 + 1 \leqslant p_1^2 - 5 < 4(q_1 - 1).$$

可能有三种情况:

(1) 点 $(p_1 - 1, q_1)$ 与 $(p_1, q_1 - 1)$ 都在抛物线上方 (参阅图 65(a)). 则这都是取胜位置 (由它们可到达 $(p_1 - 1, q_1 - 1)$). 这就意味着 (p_1, q_1) 是落败位置. 而这样一来, $(p_1 + 1, q_1)$ 与 $(p_1, q_1 + 1)$ 就都是取胜位置. 于是 $(p_1 + 1, q_1 + 1)$ 是落败位置. 逐步讨论下去, 一直可到 (p_0, q_0), 它显然也是落败位置.

(2) 点 $(p_1, q_1 - 1)$ 在抛物线上或其下方 (参阅图 65(b)). 此时点 (p_1, q_1) 与 $(p_1 + 1, q_1 - 1)$ 都是取胜位置. 这意味着 $(p_1 + 1, q_1)$ 是落败位置, 继续讨论下去, 最终可知 (p_0, q_0) 是取胜位置.

(3) $(p_1 - 1, q_1)$ 在抛物线上或其下方. 我们来观察所有的位于点 (p_1, q_1) 下方和抛物线上方的横坐标为 p_1 的点. 设它们为 (p_1, m), 其中 $m = q_1 - 1, q_1 - 2, \cdots, q_2$. 显然这些点都是取胜位置. 此外, 点 $(p_1 + 1, q_2 - 1)$ 显然也在抛物线上方且是取胜位置. 如同 (1) 中那样, 可知所有的位置 $(p_1 + 1 + n, q_2 + n)$ 都是落败位置. 所以, 所有的位置 $(p_1 + 1 + n, q_2 + 1 + n)$ 都是取胜位置, $(p_1 + 1 + n, q_2 + 2 + n)$ 又都是落败位置, 如此等

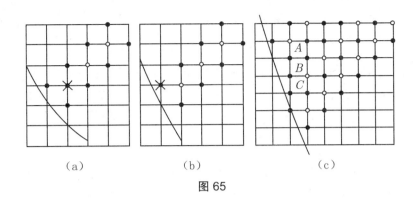

图 65

等, 直到讨论到形如 (p_1+1+n, q_1+n) 的位置为止. 如果 q_1 与 q_2 同奇偶 (见图 65(c) 中的位置 B), 则 (p_1+1+n, q_1+n) 将是落败位置, 从而 (p_1+n, q_1+n) 是取胜位置 (特别地 (p_0, q_0) 是取胜位置). 如果 q_1 与 q_2 奇偶性不同, 则可能有两种情况. 如果点 (p_1-1, q_1+1) 在抛物线上或其上方 (见图 65(c) 中的位置 C), 那么我们的讨论还可往上延伸一步, 位置 (p_1+1, q_1+1) 是落败位置, 这等于说所有的 (p_1+n, q_1+n) 都是落败位置. 如果点 (p_1-1, q_1+1) 在抛物线上方 (见图 65(c) 中的位置 A), 则位置 (p_1+n, q_1+1+n) 是落败位置, 因而 (p_1+1+n, q_1+1+n) 是取胜位置.

这样一来, 我们就可以构造各种不同的起始状态. 如果我们的纸足够大, 则可以借助于初始位置间的不等式, 描述出所有的取胜位置. 然而这个答案相当大, 故把它留给感兴趣的读者.

对于题中所给的条件, 有 $p_1 = -38, q_1 = 362$, 属于情况 (2): 点 $(-38, 361)$ 在抛物线上.

III.166 证法 1 如图 66 所示, D' 是点 D 关于线段 AC 的中垂线的对称点. 于是, 四边形 $ABCD'$ 是圆内接 (等腰) 梯形 $(BC = AD')$. 所以

$$AC = BD' \leqslant BE + ED' = BE + ED.$$

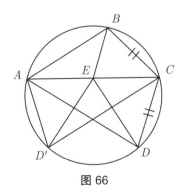

图 66

证法 2 先证一个引理.

引理 点 M 与 N 到直线 KL 的距离相等, 并且 $KM = LM$, 则有 $KM + LM \leqslant KN + LN$.

引理之证 不失一般性, 可设 M, N 在直线 KL 的同一侧, 如图 67(a) 所示. 延长 KM 到 K', 使得 $MK' = KM$. 显然, $K'N = NL$. 于是, 由三角形不等式即得 $KN + LN = KN + K'N \geqslant KK' = 2KM = KM + LM$.

引理证毕.

回到原题. 如图 67(b) 所示, 我们来观察射线 AD 上的点 F, 其中 $DF = AB$. 由于四边形 $ABCD$ 内接于圆且 $BC = CD$, 故知 $\triangle ABC \cong \triangle FDC$. 设 E' 是线段 CF 的中点. 于是所要证明的不等式等价于 $ED + E'D \geqslant EC + E'C$. 由于 EE' 是等腰 $\triangle ACF$ 的中位线, 点 C 与 D 到它的距离相等, 而点 C 到点 E 与 E' 的距离相等, 所要的不等式即可由引理推出.

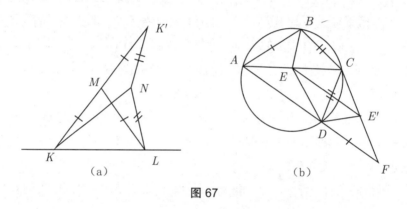

图 67

III.167 答案 2×3^{100}.

解法 1 将圆周上数的个数记作 n, 我们来对任意的 n 解答本题. 将所求的和记作 X_n. 以 A, B, C 表示圆周上的 3 个相邻的位置. 显然, 如果同时改变圆周上所有数的符号, 那么当 n 是奇数时它们的乘积变号, 而当 n 为偶数时乘积不变. 因此, 当 n 是奇数时, $X_n = 0$; 而当 n 为偶数时, X_n 是在 A 处放 $+1$ 时的所有加项之和的 2 倍, 将此和记作 Y_n, 于是 $X_n = 2Y_n$. 其中, 那些 B 处放有 $+1$ 的加项的和显然等于 Y_{n-1} (事实上, 只需简单地抹去位置 B 即可得知只需对 $n-1$ 个位置上的数的乘积求和). 而对于那些 B 处放有 -1、C 处放有 $+1$ 的所有放法下的数的乘积求和的值是 $-4Y_{n-2}$ (如果去掉位置 B 和 C, 则符号变化次数减少 2, 而乘积改变符号). 最终, 对于那些位置 B 和 C 上都放有 -1 的放法的乘积求和, 其值为 $-T$. 其中 T 是 A 处放 $+1$、B 处放 -1 的 $n-1$ 个数的乘积求和的值, 该和值等于 $Y_{n-1} - Y_{n-2}$ (从总和 Y_{n-1} 中减去 B 处放 $+1$ 时的 $n-2$ 个数乘积的和 Y_{n-2}). 最终我们得到 $Y_n = Y_{n-1} - 4Y_{n-2} - (Y_{n-1} - Y_{n-2}) = -3Y_{n-2}$. 于是 $Y_{2k} = (-3)^k$, 而 $X_{2k} = 2 \times (-3)^k$. 当 $2k = 200$ 时, $X_{200} = 2 \times 3^{100}$.

解法 2 我们来对 ± 1 的一切可能的放法求 $r^A a_1 a_2 \cdots a_{200}$ 的和. 考察 $+1$ 与 -1 的任

意一种放法, 如果在 +1 的顺时针邻位上放的是 −1, 那么就在它们之间放一块隔板. 假定一共放了 k 块隔板, 那么圆周上的数被分隔成 k 段, 每一段内部有一次变号, 每两段之间也有一次变号, 所以一共变号 $2k$ 次. 固定所有的隔板, 任意选定其中相邻的两块隔板, 假定除这两块相邻隔板之间的数以外的所有的数都保持不变, 只考察这两块隔板之间的数的一切可能的放法. 在每两块相邻的隔板之间, 开头都是一些 +1, 然后是一些 −1, 并且两种符号的数都存在. 我们把这样的放法称为可允许的. 在所有的可允许的放法中, 符号的变化次数都是 $2k$. 对每一个可允许的段而言, 所有各数 (带系数的) 乘积等于 $(-1)^m \varepsilon r^{2k}$, 其中 m 是该段中的 −1 的个数, ε 是段外的数的乘积. 我们来对所有的可允许放法的这种乘积求和. 将一段中的数的个数记为 n, 在段外各数固定, 仅让段内 −1 的个数 m 由 1 变到 $n-1$. 那么当 n 是奇数时, 这些乘积刚好正负抵消, 和值为 0; 而当 n 是偶数时, 这些乘积之和抵消过后仅剩一项 $-\varepsilon r^{2k}$, 即相当于该段中只有一个 −1 时的各数 (带系数的) 乘积.

相继对各段讨论, 类似地可知, 对总和作出非零贡献的仅是那些由偶数个数构成的段. 这就是说, 只用考虑这样的放法, 即每一段中数的个数都是偶数, 并且其中仅有一个 −1. 下面我们就来对所有这种放法求和. 如果我们放置了 k 块隔板, 则相应的放法下的所有各数 (带系数的) 乘积等于 $(-1)^k r^{2k}$. 易知 k 块隔板有 $2C_{100}^k$ 种不同的放法. 事实上, 隔板的放法由 −1 的位置唯一确定. 而所有的 −1 都同在偶数号位置或同在奇数号位置. 如果所有都在奇数号位置, 当然有 C_{100}^k 种放法, 所有都在偶数号位置亦然.

故所求之和为
$$\sum_{k=0}^{100} 2C_{100}^k (-r^2)^k = 2(1-r^2)^{100},$$
其中最后一步运用了二项式定理.

III.168 答案 $n = k = 1$.

如果 $n > 1$, 则当 $1^n + 2^n + \cdots + n^n = k!$ 成立时, 必有 $k > n$ (此因 $n^n > n!$). 若 n 为奇数, 则 $1^n + 2^n + \cdots + (n-1)^n$ 可被 $\frac{n-1}{2}$ 整除. 事实上, 如果将该加式中的项两两配对为 $1^n + (n-2)^n$, $2^n + (n-3)^n$, $\cdots$, 那么每一对中的二项之和都可被 $\frac{n-1}{2}$ 整除, 剩下来的 $\left(\frac{n-1}{2}\right)^n$ 和 $(n-1)^n$ 显然可被 $\frac{n-1}{2}$ 整除. 这表明 n^n 亦可被 $\frac{n-1}{2}$ 整除. 但是 $n^n \equiv 1 \left(\bmod \frac{n-1}{2}\right)$, 由此得知 $n = 3$. 然而 $n = 3$ 并不满足原方程. 若 n 为偶数, 则记 $n = 2^m \cdot s$, 其中 s 为奇数. 注意, 对于任何奇数 k, 都有

$$k^{2^m} - 1 = (k-1)(k+1)(k^2+1)\cdots(k^{2^{m-1}}+1)$$

可被 2^m 整除 (甚至可被 2^{m+2} 整除). 这意味着方程的左端依模 2^m 可与 $\frac{n}{2} \cdot 1 \equiv 2^{m-1}$ 相比较 (偶数 n 次幂可被 2^m 整除, 奇数次幂余 1). 此为矛盾.

十年级

III.169 假定从中不能找到 15 个彼此都不认识的人. 我们来从这群人中挑出两两互不认识的最大人群. 那么这群人至多有 14 个人, 并且其余人中的每个人都认识他们中的每一个人 (否则由题中条件推出, 可将该人补入这群人). 再从剩下的人中挑出两两互不认识的最大人群, 这群人当然也不多于 14 个人, 并且其余人中的每一个人都认识这群人中的每个人. 继续进行这样的挑选, 直到选出 14 个这样的人群. 这时一定还会剩下某些人不属于其中任何一个人群. 从这些最后剩下的人中任取一人, 不论他是谁, 再从 14 个人群中各取一人, 构成一个 15 人的人群, 该群人中的每两个人都互相认识.

III.170 证法 1 易见 b 与 c 的奇偶性相同. 若不然, 奇数的 $(b+c)^2$ 变为奇偶性不同的 $a+b$ 与 $a+c$ 的乘积, 此为不可能的. 因此, $(b+c)^2$ 是偶的, 且 $a+b$ 与 $a+c$ 的奇偶性相同, 因而它们都是偶数. 设 $a+b$ 与 $a+c$ 的最大公约数是 $k \geqslant 2$. 因为乘积 $(a+b)(a+c)$ 是完全平方数, 所以 $a+b$ 和 $a+c$ 被 k 除的商数也都是完全平方数. 设 $a+b = km^2$, $a+c = kn^2$, 且 $b+c = kmn$, 则待证的不等式化为 $k^2(m-n)^2(m+n)^2 > 8kmn$. 显然有 $(m+n)^2 > 4mn$, 而因 $m \neq n$, $k \geqslant 2$, 故 $k^2(m-n)^2 \geqslant 2k$.

证法 2 (判别式) 类似证法 1, 知 b 与 c 同奇偶, 因此 $b-c$ 是偶数. 我们来考察二次函数

$$f(t) = (t+b)(t+c) - (b+c)^2 = t^2 + (b+c)t - (b^2+bc+c^2).$$

由题意知, 它具有整根 a, 因此它的判别式 $(b+c)^2 + 4(b^2+bc+c^2) = (b-c)^2 + (2b+2c)^2$ 是完全平方数. 因为它是偶数, 且大于 $(2b+2c)^2$, 所以它不小于 $(2b+2c+2)^2$. 如此一来, 就有

$$(b-c)^2 + (2b+2c)^2 \geqslant (2b+2c+2)^2,$$

从而就有

$$(b-c)^2 \geqslant (2b+2c+2)^2 - (2b+2c)^2 = 2(4b+4c+2) = 8(b+c) + 4.$$

III.171 如图 68 所示, 以 H 表示 $\triangle ABC$ 的垂心. 不妨认为点 I 在 $\triangle A_1HC$ 内部. 于是有

$$\angle A_1BI = \frac{1}{2}\angle ABC = \frac{1}{2}\angle A_1HC = \angle IHA_1.$$

因而, 四边形 BA_1IH 内接于以线段 BH 作为直径的圆. 点 C_1 在这个圆周上. 因为 BI 是角平分线, 所以 $IC_1 = IA_1$. 根据四边形 BA_1IC_1 内接于圆, 推知 $\angle A_1IB = \angle A_1C_1B = \angle ACB$ (后一个等号是任一三角形中的高的性质, 它是由 A, C_1, A_1 与 C 四点共圆推出的). 这表明四边形 LIA_1C 内接于圆. 又因为 CI 是角平分线, 所以 $A_1I = LI$.

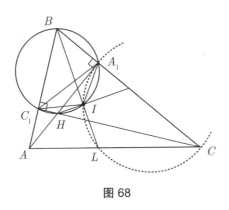

图 68

III.172 在每一次操作之后,都在黑板上写上数 $a+1$. 于是,在每一步,我们都给黑板上的数加上它的一个形如 2 的方幂数的约数,需要证明,必在某一时刻,出现这样的数 a, 而 $a-1$ 可被 2007 整除.

首先证明,黑板上将会遇到比原来的数大的所有的 2 的方幂数. 因为黑板上的数是严格增大的,所以只需证明,不会跳过任何一个 2 的方幂数. 这很简单. 事实上, 如果 $a < 2^n$ 且 a 可被 2^k 整除, 而 $a + 2^k > 2^n$, 则 $a + 2^k$ 亦可被 2^k 整除, 于是它必不小于 $2^n + 2^k$. 此与不等式 $a < 2^n$ 相矛盾.

于是, 黑板上将会出现所有足够大的 2 的方幂数. 剩下只需再证, 在形如 $2^n - 1$ 的数中能够找到可以被 2007 整除的任意大的数. 为此只需注意 2 与 2007 互质, 所以由欧拉定理可知 $2^{\varphi(2007)} \equiv 1 \pmod{2007}$, 由此即知, 对于一切可被 $\varphi(2007) = 1332$ 整除的 n, 都有 $2^n \equiv 1 \pmod{2007}$.

在上面最后的讨论的基础上, 我们也可以通过费马小定理推出最后的结论. 首先对 2007 作质因数分解: $2007 = 3 \times 3 \times 223$. 根据费马小定理, $223 \mid (2^{222} - 1)$. 而 $2^{222} = 64^{37} \equiv 1 \pmod 9$, 因此, $2007 \mid (2^{222} - 1)$. 这样一来, 指数是 222 的倍数的任何 2 的方幂数都可满足要求.

III.173 如图 69 所示, 以 H 记 $\triangle ABC$ 的垂心, 将题中所给的圆记为 ω. 不难看出, $\angle AHC = 180° - \angle ABC$. 我们来观察以线段 AC 的中点为中心的中心对称. 设顶点 B 变为点 B'. 因为 $\angle AB'C + \angle AHC = \angle ABC + \angle AHC = 180°$, 所以点 B' 位于圆周 ω 上. 直线 BT 在该对称下变为 $B'Z$, 这意味着 $B'Z \perp XY$.

因为 $ZX = ZY$, 所以点 Z 在线段 XY 的中垂线上. 进而, 圆 ω 中的弦 $B'X$ 与弦 $B'Y$ 相等, 这是因为圆周角 $\angle B'AX$ 与圆周角 $\angle B'CY$ 相等 (它们是平行四边形 $ABCB'$ 中的一组相对角). 因此, B' 也在线段 XY 的中垂线上. 所以 $B'Z \perp XY$.

III.174 假设科斯佳不能再连接任何线段. 那么就意味着所剩下的任何两点之间的连线都会与已经连好的 16 条线段中的某一条相交. "轻轻地挪动" 所作的线段, 使得这些性质依然保持, 并且任何三条包含这些线段的直线都不相交于同一点. 作一个圆, 使得它把所有

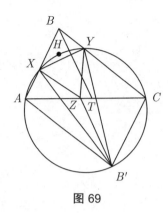

图 69

的点、所有的线段,甚至这些线段的延长线的所有交点都包含在其内部. 现在以任意方式把线段编号. 再按照号码顺序依次往两头延长各条线段, 直到与已有的线条相交为止 (意即与已经延长后的线段或圆周相交).

最终我们得到一组线段, 它们把圆分为若干个凸区域. 我们把它视为平面图, 分别以 v, e 和 f 表示它的顶点数目、边数和区域数目. 图的顶点数就是延长后的线段的端点数目, 故 $v = 2 \times 16 = 32$. 因为在各个顶点处都汇聚着 3 条边, 所以 $e = 3v/2 = 48$(我们是逐条延长线段直到相交为止, 并且任何 3 条包含线段的直线都不相交于同一点). 根据著名的欧拉公式 $v - e + f = 2$, 算得 $f = 18$. 这表明, 整个平面被分成 18 个区域, 其中 1 个是圆外, 其余 17 个区域都包含在圆内. 因为还有 18 个未被占据的点都在圆内, 所以必有某两个点落在同一个区域中, 于是科斯佳可以用线段连接它们.

III.175 本题证明中所用到的柯西 – 布尼亚科夫斯基不等式、霍尔德不等式和维尔斯特拉斯定理可参阅本书末尾的 "专题分类指南".

证法 1 (柯西 – 布尼亚科夫斯基不等式) 为了证明题中的不等式, 我们将数次利用如下的不等式:

$$(A+B)(C+D) \geqslant (\sqrt{AC} + \sqrt{BD})^2, \qquad ①$$

它对任何非负数 A, B, C, D 都成立, 是柯西 – 布尼亚科夫斯基不等式的特殊情况. 并且它很容易通过去括号来验证.

我们需要证明

$$\frac{a^4}{d} + \frac{b^4}{c} \geqslant 1. \qquad ②$$

为此, 我们写

$$(d^3 + c^3)\left(\frac{a^4}{d} + \frac{b^4}{c}\right)^3 = \left(\frac{a^4}{d} + \frac{b^4}{c}\right)(d^3 + c^3) \cdot \left(\frac{a^4}{d} + \frac{b^4}{c}\right)^2$$

$$\geqslant (a^2 d + b^2 c)^2 \left(\frac{a^4}{d} + \frac{b^4}{c}\right)^2 \geqslant (a^3 + b^3)^4.$$

只要再在上式两端同时除以 $(a^3 + b^3)^4 = d^3 + c^3$, 即得 ② 式.

证法 2 (霍尔德不等式) 对

$$p = 4, \quad q = \frac{4}{3}, \quad x_1 = d^{\frac{3}{4}}, \quad x_2 = c^{\frac{3}{4}}, \quad y_1 = \frac{a^3}{d^{\frac{3}{4}}}, \quad y_2 = \frac{b^3}{c^{\frac{3}{4}}}$$

运用霍尔德不等式, 有

$$(a^3 + b^3)\left(\frac{a^4}{d} + \frac{b^4}{c}\right)^{\frac{3}{4}} = (d^3 + c^3)^{\frac{1}{4}}\left(\frac{a^4}{d} + \frac{b^4}{c}\right)^{\frac{3}{4}}$$
$$= (x_1^4 + x_2^4)^{\frac{1}{4}}(y_1^{\frac{4}{3}} + y_2^{\frac{4}{3}})^{\frac{3}{4}} \geqslant x_1 y_1 + x_2 y_2 = a^3 + b^3.$$

证法 1 实际上是对所选择的指数证明了霍尔德不等式.

证法 3 (拟齐次性和均值不等式) 观察后发现, 关于 a, b, c, d 的关系式在对 a 和 b 乘 k, 对 c 和 d 乘 k^4 后, 不发生改变. 在不等式两端同时乘 k^8, 这样一来, 我们只需在 $a^3 + b^3 = c^3 + d^3 = 1$ 的条件下证明不等式. 令 $t^4 = \dfrac{a^4 c + b^4 d}{cd}$, 我们需要证明 $t \geqslant 1$. 运用关于 3 个 a^4 和 1 个 $t^4 d^4$ 的平均不等式, 我们得到

$$\frac{a^4 + a^4 + a^4 + t^4 d^4}{4} \geqslant a^3 t d.$$

同理可得

$$\frac{b^4 + b^4 + b^4 + t^4 c^4}{4} \geqslant b^3 tc.$$

将第一个不等式两端同除以 d, 将第二个不等式两端同除以 c, 并将它们相加, 最终得到

$$\frac{1}{4}\left[\frac{3a^4}{d} + \frac{3b^4}{c} + t^4(c^3 + d^3)\right] \geqslant t(a^3 + b^3).$$

只需注意本式左端就是 t^4, 右端就是 t, 即知 $t^3 \geqslant 1$.

证法 4 (研究函数) 令 $a^3 + b^3 = s$, 并固定 s. 此时, 如果用 x 表示 a^3, 则 $b^3 = s - x$. 此外, $c^3 + d^3 = s^4$. 我们来考察函数

$$f(x) = cx^{\frac{4}{3}} + d(s-x)^{\frac{4}{3}}.$$

我们希望证明, 该函数在整个区间 $[0, s]$ 都不小于 cd. 由于 $f(x)$ 是连续函数, 根据维尔斯特拉斯定理, 它在闭区间 $[0, s]$ 上可以取得自己的最小值. 又由于 $f(x)$ 可导, $f(x)$ 在区间的某一个端点或者在某个导数为 0 的点达到最小值. 函数在区间端点的值显然大于 cd, 事实上,

$$f(0) = ds^{\frac{4}{3}} = d\sqrt[3]{c^3 + d^3} > cd, \qquad f(s) = cs^{\frac{4}{3}} = c\sqrt[3]{c^3 + d^3} > cd.$$

所以下面只需验证, 在导函数的根处, 函数值也不小于 cd. 令导数值为 0, 有

$$0 = f'(x) = \frac{4}{3}cx^{\frac{1}{3}} - \frac{4}{3}d(s-x)^{\frac{1}{3}},$$

得到 $c^3x = d^3(s-x)$，这表明 $sd^3 = x(c^3+d^3) = xs^4$，于是 $x = \dfrac{d^3}{s^3}$. 我们来看函数在该点处的值：

$$f\left(\frac{d^3}{s^3}\right) = \frac{cd^4}{s^4} + d\left(s - \frac{d^3}{s^3}\right)^{\frac{4}{3}} = \frac{cd^4}{s^4} + \frac{d(s^4-d^3)^{\frac{4}{3}}}{s^4}$$

$$= \frac{cd^4}{s^4} + \frac{dc^4}{s^4} = \frac{cd(c^3+d^3)}{s^4} = cd.$$

故在整个区间 $[0,s]$ 上，函数的值都不小于 cd.

我们还顺便证得，等号成立当且仅当 $x = \dfrac{d^3}{s^3}$，亦即当且仅当

$$a = \frac{d}{s} = \frac{d}{\sqrt[4]{c^3+d^3}}, \qquad b = \frac{c}{\sqrt[4]{c^3+d^3}}.$$

证法 5 (凸性)　我们来观察函数 $f(x) = x^{\frac{4}{3}}$. 显然对 $x > 0$，有 $f''(x) = \dfrac{4}{3} \times \dfrac{1}{3} x^{-\frac{2}{3}} > 0$. 所以，在 $x \geqslant 0$ 时，$f(x)$ 是一个凸函数. 由凸性知，对一切 $x, y \geqslant 0$ 和 $0 \leqslant \lambda \leqslant 1$，都有

$$\lambda f(x) + (1-\lambda) f(y) \geqslant f(\lambda x + (1-\lambda) y).$$

在其中令 $\lambda = \dfrac{c^3}{c^3+d^3}$，$x = a^3 d^3$ 和 $y = b^3 c^3$，得到不等式

$$\frac{c^3}{c^3+d^3} a^4 d^4 + \frac{d^3}{c^3+d^3} c^4 b^4 \geqslant \left(\frac{c^3}{c^3+d^3} a^3 d^3 + \frac{d^3}{c^3+d^3} c^3 b^3\right)^{\frac{4}{3}}$$

$$= \left(\frac{c^3 d^3}{c^3+d^3}(a^3+b^3)\right)^{\frac{4}{3}} = \frac{c^4 d^4}{c^3+d^3}.$$

这样一来，就有

$$\frac{c^3}{c^3+d^3} a^4 d^4 + \frac{d^3}{c^3+d^3} c^4 b^4 \geqslant \frac{c^4 d^4}{c^3+d^3}.$$

再在上式两端同时乘 c^3+d^3 并同时除以 $c^3 d^3$，即得所要证明的不等式.

证法 6 (恒等变形)　不难验证

$$(a^4 c + b^4 d)^3 (c^3+d^3)$$
$$= (a^3+b^3)^4 c^3 d^3 + 2a^2 b^2 c^2 d^2 (a^3+b^3)^2 (ac-bd)^2$$
$$+ a^4 b^4 cd(ac-bd)^4 + (a^4 c + b^4 d)^2 (a^2 c^2 - b^2 d^2)^2$$
$$\geqslant (a^3+b^3)^4 c^3 d^3.$$

剩下只需指出 $(a^3+b^3)^4 = c^3+d^3$，再两端同时开立方即可.

证法 7 (幂平均不等式)　众所周知，几何平均值不超过算术平均值. 这反映了一个更加一般的规律，即幂平均之间的不等式关系：对任何实数 r 和 s，只要 $r > s$，就对任意 n 个非负实数 $x_1, x_2, \cdots, x_n$，都有

$$\left(\frac{x_1^r + x_2^r + \cdots + x_n^r}{n}\right)^{\frac{1}{r}} \geqslant \left(\frac{x_1^s + x_2^s + \cdots + x_n^s}{n}\right)^{\frac{1}{s}}.$$

假设 c 和 d 都是有理数, 它们的公分母是 k. 把它们都乘 k, 而把 a 和 b 都乘 $\sqrt[4]{k}$, 于是它们之间的原来的关系式仍然成立, 而待证不等式两端都被乘上了 k^2. 对 d^3 个 ac 和 c^3 个 bd 运用指数为 3 和 4 的幂平均不等式, 得到

$$\frac{\sqrt[4]{c^3 d^3 (a^4 c + b^3 d)}}{a^3+b^3} = \sqrt[4]{c^3 d^3 \frac{a^4 c + b^3 d}{c^3+d^3}} = \sqrt[4]{\frac{d^3 \cdot a^4 c^4 + c^3 \cdot b^4 d^4}{c^3+d^3}}$$

$$\geqslant \sqrt[3]{\frac{d^3 \cdot a^3 c^3 + c^3 \cdot b^3 d^3}{c^3+d^3}} = cd \cdot \sqrt[3]{\frac{a^3+b^3}{c^3+d^3}} = \frac{cd}{a^3+b^3}.$$

故知

$$c^3 d^3 (a^4 c + b^3 d) \geqslant c^4 d^4.$$

对于非有理数的 c 和 d, 可取有理数序列 c_n 和 d_n, 使得 $\lim\limits_{n \to \infty} c_n = c$, $\lim\limits_{n \to \infty} d_n = d$. 于是只要在已经证得的如下不等式两端取极限, 即可得出所要证明的结论:

$$a^4 c_n + b^4 d_n \geqslant c_n d_n.$$

证法 8 如果你们认真阅读了前面 7 种证法, 那么一定会找出本题的一种非常优雅的、极其聪明的证法.

III.176 我们来证明一个更强的命题: 在由棱长为整数的直平行六面体构成的任何无限集合 M 中都可以分离出一个这样的有限子集 K, 使得 M 中的任意一个平行六面体都可以剖分为若干个部分, 使得其中每一部分都全等于 K 中的某一个平行六面体.

我们通过对维数作归纳来证明这个命题. 意即: 先对线段证明类似的命题, 然后对矩形证明, 最后再对平行六面体证明.

奠基: 1 维. 任取 M 中的一条线段 L_0, 设其长度为 n. 对于每个 $i = 1, 2, \cdots, n-1$, 考察 M 中所有那些长度被 n 除的余数为 i 的线段 (如果存在), 从中取出长度最短的一条 L_i. 于是就可以把由线段 $L_0, L_1, \cdots, L_{n-1}$ 构成的集合作为我们的 K.

假设已经证明命题可对矩形成立, 我们来证明它对平行六面体也成立 (其实, 由线段向矩形的过渡亦完全类似). 从 M 中的每一个平行六面体上都取出一条棱, 称为高, 由其余两条棱形成的矩形称为底. 将具有底 $a \times b$ 和高 c 的平行六面体记作 $a \times b \times c$.

将归纳假设应用于由 M 中所有平行六面体的底构成的集合, 可以得到由 M 中有限个元素构成的有限集合 $P_0 = \{a_0 \times b_0 \times c_0\}$, 使得 M 中任一平行六面体的底都由矩形 $a_0 \times b_0$ 们的拷贝组成.

P_0 是一个有限集. 以 n 表示 P_0 中诸 c_i 的最小公倍数. 对 $k = 0, 1, \cdots, n-1$, 以 M_k 表示 M 中的那些高被 n 除的余数是 k 的平行六面体的集合.

集合 M_0 中的每一个平行六面体 $a \times b \times c$ 都可以剖分为 P_0 中的成员的拷贝. 在这种剖分中, 考虑的是它们的底 $a_i \times b_i$, 其中 $a_i \times b_i \times c_i \in M_0$. 这就给出了一种把平行六面体 $a \times b \times c$ 剖分为形如 $a_i \times b_i \times c$ 的小平行六面体的方法. 其中的每一者都被分成 $a_i \times b_i \times c_i$, 此因 $c_i \mid n \mid c$.

再对 $k=1,2,\cdots,n-1$, 将归纳假设应用于由 M_k 中的平行六面体的底面构成的集合. 由此可得一个由平行六面体构成的有限集合 $P_k \subset M_k$, 由 P_k 中的底面类型可以构成 M_k 中所有平行六面体的底面. 设 h_k 是 P_k 中的所有平行六面体的高的最大值. 易知, 利用 P_0 和 P_k 中的平行六面体的拷贝可以构成任何的平行六面体 $a \times b \times c \in M_k$, 其中 $c \geqslant h_k$. 事实上, 可以把它的底面 $a \times b$ 剖分为 $a_i \times b_i$, 其中对于相应的 c_i, 有 $a_i \times b_i \times c_i \in P_k$. 再把平行六面体剖分为尺寸是 $a_i \times b_i \times c$ 的部分, 其中每一部分分为两个平行六面体: $a_i \times b_i \times c_i$ 与 $a_i \times b_i \times (c-c_i)$. 因为 $n \mid c-c_i$, 所以根据前面所证, 平行六面体 $a_i \times b_i \times (c-c_i)$ 可以剖分为 P_0 中的平行六面体的拷贝.

于是, 我们找到了由 M 中的平行六面体构成的有限集合 $P = P_0 \cup P_1 \cup \cdots \cup P_{n-1}$, 利用它们成员的拷贝, 可以构成 M 中的任一平行六面体, 只要它们的高不小于 $h = \max\{h_1, \cdots, h_{n-1}\}$. 只需再考虑那些高小于 h 的平行六面体. 对于每个固定的正整数 $c < h$, 我们来考察 M 中那些高为 c 的平行六面体. 将归纳假设应用于它们的底面, 再把所得到的集合 Q_c 添加到我们的集合 P 中, 最终得到的集合 $K = P \cup Q_1 \cup \cdots \cup Q_{h-1}$ 即可满足题中要求.

十一年级

III.177 同 III.169 题.

III.178 同 III.170 题.

III.179 答案 第二个人可以保证自己最多得到 $1+2+\cdots+2006+2007-2 \times (2005+2006)$ 卢布.

为了保证自己能够得到这么多钱, 第二个人只需采用如下策略:只要所剩的数多于 3 个, 他就使得已有的数中的最大的数增大. 而当只剩下 3 个数时, 操作方式是唯一的. 此时, 最大的数不小于 $1+2+\cdots+2004+2007$, 于是取胜者所得不会少于我们所说的数.

我们来说明, 第一个人可以使得取胜者所得不超过所说的数. 为此, 他必须时时使得 2004 与 2007(或者它们的 "后代") 处于偶数号位置, 而 2005 与 2006 处于奇数号位置, 于是最后所剩下的两个数都将不小于 4011.

III.180 同 III.173 题.

III.181 答案 存在这样的函数.
观察我们的函数方程
$$F(x,y) = F\left(y, \frac{y+1}{x}\right).$$
我们来研究平面变换 $h: (x,y) \mapsto \left(y, \frac{y+1}{x}\right)$ 的迭代:
$$(x,y) \stackrel{h}{\longmapsto} \left(y, \frac{y+1}{x}\right) \stackrel{h}{\longmapsto} \left(\frac{y+1}{x}, \frac{y+x+1}{yx}\right)$$

$$\stackrel{h}{\mapsto} \left(\frac{y+x+1}{yx}, \frac{x+1}{y}\right) \stackrel{h}{\mapsto} \left(\frac{x+1}{y}, x\right) \stackrel{h}{\mapsto} (x,y).$$

这表明, 变换 h 以 5 为周期, 所以原函数方程具有无穷多个有理函数解. 为了函数能够满足该方程, 只需它是一个关于轨道的对称函数. 例如, 可以把它取为一条轨道上的点的坐标和:

$$(x+y) + \left(y + \frac{y+1}{x}\right) + \left(\frac{y+1}{x} + \frac{y+x+1}{yx}\right)$$
$$+ \left(\frac{y+x+1}{yx} + \frac{x+1}{y}\right) + \left(\frac{x+1}{y} + x\right).$$

(只是这不是一个常见的函数, 因为它可以取任意大的值.) 满足题中要求的函数还有很多, 例如轨道上的点的坐标的平方和、坐标乘积的和等.

♦ 我们来考察平面上的点的映射

$$F(x,y) = \left(y, \left(y + \frac{1}{y}\right)\frac{1}{x}\right).$$

容易看出, 它仅有一个不动点. 试证明: 它的 86 重迭代有一些别的不动点 (共 172 个), 而对 $n < 86$, 它的第 n 重迭代都没有别的不动点.

III.182 同 III.175 题.

III.183 本题是一道陈题, 开赛后被不少人指出.

证法 1 将球心记为 O. 由点 A 作球的所有可能的切线. 显然, 所有的切点都在同一个平面 α 内. 设直线 AM 与球相切于点 $K \in \alpha$, 在平面 AOK 中作球的第二条切线 AL(参阅图 70), 并作 $MX \perp LK$. 将 $\angle AKL$ 记为 φ, 它的大小显然不依赖于点 M. 我们有

$$OM^2 = OK^2 + MK^2 = r^2 + \frac{d^2(M,\alpha)}{\sin^2 \varphi},$$

其中 r 是球的半径, $d(M,\alpha) = MX$ 是点 M 到平面 α 的距离. 类似地, 对于点 B 引入平面 β, 并得到

$$OM^2 = r^2 + \frac{d^2(M,\beta)}{\sin^2 \psi}.$$

将二式相减, 可知 $d(M,\alpha) + d(M,\beta)$ 为常数. 这个条件给出了经过 α 与 β 交线的两个平面 (或者平行于它们的两个平面, 如果 $\alpha // \beta$).

证法 2 设直线 AM 与球相切于点 K, 直线 BM 与球相切于点 L(参阅图 71). 设直线 KL 与 AB 相交于点 X. 根据梅内劳斯定理, 有

$$\frac{XA}{XB} = \frac{KA}{KM} \cdot \frac{LM}{LB} = \frac{KA}{LB} = 常数.$$

该式表明, 点 X 将线段 AB 按照所示的比例分为两段, 从而它重合于两个固定点之一. 因为点 X 在点 M 关于球的极轴上 (该极轴包含点 K 和 L), 所以点 M 在点 X 的极轴上, 意即两个固定点之一.

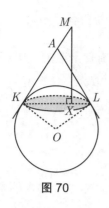

图 70

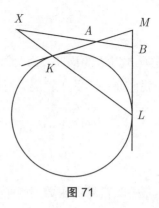

图 71

证法 3 先证明一个引理.

引理 存在 $\mathbb{R}^3$ 的投影变换, 它把所给的球变为球, 把不与该球相交的平面变为无穷远平面.

引理之证 本引理完全与它在二维空间中的版本相通: 我们作投影变换把所给定的球变到无穷远处. 在此, 该球变为椭球的表面. 然后再作空间的仿射变换把该椭球变为球即可.

引理证毕.

下面分三种情况:

(1) 直线 AB 与球相交于内点. 于是我们作投影变换, 把直线上位于球内部的一个点变为球心 (为此只需把所选的点的极轴变到无穷远处). 现在 A 与 B 两点位于经过球心的直线上. 这种情况下, 题中的结论是显然的.

(2) 直线 AB 与球相切于某个点 K. 此时可以作这样的投影变换, 使得点 K 变为线段 AB 的中点 (为此, 只需把三点组 A, K, B 的调和补放到无穷远处). 这种情况下, 题中的结论也是显然的. 同时, 本情况亦可由情况 (1) 或情况 (3) 取极限得到.

(3) 直线 AB 不与球相交. 此时我们把它变到无穷远处. 于是, 我们的题目变为: 证明与所给的球相切的两个柱面的交可以用两个平面盖住. 假设半径为 1 的柱的轴经过坐标原点, 而 e_1 与 e_2 是轴的方向向量. 于是, 所给的半径向量 $\boldsymbol{x}$ 位于第 i 个柱面上, 当且仅当如下的关系式成立:

$$|\boldsymbol{x}|^2 = 1^2 + (\boldsymbol{x} \cdot \boldsymbol{e}_i)^2.$$

如果点在两个柱面的交线上, 那么用一个式子减去另一个式子, 得到

$$(\boldsymbol{x} \cdot \boldsymbol{e}_1)^2 - (\boldsymbol{x} \cdot \boldsymbol{e}_2)^2 = 0,$$

亦即 $\boldsymbol{x} \cdot (\boldsymbol{e}_1 - \boldsymbol{e}_2) = 0$ 或 $\boldsymbol{x} \cdot (\boldsymbol{e}_1 + \boldsymbol{e}_2) = 0$. 每个式子都给定一个平面.

III.184 同 III.176 题.

2008 年

九年级

III.185 假设多项式 $f(x) = ax^3 + bx^2 + cx + d$ 的 3 个根都是无理数, 并且形成等比数列. 将它们记为 u, uq 和 uq^2, 根据韦达定理, 就有

$$u(1 + q + q^2) = u + uq + uq^2 = -\frac{b}{a},$$
$$u^2 q(1 + q + q^2) = u \cdot uq + u \cdot uq^2 + uq \cdot uq^2 = \frac{c}{a}.$$

于是

$$uq = \frac{u^2 q(1 + q + q^2)}{u(1 + q + q^2)} = -\frac{c}{b}$$

是有理数, 此为矛盾.

III.186 答案 至少有 42 个学生参加了这次晚会.

首先证明不可能少于 42 人. 由题意知, 每个到场者所认识的男生与女生的人数之比都是 $16:5$. 由于 16 与 5 是互质的, 因此每个人所认识的男生人数都是 16 的倍数, 所认识的女生人数都是 5 的倍数. 如果有某个人所认识的男生人数大于 16, 那么必然不小于 32, 因此他所认识的女生人数就不小于 10. 这就表明, 这种情况下总人数不会小于 42.

下面来观察每个到场者都认识 16 个男生和 5 个女生的情形. 假定到场者中共有 m 个男生和 d 个女生. 因为每个男生都认识其余男生中的 16 人, 所以 $m \geqslant 17$. 我们来计算男生与女生之间的 "熟人对" 数目. 因为每个男生都认识 5 个女生, 所以这种对子有 $5m$ 个; 而每个女生都认识 16 个男生, 所以这种对子有 $16d$ 个. 这意味着 $5m = 16d$, 亦即 $m:d = 16:5$, 所以 m 可被 16 整除, d 可被 5 整除. 因为 $m \geqslant 17$, 所以 $m \geqslant 32$, 由此知 $d \geqslant 10$, 从而 $m + d \geqslant 42$.

我们来构造例子, 说明可以刚好有 42 个到场者. 设有 32 个男生和 10 个女生, 并假定他们形成如下的 "认识关系": 先让 32 个男生站在一个圆周上. 凡是间隔人数小于 8 的任何二人都相互认识. 于是每个男生都刚好认识 16 个别的男生 (他的顺时针方向的 8 个相连的人和逆时针方向的 8 个相连的人). 再让 10 个女生站成一个圆周, 每个人都与自己的两个相邻的人以及两个间隔一人的人不认识, 除此之外其余的任何两个女生都互相认识. 于是每个女生都刚好认识 5 个别的女生. 最后, 将 32 个男生分成两组, 每组 16 人; 将 10 个女生分成两组, 每组 5 人. 让第一组中每个男生与第一组中所有女生都认识, 第二组中每个男生与第二组中所有女生都认识. 于是, 每个男生都认识 5 个女生, 每个女生则都认识 16 个男生. 于是, 42 个到场者中的每一个人都认识其余到场者中的 16 个男生和 5 个女生, 满足题中要求 $16 = 5 \times 3.2$.

III.187 答案 m 可为任何奇质数.

如果 m 是合数, 则有 $\dfrac{m}{p(m)} \geqslant p(m)$, 即 $m \geqslant p^2(m)$, 从而

$$m + n \geqslant p^2(m) + n > p^2(m) - p^2(n) = [p(m) - p(n)][p(m) + p(n)],$$

与题意相矛盾. 因而 m 是质数. 但若 $m = 2$, 则有 $2+n = 4-p^2(n)$, 这意味着 $n+p^2(n) = 2$. 但这是不可能的, 因为 $p(n)$ 是质数, 而 n 是正整数, 所以 $n+p^2(n)$ 不小于 5. 这样一来, m 只能为奇质数.

我们来证明, 对于任何奇质数 m, 都能找到这样的正整数 n, 使得

$$m + n = p^2(m) - p^2(n) = m^2 - p^2(n).$$

如果令 $n = 2k$, 则有 $p(n) = 2$, 我们需要找到这样的正整数 k, 使得 $m + 2k = m^2 - 2^2$, 即 $m(m-1) = 2k+4$. 当 $m = 3$ 时, 取 $k = 1$ 即可; 当 $m > 3$ 时, $m(m-1)$ 是大于 6 的偶数, 这样的 k 显然存在.

III.188 设 O 是 AC 与 BD 的交点 (参阅图 72), E 是 BD 与圆 S_2 的 (不同于 D 的) 第二个交点. 根据弦切角与同弧所对圆周角相等, 知 $\angle ACE = \angle CDB = \angle CAB$ (其中第二个等号得自四边形 $ABCD$ 内接于圆). 故知 $AB // CE$, 所以 $\triangle OAB$ 在以点 O 为中心的某个系数为负的位似变换下变为 $\triangle OCE$. 该位似变换的系数的绝对值等于圆 S_2 与 S_1 的半径之比, 这是因为线段 CE 与 AB 分别在这两个圆内截出了等圆心角的弧段 (分别等于 $2\angle ACE$ 与 $2\angle CAB$). 这就意味着, 在这个位似变换下, 圆 S_1 变为 S_2. 因此, 点 O 是这两个圆的位似中心, 因而是它们的内公切线的交点.

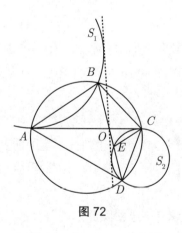

图 72

III.189 我们来考察蓝色方格中所能放入的不能相互搏击的超级马的最大数目. 由超级马占据的方格称为紫色的. 如果这些超级马不能相互搏击, 那么对于每个紫色方格, 都可以按照超级马的行走路线标注 8 个方格, 这些方格都不会被标注两次 (否则, 这些超级马会发生相互搏击). 根据题意, 一共标注了不多于 N 个方格. 由此可以断言, 紫色方格不多于

$\frac{N}{8}$. 放在紫色方格中的超级马控制着所有的蓝色方格. 因若不然, 就还可以在蓝色方格中放入一个超级马, 使得这些超级马之间不会相互搏击.

♦ 本题的更一般形式在加法组合分析中称为伽斯扎商不等式 (Rusza's quotient inequality), 其内容如下:

设 A 与 B 是阿贝尔群[①]Z 中的两个有限的非空子集, 则存在 $X \subset Z$, 使得 $|X| \leqslant \frac{|A+B|}{|B|}$ 和 $A \subset X \pm B$(此处, $|X|$ 表示集合 X 中的元素数目, 而 $A \pm B = \{a \pm b \mid a \in A, b \in B\}$).

在我们的情形下, $Z = \mathbf{Z}^2$, 而 A 是蓝色的方格, B 是与超级马走步法则相应的 8 种动作的集合.

III.190 以 R_{ABC} 表示 $\triangle ABC$ 的外接圆半径. 在这样的记号下, 我们只需证明 $4R_{ACD}R_{BCD} \geqslant AB^2$.

根据正弦定理, $2R_{ACD} = \frac{AC}{\sin \angle ADC}$, 而 $2R_{BCD} = \frac{BD}{\sin \angle BCD}$. 将它们相乘, 得到

$$4R_{ACD}R_{BCD} = \frac{AC \cdot BD}{\sin \angle ADC \cdot \sin \angle BCD}.$$

同理, 对于 $\triangle ABC$ 和 $\triangle ABD$(参阅图 73), 亦有

$$4R_{ABC}R_{ABD} = \frac{AC \cdot BD}{\sin \angle ABC \cdot \sin \angle BAD}.$$

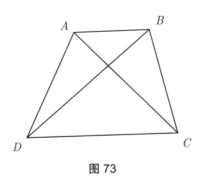

图 73

由于四边形 $ABCD$ 是梯形, $\angle ADC + \angle BAD = 180°$, 故知 $\sin \angle ADC = \sin \angle BAD$. 同理可知 $\sin \angle BCD = \sin \angle ABC$. 比较上述两个分式的分母, 即知

$$4R_{ACD}R_{BCD} = 4R_{ABC}R_{ABD}.$$

于是只需证明 $4R_{ABC}R_{ABD} \geqslant AB^2$. 我们指出 $2R_{ABC} \geqslant AB$, 这是因为 $2R_{ABC}$ 是 $\triangle ABC$ 的外接圆直径, 而 AB 是该圆的弦. 同理可知 $2R_{ABD} \geqslant AB$. 将这两个不等式相乘, 即得 $4R_{ABC}R_{ABD} \geqslant AB^2$.

[①] 编译者注 阿贝尔群即满足交换律的群.

III.191 **证法 1** 首先证明

$$ab \cdot \frac{a^2+b^2}{2} \leqslant \left(\frac{a+b}{2}\right)^4.$$

经过去分母、移项和合并同类项, 该不等式变为

$$4a^3b + 4ab^3 \leqslant a^4 + 6a^2b^2 + b^4,$$

亦即 $(a-b)^4 \geqslant 0$, 故显然成立.

因而

$$(ab)^{2ab} \cdot \left(\frac{a^2+b^2}{2}\right)^{2ab} \leqslant \left(\frac{a+b}{2}\right)^{8ab}.$$

将该不等式与如下的显然的不等式相乘, 即得所证:

$$(ab)^{(a-b)^2} \leqslant \left(\frac{a+b}{2}\right)^{2(a-b)^2}.$$

证法 2 (求导) 设 $a \geqslant b$. 将不等式两端同时除以 b 的 $2(a+b)^2 = 2(a^2+b^2) + 4ab$ 次方, 再开 b^2 次方, 我们得到不等式

$$x^{x^2+1}\left(\frac{x^2+1}{2}\right)^{2x} \leqslant \left(\frac{x+1}{2}\right)^{2(x+1)^2},$$

其中 $x = \frac{a}{b} \geqslant 1$. 再在两端取对数, 并把它们都移到右端. 如此一来, 我们只需证明对 $x \geqslant 1$, 不等式

$$f(x) = 2(x+1)^2 \ln\left(\frac{x+1}{2}\right) - (x^2+1)\ln x - 2x\ln\left(\frac{x^2+1}{2}\right) \geqslant 0.$$

我们求出 $f(x)$ 的前 3 阶导数, 得到 $f(1) = f'(1) = f''(1) = f'''(1) = 0$ 和

$$f''''(x) = \frac{2(x^9-1) + 2(x^8-x) + 8(x^7-x^2) + 16(x^6-x^3) + 24(x^5-x^4)}{(1+x^2)x^3(x+1)}.$$

在 $x \geqslant 1$ 时, 显然有 $f''''(x) \geqslant 0$. 故知在 $x \geqslant 1$ 时, $f'''(x)$ 单调上升, 所以 $f'''(x) \geqslant f'''(1) = 0$. 因此, 在 $x \geqslant 1$ 时, $f'(x)$ 单调上升, 所以又有 $f'(x) \geqslant f'(1) = 0$. 这样一来, 在 $x \geqslant 1$ 时, $f(x)$ 单调上升, 所以又有 $f(x) \geqslant f(1) = 0$.

III.192 **答案** 后开始的人有取胜策略.

参阅 III.205 题解答.

十年级

III.193 如果一个二次三项式有两个不同的实根, 就称为好的, 否则就称为坏的. 易知两个坏的酉二次三项式的和不可能有两个不同的根, 所以在我们的 101 个三项式中至多有一个坏的. 如果真的有一个坏的, 我们就不去看它.

这样一来，我们就有 100 个好的二次三项式. 如果 α 至少是 3 个不同的好的多项式 (设为 f_i, f_j 和 f_ℓ) 的根，那么 $f_i + f_j$ 与 $f_i + f_\ell$ 都以 α 为根，此与题中条件相矛盾. 我们来考察好的二次三项式的根集 (记为 A). A 中的每个数至多是两个二次三项式的根，而每个二次三项式都以 A 中两个不同的数为根，因此 A 中的数的个数不小于好的多项式的个数，即不小于 100.

III.194 证法 1 如果 n 是合数，则 $\dfrac{n}{p(n)} \geqslant p(n)$，即 $n \geqslant p^2(n)$. 此外，还有 $m^2 > m \geqslant p(m)$. 于是 $m^2 + n > p(m) + p^2(n)$，亦即题中所给的条件中的等式不可能成立. 因此，n 是质数，意即 $p(n) = n$. 于是，$m^2 + n = p(m) + n^2$，也就是有

$$(m-n)(m+n) = m^2 - n^2 = p(m) - n.$$

如果 $m > n$，则有 $(m-n)(m+n) \geqslant 2(m-n) > m - n \geqslant p(m) - n$，上述等式不可能成立. 而如果 $m < n$，则有 $(n-m)(m+n) \geqslant m+n > n - p(m)$，该等式亦不可能成立. 所以必有 $m = n$.

证法 2* 首先按证法 1，证明 n 是质数. 此时，毫无疑问, $m = n$ 是满足题中条件的. 我们指出, 在正整数集合中, 函数 $f(x) = x^2 - p(x)$ 是上升的, 这是因为

$$f(x+1) - f(x) = 2x + 1 + p(x+1) - p(x) > 0,$$

该式可由 $p(x+1) \leqslant x+1$ 推出. 因此, $m = n$ 是唯一的可能.

III.195 我们来验证一下公报内容. 假设 i 号选区有 a_i 位选民投了票. 根据题意, 其中投票给卡拉巴萨－巴拉巴萨党候选人的选民所占比例为 $\dfrac{a_i}{1\,000}$, 所以该党候选人得了 $\dfrac{a_i^2}{1\,000}$ 张选票. 选票张数是整数, 这就意味着 $100 \mid a_i$, 意即 $a_i = 100 b_i$, 其中 b_i 是不大于 10 的正整数, 并且卡拉巴萨－巴拉巴萨党候选人在第 i 号选区所得的选票为 $10 b_i^2$ 张.

这样一来, 一方面, 根据公报所公布的数据, 该党候选人所得票数为 $\dfrac{643}{1\,000} \times 100 \sum\limits_{i=1}^{30} b_i$ 张; 另一方面, 根据上面的分析, 该党候选人所得票数为 $10 \sum\limits_{i=1}^{30} b_i^2$, 因此就有

$$643 \sum_{i=1}^{30} b_i = 100 \sum_{i=1}^{30} b_i^2. \qquad ①$$

如果记 $B = \sum\limits_{i=1}^{30} b_i$, 那么有 $100 \mid B$. 因为 $b_i \leqslant 10$, 所以 B 只可能为 $100, 200$ 或 300.

根据平均不等式, 易得

$$\frac{643}{100} B = \sum_{i=1}^{30} b_i^2 \geqslant \frac{1}{30} \left(\sum_{i=1}^{30} b_i \right)^2 = \frac{B^2}{30},$$

故知

$$B \leqslant \frac{30 \times 643}{100} < 200.$$

综合上述, $B = \sum_{i=1}^{30} b_i = 100$. 代入 ① 式, 得 $\sum_{i=1}^{30} b_i^2 = 643$. 然而这是不可能的, 因为正整数的和的奇偶性与它们的平方和的奇偶性相同.

III.196 设 A_1 是边 BC 的中点. 记 $\triangle BIC$ 的垂心为 H_A, $\triangle BI_AC$ 的垂心为 H'_A (参阅图 74(a)).

我们指出, $\angle IBI_A = \angle ICI_A = 90°$. 这意味着 $\triangle BI_AC$ 的边 BI_A 与 CI_A 上的高分别平行于 BI 与 CI. 于是四边形 $BICH'_A$ 是平行四边形, 意即点 I 与 H'_A 关于点 A_1 对称. 同理可知, 点 I_A 与 H_A 关于点 A_1 对称. 而这样一来, 直线 ℓ_A 与 II_A ($\triangle ABC$ 中 $\angle A$ 的平分线) 关于点 A_1 对称. 同理可知, 直线 ℓ_B 与 ℓ_C 分别与 $\angle B$ 和 $\angle C$ 的平分线关于线段 AC 和 AB 的中点对称. 现在经过原三角形的各个顶点分别引对边的平行线, 将它们所围成的三角形记作 $\triangle A_2B_2C_2$ (参阅图 74(b), $A_2B_2 // AB, B_2C_2 // BC, A_2C_2 // AC$). 由于四边形 $BACA_2$ 是平行四边形, 直线 ℓ_A 是 $\triangle A_2B_2C_2$ 中 $\angle A_2$ 的平分线. 类似地, 直线 ℓ_B 与 ℓ_C 分别是 $\angle B_2$ 与 $\angle C_2$ 的平分线, 所以它们相交于同一点.

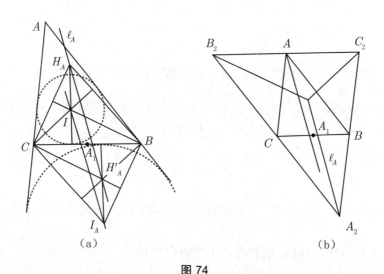

图 74

III.197 答案 在正确的玩法下, 乙将取胜.

在前 14 步中, 乙每次都比甲多取 2 根火柴. 这是可以的, 因为两人一共至多取出 $14 \times (3+5) = 112 < 140$ 根火柴. 其结果是, 乙比甲多取出 28 根火柴. 此后, 乙每次都跟甲取的一样多, 只要有此可能. 我们指出, 在乙每一次取过之后, 堆里都剩有偶数根火柴.

我们来观察游戏临近末尾时的局面. 如果游戏按乙的策略刚好取完所有火柴, 那么乙无须担忧, 他已经赢得了胜利, 因为根数之差就是 28 根, 恰恰是 7 的倍数. 如果堆中剩有 6 根或多于 6 根火柴, 那就意味着乙还可以按照原来的策略再做一次, 因为甲每次最多取走 3 根火柴. 如果堆中剩有 4 根火柴, 那么乙就不一定能按照"你取多少, 我就取多少"的办法做了. 如果甲取走 3 根, 那么乙只能取 1 根. 此时二人根数的差是 26, 可被 13 整除, 所以是乙赢. 如果甲取 2 根, 乙当然也取 2 根, 此时差 28 根, 乙赢. 但若甲只取 1 根, 那么乙只能也取 1 根. 这样在乙取后还剩 2 根. 在接下来的情况下, 只要乙不能按照 "你取多少, 我就取多少" 的办法做, 就意味着甲把两根都取走了, 此时二人根数的差是 26, 可被 13 整除. 否则二人一人取 1 根, 差是 28, 可被 7 整除. 总之, 在一切情况下, 乙都能赢得游戏.

III.198 设 E' 是线段 AG 的中点, 则有 $AE' = E'G = BE'$, $\angle ABE' = \angle BAE' = 40°$ 和 $\angle BE'C = \angle E'BC = 80°$, 意即 $\triangle BCE'$ 是等腰三角形 (参阅图 75). 延长线段 BE' 使之与 AD 相交于点 F'. 显然, $\triangle AE'F'$ 也是等腰三角形, 亦即 $AF' = AE' = E'G$. 这表明, 点 E', F' 满足加在点 E 和 F 上的所有条件. 因为这样的点是唯一的, 所以我们有 $E' = E$ 和 $F' = F$.

进而, 我们指出 $AD = BC = EC$. 而为了证明 $AF = HD(EG = HD)$, 我们只需证明 $AH = CG$. 而这可以通过计算来完成:

$$AH = AG\cos 20° = \frac{BG\cos 20°}{\sin 40°} = \frac{BG}{2\sin 20°} = \frac{BG\sin 30°}{\sin 20°} = CG.$$

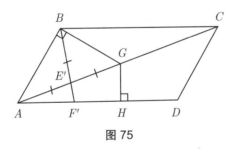

图 75

III.199 参阅 III.207 题解答.

III.200 将我们的图记作 G, 它有 $\frac{n(n-7)}{2} + 10$ 条边. 我们来构造另一个图 G_3, 它的顶点集合就是 G 的顶点集合, 其中只连接那些在图 G 中距离为 3 的顶点 (相应的两个顶点之间相继连着 3 段线段). 把 G_3 中的边称为绿边. 假设题中的断言不成立, 即不可能将图 G 中的所有顶点分为两个集合, 使得属于不同集合的顶点之间的距离都不是 3. 于是不难看出, G_3 是连通图. 我们用 $\overline{G}$ 表示图 G 的补图, 意即其顶点集合与 G 的顶点集合相同, 它的边都是图 G 中所缺少的 (我们只考察没有环和没有重边的图). 在我们的题目中, 容易数出图 $\overline{G}$ 中的边的数目, 它一共有 $3n - 10 = C_n^2 - \left[\frac{n(n-7)}{2} + 10\right]$ 条边. 我们用 $\text{dist}_G(u, v)$ 表示图 G 中顶点 u 与 v 之间的距离. 提请大家注意, 在图论中, 将一组两两没有公共端点的边称为匹配. 我们来证明两个引理.

引理 1 如果在图 G_3 中存在由 k 条绿边构成的匹配, 则 $\overline{G}$ 中至少有 $kn - k^2$ 条边.

引理 1 之证 $a_1b_1, a_2b_2, \cdots, a_kb_k$ 是我们所说的匹配，$P = \{a_1, a_2, \cdots, a_k, b_1, b_2, \cdots, b_k\}$ 是这些边的端点集合.

我们指出：对于每个顶点 $v \neq a_i, b_i$，边 va_i 与 vb_i 中至少有一者不属于 G (否则，$\text{dist}_G(a_i, b_i) \leqslant 2$，从而 a_i 与 b_i 不可能构成绿边的匹配).

我们来数图 G 中所缺的边数. 在集合 P 之外有 $n - 2k$ 个顶点，其中每个顶点至少有 k 条缺失的边，一共不少于 $k(2n - k)$ 条缺失的边. 此外，我们再来观察每一对绿边 a_ib_i 与 a_jb_j. 根据上面所指出的，在这两条边的 4 个端点之间，在 G 中至多可有两条边. 意即在图 G 中至多存在两条连接 $\{a_i, b_i\}$ 与 $\{a_j, b_j\}$ 的边. 最后，在图 G 中没有边 a_ib_i. 因此，在补图 $\overline{G}$ 一共至少有 $(2n - k)k + 2C_k^2 + k = nk - k^2$ 条边.

引理 1 证毕.

引理 2 如果在树 T 上不能选出 3 条边形成匹配，则在 T 上具有由两个顶点构成的"控制集"(即由这样的两个顶点所构成的集合，使得每条边都至少有一个端点属于这个集合).

引理 2 之证 我们来观察 T 上的不自交的最大长度的路，假设它是 $a_1, a_2, \cdots, a_k$，其上有 $k - 1$ 条边. 显然，顶点 a_1 与 a_k 是叶. 在 $k \leqslant 4$ 时，我们有控制集 $\{a_2, a_{k-1}\}$，至多由两个顶点构成. 当 $k \geqslant 6$ 时，不难选出 3 条形成匹配的边. 所以只需考虑 $k = 5$. 此时，顶点 a_3 只与顶点 a_2 和 a_4 相邻 (因若存在边 va_3，则可选出 3 条边构成匹配：a_1a_2, a_4a_5 和 va_3). 故 $\{a_2, a_4\}$ 就是由两个顶点构成的控制集.

引理 2 证毕.

回到原题. 取出 G_3 的生成树 T_3. 如果在 T_3 中具有由 3 条边形成的匹配，则在 G_3 中亦有. 于是根据引理 1，在 $\overline{G}$ 中至少含有 $3n - 9$ 条边，此与题意相矛盾，因为根据题意，它至多只有 $3n - 10$ 条边. 故在 T_3 中没有由 3 条边形成的匹配. 于是根据引理 2，在树 T_3 上存在控制集 $\{a, b\}$. 我们来证明这是不可能的.

显然，在 G 中有顶点 $v \notin \{a, b\}$ 与 a 或 b 相邻，为确定起见，假定 v 与 a 相邻. 在树 T_3 上，由顶点 v 至少连出一条绿边通向集合 $\{a, b\}$ 中的顶点. 因为 $\text{dist}_G(a, v) = 1$，所以不存在绿边 av_1，故必存在绿边 bv_1. 这就意味着，在图 G 中存在由 v 到 b 的长度为 3 的路，并且在这两个顶点之间没有长度更短的路. 因此，在顶点 a 与 b 之间在图 G 中有由 2 条边或 4 条边构成的简单的路，无论何种情况，对于位于该路中点的顶点 $u \notin \{a, b\}$，都有 $\text{dist}_G(a, u) \leqslant 2$ 和 $\text{dist}_G(b, u) \leqslant 2$. 这就意味着，$u$ 与 a、u 与 b 都不可能以绿边连接. 此为矛盾.

♦ 非常有趣的是，本题中的估计是确切的. 对于任何 $n \geqslant 7$，都存在具有 n 个顶点和 $\dfrac{n(n-7)}{2} + 7$ 条边的图，它的顶点不能被分为两个集合，使得属于不同集合的顶点之间的距离都不等于 3. 而对于具有 $\dfrac{n(n-7)}{2} + 8$ 条边的图，这种划分就一定存在. 当然，对于这种确切界限的证明就不像本题的证明这样简单了.

十一年级

III.201 同 III.194 题.

III.202 同 III.189 题.

III.203 答案 两个三角形的面积之和是 $\dfrac{\sqrt{3}\pi^2}{18}$.

解法 1 (函数 $\dfrac{\sin x}{x}$ 的单调性)

引理 函数 $f(x) = \dfrac{\sin x}{x}$ 在区间 $0 < x < \dfrac{\pi}{2}$ 中严格下降.

引理之证 我们来计算函数的导数:
$$f'(x) = \frac{x\cos x - \sin x}{x^2} = \frac{(x-\tan x)\cos x}{x^2} < 0,$$
这是因为在区间 $0 < x < \dfrac{\pi}{2}$ 中, 有 $x < \tan x$, 所以函数 $f(x)$ 严格下降.

引理证毕.

回到原题. 将 $\triangle ABC$ 的三条边的长度分别记作 a, b 和 c, 它们的对角分别为 α, β 和 γ. 于是, α, β 和 γ 分别是 $\triangle A_1B_1C_1$ 的三条边的边长, 它们的对角分别为 a, b 和 c. 在 $\triangle ABC$ 和 $\triangle A_1B_1C_1$ 中分别运用正弦定理, 得到
$$\frac{a}{\sin\alpha} = \frac{b}{\sin\beta}, \qquad \frac{\alpha}{\sin a} = \frac{\beta}{\sin b}.$$

将这两个等式相乘, 得到
$$\frac{a}{\sin a} \cdot \frac{\alpha}{\sin\alpha} = \frac{b}{\sin b} \cdot \frac{\beta}{\sin\beta}. \qquad \text{①}$$

假若 $a > b$, 则有 $\alpha > \beta$, 这是因为在三角形中, 大边对大角. 根据引理, 就有
$$\frac{a}{\sin a} < \frac{b}{\sin b}, \qquad \frac{\alpha}{\sin\alpha} < \frac{\beta}{\sin\beta},$$

从而等式 ① 不能成立. 这说明, $\triangle ABC$ 的任何两条边都相等, 亦即它是等边三角形. 再由 $a+b+c=\pi$ 和 $\alpha+\beta+\gamma=\pi$ 知 $a=b=c=\dfrac{\pi}{3}$ 和 $\alpha=\beta=\gamma=\dfrac{\pi}{3}$. 于是每个三角形的面积都是 $\dfrac{1}{2}\left(\dfrac{\pi}{3}\right)^2 \sin\dfrac{\pi}{3} = \dfrac{\sqrt{3}\pi^2}{36}$, 两者的和为 $\dfrac{\sqrt{3}\pi^2}{18}$.

解法 2 (函数 $x\sin x$ 的单调性以及 $\sin x$ 的凸性) 如同解法 1, 分别用 a,b,c 和 α,β,γ 表示 $\triangle ABC$ 的三条边及其对角的大小, 则它们相应地是 $\triangle A_1B_1C_1$ 的三个内角及其对边的大小. 分别用 R 和 R_1 表示 $\triangle ABC$ 和 $\triangle A_1B_1C_1$ 的外接圆半径. 为确定起见, 不妨设 $R \geqslant R_1$. 根据正弦定理, 有 $\dfrac{a}{\sin\alpha} = 2R$ 和 $\dfrac{\alpha}{\sin a} = 2R_1$, 故知 $\dfrac{a\sin a}{\alpha\sin\alpha} = \dfrac{R}{R_1}$, 于是有
$$\frac{a\sin a}{\alpha\sin\alpha} = \frac{b\sin b}{\beta\sin\beta} = \frac{c\sin c}{\gamma\sin\gamma} = \frac{R}{R_1} \geqslant 1,$$

得 $a\sin a \geqslant \alpha\sin\alpha$. 由于 $x\sin x$ 在区间 $0 \leqslant x \leqslant \dfrac{\pi}{2}$ 中严格上升,故由 $a\sin a \geqslant \alpha\sin\alpha$ 知 $a \geqslant \alpha$. 同理可得 $b \geqslant \beta, c \geqslant \gamma$. 将这三个不等式相加,得

$$\pi = a+b+c \geqslant \alpha+\beta+\gamma = \pi.$$

这表明所有的不等号均为等号,意即 $a = \alpha, b = \beta, c = \gamma$. 在 $\triangle ABC$ 中运用正弦定理,有

$$\frac{\sin a}{a} = \frac{\sin b}{b} = \frac{\sin c}{c} = \frac{1}{2R}.$$

这意味着直线 $y = \dfrac{x}{2R}$ 与函数 $y = \sin x$ 在区间 $\left[0, \dfrac{\pi}{2}\right]$ 中相交于点 $(0,0), (a, \sin a), (b, \sin b), (c, \sin c)$. 但是根据函数 $\sin x$ 在区间 $\left[0, \dfrac{\pi}{2}\right]$ 上的凸性,这种交点不会多于两个,这就意味着 $a = b = c$. 从而就有 $a = b = c = \dfrac{\pi}{3}$,故两个三角形的面积之和是 $\dfrac{\sqrt{3}\pi^2}{18}$.

III.204 以 a, b, c 表示 $\triangle ABC$ 的三边之长,令 $x = PB$,有 $x+a = CB' = CA' = b+(c-x)$ (参阅图 76(a)). 因而,$x = \dfrac{1}{2}(b+c-a)$. 同理可知 $QC = \dfrac{1}{2}(b+c-a)$. 所以 $PB = QC$.

令 $\boldsymbol{u} = \dfrac{1}{2}\overrightarrow{PB}$ 和 $\boldsymbol{v} = \dfrac{1}{2}\overrightarrow{QC}$. 由所证之结果知向量 $\boldsymbol{u}$ 与 $\boldsymbol{v}$ 的长度相等. 设 L 是 PQ 的中点,M 是 BC 的中点,我们有 $\overrightarrow{LM} = \boldsymbol{u}+\boldsymbol{v}$ (参阅图 76(b)). 这意味着 $\overrightarrow{BL_1} = \overrightarrow{CL_2} = \boldsymbol{u}+\boldsymbol{v}$. 因此,直线 ML, CL_2, BL_1 都平行于直线 AB 与 AC 夹角的平分线,故有 $\angle QCL_2 = \angle PBL_1$. 从而 $\triangle QCL_2 \cong \triangle PBL_1$ (边角边),由此即知 $L_1P = L_2Q$.

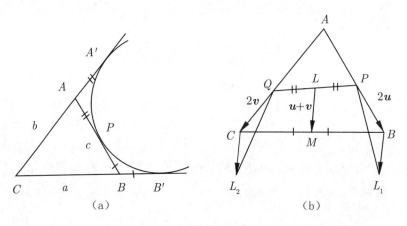

图 76

III.205 **答案** 优胜者是后开始的人.

以 $a_1 < a_2 < \cdots < a_k$ 表示黑板上所写出的数. 易知,$a_m = a_{m-1} + a_i < 2a_{m-1}$. 设 n 为某个正整数. 如果谁先得到不小于 n 的数,就算谁胜. 我们有兴趣来描绘这个竞赛结果. 把这个竞赛中的优胜者称为瓦夏. 我们指出,如果要求先得到不小于 $2n$ 的数,甚至是不小于 $2n+1$ 的数,那么瓦夏依然是优胜者. 事实上,如果 a_k 是可以保证瓦夏取胜的在最后一

步所写出的最小可能的数, 则

$$a_k = a_{k-1} + a_i \geqslant n > a_{k-1} + a_{i-1}.$$

那么此时 (注意 $a_k < 2a_{k-1}$)

$$a_k + a_j \leqslant a_k + a_{k-1} = 2a_{k-1} + a_i < 2(a_{k-1} + a_{i-1}) < 2n.$$

这意味着, 瓦夏的对手不可能在下一步得到不小于 $2n$ 的数, 但是他至少写出不小于 $n+1$ 的数, 所以瓦夏下一步就可以写出不小于 $n+(n+1)=2n+1$ 的数.

将游戏中的二人按开始的先后分别称为甲和乙. 我们来对 ℓ 归纳以证明, 如果 $n \in A_\ell = [2^\ell, 2^\ell + 2^{\ell-1})$, 则乙取胜; 如果 $n \in B_\ell = [2^\ell + 2^{\ell-1}, 2^{\ell+1})$, 则甲取胜. 容易验证, 在 $n=4,5$ 时乙胜, 在 $n=6,7$ 时甲胜. 可知结论对 $\ell=2$ 成立. 如果将 n 换为 $2n$ 或 $2n+1$, 则区间 A_ℓ 变为 $A_{\ell+1}$, 区间 B_ℓ 则变为 $B_{\ell+1}$. 对这一变化规律的观察加上上面对瓦夏的讨论, 使得我们的归纳过渡得以完成.

在我们的题目中, 有

$$n = 1\,000\,000 \in [2^{19} + 2^{18}, 2^{20}) = [786\,432, 1\,048\,576),$$

所以乙胜.

III.206 我们来证明 $\angle ABK = \angle KCB, \angle KAB = \angle KBC$. 于是 KC_1 与 KA_1 就是彼此相似的 $\triangle ABK$ 与 $\triangle BCK$ 的中线, 因而 $\angle KA_1C = \angle KC_1B$, 并因此可知四边形 C_1BA_1K 内接于圆 (参阅图 77).

为了证明所要的等式, 有多种不同的方法.

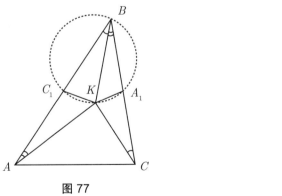

图 77

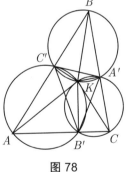

图 78

证法 1 (垂足三角形) 由点 K 向 $\triangle ABC$ 的三条相应边作垂线 KA', KB' 和 KC'. 于是, 四边形 $AC'KB', BA'KC'$ 和 $CB'KA'$ 分别内接于直径分别为 KA, KB 和 KC 的圆 (参阅图 78). 我们有

$$\angle A'B'C' = \angle A'B'K + \angle KB'C' = \angle KCA' + \angle KAC'$$

$$= \angle AKC - \angle ABC = \angle ABC.$$

此外, 由正弦定理知 $B'C' = AK\sin\angle A$, $A'B' = KC\sin\angle C$. 所以

$$\frac{B'C'}{A'B'} = \frac{AK\sin\angle A}{KC\sin\angle C} = \left(\frac{AB}{BC}\right)^2 \frac{BC}{AB} = \frac{AB}{BC},$$

因而 $\triangle A'B'C' \backsim \triangle CBA$. 由此可知 $\angle A'C'B' = \angle BAC$, 因而 $\angle KAB = \angle BAC - \angle KAB' = \angle A'C'B' - \angle B'C'K = \angle A'C'K = \angle KBA'$. 同理 $\angle ABK = \angle KCB$.

证法 2 (反演)　我们来观察以 B 为中心、1 为半径的反演 (参阅图 79). 以带撇的相同字母表示点在反演下的像 (例如, 点 A 的像是 A'). 由反演的基本性质知

$$\angle A'K'C' = \angle A'K'B + \angle C'K'B = \angle BAK + \angle BCK$$
$$= \angle AKC - \angle ABC = \angle ABC.$$

此外, 还有

$$A'K' = \frac{AK}{AB \cdot KB}, \qquad C'K' = \frac{KC}{BC \cdot KB},$$

因而

$$\frac{A'K'}{C'K'} = \frac{AK}{KC} \cdot \frac{BC}{AB} = \frac{AB}{BC}.$$

这表明 $\triangle A'K'C' \backsim \triangle ABC$. 另一方面, 根据反演的性质, $\triangle ABC \backsim \triangle C'BA'$. 因为彼此相似的三角形 $\triangle A'K'C'$ 与 $\triangle C'BA'$ 具有公共边 $A'C'$, 所以它们全等, 因而四边形 $K'A'BC'$ 是平行四边形. 这意味着 $\angle BAK = \angle A'KB = \angle K'BC' = \angle KBC$. 同理可知 $\angle ABK = \angle KCB$.

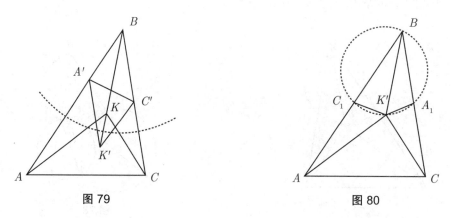

图 79　　　　　图 80

证法 3 (复数)　如图 80所示, 假设点 B 位于复平面上的 0 点, 而点 A, C, K 分别位于复数 a, c, k 处. 根据题中条件, 有 $\dfrac{k-c}{k-a} = \left(\dfrac{c}{a}\right)^2$ (两边的模和辐角都相等). 由此可知, $k = \dfrac{ac}{a+c}$ 和

$$\frac{b-c}{k-c} = -\frac{c}{k-c} = \frac{a-b}{k-b},$$

因而, $\triangle BCK \backsim \triangle ABK$. 对于运用复数解题, 应当说明一下, 为了证明 B, A_1, K, C_1 四点共圆, 只需证明数 $\frac{a}{2}, \frac{c}{2}, 0, k$ 的交比 (调和比) 是实数. 容易看出, 它等于 -1, 因而四边形 A_1KC_1B 是调和的.

III.207 答案 n 为偶数.

解法 1 (雕虫小技) 先来证明, 多项式的次数不可能是奇数. 假设

$$f(x) = a_{2k+1}x^{2k+1} + a_{2k}x^{2k} + \cdots + a_1x + a_0$$

的所有根都是无理数并且形成以 q 为公比的等比数列, 其中 $q \neq \pm 1$, 此因所有的根各不相同. 将大小排在第 $k+1$ 的根记为 u, 则该多项式的根具有如下形式:

$$uq^{-k}, uq^{-k+1}, \cdots, uq^{-1}, u, uq, \cdots, uq^k.$$

根据韦达定理, 所有根的和等于 $\frac{a_{2k}}{a_{2k+1}}$, 意即是有理数, 这就是说, 和数 $uq^{-k} + uq^{-k+1} + \cdots + uq^{-1} + u + uq + \cdots + uq^k$ 是有理数. 另一方面, 这些根的倒数之和也是有理数, 因为该和数等于 $-\frac{a_1}{a_0}$(注意, $a_0 \neq 0$, 若不然, 0 是多项式的根, 而这是一个有理数). 于是, $u^{-1}q^k + u^{-1}q^{k-1} + \cdots + u^{-1}q + u^{-1} + u^{-1}q^{-1} + \cdots + u^{-1}q^{-k}$ 也是有理数. 然而

$$u^{-1}q^k + u^{-1}q^{k-1} + \cdots + u^{-1}q + u^{-1} + u^{-1}q^{-1} + \cdots + u^{-1}q^{-k}$$
$$= \frac{1 + q + \cdots + q^{2k}}{uq^k} = \frac{1 - q^{2k+1}}{(1-q)uq^k} \neq 0.$$

注意到

$$\frac{uq^{-k} + uq^{-k+1} + \cdots + uq^{-1} + u + uq + \cdots + uq^k}{u^{-1}q^k + u^{-1}q^{k-1} + \cdots + u^{-1}q + u^{-1} + u^{-1}q^{-1} + \cdots + u^{-1}q^{-k}} = u^2,$$

知 u^2 是有理数. 所有根的乘积等于 $-\frac{a_0}{a_{2k+1}}$, 这也就意味着乘积 $uq^{-k} \cdot uq^{-k+1} \cdots uq^k = u^{2k+1}$ 是有理数. 于是 $u = \frac{u^{2k+1}}{u^{2k}}$ 是有理数. 但是, u 是多项式的一个根, 应为无理数, 此为矛盾.

如此一来, 多项式的次数 n 必为偶数. 下面举例说明, 存在整系数 $2k$ 次多项式, 它的根全为无理数且形成等比数列. 令 $q = 2 + \sqrt{3}$, 于是 $q^{-1} = 2 - \sqrt{3}$, 它们的和是整数, 乘积是 1. 所以, 它们是形如 $x^2 - c_1 x + 1 = 0$ 的整系数二次三项式的根. 用归纳法易证, 对任何正整数 m, 数 q^m 与 q^{-m} 的和都是整数, 记为 c_m. 这意味着, 它们是整系数二次三项式 $x^2 - c_m x + 1 = 0$ 的根. 如此一来, 整系数多项式

$$(x^2 - c_1 x + 1)(x^2 - c_3 x + 1) \cdots (x^2 - c_{2k-1} x + 1)$$

具有无理根 $q^{-2k+1}, \cdots, q^{-3}, q^{-1}, q, q^3, \cdots, q^{2k-1}$, 并且形成以 q^2 为公比的等比数列.

解法 2 (对于此类多项式的几乎全面的描述) 我们来证明, 所有这样的多项式都是有理系数二次三项式的乘积. 特别地, 它们一定是偶数次多项式.

对于 $n=1$, 这样的多项式不存在. 对于 $n=2$, 任何具有正无理根的有理系数二次三项式都满足题中要求. 所以下设 $n>2$. 此外, 我们可以认为多项式的首项系数是 1. 现设多项式

$$f(x)=x^n+a_{n-1}x^{n-1}+\cdots+a_1x+a_0$$

的根形成等比数列 $b,bq,bq^2,\cdots,bq^{n-1}$. 因为这些根互不相同, 所以 $q\neq 1$. 自然可以认为数列是递增的, 所以 $q>1$.

分别用 A,B,C 表示这些根的和、平方和及立方和. 这些和数都是有理数, 这是因为 $A=-a_{n-1},B=a_{n-1}^2-2a_{n-2},C=-a_{n-1}^3+3a_{n-1}a_{n-2}-3a_{n-3}$. 另一方面, 根据等比数列的求和公式, 可得

$$A=b\cdot\frac{q^n-1}{q-1},\quad B=b^2\cdot\frac{q^{2n}-1}{q^2-1},\quad C=b^3\cdot\frac{q^{3n}-1}{q^3-1}. \qquad ①$$

由这三个等式不难推出关系式

$$4AC(q^2+q+1)=3B^2(q+1)^2+A^4(q-1)^2.$$

因此, q 是如下的二次方程的根:

$$(4AC-3B^2-A^4)q^2+2(2AC-3B^2+A^4)q+(4AC-3B^2-A^4)=0.$$

如果这个二次方程的各项系数都是 0, 则有 $A^2=B$. 但这是不可能的, 因为 A^2 是所有根的和的平方, 而 B 是它们的平方和 (正是在这里用到了所有的根都是正数这一性质).

这样一来, q 或者是有理数, 或者是二次不尽根. 如果 q 是有理数, 那么由根的和是有理数, 推出 b 也是有理数, 意即有一个根是有理数. 这是不可能的. 于是, q 是如下方程的大根 (因为 $q>1$):

$$q^2+2cq+1=0,\quad c=\frac{2AC-3B^2+A^4}{4AC-3B^2-A^4}.$$

于是, $q=c+\sqrt{d}$, 其中 $d=c^2-1$. 在此, d 不是有理数的平方, 若不然, q 是有理数, 正如刚才所说, 这是不可能的. 这样, 由 ① 中第一个式子推知, 数列的公比 b 具有形式 $\alpha+\beta\sqrt{d}$, 其中 α 与 β 为有理数.

对于数 $a=\lambda+\mu\sqrt{d}$, 其中 λ 与 μ 是有理数, 称 $\bar{a}=\lambda-\mu\sqrt{d}$ 是 a 的共轭数. 由于 $\sqrt{d}$ 是无理数, 故 $\lambda_1+\mu_1\sqrt{d}=0$, 当且仅当 $\lambda_1=\mu_1=0$ 时. 所以, 若 a 是有理系数多项式 $g(x)$ 的根, 则 $\bar{a}$ 也是 $g(x)$ 的根. 这就说明, $\overline{bq^k}$ 也是多项式 $f(x)$ 的根. 但是 $\overline{bq^k}=\bar{b}q^{-k}$, 这是因为 $\overline{uv}=\bar{u}\cdot\bar{v}$, 且

$$\bar{q}=c-\sqrt{c^2-1}=\frac{1}{c+\sqrt{c^2-1}}=\frac{1}{q}.$$

这样一来, $\bar{b},\bar{b}q^{-1},\bar{b}q^{-2},\cdots,\bar{b}q^{-n+1}$ 也是多项式 $f(x)$ 的根, 且形成公比为 $\dfrac{1}{q}$ 的等比数列. 这意味着, 它们就是把所有的根按照相反的顺序写出而已, 所以 $\bar{b}q^{-k}=bq^{n-k-1}$.

如果 $n = 2m+1$, 则当 $k = m$ 时, 我们得到

$$bq^m = \bar{b}q^{-m} = \overline{bq^m}.$$

这就表明, bq^m 与自己的共轭数重合, 因而 bq^m 是有理数, 这是不可能的. 如果 $n = 2m$, 则

$$bq^{m+k} = \bar{b}q^{k+1-m} = \overline{bq^{m-k-1}}.$$

故 bq^{m+k} 与 bq^{m-k-1} 互为共轭. 因此, 它们的和是有理数, 乘积 $bq^{m+k} \cdot \overline{bq^{m+k}}$ 是 $b\bar{b}$. 这就说明, 数 bq^{m+k} 与 bq^{m-k-1} 是有理系数二次方程 $x^2 + c_k x + \ell = 0$ 的根, 其中 $\ell = b\bar{b} = \alpha^2 - d\beta^2$. 于是, 多项式 $f(x)$ 就是 m 个这种形式的二次三项式的乘积.

III.208 我们需要如下的标准的引理.

引理 假设在圆周上分布着一些 (至少两个) 不大于 1 的整数, 它们的和等于 1. 则在它们中存在唯一一个数, 它与它的顺时针方向的邻数的和, 它与它的顺时针方向的两个邻数的和, 如此等等, 直到所有数的和中, 除总和为 1 之外, 其余的和数都是非正的.

引理之证 首先证明这样的数只有一个. 假若不然, 则可以找到两个数, 它们将圆周分为两段弧, 每一段弧上的数的和都非正, 此与所有数的总和等于 1 相矛盾.

下面证明至少存在一个这样的数. 我们来选择若干个 (至少一个) 相连排列的数, 它们的和达到可能的最大值. 在这些和数达到最大值的数组中, 选出那个成员个数最多的组. 以 $x_1, x_2, \cdots, x_n$ 表示圆周上按顺时针方向列出的所有的数, 而 $x_1, x_2, \cdots, x_k$ 是我们所选出的数组. 下证 x_{k+1} 即可满足引理的要求. 我们指出, 对 $k+1 \leqslant \ell \leqslant n$, 有

$$x_{k+1} + x_{k+2} + \cdots + x_\ell \leqslant 0.$$

若不然, 则由 x_1 加到 x_ℓ 的和就比由 x_1 加到 x_k 的和更大, 此为不可能的. 而对于 $1 \leqslant \ell \leqslant k-1$, 则有

$$\begin{aligned}
& x_{k+1} + x_{k+2} + \cdots + x_n + x_1 + \cdots + x_\ell \\
& = 1 - (x_{\ell+1} + \cdots + x_k) \\
& = 1 + (x_1 + \cdots + x_\ell) - (x_1 + \cdots + x_k) \leqslant 0.
\end{aligned}$$

这是因为根据我们的选择, 有

$$x_1 + \cdots + x_\ell < x_1 + \cdots + x_k.$$

引理证毕.

我们来看如何由引理得出所需的结论.

我们的卡片一共有 $n!$ 种不同的排列, 固定其中一种排列. 依次观察在这种排列下, 第一张卡片上所写的数, 第一、二两张卡片上所写的数的和, 如此等等. 于是必在某一时刻我们第一次遇到正的和数, 而且该和数为 1(否则我们会在更早时刻遇到正的和数). 把前面的这

几张卡片固定下来, 把它们称为蓝色的, 其余的卡片称为红色的. 重新排列蓝色的卡片, 使得开头各段卡片上的数的和都非正, 唯有所有蓝色卡片上的数的和是例外. 可以有 $(k-1)!$ 种不同的排列方式, 其中 k 是蓝色卡片的张数. 事实上, 由引理可知, 这种排列的方法数目就是把 k 张卡片沿圆周排列的方法数目, 它等于 $(k-1)!$. 然后再以任意方式排列红色卡片. 其结果是我们得到了 $(k-1)!(n-k)!$ 种不同的卡片组, 并且在这些组中的蓝色卡片是相同的. 对所有的蓝色卡片组求和, 即得所证.

第 239 中学数学公开赛试题解答

2000 年

八、九年级

IV.001 证法 1 (归纳法) 首先指出,形成 2×2 正方形的棋子,经过一些跳动之后,仍然形成 2×2 正方形. 然后再通过对 n 归纳, 证明: 形成 $n\times n$ 正方形的棋子, 经过一些跳动之后, 仍然形成 $n\times n$ 正方形.

证法 2 (运用等周不等式) 我们指出, 在每次跳动之后, 与每枚棋子相邻的空格数目都不增加. 从而, 所有棋子的相邻空格数目之和是一个非增量. 意即由棋子所形成的图形的周长是一个非增量. 在具有给定面积的方格图形 (由方格拼成的图形) 中, 正方形的面积最小. 既然在经过一些跳动之后, 棋子们所形成的图形的周长没有增加, 面积又不变, 所以它们如同开始, 形成正方形.

IV.002 可将所给的等式改写为

$$y(x+z) = t(x-z).$$

因为 y 与 t 互质, 所以该式表明 $t|x+z$, $y|x-z$, 于是就有

$$x+z = kt, \quad x-z = ky.$$

因为 $(x+z, x-z) = (x+z, 2x) = (2z, 2x) \leqslant 2$, 此处 (x,y) 表示正整数 x 与 y 的最大公约数, 所以 $k=1$ 或 2. 在 $k=1$ 时, 有

$$(x+z)^2 + (x-z)^2 = 2(x^2+z^2) = t^2 + y^2.$$

在 $k=2$ 时, 有

$$x^2 + z^2 = 2(t^2 + y^2).$$

IV.003 分别将 $\triangle AC_1C$ 与 $\triangle AA_1C$ 的内心记作 P 与 Q(参阅图 1). 于是有 $\angle APC = \angle AQC = 135°$(因为它们都是直角三角形中的二锐角平分线的夹角), 这表明四边形 $APQC$

内接于圆，从而就有
$$\angle BXY = \angle BAP + \angle XPA = \angle BAP + \angle QCA = \frac{1}{2}(\angle BAC + \angle BCA).$$
同理可证 $\angle BYX = \frac{1}{2}(\angle BAC + \angle BCA)$. 这就表明 $BX = BY$.

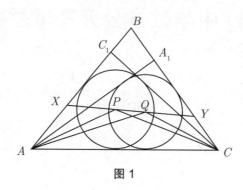

图 1

IV.004 答案 不存在.

假设 $\overline{a_1 a_2 \cdots a_{30}}$ 是满足题中条件的数. 因为
$$\overline{a_{i+1} a_{i+2} \cdots a_{i+5}} = (\overline{a_i a_{i+1} \cdots a_{i+4}} - 10^4 a_i) \cdot 10 + a_{i+5},$$
而任何相连的 5 个数字所形成的 5 位数都可被 13 整除, 所以 $10^5 a_i - a_{i+5}$ 也是 13 的倍数. 由此可知 $a_{i+5} \equiv 4 a_i \pmod{13}$. 从而就有 $a_6 \equiv 4 a_1$, $a_{11} \equiv 4^2 a_1$, 如此等等, 这样继续下去, 不出 5 步, 就会得到被 13 除的余数为 10, 11, 12 的数字, 可是它们并不存在于十进制计数系统中.

IV.005 答案 99 分.

经常会出现这样的情况: 把所有的球队编号. 1 号球队输给了所有其他球队, 2 号球队输给了号码比它大的所有球队, 3 号球队输给了号码比它大的所有球队, 如此下去.

我们来证明, 获得冠军的球队一共可以得到 99 分.

引理 如果在比赛中的某一时刻有一支球队获得 k 分, 那么最终必有某支球队一共获得 k 分.

引理之证 因为排球赛没有平局, 而且每场比赛开始时, 两支球队积分相同, 所以任何时候都至少有一支球队的积分为 k 分. 引理证毕.

我们按积分的递增顺序排列各支球队, 并通过对 n 归纳, 证明第 n 支球队战胜它前面的所有球队, 并获得 $n-1$ 分.

$n = 1$ 的情形由引理得知. 假设 $n = m$ 时结论成立, 我们来向 $n = m+1$ 过渡. 根据归纳假设, 从 1 号球队到 m 号球队都输给了其余的球队, 所以其余球队得到不少于 m 分. 根据引理, 存在一支球队刚好得到 m 分, 那么这支球队不可能是别的球队, 只可能是 $m+1$ 号球队, 它获得这些分数, 战胜了其余各支球队, 获得冠军.

当 $n = 100$ 时, 第 100 号球队刚好获得 99 分.

IV.006 因为四边形 $ABNM$ 内接于圆, 所以 $\angle MAB = \angle MNC$. 因为 AB 与 $\triangle BMC$ 的外接圆相切, 所以 $\angle ABM = \angle NCM$. 因此 $\triangle MAB \sim \triangle MNC$ (参阅图 2). 故

$$\frac{AM}{AB} = \frac{MN}{NC}, \quad \text{意即} \quad \frac{MD}{AB} = \frac{MN}{BN}.$$

此外, 还有 $\angle DMN = \angle ABN$, 从而 $\triangle NMD \sim \triangle NBA$. 由此可知 $\angle MDN = \angle NAB$, 这就表明直线 AB 与 $\triangle AND$ 的外接圆相切.

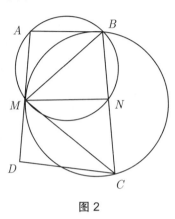

图 2

IV.007 **证法 1** 我们指出

$$\begin{aligned}
&(a_{i-1} + a_i + a_{i+1})(a_i + a_{i+1} + a_{i+2}) \\
&\geqslant (a_i + a_{i+1})(a_{i-1} + a_i + a_{i+1} + a_{i+2}) \\
&\geqslant 2\sqrt{a_{i-1} + a_i}(a_i + a_{i+1})\sqrt{a_{i+1} + a_{i+2}}.
\end{aligned}$$

如上的第一个不等号只需通过去括号即可看出, 第二个不等号得自关于两个正数的平均不等式. 将所有这些关于 i 的不等式相乘, 并注意 $a_{n+1} = a_1$, $a_{n+2} = a_2$, 即得所证.

证法 2 我们指出

$$(a_{i-1} + a_i + a_{i+1})^2 \geqslant (2a_{i-1} + a_i)(a_i + 2a_{i+1}), \qquad ①$$
$$(2a_{i-1} + a_i)(a_i + 2a_{i+1}) \geqslant 2(a_{i-1} + a_i)^2. \qquad ②$$

先把所有关于 i 的不等式 ① 相乘, 再利用关于各个 i 的不等式 ②, 即得所证.

♦ 假设 $a_1, a_2, \cdots, a_n$ 为正数, 满足条件 $a_1 \geqslant a_2 \geqslant \cdots \geqslant a_n$, 证明:

$$\begin{aligned}
&\frac{a_1 + a_2}{2} \cdot \frac{a_2 + a_3}{2} \cdot \ldots \cdot \frac{a_n + a_1}{2} \\
&\leqslant \frac{a_1 + a_2 + a_3}{3} \cdot \frac{a_2 + a_3 + a_4}{3} \cdot \ldots \cdot \frac{a_n + a_1 + a_2}{3}
\end{aligned}$$

(见参考文献 [38]). 这是第 32 届蒙古数学奥林匹克的一道教师试题.

IV.008 我们来观察二重连通图 G, 它的各个顶点的度数都不小于 3. 如果自 G 中去掉任何两个顶点后, 图仍然为连通的, 那么在去掉任何一个顶点之后, 图就仍然是二重连通的.

假设在去掉某两个顶点 X 与 Y 之后，G 的连通性被破坏了，那么此时 G 断裂为若干个连通分支. 任取其中一个连通分支 H，把顶点 X 和 Y 补入其中，并补上由它们连接 H 中各个顶点的所有的边. 然后再在它们之间连上一条边，即使它们之间原来并无边相连. 把所得到的图记作 H^*.

先证明两个辅助命题.

引理 1 假设在二重连通图 G 中去掉两个顶点 X 与 Y 之后，形成了连通分支 H，则图 H^* 仍然是二重连通的.

引理 1 之证 假设 H^* 不是二重连通的，那么在去掉某个顶点 V 之后，在某两个顶点 W_1 与 W_2 之间就没有道路相通了. 然而，在原来的图 G 中在去掉顶点 V 之后，却在顶点 W_1 与 W_2 之间存在着某条道路 S 连接它们. 如果这条道路连同上面的所有顶点全都移植到 H^* 中，那么它依然存在于 H^* 中. 由 H^* 中的顶点出发，路 S 只能经过顶点 X 与 Y，由于这两个顶点之间在 H^* 中有边相连，因此 S 上任何被移出 H^* 的部分都可用 XY 来替代. 这就表明，图 H^* 在去掉任一顶点 V 之后，仍然是连通的，意即图 H^* 是二重连通图. 引理 1 证毕.

引理 2 假设在图 G 中去掉两个顶点 X 与 Y 之后，形成了连通分支 $H_1, H_2, \cdots, H_k$ ($k \geqslant 2$)，并且图 $H_1^*, H_2^*, \cdots, H_k^*$ 都是二重连通的，则图 G 是二重连通的.

引理 2 之证 我们来证明，无论从图 G 中去掉哪一个顶点，连通性都仍然保持. 将顶点 X 与 Y 称为特别的. 假设从图 G 中去掉一个顶点后所得的图为 G'. 如果所去掉的是两个特别的顶点 X 与 Y 之一，则在每个分支 H_i 中都保留着由每个顶点到其余各个顶点的路 (因为 H_i^* 是二重连通的)，由此即可推出 G' 的连通性.

假如所去掉的不是特别的顶点，而是 H_i 中的某个顶点，则根据 H_i^* 的二重连通性，由 H_i 中的任一其余顶点都有路连往两个特别的顶点之一. 而由其余每个分支 H_j 中的各个顶点都有路直接通往两个特别的顶点 (无论到达其中哪一个特别的顶点都无须经过另一个特别的顶点). 因为我们没有去掉分支 H_j 中的任何一个顶点，所以在新的图 G' 中，在两个特别的顶点 X 与 Y 之间有路相互通达. 因此 G' 是连通图.

如此一来，我们便证明了图 G 是二重连通图. 引理 2 证毕.

回到原题的证明. 将具有题中所述的性质的图记作 G. 假设在去掉图 G 中某两个顶点 A_1 与 B_1 之后，图 G 变为不连通的，从而分解为一些连通分支. 假设 G_1 是这些连通分支之一. 我们来考察图 G_1^*. 按照引理 1 所述，这是一个二重连通图. 假定图 G_1^* 在去掉顶点 A_2 与 B_2 后变为不连通的，并分解为一些连通分支，那么就会有一个分支不含有顶点 A_1 与 B_1. 假设这个分支是 G_2. 我们再来看 G_2^*，它也是二重连通图. 如果在图 G_2^* 中有某两个顶点去掉之后变为不连通的，那么我们就类似地构造图 G_3^*，如此一直下去. 因为图 G_{k+1}^* 中的顶点数目严格少于图 G_k^*，所以我们必然会在某一步上得到一个图 G_n^*，在去掉它的任何两个顶点之后都不丧失连通性.

我们就来考察这个图 G_n. 在图 G_n^* 中标注出顶点 A_n 与 B_n. 根据图 G_n^* 的构造，该图中还应当有另一个顶点 V. 在一开始的图 G 中, 顶点 V 可能只与 G_n^* 中的顶点有边相连, 而在图 G 中, 顶点 V 至少是 3 度的, 因此图 G_n^* 中至少还有第 4 个顶点 X. 我们把 G 和 G_n^* 去掉顶点 X 后所得的图记为 $\widetilde{G}$ 和 $\widetilde{G}_n^*$. 显然, $\widetilde{G}_n^*$ 是二重连通的.

我们来证明, 图 $\widetilde{G}$ 是二重连通的. 假设在去掉顶点 A_n 与 B_n 后, 形成了一些连通分支 $G_n, H_2, \cdots, H_k$ (可能就只有两个分支). 那么, 根据引理 1, 图 $H_2^*, \cdots, H_k^*$ 都是二重连通的, 图 G_n^* 亦为二重连通的. 于是根据引理 2, 图 $\widetilde{G}$ 是二重连通的.

◆ 图 G 称为 k 重连通的, 如果自图 G 中去掉任意 $k-1$ 个顶点 (连通由它们所连出的所有的边) 后, 所得的图仍然是连通的. 关于 k 重连通图的各种性质的讨论, 可参阅文献 [39] 第 5 章. 在该书中还可以找到关于 k 重连通图的有趣而含义丰富的习题.

◆ (本题较难) 试证明 IV.008 题中命题的推广: 设图 G 是 k 重连通图, 其中每个顶点的度数都不小于 $\dfrac{3k-1}{2}$, 则在该图中可以找到一个顶点, 去掉这个顶点不会破坏原图的 k 重连通性.

十、十一年级

IV.009 同 IV.002 题.

IV.010 同 IV.005 题.

IV.011 同 IV.007 题.

IV.012 同 IV.008 题.

IV.013 证法 1 假设存在这样的正整数 k, 使得对一切质数 $p \geqslant k$, 如下的数都仍然是质数:
$$m + p^3. \qquad ①$$

我们来证明, 在这样的数中, 必然有形如 $6\ell + 5$ 的数. 假如不是这样, 那么就有无穷多个形如 $6k+1$ 的质数 (事实正是如此, 但要证明这个结论并非很容易). 如所周知 (利用欧几里得辗转相除法容易证明), 形如 $6\ell + 5$ 的数中有无穷多个质数. 将形如 $6\ell + 1$ 和 $6\ell + 5$ 的质数表示为 ① 式中的形式, 我们得到无穷多个这两种形式的数. 这样一来, 在所有 ① 式形式的数中, 可以遇到无穷多个形如 $6\ell + 5$ 的数.

假设 $p \geqslant k$ 且 $p_0 = m + p^3$ 是形如 $6\ell + 5$ 的数. 令 $p_{i+1} = m + p_i^3$, 则所有的数 p_i 都是质数. 从它们之中选出两个数 p_a 与 p_b, 其中 $a < b$, 且 a 是可能的最小数, 使得 $p_a \equiv p_b \pmod{p_0}$. 如果 $a \geqslant 1$, 则由此可知 $p_{a-1}^3 \equiv p_{b-1}^3 \pmod{p_0}$. 取 $2\ell + 1$ 次幂, 得到 $p_{a-1}^{6\ell+3} \equiv p_{b-1}^{6\ell+3} \pmod{p_0}$. 根据费马小定理, 就有 $p_{a-1}^{6\ell+4} \equiv p_{b-1}^{6\ell+4} \pmod{p_0}$. 由最后这两个关系式可知 $p_{a-1} \equiv p_{b-1} \pmod{p_0}$. 此与 a 的最小性相矛盾. 所以 $a = 0$, 且 $p_0 | p_b$, 因而 p_b 不是质数.

证法 2 设 q 是 $m+1$ 的某一个质因数. 为了证明题中断言, 只需证明, 存在无穷多个质数 p, 使得 $p \equiv 1 \pmod{q}$. 我们来观察多项式

$$P(x) = 1 + x + \cdots + x^{q-1} = \frac{x^q - 1}{x - 1}.$$

设 $t > q$ 是 $P(x)$ 的质因数, 则 $x \not\equiv 1 \pmod{t}$. 若不然, 就有 $P(x) \equiv q \pmod{t}$, 此与 $P(x) \equiv 0 \pmod{t}$ 相矛盾, 这就表明

$$0 \equiv P(x) = \frac{x^q - 1}{x - 1} \equiv x^q - 1 \pmod{t}.$$

于是 $x^q \equiv 1 \pmod{t}$. 此外, 还有 $x^{t-1} \equiv 1 \pmod{t}$ (根据费马小定理). 这表明 $x^{(q,t-1)} \equiv 1 \pmod{t}$, 其中 (x,y) 表示正整数 x 与 y 的最大公约数. 由于 $x \not\equiv 1 \pmod{t}$, q 为质数, 故知 $q|t-1$. 剩下只需指出多项式 $P(x)$ 的所有可能值的质因数的集合是无限集, 此因 $P(p_1, p_2, \cdots, p_n)$ 与 $p_1, p_2, \cdots, p_n$ 互质.

♦ 通过类似地考察分圆多项式, 可以证明, 对于任何正整数 n, 都存在无穷多个形如 $kn+1$ 的质数. 而对于怎样的其他形式的等差数列, 可以运用这种方式来证明迪里西莱定理的特殊形式 (运用某一种具有一定形式的质因式的多项式)?

IV.014 证法 1 以点 O 表示正 n 边形的中心. 点 O 到各个瓢虫的距离相等, 该距离的平方与时间的关系可用一个二次三项式来表示. 而瓦夏到点 O 的距离的平方与时间的关系也是用一个二次三项式来表示. 根据题意, 这两个二次三项式在三个不同的点上相互重合, 所以它们本身相互重合. 由此可知瓦夏和瓢虫的运动速度相等.

证法 2 每只瓢虫在空间 $\mathbf{R}^3$ 中的运动轨迹都是一条射线. 包含这些射线的直线位于同一个单叶双曲面上, 并且属于同一族直线. 而包含瓦夏运动轨迹的直线与这些直线中的 3 条相交. 这意味着, 它也在同一个单叶双曲面上, 但属于另一个直线族. 所以, 所有的直线与平面坐标轴的夹角全都相等. 这表明瓦夏和瓢虫的运动速度相等. 详细情况可以参阅文献 [40].

IV.015 将 $\triangle ABC$ 的内心记作 I, 外心记作 O. 设 P, Q, R, S 分别是直线 CB', AB', CI, AI 与 $\triangle ABC$ 外接圆的第二个交点. 我们来证明: 点 A', B', C' 都在直线 OI 上.

以考察点 B' 为例 (参阅图 3). 我们指出

$$\angle RCA + \angle ABC + \angle CAQ$$
$$= \frac{1}{2}\angle ACB + \angle ABC + \frac{1}{2}(\angle CAB - \angle A_1 AB)$$
$$= \frac{1}{2}\angle ACB + \angle ABC + \frac{1}{2}(\angle CAB - \angle ABC) = 90°.$$

故知, R 与 Q 为对径点. 同理可知, P 与 S 为对径点. 根据帕斯卡定理, 在六边形 $RPACQS$ 中 O, I, B' 三点共线.(参阅本书 "专题分类指南".)

对于点 A_1, C_1 的其他分布情况可类似证明.

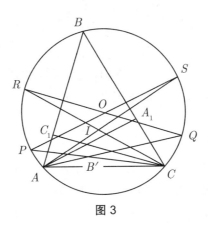

图 3

IV.016 答案 能够.

设 p 为质数, 被 3 除余 2. 令 $n_p = \dfrac{p(p+1)}{3}$. 我们来证明: 在 n_p 元集合中, 存在 n_p 个 p 元子集, 其中任何两个子集的交集中至多有 3 个元素. 特别地, 对于 $p = 17$, 即得本题结论.

首先描述一个周知的结构, 即关于模质数 p 的余数的投影平面 $\mathcal{R}_p$. 考察由余数构成的所有三元数组 (a, b, c), 其中 3 个余数不同时为 0. 称三元组 (a, b, c) 与 (a_1, b_1, c_1) 相互等价, 如果存在非 0 余数 x, 使得 $a_1 = ax$, $b_1 = bx$, $c_1 = cx$. 这样的三元数组构成的等价类记作 $a : b : c$. 投影平面 $\mathcal{R}_p$ 中的元素就是这些等价类. 不难指出, $\mathcal{R}_p$ 中一共有 $\dfrac{p^3 - 1}{p - 1} = p^2 + p + 1$ 个元素. 将 $\mathcal{R}_p$ 中的元素称为 "点". 写成 $a : b : c$ 形式的点的坐标称为齐次坐标.

投影平面中, 满足如下方程的点的集合称为直线:

$$ax + by + cz \equiv 0 \pmod{p}.$$

不难指出, 直线的定义是适定的 (意即这种定义符合前述的等价关系), 并且还可将直线写成齐次坐标的形式. 在投影平面上刚好有 $p^2 + p + 1$ 条直线. 不难验证, 在每条直线上刚好有 $p + 1$ 个点, 经过每个点刚好有 $p + 1$ 条直线, 任何两条直线刚好相交于一个点, 经过每两个点刚好有一条直线.

将刚才所描述的结构运用于题目. 将投影平面 $\mathcal{R}_p$(其中 $p \equiv 2 \pmod{3}$) 上的所有的点, 除了形状为 $1 : 1 : 1$ 的点, 按如下形式分为三组:

$$(a : b : c), \quad (b : c : a), \quad (c : a : b).$$

如果点 $(a : b : c)$ 与点 $(b : c : a)$ 重合, 则有

$$\dfrac{a}{b} \equiv \dfrac{b}{c} \equiv \dfrac{c}{a} \pmod{p} \Rightarrow \left(\dfrac{a}{b}\right)^3 \equiv \left(\dfrac{b}{c}\right)^3 \equiv 1 \pmod{p}$$
$$\Rightarrow a \equiv b \equiv c \pmod{p} \Rightarrow (a : b : c) = (1 : 1 : 1).$$

因为方程 $x^3 \equiv 1 \pmod{p}$ 只有平凡解 $p \equiv 2 \pmod 3$, 所以每个三点组中的点都是各不相同的. 如此一来, 所得到的三点组的数目为 $\dfrac{p(p+1)}{3} = n_p$. 可以类似地将投影平面上的所有直线 (除了直线 $x+y+z \equiv 0 \pmod{p}$, 它对应着被剔除的点 $(1:1:1)$) 分为三线组. 所得到的三线组的数目同样也是 n_p. 我们来看直线三线组

$$ax + by + cz \equiv 0, \quad bx + cy + az \equiv 0, \quad cx + ay + bz \equiv 0 \pmod{p}.$$

如果点 $(x_0 : y_0 : z_0)$ 落在该组中的第一条直线上, 则显然, 点 $(y_0 : z_0 : x_0)$ 落在第二条直线上, 点 $(z_0 : x_0 : y_0)$ 落在第三条直线上. 因此, 所有落在同一个三线组中的直线上的所有 $3(p+1)$ 个点分为三点组. 如果点 $(1:1:1)$ 落在某个三线组中的一条直线上, 则它亦在其余两条直线上 (因而是这三条直线的唯一的交点), 此时三线组刚好包含 p 个三点组. 如果三线组中的任何一条直线都不经过点 $(1:1:1)$, 则不难指出, 这三条直线的三个交点两两不同 (并且这三个点我们都计算了两次). 由此亦知, 此时三线组刚好也包含 p 个三点组.

我们来看两个不同的三线组的交集. 如果两个三线组相交于点 $(1:1:1)$, 则这两个三线组的交集中仅包含这一个点 (不包含任何三点组). 如果至少有一个三线组不包含点 $(1:1:1)$, 则在这两个三线组的交集中包含着 9 个不同的点, 它们显然分属 3 个不同的三点组.

我们来看由投影平面上的 n_p 个点构成的集合 M, 并对投影平面上的 n_p 个三线组中的每一个, 考察被包含于该三线组中的由 p 个三点组形成的子集. 因为两个不同的三线组的交集中都有不多于 3 个三点组, 所以用相应的三线组子集对三点组集合所作的覆盖即为我们所求.

♦ 不难指出, 在我们的覆盖中, 几乎所有的三线组对都刚好与一个三点组相交.

2001 年

八、九年级

IV.017 答案 $k = n-2$, $2n-2$ 或 -2.

以 a 表示某一行 (列) 数的和, 以 S 表示整个数表中所有数的和. 该行中的每一个数乘 k 后都等于它所在的十字架中其余各数之和. 将所有这些关系式相加, 得

$$ka = (n-2)a + S, \quad \text{亦即} \quad (n-2-k)a = -S.$$

于是, 或者 $n-2-k = 0$, 这意味着各列数的和都是 0, 各行中的数彼此相等, $k = n-2$; 或者各行数各列数的和都彼此相等, 此时 $na = S$, 从而得到

$$(2n - 2 - k)a = 0.$$

由此可知, 或者 $k = 2n - 2$, 此时数表中的所有各数彼此相等; 或者 $a = 0$, 这意味着数表中的各行数的和与各列数的和都等于 0, $k = -2$.

♦ 举例如下: 以 $n = 4$ 为例.

(1) $\begin{pmatrix} 1 & 1 & 1 & 1 \\ -1 & -1 & -1 & -1 \\ 1 & 1 & 1 & 1 \\ -1 & -1 & -1 & -1 \end{pmatrix}$ 对应的 $k = n - 2$.

(2) $\begin{pmatrix} 1 & 1 & 1 & 1 \\ 1 & 1 & 1 & 1 \\ 1 & 1 & 1 & 1 \\ 1 & 1 & 1 & 1 \end{pmatrix}$ 对应的 $k = 2n - 2$.

(3) $\begin{pmatrix} 1 & -1 & 1 & -1 \\ -1 & 1 & -1 & 1 \\ 1 & -1 & 1 & -1 \\ -1 & 1 & -1 & 1 \end{pmatrix}$ 对应的 $k = -2$.

IV.018 因为 $\angle AQX = \angle APZ$, 所以四边形 $QXZP$ 内接于圆 (参阅图 4), 故而有 $AX \cdot AP = AZ \cdot AQ$. 这表明, 点 A 关于 $\triangle PXY$ 的外接圆和关于 $\triangle QZT$ 的外接圆的幂相等. 又因为 $\angle CQY = \angle CPT$, 所以四边形 $QTYP$ 内接于圆, 故亦有 $CT \cdot CQ = CY \cdot CP$. 这表明, 点 C 关于 $\triangle PXY$ 的外接圆和关于 $\triangle QZT$ 的外接圆的幂也相等. 于是点 A 与点 C 都在这两个圆的根轴上, 该直线经过点 K.

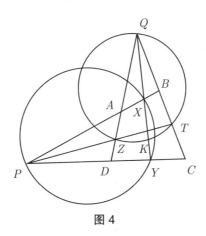

图 4

IV.019 答案 乙不能阻止.

一个局面称为好的, 如果黑板上至少有两个数是 1999 的倍数, 并且其余的不可被 1999 整除的数都可分成一对一对的, 每一对中的两个数的和或差都是 1999 的倍数. 甲只要在自己的每一步之后, 都使得局面是好的就可. 甲第一步将 1 与 1998 相加, 得到好的局面. 假定乙在自己的步子里运作同一对中的两个数, 那么甲就在接下来的步子里将乙的结果乘一个 1999 的倍数, 仍然得到一个好的局面. 假如乙对分属两个不同对子的数进行运作, 那么甲就运作这两个对子中的另外两个数,以恢复好的局面.假如乙对一个对子中的一个数和一个 1999 的倍数进行运作,那么甲就运作乙的结果和这个对子中的另一个数,以恢复好的局面.假如乙对两个 1999 的倍数进行运作,那么甲就对某一个对子中的两个数进行运作,得到好的局面.总之,甲通过这样的运作,始终能够保持局面是好的.到了一定的时候,甲就能把所有的数都变为 1999 的倍数.此后就不必顾及各人的作为,所得的数一定都是 1999 的倍数.

IV.020 答案 $a = b = 238$, $c = 477$.

易知 a, b, c 整体互质 (否则, 239^2 可被这三个正整数的最大公约数整除, 从而 $(a^2, b^2) \geqslant 239^2$). 不难验证

$$(a, bc) = (a, b)(a, c), \quad (b, ac) = (b, a)(b, c) \quad (c, ab) = (c, a)(c, b) \quad (a^2, b^2) = (a, b)^2.$$

从而可将题中所给的第一个等式改写为

$$\left[(a, b) + (a, c)\right]\left[(a, b) + (b, c)\right] = 239^2.$$

左边两个括号中的数都大于 1, 所以它们都只能等于 239. 因为三个正整数整体互质, 所以必有 $(a, c) = (b, c) = 1$, 这就意味着 $(a, b) = 238$. 而由第二个等式可知 $ab < 239^2$, 所以必有 $a = b = 238$. 再有 $c = 239^2 - ab = 239^2 - 238^2 = 477$.

IV.021 将所有三个圆的根心记作 M (它在经过点 C 与 D 的两对圆的公切线的交点上, 也在直线 AB 上), 将圆 S_3 的圆心记作 O (参阅图 5). 于是, 点 C, D, K 在一个以线段 OM 作为直径的圆上, 于是就有圆周角之间的如下相等关系:

$$\angle CKA = \angle CKM = \angle CDM, \quad \angle DKA = \angle DKM = \angle DCM.$$

从而 $\angle CDM$ 与 $\angle DCM$ 是一个等腰三角形的两个底角, 所以它们相等.

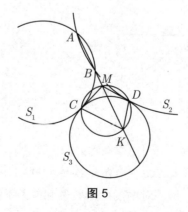

图 5

IV.022 先考察其中任何 4 条直线中都有某 3 条直线经过同一个点的特殊情形 (作为练习留给读者). 否则, 其中存在 4 条直线中, 它们中的任何 3 条都不经过同一个点. 此时

这 4 条直线共有 6 个交点. 根据题意, 其余的各条直线都应经过这 6 个点之一, 从而经过其中某一个点 (称为点 A) 的直线不少于 5 条. 如果所有不经过点 A 的直线都相交于同一个点, 则断言已经成立. 否则, 其中必有某 3 条直线交成三角形. 此时我们从经过点 A 的直线中选出两条不经过该三角形任何一个顶点的直线, 连同刚才的 3 条直线, 所得到的 5 条直线不能满足题意, 此为矛盾. 所以, 所有不经过点 A 的直线都相交于同一个点.

IV.023 先证 $n=2$ 时的不等式:

$$\left[1+\frac{1}{x(1+x)}\right]\left[1+\frac{1}{y(1+y)}\right] \geqslant \left[1+\frac{1}{p(1+p)}\right]^2,$$

其中 x 与 y 为正数, $p=\sqrt{xy}$. 展开左式, 得

$$\left[1+\frac{1}{x(1+x)}\right]\left[1+\frac{1}{y(1+y)}\right] = 1+\frac{x^2+x+y^2+y+1}{xy(1+x)(1+y)}$$
$$= 1+\frac{1}{xy}+\frac{x^2-xy+y^2}{xy(1+x)(1+y)}.$$

如果在该式中视 $x=y=p$, 则可得到右式的展开式:

$$\left[1+\frac{1}{p(1+p)}\right]^2 = 1+\frac{1}{p^2}+\frac{1}{(1+p)^2}.$$

故我们只需证明 (注意 $p=\sqrt{xy}$)

$$\frac{x^2-xy+y^2}{p^2(1+x)(1+y)} \geqslant \frac{1}{(1+p)^2}.$$

如果再记 $s=x+y$, 则可将需要证明的不等式变为

$$(s^2-3p^2)(1+p)^2 \geqslant (p^2+s+1)p^2.$$

将该式展开, 并利用显然的不等式 $s \geqslant 2p$, 即可证得其成立.

现在易证题中的不等式在 n 为 2 的方幂数时成立. 例如, 对 $n=4$, 有

$$\left[1+\frac{1}{a_1(1+a_1)}\right]\left[1+\frac{1}{a_2(1+a_2)}\right]\left[1+\frac{1}{a_3(1+a_3)}\right]\left[1+\frac{1}{a_4(1+a_4)}\right]$$
$$\geqslant \left[1+\frac{1}{\sqrt{a_1a_2}(1+\sqrt{a_1a_2})}\right]^2\left[1+\frac{1}{\sqrt{a_3a_4}(1+\sqrt{a_3a_4})}\right]^2$$
$$\geqslant \left[1+\frac{1}{\sqrt{a_1a_2a_3a_4}(1+\sqrt{a_1a_2a_3a_4})}\right]^4.$$

对于一般的正整数 n, 存在正整数 k, 使得 $2^{k-1}<n<2^k$. 记 $m=2^k$, 并令 $a_{n+1}=a_{n+2}=\cdots=a_m=p$. 于是

$$a_1a_2\cdots a_na_{n+1}a_{n+2}\cdots a_m = p^np^{m-n} = p^m.$$

因而, 根据已经证得的结论, 有

$$\left[1+\frac{1}{a_1(1+a_1)}\right]\left[1+\frac{1}{a_2(1+a_2)}\right]\cdots\left[1+\frac{1}{a_n(1+a_n)}\right]\left[1+\frac{1}{p(1+p)}\right]^{2^k-n}$$

$$=\left[1+\frac{1}{a_1(1+a_1)}\right]\left[1+\frac{1}{a_2(1+a_2)}\right]\cdots\left[1+\frac{1}{a_{2^k}(1+a_{2^k})}\right]$$

$$\geqslant\left[1+\frac{1}{p(1+p)}\right]^{2^k}.$$

在两端约去 $\left[1+\dfrac{1}{p(1+p)}\right]^{2^k-n}$ 后即得所证.

IV.024 证法 1(反证法) 假设题中断言不真, 设 n 是存在不满足题中断言的图 G_1 的最小的正整数. 将图 G_1 添加一个对偶图 G_1', 其中 G_1' 的顶点与图 G_1 中的顶点一一对应, 但是 G_1' 的两个顶点之间有边相连, 当且仅当图 G_1 中的两个对应顶点之间无边相连. 记 $G=G_1\cup G_1'$. 我们来考察图 G 的任何一个具有 n 个顶点的空子图 (无边子图), 将其顶点集合记作 X, 将图 G 中的其余顶点的集合记作 Y. 称集合 Y 中的一个子集为坏的, 如果它的顶点数目多于 X 中的至少与该子集中的一个顶点有边相连的顶点数目. 设 A 是 Y 中的最大的坏的子集 (它有可能为空集), 假设它含有 k 个顶点. 此时, 在 $Y\backslash A$ 中不再有坏的子集, 从而根据霍尔定理, 可以将 $Y\backslash A$ 中的每一个顶点都对应于 X 中的一个与之有边相连的顶点, 并且不同的顶点对应不同的顶点. 将 X 中的剩下的顶点集合记作 B. 我们来考察这样的图 G': 其中的顶点集合就是 $A\cup B$ 中的顶点, 而边则是图 G 中连接这些顶点的边. 我们注意到, 不论去掉图 G' 中的哪一个顶点, 都可以在图 G 中找到一个具有 n 个顶点的子图, 其中含有不多于 $n-k-1$ 个 $(X\cup Y)\backslash(A\cup B)$ 中的顶点. 因此它的其余 $k+1$ 个顶点应当来自集合 $A\cup B$. 这就表明, 去掉图 G' 中的任何一个顶点, 都可以找到一个具有 $k+1$ 个顶点的空图. 从而, 根据 n 的最小性知道, 或者可以在图 G' 中找到具有 $k+2$ 个顶点的空子图, 或者 $k=n$. 在前一种情况下, 我们往该空图中补入一些 $X\cup B$ 中的顶点, 就可以得到一个具有 $n+1$ 个顶点的空子图. 在后一种情况下, 我们从 X 中去掉那些不与 Y 中的任何顶点相连的所有顶点, 可以得到 G 的一个具有 n 个顶点的空子图, 再任意补入一个刚刚去掉的顶点, 即得 G 的一个具有 $n+1$ 个顶点的空子图. 由此得出矛盾.

证法 2(直接证法) 将原来的图称为图 G. 自图 G 中选取一个具有 n 个顶点的完全子图, 将该子图的顶点的集合记为 A, 将其余顶点的集合记为 B. 再将图 G 的所有具有 n 个顶点的完全子图编号为 1 至 N. 将第 k 号子图的顶点集合与 A 的交集记为 A_k, 将其与 B 的交集记为 B_k. 我们来考察集合

$$A_k'=A_1\cap A_2\cap\cdots\cap A_k,\quad B_k'=B_1\cup B_2\cup\cdots\cup B_k,\quad k=1,2,\cdots,N,$$

并逐个计算 $|A_k'\cup B_k'|$, 其中 $|X|$ 表示集合 X 中的元素个数. 一开始显然有 $|A_1'\cup B_1'|=n$, 最终则有 $A_N'=\varnothing$, 这是因为根据题意, 对于图 G 中的任何一个顶点, 都能找到一个形如

$A_i' \cup B_i'$ 的子图, 使得该顶点不属于这个子图. 从而

$$|A_N' \cup B_N'| = |B_N'| \leqslant |B| = n-1,$$

于是 $|A_N' \cup B_N'| < |A_1' \cup B_1'|$. 这就表明, 存在某个 k, 使得 $|A_{k+1}' \cup B_{k+1}'| < |A_k' \cup B_k'|$. 我们来证明, 对于这个 k, 集合

$$C = A_k' \cup A_{k+1} \cup (B_k' \cap B_{k+1})$$

中含有不多于 $n+1$ 个顶点, 并且形成完全子图. 我们指出

$$|A_k' \cup A_{k+1}| = |A_k'| + |A_{k+1}| - |A_{k+1}'|,$$

这是因为 $A_k' \cap A_{k+1} = A_{k+1}'$. 同时也有

$$|B_k' \cap B_{k+1}| = |B_k'| + |B_{k+1}| - |B_{k+1}'|,$$

这是因为 $B_{k+1}' = B_k' \cup B_{k+1}$. 将上述二式相加, 并注意到 $|A_{k+1}| + |B_{k+1}| = n$, 即得

$$|C| = |A_k' \cup A_{k+1}| + |B_k' \cap B_{k+1}| = n + |A_k' \cup B_k'| - |A_{k+1}' \cup B_{k+1}'| > n,$$

亦即 $|C| \geqslant n+1$. 下面再证 C 中的任何两个顶点均有边相连. 注意到 C 的子集 $A_k' \cup A_{k+1}$ 和 $A_{k+1} \cup (B_k' \cap B_{k+1})$ 分别包含在完全子图 A 和 $A_{k+1} \cup B_{k+1}$ 之中, 而任何顶点 $a \in A_k'$ 都与任一顶点 $b \in B_k' \cap B_{k+1} \subset B_k'$ 相连, 这是因为 a 至少属于某一个 A_i, 其中 $i \leqslant k$; b 则属于相应的 B_i, 而 $A_i \cup B_i$ 是完全图.

十、十一年级

IV.025 同 IV.020 题.

IV.026 同 IV.023 题.

IV.027 将所有各圆的根心记作 M, 将圆 S_3 的圆心记作 O(参阅图 6). 因为 CD 是点 M 的配极, 所以圆 S_3 在点 P 和点 Q 处的切线的交点 N 在直线 CD 上 (当此二切线平行时, $\angle PKC$ 与 $\angle QKC$ 均为直角). 于是, 点 N, P, K, O, Q 都在同一个以线段 ON 作为直径的圆上, 从而 $\angle PKC = \angle QKC$ (等弧所对圆周角相等).

IV.028 设 $a_1, a_2, \cdots, a_n, \cdots$ 是某一条对角线上一些依次往右往上写着的整数 (任取其中一个作为第一个数), 而 $b_1, b_2, \cdots, b_n, \cdots$ 是写在其上方对角线上的数, 并且 b_1 在 a_1 与 a_2 之间 (a_1 与 a_2 分别在 b_1 的下方和右方邻格中). 我们通过对 k 归纳来证明如下两个等式:

$$a_1 - a_{2^k+1} \equiv 2^k \pmod{2^{k+1}}, \qquad ①$$

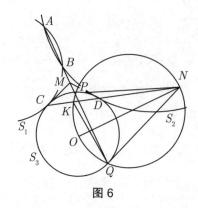

图 6

$$b_1 - b_2 + b_3 - b_4 + \cdots + b_{2^k-1} - b_{2^k} \equiv 2^{k-1} \pmod{2^k}. \qquad ②$$

由 ① 式不难推出题中结论. 事实上, 如果在某条对角线上出现两个相等的数, 它们间隔 m 个数, 写 $m - 1 = 2^x \cdot y$, 其中 y 为奇数, 那么由 ① 式知这两个数的差可被 2^x 整除, 但不可被 2^{x+1} 整除, 此为矛盾.

下面来证明两个等式. 由题中条件知, 每条对角线往右往上方向上的两个邻数都异奇偶, 这就表明, ① 式对 $k = 0$ 成立, 同时 ② 式对 $k = 1$ 成立. 假设 ② 式已对某个 k 成立, 我们来证明 ① 式也对这个 k 成立. 事实上

$$\begin{aligned}
a_1 - a_{2^k+1} &= (a_1 - a_3) + (a_3 - a_5) + \cdots + (a_{2^k-1} - a_{2^k+1}) \\
&= \left[(a_1 + a_2) - (a_2 + a_3)\right] + \left[(a_3 + a_4) - (a_4 + a_5)\right] \\
&\quad + \cdots + \left[(a_{2^k-1} + a_{2^k}) - (a_{2^k} + a_{2^k+1})\right] \\
&= \left[(2b_1 + 1) - (2b_2 + 1)\right] + \left[(2b_3 + 1) - (2b_4 + 1)\right] \\
&\quad + \cdots + \left[(2b_{2^k-1} + 1) - (2b_{2^k} + 1)\right] \\
&= 2\left[(b_1 - b_2) + (b_3 - b_4) + \cdots + (b_{2^k-1} - b_{2^k})\right] \equiv 2^k \pmod{2^{k+1}},
\end{aligned}$$

其中最后一步得自归纳假设.

再设 ① 式和 ② 式都已经对 k 成立, 我们来证明 ② 式对 $k + 1$ 成立. 为此, 引入如下记号:

$$f(i, k) = b_{i+1} - b_{i+2} + b_{i+3} - b_{i+4} + \cdots + b_{i+2^k-1} - b_{i+2^k}.$$

于是我们有

$$f(0, k+1) = f(0, k) + f(2^k, k),$$

并且根据归纳假设, 我们已有

$$f(0, k) \equiv f(2^k, k) \pmod{2^{k+1}}.$$

因此

$$b_1 - b_2 + b_3 - b_4 + \cdots + b_{2^{k+1}-1} - b_{2^{k+1}}$$

$$= f(0,k) + f(2^k, k) \equiv 2f(0,k) \equiv 2^k \pmod{2^{k+1}},$$

这就是所要证明的.

IV.029 设 p 为质数. 称整系数多项式 $f(x)$ 是模 p 可排列的, 如果 $f(0), f(1), \cdots, f(p-1)$ 被 p 除的余数两两不同.

首先指出一些事实. 根据费马小定理, 当 $a \nmid 101$ 时, 有 $a^{100} \equiv 1 \pmod{101}$; 而如果 $k \leqslant 100$, $a^k \equiv 1 \pmod{101}$, 则 $k \mid 100$. 不难验证 $2, 2^2, 2^4, 2^5, 2^{10}, 2^{20}, 2^{25}, 2^{50}$ 模 101 不为 1, 它们分别等于 $2, 4, 16, 32, 14, 95, 10, 100$. 由此即知, 模 101 为 1 的最小的 2 的方幂数是 2^{100}.

设 $1 \leqslant d < 100$. 因为 $2x$ 是模 101 可排列的多项式 (事实上, 对任何奇质数 p, $2x$ 都是模 p 可排列的), 所以

$$\sum_{n=0}^{100} n^d \equiv \sum_{n=0}^{100} (2n)^d \pmod{101}.$$

但是因为 $2^d \not\equiv 1 \pmod{101}$, 所以上式只能在 $\sum_{n=0}^{100} n^d \equiv 0 \pmod{101}$ 时才能成立, 因此

$$\sum_{n=0}^{100} n^d \equiv \begin{cases} 100 \pmod{101}, & d = 100, \\ 0 \pmod{101}, & 1 \leqslant d < 100. \end{cases}$$

现在回到题目本身. 假设题中断言不成立, 那么 $f(x)$ 就是模 101 可排列的, 因此

$$\sum_{k=0}^{100} f^{10}(k) \equiv \sum_{k=0}^{100} k^{10} \equiv 0 \pmod{101}.$$

但是另一方面, 如果写

$$f^{10}(x) = x^{100} + \sum_{m=0}^{99} a_m x^m,$$

则有

$$\sum_{k=0}^{100} f^{10}(k) \equiv \sum_{k=0}^{100} k^{100} + \sum_{m=0}^{99} a_m (0^m + 1^m + \cdots + 100^m) \equiv 100 \pmod{101},$$

由此产生矛盾.

♦ 如果 p 为质数, d 是 $p^k - 1$ 的约数, 则不存在模 p^k 可排列的 d 次多项式.

IV.030 从中取出尽可能多的直线, 使得其中任何 3 条直线都不经过同一个点. 由题意知, 最多可以取到 6 条 (如果取不到 6 条, 则问题可以类似处理, 并且更加简单). 这 6 条直线共有 15 个交点. 经过其中一个点 (称为 A) 有不少于 50 条直线 (因为任何 7 条直线中都有某 3 条直线经过同一个点), 但不多于 500 条直线. 于是不经过该点的直线不少于 500 条. 如果在它们中可以找到 5 条直线, 其中任何 3 条都不经过同一个点, 它们共有 10 个交点. 往这 5 条直线中增加 2 条经过点 A, 但是不经过这 10 个交点中任何一点的直线, 则所得到的 7 条直线不能满足题意. 这就是说, 在任何 5 条不经过点 A 的直线中都有某 3 条经

过同一个点. 于是根据 IV.022 题所证, 可以找到两个点, 使得任何不经过点 A 的直线都必经过其中一个点. 再加上点 A, 即得所求.

IV.031 将二圆的切点记作 K, 将经过点 K 的二圆的公切线与 BC 和 AD 的交点分别记作 L 和 M. 将四边形 $ABLM$ 与 $MLCD$ 的对角线交点分别记作 P 与 Q (参阅图 7). 我们指出, 点 P 在线段 EK 上, 点 Q 在线段 KF 上 (关于这一周知的事实, 例如, 可参阅文献 [16] 中的 6.11 题). 根据帕普斯定理, 点 O 在直线 PQ 上. 在此, 它还在对角线 AC 上 (在四边形 $ALCM$ 内部) 和对角线 BD 上 (在四边形 $BMDL$ 内部), 从而点 O 在这两个四边形之交的内部, 即在四边形 $MPLQ$ 中. 如此一来, 点 O 在线段 PQ 上, 因而在 $\triangle KEF$ 内部. 由此即得

$$OE + OF < KE + KF \leqslant 2(R_1 + R_2).$$

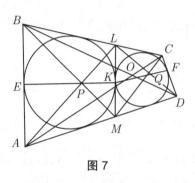

图 7

IV.032 我们分步在图 G 中构造一个树, 使得在每一步之后, 树上都至少有 $\frac{1}{4}$ 的顶点是叶, 而树上的顶点在每一步之后都增加.

首先观察任意一个顶点 v, 以及所有同它有边相连的顶点. 这些顶点连同连接它们与 v 的边形成一个树, 其中至少有 $\frac{1}{4}$ 的顶点是叶. 事实上, 由题中条件知, 其中至少有 $\frac{2}{3}$ 的顶点是叶.

假设经过若干步以后, 我们得到一个树 F, 其中至少有 $\frac{1}{4}$ 的顶点是叶. 将树 F 的顶点集合记作 W. 以下分几种情况讨论:

情况 1 如果此时树 F 上有一个顶点 x, 在同它有边相连的顶点中至少还有两个顶点不在树 F 上, 那么我们就把这些顶点以及连接它们与 x 的边补入原来的树, 得到一个新树. 此时树上至少增加 $m \geqslant 2$ 个顶点, 而叶的数目至少了增加 $m-1$ (因为有一个顶点变得不是叶了). 易知该树上仍然至少有 $\frac{1}{4}$ 的顶点是叶.

情况 2 如果此时树 F 上没有这样的顶点 x. 假如树 F 上还没有包含图 G 中的所有顶点, 那么我们来考察这样的顶点集合 W_1, 其中的顶点都不在树 F 上, 但是都至少与 W 中的一个顶点有边相连. 如果 W_1 中有一个顶点 y, 它至少与 W_1 中的两个顶点有边相连, 那么我们将 y 补入树 F 中 (连同它与 W 中的一个顶点之间所连的边), 并且将 W_1 中所有

与 y 有边相连的顶点连同这些边都补入树 F 中. 此时树 F 上至少增加了 $m \geqslant 3$ 个顶点, 而叶的数目至少增加 $m-2$. 因此我们所得的新树上至少有 $\frac{1}{4}$ 的顶点是叶.

情况 3 如果在 W 和 W_1 中都没有这样的顶点, 与它所连接的顶点中至少有两个不在树 F 上, 并且树 F 上还没有包含图 G 中的所有顶点. 我们将所有还没有包含在树 F 上并且与 W 中的任何顶点都不相连的顶点的集合记作 W_2. 设 $x \in W_2$. 因为图 G 是连通图, 所以 x 至少与一个 $y \in W_1$ 有边相连. 此时, 我们往树 F 中补入 y, x 以及所有与 x 有边相连的顶点 (这样的顶点至少有两个). 显然, 如此所得到的新树上的叶的数目不少于顶点数目的 $\frac{1}{4}$.

只要上述的步骤可以进行, 我们就一直进行下去. 假设在得到树 T 以后, 上述步骤不能再进行了. 注意, 此时在树 T 上叶的数目 e 大于顶点的数目 w 的 $\frac{1}{4}$. 由树 T 的构造过程知, 树 T 上的非叶顶点都不与不在树 T 上的顶点有边相连. 又因为上述步骤不能再进行, 所以树 T 上的每个叶都至多与一个不在树 T 上的顶点有边相连, 并且每个不在树 T 上的顶点 x 都至多与一个不在树 T 上的顶点有边相连. 从而 x 至少与树 T 上的两个叶有边相连. 这就表明, 尚未进入树 T 的顶点数目不超过 $\frac{e}{2}$. 将这些顶点都补入树 T(只保留其与树 T 上的一个叶之间的边), 则在所得到的树上, 刚好有 e 个叶, 而顶点的数目不多于 $4e + \frac{e}{2}$, 从而其中叶的数目不少于顶点数目的 $\frac{2}{9}$.

2002 年

八、九年级

IV.033 答案 可以.

我们来证明, 瓦夏可以说出这样一些数, 使得棋子刚好往右移动距离 $\frac{1}{512}$. 事实上, 瓦夏可以先说 $\frac{1}{512}$, 如果别佳往右移, 则瓦夏的目的达到; 如果别佳往左移, 则瓦夏再说 $\frac{1}{256}$; 如果别佳再往左移, 瓦夏再说 $\frac{1}{128}$; 如此等等. 因为别佳不能朝一个方向连续移动超过 10 次, 所以在 10 次以内他必须往右移动一次, 此时瓦夏的目的达到. 重复这一过程, 瓦夏就可以把棋子往右移动任意距离.

IV.034 记 I 为 $\triangle ABC$ 的内心. 注意, $A_1B_1 // BI$ 等价于 $\angle IA_1B_1 = \angle BIA_1$. 而由对称性知 $\angle BIA_1 = \angle BIC_2$, 又显然有 $\angle IA_1B_1 = \angle IB_1A_1$, 这意味着 C_2, I, B_1 三点共线 (参阅图 8). 同理可证, 这件事实等价于线段 $A_2C_2 // CI$.

IV.035 答案 不能.

我们来看, n 条一般位置①的直线将平面分成的各个区域中一共有多少个多边形. 为此

---
① 编译者注　如果一族直线中的任何 2 条不平行, 任何 3 条不共点, 就称它们是一族一般位置的直线.

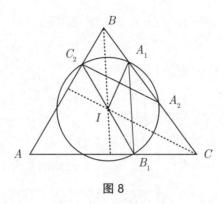

图 8

需要计算 n 条一般位置的直线可将平面分成多少个部分,并去掉其中的无界区域. 可用归纳法证明,所分成的部分数目为 $\frac{1}{2}n(n+1)+1$.

事实上,1 条直线可将平面分为两个部分. 假设 k 条一般位置的直线将平面分成 $\frac{1}{2}k(k+1)+1$ 个部分,那么第 $k+1$ 条直线 ℓ 与前 k 条直线都相交,所交出的 k 个交点将 ℓ 分成 $k+1$ 段,每一段将原来的一个区域分为两个区域,所以一共分成 $\frac{1}{2}k(k+1)+1+k+1 = \frac{1}{2}(k+1)(k+2)+1$ 个部分.

下面来求其中的无界区域的个数. 作一个圆 Ω,使其将 n 条一般位置的直线的所有交点都包含在其内部. n 条直线将 Ω 的圆周分成 $2n$ 段弧. 每一个无界区域都对应着 Ω 上的一段弧,这就表明恰好有 $2n$ 个无界区域. 从而就有

$$\frac{1}{2}n(n+1)+1-2n = \frac{1}{2}n(n-3)+1$$

个多边形区域.

显然不存在这样的正整数 n,使得 $\frac{1}{2}n(n-3)+1 = 239$.

IV.036 答案 239 粒. 例如:各块蛋糕上的松子数目自左至右依次为 $5,6,8,10,\cdots,30$ 粒.

我们来证明,松子的数目不可能再少. 将所有蛋糕自左至右依次记为 γ_1 至 γ_{14}. 显然,在题中的条件之下,任何时刻任何两块相邻蛋糕上的松子都不能为相等的非零数目,并且开始时各块蛋糕之上的松子数目自左至右严格递增. 我们来考察这样的一些蛋糕:它们在某一时刻,恰好比自己的右邻蛋糕少 1 粒松子,把这样的蛋糕对的集合记作 G. 易知在题中的条件之下,任何时刻都不可能有两个相邻的蛋糕对同时属于 G. 假设不然,设蛋糕对 $\Gamma_k = \{\gamma_k,\gamma_{k+1}\}$ 和 $\Gamma_{k+1} = \{\gamma_{k+1},\gamma_{k+2}\}$ 在某一时刻都属于 G. 由于转移松子给右邻的过程迟早要涉及 Γ_k 和 Γ_{k+1}. 如果先有 1 粒松子从 γ_k 转移给 γ_{k+1},那么 γ_{k+1} 与 γ_{k+2} 上的松子数目变为相等;如果先有 1 粒松子从 γ_{k+1} 转移给 γ_{k+2},那么 γ_k 与 γ_{k+1} 上的松子数目也变为相等. 甚至先有 1 粒松子从 γ_{k-1} 转移给 γ_k,或者先有 1 粒松子从 γ_{k+2} 转移给 γ_{k+3},也都将导致矛盾,所以 G 中没有相邻的蛋糕对. 因为交换转移顺序不影响整个转移过程,所以我们可以先让 G 中的每一个蛋糕对内部进行松子转移(如果 $\Gamma_1 = \{\gamma_1,\gamma_2\} \in G$,

则先不在 Γ_1 内部进行转移). 这样一来, 至多除了 Γ_1, 任何两块相邻蛋糕上的松子数目之差都不小于 2. 从而松子的总数不能少于 239.

IV.037 在线段 CD 的延长线上取一点 X, 并将 RD 与 PQ 的交点记作 T(参阅图 9). 我们指出
$$\angle PDR = \angle DRB = \angle RDX,$$
以及
$$\angle QPD = \angle PQD = \angle BPQ.$$
这表明 T 是 $\triangle PDC$ 的外角 $\angle BPD$ 与外角 $\angle PDX$ 的平分线的交点, 因而在内角 $\angle PCD$ 的平分线即 AC 上.

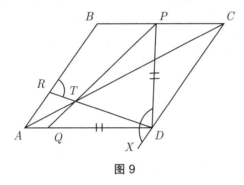

图 9

IV.038 参阅 IV.043 题解答.

IV.039 参阅 IV.045 题解答.

IV.040 对 n 进行归纳. $n = 1$ 时显然. 我们来看 $n > 1$, 假设结论已经对 $n-1$ 成立, 要证结论对 n 也成立. 我们有
$$C_{2^n-1}^i = \frac{2^n-1}{1} \cdot \frac{2^n-2}{2} \cdot \ldots \cdot \frac{2^n-i}{i},$$
分别对奇数的 j 和偶数的 j 考察上式右端的因子 $\frac{2^n-j}{j}$. 易知, 所有奇数的 j 的因子的乘积模 2^n 余 $(-1)^{\frac{i+1}{2}}$; 而所有偶数的 j 的因子的乘积模 2^n 余 $C_{2^{n-1}-1}^{[i/2]}$, 亦即
$$C_{2^n-1}^i \equiv (-1)^{\frac{i+1}{2}} C_{2^{n-1}-1}^{[i/2]} \pmod{2^n}.$$
假设存在 $0 \leqslant j_1 \neq j_2 \leqslant 2^{n-1}$, 使得
$$C_{2^n-1}^{j_1} \equiv C_{2^n-1}^{j_2} \pmod{2^n}.$$
那么, 对于 $l_1 = j_1/2$, $l_2 = j_2/2$, 我们就可以通过恰当选择加减号, 使得
$$C_{2^{n-1}-1}^{l_1} \pm C_{2^{n-1}-1}^{l_2} \equiv 0 \pmod{2^n}. \qquad ①$$

(此处 $0 \leqslant l_1, l_2 \leqslant 2^{n-2}$, 如果选择加号, 则有可能 $l_1 = l_2$.) 然而, 在 ① 式中也不可能选择减号, 因为根据归纳假设, $C_{2^{n-1}-1}^{l_1}$ 和 $C_{2^{n-1}-1}^{l_2}$ 被 2^{n-1} 除的余数不同, 所以它们的差不能被 2^{n-1} 整除, 当然也不能被 2^n 整除. 因此, 不论对怎样的 l_1 和 l_2, 在 ① 式中都只能选择加号. 然而, 根据归纳假设, 对任何 l_1, 都至多存在一个数 l_2, 使得 $C_{2^{n-1}-1}^{l_1} + C_{2^{n-1}-1}^{l_2}$ 可被 2^{n-1} 整除. 我们来证明, 只有 $l_2 = l_1 + (-1)^{l_1}$ 才能使 $C_{2^{n-1}-1}^{l_1} + C_{2^{n-1}-1}^{l_2}$ 为 2^{n-1} 的倍数, 但是该和数却不可被 2^n 整除. 这一矛盾便说明了题中断言对 n 也成立.

l_1 与 $l_1 + (-1)^{l_1}$ 是两个相连的正整数, 我们记之为 $2s$ 和 $2s+1$(不难看出, 它们中较小的一个是偶数). 我们有

$$C_{2^{n-1}-1}^{2s} + C_{2^{n-1}-1}^{2s+1} = C_{2^{n-1}}^{2s+1},$$

而 $C_{2^{n-1}}^{2s+1}$ 的因子分解式中的 2 的指数为

$$\sum_{i=1}^{n-1} \left(\left[\frac{2^{n-1}}{2^i} \right] - \left[\frac{2s+1}{2^i} \right] - \left[\frac{2^{n-1}-2s-1}{2^i} \right] \right) = n - 1.$$

十、十一年级

IV.041 同 IV.033 题.

IV.042 将其中第一个三角形记为 $\triangle ABC$. 我们来作一个正系数的位似变换, 把 $\triangle ABC$ 的外接圆变为它自己的内切圆 (参阅图 10). 在这个变换下, $\triangle KLM$ 的像记为 $\triangle PQR$, 它的三个顶点分别是 $\triangle ABC$ 的外接圆上的三段弧 $\overparen{AB}, \overparen{BC}, \overparen{CA}$ 的中点. 不难看出, $\triangle PQR$ 的垂心与 $\triangle ABC$ 的垂心重合. 从而, $\triangle KLM$ 的垂心与 $\triangle ABC$ 在变换下的像的垂心重合. 对于 $\triangle K_1 L_1 M_1$, 有类似的结论.

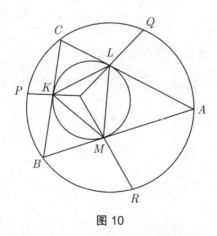

图 10

IV.043 可以认为 $p(1) \in \mathbf{Z}$, 这是因为将多项式 $p(x)$ 乘一个常数丝毫不会改变题中条件, 也不会影响其结论. 对于任何正整数 k, 比值 $\dfrac{p(k+1)}{p(1)}$ 都是整数, 这表明多项式 $p(x)$ 在任何整数处都取整数值. 将 $p(x)$ 的次数记作 d, 根据拉格朗日插值公式, 我们有

$$p(x) = \sum_{i=1}^{d+1} p(i) \frac{(x-1)\cdots[x-(i-1)][x-(i+1)]\cdots[x-(d+1)]}{(i-1)\cdots 1(-1)\cdots[i-(d+1)]},$$

因而, 多项式的所有系数都是有理数. 将多项式 $p(x)$ 乘一个适当的常数, 可把它的所有系数都变为整数 (在 IV.038 题的解答中不需要这个正则化过程, 因为那里的系数已经是整数).

我们来证明 $p(0) = 0$, 由此根据比左定理 (剩余定理) 即可推知题中结论. 为此, 我们只需证明, 对任何正整数 k, 函数值 $p(0)$ 都可被 $p(k)$ 整除. 这是因为, 非常数的多项式在正整数集合上可取无穷多个值, 而任何非零整数都没有无穷多个约数. 取定正整数 k, 我们指出乘积

$$P(n) = p(n+1)p(n+2)\cdots p(n+k)$$

是 n 的多项式; 记 $K = P(0)$. 由题中条件知, 对任何正整数 n, 都有 $\dfrac{P(n)}{K} \in \mathbf{Z}$. 多项式 $P(n)$ 有整系数, 所以它的值按模 K 周期变化. 因而 $P(-1) \equiv P(2|K|-1) \equiv 0 \pmod{K}$, 这表明 $p(k)|p(0)$, 因为 $\dfrac{p(0)}{p(k)} = \dfrac{P(-1)}{K} \in \mathbf{Z}$.

IV.044 设 $\triangle ABC$ 外接圆上, 点 B 与点 C 处的切线、点 A 与点 C 处的切线、点 A 与点 B 处的切线分别相交于点 N, L, M(参阅图 11(a)). 于是, 直线 BL, AN, CM 就是 $\triangle ABC$ 中的三条类似中线 (参阅图 11(b)). 我们指出, 点 C_1, B_1, N 在同一条直线上, 该直线就是点 A_1 关于 $\triangle ABC$ 的外接圆的极线. 同理, A_1, B_1, M 三点共线, A_1, C_1, L 三点共线. 于是题中结论可由关于 $\triangle AYM$ 与 $\triangle NXC$ 的德扎尔格定理推出.

可以认为所有情况都发生在投影平面上, 所以切线平行的情况的证明与上类似.

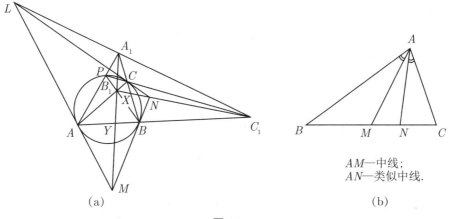

AM—中线;
AN—类似中线.

图 11

IV.045 我们先来证明一系列引理.

引理 1　如果图中没有三角形, 且不多于 4 个顶点, 则可正确 2 染色.

只要逐个列举各种情况即可明所欲证.

引理 2　如果图中没有三角形, 且不多于 9 个顶点, 则可正确 3 染色.

引理 2 之证　先设图中所有顶点的度数都不小于 3. 此时, 或者图中的顶点数目小于 9, 或者至少有一个顶点的度数不小于 4, 这是因为任何图中的各个顶点的度数之和均为偶数, 所以不可能有奇数个奇数度数的顶点. 设 A 是其中度数最大的顶点. 易知, 除了它和它的相邻顶点, 图中至多还有 4 个顶点. 根据引理 1, 这些顶点可以用 1 号色和 2 号色正确染色. 再把 A 染为 1 号色, 而把它的所有相邻顶点都染为 3 号色, 即可满足要求. 如果图中有度数为 1 和 2 的顶点, 那么先将它们去掉, 对剩下的顶点可以正确 3 染色. 再将度数为 2 的顶点补回图中, 因为它们分别只有两个相邻的顶点, 所以都可以用一种不同于邻点的颜色染色. 最后再将度数为 1 的顶点补回, 并可正确染色. 因此明所欲证.

引理 3　如果图中没有三角形, 且不多于 13 个顶点, 则可正确 4 染色.

引理 3 之证　与引理 2 类似, 先设图中所有顶点的度数都不小于 4. 考察其中度数最大的顶点 A, 除了它和它的相邻顶点, 图中至多还有 9 个顶点. 于是由引理 2 知, 这些顶点可以用 1 号色、2 号色和 3 号色正确染色, 从而一共至多需要 4 种颜色. 如果图中有度数小于 4 的顶点, 则先去掉它们, 然后按度数从大到小的顺序逐步补回, 即可明所欲证.

引理 4　如果图中没有三角形, 且不多于 18 个顶点, 则可正确 5 染色.

引理 4 之证　证明过程完全与上类似.

题目之证　如果图 G 中的顶点数目不多于 18 个, 则按照引理 4, 断言已经成立. 故只需考虑不少于 19 个顶点的情形. 根据引理 2 的证明过程, 不妨设图 G 中顶点的度数都不小于 5. 将图 G 中由两两不共顶点的边构成的最大的集合记作 H. 由题意知, H 中至多有 9 个元素. 因此图 G 中有一些顶点不是 H 中的边的端点, 我们将这类顶点称为 "外顶点". 由 H 的最大性知, 所有的外顶点是相互独立的, 并且 H 中的每条边都有一个端点不与任何外顶点有边相连 (否则, 就可以将这条边换为它的两个顶点分别与外顶点所连成的两条边, 从而与 H 的最大性相矛盾). 我们将 H 中的各条边的这样的端点的集合记作 P, 把各条边的另一个端点的集合记作 R. 现在来观察任意一个外顶点 A. 它至少与 R 中 5 个顶点有边相连. 如果有另外一个外顶点 B 与 R 中的其他顶点皆有边相连, 那么这些顶点都可以染为 1 号色, R 中所剩下的与 A 有边相连的顶点都染为 2 号色, 所有的外顶点都染为 3 号色, 而根据引理 2, 用 3,4,5 号色就可以将 P 中的所有顶点正确染色. 如果不存在这样的顶点 B, 那么根据引理 3, 可以用 1,2,3,4 号色将 P 中的所有顶点和 R 中所有不与顶点 A 有边相连的顶点正确染色. 将 R 中所有与顶点 A 有边相连的顶点都染为 5 号色. 于是只剩下外顶点没有染色了. 显然, 每个外顶点都可以染为 1,2,3,4 号色中的一种颜色, 而不至于产生混乱. 这是因为在现在的情况下, 每个外顶点都至多与 3 个已经染为前 4 种颜色之一的顶点有边相连.

IV.046 同 IV.040 题.

IV.047 我们指出, 对满足条件 $x+y \leqslant 1$ 的正数 x 和 y, 有如下不等式成立:
$$\left(\frac{1}{x}-1\right)\left(\frac{1}{y}-1\right) \geqslant \left(\frac{2}{x+y}-1\right)^2. \qquad ①$$

事实上, 上式去掉括号后即为
$$\frac{1-x-y}{xy}+1 \geqslant \frac{1-x-y}{(x+y)^2/4}+1,$$

两端的分子相等且非负, 而左端的分母不超过右端的分母.

为方便起见, 假定当 $k>5$ 时有 $a_k = a_{k-5}$, 并记 $S = a_1 + \cdots + a_5$, 于是
$$\frac{a_{k+2}+a_{k+3}+a_{k+4}}{a_k+a_{k+1}} = \frac{S}{a_k+a_{k+1}}-1,$$

并且所要证明的不等式就是
$$\left(\frac{S}{a_1+a_2}-1\right)\left(\frac{S}{a_2+a_3}-1\right)\cdots\left(\frac{S}{a_5+a_1}-1\right) \geqslant \left(\frac{3}{2}\right)^5.$$

注意到我们有
$$\frac{a_k+a_{k+1}}{S}+\frac{a_{k+2}+a_{k+3}}{S} \leqslant 1,$$

所以可将不等式 ① 运用到每一对间隔一个的括号, 得到
$$\left(\frac{S}{a_k+a_{k+1}}-1\right)\left(\frac{S}{a_{k+2}+a_{k+3}}-1\right) \geqslant \left(\frac{2S}{a_k+a_{k+1}+a_{k+2}+a_{k+3}}-1\right)^2$$
$$=\left(\frac{2S}{S-a_{k-1}}-1\right)^2.$$

于是, 我们就只要证明
$$\left(\frac{2S}{S-a_1}-1\right)^2\left(\frac{2S}{S-a_2}-1\right)^2\cdots\left(\frac{2S}{S-a_5}-1\right)^2 \geqslant \left(\frac{3}{2}-1\right)^5.$$

为此, 我们来证明: 对 $0 < x_k \leqslant \frac{1}{2}$, $k=1,2,\cdots$, 有
$$\left(\frac{1}{x_1}-1\right)\left(\frac{1}{x_2}-1\right)\cdots\left(\frac{1}{x_5}-1\right) \geqslant \left(\frac{5}{x_1+\cdots+x_5}-1\right)^5, \qquad ②$$

并且只要在其中以 $x_k = \frac{S-a_k}{2S} \leqslant \frac{1}{2}$ 代入, 即可明所欲证.

多次运用不等式 ①, 可得
$$\left(\frac{1}{x_1}-1\right)\left(\frac{1}{x_2}-1\right)\cdots\left(\frac{1}{x_8}-1\right)$$
$$\geqslant \left(\frac{2}{x_1+x_2}-1\right)^2\left(\frac{2}{x_3+x_4}-1\right)^2\left(\frac{2}{x_5+x_6}-1\right)^2\left(\frac{2}{x_7+x_8}-1\right)^2$$

$$\geqslant \left(\frac{4}{x_1+x_2+x_3+x_4}-1\right)^4 \left(\frac{4}{x_5+x_6+x_7+x_8}-1\right)^4$$
$$\geqslant \left(\frac{8}{x_1+\cdots+x_8}-1\right)^8.$$

在其中令 $x_6 = x_7 = x_8 = \frac{x_1+\cdots+x_5}{5}$, 因为

$$\frac{x_1+\cdots+x_8}{8} = \frac{x_1+\cdots+x_5}{5},$$

上述不等式即化为 ② 式.

IV.048 以该系统的重心 C 作为我们的球心, 则 C 满足条件

$$R \cdot OC = \sum_{i=1}^{n} R_i \cdot OC_i$$

其中, O 为空间任意一点, C_i 为半径是 R_i 的球的球心, $R = \sum_{i=1}^{n} R_i$. 我们来证明, 系统中的任何一点到点 C 的距离都不超过 R. 为此, 我们观察任意一条经过点 C 的直线 ℓ, 在它上面引入坐标. 设 $0 = a_1 \leqslant a_2 \leqslant \cdots \leqslant a_n$ 是各个球心的坐标, 而 x 是点 C 的坐标. 根据 ℓ 的任意性, 我们只需验证这些球的并集在直线 ℓ 上的投影被包含在区间 $[x-R, +\infty)$ 之中. 我们来验证

$$x - a_i \leqslant R - R_i, \quad i = 1, 2, \cdots, n.$$

我们有

$$a_{i+1} - a_i \leqslant R_{i+1} + R_i,$$

若不然, 那个所有的点的投影都是 $a_i + R_i$ 的平面就分割我们的球了. 这表明

$$a_i = a_i - a_1 \leqslant R_1 + 2R_2 + \cdots + 2R_{i-1} + R_i.$$

因此

$$R(x - a_1) = Rx = \sum_{i=1}^{n} R_i a_i$$
$$\leqslant \sum_{i=2}^{n} R_i(R_1 + 2R_2 + \cdots + 2R_{i-1} + R_i) = R(R - R_1),$$

亦即 $x - a_1 \leqslant R - R_1$. 对于 $i > 1$, 关系式 $x - a_i \leqslant R - R_i$ 的证明与此类似, 只不过稍为复杂一点.

2003 年

八、九年级

IV.049 如果每个房间里都有两个人相互认识,则至少在 $21-15=6$ 个房间里,这样的两个人都是德国人. 因为每个法国人都至少认识 $70-14=56$ 个德国人,所以 "法德熟人对" 不少于 $15 \times 56 = 840$. 另一方面,分在有 "德德熟人对" 的 6 个房间里的至少 12 个德国人都至多分别认识 9 个法国人,其余 73 个德国人每人至多认识 10 个法国人,从而 "法德熟人对" 不多于 $12 \times 9 + 73 \times 10 = 838$. 此为矛盾.

IV.050 不失一般性,可认为 a 与 b 的奇偶性相同. 注意到
$$2(a^2+b^2+ab) = a^2+b^2+(a+b)^2$$
$$= a^2+b^2+c^2+(a+b-c)(a+b+c),$$

知其可被 $a+b+c$ 整除. 又因为 a 与 b 同奇偶,所以
$$a^3-b^3 = (a-b)(a^2+b^2+ab)$$

可被 $2(a^2+b^2+ab)$ 整除,从而说明 a^3-b^3 可被 $a+b+c$ 整除,意即 a^3 与 b^3 被 $a+b+c$ 除的余数相同.

IV.051 证法 1 记 $AB=c$, $AC=b$. 如果 $c \leqslant b$,则
$$\angle ALC \geqslant \angle ABC + \angle BAL \geqslant \angle BCA + \angle CAL = \angle BLA,$$

因而 $\angle ALC \geqslant \dfrac{\pi}{2}$,而 $\angle AOC > \angle ALC$.

我们来看更加有趣的 $c > b$ 的情形 (参阅图 12). 设 Y 是 BM 的中点,则 OY 为 $\triangle BKM$ 的中位线,所以 $OY /\!/ AB$. 由平行线截线段成比例定理知
$$\frac{AO}{OL} = \frac{BY}{YL} = \frac{\dfrac{BL}{2}+\dfrac{LC}{4}}{\dfrac{BL}{2}-\dfrac{LC}{4}} = \frac{c+\dfrac{b}{2}}{c-\dfrac{b}{2}}.$$

设 CO 与 AB 的交点是 X,则根据泰勒斯定理,在 $\triangle ABL$ 中,有
$$\frac{AX}{XB} = \frac{b\left(c+\dfrac{b}{2}\right)}{(c+b)\left(c-\dfrac{b}{2}\right)} < \frac{b}{c-b},$$

即 $AX < b$,因而 $\angle AOC > \dfrac{\pi}{2}$ (此因 AO 是 $\triangle AXC$ 中的角平分线).

证法 2 (本证法不要求 M 是 CL 的中点,而仅要求 M 在线段 CL 上) 如图 13所示,过点 M 作 AB 的平行直线,设其与直线 AC 相交于点 X,与直线 AL 相交于点 Y. 显然,

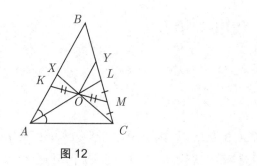

图 12

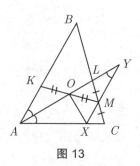

图 13

点 X 位于点 A 与点 C 之间. 因为 $\angle AYX = \angle YAB = \angle YAX$, 所以 $\triangle AXY$ 是等腰三角形, 且 X 是顶角处的顶点. 因为 $OK = OM$, $AK // MY$, 所以 $\triangle OKA \cong \triangle OMY$, 这意味着 O 是 AY 的中点, 这表明 XO 是 $\triangle AXY$ 中的中线, 从而 $\angle AOX$ 是直角. 但是 $\angle AOC > \angle AOX$, 此因 X 位于 $\angle AOC$ 内部. 这意味着 $\angle AOC$ 是钝角.

IV.052 证法 1 (弦图连通性) 将每种颜色的两个点分别用该种颜色的线段相连, 得到 n 条不同颜色的弦. 我们来构造一个弦图, 它的顶点代表弦, 两个顶点之间有边相连, 当且仅当相应的两条弦相交. 容易理解, 题中的条件等价于弦图的连通性. 我们来分情况讨论.

如果在弦图中, 能够分离出一个连通分支 X_1, 则该分支中的弦不与其他分支中的弦相交, 因而它们的端点依次分布在圆周上并形成弧, 在该弧上, 所有的标出点分为一对一对的, 此与题意相矛盾. 反之, 如果在某段弧上分为一对一对的同色点, 则连接它们的弦形成弦图中的连通分支.

在任何连通图中都有一个顶点, 去掉它以后不破坏图的连通性 (这种顶点不少于两个). 为完成本题的证明, 只需指出, 与该顶点相应的弦的端点正是我们所要寻找的那两个点.

证法 2 (不好的弧) 假设不然, 即无论去掉哪种颜色的两个点, 题中的性质都被破坏. 那么对于每种颜色就都有一种将圆周分为两段弧的办法, 在去掉该种颜色的两个点后, 其余颜色的点在这两段弧上被配成一对对的同色点 (在去掉所说的两个点后, 在两段弧上都应当有剩下的点). 我们将这种对圆周的划分称为不好的.

每种颜色对应圆周的一种划分, 我们来观察其中两种颜色对应的划分, 将这两种颜色称为 1 号色和 2 号色. 将每种颜色对应的划分都用一条该种颜色的弦来刻画, 该弦连接着圆周被分成的两个部分的衔接处的单位弧段的中点. 假设 1 号色的弦与 2 号色的弦相交于内点. 于是它们将圆周分为 4 个部分, 在每个部分上都有所标注的点. 根据题意, 开始时, 1 号色的两个点应当在 1 号色的弦的不同侧, 而在 2 号色弦的同一侧 (否则, 1 号色就不会给出圆周的不好的划分, 因为在去掉 1 号色的点后, 2 号色的点被分在圆周的不同部分上). 同理, 2 号色的两个点在 2 号色的弦的不同侧, 而在 1 号色弦的同一侧. 不难看出, 在这种情况下, 在 4 个部分中的一个部分上就既无 1 号色点亦无 2 号色点. 该部分上的标出点就都是两两成双的, 此与题意相矛盾. 因此, 任何两种不同颜色的弦都不相交. 并且, 如果 i 号色的弦在 j 号色的弦之左 (当然, "之左""之右" 的说法未必确切, 但在这里的含义是明确的),

那么就会有一个 i 号色的点位于 i 号色的弦的左侧, 也有一个 j 号色的点位于 j 号色的弦的右侧, 其余两个 i 号色的点与 j 号色的点则都在二弦之间.

我们来观察那条最靠边的弦, 假设它是 i 号色的弦, 在它的左边没有任何其他颜色的弦. 由上所证, 在 i 号色弦的左边就只能有一个点 (就是那个 i 号色的点). 这显然与不好的划分的含义不符, 因为在去掉 i 号色的点之后, 与该色点对应的划分中的一个部分上根本没有标出点.

♦ 可以用另一种方式完成证法 2. 既然每种颜色对应圆周的一种划分, 那么必有一种划分分出最小弧段, 由此不难找到有两种划分对应的弦相交.

IV.053 我们发现, $\triangle ABC$ 的平行于边 BC 的中位线是圆 S 和圆 A 的根轴, 后者退化为一个点 (参阅图 14). 这表明, 由点 X 与 Y 向圆 S 所作的切线分别等于线段 AX 与 AY. 又因为由点 Z 向圆 S 所作的切线相等, 所以 $AX+YZ$ 与 $AY+XZ$ 相等, 由此即可推知四边形 $AXZY$ 有内切圆.

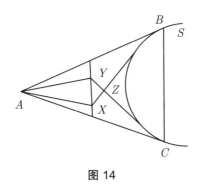

图 14

IV.054 有关书籍中有关于这个问题的详细介绍[①]. 此处给出一个不太复杂的初等解法. 因为我们仅需关心矩形的边长的奇偶性, 所以简单地将矩形的形状表示为 "奇 × 奇" "奇 × 偶", 等等.

(1) 我们来验证, 若 m 为偶, n 为奇, 则乙可赢.

我们把这样的场景称为有希望的: 若干块巧克力中, 有偶数块 "奇 × 奇", 任意多块 "偶 × 奇", 没有 "奇 × 偶". 我们来证明, 乙可在自己的每次行动之后都回归有希望的场景.

开始时, 我们只有 1 块 "偶 × 奇" 的巧克力. 甲在其第一步时, 或者得到 1 块 "奇 × 奇"(如果他从边缘切下一条水平状的 "带子" 并吃掉), 或者得到 1 块 "偶 × 奇" 的和 1 块 "奇 × 奇" 的矩形巧克力. 这样一来, 在乙开始第一步之前, 我们有若干块巧克力, 其中有奇数块 "奇 × 奇" 的和若干块 "偶 × 奇" 的. 乙可在自己的步骤里把 "奇 × 奇" 的块数变为 0 或 2. 从而在乙的第一步之后形成了有希望的场景.

[①] 编译者注　在西方民间, 这个竞技故事广为人知. 在 E. R. Berlecamp, J. H. Conway, R. K. Guy 所编的大百科全书 *Winning ways*(Academic Press, 1982) 中对这个游戏有介绍, 甚至简短地作了完整的分析, 并采用了专门术语, 作者是 J. Bynum.

乙的接下来的策略是: 如果甲对 "偶 × 奇" 的巧克力采取动作, 则乙视情况采取相应的动作, 使得 "奇 × 奇" 的块数保持为偶数, 且不出现 "奇 × 偶" 的矩形, 以得到有希望的场景.

如果甲对 "奇 × 奇" 的采取动作, 那么他可能得到 1 或 2 块 "偶 × 奇" 的, 或者 2 块 "奇 × 奇" 的. 无论哪种情况, 乙都要把 1 块 "奇 × 奇" 的变为 0 或 2 块 "奇 × 奇" 的. 如此一来, 在乙的步骤之后, 再次得到有希望的场景.

我们已经看到, 只要采用这样的策略, 乙就可以有应对措施. 根据游戏的有限性可知这是一种制胜策略.

(2) 我们来验证, 在其他情况下都是甲赢. 如果开始时的巧克力是 "奇 × 奇" 的, 则甲可将其变为 0 或 2 块 "奇 × 奇" 的. 如果开始时的巧克力是 "偶 × 偶" 的, 则甲可将其变为 "偶 × 奇" 的. 如果开始时的巧克力是 "偶 × 奇" 的, 则甲可将其变为 2 块 (或 0 块, 如果 $m = 1$) "偶 × 奇" 的. 在任何一种场合下, 甲都运用类似于 (1) 中乙的取胜策略.

IV.055 假设 $p\left(-\frac{1}{2}\right) > 7$. 我们来看二次三项式 $f(x) = 8x^2 - 8x + 1$, 注意到

$$f(0) = f(1) = 1, \quad f\left(\frac{1}{2}\right) = -1, \quad f\left(-\frac{1}{2}\right) = 7,$$

便知有

$$p\left(-\frac{1}{2}\right) > f\left(-\frac{1}{2}\right), \quad p(0) \leqslant f(0), \quad p\left(\frac{1}{2}\right) \geqslant f\left(\frac{1}{2}\right), \quad p(1) \leqslant f(1).$$

令 $g(x) = p(x) - f(x)$, 则 $g(x)$ 为二次函数或一次函数, 然而它却在区间 $\left[-\frac{1}{2}, 0\right]$, $\left[0, \frac{1}{2}\right]$, $\left[\frac{1}{2}, 1\right]$ 上都发生变号, 这意味着它在这三个区间上都有根, 这当然是不可能的. 事实上, g 只有两个根: 0 与 $\frac{1}{2}$. 从而 $g\left(-\frac{1}{2}\right)$ 与 $g(1)$ 应当同号, 此为矛盾.

亦可参阅 IV.059 题解答.

IV.056 答案 19 次. 一种可能的行走路径如图 15 所示.

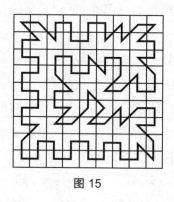

图 15

解法 1 我们来证明, 对角线走动不会少于 19 次. 易见, 棋子王的第一步与最后一步的行走方向是不同的, 因为它们一个是离开角上的方格, 一个则是进入角上的方格. 这样一来, 整个行走路径就是一个圈, 其中任何相邻的两步的行走方向都互不相同.

假设棋子王一共向上走了 a 步,向下走了 b 步,向右走了 c 步,向左走了 d 步,沿对角线往右上方走了 x 步,往左下方走了 y 步,往左上方走了 z 步,往右下方走了 t 步.

我们来观察棋盘中的一个水平行 S. 棋子王任何时候都不能在 S 中连续行走两步,因此他每一次 "光顾" S 都至多涉历其中的两个方格,所以他至少光顾了 5 次. 假设他一共光顾了 $k \geqslant 5$ 次. 在每次进入 S 的那一步和离开 S 的那一步,他都在作非零竖直移动,即竖直方向或对角线方向的走动. 所以他为了光顾 S 中所有方格,共作了 $2k$ 次竖直方向或对角线方向的走动.

将棋盘中的一共 5 个奇数编号水平行放在一起看. 正如刚才所言,对于每一个这样的水平行,棋子王都至少作了 10 次竖直方向或对角线方向的走动,所以棋子王一共做了不少于 50 次竖直方向或对角线方向的走动,意即

$$a+b+x+y+z+t \geqslant 50.$$

同理可知

$$c+d+x+y+z+t \geqslant 50.$$

将此二不等式相加,得

$$a+b+c+d+2(x+y+z+t) \geqslant 100.$$

因为棋盘中一共有 81 个方格,走遍它们只需 81 步,所以

$$a+b+c+d+x+y+z+t=81.$$

故知

$$x+y+z+t \geqslant 19.$$

解法 2 (染色) 将棋盘中的行与列都分别编号为 1 至 9. 将奇数编号的行与奇数编号的列相交处的方格都染为红色,一共有 25 个红格. 当棋子王沿着自己的路线由一个红格到达下一个红格时,在它所走的 $4-x$ 步中都有 x 步是对角线走动. 将它由第 i 个红格走到第 $i+1$ 个红格时所作的对角线走动次数记为 x_i (注意,棋子王出发的方格既是第 1 个红格又是第 26 个红格),那么他一共至少走了

$$(4-x_1)+(4-x_2)+\cdots+(4-x_{25})=100-(x_1+x_2+\cdots+x_{25})$$

步. 因为他实际走了 81 步,所以

$$x_1+x_2+\cdots+x_{25} \geqslant 19,$$

即最少作了 19 次对角线走动.

十、十一年级

IV.057 如图 16 所示, 将线段 AB, BC, CD, DA, AC, BD 的中点分别记作 K, L, M, N, P, Q, 将 $\triangle KPL$ 的外接圆与 $\triangle NPM$ 的外接圆的交点记作 X. 我们来证明, $\triangle KQN$ 的外接圆也经过点 X. 由方向角的性质可知

$$\angle(XK, XP) = \angle(LK, LP) = \angle(AP, AK);$$
$$\angle(XP, XN) = \angle(MP, MN) = \angle(AN, AP).$$

将它们相加, 得

$$\angle(XK, XN) = \angle(AN, AK) = \angle(QK, QN).$$

这表明, K, X, Q, N 在同一个圆周上. 同理可知, L, X, Q, N 在同一个圆周上. 所以 9 个点的所有圆周都经过点 X.

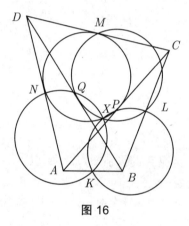

图 16

IV.058 设 p 是 $a+b+c$ 的最大质约数. 容易看出, a, b, c 被 p 除的余数不可能都相同. 事实上, 如果 $a \equiv b \equiv c \pmod{p}$, 那么就有 $p|3a$, 但是 $p \neq 3$, 从而 $p|a$. 同理可证 $p|b$ 和 $p|c$, 此与 a, b, c 整体互质的假设相矛盾. 设 a 与 b 和与 c 都是模 p 不可比的, 那么

$$p^{\alpha}|(a-b)(a^2+ab+b^2),$$

其中, α 是 $a+b+c$ 的质约数分解式中 p 的指数. 因为 $p \nmid (a-b)$, 所以

$$p^{\alpha}|(a^2+ab+b^2).$$

同理可证

$$p^{\alpha}|(a^2+ac+c^2).$$

从而它们的和可被 p^{α} 整除, 意即

$$p^{\alpha}|(a^2+ab+b^2)+(a^2+ac+c^2) = a^2+b^2+c^2+a(a+b+c),$$

由此可得题中断言.

IV.059 证法 1 (差值多项式) 令 $f(x) = p\left(\dfrac{x}{n}\right)$,则题中所要证明的问题变为:如果 f 是 n 次多项式,且对一切 $x \in [0, n]$,都有 $|f(x)| \leqslant 1$,则有 $f(-1) \leqslant 2^{n+1} - 1$. 下面来对 n 归纳.

$n = 0$ 时断言显然成立. 现在由 $n-1$ 向 n 过渡. 设 f 是所给的 n 次多项式, 考察其差值多项式
$$g(x) = f(x) - f(x+1).$$
这是一个 $n-1$ 次多项式,并且对一切 $x \in [0, n-1]$,都有 $|g(x)| \leqslant 2$. 这表明,函数 $\dfrac{1}{2}g(x)$ 满足归纳假设中的条件. 因此
$$\frac{1}{2}g(-1) \leqslant 2^n - 1.$$
由此即得
$$f(-1) = f(0) + g(-1) \leqslant 1 + 2(2^n - 1) = 2^{n+1} - 1.$$

证法 2 (插值) 多项式 $p(x)$ 可以根据它在任意 $n+1$ 个点处的值通过拉格朗日插值公式[①]来表示:
$$p(x) = \sum_{i=0}^{n} \frac{\prod\limits_{j \neq i}(x - x_j)}{\prod\limits_{j \neq i}(x_i - x_j)} p(x_i).$$
我们在其中令
$$x = -\frac{1}{n}, \qquad x_i = \frac{i}{n}, \quad i = 0, 1, 2, \cdots, n,$$
于是,对每个 i,相应加项的分子等于 $\dfrac{(-1)^n(n+1)!}{(i+1)n^n}$,分母则为 $\dfrac{(-1)^{n-i}i!(n-i)!}{n^n}$,故该分数为
$$(-1)^i \frac{(n+1)!}{(i+1)i!(n-i)!} = (-1)^i C_{n+1}^{i+1}.$$
于是知
$$p\left(-\frac{1}{n}\right) = \sum_{i=0}^{n}(-1)^i C_{n+1}^{i+1} \, p\left(\frac{i}{n}\right).$$
因为 $\left|p\left(\dfrac{i}{n}\right)\right| \leqslant 1$, 所以由上式即得
$$p\left(-\frac{1}{n}\right) \leqslant \sum_{i=0}^{n} C_{n+1}^{i+1} = 2^{n+1} - 1.$$

♦ 能否成立进一步的不等式:
$$p\left(-\frac{1}{n}\right) \leqslant \frac{1}{2}\left[\left(1 + \frac{2}{n}(1 + \sqrt{n+1})\right)^n + \left(1 + \frac{2}{n}(1 - \sqrt{n+1})\right)^n\right]?$$
可参阅切比雪夫不等式的初等性质的有关介绍.

IV.060 同 IV.054 题.

[①] 编译者注 关于拉格朗日插值多项式的知识可参阅有关的代数教科书,亦可参阅文献 [41], [42] 和 [31].

IV.061 如图 17所示, 以 X 表示经过点 K 的两个圆 ω_1 与 ω_2 的公切线与 AC 的交点. 故知 $\angle KAA_2 = \angle A_2KX$(弦切角等于同弧所对的圆周角). 同理可知 $\angle CKC_2 = \angle C_2KX$. 这表明 $\angle A_2KC_2 = 180° - \angle AKC$. 而此时就有

$$\angle AKC = \angle AKA_2 + \angle A_2KC_2 + \angle C_2KC$$
$$= \angle AA_1A_2 + 180° - \angle AKC + \angle CC_1C_2$$
$$= \angle B + 180° - \angle AKC,$$

故得 $\angle AKC = 90° + \frac{1}{2}\angle B$. 这表明 $\angle AKC$ 的大小与圆 ω_1 和 ω_2 的位置无关, 所以点 K 永远在经过点 A 和点 C 的圆周 ω 上. 将直线 A_1K, A_2K, C_1K, C_2K 与圆 ω 的第二个交点分别记作 P, Q, R, S. 注意到

$$\angle AKQ = \angle AKA_2 = \angle AA_1A_2 = 90° - \angle BAC,$$
$$\angle AKP = 180° - \angle AKA_1 = 90°,$$

可知圆周 ω 上的弧段 $\overset{\frown}{AQ}$ 与 $\overset{\frown}{AP}$ 的长度是固定的, 因此点 P 与点 Q 的位置仅与 $\triangle ABC$ 有关. 对于点 R 和点 S 亦有类似的结论. 这些点即为所求.

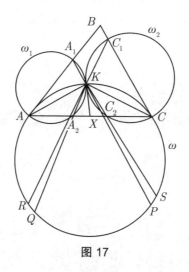

图 17

IV.062 同 IV.056 题.

IV.063 将题中的条件改述为: 对于任何正整数 $m < n$, 在任何由 m 列构成的 0-1 数表中, 都至多有 $2m$ 个不同的行. 我们来对 m 归纳, 以证明: 可以从表中选出 m 列, 使得其中刚好有 $2m$ 个不同的行. 于是, 只要令 $m = n-1$, 即得题中断言.

$m = 1$ 的情形显然. 我们来由 m 向 $m+1$ 过渡. 假设已经选出了 m 列. 于是可将所有的行分为 $2m$ 个集合 $A_1, A_2, \cdots, A_{2m}$, 每个集合中的行都在所选出的列上分别等于相应的行, 而任何两个不同集合中的行都至少在一个所选出的列上不同. 对于不属于所选出的列的列 X, 如果它在属于集合 A_i 的某两行上不同, 就称它裂解集合 A_i.

如果数表中存在某一列 X, 它至少裂解两个不同的集合 A_i 与 A_j, 那么就把 X 补入已经选出的 m 列, 得到一个由 $m+1$ 列构成的数表, 其中刚好有 $2m+2$ 个不同的行, 从而完成归纳过渡. 现在假设不存在这样的列, 于是其余每个列至多裂解一个集合 A_i.

我们来考察其中某个集合 A_i. 假设 B_i 是由所有裂解 A_i 的列构成的集合. 以 $|A_i|, |B_i|$ 分别表示 A_i 与 B_i 中的元素个数. 如果 $|A_i| = 1$, 则 $B_i = \varnothing$. 如果 $|A_i| > 1$, 我们来观察由集合 B_i 的列构成的数表. 根据题中条件, 该数表中至多有 $2|B_i|$ 个不同的行, 这表明 $|A_i| \leqslant 2|B_i|$.

合并 $|A_i| = 1$ 与 $|A_i| > 1$ 的情形, 得到不等式 $|A_i| \leqslant 2|B_i| + 1$. 并且知, 等号仅在 $|A_i| = 1$ 时成立. 将这些不等式自 1 至 $2m$ 求和, 得到

$$\sum |A_i| < \sum (2|B_i| + 1).$$

该式中的不等号是严格成立的, 因为至少有一个 i, 使得 $|A_i| > 1$. 然而, 我们有 $\sum |A_i| = 2n$, 而

$$\sum (2|B_i| + 1) = 2m + 2\sum |B_i| \leqslant 2m + 2(n-m) = 2n,$$

此为矛盾.

♦ 在包含 $m \leqslant 2n$ 行与 n 列的方格表的每个方格里都写入一个 0 或 1, 使得各行互不相同, 并且在任意删去 k 列之后, 在剩下的表中都有不多于 $2(n-k)$ 个互不相同的行. 证明: 可以删去一列, 使得在剩下的表中至少有 $m-2$ 个不同的行.

♦ 在包含 m 行与 n 列的方格表的每个方格里都写入一个 0 或 1, 使得各行互不相同. 正整数 k 满足不等式:

$$C_n^0 + C_n^1 + \cdots + C_n^{k-1} < m.$$

证明: 可从表中选出 k 列, 使得由它们构成的表中刚好有 2^k 个不同的行.

以上两个问题的来历, 参阅 Sauer N. *On the density of families of sets*. J. Combin. Theory, Ser.: A, 1972, 13: 145-147; 亦可参阅 Shellah S. *A combinatorial problem : stability and order for models and theories in infinitary languages*. Pacific J. Math. 1972, 41: 247-261.

IV.064 把 $A_1, A_2, \cdots, A_{l^2}$ 称为标出点序列, 把 i 称为 A_i 的号码. 假设题中的断言不成立, 亦即对任何号码 i 与 j, 都有 $|A_iA_j| > \sqrt{|i-j|}$, 或者说任何两个号码之差的平方根都小于相应的两个点之间的距离. 我们的目标就是证明: 此时的 l 一定不太大. 为叙述方便, 我们将对边长为 $20n$ 的正方形证明题中结论.

对每个正方形, 我们将落入其中的标出点的个数同它的面积的比值称为它的密度. 注意, 在我们的题设条件下, 一个边长为 $20l$ 的正方形的密度是 $\dfrac{1}{400}$.

记 $t = 10\,000$.

引理 如果一个边长为 $a > 30$ 正方形 K 的密度等于 $\varepsilon \geqslant \dfrac{1}{400}$,则可以找到一个边长为 $\dfrac{a}{t}$ 的正方形,其密度大于 $\left(1 + \dfrac{1}{t^2}\right) \cdot \varepsilon$.

引理之证 将正方形 K 划分为 t^2 个边长为 $\dfrac{a}{t}$ 的正方形. 我们来证明,其中可以找到一个小正方形,在其形内没有任何标出点. 假设不然. 设落在正方形 K 中的标出点的最小号码与最大号码分别为 p 与 q. 我们来观察这样的小正方形的链 $K_1, K_2, \cdots, K_m$,其中,K_1 是包含标出点 A_p 的小正方形,K_m 是包含标出点 A_q 的小正方形,链中的下一个小正方形都同前一个小正方形有公共边. 在链上的每个小正方形中都选取一个包含于其中的标出点,并且在 K_1 中选出的就是 A_p,在 K_m 中选出的就是 A_q. 在所选出的 m 个标出点所形成的点链中,每两个相邻点间的距离都不超过 $\dfrac{\sqrt{5}a}{t}$. 这就意味着,邻点间的号码差小于 $\dfrac{5a^2}{t^2}$. 由此可以推出关于点链中第一个号码与最后一个号码的差 $q - p$ 的估计式:

$$q - p \leqslant m \cdot \frac{5a^2}{t^2} \leqslant 2t \cdot \frac{5a^2}{t^2} = \frac{10a^2}{t}.$$

因为 p 与 q 分别是 K 中的标出点的最小号码与最大号码,所以 K 中至多含有 $q - p + 1$ 个标出点. 另一方面,在 K 中含有 $a^2\varepsilon$ 个标出点. 这表明

$$a^2 \varepsilon \leqslant q - p + 1 \leqslant \frac{10a^2}{t} + 1,$$

故知 $\varepsilon \leqslant \dfrac{10}{t} + \dfrac{1}{a^2}$. 因为 $t = 10\,000$,$a > 30$,所以

$$\varepsilon < \frac{1}{1\,000} + \frac{1}{900} < \frac{1}{400},$$

此与引理的条件相矛盾.

这就意味着,可以找到一个小正方形,在其形内没有任何标出点. 从而所有 $a^2\varepsilon$ 个标出点就分别在 $t^2 - 1$ 个小正方形中,故知在其中某个小正方形中至少落有 $\dfrac{a^2\varepsilon}{t^2 - 1}$ 个标出点,该小正方形的密度不小于

$$\frac{a^2\varepsilon}{t^2 - 1} \Big/ \left(\frac{a}{t}\right)^2 = \varepsilon \cdot \frac{t^2}{t^2 - 1} > \left(1 + \frac{1}{t^2}\right) \cdot \varepsilon.$$

引理证毕.

利用引理,通过归纳法,可得如下推论.

推论 如果 m 为正整数,若存在一个边长 $a > 30 \cdot t^m$ 的正方形,其密度不小于 $\dfrac{1}{400}$,则可找到一个边长为 $\dfrac{a}{t^m}$ 的小正方形,其密度不小于 $\dfrac{1}{400} \cdot \left(1 + \dfrac{1}{t^2}\right)^m$.

回到原题. 我们选取足够大的 m,使得 $\dfrac{1}{400} \cdot \left(1 + \dfrac{1}{t^2}\right)^m > 10$(例如,取 $m = 10^9$ 即可). 于是,只要题中的 n 满足条件 $20n > 30 \cdot t^m$,根据推论就可以找到一个边长大于 30 的正方形,其中的密度大于 10. 读者可以摒弃前面的讨论,自行证明:在该正方形内找到两个标出点,它们的距离小于 1,意即远小于 $\sqrt{|i - j|}$,这里 i 与 j 是它们的号码.

2004 年

八、九年级

IV.065 设 p 与 q 是方程 $f(x) = 0$ 的两个根, 其中 $p < q$, 则方程 $f(f(x)) = 0$ 的根就是方程 $f(x) = p$ 与 $f(x) = q$ 的根. 易知, 只有它们的较小的根才可能是负的, 并且只有在 $b = f(0) < p$ 时才有负根. 而根据韦达定理, 此时 $q = \dfrac{b}{p} < 1$.

IV.066 如图 18 所示, 将 $\triangle ADC$ 的垂心和 $\triangle ABC$ 的外心分别记作 H 和 O, 则有

$$\angle(AH, CH) = \angle(CD, AD) = \angle(AB, CB),$$

所以 A, B, C, H 四点共圆. 因为 O 是这个圆的圆心, 所以 $\angle(AB, AH) = 90°$, 它是半圆上的圆周角. 与此同时, $\angle(CD, AH) = 90°$, 因为它是边与该边上的高之间的夹角. 所以 $AB // CD$. 同理可知 $AD // BC$.

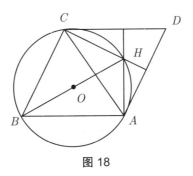

图 18

IV.067 **证法 1** 我们来观察位置最靠上的那枚棋子, 如果不止一枚, 则观察其中最靠左的那一枚. 假定它 (记作 A) 位于自上而下数的第 i 行、自左往右数的第 j 列. 那么就有

$$a_i - i + 1 = n - j + 1 - i + 1 = n - i + 1 - j + 1 = b_j - j + 1.$$

如果把棋子 A 从棋盘中取下, 那么 a_i 与 b_j 都减小 1, 从而 $a_i - i + 1$ 与 $b_j - j + 1$ 也都随之减小 1, 并保持相等. 因此, 在去掉 A 之后数组相同等价于去掉 A 之前数组相同. 这样一来, 我们只要逐个去掉棋盘中的棋子, 直到全部去光. 对于这种全零的局面, 两个数组显然相同. 于是原来的数组也相同.

证法 2 (棋子车多项式) 我们把棋盘上被跳棋占据的包含第 $a_1, a_2, \cdots, a_n$ 行的部分称为融克表, 记为 B. 为了证明题中的结论, 只需证明如下两个多项式相等:

$$P(x) = (x + a_1)(x + a_2 - 1)\cdots(x + a_n - n + 1),$$
$$Q(x) = (x + b_1)(x + b_2 - 1)\cdots(x + b_n - n + 1).$$

引理 假设 B 是包含第 $a_1, a_2, \cdots, a_n$ 行的融克表. 以 r_k 表示在表 B 中放置 k 个不能相互搏杀的棋子车的方法数目, 则对一切正整数 $x \geqslant n$, 都有

$$\sum_{k=0}^{n} r_k \frac{x!}{(x-n+k)!} = P(x).$$

为了证明题中结论, 只需指出, 求和号后面的分式都是既约分式, 所以该式中等号左右都是 x 的多项式, 它们在一切正整数 $x \geqslant n$ 处彼此相等, 因此左右两个多项式彼此相等. 当把融克表旋转 $90°$ 时, 等式左边不变, 右边变为 $Q(x)$. 所以 $P(x) = Q(x)$.

引理之证 待证等式的两端都是在包含第 $a_1 + x, a_2 + x, \cdots, a_n + x$ 行的融克表中放置 n 枚不能相互搏杀的棋子车的方法数目. 对于右边, 很好理解: 因为在第 1 行中有 $a_1 + x$ 种选择位置的方法, 此后在第 2 行中有 $a_2 + x - 1$ 种选择位置的方法, 如此等等. 左边则是另一种计算方法数目的办法. 假设融克表被表示成 $x \times n$ 矩形与原来的融克表 B 的并集, 要在 B 部分中摆放 k 枚不能相互搏杀的棋子车, 在 $x \times n$ 矩形中摆放其余 $n-k$ 枚. 在 B 部分中摆放时有 r_k 种方法. 为了摆放其余 $n-k$ 枚棋子, 可以把第 1 枚棋子放在第 1 个空白行里 (有 x 种选法), 把第 2 枚棋子放在第 2 个空白行里 (有 $x-1$ 种选法), 如此下去, 把第 $n-k$ 枚棋子放在第 2 个空白行里 (有 $x-n+k-1$ 种选法), 从而一共有 $\dfrac{x!}{(x-n+k)!}$ 种选法. 引理证毕.

IV.068 我们有 $q = \dfrac{t^3}{p}$, 故可将待证不等式改写为 $|p^3 - t^3| > tp^{4/3}$. 而

$$|p^3 - t^3| = |p - t|(p^2 + pt + t^2) > |(p-t)pt|.$$

又注意到 $t^3 = pq$, 故知

$$(p-t)^3 = p^3 - 3p^2 t + 3pt^2 - pq = p(p^2 - 3pt + 3t^2 - q),$$

由此可得 $|p - t| \geqslant p^{1/3}$, 所以 $|p^3 - t^3| = |p-t|(p^2 + pt + t^2) > |(p-t)pt| \geqslant tp^{4/3}$.

IV.069 证法 1 我们来观察一个新的二部图 G', 在该图中, 图 G 的每个顶点 A_i 都对应两个互不相邻的顶点 B_i 与 C_i, 并且, 若顶点 A_i 与 A_j 相邻, 则 B_i 与 B_j、C_i 与 C_j 亦分别相邻, 那么图 G' 满足霍尔引理的条件, 所以在该图中存在若干个两两完全匹配. 这些两两完全匹配相当于把图 G 的顶点分解为链和一些相邻对. 只需再指出, 在每条链上都可以去掉一个顶点, 使得其余顶点分为若干相邻对. 因为每条链的长度都不小于 3, 所以去掉的顶点数目不超过总数的 $\dfrac{1}{3}$.

证法 2 观察图 G 中由相邻顶点对构成的最大集合. 将这些顶点构成的集合记作 K, 而把其余顶点构成的集合记作 M. 那么 M 中的顶点均两两不相邻, 对于它们与集合 K, 满足霍尔引理的条件, 这就意味着 M 中的所有顶点都分别与 K 中的顶点相邻. 而根据 K 的最大性, M 中的顶点数目不超过 K 中的顶点对数目, 意即不超过图 G 中顶点总数的 $\dfrac{1}{3}$.

IV.070 先证一个引理.

引理 如果线段 PQ 与 RS 垂直, 则有 $PR^2 - PS^2 = QR^2 - QS^2$.

引理之证 将线段 PQ 与 RS 的交点记作 X(见图 19), 则由勾股定理可知, 所证等式两端都等于 $XR^2 - XS^2$, 引理证毕.

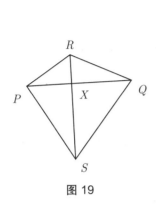

图 19

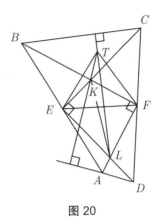

图 20

如图 20 所示, 我们来证明 $TE^2 = TF^2$. 根据三角形的中线长度与边长的关系式, 可知

$$TE^2 = \frac{1}{4}(2TA^2 + 2TB^2 - AB^2).$$

由于 $AB = CD$, 故只需证明

$$TA^2 + TB^2 = TC^2 + TD^2.$$

由引理知 $TA^2 - TD^2 = KA^2 - KD^2$. 注意, 这里还有 $\angle AFB = \angle DEC = 90°$, 这是因为在 $\triangle AFB$ 和 $\triangle DEC$ 中都有一条边上的中线等于该边长度的一半. 于是根据勾股定理, 即得

$$\begin{aligned} KA^2 - KD^2 &= AF^2 + FK^2 - ED^2 - KE^2 \\ &= AB^2 - BF^2 + KL^2 - FL^2 - CD^2 + CE^2 - KL^2 + EL^2 \\ &= CE^2 + EL^2 - BF^2 - FL^2 = CL^2 - BL^2, \end{aligned}$$

这就是所要证明的.

IV.071 我们来作模 p 运算, 为避免转换麻烦, 仍以通常的形式称呼模 p 的余数. 将数 $r_0 = 0$ 添入集合 R, 所得之集记作 R'. 易知, 这样一来, 所有 a_i 的值都变为原来的 2 倍, 因为除了原来适合要求的子集 J 仍然适合, 往 J 中补入一个元素 0 后所得的集合也适合. 以 $a_i^{(k)}$ 记将 i 表示为 R' 中 k 个互不相同的数的和的各种不同表示方式的数目. 我们来证明更强的事实: 对一切正整数 $k < p$, 都有 $a_0^{(k)} = a_1^{(k)} = a_2^{(k)} = \cdots = a_{p-1}^{(k)}$. 只要再对 k 求和, 即可得到题中所要证明的结论 (对于 $k = 0$ 还有些值得注意的细节, 运用它们, 可得 $a_0^{(0)} = a_0^{(p)} = 1$). 我们来考察任意一种将 i 表示为 R' 中 k 个互不相同的

数的和的方式, 将其中每一加项都加上 1(按模 p 运算), 得到一种将 $i+k$ 表示为 R' 中 k 个互不相同的数的和的方式. 如此一来, R' 中的 k 个互不相同的数的和便被分成了一个一个的组, 在每个组中, 数 $0,1,2,\cdots,p-1$ 中的每一个都各有一次被表示出来, 所以 $a_0^{(k)} = a_1^{(k)} = a_2^{(k)} = \cdots = a_{p-1}^{(k)}$.

IV.072 证法 1 由平均不等式知

$$3\left[\frac{ab}{(a+c+b)(a+c+d)}\right]^{\frac{1}{3}} = 3\left(\frac{a}{a+c} \cdot \frac{a+c}{a+c+d} \cdot \frac{b}{a+c+b}\right)^{\frac{1}{3}}$$
$$\leqslant \frac{a}{a+c} + \frac{a+c}{a+c+d} + \frac{b}{a+c+b}.$$

同理

$$3\left[\frac{cd}{(a+c+b)(a+c+d)}\right]^{\frac{1}{3}} \leqslant \frac{c}{a+c} + \frac{a+c}{a+c+b} + \frac{d}{a+c+d}.$$

将上述二式相加, 即得所证. 如果

$$\frac{c}{a+c} = \frac{b}{a+c+b} = \frac{a+c}{a+c+d} = \lambda,$$

亦即

$$b = \frac{a}{1-\lambda}, \quad c = a\left(\frac{1}{\lambda} - 1\right), \quad d = \frac{a(1-\lambda)}{\lambda^2},$$

则可成立等号.

证法 2 我们来找出这样的正数 x 与 y, 使得

$$3[(a+c+d)(a+c+b)]^{\frac{1}{3}} = (a+c+d)x + (a+c+b)y + \frac{1}{xy},$$

并使得上式右端的三项彼此相等. 这样的 x 与 y 可由下式求得:

$$x^3 = \frac{a+c+b}{(a+c+d)^2}, \quad y^3 = \frac{a+c+d}{(a+c+b)^2}.$$

于是根据平均不等式, 就有

$$3[(a+c+d)(a+c+b)]^{\frac{1}{3}}$$
$$= \left[a(x+y) + by + \frac{1}{y(x+y)}\right] + \left[c(x+y) + dy + \frac{1}{x(x+y)}\right]$$
$$\geqslant 3(ab)^{\frac{1}{3}} + 3(cd)^{\frac{1}{3}}.$$

证法 3 我们指出, 根据盖尔杰不等式, 可有

$$\sqrt[3]{ab} + \sqrt[3]{cd} \leqslant (a+c)^{\frac{1}{3}}(\sqrt{c} + \sqrt{d})^{\frac{2}{3}}. \qquad ①$$

读者可能不熟悉这个不等式. 事实上, 可以取定和值 $a+c=s$, 并讨论对怎样的 a 与 c, 左端的值可达最大. 为此, 需要考察函数 $f(x) = \sqrt[3]{xb} + \sqrt[3]{(s-x)d}$. 通过求导, 可知其最大值在 $x = \frac{\sqrt{b}}{\sqrt{b}+\sqrt{d}}$ 处达到, 由此即可推出不等式 ①.

如此一来，就只需证明

$$\sqrt[3]{s}(\sqrt{c}+\sqrt{d})^{\frac{2}{3}} \leqslant \sqrt[3]{(s+b)(s+d)},$$

或者两端立方后，证明 $sb+sd+2s\sqrt{bd} \leqslant s^2+sb+sd+bd$，而这显然是成立的.

十、十一年级

IV.073 同 IV.065 题.

IV.074 易知数 $11\cdots1$ 可以分入任何一个子集. 因为数 $22\cdots2$ 与除 $11\cdots1$ 之外的每一个数相近，所以，如果把 $11\cdots1$ 分入那个元素数目较少的子集 (将其称作 A，将另一子集称作 B)，则两个子集中的元素个数相同. 我们来看任意一个这样的数，在它的各位数字中，只有一位是 1，其余的都是 2. 显然，这种数只与两个数不相近，那么就应当把这两个数分开在两个子集中，亦即那个只有一位数字是 2 的数分在集合 B 中. 我们来证明，当 k 为偶数时，那些恰有 k 位数字是 2 的数属于集合 A；当 k 为奇数时，那些恰有 k 位数字是 2 的数属于集合 B. 对 k 归纳.

$k=1$ 的情形已经证明. 假设该断言已经对 $k=m-1$ 成立，我们来证明它对 $k=m$ 也成立. 观察恰有 m 个数位是 1 的数 P，显然它只与那个恰好在它是 1 的所有数位上是 2 的数不相近. 由于在任何集合中，含有奇数个元素的子集个数与含有偶数个元素的子集个数都相同，因此，当 m 是偶数时，那个在 P 的是 1 的数位上是 2 的数属于集合 A；而当 m 是奇数时，那个在 P 的是 1 的数位上是 2 的数属于集合 B. 但是数 $11\cdots1$ 可以属于两个集合中的任意一个，所以存在两种不同的划分. 正如我们所看到的，在归纳过渡中，这两种划分办法都是可以的.

IV.075 同 IV.069 题.

IV.076 我们将要用到西姆松线的广为人知的两种性质：

(1) 点的西姆松线平分该点与垂心的连线.

(2) 如果点沿着圆周逆时针旋转角度 α，则它的西姆松线顺时针旋转了角度 $\frac{\alpha}{2}$ (参阅文献 [19]).

还需指出，在以三角形的垂心为中心的系数为 $\frac{1}{2}$ 的位似变换之下，欧拉圆①同位相似于该三角形的外接圆. 于是，根据上述性质 (1)，在此位似变换之下，西姆松线变为经过我们的点的直线 ℓ(参阅图 21). 因而需要确定，对于怎样的一些点，直线 ℓ 将与外接圆相切. 根据性质 (2)，可以找到一个这样的点. 而且根据这一性质，不难算出，如果点沿着圆周转动，则当转过刚好 120° 时，下一个切点就会出现. 因而这三个点形成等边三角形.

---

① 编译者注　欧拉圆一般又称九点圆，可参阅本书末尾的 "专题分类指南".

图 21

IV.077 我们来证明如下的不等式:

$$Z = \frac{x_1+x_2}{x_1+x_4} + \frac{x_2+x_3}{x_2+x_5} + \cdots + \frac{x_{3n}+x_1}{x_{3n}+x_3} \geqslant 6.$$

为方便起见, 对角标按模 $3n$ 理解, 即 $x_{3n+k} = x_k$. 简记

$$S_r = \sum_{k=1}^{n} x_{3k+r}, \qquad X_r = \sum_{k=1}^{n} \frac{x_{3k+r}}{x_{3k+r} + x_{3k+3+r}},$$

$$Y_r = \sum_{k=1}^{n} \frac{x_{3k+r+1}}{x_{3k+r} + x_{3k+3+r}}, \qquad r = 0, 1, 2.$$

我们有

$$X_r = \sum_{k=1}^{n} \frac{x_{3k+r}}{x_{3k+r} + x_{3k+3+r}} \geqslant \sum_{k=1}^{n} \frac{x_{3k+r}}{\sum_{k=1}^{n} x_{3k+r}} = 1,$$

$$Y_r = \sum_{k=1}^{n} \frac{x_{3k+r+1}}{x_{3k+r} + x_{3k+3+r}} \geqslant \sum_{k=1}^{n} \frac{x_{3k+r+1}}{\sum_{k=1}^{n} x_{3k+r}} = \frac{S_{r+1}}{S_r}.$$

将这些不等式对 $r = 0, 1, 2$ 求和, 再利用平均不等式, 即得

$$Z = X_0 + X_1 + X_2 + Y_0 + Y_1 + Y_2 \geqslant 3 + \frac{S_1}{S_0} + \frac{S_2}{S_1} + \frac{S_0}{S_2} \geqslant 6.$$

IV.078 如图 22所示, 我们设 $AC > AB$. 设 K 是边 BC 的中点, H 是边 BC 上的高的垂足, A_3 是与边 AC 和边 BC 的延长线相切的旁切圆的切点. 于是, 点 K 位于线段 HC 和 A_1A_3 上.

但是

$$KA_1 \cdot KA_3$$
$$= \left[\frac{1}{2}BC - \frac{1}{2}(AB+BC-AC)\right]\left[\frac{1}{2}(AB+BC+AC) - \frac{1}{2}BC\right]$$
$$= \frac{1}{2}(AC-AB) \cdot \frac{1}{2}(AC+AB) = \frac{1}{4}(AC^2 - AB^2)$$
$$= \frac{1}{4}(AC^2 - AH^2 + AH^2 - AB^2) = \frac{1}{4}(HC^2 - HB^2)$$

$$= \frac{1}{2}(HC - HB) \cdot \frac{1}{2}(HC + HB) = KH \cdot KC,$$

所以, $\triangle ABC$ 中的与边 AC 平行的中位线是如下二圆的根轴: 其一是以线段 AC 作为直径的圆, 其二是经过 A_1, C_1, A_3 三点的圆. 于是, 该中位线经过这两个圆的根轴与 $\triangle ABC$ 的内切圆的交点, 亦即直线 $A_1 C_1$ 与 $A_2 C_2$ 的交点.

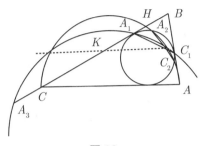

图 22

$AC < AB$ 的情形同理可证, 只需对上面的计算作几处符号更动即可.

IV.079 我们来寻找具有形式 $p = a^2 x^3$ 与 $q = a y^3$ 的正整数 p 与 q, 于是就有 $p - q = a(ax^3 - y^3)$. 选取这样的 a, x, y, 使得 $ax^3 - y^3 = 1$, 于是

$$ax^3 = y^3 + 1 = (y+1)(y^2 - y + 1).$$

令 $a = y^2 - y + 1$, 则有 $y + 1 = x^3$. 由于 x 与 y 互质, $r = a$. 我们来证明, 对于充分大的 y, 这样的数全都满足要求. 事实上, 由于 $|p - q| = a$, 故只需证明 $a < \sqrt{a} \sqrt[5]{ay^3}$, 亦即

$$\sqrt{y^2 - y + 1} < \sqrt[5]{y^5 - y^4 + y^3}.$$

在上式两端取 10 次方, 即为 $(y^2 - y + 1)^5 < (y^5 - y^4 + y^3)^2$, 这在 y 充分大时显然是成立的.

IV.080 我们来引入一些记号与定义. 对每个整数 t, 用 $\bar{t}$ 表示 t 被 n 除的余数, 则 $\bar{t} \in \{0, 1, \cdots, n-1\}$. 设 $T = \{t_1, \cdots, t_\ell\}$ 为一组整数, 其中可以有相同的数. 我们记 $\overline{T} = \{\bar{t}_1, \cdots, \bar{t}_\ell\}$, $cT = \{ct_1, \cdots, ct_\ell\}$ (其中, c 是任一整数. 对 $i \in \{0, 1, \cdots, n-1\}$, 以 $a_i(T)$ 记指标集合 $\{0, 1, \cdots, \ell\}$ 中这样的子集 J 的个数, 其中 $\sum_{j \in J} t_j \equiv i \pmod{n}$. 将整数组 T 称为好的, 如果 $a_0(T) = a_1(T) = \cdots = a_{n-1}(T)$.

我们说, 整数组 $T = \{t_1, \cdots, t_\ell\}$ 被包含在整数组 $T' = \{t'_1, \cdots, t'_{\ell'}\}$ 中 (记作 $T \subset T'$), 如果 $\ell \leqslant \ell'$, 并且存在指标 $1, 2, \cdots, \ell'$ 的某个排列 $\pi(1), \pi(2), \cdots, \pi(\ell')$ 使得 $t_1 = t'_{\pi(1)}, t_2 = t'_{\pi(2)}, \cdots, t_\ell = t'_{\pi(\ell)}$. 称整数组 T 与 T' 相等 (记作 $T = T'$), 如果 $T \subset T'$ 且 $T \supset T'$. 将整数组 $\{t_1, \cdots, t_\ell, t'_1, \cdots, t'_{\ell'}\}$ 称为整数组 $T = \{t_1, \cdots, t_\ell\}$ 与整数组 $T' = \{t'_1, \cdots, t'_{\ell'}\}$ 的并组, 并记作 $T \cup T'$.

为了解答原题, 先来证明题中所给的整数组 R 是好的. 我们指出 $R = \overline{R}$.

引理 1 设 $T = \{t_1, \cdots, t_\ell\}$ 为整数组.

(1) T 是好的, 当且仅当 $\overline{T}$ 是好的.

(2) 对 $r \in R$, 如果整数组 T 是好的, 则整数组 rT 也是好的.

(3) 如果整数组 T 与 T' 都是好的, 则并组 $T \cup T'$ 也是好的.

引理 1 之证 **(1)** 由好的组的定义立知.

(2) 因为 $r \in R$, 所以 $0 \cdot r, 1 \cdot r, \cdots, (n-1) \cdot r$ 被 n 除的余数各不相同. 如果 $\sum\limits_{j \in J} t_j \equiv i \pmod{n}$, 则 $\sum\limits_{j \in J} rt_j \equiv ri \pmod{n}$, 这意味着 $a_i(T) = a_{\overline{ri}}(rT)$, 由此即可推知结论 (2).

(3) 设 $T = \{t_1, \cdots, t_\ell\}$, $T' = \{t'_1, \cdots, t'_{\ell'}\}$, 并设 $J \subset \{1, 2, \cdots, \ell\}$, $J' \subset \{1, 2, \cdots, \ell'\}$ 是这样的子集, 使得 $J \cup J'$ 非空集, 且有 $\sum\limits_{j \in J} t_j + \sum\limits_{j' \in J'} t'_{j'} \equiv i \pmod{n}$. 这种指标子集对 J, J' 的个数等于 $a_i(T \cup T')$. 我们来证明, 对于每个 $i \in \{0, 1, \cdots, n-1\}$, 都有如下等式成立:

$$a_i(T \cup T') = a_i(T) + a_i(T') + \sum_{v=0}^{n-1} a_v(T) a_{i-v}(T'),$$

由此容易推出 (3) 中的结论. 事实上, $a_i(T)$ 与 $a_i(T')$ 分别对应了 J' 和 J 为空集的情形, 而每个形如 $a_v(T) a_{i-v}(T')$ 的加项则对应了如下情形:

$$\sum_{j \in J} t_j \equiv v \pmod{n}, \qquad \sum_{j' \in J'} t'_{j'} \equiv i - v \pmod{n}.$$

引理 1 证毕.

设 m 是使得 $2^m \equiv 1 \pmod{n}$ 的最小的正整数. 根据欧拉定理, $m \leqslant \varphi(n) = k$. 定义整数组 $S = \{2^0, 2^1, \cdots, 2^{m-1}\}$.

引理 2 整数组 S 是好的.

引理 2 之证 对于每个 $s \in \{2^0, 2^1, \cdots, 2^m - 1\}$(注意 $2^m - 1 = 2^0 + 2^1 + \cdots + 2^{m-1}$), 都能找到指标集合 $\{0, 1, \cdots, m-1\}$ 的唯一一个非空集合 J, 使得 $s = \sum\limits_{j \in J} 2^j$ (此由二进制表达式的唯一性立知). 因为 $2^m - 1$ 可被 n 整除, 所以

$$a_0(S) = a_1(S) = a_2(S) = \cdots = a_{n-1}(S) = \frac{2^m - 1}{n}.$$

引理 2 证毕.

记 $S_j = r_j S$, $j \in \{1, 2, \cdots, k\}$.

引理 3 **(1)** $\overline{S_j}$ 由 m 个互不相同的整数构成, $j \in \{1, 2, \cdots, k\}$.

(2) 对于任何 $j, j' \in \{1, 2, \cdots, k\}$, 数组 $\overline{S_j}$ 与 $\overline{S_{j'}}$ 或者没有任何公共成员, 或者完全重合.

(3) 存在指标集合的子集 $J \subset \{1, 2, \cdots, k\}$, 使得 $R = \bigcup\limits_{j \in J} \overline{S_j}$.

引理 3 之证 **(1)** 如果 $r_j 2^p \equiv r_j 2^q \pmod{n}$ $(1 \leqslant p < q \leqslant m-1)$, 则 $2^{q-p} \equiv 1 \pmod{n}$, 此与对 m 的选取相矛盾.

(2) 由于 $2^m \equiv 1 \pmod{n}$，所以对于任何 $s \in \overline{S_j}$ 都有 $\overline{S_j} = \{s, \overline{2s}, \overline{2^2 s}, \cdots, \overline{2^{m-1}s}\}$. 假如 $\overline{S_j}$ 与 $\overline{S'_j}$ 含有公共成员 s，那么如上所说，就有 $\overline{S_j} = \overline{S'_j}$.

(3) 对于任何 $j \in \{1, 2, \cdots, k\}$，数 $r_j 2^p$ 中的每一个都与 n 互质，其中 $p = 0, 1, \cdots, m-1$. 所以由本引理结论 (1) 知 $\overline{S_j} \subset R$. 此外，对任何使得 $r_j \in \overline{S_j}$ 的 $j \in \{1, 2, \cdots, k\}$，由本引理结论 (2) 知 R 是一些两两不交的集合 $\overline{S_j}$ 的并集，$j \in J \subset \{1, 2, \cdots, k\}$.

引理 3 证毕.

回到原题. 由引理 2 和引理 1 中的 (1) 和 (2) 知数组 $\overline{S_i}$ 是好的，$i = 1, 2, \cdots, k$. 再对引理 1 中的 (3) 归纳，可知若干个好的数组之并是好的. 再由引理 (3) 推知 R 是好的.

2005 年

八、九年级

IV.081 设 $a \leqslant b \leqslant c$ 是这些线性函数的根. 根据这些三项式的地位的对称性，可以认为 a 是 $p(x)$ 的根，c 是 $r(x)$ 的根. 于是 $pr + q$ 在点 a 与点 c 处的值分别是 $q(a)$ 与 $q(c)$. 它们的符号应当相反，因为 $q(x)$ 的根 b 在 a 与 c 之间. 这就表明，在我们所考察的情况下多项式 $pr + q$ 在 a 与 c 之间有实根.

IV.082 不失一般性，可以认为，点 L 在线段 $B_1 C$ 上. 以 M 记线段 $A_1 C_1$ 的中点. 因为 $\angle KML = \angle KB_1 L = 90°$，所以 L, B_1, M, K 四点共圆 (见图 23). 因而 $\angle KLM = \angle KB_1 M$，故只需证明 $\angle KB_1 M = \angle IBB_1$，或者证明 $\triangle IB_1 M \backsim \triangle IBB_1$. 由 $\triangle IC_1 B$ 与 $\triangle IMC_1$ 相似可知 $\frac{IM}{IC_1} = \frac{IC_1}{IB}$，故知 $\frac{IM}{IB_1} = \frac{IB_1}{IB}$，由此即可推出所要证明的相似性.

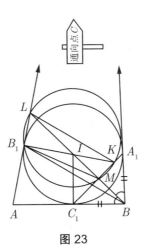

图 23

IV.083 因为

$$x^4+4y^4 = x^4+4x^2y^2+4y^4-4x^2y^2 = (x^2+2y^2)^2-(2xy)^2 = (x^2-2xy+2y^2)(x^2+2xy+2y^2)$$

所以, 只要 $n \equiv 2 \pmod{4}$, 就可把 $a^{2^n}+2^n$ 表示为两个大于 1 的正整数的乘积, 知其为合数.

IV.084 **答案** 存在这样的非退化的三角形 T.

例如, 可把两个锐角分别为 $30°$ 和 $60°$、斜边长为 1 的直角三角形取作 T. 事实上, 我们可以先取两个距离为 1 的同色点 A 和 B, 不妨设它们为红色点. 以线段 AB 作为斜边作 4 个互不相同的与 T 全等的直角三角形. 分别将这 4 个三角形记作 T_1, T_2, T_3, T_4, 并将 T_k 的直角顶点记作 C_k, $k=1,2,3,4$.

如果 C_1, C_2, C_3, C_4 中至少有两个红点 C_i 与 C_j, 那么三角形 T_i 与 T_j 即为所求.

如果 C_1, C_2, C_3, C_4 中只有一个红点, 不妨设为 C_1, 那么 $T_1 = \triangle ABC_1$ 的三个顶点全为红色, 而 $\triangle C_2 C_3 C_4$ 的三个顶点全为另一种颜色, 不妨设为蓝色. 不难知 $\triangle C_2 C_3 C_4 \cong T$.

如果 C_1, C_2, C_3, C_4 中没有红点, 那么以它们中任意 3 点作为顶点的一共 $C_4^3 = 4$ 个三角形都与 T 全等, 并且顶点全都是蓝色的.

IV.085 先估计左端第一项

$$\sqrt{\frac{ab}{c+ab}} = \sqrt{\frac{ab}{1-a-b+ab}} = \sqrt{\frac{ab}{(1-a)(1-b)}}$$
$$\leqslant \frac{1}{2}\left(\frac{a}{1-b}+\frac{b}{1-a}\right) = \frac{1}{2}\left(\frac{a}{a+c}+\frac{b}{b+c}\right).$$

对于第二项和第三项, 亦可得到类似的估计式. 将这三个估计式相加, 得到

$$\sqrt{\frac{ab}{c+ab}}+\sqrt{\frac{bc}{a+bc}}+\sqrt{\frac{ac}{b+ac}}$$
$$\leqslant \frac{1}{2}\left(\frac{a}{a+c}+\frac{b}{b+c}+\frac{b}{a+b}+\frac{c}{a+c}+\frac{c}{b+c}+\frac{a}{a+b}\right) = \frac{3}{2}.$$

IV.086 **证法 1** 只需证明, 任何质数 p 必在 $b_1, b_2, \cdots, b_n$ 之一的质因数分解式中的指数不低于它在 $(n-1)!$ 的质因数分解式中的指数即可. 记 $x_i = \left[\dfrac{n-1}{p^i}\right]$, 其中 $i=1,2,\cdots$, 则 x_i 是 1 到 $n-1$ 这些数中可被 p^i 整除的数的个数. 于是, p 在 $(n-1)!$ 的质因数分解式中的指数就是 $x_1+x_2+\cdots$. 我们注意 $px_1 \leqslant n-1 < n$, 所以在原来的数组 $a_1, a_2, \cdots, a_n$ 中能够找到 x_1+1 个数被 p 除时的余数相同. 不失一般性, 可设这些数就是 $a_1, a_2, \cdots, a_{x_1+1}$. 现在再注意 $px_2 = p\left[\dfrac{x_1}{p}\right] \leqslant x_1$, 因而在 $a_1, a_2, \cdots, a_{x_1+1}$ 这些数中可以找出 x_2+1 个数被 p^2 除时的余数相同. 不妨设这些数就是 $a_1, a_2, \cdots, a_{x_2+1}$. 继续这样做下去, 我们得到对所有的 $i=1,2,\cdots$, 都有 $a_1 \equiv a_j \pmod{p^i}$, 其中 $j \leqslant x_i+1$. 容易看出, 此时在 b_1 的质因数分解式中, p 的指数不小于 $x_1+x_2+\cdots$ (因为至少有 x_i 个形如 a_1-a_j 的因数可被 p^i 整除).

证法 2 令 $p(x) = (x-1)\cdots(x-n+1)$. 易知, 对任何整数 x, 我们的 $p(x)$ 都可被 $(n-1)!$ 整除. 写出 $p(x)$ 在点 $a_1, a_2, \cdots, a_n$ 的拉格朗日插值公式, 得到

$$p(x) = \sum_{i=1}^{n} \frac{p(a_i)}{b_i} \prod_{j \neq i}(x - a_j).$$

根据左右两端的首项系数相等, 得到 $1 = \sum \frac{p(a_i)}{b_i}$. 该式右端每一加项的分子都是 $(n-1)!$ 的倍数, 所以公分母 $[b_1, b_2, \cdots, b_n]$ 亦可被 $(n-1)!$ 整除.

IV.087 以 T 记线段 BX 的中点, 以 O 记 $\triangle ABC$ 的外接圆 ω 的圆心. 而把题中所给的经过点 X 的圆记作 ω_1. 我们来看以 T 为中心的中心对称变换. 它把圆 ω 变为与 AC 相切于点 X, 与圆 ω 有公共弦, 并经过 X 的圆, 亦即圆 ω_1(参阅图 24). 于是, 四边形 $MBNX$ 是平行四边形. 分别以 A_1 和 C_1 表示点 A 与 C 关于点 X 的对称点. 于是, XA_1 与 BC 的交点关于圆 ω 和圆 ω_1 的幂相等, 这表明该交点就是 Q. 同理可知, XC_1 与 AB 的交点就是 P. 于是, 四边形 $PBQX$ 是平行四边形, $AP = PX = BQ$, 且有 $\triangle OAP \cong \triangle OBQ$(边角边). 而这样一来, 四边形 $OPBQ$ 就内接于圆.

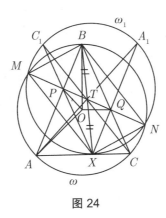

图 24

IV.088 如果自某个顶点引出的对角线不多于 200 条, 我们就去掉该顶点以及由它引出的所有对角线. 此时剩下的对角线条数依然不少于顶点数目的 200 倍. 继续进行这样的操作, 若干步之后, 自每个剩下的顶点引出的对角线都多于 200 条. 显然每条对角线都将多边形分为两个多边形, 我们以其中边数较少的多边形上的顶点数目作为该对角线的长度 (不包括其两个端点). 如果一条对角线的长度大于 100, 就将其称为 "长的", 否则就称为 "短的". 显然, 自每个顶点都至少引出一条长的对角线. 找出所有长的对角线中最短的一条, 记之为 d. 我们来证明, d 至少与 10 000 条其他对角线相交.

事实上, 假设它的长度为 k. 我们将这 k 个顶点依次记为 $A_1, A_2, \cdots, A_k$. 易知, 由顶点 A_1 至多引出 100 条短的对角线, 它们不与 d 相交, 这就表明有多于 100 条由 A_1 引出的对角线都与 d 相交 (显然, 由 A_i 引出的长的对角线都与 d 相交). 同理可知, 在由 A_k 引出的对角线中有多于 100 条与 d 相交; 在由 A_2 与 A_{k-1} 引出的对角线中各有多于 99 条与 d

相交; 在由 A_3 与 A_{k-2} 引出的对角线中各有多于 98 条与 d 相交; 如此等等. 在 $k \geqslant 200$ 时, 我们得到
$$2(1 + 2 + \cdots + 100) = 100 \cdot 101 > 10\,000.$$

而若 $k < 200$, 则由每个顶点引出的不与 d 相交的对角线都少于 k 条, 所以都有多于 $200-k$ 条对角线与 d 相交. 求和, 知有不少于 $k(200-k)$ 条对角线与 d 相交. 然而, 根据我们前面的计算, 对于 A_1 与 A_k, 各有多于 100 条对角线不与 d 相交, 接下来有 99, 98, 如此等等. 对于这样的顶点, 应当再分别加上 $100 - (200-k) = k - 100$, $99 - (200-k) = k - 101, \cdots, 1$. 因此, 我们一共找到
$$k(200-k) + 2(1 + 2 + \cdots + (k-100)) = 9\,900 + k > 10\,000$$

条对角线不与 d 相交 (注意, d 是所有长的对角线中最短的一条, 它的长度 $k > 100$).

十、十一年级

IV.089 考察 $p_1(x), p_2(x), \cdots, p_n(x)$ 的根, 设这些根中最小的是 x_1, 最大的是 x_2, 不妨设 x_1 是 $p_1(x)$ 的根, x_2 是 $p_2(x)$ 的根. 把 x_1 与 x_2 分别代入多项式 $p_1p_2\cdots p_{n-1} + p_n, p_1p_2\cdots p_{n-2}p_n + p_{n-1}, \cdots, p_2p_3\cdots p_n + p_1$, 则至多除了 $p_2p_3\cdots p_n + p_1$ 和 $p_1p_3\cdots p_n + p_2$, 其余函数在这两点的值都非零且具有不同的符号, 所以它们在区间 (x_1, x_2) 上都有根.

IV.090 同 IV.084 题.

IV.091 同 IV.083 题.

IV.092 同 IV.085 题.

IV.093 事实上, 所说的三个点都在 $\triangle A_1B_1C_1$ 的欧拉线上 (该直线经过 $\triangle ABC$ 的外心 O). 为证这一点, 只需对点 B_3 证明之. 将 $\triangle A_1B_1C_1$ 的垂心记作 H, 线段 A_1C_1 的中点记作 M, $\angle B$ 的平分线与对边的交点记作 L, 直线 B_1I 与 A_1C_1 的交点记作 K, 由顶点 B_1 作 A_1C_1 的垂线, 垂足记作 T(参阅图 25). 根据 IV.082 题, 有 $\dfrac{LI}{LB} = \dfrac{KI}{KB_1}$. 然而
$$\frac{KI}{KB_1} = \frac{IM}{B_1T} = \frac{B_1H}{2B_1T} = \frac{B_1H}{B_1B_2},$$
于是根据泰勒斯定理, 直线 BB_2, LB_1, IH 经过同一个点.

IV.094 答案 是的, 有此可能.

考察由若干线段构成的集合 X, 我们用 $\ell(X)$ 表示 X 中的线段长度之和.
设 $f: [0,1] \to [0,1]$ 是按照如下法则定义的映射:
$$x \mapsto 2x \,(\mathrm{mod}\, 1).$$
①

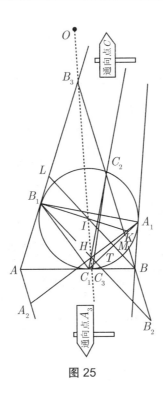

图 25

我们断言, 存在这样的集合 $A \subset [0,1]$, 使得:

(1) A 是若干线段的并集;

(2) $\ell(A) = \dfrac{1}{2}$;

(3) A 在映射 f 下几乎不变, 意即组成集合 $A \triangle f^{-1}(A)$ 的线段的长度之和小于 $\dfrac{1}{100}$. (这里, $\triangle$ 表示集合的对称差①, 而 $f^{-1}(A)$ 是集合 A 在映射 f 之下的逆像.)

这样一来, 如果在白色线段 $[0,1]$ 上把属于集合 A 的点都染黑, 则这种染法是符合男爵的要求的. 在这里工匠改染的是集合 $f^{-1}(A)$.

对于由若干个 0 和 1 构成的有序数组 α, 我们用 B_α 表示区间 $[0,1]$ 中这样的一些数所构成的线段, 这些数的二进制小数中小数点之后都以 α 开头. 易知, $\ell(B_\alpha) = \dfrac{1}{2^k}$, 其中 k 是 α 中的元素个数.

在二进制下, 法则 ① 是很简单的. 对于 $x \in [0,1]$, 如果其二进制表示是 $x = 0.\varepsilon_1\varepsilon_2\varepsilon_3\cdots$, 那么有 $f(x) = x = 0.\varepsilon_2\varepsilon_3\varepsilon_4\cdots$, 而

$$f^{-1}(x) = \{0.0\varepsilon_1\varepsilon_2\varepsilon_3\varepsilon_4\cdots,\ 0.1\varepsilon_1\varepsilon_2\varepsilon_3\varepsilon_4\cdots\}.$$

如果 α 是由 0 和 1 构成的有限的有序数组, 则 $f^{-1}(B_\alpha) = B_{0\alpha} \cup B_{1\alpha}$, 其中 0α 与 1α 分别是在有序数组 α 添加 0 和 1 所得的数组. 因此, 从这个意义上说, 映射 f 保持长度不变, 即

$$\ell(B_\alpha) = \ell(f^{-1}(B_\alpha)).$$

---

① 编译者注 集合 A 与 B 的对称差的定义是 $A \triangle B = A\overline{B} \cup \overline{A}B = A \cup B - AB$.

(可以验证, 这个等式对于区间 $[0,1]$ 中的任何由线段构成的集合都成立, 只不过这里用不到那么多性质.)

我们来观察集合 $C = B_{11\cdots 1}$ (10 个 1), 该集合由区间 $[0,1]$ 中所有二进制表达式中小数点后前 10 位都是 1 的数组成, 故 $\ell(C) = \dfrac{1}{1024}$. 我们令 $D_m = \bigcup_{k=1}^{m} f^{(-k)}(C)$, 则有 $D_m \subset D_{m+1}$ 且 $D_{m+1}\setminus D_m = f^{(-m-1)}(C)$. 因此, 有

$$\ell(D_m) \leqslant \ell(D_{m+1}) \leqslant \ell(D_m) + \dfrac{1}{1024},$$

意即 $\ell(D_m)$ 的增长速度不是很快.

我们来验证, 只要 m 足够大, $\ell(D_m)$ 就足够地接近 1. 事实上, 有

$$[0,1] = \bigcup_{\alpha} B_\alpha,$$

其中, 求和号对 m 个 0 和 1 所构成的所有不同的有序数组 α 求和. 对 $\ell([0,1]\setminus D_m)$ 的计算使我们不由得想起如下问题的解答:

读者们大概都碰到过这样的一个题目吧: 哪一种 100 位的十进制正整数更多: 是至少有一位数字为 7 的数, 还是其余的数? 这个题目的解答几乎是显然的: 其余的数只有 9^{100} 个, 它显著地少于所有的 100 位数的个数 10^{100}.

区间 $[0,1]$ 中的哪些数不属于集合 D_m 呢? 这些数属于这样一些 B_α, 在它的有序数组 α 中不出现 10 个相连的 1. 特别地, 在这些数组的开头 10 个数中, 至少有一个 0, 在接下来的 10 个数中至少有一个 0, 如此等等. 我们采用数的 1024 进制, 这种进制的每一位数字都可以用一个二进制的 10 位数表示. 以 δ 表示 10 个数位都是 1 的二进制正整数. 那么那些不含在集合 D_m 的数就是那些其 1024 位表达式中不出现 "数字" δ 的所有的小数. 这些数的数目与区间 $[0,1]$ 中所有数的个数的比值为 $\left(\dfrac{1023}{1024}\right)^{[m/10]}$. 随着 m 的增大, 该比值可以变得任意小, 也就意味着 $\ell(D_m)$ 的值任意地接近 1.

如此一来, 就有某个 m, 使得 $\ell(D_m) \leqslant \dfrac{1}{2} < \ell(D_{m+1})$. 如有必要, 可以将集合 $f^{(-m-1)}(C)$ 中的一些线段补入 D_m, 得到我们所需要的集合 A, 意即 $A = D_m \cup S$, 其中 $S \subset f^{(-m-1)}(C)$ 为补入的线段集合. 于是就有

$$A \Delta f^{-1}(A) \subset C \cup f^{(-m-1)}(C) \cup f^{-1}(S).$$

显然, $\ell(A \Delta f^{-1}(A)) \leqslant 3\ell(C) = \dfrac{3}{1024} < \dfrac{1}{100}$.

♦ 根据遍历理论, 映射 f 是遍历的, 亦即不存在非平凡的不变区间. 更确切地说, 在 f 之下不变的集合或者测度为 0, 或者测度为 1. 但是正如我们所见, 这个映射的不变集合可以具有预先设定的任一测度.

IV.095 同 IV.088 题.

IV.096 如图 26(a) 所示, 经过点 X 分别作平行于边 AB 和 BC 的直线, 设它们与边 BC 和 AB 分别相交于点 Q' 和 P'. 以 K 表示直线 $P'Q'$ 与直线 AC 的交点. 于是 $\dfrac{KA}{KX} = \dfrac{KP'}{KQ'} = \dfrac{KX}{KC}$, 由此知 $KX^2 = KA \cdot KC$, 所以题中所给之圆的根轴经过点 K. 而根据题中条件, 它亦经过线段 BX 的中点, 这表明 $P' = P, Q' = Q$. 我们指出, 现有 $\dfrac{AP}{PB} = \dfrac{AP}{XQ} = \dfrac{KP}{KQ} = \dfrac{PX}{QC} = \dfrac{BQ}{QC}$. 以 T 表示这样两个圆的第二个交点, 它们与边 AB 和 BC 分别相切于点 B, 且分别经过点 C 和 A. 于是有 $\triangle ATB \backsim \triangle BTC$, 从而 $\angle TPB = \angle TQC$, 故 B, P, T, Q 四点共圆, 所以点 T 即为所求 (见图 26(b)).

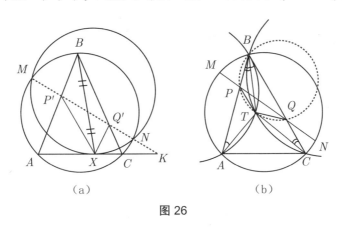

图 26

2006 年

八、九年级

IV.097 答案 16 枚棋子车, 例子如图 27所示.

去掉那些只放有一枚棋子车的行或列 (该枚棋子车也一并去掉). 此时各行各列中依然有不多于两枚棋子, 意即棋子数不多于行数与列数之和. 因为我们所去掉的行与列的数目与被去掉的棋子数一样多, 所以从一开始, 棋子的数目就不多于行数与列数之和, 即 16.

IV.098 如图 28所示, O_1 与 O_2 分别是 $\triangle APB$ 与 $\triangle CPD$ 的外心. 记 $\angle BPC = \alpha$. 因为圆心角是同弧所对圆周角的两倍, 所以 $\angle AO_1B = \angle CO_2D = 2\alpha$, 故知 $AB = CD$. 于是, $4\alpha = \angle AO_1B + \angle CO_2D = 180° + \alpha$(因为这两个角的和等于 $\overset{\frown}{BO_2A}$ 与 $\overset{\frown}{CO_1D}$ 之和的一半), 故知 $\alpha = 60°$. 这意味着四边形 $ABCD$ 是对角线夹角为 $60°$ 的等腰梯形, 由此即知

$$AC + BD = AP + PD + BP + PC = 2AD + 2BC.$$

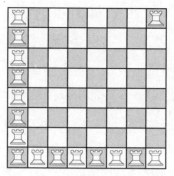

图 27

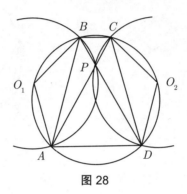

图 28

IV.099 因为 $a_1^2 + a_2^2 \geqslant 2a_1 a_2$，所以

$$\frac{a_1}{a_1^2 + a_2^2} \leqslant \frac{1}{2a_2}.$$

将所有此类不等式相加，即知所证不等式的左端不超过

$$\frac{1}{2a_2} + \frac{1}{2a_3} + \cdots + \frac{1}{2a_n} + \frac{1}{2a_1} = \frac{1}{2}.$$

IV.100 答案 由这样的合数构成的集合是有限的.

设 n 是满足题中条件的正整数. $d_1, d_2, \cdots, d_k$ 是它的除了 1 和 n 的所有正约数按递增顺序的排列, d_m 是其中小于 10 000 的最大的约数. 显然, $\frac{n}{d_1}, \frac{n}{d_2}, \cdots, \frac{n}{d_k}$ 就是这些约数按递降顺序的排列. 这表明, n 的大的约数确切的就是 $\frac{n}{d_1}, \frac{n}{d_2}, \cdots, \frac{n}{d_m}$, 它们的乘积等于 $\frac{n^m}{d_1 d_2 \cdots d_m}$. 因为大约数的乘积等于小约数的乘积，所以大约数乘积的平方就是所有正约数的乘积：

$$\left(\frac{n^m}{d_1 d_2 \cdots d_m}\right)^2 = d_1 d_2 \cdots d_k.$$

另一方面，因为集合 $\{d_1, d_2, \cdots, d_k\}$ 与集合 $\left\{\frac{n}{d_1}, \frac{n}{d_2}, \cdots, \frac{n}{d_k}\right\}$ 重合，所以 $(d_1 d_2 \cdots d_m)^2 = n^k$. 这表明

$$\left(\frac{n^m}{d_1 d_2 \cdots d_m}\right)^4 = n^k,$$

亦即
$$(d_1 d_2 \cdots d_m)^4 = n^{4m-k}.$$

该式左端小于 $(10\,000!)^4$, 这是因为 $d_1, d_2, \cdots, d_m$ 是小于 $10\,000$ 的互不相同的正整数. 而该式右端不小于 n. 这就是说 $n < (10\,000!)^4$. 这样一来, 满足题中条件的 n 以 $(10\,000!)^4$ 为上界, 所以它们所构成的集合有限.

◆ 如果从题目条件中去掉 "不同于自身" 的限制, 则集合就是无限的 (试证明之!). 试说明: 此处的证明在添加 1 和 n 之后并不适用于证明集合的无限性.

IV.101 证法 1 (最大圈) 显然, 图 G 中的顶点的度数都不小于 2, 因此该图中有圈. 考察其中最长的圈 Z 以及它上面的两个相邻顶点 a 与 b. 假设去掉 a 和 b 所得的图 G' 是不连通的. Z 上所有其余的顶点都在 G' 的一个连通分支上. 我们来观察该图的另一个连通分支 U. 由于图 G 是二连通的 (本身是连通图, 在去掉任何一个顶点之后仍然是连通图), 故在 U 中存在与 a 相邻的顶点 v. 连通图 $G-a$ (自 G 中去掉顶点 a 以及由它连出的所有的边的图) 应该存在由 v 到 b 的路 S. 因为连通分支 U 中的顶点不能与 G' 的另一个连通分支中的顶点相邻, 所以路 S 只能沿着 U 中的顶点穿行. 我们用边 av 和路 S 取代边 ab, 得到了比 Z 还要长的圈. 此为矛盾.

证法 2 (生成树) 自我们的图中取出一个生成树 T, 并以它的任一顶点 v 做树的根. 顶点 v 标注为第 0 级, 凡是与它相邻的顶点都标注为第 1 级, 如此等等, 与第 i 级顶点相邻而不与任何不大于 i 级顶点相邻的所有顶点标注为第 $i+1$ 级顶点. 观察任意一个级别最大的顶点. 易知, 该顶点是叶. 设它在树 T 上与顶点 v 相邻. 考察树 T 上所有与 v 相邻的叶, 以 U 记这些叶所构成的集合. 因为 G 是二连通的, 它的所有顶点的度数都不小于 2, 所以 U 中的每个顶点都还与另一个不同于 v 的顶点相邻. 如果在 U 中有两个相邻的顶点, 则可把它们去掉而得到一个连通图. 否则, 我们就去掉顶点 v 以及 U 中任一顶点. 显然, 所得到的图是一个连通图: 因为非 U 中的顶点都是互相连通的, 而 U 中的每个顶点都至少连着一个非 U 中的顶点.

◆ 如果图 G 是连通图, G_1 是 G 的子图, 它是树, 并且它的顶点集合等于 G 的顶点集合, 那么 G_1 就称为 G 的生成树. 图的生成树不是唯一的.

IV.102 假定将多边形的各个顶点已按照顺时针方向编号 (参阅图 29). 以 B_i 表示直线 $A_i P$ 与外接圆的第二个交点. 我们指出, 若将原多边形绕着它的外接圆的圆心顺时针旋转角度 $2\angle PA_1 A_2$, 它将变为多边形 $B_1 B_2 \cdots B_n$. 对于这个新的多边形而言, 点 P 正是我们所要找的点 (例如 $\angle PA_1 A_2 = \angle B_2 A_2 A_3 = \angle B_1 B_2 A_2 = \angle B_1 B_2 P$), 所以对于原来的多边形, 所要寻找的点就可以通过将点 P 绕着圆心逆时针旋转角度 $2\angle PA_1 A_2$ 来得到. 只需再指出, 这个点真的位于多边形的内部, 因为点 P 是在多边形 $B_1 B_2 \cdots B_n$ 内部引出的射线的交点 (参阅图 29).

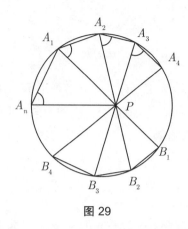

图 29

IV.103 对于每一个相互异色的三点组, 我们都考察包含着它们的直径最小的圆 (该圆或者是该三角形的外接圆, 或者是以最长边为直径所画的圆). 因为任何两个颜色不同的点之间的距离都不大于 1, 所以每个圆的半径都不大于 $\frac{1}{\sqrt{3}}$. 找出这些最小圆的最大半径, 假设它是包含相互异色的点 A_1, A_2, A_3 的最小圆 B 的半径 r(不妨设点 A_1, A_2, A_3 分别被染为 1, 2, 3 号色). 我们来证明, 抹去所有 1,2,3 号色的点后, 其余的点仍然都在圆 B 内部. 假设不然, 有某个 4 号色的点 A_4 在圆 B 之外. 根据 r 的定义, A_1, A_2, A_3, A_4 中的任何 3 个点都在某个半径为 r 的圆内. 由此可知, 所有 4 个点都在一个半径为 r 的圆 B_1 内 (事实上, 若干个点被一个半径为 r 的圆覆盖, 当且仅当以这些点为圆心所作的半径为 r 的圆具有非空的交集. 因为这一条件已经对其中任何 3 个圆都成立, 所以根据海莱定理, 它对所有 4 个圆也成立). 因为 $A_4 \notin B$, 所以 B_1 不与 B 重合. 这表明, 点 A_1, A_2, A_3 位于两个半径都是 r 的圆的交集 $B_1 \cap B$ 中, 这就意味着它们可以被一个半径更小的圆覆盖. 此与圆 B 是包含 A_1, A_2, A_3 三点的半径最小的圆的事实相矛盾.

IV.104 本题来源于 Erdos 的猜想之一. 在 1999 年, G. Elekes, M. Nathason 和 I. Rusza 证明了: 在题目的条件下, 我们所感兴趣的两两之和的集合中包含不少于 $cn^{\frac{3}{2}}$ 个元素 (其中 c 是某个不大的常数. 问题还在继续研究之中, 感兴趣的问题是: 如何改进常数 c 的估计, 特别是能否改进指数 $\frac{3}{2}$?).

证法 1 本证法由 G. Chelnokov 提供.

将所给的数的集合记作 S. 将 S 平移 a, 则两两之和所构成的集合平移 $2a$. 故可设 $a_1 = 0$. 所给之数的集合 S 中的所有两两之和属于集合 $a_1 + S, a_2 + S, \cdots, a_n + S$ 的并集. 其中每一个集合都含有 n 个元素, 但是集合之间有交集. 下面我们详细考察一下.

集合 $a_1 + S = S$ 含有 n 个元素.

集合 $a_2 + S$ 与 $a_1 + S$ 有一个公共元素 (这个公共元素就是 $a_1 + a_2$). 事实上, 方程 $a_1 + x = a_2 + y$ 即 $a_2 - a_1 = x - y$ 在 S 中关于 x 与 y 只有唯一的平凡解: $x = a_2, y = a_1$.

集合 $a_3 + S = S$ 与 $(a_1 + S) \cup (a_2 + S)$ 的交集中至多有 3 个 (新的) 元素. 事实上,

方程
$$a_3 - a_2 = x - y$$

不难猜到只有一个解: $x = a_3, y = a_2$. 而方程 $a_3 - a_1 = x - y$ 有不多于两个解: $x = a_3, y = a_1$, 以及还可能存在的另一个解, 如果有某个 $i > 2$, 使得差值 $a_3 - a_1 = a_{i+1} - a_i$.

一般情况下, 集合 $a_{k+1} + S$ 与集合

$$(a_1 + S) \cup (a_2 + S) \cup \cdots \cup (a_k + S) \qquad ①$$

的交集中有不多于 k^2 个元素. 事实上, 取决于如下形式的方程能有多少个解:

$$a_{k+1} - a_{i+1} = x - y, \qquad 0 \leqslant i \leqslant k-1.$$

我们指出, 对于固定的 r, 在 j 互不相同时, 形如 $a_{j+r} - a_j$ 的差数是各不相同的. 把 r 称为这种差值的 "阶". 于是右端的差的阶显然不超过 k, 因为最大的 k 阶差就是 $a_{k+1} - a_1$. 对于右端自 1 至 k 阶的每一个可能值, 我们都至多有一个解. 这就表明, 对于每一个 i, 我们都至多有 k 个解. 因此, 对于固定的 k, 所考察的方程都至多为我们提供 k^2 个新的公共点.

现取 $k = \sqrt{n}$. 由 ① 式提供的名单所开列的集合含有 $n^{\frac{3}{2}}$ 个元素 (未考虑交集). 而正如我们所展示的, 交集的数量不超过

$$1^2 + 2^2 + \cdots + (k-1)^2 = \frac{(k-1)k(2k-1)}{6} \sim \frac{n^{\frac{3}{2}}}{3}.$$

如此一来, 便知在两两之和所构成的集合中含有远远多于 $\frac{n^{\frac{2}{3}}}{100}$ 个不同元素.

证法 2 可设 $a_1 = 0$. 设 $1 < k \leqslant n$. 我们来证明, 在区间 (a_{k-1}, a_{k+1}) 中有着不少于 $\sqrt{k}$ 个不同的和数 (当 $k = n$ 时, 将 a_{k+1} 取为 $+\infty$). 为此, 先在该区间中按如下方式构造未必不同的和数 $s_1, s_2, \cdots, s_k$: 首先令 $s_1 = a_1 + a_k$, 然后对每一个依次定义的和数 $s_m = a_i + a_j$ $(1 \leqslant i < j \leqslant m)$, 令

$$s_{m+1} = \begin{cases} a_{i+1} + a_j, & \text{如果 } s_m \leqslant a_k, \\ a_i + a_{j-1}, & \text{如果 } s_m > a_k. \end{cases}$$

因为 $a_{i+1} - a_i < a_{k+1} - a_k$ 和 $a_j - a_{j-1} < a_k - a_{k-1}$, 数 s_{m+1} 必然位于所说的区间中. 由于加项的角标之差在每一步上都减小 1, 我们这样构造的和数到了第 k 个时便由两个相同的加项构成. 设在集合 $\{s_1, s_2, \cdots, s_k\}$ 中一共有 r 个不同的元素, 我们来证明 $r \geqslant \sqrt{k}$. 我们指出, 在形如 $|s_{m+1} - s_m|$ 的差数中, 能够遇到 $a_2 - a_1, a_3 - a_2, \cdots, a_k - a_{k-1}$ 中每一者刚好一次, 而所有这 $k-1$ 个差数互不相同. 这表明, 由我们的 r 元集合所形成的两两不同的差数有不少于 $k-1$ 个. 由此可知 $C_r^2 \geqslant k-1$, 这表明 $r > \sqrt{2(k-1)} \geqslant \sqrt{k}$.

再将各个区间 $(a_{n-1}, +\infty), (a_{n-3}, a_{n-1}), (a_{n-5}, a_{n-3}), \cdots$ 中的不同差数的个数相加, 得到不少于 $\sqrt{n} + \sqrt{n-2} + \sqrt{n-4} + \cdots > \frac{1}{4} n\sqrt{n}$ 个两两之和.

十、十一年级

IV.105 答案 14. 摆放方法如图 30 所示.

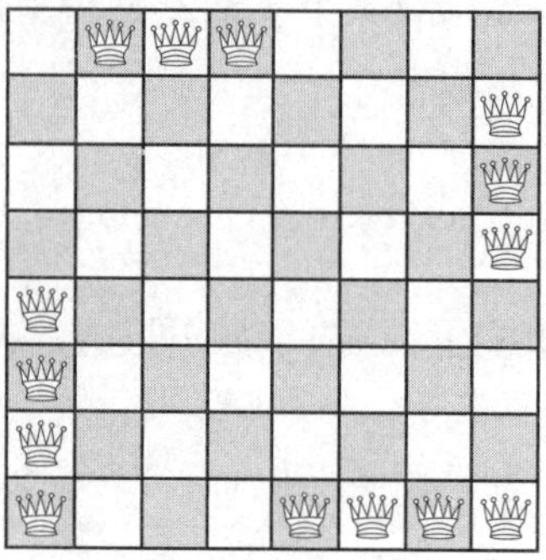

图 30

我们来证明, 不可能摆放 15 枚棋子王后. 注意, 棋子不能隔子搏击, 特别地, 棋子王后只能搏击同一行、同一列或同一对角线上的与其之间没有其他棋子的棋子.

每一枚棋子王后都可以在 8 个方向上出击, 并且只有两个方向可以搏击别的棋子王后. 这就意味着, 至少在 6 个方向上她的威力可达棋盘边缘. 在棋盘上一共有 $2 \times 8 \times 2 + 2 \times 15 \times 2 = 94$ 个直达边缘的可能打击方向. 如果放置 15 枚棋子王后, 那么它们在一共不少于 90 个方向上可达棋盘边缘. 因为棋子王后不能占据所有 4 个角上的方格 (否则会相互搏击), 所以它们至多占据三个角上的方格. 而它们一旦占据了三个角上的方格, 就可以找到至少两条长度为 2 的短对角线, 其上没有棋子王后, 于是可能的打击方向的总数目就不超过 88(因为在这种放置之下, 至少有 6 个对角线打击方向不能实现, 其中, 4 个角上的方格共有 2 个方向, 而每条短对角线各有 2 个方向). 如果仅占据两个角, 那么同样可以找到两条长度为 2 的短对角线, 其上没有棋子王后, 所以在这种情况下亦不多于 88 个打击方向. 最终, 如果有 3 个角上的方格空着, 此时亦不多于 88 个打击方向. 这就表明, 不可能这样放置 15 枚棋子王后.

IV.106 同 IV.100 题.

IV.107 答案 $\angle LMD = 20°$.

如图 31 所示, MA 是 $\angle KMB$ 的外角平分线, 故知 $\frac{AK}{AB} = \frac{MK}{MB}$. 同理可知 $\frac{DK}{DC} = \frac{MK}{MC}$. 根据关于 $\triangle KBC$ 和 $Rt\triangle ADC$ 的梅涅劳斯定理, 得知 $\frac{LB}{LC} = \frac{MB}{MC}$. 这表明 ML 是 $\angle CMB$ 的外角平分线, 且 $\angle LMD = 20°$.

IV.108 证法 1 (柯西不等式)　为方便计, 记

$$P = (2a+s)b^2c^2 + (2b+s)c^2a^2 + (2c+s)a^2b^2.$$

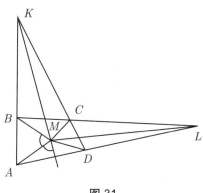

图 31

根据柯西不等式, 有
$$\left(\frac{1}{2a+s}+\frac{1}{2b+s}+\frac{1}{2c+s}\right)P \geqslant s^2.$$

我们指出
$$P = 2sabc + s\bigl[s^2 - 2abc(a+b+c)\bigr] = s^3 - 2sabc(a+b+c-1) \leqslant s^3.$$

因此
$$\left(\frac{1}{2a+s}+\frac{1}{2b+s}+\frac{1}{2c+s}\right)s^3 \geqslant s^2,$$

故得所证.

♦ 若正数 a,b,c 的和不小于 $\frac{1}{2}$, 试证明:
$$\frac{1}{2a+s}+\frac{1}{2b+s}+\frac{1}{2c+s} \geqslant \frac{1}{s},$$

其中 $s = ab+bc+ca$.

证法 2 (去分母, 去括号)   把待证不等式所有各项都移到左端, 乘公分母, 去括号, 合并同类项, 整理后得到
$$s^3 + s^2(a+b+c) \geqslant 4abc.$$

记 $p = a+b+c \geqslant 1$. 我们用 p 去除 a,b,c, 上式右端被除以 p^3, 左端第一项被除以 p^6, 第二项则被除以 p^5. 于是左端被缩小的次数高于右端. 于是我们只需在 $a+b+c = 1$ 的条件下证明不等式. 现在用 $a+b+c$ 的适当次幂乘各项, 将不等式变为齐次的:
$$(ab+bc+ca)^3 + (ab+bc+ca)^2(a+b+c)^2 \geqslant 4abc(a+b+c)^3,$$

再去括号, 合并同类项, 得到不等式
$$T(4,2,0) + 1.5T(3,3,0) \geqslant T(4,1,1) + T(3,2,1) + 0.5T(2,2,2),$$

该式可由缪尔海德不等式 (Muirhead's inequality) 立即得到, 其中 $T(\alpha,\beta,\gamma)$ 表示和式
$$a^\alpha b^\beta c^\gamma + a^\beta b^\gamma c^\alpha + a^\gamma b^\alpha c^\beta + a^\gamma b^\beta c^\alpha + a^\beta b^\alpha c^\gamma + a^\alpha b^\gamma c^\beta.$$

IV.109 我们将用到如下的广为所知的事实 (关于对偶旋转位似变换的引理): 如果某个旋转位似变换把有向线段 AB 变为有向线段 CD, 则存在中心相同的旋转位似变换把有向线段 AC 变为有向线段 BD.

我们来解答原题. 如图32所示, 分别以 X,Y,Z,T 表示点 P 在边 AD, AB, BC, CD 上的投影. 首先指出, $\angle YPX = 180° - \angle YAX = \angle BCD$. 同理, $\angle ZPT = \angle BAD$. 所以, 四边形 $AYPX$ 与四边形 $PZCT$ 中的各角对应相等. 此外还有 $\angle APC = 90° + \angle ADC = 90° + \angle YPZ$, 所以 $\angle AXY = \angle APY = 90° - \angle ZPC = 90° - \angle ZTC = \angle ZTP$, 所以四边形 $AYPX$ 与四边形 $PZCT$ 直接相似. 于是, 或者存在某个以 S 为中心的旋转位似变换, 或者通过平移把四边形 $AYPX$ 变为四边形 $PZCT$. 在平移的情况下, 点 A, P, C 在同一条直线上, 此与题中条件相矛盾, 因而存在这样的旋转位似变换. 同理可知, 存在旋转位似变换, 把四边形 $PTDX$ 变为四边形 $BZPY$. 因为第一个旋转位似变换把有向线段 XY 变为有向线段 TZ, 而第二个旋转位似变换把有向线段 XT 变为有向线段 YZ, 所以根据关于对偶旋转位似变换的引理, 这两个位似变换的中心重合. 于是, 这两个旋转位似变换中的第一个把有向线段 YP 变为有向线段 ZC, 而第二个则把有向线段 XD 变为有向线段 YP. 所以根据关于对偶旋转位似变换的引理, 把点 Y 变为点 D 的以 S 为中心的旋转位似变换亦把点 Z 变为点 C, 把点 X 变为点 D. $\triangle XYZ$ 与 $\triangle DPC$ 是旋转同位相似的, 因而 $\angle YXZ = \angle PDC$. 同理, $\angle TYX = \angle CBP$. 于是, $\angle YXZ + \angle TYX = \angle PDC + \angle CBP = 360° - \angle BPD - \angle BCD = 360° - 90° - \angle BAD - \angle BCD = 90°$, 由此即得题中结论.

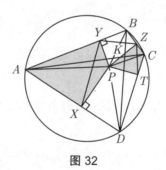

图 32

IV.110 以 M 记所给的多面体. 如果能够找到一个剖分四面体, 它的所有四个面都在 M 的表面上, 则 M 与该四面体重合, 那么断言很平凡. 如果能够找到四面体 T, 使得 M 有 3 个面在 T 的表面上, 则我们使用归纳法 (对剖分四面体的数目归纳). 即从 M 中剥离 T, 得到凸多面体 M', 它有不少于 $n-1$ 个顶点. 根据归纳假设, 构成 M' 的四面体不少于 $n-4$, 从而连同 T, 一共不少于 $n-3$ 个.

因此, 只需考虑每个四面体最多有两个面在多面体的表面上的情形. 假设多面体有 n 个顶点、m 条棱和 k 个面. 于是根据欧拉公式, 有 $n-m+k=2$. 假设各个面的边数分别为 $r_1, r_2, \cdots, r_k$, 那么 $r_1 + r_2 + \cdots + r_k = 2m$, 这是因为每条棱是两个面的边. 四面体们的面把 M 的面分为三角形. 我们指出, 凸 r 边形所分成的三角形不可能少于 $r-2$ 个. 这一

点可以由内角和看出. 这就意味着在 M 的表面上的四面体的表面的数目不少于

$$(r_1 - 2) + \cdots + (r_k - 2) = r_1 + r_2 + \cdots + r_k - 2k = 2m - 2k = 2n - 4.$$

(上式中的最后一步用到了欧拉公式.) 而此时每个四面体至多贡献了两个面, 因此四面体的数目不少于 $\frac{2n-4}{2} = n - 2$, 该数目高于题中所要求的估计值.

IV.111 本解答出自一位参赛选手 A. Glazman.

对于图 G 中的任一顶点集合 A, 以 $G - A$ 表示自 G 中去掉 A 中所有顶点以及由它们连出的所有的边所得的图. 假定题中结论不成立, 则自我们的图 G 中去掉任何一对相邻的顶点所得的图都不是二连通的. 这表明, 对于任何一对相邻的顶点 a 和 b, 都存在第三个顶点 v, 使得一旦去掉这三个顶点便得到一个不连通的图 (由一些连通分支组成的图). 选出其中最小的连通分支 U. 假设它是在去掉相邻顶点 a 和 b 以及顶点 v 后得到的. 设 $V_1, V_2, \cdots, V_k$ 是图 $G - \{a, b, v\}$ 中其余的连通分支. 因为图 G 是三连通的, 所以图 $G - \{a, b\}$ 是连通的, 因此顶点 v 至少与一个顶点 $w \in U$ 相邻. 我们来尝试去掉这对相邻的顶点 v, w. 根据我们所作的假设, 存在顶点 x, 使得图 $G - \{v, w, x\}$ 是不连通的, 而它的顶点集合由连通分支 $W_1, \cdots, W_n$ 的顶点集合构成. 根据图 G 的三连通性, 顶点 w 至少分别与 $W_1, \cdots, W_n$ 中的各一个顶点相邻. 由于从属于 $V_1, V_2, \cdots, V_k$ 的顶点, 若不途经顶点 a, b, v 之一, 则都不能到达顶点 w. 因为 a 和 b 中至少有一个不与 x 重合, 所以所有不属于 U 的顶点都落在 $G - \{v, w, x\}$ 的同一个连通分支中, 而该图中的任何一个其余的连通分支都被包含在 U 中, 这就表明它的顶点数目严格地少于 U. 此为矛盾.

IV.112 先把题中条件改述成更方便的形式. 数字 $2, 0, 0, 5$ 出现在实数 α 的表达式的小数点之后的 n 个字码之后, 当且仅当 $10^n \alpha$ 的小数部分位于区间 $[0.2005, 0.2006)$. 令 $\alpha = \frac{1}{2005!}$ 并将其乘分母, 得到如下条件: 对于某个 n, 把 10^n 除以 $2005!$ 的余数位于 $0.2005 \cdot 2005!$ 与 $0.2006 \cdot 2005!$ 之间.

写

$$2005! = 3^y M = 2^x 3^y 5^z M',$$

其中 M' 不可被 $2, 3, 5$ 整除. 不难算出指数 x, y, z, 例如 $y = 998$. 但是此处我们只需给出显然的估计 $y \geqslant 20$. 令 $N = 3^6 M = \frac{2005!}{3^{y-6}}$. 我们将在 N 的倍数里挑选所寻找的 n 的指数. 我们指出, 当 $n \geqslant N$ 时, 10^n 可被 $2^x 5^z$ 整除.

引理 1 $10^N \equiv 1 \pmod{M'}$.

引理 1 之证 只需对于 M' 的质因数分解式中的每一个因式 p^a, 证明 $10^N \equiv 1 \pmod{p^a}$. 根据欧拉定理, $10^{\varphi(p^a)} \equiv 1 \pmod{p^a}$, 其中 $\varphi(p^a) = (p-1)p^{a-1}$. 所以只需证明, N 可被 $(p-1)p^{a-1}$ 整除. 因为 $p^a | M' | N$, 而 $p-1$ 与 p^a 互质, 所以只需证明 $p-1 | N$. 我们指出, $p - 1 | 2005! = 3^{y-6} N$, 这是因为 $p - 1 < 2005$, 只需确认 3 在 $p-1$ 的分解式中的指数不超过 N 的分解式中的指数. 而这是显然的, 因为 $3^6 | N$ 和 $p - 1 < 2005 < 3^7$.

引理 1 证毕.

下一引理在奥数界被热称为关于 $p=3$ 的亨泽尔 (Hensel) 引理 (亦可参阅 III.144 题解答中的引理 3). 数论专家所说的亨泽尔引理则完全是与此无关的另一回事.

引理 2 设 a 与 k 为正整数, 在 $a-1$ 的质因数分解式中, 3 的指数为 $r \geqslant 1$, 而在 k 的分解式中, 3 的指数为 $s \geqslant 0$, 则在 $a^k - 1$ 的分解式中, 3 的指数是 $r+s$.

引理 2 之证 对 s 归纳. 起步: $s=0$ (k 不可被 3 整除). 分解因式

$$a^k - 1 = (a-1)(a^{k-1} + a^{k-2} + \cdots + 1).$$

在上式右端的第二个因式中, 共有 k 项, 其中每一项被 3 除的余数都是 1 (因为 $3|(a-1)$), 所以它模 3 与 k 同余, 表明它不可被 3 整除. 意即 3 在 $a^k - 1$ 的分解式中的指数与它在 $a-1$ 中的相同.

归纳过渡: 由 s 向 $s+1$ 过渡. 设 $k=3m$, 则

$$a^k - 1 = (a^m - 1)(a^{2m} + a^m + 1).$$

根据归纳假设, 3 在 $a^m - 1$ 中的指数为 $r+s$. 不难证明 (例如, 可通过枚举余数) $a^{2m} + a^m + 1$ 可被 3 整除, 但不可被 9 整除. 这就表明, 3 在它们的乘积中的指数是 $r+s+1$.

引理 2 证毕.

在引理 2 中令 $a=10$, $k=N$, 即知 3 在 $10^N - 1$ 的分解式中的指数是 8. 再令 $a=10^N$, 可知使得 $3^y | (10^{kN} - 1)$ 的最小的 k 等于 3^{y-8}. 所以, 形如 10^{kN} 的数, 其中 $k = 1, 2, \cdots, 3^{y-8}$, 模 3^y 的余数各不相同, 这意味着模 $2005!$ 的余数亦各不相同. 另一方面, 因为 $10^{kN} \equiv 1 \pmod{M'}$, $10^{kN} \equiv 0 \pmod{2^x 5^z}$, $10^{kN} \equiv 1 \pmod{3^8}$, 所以形如 10^{kN} 的数模 $2^x 3^8 5^z M' = 3^8 M = \dfrac{2005!}{3^{y-8}}$ 同余, 意即它们全都具有如下形式: $r_0 + m \cdot \dfrac{2005!}{3^{y-8}}$, $m \in \mathbf{Z}$, 其中 r_0 是这些余数中的一个. 但是这种形式的余数等于 3^{y-8}, 所以它们全都能遇到. 我们指出, $\dfrac{2005!}{3^{y-8}} < \dfrac{2005!}{10^4}$, 这是因为 $3^{y-8} > 3^{10} > 10^4$. 所以可以取到 m, 使得数 $r_0 + m \cdot \dfrac{2005!}{3^{y-8}}$ 位于 $0.2005 \cdot 2005!$ 与 $0.2006 \cdot 2005!$ 之间. 相应的指数 $n=kN$ 和小数点之后有着一段数, 在它后面排列着数字组合 $2, 0, 0, 5$.

♦ 事实上, 我们证明了在数 $\dfrac{1}{2005}$ 的十进制表达式中可以遇到任意 4 个数字的数字组合. 通过仔细研究证明过程中关于指数的估计, 甚至可以确证这一结论对于任意 90 个数字的数字组合都能成立.

2007 年

八、九年级

IV.113 设 $x^2+b_1x+c_1$ 与 $x^2+b_2x+c_2$ 是所给的两个二次三项式. 于是它们的差的根为 $\dfrac{c_1-c_2}{b_1-b_2}$. 根据题意, 结合韦达定理, 知它等于 $-\dfrac{1}{2}(b_1+b_2)$. 这样一来, 我们就有

$$\frac{c_1-c_2}{b_1-b_2}=-\frac{1}{2}(b_1+b_2),$$

由此可知 $b_1^2-2c_1=b_2^2-2c_2$. 根据韦达定理, 这就表明这两个三项式的根的平方和相等.

IV.114 用反证法, 假设题中结论不成立. 不失一般性, 可认为 2006 是蓝色的, 2007 是红色的. 于是会有如下两种情况:

(1) 假设 0 是红色的. 因为 2007 也是红色的, 所以 -2007 是蓝色的, 于是 1 是红色的; 因为 0 也是红色的, 所以 -1 是蓝色的; 因为 2006 也是蓝色的, 所以 -2005 是红色的; 因为 2007 也是红色的, 所以 -2 是蓝色的; 因为 -2005 和 0 都是红色的, 所以 2005 是红色的. 如果 2 也是蓝色的, 那么 $2+2005+(-2007)=0$, 不合题意, 所以 2 是红色的. 如此下去, 假设已经推出 $1,2,\cdots,k-1$ 都是红色的, 而 k 却是蓝色的. 那么 $-1,-2,\cdots,-(k-1)$ 显然都是蓝色的. 从而三个蓝色的数 $k,-1,-(k-1)$ 的和为 0, 此为矛盾.

(2) 假设 0 是蓝色的. 因为 2006 也是蓝色的, 所以 -2006 是红色的; 因为 2007 也是红色的, 所以 -1 是蓝色的, 于是 1 是红色的; 因为 -2006 也是红色的, 所以 2005 是蓝色的; 因为 0 是蓝色的, 所以 -2005 是红色的; 因为 2007 是红色的, 所以 -2 是蓝色的. 如此下去, 假设已经推出 $-1,-2,\cdots,-(k-1)$ 都是蓝色的, 而 $-k$ 是红色的, 那么 $1,2,\cdots,k-1$ 都是红色的, 于是三个红数 $-k,1,k-1$ 的和为 0, 此亦为矛盾.

IV.115 $(a^2-bc)^2$ 可被 $ab+bc+ca$ 整除等价于 $[a(a+b+c)]^2$ 可被 $ab+bc+ca$ 整除 (只需将原来括号中的数简单地加上 $ab+bc+ca$ 即可看出). 但因为 a 与 bc 互质, 所以它亦与 $ab+bc+ca$ 互质, 于是前述的整除性等价于 $(a+b+c)^2$ 可被 $ab+bc+ca$ 整除. 再经过类似的演化, 即可知道这一整除性等价于题中所要求的整除性.

IV.116 如图 33 所示, 点 M 是边 BC 的中点, 而点 X,Y,Z 分别是点 P 在边 AB,AC 以及 $\triangle ABC$ 中 $\angle A$ 的平分线上的投影. 作以 P 为中心的、系数为 $\dfrac{1}{2}$ 的位似变换. 题中点的共线性将等价于它们在变换下的像的共线性, 意即线段 AP 的中点 (记为 N) 与 M 和 Z 三点共线. 应当注意, 点 A,P,X,Y,Z 都在以 AP 为直径的圆上, 并且点 Z 是该圆周上的 $\overparen{XPY}$ 的中点, 所以点 N 和 Z 都在线段 XY 的中垂线上, 因而 M,N,Z 三点共线等价于 $MX=MY$.

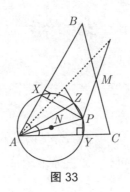

图 33

IV.117 对图中的顶点数目作归纳. 对于只有两个顶点的图, 题中结论显然成立. 考察具有 $2n$ 个顶点的图. 去掉图中的若干条边, 得到生成树. 观察图中的任意一个顶点 M, 以及与它距离最远的一个顶点 A. 显然, A 是叶. 将与它相连的顶点称为 B. 可能有如下两种情况:

(1) B 还连着另一个顶点 C, 它跟 A 到 M 的距离相同. 当然, C 也是叶. 我们去掉顶点 A 与 C. 根据归纳假设, 可以去掉剩下的图中若干条边, 使得每个顶点的度数都是奇数. 再把顶点 A 与 C 补回来, 这一性质仍然保持.

(2) 不存在这样的顶点 C. 此时, 顶点 B 的度数是 2. 去掉顶点 A 与 B. 对剩下的图运用归纳假设, 可去掉其中若干条边, 使得每个顶点的度数都是奇数. 再把 A 与 B 和它们之间的连线补回来, 结论仍然成立.

IV.118 如图 34 所示, 点 K 是直线 BD 与线段 AD 的中垂线的交点, 则

$$\angle AKD = 180° - 2\angle ADK = 180° - 2\angle ADC + 2\angle BDC$$
$$= 2\angle DBC + 2\angle BDC = 360° - 2\angle BCD = 2\angle ACD,$$

由此即知点 K 是 $\triangle ACD$ 的外心.

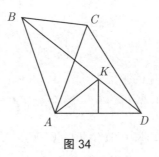

图 34

IV.119 我们来观察任一正整数 k, 证明任何形如 $\dfrac{10^{22k}-1}{11}$ 的数都能满足题中要求. 为此, 只需证明, 在小于 10^{22k} 的正整数中, 那些可被 11 整除的数的数目与那些各位数字和是 11 的倍数的数的数目相等. 我们认为这些数都是 22 位的正整数, 对于那些不足 22 位的数只需在前面补 0 即可. 我们来观察这样的变换: 把这些数的奇数位上的数字换为与它的

和是 9 的数字 (例如, 3 换为 6, 8 换为 1, 等等). 根据被 11 整除的判别准则, 这一变换是 "可被 11 整除的数" 与 "各位数字和是 11 的倍数的数" 之间的双射.

IV.120 本题取自 D. Collen 和 L. Smiley 的文章 [32].

为方便起见, 将 2006 记为 $2n$. 设 $M_{1/2} = A_1 A_2 \cdots A_n$ 是 M 的位于 ℓ 的某一侧的部分. 我们来考虑将 $M_{1/2}$ 的顶点分为一系列互不相交的子集, 使得任一子集中任何两个顶点间所连的线段都不与任一别的子集中的任何两个顶点间所连的线段相交. 我们将这种剖分叫作无钩挂剖分. 对于每一种无钩挂剖分, 我们都将属于同一个子集的各个顶点之间用线段连接. 将一个子集称作最大的, 如果由其中任一顶点所作的 ℓ 的垂线都不与任一线段相交. 根据 $M_{1/2}$ 的无钩挂剖分, 可以有若干种方式构造 M 的顶点的对称的无钩挂剖分. 为此, 需要把 $M_{1/2}$ 的顶点集合 (连同对称剖分的结构) 作关于 ℓ 的对称映射, 并需对每个最大子集作一选择: 是将该子集与它在对称映射之下的像合并为一个子集, 还是将它们保留为两个不同的子集?

在无钩挂剖分中, 称子集 S_1 围住了 S_2, 如果由子集 S_2 中的任一顶点向 ℓ 所作的垂线都至少与一条 S_1 中的顶点连线相交. 假设 $M_{1/2}$ 中的顶点被分成了 k 个子集 $S_1, S_2, \cdots, S_k$. 假设 A_{p_i} 与 A_{q_i} 分别是子集 S_i 中的角标最小的顶点和角标最大的顶点, 那么我们就说它们分别是 S_i 中的第一个顶点和最后一个顶点. 并且认为, 诸 S_i 的号码是根据它们中的最后一个顶点的编号的大小顺序来编的.

我们来考察坐标平面. 每一种无钩挂剖分都对应着一条以点 $(0,0)$ 和 $(2n,0)$ 为起讫点的 (有向) 折线, 折线上的每一小段的方向都是 $(1,1)$ 或 $(1,-1)$(参阅图 35). 折线以归纳方式来构造: 取一个顶点 A_1, 它是剖分的某个元素. 由点 $(0,0)$ 沿着方向 $(1,1)$ 作 (长度为 $\sqrt{2}$ 的) 一小段. 一般地, 在到达下一个顶点 A_m 以前, 相继地添加一系列的方向为 $(1,1)$ 的小段. 如果顶点 A_m 是自己所在的子集里的最后一个顶点, 即对某个 i, 有 $A_m = A_{q_i}$, 那么除了前面已作的部分, 再接着作若干个方向为 $(1,-1)$ 的小段, 使得它们中的最后一个端点处于在考察顶点 A_{p_i} 之前折线上的顶点所在的高度.

这样构造出的折线与 $M_{1/2}$ 的无钩挂剖分之间是一一对应的. 事实上, 不难根据折线恢复原来的剖分. 为此, 将各个上升的小段自左往右依次编号. 再自左至右依次为各个下降的区段编号, 位于同一下降区段中的小段都以区段的号码作为自己的号码 (参阅图 35). 如果由第 i 号上升小段的中点所作的水平线段与第 k 个下降区段相交, 那么在我们的剖分中, 顶点 A_i 属于子集 S_k.

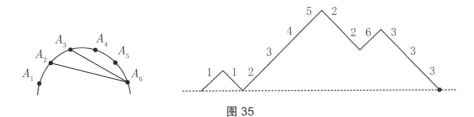

图 35

现在我们来讨论,如何根据 M 的顶点的对称的无钩挂剖分,构造以点 $(0,0)$ 和 $(2n,0)$ 为起讫点的平面上的 (有向) 折线. 这种折线不一定整个都位于上半平面中.

假设已经给定了一个对于 M 的顶点的对称的无钩挂剖分. 它诱导出 $M_{1/2}$ 的一个无钩挂剖分. 先作出与这个剖分相应的折线. 标出折线上位于半平面边缘上的顶点. 我们注意到剖分中的最大集合对应于夹在相继的标出点之间的片段. 正如我们已经指出的, 为了根据 $M_{1/2}$ 的无钩挂剖分恢复出 M 的原来的剖分, 需要将 $M_{1/2}$ 的剖分作关于 ℓ 的对称映射, 并需对每个最大集合说明, 是否将它与它在对称之下的像合并. 我们可以这样来变换我们的折线: 把折线上与那些需要与它们的像合并的最大集合所对应的片段作关于半平面边界的对称变换 (参阅图 36).

这样一来, 我们就建立起了 M 的顶点的无钩挂剖分与以点 $(0,0)$ 和 $(2n,0)$ 为起讫点的平面上的所有的 (有向) 折线之间的一一对应关系, 这种折线上的每一小段的方向都是 $(1,1)$ 或 $(1,-1)$. 这种折线一共有 C_{2n}^n 条.

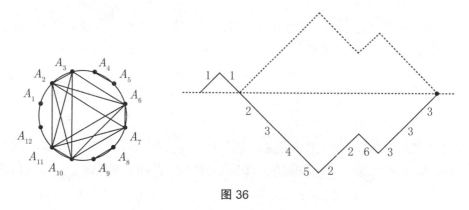

图 36

十、十一年级

IV.121 同 IV.115 题.

IV.122 同 IV.117 题.

IV.123 如图 37所示, 我们来证明 K, M, P, N 四点共圆, 然后根据类似的道理, 可知此圆亦经过点 L. 不失一般性, 可认为点 K 在 $\angle APD$ 内部. 于是, $\angle KAC = \angle KBD$, $\angle KCA = \angle KDB$. 从而 $\triangle AKC \sim \triangle BKD$. 此时, 中线之间的夹角与相应的边之间的夹角相等. 所以 $\angle KMC = \angle KND$, 由此即知 K, M, P, N 四点共圆.

IV.124 证法 1 (柯西 - 布尼亚科夫斯基不等式) 为简单计, 记 $r = \dfrac{1}{x} + \dfrac{1}{y} + \dfrac{1}{z}$. 根据柯西 - 布尼亚科夫斯基不等式, 我们有
$$3r = (x+y+z)\left(\dfrac{1}{x} + \dfrac{1}{y} + \dfrac{1}{z}\right) \geq 9.$$

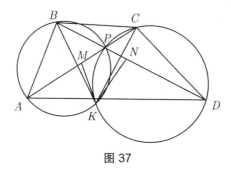

图 37

因而 $r \geqslant 3$.

我们指出
$$\frac{x+y}{xy(4-xy)} = \frac{\dfrac{1}{x}+\dfrac{1}{y}}{4-xy}.$$

仍然利用柯西 – 布尼亚科夫斯基不等式, 不过这一次将不等式
$$x_1 + x_2 + x_3 \geqslant \frac{\sqrt{x_1 y_1} + \sqrt{x_2 y_2} + \sqrt{x_3 y_3}}{y_1 + y_2 + y_3}$$

运用于
$$x_1 = \frac{x+y}{xy(4-xy)}, \quad x_2 = \frac{y+z}{yz(4-yz)}, \quad x_3 = \frac{z+x}{zx(4-zx)}$$

与
$$y_1 = \left(\frac{1}{x}+\frac{1}{y}\right)(4-xy), \quad y_2 = \left(\frac{1}{y}+\frac{1}{z}\right)(4-yz), \quad y_3 = \left(\frac{1}{z}+\frac{1}{x}\right)(4-zx),$$

得到
$$\frac{x+y}{xy(4-xy)} + \frac{y+z}{yz(4-yz)} + \frac{z+x}{zx(4-zx)}$$
$$\geqslant \frac{4\left(\dfrac{1}{x}+\dfrac{1}{y}+\dfrac{1}{z}\right)^2}{\left(\dfrac{1}{x}+\dfrac{1}{y}\right)(4-xy) + \left(\dfrac{1}{y}+\dfrac{1}{z}\right)(4-yz) + \left(\dfrac{1}{z}+\dfrac{1}{x}\right)(4-zx)}$$
$$= \frac{4r^2}{8r - (x+y) - (y+z) - (z+x)} = \frac{4r^2}{8r-6} = \frac{2r^2}{4r-3}.$$

于是, 只需再证明 $r^2 \geqslant 4r - 3$, 或者等价地证明 $(r-3)(r-1) \geqslant 0$. 后者是显然的, 因为 $r \geqslant 3$.

证法 2 (琴生不等式) 为简短起见, 将所要证明的不等式的左端记作 K. 如果 $x+y \geqslant 2\sqrt{2}$, 则 $z \leqslant 3 - 2\sqrt{2}$. 因而
$$K > \frac{y+z}{yz(4-yz)} + \frac{z+x}{zx(4-zx)} \geqslant \frac{y+z}{4yz} + \frac{z+x}{4zx}$$
$$= \frac{1}{2z} + \frac{1}{4x} + \frac{1}{4y} > \frac{1}{2z} \geqslant \frac{1}{2(3-2\sqrt{2})} = \frac{3+2\sqrt{2}}{2} > 2.$$

于是, 我们可以假定任何二数的和都小于 $2\sqrt{2}$, 此时当然有

$$xy \leqslant \left(\frac{x+y}{2}\right)^2 \leqslant 2.$$

我们指出, 函数 $t(4-t) = 4 - (2-t)^2$ 在 $t \leqslant 2$ 时单调上升. 所以, 如果在表达式 $\dfrac{x+y}{xy(4-xy)}$ 的分母中将乘积 xy 换为它们的和的一半的平方, 则分数值变小, 亦即

$$\frac{x+y}{xy(4-xy)} \geqslant \frac{x+y}{\left(\frac{x+y}{2}\right)^2 \left[4 - \left(\frac{x+y}{2}\right)^2\right]} = \frac{16}{(x+y)\left[16 - (x+y)^2\right]}.$$

同理得到另外两个类似的不等式, 于是就有

$$K \geqslant \frac{16}{(x+y)\left[16 - (x+y)^2\right]} + \frac{16}{(y+z)\left[16 - (y+z)^2\right]} + \frac{16}{(z+x)\left[16 - (z+x)^2\right]}$$
$$= 16\left[f(x+y) + f(y+z) + f(z+x)\right],$$

其中, $f(t) = \dfrac{1}{t(16-t^2)}$. 该函数的二阶导数是

$$f''(t) = 4 \cdot \frac{3t^4 - 24t^2 + 128}{t^3(16-t^2)^3}.$$

由 $3 \cdot 128 > 12^2$ 可知二次三项式 $3t^4 - 24t^2 + 128$ 的判别式小于 0, 所以 $f''(t)$ 在区间 $(0, 4)$ 中保持恒正, 故知 $f(t)$ 是该区间上的凸函数, 根据琴生不等式, 得

$$f(x+y) + f(y+z) + f(z+x)$$
$$\geqslant 3f\left(\frac{(x+y)+(y+z)+(z+x)}{3}\right) = 3f(2) = \frac{1}{8}.$$

如此一来, 就有 $K \geqslant 2$.

证法 3 (多个平均不等式) 根据平均不等式, 有

$$\frac{x+y}{xy(4-xy)} + \frac{y+z}{yz(4-yz)} + \frac{z+x}{zx(4-zx)}$$
$$\geqslant 3\sqrt[3]{\frac{x+y}{xy(4-xy)} \cdot \frac{y+z}{yz(4-yz)} \cdot \frac{z+x}{zx(4-zx)}}.$$

所以, 只需证明

$$\frac{(x+y)(y+z)(z+x)}{x^2y^2z^2(4-xy)(4-yz)(4-zx)} \geqslant \frac{8}{27}.$$

根据关于一个 t 和三个 1 的平均不等式 $t^4 + 3 \geqslant 4t$, 亦即

$$(4-t^3)t \leqslant 3.$$

相继地把 $\sqrt[3]{xy}$, $\sqrt[3]{yz}$ 和 $\sqrt[3]{zx}$ 作为 t 代入上述不等式, 再把所得的结果相乘, 得到

$$(4-xy)(4-yz)(4-zx)\sqrt[3]{xy \cdot yz \cdot zx} \leqslant 27.$$

于是, 只需再证明
$$\frac{(x+y)(y+z)(z+x)}{\sqrt[3]{x^4y^4z^4}} \geqslant 8,$$
也就是
$$(x+y)(y+z)(z+x) \geqslant 8\sqrt[3]{x^4y^4z^4}.$$
而这一不等式只需将如下四个显然的不等式相乘即可得到:
$$x+y \geqslant 2\sqrt{xy}, \quad y+z \geqslant 2\sqrt{yz}, \quad z+x \geqslant 2\sqrt{zx}$$
和
$$1 = \frac{x+y+z}{3} \geqslant \sqrt[3]{xyz}.$$

IV.125 作以圆 S 的圆心 O 为旋转中心的旋转位似变换,把点 M 变为点 A(参阅图38). 设 P' 是点 P 在这一旋转位似变换之下的像. 因为对任何位置的弦而言,旋转位似都是唯一确定的 (因为旋转中心、系数和旋转角度都是确定的),所以 P' 也是唯一确定的. 事实上,在这个旋转位似变换之下,直线 MP 变为直线 AP', 使得它们之间的夹角比 $\overset{\frown}{AB}$ 减小了一半,以至于等于直线 BC 与 AP' 之间的夹角. 因此, AP' 与 BC 在圆 S 上相交,因而相交于点 C.

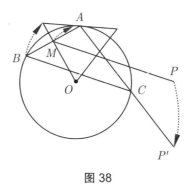

图 38

IV.126 答案 2^{50}. 例子: 将所有的元素配成 50 对. 我们来看所有这样的集合, 它们对于每个对子, 或者包含里面的两个元素, 或者一个都不包含.

♦ 我们在集合上观察由两个元素构成的域上的线性空间的结构,以对称差作为加法. 并且以两个集合的交集中的元素个数的奇偶性作为这两个集合的内积. 我们注意到, 如果集合的某个集合类满足题中的条件, 则它亦满足该集合类的线性覆盖. 我们来证明, 如果空间中的任何两个向量 (不一定不相同) 都相互垂直, 则该空间的维数不大于 50. 设其维数是 k. 于是其垂直补的维数是 $100-k$. 但是根据定义, 垂直补含在该空间自身之中, 所以 $k \leqslant 100-k$.

我们假定读者不熟悉 "有限域上的线性代数", 尝试以初等语言阐述此处的讨论.

我们将两个集合 A 与 B 的对称差称为它们的和 $A+B$, 而把 $A\cap B$ 中的元素个数的奇偶性称为内积 $A\cdot B$(意即: 当该数目是奇数时, 内积值是 1; 当该数目是偶数时, 内积值是 0). 容易看出, 所引入的运算满足如下各关系式:

$$A+B=B+A, \quad (A+B)+C=A+(B+C),$$
$$A+A=\varnothing,$$
$$(A+B)\cdot C=A\cdot C+B\cdot C.$$

(最后一个等式按模 2 理解.) 如果 $A\cdot B=0$, 则称集合 A 与 B 垂直.

假设有一些集合满足题中条件, 即这些集合两两垂直. 从它们中选出最大数量的集合 $A_1,A_2,\cdots,A_n$, 使得其中任何一个被选出的集合都不等于某几个其他被选出的集合的和 (或者说, 其中任何若干个被选出的集合的和都不是空集). 我们指出, 如果往我们所选出的集合类中补入所有形如 $A_{i_1}+A_{i_2}+\cdots+A_{i_k}$ 的和, 则题中条件对于现在集合类仍然满足. 这样一来, 我们就得到了 2^n 个满足题中条件的集合 (因为对于不同的挑选, 所得的和是不同的, 这有赖于对诸 A_i 的选取).

我们来证明, 存在不多于 2^{100-n} 个集合 B, 使得对一切 $i=1,2,\cdots,n$, 都有 $B\cdot A_i=0$.

为此, 首先逐步扩充集合类 $A_1,A_2,\cdots,A_n$, 逐个往里增添集合 $A_{n+1},A_{n+2},\cdots$, 使得在每一步上任何所选出来的集合 A_i $(i=1,2,\cdots)$ 的和都不是空集. 在每一步增添之后, 由所构成的集合类 $A_1,\cdots,A_k$ 的一切可能的和构成的集合类中都有 2^k 个集合. 等到集合 $A_{n+1},A_{n+2},\cdots,A_{100}$ 都选好了, 我们的构造过程即告终. 此时, 题中所述的 100 元集合的每一个子集都有唯一的方式表示为若干个 A_i 的和.

现在假定已经找到 $2^{100-n}+1$ 个集合, 它们中的每一个都垂直于 $A_1,A_2,\cdots,A_n$. 将每一个这样的集合 B 都对应一个由 0 和 1 构成的数组

$$(B\cdot A_{n+1}, B\cdot A_{n+2}, \cdots, B\cdot A_{100}).$$

一共有 $2^{100-n}+1$ 个这样的数组. 因此, 根据抽屉原理, 存在某两个集合 B_1 与 B_2, 它们所对应的数组完全相同. 于是, B_1+B_2 垂直于所有的集合 A_i $(i=1,2,\cdots,100)$, 以及这些 A_i 的所有的各种形式的和 (意即所得的所有的集合). 而这只有 $B_1=B_2$ 时才有可能. 此为矛盾.

如此一来, 就有 $2^{100-n}\leqslant 2^n$, 意即我们的集合的数目不会超过 2^{50}.

♦♦ 关于集合的许多有趣的问题收集在 L. Babai 和 P. Frankl 尚未完成的书稿《组合中的线性模型及其在集合与计算机科学中的应用》中. 我们介绍几个比较接近的问题. 亦可参阅 "奥林匹克之角" 中的有关文章.

(1) 存在与我们所举的例子不同的含有 2^{50} 个集合的集合类, 它不是将 100 个元素两两配为 50 个对子.

(2) 给定了一个 n 元集合的子集族, 其中任何两个子集 (可以相同) 的交集中都含有奇数个元素. 证明: 该子集族中至多有 n 个集合.

如果要求子集都由偶数个元素构成, 则断言是成立的.

(3) 给定 $2n$ 元集合的 $m < 2^n$ 个子集, 满足如下条件: 任何两个子集 (可以相同) 的交集都含有偶数个元素. 证明: 至少可以再补入一个子集, 使得所述的性质仍然保持.

(4) 存在 n 元集合的由 n 个子集构成的子集族, 其中任何两个子集 (可以相同) 的交集中都含有奇数个元素, 但是不能往该子集族这增添任何一个子集, 使得所述的性质仍然保持.

(5) 如果不要求各个子集皆由偶数个元素构成, 则原题中的答案不变.

IV.127 同 IV.120 题.

IV.128 以 K_n 表示小于 10^n 的各位数字和可被 d 整除的正整数的个数.

引理 1 K_n 等于多项式

$$h(x) = (1 + x + \cdots + x^9)^n$$

中所有的 x^s 项的系数之和, 其中 s 是 d 的倍数.

引理 1 之证 把多项式 $h(x)$ 写成 n 个括号的连乘积, 并按如下方式打开它们: 从第 1 个括号里任选一个单项式 x^{a_1} ($0 \leqslant a_1 \leqslant 9$), 再从第 2 个括号里任选一个单项式 x^{a_2} ($0 \leqslant a_2 \leqslant 9$), 从第 3 个括号里任选一个单项式 x^{a_3} ($0 \leqslant a_3 \leqslant 9$), 如此下去, 并将它们相乘; 再从各个括号依次选取单项式, 再相乘; 一直下去, 直到按照一切可能的不同选择方式做毕, 再把所得的所有结果相加. 我们指出, 从各个括号中选取单项式的方式可以用 0 到 $10^n - 1$ 的正整数逐个唯一编码: 单项式 $x^{a_1} x^{a_2} \cdots x^{a_n}$ 对应于数

$$a = \overline{a_1 a_2 \cdots a_n} \in [0, 10^n - 1].$$

(其中首位数字可以为 0). 于是, 数字和可被 d 整除的数对应于指数和可被 d 整除的单项式. 而这样的数的数目就等于所有的这种单项式的系数之和. 引理 1 证毕.

引理 2 我们有如下等式:

$$K_n = d^{-1} \sum_{\varepsilon:\, \varepsilon^d = 1} h(\varepsilon),$$

其中求和对象取遍 1 的所有 d 次复根 ε.

引理 2 之证 对于每个 k, 我们有

$$\sum_{\varepsilon:\, \varepsilon^d = 1} \varepsilon^k = \begin{cases} d, & \text{如果 } d \mid k, \\ 0, & \text{如果 } d \nmid k \end{cases}$$

(这是周知的关于单位根的良好性质). 这样一来, 在和式 $d^{-1} \sum_{\varepsilon:\, \varepsilon^d = 1} h(\varepsilon)$ 中, 只有 $h(x)$ 中那些指数是 d 的倍数的单项式才做出非零贡献, 并且每个单项式的贡献都是 1. 从而由引理 1 即可推出所证的断言.

引理 2 证毕.

记 $\varepsilon = \exp\left\{\dfrac{2\pi i}{d}\right\}$,并令 $C = 1 + \varepsilon + \cdots + \varepsilon^9$. 显然 $|C| < 10$. 我们还需要两个技术性引理.

引理 3 当 $d > 1000$ 时,有 $|C| > 7$.

引理 3 之证 令 $\omega = \exp\{it\}$,则

$$|1 + \omega + \cdots + \omega^9| = \left|\dfrac{1 - \omega^{10}}{1 - \omega}\right| = \left|\dfrac{e^{5it}}{e^{-\frac{it}{2}}} \cdot \dfrac{e^{-5it} - e^{5it}}{e^{-\frac{it}{2}} - e^{\frac{it}{2}}}\right| = \left|\dfrac{\sin 5t}{\sin \frac{t}{2}}\right|.$$

令 $f(t) = \dfrac{\sin 5t}{\sin \frac{t}{2}}$,不难看出

$$f(t) = 2\left(\cos\dfrac{t}{2} + \cos\dfrac{3t}{2} + \cos\dfrac{5t}{2} + \cos\dfrac{7t}{2} + \cos\dfrac{9t}{2}\right)$$

(只需将该式右端乘上 $\sin\dfrac{t}{2}$ 并 5 次运用公式 $2\sin x \cos y = \sin(x+y) - \sin(y-x)$ 就可以验证该结论). 函数 $f(t)$ 在区间 $\left[0, \dfrac{2\pi}{9}\right]$ 上下降且非负,这是因为 5 个余弦项都下降且非负. 因为在 $d > 1000$ 时,$\dfrac{2\pi}{d}$ 远远小于 $\dfrac{2\pi}{100}$,所以

$$|C| = f\left(\dfrac{2\pi}{d}\right) > f\left(\dfrac{2\pi}{100}\right) > 10\cos\dfrac{9\pi}{100} > 10 - \dfrac{9\pi}{10} > 7.$$

(此处我们用了不等式 $\cos x > 1 - x$,它对 $x \in (0, 1]$ 成立. 这样一来,便知 $|C| > 7$.)

引理 3 证毕.

引理 4 如果 $\omega \notin \{1, \varepsilon, \bar{\varepsilon}\}$,其中 ε 是 1 的某个 d 次复根,则有 $|1 + \omega + \cdots + \omega^9| < |C|$.

引理 4 之证 令 $\omega = e^{it}$. 只需考虑 $\dfrac{2\pi}{d} < t < \pi$ 的情形. 利用引理 3 的符号,我们有

$$|1 + \omega + \cdots + \omega^9| = |f(t)|.$$

如果 $t < \dfrac{2\pi}{9}$,则 $f(t) < f\left(\dfrac{2\pi}{d}\right)$;如果 $t > \dfrac{2\pi}{9}$,则

$$|f(t)| < \left|\dfrac{\sin 5t}{\sin\frac{t}{2}}\right| \leqslant \dfrac{1}{\left|\sin\frac{t}{2}\right|} \leqslant \dfrac{1}{\sin\frac{2\pi}{9}} < 7,$$

其中最后一个不等号是非常明显的,无须多言. 再根据引理 3,此时 $|C| > 7$,即得所需结论.

引理 4 证毕.

这样一来,和式 $\displaystyle\sum_{\varepsilon:\ \varepsilon^d = 1} h(\varepsilon)$ 包含如下各个加项: 当 $\varepsilon = 1$ 时,含有加项 10^n,这是绝对值最大的项; 当 $\varepsilon = \exp\left\{\pm\dfrac{2\pi i}{d}\right\}$ 时,含有两个相互共轭的加项 $C^n + \overline{C}^n$,其中 $7 < |C| < 10$; 其他的加项的绝对值全都远远小于 $|C|^n$.

令 $\alpha = \dfrac{9\pi}{d} = \arg C$,则 $C = |C| \cdot \mathrm{e}^{\mathrm{i}\alpha}$ 且

$$K_n = d^{-1}(10^n + 2|C|^n \cos n\alpha) + o(|C|^n).$$

有无穷多个 n 使得 $\cos n\alpha$ 等于 -1(例如,$n = (2m+1)d$),并且它的值有无穷多次大于 $\dfrac{2}{3}$(例如,对 $n = 1 + 2d \cdot m$,有 $\cos n\alpha = \cos\dfrac{9\pi}{d} > \dfrac{2}{3}$)。这样一来,$K_n - 10^n$ 的值在无穷多个 n 处会大于 $7^n d^{-1}$ 或小于 $-7^n d^{-1}$。最后只需指出,对于大的 n,有 $7^n d^{-1} > \sqrt{10^n}$。

2008 年

八、九年级

IV.129 假设 n 具有奇数真约数。那么,一旦把它加上 k,就得到了 m 的偶数真约数。因此,m 是偶数。但这是不可能的,因为此时 2 是 m 的真约数,它不可能通过把 n 的真约数加上 k 来得到。此为矛盾。所以 n 的所有真约数都是偶数,意即 $n = 2^p$,其中 p 是某个正整数。我们来证明 $p < 4$。事实上,只需观察 m 的两个最大的真约数 $2^{p-1} + k$ 和 $2^{p-2} + k$。因为它们的差等于 2^{p-1},所以它们互质,从而它们的乘积是 m 的大于 $2^{p-1} + k$ 的约数,这就只能是 m 自身。然而,只有 m 的最大真约数与最小真约数的乘积才会是 m 自身,所以 m 有不多于两个真约数,这就表明 $p < 4$。

IV.130 **证法 1** 首先指出,由题目条件可以推出 $ab + bc + ca = abc$,所以

$$\frac{a}{a + bc} = \frac{a^2}{a^2 + abc} = \frac{a^2}{a^2 + ab + bc + ca} = \frac{a^2}{(a+b)(a+c)}.$$

同理可得另外两个类似的等式

$$\frac{b}{b + ca} = \frac{b^2}{(b+c)(a+b)} \quad \text{和} \quad \frac{c}{c + ab} = \frac{c^2}{(c+a)(b+c)}.$$

若在所要证明的不等式两端同时乘上 $4(a+b)(b+c)(c+a)$,即得

$$4\left[a^2(b+c) + b^2(c+a) + c^2(a+b)\right] \geqslant 3(a+b)(b+c)(c+a).$$

去括号,合并同类项并整理,该式即变为

$$a^2 b + b^2 a + b^2 c + c^2 b + c^2 a + a^2 c \geqslant 6abc.$$

只要对该式左端的 6 个加项使用算术平均 - 几何平均不等式,即知该不等式成立。

证法 2 由 $\dfrac{1}{a} + \dfrac{1}{b} + \dfrac{1}{c} = 1$ 知 a, b, c 都严格大于 1。对所要证明的不等式左端的第一个加项进行变形:

$$\frac{a}{a + bc} = \frac{1}{1 + \dfrac{bc}{a}} = \frac{1}{1 + bc\left(1 - \dfrac{1}{b} - \dfrac{1}{c}\right)}$$

$$= \frac{1}{1-b-c+bc} = \frac{1}{(b-1)(c-1)}.$$

同理可得另外两个等式. 于是所要证明的不等式变为

$$\frac{1}{(b-1)(c-1)} + \frac{1}{(c-1)(a-1)} + \frac{1}{(a-1)(b-1)} \geqslant \frac{3}{4}.$$

在该式两端同时乘 $4(a-1)(b-1)(c-1)$, 得到

$$4\big[(a-1)+(b-1)+(c-1)\big] \geqslant 3(a-1)(b-1)(c-1).$$

我们注意到

$$\begin{aligned}(a-1)(b-1)(c-1) &= abc - ba - bc - ca + a + b + c - 1 \\ &= abc\Big(1 - \frac{1}{a} - \frac{1}{b} - \frac{1}{c}\Big) + a + b + c - 1 \\ &= a + b + c - 1,\end{aligned}$$

这就表明, 只需验证

$$4(a+b+c) - 12 \geqslant 3(a+b+c) - 3,$$

也就是

$$a + b + c \geqslant 9.$$

而要得到这一点并不难, 只需利用算术平均 - 调和平均不等式即可:

$$a + b + c = (a+b+c)\Big(\frac{1}{a} + \frac{1}{b} + \frac{1}{c}\Big) \geqslant 9.$$

证法 3 (巧妙的代换) 选取 $\alpha, \beta \in \Big(0, \dfrac{\pi}{2}\Big)$, 使得

$$\tan\alpha = \sqrt{\frac{bc}{a}}, \qquad \tan\beta = \sqrt{\frac{ca}{b}}.$$

于是, 有

$$\begin{aligned}\tan(\pi - \alpha - \beta) &= -\tan(\alpha + \beta) = \frac{\tan\alpha + \tan\beta}{\tan\alpha\tan\beta - 1} = \frac{\sqrt{\dfrac{bc}{a}} + \sqrt{\dfrac{ca}{b}}}{\sqrt{\dfrac{bc}{a}}\sqrt{\dfrac{ca}{b}} - 1} \\ &= \frac{(a+b)\sqrt{c}}{(c-1)\sqrt{ab}} = \frac{(a+b)\sqrt{c}}{c\Big(1-\dfrac{1}{c}\Big)\sqrt{ab}} = \frac{(a+b)\sqrt{c}}{\dfrac{c(a+b)}{ab}\sqrt{ab}} = \sqrt{\frac{ab}{c}}.\end{aligned}$$

令 $\gamma = \pi - \alpha - \beta$, 则有 $\gamma \in \Big(0, \dfrac{\pi}{2}\Big)$, 这是因为 $\tan\gamma = \sqrt{\dfrac{ab}{c}} > 0$. 于是, α, β, γ 是某锐角三角形的三个内角. 显然

$$a = \tan\beta\tan\gamma, \quad b = \tan\alpha\tan\gamma, \quad c = \tan\alpha\tan\beta.$$

于是
$$\frac{a}{a+bc} = \frac{\tan\beta\tan\gamma}{\tan\beta\tan\gamma + \tan^2\alpha\tan\beta\tan\gamma} = \frac{1}{1+\tan^2\alpha} = \cos^2\alpha.$$

同理可得其余两个类似的等式, 于是为证题中的不等式, 只需对锐角三角形验证不等式

$$\cos^2\alpha + \cos^2\beta + \cos^2\gamma \geqslant \frac{3}{4}.$$

对此, 可有多种不同方法. 例如

$$\begin{aligned}
\cos^2\alpha + \cos^2\beta + \cos^2\gamma &= 1 + \frac{1}{2}(\cos 2\alpha + \cos 2\beta) + \cos^2\gamma \\
&= 1 + \cos(\alpha+\beta)\cos(\alpha-\beta) + \cos^2\gamma \\
&= 1 - \cos\gamma\cos(\alpha-\beta) + \cos^2\gamma \\
&\geqslant 1 - \cos\gamma + \cos^2\gamma \geqslant \frac{3}{4}.
\end{aligned}$$

IV.131 我们逐步自三角形中去边, 使得不仅所去的边没有公共端点, 而且也与待去的边没有公共端点. 如果某两个三角形有公共边 AB, 我们分两种情况处理. 如果这两个三角形的任何一条边都不是其他三角形的边, 那么就去掉 AB. 显然, 顶点 A 和 B 不会再成为任何三角形的顶点, 故 AB 与任何待去的边都没有公共端点. 如果这两个三角形中有某条边 (例如 BC) 是另一个三角形 (例如 $\triangle BCD$) 的边, 那么就去掉 AB 与 CD. 不难看出, 再无其他三角形以 A, B, C, D 作为顶点 (否则会出现 5 度的顶点, 或出现两个 4 度顶点相邻), 从而任何待去的边都不会与所去的边有公共端点. 如此下去, 就会使得任何两个剩下来的三角形都没有公共边. 如果此时有两个三角形 $\triangle ABC$ 与 $\triangle ADE$ 有公共顶点 A, 则去掉边 BC 和 DE. 易见, 任何剩下的三角形都不会以顶点 B, C, D, E 作为自己的顶点. 如此下去, 就可以使得任何两个剩下的三角形都没有公共顶点. 于是只要再在剩下的各个三角形中任意去掉一条边即可. 如此即可使得剩下的图中没有三角形.

IV.132 以 X 和 Y 分别表示六边形的内切圆与边 AB_1 和 AC_1 的切点, 注意到 $AB_1 = AP = AC_1$ 和 $AX = AY$(参阅图 39), 所以

$$B_1X = AB_1 - AX = AC_1 - AY = C_1Y.$$

因此, B_1 与 C_1 位于该六边形的内切圆的一个同心圆上 (因此, 点 B_1 与 C_1 相对于这个圆的幂相等), 于是

$$\angle APC = \angle AB_1C = \angle AC_1B = \angle APB.$$

同理, $\angle APC = \angle BPC$. 由此即可得出题中的断言.

IV.133 **答案** $2n-2$ 条.

例子 观察由正方形的左下顶点走到右上顶点的这样一些路径: 先沿下方边缘往右走距离 k, 再沿竖直线往上走距离 $n-1$, 到达上方边缘后, 再往右走距离 $n-1-k$, 到达右上

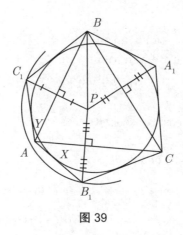

图 39

顶点, 其中 $k = 1, \cdots, n-2$. 再补上一条先沿下方边缘再接着沿右方边缘一直走到右上顶点的路. 如此共得 $n-1$ 条路. 再观察所有这些路关于正方形的左下右上主对角线的对称, 又得另外 $n-1$ 条路. 这 $2n-2$ 条都是不回头的路, 不难验证它们覆盖了所有的棱.

再证不得少于 $2n-2$ 条. 观察刚好含有一个边缘结点的 $4n-8$ 条棱, 以正方形左上顶点为端点的两条棱, 以及以正方形右下顶点为端点的两条棱, 一共 $4n-4$ 条棱. 每一条不回头的路都至多包含两条这样的棱, 所以光为了覆盖这些棱就至少需要 $2n-2$ 条不回头的路.

IV.134 易见 $AP = AQ$, 这是因为在圆中相等的圆周角由相等的弦张成. 与圆 S 分别相切于点 P 和 Q 的两条切线相交于直线 AB 上的点 T, 这是因为 T 是圆 S, S_1, S_2 的根心 (若这两条切线平行, 则更为简单). 所以 $\triangle TAP \cong \triangle TAQ$ (边边边, 参阅图 40). 此时, 直线 AB 是 $\angle PTQ$ 的平分线, 故包含圆心 S.

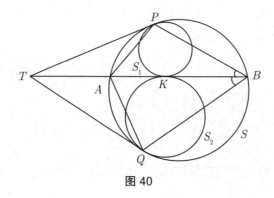

图 40

IV.135 答案 可被 200 整除的正整数 n.

我们来给出在圆周上放置 0 到 $200k - 1$ 的例子. 把那些大于自己的顺时针方向的 100 个相连的数称为 "大数", 把其余的数称为 "小数". 在我们给出的放法中, 要让 0 到 $100k - 1$ 是小数, 让 $100k$ 到 $200k - 1$ 是大数. 首先, 将所有的可被 k 整除的小数按顺时针方向递增放置; 再将所有的可被 k 整除的大数按顺时针方向递降放置; 再将所有被 k 除余 1 的小数按顺时针方向递增放置; 再将所有被 k 除余 1 的大数按顺时针方向递降放置; 如此等等. 显然这种放法满足题中要求.

下面来证明 n 可被 200 整除. 假设 n 个正整数已经按照题中要求放置在圆周上. 我们以顺时针方向论前后. 在最小的数前面至少有 100 个大数相连放置. 将其中最前面的大数记为 x, 而它前面的小数记为 y. 我们来移走 y. 如果题中的条件对某个 z 遭到破坏, 则 z 位于 y 之前, 并且是个大数 (否则, 它小于 y, 因而小于 y 后面相连的 100 个数, 从而在它这里规则未被破坏, 导致矛盾). 另一方面, z 也应该小于 x(否则, 它仍然大于它后面的相连的 100 个数, 因为虽然移走了 y, 但它后面连同 x 仍然有 100 个数比它小). 这就意味着, 在 z 与 x 之间刚好放着 100 个小数. 同理可知, 在这 100 个小数前面放着 100 个相连的大数, 如此等等. 于是整个圆周上的数被分成一段大数、一段小数, 每一段都是 100 个数, 相互交替, 所以总个数是 200 的倍数.

IV.136 答案 $n = 5, k = 2$.

解法 1 我们有 $2^n = 5^k + 7$. 如果其右端可被 64 整除, 则 k 具有形式 $k = 10 + 16x$. 这一点可以通过观察 5 的方幂数被 64 除的余数来验证. 于是根据模 17, 右端等于

$$5^{10+16x} + 7 \equiv 5^{10} + 7 \equiv 25 \cdot 5^8 + 7 \equiv -25 + 7 \equiv -1 \pmod{17}.$$

于是, 2^n 模 17 余 -1. 要做到这一点, 只有 n 是 4 的倍数, 但是这样一来, 等式模 5 不能成立. 如果右端 (因而左端) 不能被 64 整除, 则 $n \leqslant 5$, 可以找到满足要求的答案: $n = 5, k = 2$.

解法 2 我们指出, 如果 $125|(2^n - 7)$, 则可按照模 100 唯一地确定 n(根据亨泽尔引理, 2 的方幂数是模 125 周期变化的, 并且周期是 100, 意即 2 是模 125 的原根). 经过计算, 发现 $n = 85 + 100k$. 这样一来, 我们便可知道数 $2^n - 7$ 模 $2^{100} - 1$ 的余数. 是的, 5 的方幂数按这么大的模给出这个余数 (如果 5 不是模 $2^{100} - 1$ 的某个质约数的原根的话, 则 5 的方幂数在模这个数时不大于余数的一半). 而事实上, $601|(2^{100} - 1)$, $2^{85} - 7 \equiv 416 \pmod{601}$, 而 5 的方幂数却不会余 416. 关于这一点, 可以这样来验证, 例如: 7 是模 601 的原根, 5 的指数为 550, 而 416 的指数是 30. 因为 30 不可整除 $\dagger(550, 600) = 50$, 其中 $\dagger(a, b)$ 表示正整数 a 与 b 的最大公约数, 所以无论如何不可通过 5 的方幂数模 601 来得到 416.

十、十一年级

IV.137 答案 4 和 8.

以 c 表示那个正整数, 它的所有真约数是按题中所说的办法得到的. 显然 c 是奇数, 因为它的最小的质约数大于 2. 这表明 a 与 b 之一是奇数 (不失一般性, 可设 a 是偶数, b 是奇数). 因为 b 与 c 的所有真约数都是奇数, 所以 a 的所有真约数都是偶数, 因此 a 是 2 的

方幂数. 将 b 的所有真约数记作 $d_1, d_2, \cdots, d_n$. 我们有 $d_1 d_n = b = d_2 d_{n-1}$ 和

$$(d_1 + 2)(d_n + 2^n) = c = (d_2 + 4)(d_{n-1} + 2^{n-1}).$$

将后面的等式去括号, 约去相同的项, 得到

$$2^n d_1 + 2 d_n = 2^{n-1} d_2 + 4 d_{n-1}.$$

当 $n > 2$ 时, 该等式右端是 4 的倍数, 左端不是, 所以 $n \leqslant 2$. 当 $n = 1$ 时, a 与 b 中较小的数是 a, 并且它等于 4. 这是可能的, 例如 $b = 9$, $c = 25$. 如果 $n = 2$, 则 a 依然是最小的数, 它等于 8(显然, $b \geqslant 15$). 这也是可能的, 例如 $b = 21$ 和 $c = 55$.

IV.138 不失一般性, 可以认为 E 是射线 BA 与 CD 的交点, F 是射线 AD 与 BC 的交点 (参阅图 41), 因为一个三角形整个位于另一个三角形的内部, 所以它们的内切圆半径不可能相等.

由于四边形 $ABCD$ 外切于圆, 故有 $AE + AF = CE + CF$, 这是因为这两个和值都等于由点 E 和 F 向四边形 $ABCD$ 的内切圆所作的两条切线的长度之和. 因此, $\triangle AEF$ 与 $\triangle CEF$ 的周长相等, 由此可知 $AC // EF$. 以 A' 表示点 A 关于线段 EF 的中垂线的对称点, 以 F' 表示点 F 关于直线 AC 的对称点. 于是, $\triangle F'AE, \triangle F'CE, \triangle F'A'E$ 的周长相等. 但是它们其中的一者含在另一者的内部, 这只有在点 A' 重合于点 C 的时候才有可能 (易知, 如果这三个三角形中有一个退化, 那么另外两个也必退化, 这时点 A 与点 C 重合, 这是不可能的). 因此, 整个图形关于线段 EF 的中垂线对称, 由此即可推出题中结论.

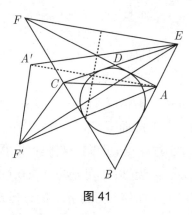

图 41

♦ 作图形关于线段 EF 的中垂线对称, 是此处解题的基础并避免了作辅助图形. 由等式 $AE + AF = CE + CF$ 推出点 A 和点 C 位于某个以 E 和 F 为焦点的椭圆上. 根据 $\triangle AEF$ 与 $\triangle CEF$ 的面积相等可知, 点 A 与 C 位于某条平行于 EF 的直线上. 如所周知, 直线与椭圆不多于两个交点. 在我们的情况下, 无论是直线还是椭圆, 都关于线段 EF 的中垂线对称, 这意味着点 A 与 C 亦相互对称.

IV.139 先随意给每条棱标注一个箭头. 假如存在某个顶点 A, 由它指出的箭头多于 3 个. 把自 A 出发, 沿着箭头前进, 所能到达的所有顶点的集合记作 T. 那么在 T 中必能找

到某个顶点 B, 由它指出的箭头不多于 2 个. 事实上, 由集合 T 中各个顶点指出的所有箭头的数目刚好等于指向该集合中各个顶点的箭头数目. 若不然, 那么 T 中顶点的度数之和就会超过 $6n$, 其中 n 是集合 T 中的顶点个数. 集合 T 中的所有顶点连同它们之间所连的边构成一个平面图, 而平面图中的顶点的平均度数恒不超过 6 (这一众所周知的结论容易从关于平面图的欧拉公式推出). 现在来观察沿着箭头由 A 到 B 的路. 把这条路上的所有箭头都倒置过来. 于是, 由顶点 A 指出的箭头数目减少了, 并且没有出现新的指出箭头数目多于 3 个的顶点. 重复进行这样的操作, 就可以得到这样的图, 其中每个顶点的出度都不大于 3. 再将图中所有的箭头都反置, 就得到了符合题中要求的箭头标注.

IV.140 同 IV.135 题.

IV.141 证法 1 设 $AK = x$, $CL = y$, 则对某个 $\lambda > 0$, 有 $KB = \lambda x$, $BL = \lambda y$, $KL = \dfrac{\lambda}{1+\lambda} AC$ (参阅图 42(a)).

如果 $\lambda \geqslant 1$, 则有
$$MK + ML \geqslant KL \geqslant \frac{1}{2} AC = MA.$$

下设 $\lambda < 1$. 如图 42(b) 所示, 在射线 KB 上标注点 K_1, 使得 $KK_1 = AK = x$, 并且在 $\angle ABC$ 的平分线上标注点 K_2, 使它与点 K_1 关于直线 BC 对称. 我们有 $CK_1 = 2KM$ (这是因为 KM 是 $\triangle ACK_1$ 的中位线) 和 $CK_2 = CK_1$ (根据对称性). 类似地, 在 $\angle ABC$ 的平分线上取点 L_2. 我们有
$$BK_2 = BK_1 = KK_1 - KB = AK - KB = (1-\lambda)x,$$

$BL_2 = (1-\lambda)y$. 不失一般性, $x \leqslant y$, 则 $AB \leqslant BC$, $\angle ACB \leqslant 30°$, $\angle BB_1 A \leqslant 90°$ (此处, BB_1 是 $\triangle ABC$ 中的角平分线). 我们还要指出, $BK_2 \leqslant BL_2$. 由此可以看出, 线段 CK_2 与 AL_2 在线段 AC 上的投影完全覆盖了线段 AC, 因而有 $2(MK + ML) = CK_2 + AL_2 \geqslant AC = 2MA$.

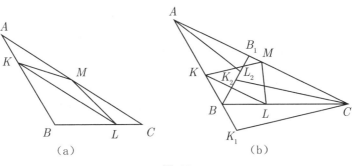

图 42

证法 2 分别以 P 和 Q 表示边 AB 和 BC 的中点. 不失一般性, 可设 $BC \geqslant AB$ 且三角形的顶点按顺时针方向依次标注字母 (参阅图 43(a)). 如果点 K 在线段 AP 上, 则题

中断言由三角形不等式立即推出. 现在设它在线段 PB 上 (参阅图 43(b)). 将 $\triangle MLQ$ 绕着点 M 逆时针旋转 $120°$ 得到 $\triangle ML'Q'$. 显然, $L'Q' // AB$, 且线段 PQ 与 PQ' 关于直线 MP 对称. 并且还有 $PK \leqslant LQ = L'Q'$ 和

$$\angle L'Q'P = \angle APQ' = 180° - \angle QPQ' - \angle QPB$$
$$= 180° - 2\angle ACB - \angle BAC = 120° - \angle ACB \geqslant 90°,$$

此因 $2\angle ACB \leqslant \angle BAC + \angle ACB = 60°$. 作平移, 将点 K 移到点 P 的位置. 点 L' 变为线段 $Q'L'$ 上的点. 线段 PT 在 $\triangle Q'PT$ 中所对的角为锐角, 所以 $PQ = PQ' \leqslant PT = KL' \leqslant MK + ML' = MK + ML$.

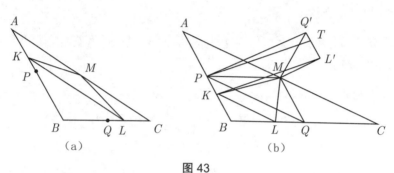

图 43

IV.142 证法 1 我们有

$$p(x,y) = p(y,x) \qquad ①$$

和

$$p(x+z, y) + p(x, z) = p(x+y, z) + p(x,y). \qquad ②$$

(等式两端都等于 $f(x+y+z) - f(x) - f(y) - f(z)$.)

我们知道, 指数之和相同的单项式的和式称为多项式的同次分量. 取出一个这样的分量

$$P_n(x,y) = \sum a_k x^k y^{n-k}.$$

易知, 等式 ① 和 ② 对于 $p(x,y)$ 的每一个同次分量都是成立的 (为此只需在这两个等式的左右端代入指数之和为 n 次的单项式即可).

根据 ① 式, 我们知 $a_k = a_{n-k}$. 接下来易知 $a_0 = 0$, 这是因为 ② 式左端的 y^n 的系数等于 a_0, 而右端却等于 $-2a_0$. 通过在 ② 式中观察 $x^{n-a-b}y^a z^b$ 的系数 $(1 \leqslant a, b \leqslant \frac{n}{2})$, 得到

$$a_{n-a} C_{n-a}^b = a_{n-b} C_{n-b}^a,$$

这等价于

$$\frac{a_{n-a}}{C_n^a} = \frac{a_{n-b}}{C_n^b},$$

意即序列 a_k 反比例于序列 C_n^k. 这意味着 $P_n(x,y) = c_n\big[(x+y)^n - x^n - y^n\big]$, 其中 c_n 为适当的常数.

证法 2 我们以如下的方式定义多项式 $f_0(x)$:
$$f_0(x+1) - f_0(x) - f_0(1) = p(x,1), \qquad f_0(1) = f(1).$$

这样定义出来的 $f_0(x)$ 是唯一的 (例如, 可以从首项系数起, 逐个确定 f_0 的各项系数). 我们指出, 只要有 $f_0(1) = f(1)$ 和
$$f_0(x+1) - f_0(x) = f(x+1) - f(x),$$

就会对一切实数 x 都有 $f_0(x) = f(x)$. 如此一来, 对于一切正整数 x, y, 就都会有
$$f_0(x+y) - f_0(x) - f_0(y) = p(x,y), \tag{$*$}$$

这是因为将 f_0 用 f 取代后等式成立. 这样一来, 等式 $(*)$ 便可对所有实数 x 与 y 成立, 这是因为两个二元多项式一旦在所有的正整数对上相互重合, 就必在所有的实数对上重合.

IV.143 同 IV.136 题.

IV.144 记 $S = \sum x_i$, 即以 S 表示全体 n 个数的和. 我们来考察所有的部分和所构成的集合. 在数轴上, 该集合关于 $\frac{S}{2}$ 对称. 将这些部分和表示为 $\frac{S}{2} \pm y_1, \frac{S}{2} \pm y_2, \cdots, \frac{S}{2} \pm y_{2^{n-1}}$, 其中 $\frac{1}{2} \leqslant y_1 < y_2 < \cdots < y_{2^{n-1}}$. 易知所有的部分和的平方和等于 $2^{n-2}S^2 + 2^{n-2}(\sum x_i^2)$(只需打开括号即可验证). 由此可知 $2^{n-2}\sum x_i^2 = 2\sum y_i^2$. 当 $y_1 = \frac{1}{2}$, $y_2 = \frac{3}{2}, \cdots$ 时, 后一个和达到最小值. 由此不难算出, 此时所得的关于 $\sum x_i^2$ 的估计值恰如题中所示 (等号对唯一的数组 $1, 2, \cdots, 2^{n-1}$ 成立).

2009 年

八、九年级

IV.145 答案 这是不可能的.

解法 1 (虚拟汽车) 假设有此可能. 设路程总长为 1, 而柯斯嘉的平均行驶速度为 v. 我们让瓦夏也驾驶一辆汽车由农村去往城市, 走着与柯斯嘉同样的路, 并且始终以速度 v 行驶. 瓦夏与柯斯嘉同时出发, 在路上与柯斯嘉耗费同样多的时间, 并且他在行驶了时间的 $\frac{1}{3}, \frac{1}{2}, \frac{2}{3}$ 时, 刚好分别走过总路程的 $\frac{1}{3}, \frac{1}{2}, \frac{2}{3}$. 那么在 $t=0$ 时瓦夏与柯斯嘉都在起点处, 在 $t = \frac{1}{3}$ 时柯斯嘉跑在瓦夏前面; 在 $t = \frac{1}{2}$ 时柯斯嘉落在瓦夏后面; 在 $t = \frac{2}{3}$ 时柯斯嘉又跑在瓦夏前面, 而在 $t = 1$ 时他们同时到达终点.

这样一来，我们发现柯斯嘉一共变速 3 次. 事实上，在 $t=0$ 时两人在同一个位置；在时刻 $t=\frac{1}{3}$ 时柯斯嘉跑在瓦夏前面，说明在某个时刻 $t_0 \in \left[0, \frac{1}{3}\right)$ 柯斯嘉的速度大于 v；此后，在 $t=\frac{1}{2}$ 时柯斯嘉落在瓦夏后面，说明在某个时刻 $t_1\left(\in \left(t_0, \frac{1}{2}\right)\right)$ 柯斯嘉的速度小于 v；然后到了时刻 $t=\frac{2}{3}$，柯斯嘉又跑在瓦夏前面，说明在某个时刻 $t_2\left(\in \left(t_1, \frac{2}{3}\right)\right)$ 柯斯嘉的速度又大于 v；最后在时刻 $t=1$ 瓦夏追上柯斯嘉，说明在某个时刻 $t_3(\in (t_2, 1))$ 柯斯嘉的速度小于 v. 这就表明柯斯嘉至少变速 3 次. 但是根据题意，他在 3 段路上都以常速行驶，至多可变速两次，此为矛盾.

解法 2 (画图像) 作出路程与时间关系的图像. 因为在每一段路程上柯斯嘉都以常速行驶，所以该图像由 3 条线段构成，即一条 3 节的折线. 在图 44 中，横轴表示时间，点 B 和点 C 分别表示总时间的 $\frac{1}{3}$ 和 $\frac{2}{3}$；点 E 表示总路程的 $\frac{1}{2}$. 直线 AD' 的方程是 $x=t$，点 B'，C'，E' 都在直线 AD' 上. 因为柯斯嘉以不足总时间的 $\frac{1}{3}$ 走到全程的 $\frac{1}{3}$，所以图像从点 B' 的上方穿过，且与线段 BB' 不相交；又因为他以超过总时间的 $\frac{1}{2}$ 走到全程的 $\frac{1}{2}$，所以图像也与线段 EE' 不相交；还因为他以不足总时间的 $\frac{2}{3}$ 走到全程的 $\frac{2}{3}$，所以图像也与线段 CC' 不相交. 但因为 3 节的折线始于点 A，终于点 D'，所以它至少要与线段 BB'，EE'，CC' 之一相交. 若不然，折线上的第 2 个顶点就只能在五边形 $ABB'E'E$ 内部，否则折线或者要与线段 BB' 相交，或者与线段 EE' 相交；它的第 3 个顶点就只能在七边形 $D'DCC'E'EA'$ 内部，否则折线或者要与线段 CC' 相交，或者与线段 EE' 相交. 这样一来，它的中间一节就连接着一个在五边形 $ABB'E'E$ 内部的点和一个在七边形 $D'DCC'E'EA'$ 内部的点. 从而它必然或与线段 BB' 相交，或与线段 EE' 相交，或与线段 CC' 相交.

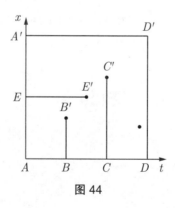

图 44

♦ 试考虑这样的问题: 设 $0 < a_1 < a_2 < \cdots < a_n < 1$. 柯斯嘉开着一辆轿车由农村去城市，途中他一共经过 n 段道路，在每一段道路上他都以常速前进. 能否出现这样的情况: 对于每个奇数的 k，柯斯嘉都以少于总时间的 a_k 走到全程的 a_k；而对于每个偶数的 k，他都用超过总时间的 a_k 走到全程的 a_k？

IV.146 我们指出，在该数列中将会出现所有的大于 a 的质数，因为不可能有任何一个质数能够被"跳"过去. 设 $p_1, p_2, \cdots, p_k$ 是所有的小于 a 的质数. 考察数列中所有那些以

$p_1, p_2, \cdots, p_k$ 中某些质数作为约数的项,这样的项不会多于 k 个,设 D 是这些项中的最大一个. 于是, 数列中凡是大于 D 的项都是质数. 事实上, 它们不能被 $p_1, p_2, \cdots, p_k$ 整除, 而所有的更大的质数又都在数列中出现,所以它们都不能被每一个依次出现的质数整除.

IV.147 答案 k 的最大可能值是 49.

可以达到 49 人的例子是: 100 个人刚好形成 50 个"对子", 每个"对子"中的二人均互不认识, 其余的人都相互认识. 对于其中任何 49 个人, 都至多分属 49 个不同的"对子", 因而至少还有一个完整的"对子"与之无交, 这个"对子"即为所求.

下面来证明 k 不可能大于 49. 给出两种不同方法.

证法 1(最大关系网) 假设不然, 设 k 可以大于 49. 以 M 表示该公司中两两认识的人所构成的最大集合, 称为最大关系网. 易见, 如果 $|M| \leqslant k$, 那么一定未达最大, 因而还可扩大, 以至达到 $|M| > k$. 事实上, 根据题意, 当 $|M| \leqslant k$ 时, 我们可以找到两个人, 他们虽然互不认识, 但他们中的每个人都认识包括 M 中所有人在内的某 k 个人, 因而可以把这二人之一补入 M.

这样一来, 就有 $|M| > k$. 如果 $k \geqslant 50$, 则有 $|M| \geqslant 51$. 因为全公司只有 100 人, 所以 $|\overline{M}| = 100 - |M| \leqslant 49 < k$. 我们把 $\overline{M}$ 中的人全都叫出, 再从 M 中叫出若干个人, 补足 k 个人. 根据题意, 这时公司里应当有两个互不认识的人认识所有这 k 个人. 但是, 公司里剩下的人都属于 M, 而 M 中每两个人都相互认识, 此为矛盾.

证法 2(对偶图) 我们来构造一个图: 将每一个人视为一个顶点, 用线段(称为边)连接互不认识的人所对应的顶点. 于是对于任何 k 个顶点, 都能找到另外两个顶点, 它们都不与这 k 个顶点有边相连, 但在它们之间连着边. 将有边相连的顶点称为相邻的, 无边相连的顶点则称为不相邻的.

任取其中 k 个顶点, 将它们染为蓝色并将它们编号为 1 至 k. 再将其余顶点都染为红色. 根据题意, 存在两个相邻的红色顶点 A_1 与 B_1, 它们与 k 个蓝色顶点都不相邻. 现在将 1 号蓝色顶点改染为红色, 而将 A_1 改染为蓝色. 对于新的 k 个蓝色顶点, 又可以找到两个相邻的红色顶点 A_2 与 B_2, 它们与这 k 个蓝色顶点都不相邻. 显然它们都不是 B_1, 因为 B_1 与蓝点 A_1 相邻. 再把 2 号蓝色顶点改染为红色, 将 A_2 改染为蓝色. 对于这一组新的 k 个蓝色顶点, 又可以找到两个相邻的红色顶点 A_3 与 B_3, 它们与这 k 个蓝色顶点都不相邻. 显然, 它们都不同于 B_1 和 B_2. 再把 3 号蓝色顶点改染为红色, 将 A_3 改染为蓝色.

如此下去, 共作 k 次, 直到把原来的 1 至 k 号蓝点全都改染为红色为止. 此时我们得到 k 个蓝点 $A_1, A_2, \cdots, A_k$, 它们分别与红点 $B_1, B_2, \cdots, B_k$ 相邻. 对于这 k 个蓝点, 我们又能找到两个红点 A_{k+1} 与 B_{k+1}, 它们与这 k 个蓝色顶点都不相邻. 易知, 它们与 $B_1, B_2, \cdots, B_k$ 都不相同. 从而我们一共有 k 个蓝点和至少 $k+2$ 个红点. 这表明 $2k + 2 \leqslant 100$, 意即 $k \leqslant 49$.

IV.148 假设不然, 设 $x + y + 1 = p$ 是质数. 于是 $p \geqslant x + 3$. 根据题意, $x^2 + xy - y =$

$px - p + 1$ 是完全平方数, 记为 k^2. 于是

$$k^2 - 1 = px - p, \quad 即 \quad (k-1)(k+1) = p(x-1),$$

这表明 $k-1$ 或者 $k+1$ 可被 p 整除. 无论何种情况, 都有 $k+1 \geqslant p$, 因此 $k-2 \geqslant p-3 \geqslant x$. 这样一来, 就有 $(k-1)(k+1) \geqslant px > px - p$, 此为矛盾.

IV.149 记 $\angle MLB = \angle CAB = 2\alpha$, $\angle ACB = 2\gamma$(参阅图 45), 则有

$$\angle BKL = \angle BLK = \alpha + \gamma, \quad \angle AKM = 90° - \alpha, \quad \angle LKM = 90° - \gamma.$$

但是 $\angle LIM = 90° + \gamma$, 这是因为它是两条角平分线之间的夹角, 于是可知四边形 $KLIM$ 内接于圆. 又因为 $\angle KLM = 2\alpha - \gamma - \alpha = \alpha - \gamma$, 而

$$\angle LMI = \frac{1}{2}\angle LMC = \frac{1}{2}(\angle BLM - \angle BCA) = \alpha - \gamma = \angle KLM,$$

所以 $KL // MI$, 这说明四边形 $KLIM$ 是梯形. 这样一来, 四边形 $KLIM$ 就是圆内接梯形, 因而是等腰梯形, 所以它的两条对角线相等, 即有 $ML = KI$.

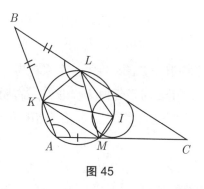

图 45

IV.150 假设题中结论不成立, 那么就意味着永无负数出现, 且可操作无穷多次.

我们来证明, 此时必对其中每个数都进行无穷多次加 2 的操作. 事实上, 若不然, 则自某一时刻开始, 不再对某个数 a 进行加 2 的操作, 而此后对它也至多可进行 a 次减 1 的操作. 这就表明, 自某一时刻开始, 不能再对该数进行任何操作. 从而, 我们自此也不能对与它相邻的数进行加 2 的操作, 因而也就只能进行若干次减 1 的操作. 接下去, 我们又不能对这些数的邻数进行加 2 的操作. 继续这样的讨论便知, 一段时间后, 我们就不能对任何数进行任何操作, 这就与可操作无穷多次的假定相矛盾. 从而我们可对每个数都进行无穷多次的加 2 操作.

假设在正 100 边形的一些相连顶点上放着的数是 $011\cdots10$, 即两端是 0, 之间夹着一些 1. 假设之间有 n 个相连的 1. 一旦我们对边缘上的 0 进行加 2 操作, 夹在两个 0 之间的 1 的个数就变为 $n-1$; 如果再进行类似的操作, 1 的个数就又变为 $n-2$, 如此下去, 就

会出现两个 0 相邻的情形. 如果再对其中的一个 0 进行加 2 的操作, 那么另一个 0 就会变为负数. 这就说明不可能出现两个 0 之间夹着若干个 1 的相连段.

这样一来, 放在正 100 边形的顶点上的数就可以分为一些由一个 0 和按逆时针方向跟随其后的若干个非 0 数形成的相连段. 每一段中恰有一个 0, 并且至少有一个不小于 2 的数, 因此它们的和不小于它们的个数. 这样一来, 所有 100 个数的和就不会小于 100, 而事实上该和等于 99. 此为矛盾.

IV.151 假设 $\angle BAC \leqslant 120°$, 则点 C 到直线 AA_1 的距离不大于它到直线 AC_1 和到直线 A_1C_1 的距离. 因此, $\angle CA_1A < \angle CA_1X$, 其中点 X 在线段 C_1A_1 的延长线上 (参阅图46). 同理可知, $\angle BA_1A < \angle BA_1Y$, 其中点 Y 在线段 B_1A_1 的延长线上. 将此二不等式相加即得矛盾.

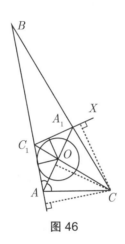

图 46

IV.152 答案 最少可以一共寄送 74 个包裹.

首先证明寄 73 个包裹不能满足需要. 假设不然. 一共要寄 110 件礼物. 将一件礼物称作 "好的", 如果它是直接寄达收件人手中的; 称为 "不好的", 如果它是经过别人转寄的. 每个包裹里至多有一件好的礼物, 所以一共不超过 73 件好的礼物, 意即有不少于 37 件不好的礼物. 每一个包裹里只能放两件物品, 73 个包裹一共只能放 146 件物品, 意即只有 146 个位置. 每件好的礼物只需占据一次位置, 而每件不好的礼物至少要被邮寄两次, 需要占据两次位置, 所以一共要占据 $37 \times 2 + 73 = 147$ 个位置, 超出实有数目, 所以不可能做到.

下面证明邮寄 74 个包裹可以满足要求.

观察三个姑娘 A, B, C. 首先 A 给 B 寄一个包裹, 里面放着她给 B 和 C 的礼物, B 收到后, 给 C 寄一个包裹, 里面放着 A 与她自己给 C 的礼物, 这样经过两次邮寄包裹, B 和 C 都收到了 A 的礼物, C 收到了 B 的礼物, 将这一过程记为 (A, B, C). 然后, 再进行过程 (C, B, A). 于是经过一共 4 次邮寄包裹, A, B, C 三人都相互收到了礼物. 对此, 我们记为 $\triangle ABC$.

从 11 个姑娘中叫出 5 个 A_1, A_2, A_3, A_4, A_5. 将剩下的 6 个姑娘按一切不同的方式配成 3 个互不相交的"对子"(共有 5 种不同的配对方式, 如图 47 所示).

图 47

对于第 k 种配对方式, 让姑娘 A_k 依次与其中的三个对子形成三角形, 共邮寄 $3 \times 4 \times 5 = 60$ 个包裹. 于是, 每个姑娘 A_k 都与其余 6 个姑娘互相收到了礼物. 现在只要再安排 A_1, A_2, A_3, A_4, A_5 之间互寄礼物, 让她们依次按如下方式邮寄礼物: (A_1, A_2, A_3), (A_3, A_2, A_5), (A_5, A_2, A_4), (A_3, A_1, A_4), (A_4, A_2, A_1), (A_4, A_5, A_3), (A_1, A_5, A_1)(最后一个括号表示只是 A_1 与 A_5 互寄礼物), 如此一共邮寄了 $60 + 14 = 74$ 个包裹.

十、十一年级

IV.153 同 IV.146 题.

IV.154 同 IV.149 题.

IV.155 **答案** 最少需要折断 100 根短棍.

折断 100 根短棍的例子很容易举, 例如折断 100 根最长的短棍即可.

下面证明至少需要折断 100 根短棍.

证法 1 (归纳法) 我们来证明: 如果短棍的长度满足条件 $0 < a_1 < a_2 < \cdots < a_{2n}$, 且对一切 $i \in \{1, 2, \cdots, 2n-1\}$, 都有

$$a_1 + a_2 + \cdots + a_i < a_{i+1}, \qquad ①$$

则为了实现题中要求, 最少需要折断 n 根短棍.

$n = 1$ 的情形显然, 此时只有长度满足条件 $a_1 < a_2$ 的两根短棍, 故要把 a_2 折成两段, 才可构造出三角形.

假设对满足条件的 $2n - 2$ 根短棍, 至少要折断 $n - 1$ 根短棍, 才能运用所得到的所有短棍构造出三角形. 我们来证明, 对满足条件的 $2n$ 根短棍, 结论依然成立.

用反证法, 假设可在折断少于 n 根短棍的情况下, 运用所得到的所有短棍构造出三角形. 那么必在某个三角形 T 中至少用到两根完整的短棍. 根据不等式 ①, 最长边不可能是某根完整的短棍, 从而两条较短边都是完整的短棍, 设它们分别是 a_i 与 a_j, 把这两根短棍扔掉. 而如果最长边是从原来第 l 根短棍折断出来的一截 a'_l, 那么把它换成该根短棍折出的另外一截 a''_l.

这样一来，我们就从原来的序列 $a_1, a_2, \cdots, a_n$ 中去掉了两项 a_i 与 a_j，并把一项 a_l 换成了 a_l''. 我们来证明，此时的具有 $2n-2$ 项的序列仍然满足归纳的条件. 事实上，a_l'' 大于所有角标小于 l 的项 (不包括 a_i 与 a_j) 的和. 若不然，我们就有

$$\sum_{1 \leqslant k < l,\ i \neq i, j} a_k \geqslant a_l'', \quad a_i + a_j > a_l'.$$

两者相加，即得

$$a_1 + a_2 + \cdots + a_{l-1} > a_l.$$

此与 ① 式相矛盾. 这就表明，在撤出 a_i 与 a_j 且将 a_l 换成 a_l'' 后，如下不等式仍然成立：

$$\sum_{1 \leqslant k < l,\ i \neq i, j} a_k < a_l''.$$

容易证明，对于其他各个角标，① 式都成立，因为此时只有左端变小.

这样一来，现在的包含 $2n-2$ 项的序列满足归纳假设的条件，但是要在折断少于 $n-1$ 根短棍的情况下构造出 $n-1$ 个三角形 (除了 T)，这是与归纳假设中的结论相矛盾的.

证法 2 (改造三角形) 首先证明折断 100 根短棍可以实现题中要求. 事实上，如果把长度为 2^{2k+1} 的短棍折为等长的两段，就可以与长度为 2^{2k} 的短棍一起构成等边三角形. 因此，一共可以构成 100 个等边三角形.

现在证明，可以依次改造三角形，不改变折断的短棍的数目，使得各个三角形都变为等腰三角形.

注意到，每根短棍的长度都大于比它短的所有短棍的长度的和，这表明任何一根短棍都不可能单独与比它短的短棍或折断成的部分构成三角形. 因此，在三角形中含有由它折断成的两个部分，或者含有更长的短棍折断后的部分.

这样一来，长度为 2^{199} 的短棍就必须折断，并且所折出的两个部分含于同一个三角形中. 可以认为所折出的两段长度相等. 我们把所有这种含有同一根短棍所折出的两段的三角形染为红色，并假定所折成的两段都是等长的. 未染色的三角形中的三段则都来自 3 根不同的短棍.

我们来观察未被染色的最长的短棍 (甚至连被折断后的两个部分都未被染色)，称之为 A. 于是，有一个未被染色的三角形，其中包含某根更长的短棍 B 的一部分，短棍 A 整根或其部分，以及某条边 Y. 我们来观察包含短棍 B 的另一部分的三角形，该三角形一定是等腰三角形 (已经被染色). 若不然，短棍 B 的两个部分均未被染色，其长度大于短棍 A，此与我们对 A 的选择相矛盾. 在该三角形中，短棍 B 的那个部分只能是底边，现在我们用 Y 去把它换出来，于是原来的等腰三角形依然是等腰三角形，而我们新的三角形由短棍 B 的两个部分 (它们等长) 以及短棍 A 或其一部分构成，因而也是等腰三角形，故可把这两个三角形都染色. 显然，所有原来染过色的线段仍然都是被染色的.

如此一直进行下去，我们可以做到每根短棍都至少有一部分被染了色. 假设已经有 n 个等腰三角形和 m 个三边各不相等的三角形. 注意到，对于任何三边不等的三角形的每条边而言，它所属的短棍的另一部分都已经被染色，因此都是某个等腰三角形的底边. 这就意味着，为了得到这些三边不等的三角形的各条边，已经进行了 $3m$ 次折断. 另外，为了得到那些等腰三角形的两腰，又进行了 n 次折断. 如此一来，即知一共做了不少于 $n+3m$ 次折断. 而所有的三角形一共有 $3n+3m$ 条边. 该数目等于原有的短棍数目与被折断出的段数之和，即不少于 $n+3m+200$，故有

$$3n+3m \geqslant n+3m+200, \quad 即 \quad n \geqslant 100.$$

这就表明至少需要折断 100 根短棍.

IV.156 将所给等式改写为

$$[a,b](a+b+2) = p(a+1)(b+1).$$

左端可被 p 整除. 假设 $p\,|\,(a+b+2)$，则有 $[a,b]\,|\,(a+1)(b+1)$. 从而 $b\,|\,(a+1)$，$a\,|\,(b+1)$. 于是数对 $\{a,b\}$ 必为 $\{1,1\}$，$\{1,2\}$，$\{2,3\}$ 之一. 但无论是谁，题中条件都不能满足.

这就表明 $p\,|\,[a,b]$. 不失一般性，可设 $a=pk$，其中 k 是某个正整数. 如果 b 也可被 p 整除，则亦对某个正整数 m，有 $b=pm$. 然而此时亦有 $(kp+1)(mp+1)$ 可被 $[k,m]$ 整除，这就表明 k 与 m 互质，因而 $[a,b]=kmp$. 这样一来，就可由所给的等式得出

$$\frac{km}{kp+1} + \frac{km}{mp+1} = 1. \qquad ①$$

然而 ① 式左端小于

$$\frac{km}{kp} + \frac{km}{mp} = \frac{k+m}{p},$$

故知 $k+m > p$. 另一方面，① 式右端又不小于

$$\frac{km}{kp+k} + \frac{km}{mp+m} = \frac{k+m}{p+1},$$

故又知 $k+m \leqslant p+1$. 在这种情况下，只能推出 $k=m=1$，而这样一来就有 $p=1$，不是质数，不合题意.

最后，假设 b 不可被 p 整除，则 $[k,b]\,|\,(kp+1)(b+1)$，由此推知 k 与 b 互质，因而 $[a,b]=kbp$. 这样一来，就可由所给的等式得出

$$\frac{kb}{kp+1} + \frac{kb}{b+1} = 1.$$

左端第二个分数仅当 $k=1$ 时是真分数，而此时就有

$$\frac{b}{p+1} + \frac{b}{b+1} = 1.$$

故有 $p=b^2+b-1$ 和 $4p+5=4b^2+4b+1=(2b+1)^2$ 是完全平方数.

IV.157 将满足题中条件的图称为简约的. 如果与一个顶点有边相连的所有顶点构成完全子图, 那么就将该顶点称为 "好的", 否则就称为 "不好的".

我们来通过对顶点数目归纳, 以证明一个更为广泛的命题: 在任何简约的非完全图中都有两个不相邻的好的顶点. 易见, 题中的结论容易从这个命题推出.

对于仅有两个顶点的图, 该命题的结论显然成立. 假设该命题的结论已经对所有顶点数目少于 n 的简约图成立, 我们来证明它对含有 n 个顶点的简约图 G 也成立.

假设图 G 中有两个这样的相连的顶点 A 与 B, 它们的相连顶点集合相同 (其中不包括 A 与 B), 那么我们就去掉顶点 B, 所得的图仍然是简约的. 如果此时所得到的图是完全图, 那么原来的图 G 也是完全图. 否则, 就能在所得到的图中得到两个不相连的好顶点, 它们在原来的图中也是好的. 所以我们可以假设在原来的图中不存在这样的具有相同的相连顶点集合的两个顶点. 我们来观察图 G 中的度数最小的顶点 A, 将 A 的所有相连顶点所构成的图记作 S, 将所有不与顶点 A 相连的顶点所构成的图记作 P. 于是, 对于 S 中的每个顶点, 都有 P 中若干个顶点与之相连. 我们来证明一个重要结论.

引理 如果 T 是图 P 中的某个连通分支, 则所有至少与 T 中一个顶点相连的所有顶点所构成的 S 的子图是完全图.

引理之证 假设有顶点 $B, C \in S$, 它们均与 T 中的某个 (不一定相同) 顶点相连, 但它们之间却不相连. 我们来看 T 中的与它们相连的顶点 D 和 E(它们可能相同, 也可能不相同), 不妨设 D 和 B 相连, E 和 C 相连. 那么在图 T 中存在一条由 D 到 E 的最短的路. 现在, 我们把这条路补上一段 $D - B - A - C - E$, 于是我们得到一个长度大于 3 的简单圈, 这个圈上没有弦, 此与图 G 为简约图的事实相矛盾.

引理证毕.

回到结论的证明之前. 由所证结论易知, 如果图 P 是连通的, 那么顶点 A 就是好的. 此外, 由归纳假设知, 如果把 S 中的所有顶点全都补入 P, 那么所得到的图中亦可找到好的顶点, 该顶点在原来的图 G 中当然也是好的. 而且该顶点是属于 P 的, 因此它不与顶点 A 相连. 这正是我们所需要的.

下面只需再看 P 中至少含有两个连通分支 T 与 R 的情形. 我们发现, 根据归纳假设, 在把至少与 T 或 R 中一个顶点相连的所有 P 中的顶点补入 T 或 R 所得到的两个图中, 都能找到好的顶点, 它们分别属于 T 与 R. 事实上, 如果所得到的某个图是完全图, 那么 T 与 R 中的任何顶点都能满足要求. 否则, 就可以在所得到的图中找到两个不相连的好顶点, 根据前面所证的结论, 其中之一不属于 P. 这样两个顶点在图 G 中依然是好的, 而且它们显然是不相连的.

IV.158 同 IV.150 题.

IV.159 **证法 1** 先讨论 $\triangle ABC$ 是锐角三角形的情形. 如图 48所示, T 为内切圆与边 BC 的切点, $\triangle A_2B_2C_2$ 是 $\triangle ABC$ 的中位线三角形, H 是 $\triangle ABC$ 的垂心, K 是线段 AH

的中点，ω 是 $\triangle ABC$ 的九点圆. 圆 ω 经过点 A_2, B_2, C_2, A_1, K，因为它们是九个点中的五个点. 由 $\angle KA_1A_2 = 90°$ 可知 A_2K 是圆 ω 的直径. 将 $\triangle ABC$ 变为 $\triangle A_2B_2C_2$ 的位似变换将点 A 变为点 A_2，高 AA_1 变为直线 A_2O，将 $\triangle ABC$ 的外接圆变为圆 ω. 这就意味着，将包含外接圆直径的直线 AO 变为直线 A_2K. 由此可知 $\angle A_2KA_1 = \angle OAH$. 假设直线 OI 与直线 AA_1 相交于点 P. 于是在 $\triangle OAP$ 中，有 $\dfrac{AO}{AP} = \dfrac{OI}{IP} = \dfrac{A_2T}{TA_1}$，其中第一个等号得自 $\angle OAI = \angle IAH$ 和角平分线性质，第二个等号得自泰勒斯定理.

我们来证明 $\triangle OAP \backsim \triangle A_2FA_1$，由此即可得出题中结论，因为我们可以得到 $\angle FA_1A_2 = \angle APO$，而这正是我们所需要的. 我们已经知道

$$\angle A_2FA_1 = \angle A_2KA_1 = \angle OAH = \angle OAP.$$

所以只需证明

$$\dfrac{A_2F}{FA_1} = \dfrac{AO}{AP} = \dfrac{A_2T}{TA_1},$$

意即 FT 是 $\triangle A_2FA_1$ 中的角平分线. 而这是显然的. 事实上，射线 FT 与圆 ω 相交于点 N，而在以 F 为中心、将圆 ω 变为 $\triangle ABC$ 外接圆的位似变换中，点 N 变为点 T. 因此，点 N 处的 ω 切线平行于 BC，N 是 $\overset{\frown}{A_2A_1}$ 的中点，意即 FN 是 $\triangle A_2FA_1$ 中的角平分线.

如果 $\triangle ABC$ 是钝角三角形，则证明完全与上类似 (此处或者分为两种情形，即顶点 A 处的内角是锐角还是钝角；或者指出讨论顶点 A 与讨论顶点 B 是等价的，于是不妨假定顶点 A 处的内角是锐角，从而与前讨论完全类似).

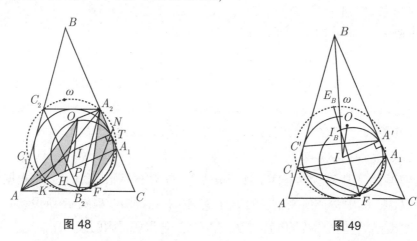

图 48 图 49

证法 2 这种证法是由供题人提供的，很得他喜爱. 如图 49 所示，将 $\triangle ABC$ 中由顶点 A 和顶点 C 所作的高的垂足分别记作 A_1 与 C_1；将 $\triangle ABC$ 的内切圆与边 BC 和边 AB 的切点分别记作 A' 与 C'.

通过计算角度，可以证明 $\triangle A_1BC_1 \backsim \triangle ABC$，且相似比为 $\dfrac{A_1B}{AB} = |\cos \angle ABC|$. 设 $\triangle A_1BC_1$ 的内心是 I_B，则 $\dfrac{BI_B}{BI} = |\cos \angle ABC|$. 我们来证明 I_B 是 $\triangle A'BC'$ 的垂心. 事实上，I_B 显然在由顶点 B 向 $A'C'$ 所作的高线上. 此外，由点 B 到 $\triangle A'BC'$ 垂心的距离容

易通过线段 BI 的长度和 $\angle ABC$ 的三角函数来表示，其值就是 $BI\cdot|\cos\angle ABC|$，故知该垂心与点 I_B 重合.

我们来证明 F,A',A_1,I_B 四点共圆. 为此，我们将 $\triangle I_B A_1 A'$ 的外接圆与 $\triangle I_B C_1 C'$ 的外接圆的交点记作 Q，并考察 I_B 与 Q 的距离. 我们希望证明点 Q 与 F 重合. 我们先证明，经过 A',C',Q 三点的圆 σ 就是 $\triangle ABC$ 的内切圆. 事实上

$$\angle A'QC' = \angle A'QI_B + \angle I_B QC' = \angle A'A_1 I_B + \angle C'C_1 I_B$$
$$= \frac{1}{2}(\angle BA_1 C_1 + \angle BC_1 A_1) = 90° - \frac{1}{2}\angle ABC.$$

因此

$$\angle BA'C' = \angle BC'A' = 90° - \frac{1}{2}\angle ABC.$$

这意味着 BA' 与 BC' 是圆 σ 的两条切线，而在 A'、C' 两点处它们也与 $\triangle ABC$ 的内切圆相切.

再证 $\triangle A_1 QC_1$ 的内切圆就是圆 σ. 这两个圆在点 Q 处的切线的夹角等于 $\angle A_1 QA' + \angle QC_1 A_1 - \angle QC'A'$，我们要证其值为 0. 为此，只需通过 $\angle ABC$，$\angle I_B A'C = \angle I_B C'A$，$\angle I_B C_1 A_1 = \angle I_B C'Q - \angle QC_1 A_1$ 来表示 $\angle A_1 QA' = \angle A_1 I_B A'$. 这些都是纯技术性的演算，故略过不表. 剩下只需指出，经过两个垂足的圆与三角形内切圆的切点就是费尔巴哈点[①].

这样一来，F,A',A_1,I_B 四点共圆，从而有

$$\angle A_1 F I_B = 180° - \angle A_1 A' I_B = \angle BA' I_B = 90° - \angle ABC,$$

其中最后一步是由于 I_B 是 $\triangle A'BC'$ 的垂心. 同理可知

$$\angle C_1 F I_B = 180° - \angle C_1 C' I_B = \angle BC' I_B = 90° - \angle ABC.$$

所以 FI_B 是 $\angle A_1 FC_1$ 的平分线.

将相应于顶点 B 的欧拉点记作 E_B，该点即为连接 $\triangle ABC$ 的垂心与顶点 B 的线段的中点. 周知，点 E_B 就是 $\triangle A_1 BC_1$ 的外心，且在 $\triangle ABC$ 的九点圆上. 因而，$A_1 E_B = C_1 E_B$，这还表明在九点圆上有 $\widehat{A_1 E_B} = \widehat{C_1 E_B}$，故知 FE_B 是 $\angle A_1 FC_1$ 的平分线. 如此一来，知 I_B, E_B, F 三点共线.

因为四边形 $FA_1 A' I_B$ 内接于圆，所以 $\angle CA_1 F = \angle A' I_B F$. 但是，在彼此相似的 $\triangle A_1 BC_1$ 与 $\triangle ABC$ 中，$I_B E_B$ 与 IO 是对应的直线，此外还有 $A' I_B \perp BC_1$，此处 BC_1 是 BC 的对应边. 这就表明 IO 与 AA_1 之间的夹角等于 $\angle CA_1 F$. 综合上述，即知边 BC 与线段 FA_1 之间的夹角等于 IO 与 AA_1 之间的夹角，此即等价于题中所要证明的结论.

◆ 本证法强烈地依赖于点在图形上的具体位置. 但读者只要读清楚本证法，就不难正确表述其中的各个角.

---

① 编译者注　这里指的是九点圆与内切圆的切点. 费尔巴哈通过代数计算证明出：九点圆与内切圆和三个旁切圆都相切，故这四个切点都叫作费尔巴哈点.

IV.160 用字母 M 表示 10 亿, 即 $M = 10^9$. 假设两个男孩所得的结果相同. 观察第一个男孩所连乘的 M 个相连正整数中能够被 2 的最高方幂整除的数. 我们看出, 其余 $M - 1$ 个数的连乘积能被其整除的 2 的最高方幂不大于 $(M - 1)!$ 的相应的最高方幂. 另一方面, 该男孩所得的连乘积应当可被 $(2M)!$ 整除. 这表明这个 2 的最高方幂数 (以及它的倍数) 相当大, 例如它至少大于 $2^{M/2}$. 因而, 两个男孩都连乘的数至少大于 $2^{M/4}$.

下面作些数量分析.

引理 设 $x_1, x_2, \cdots, x_k$ 都是小于 $\dfrac{1}{2}$ 的正数, $x = \dfrac{1}{k}(x_1 + x_2 + \cdots + x_k)$, 则数 $1 - x_1, 1 - x_2, \cdots, 1 - x_k$ 的几何平均值 $GM(1 - x_1, 1 - x_2, \cdots, 1 - x_k)$ 与它们的算术平均值 $1 - x$ 的差的绝对值不大于 $2 \max\{x_i^2\}$.

引理之证 注意, 对于 $0 < t < \dfrac{1}{2}$, 我们有 $\dfrac{1}{1-t} < 1 + t + 2t^2$. 记

$$y = \frac{2}{k}(x_1^2 + x_2^2 + \cdots + x_k^2),$$

利用几何平均与调和平均的关系, 可得

$$\begin{aligned} &GM(1 - x_1, 1 - x_2, \cdots, 1 - x_k) \\ &\geqslant \frac{k}{\dfrac{1}{1 - x_1} + \dfrac{1}{1 - x_2} + \cdots + \dfrac{1}{1 - x_k}} \\ &> \frac{k}{k + \sum x_i + 2\sum x_i^2} = \frac{1}{1 + x + y} \geqslant 1 - x - y, \end{aligned}$$

再注意到 $GM(1 - x_1, 1 - x_2, \cdots, 1 - x_k) \leqslant 1 - x$ 和 $y = \dfrac{2}{k}\sum x_i^2 \leqslant 2\max\{x_i^2\}$, 即得所证.

引理证毕.

我们来看第一个小孩, 设他用来连乘的 M 个相连正整数中最大的是 $A - 1$. 那么他用来连乘的数的几何平均值是 $A \cdot GM\left(1 - \dfrac{1}{A}, 1 - \dfrac{2}{A}, \cdots, 1 - \dfrac{M}{A}\right)$. 根据引理, 它与算术平均值 $A - \dfrac{M+1}{2}$ 相差不超过 $\dfrac{2M^2}{A}$. 因此, 该男孩的几何平均值几乎就是一个半整数 (因为 A 可以远大于 M^2).

现在来看第二个小孩, 即那个算出了某 $2M = 20$ 亿个相连正整数乘积的小孩. 假设他的 $2M$ 个数的算术平均值是 z (这是一个半整数). 如果他所得到的连乘积与第一个小孩相同, 那么他的所有数的几何平均值的平方就是第一个男孩的几何平均值, 亦即一个几乎半整数. 另一方面, 该平方却等于

$$\begin{aligned} &GM\left(z^2 - \frac{1}{4},\ z^2 - \frac{9}{4},\ \cdots,\ z^2 - \frac{(2M-1)^2}{4}\right) \\ &= z^2 GM\left(1 - \frac{1}{4z^2},\ 1 - \frac{9}{4z^2},\ \cdots,\ 1 - \frac{(2M-1)^2}{4z^2}\right). \end{aligned}$$

根据引理,它几乎等于

$$z^2 - \frac{1^2+3^2+\cdots+(2M-1)^2}{4M} = z^2 - \frac{4M^2-1}{12},$$

而这是一个整数,因为 z^2 是一个整数与 $\frac{1}{4}$ 的和,而在 $M=10^9$ 时减数也是一个整数与 $\frac{1}{4}$ 的和. 如此一来,一个几乎半整数等于一个几乎整数,这是不可能的.

专题分类指南

数学奥林匹克试题的形式往往是不规范的,为了解答它们,通常需要巧妙的构思和超常的思维.然而,还是可以把它们按照内容和解法分类,甚至可以简要列出具有典型意义的试题和方法.

一些通用方法

数学归纳法

数学归纳法的基本内容在中学数学课本中有所介绍,但是对其重要性的理解却是在解答数学竞赛试题的实践中逐步加深的. 学会归纳法,不仅获得了一种证明数学命题的有效方法,而且有助于养成认识问题、分析问题的有效思维习惯,使学习者终身获益.

本试题集中运用数学归纳法解答的部分试题是: II.018, II.042, II.049, II.063, II.089, II.161, II.170, II.178, II.194, II.233, II.254, III.022, III.040, III.048, III.051, III.056, III.063, III.064, III.068, III.071, III.080, III.099, III.101, III.106, III.128, III.142, III.152, III.157, III.158, III.164, III.176, III.205, IV.001, IV.005, IV.023, IV.028, IV.035, IV.059, IV.063, IV.064, IV.074, IV.112, IV.117, IV.155, IV.157.

抽屉原理

抽屉原理又称鸽笼原理,也称狄利克雷原理. 其最简单的形式可表述为: "9 个抽屉里放着 10 个苹果,则至少有一个抽屉里有不少于两个苹果." 抽屉原理的较为一般的形式是: 如果要将多于 kd 个苹果放入 k 个抽屉,则至少有一个抽屉里有不少于 $d+1$ 个苹果. 在连续值的情况下,狄利克雷原理就是平均值原理,亦即: 如果 n 个人分食体积为 v 的粥,则其中必有某个人分到的体积不小于 $\frac{v}{n}$,也有某个人分到的体积不大于 $\frac{v}{n}$.

本试题集中运用抽屉原理解答的部分试题有: I.087, I.093, I.175, II.172, II.193, II.259, III.025, III.057, IV.126.

特殊对象

特殊对象的含义很广,可以是事物的某个特殊方面 (例如,对于某一组数,仅仅观察其中某些数的和; 对于数列,仅仅观察其符号),也可以是具有某种极端性质的对象,诸如 "观察那个朋友数最多的人"; "观察具有所述性质的最小集合", 如此等等. 总之, 以事物的某一种特殊的性质作为突破口, 寻得规律, 找出解决问题的路子; 特别值得指出的是, 在一些关于变化规律的问题中, "临界时刻" 往往是一个值得关注的特殊对象.

关注特殊对象的部分试题是: Ⅰ.001, Ⅰ.015, Ⅰ.061, Ⅰ.148, Ⅰ.187, Ⅰ.195, Ⅱ.015, Ⅱ.019, Ⅱ.063, Ⅱ.066, Ⅱ.067, Ⅱ.074, Ⅱ.126, Ⅱ.168, Ⅱ.178, Ⅱ.179, Ⅱ.195, Ⅱ.205, Ⅱ.231, Ⅲ.008, Ⅲ.029, Ⅲ.039, Ⅲ.040, Ⅲ.043, Ⅲ.048, Ⅲ.076, Ⅲ.088, Ⅲ.153, Ⅲ.169, Ⅲ.172, Ⅲ.208, Ⅳ.013, Ⅳ.022, Ⅳ.030, Ⅳ.052, Ⅳ.056, Ⅳ.064, Ⅳ.067, Ⅳ.069, Ⅳ.074, Ⅳ.088, Ⅳ.097, Ⅳ.101, Ⅳ.103, Ⅳ.105, Ⅳ.111, Ⅳ.119, Ⅳ.120, Ⅳ.133, Ⅳ.139, Ⅳ.155.

不变量与半不变量

经常会遇到如下形式的题目: 给定某种形式的操作, 询问能否通过有限次这种操作, 由某种状态到达另一种状态. 证明不可能性的标准解法是寻找不变量. 在此类操作下不发生改变的量就称为不变量. 如果在前一种状态下该量取一个值, 而在后一种状态下该量取另一个值, 那么就不可能通过所述的操作由前一状态变为后一状态.

在所述的操作下, 仅朝一个方向变化的量称为半不变量, 例如只增不减的量. 如果存在某种半不变量, 并且在操作过程中它发生了改变, 那么不可能回到初始状态.

本书中较好地体现不变量的试题有: Ⅰ.020, Ⅱ.005, Ⅱ.075, Ⅱ.171, Ⅱ.187, Ⅱ.201, Ⅲ.092, Ⅲ.096, Ⅳ.001.

较好地体现半不变量的试题有: Ⅰ.155, Ⅰ.160, Ⅰ.187, Ⅱ.004, Ⅱ.019, Ⅱ.187, Ⅱ.190, Ⅲ.015, Ⅳ.001.

加强命题

有时为了解答所面临的问题, 可以从更高、更广泛、更一般的角度去讨论. 这种讨论不仅带来的收获更多, 有时还会更容易、更方便.

有关的试题有: Ⅲ.068, Ⅲ.101, Ⅲ.144, Ⅲ.152, Ⅲ.159, Ⅲ.167, Ⅳ.005, Ⅳ.035.

分类讨论

这是一种常用的思想方法, 即区分情况, 分开讨论.

有关的试题有: Ⅰ.004, Ⅱ.103, Ⅱ.207.

新鲜概念

竞赛题思路活跃,眼界开阔,有时会在题目中引入一些新鲜名词、新鲜概念. 解答它们之前, 应当弄清其含义.

有关的试题有: II.014, II.021, II.064.

按照学科分类

按照学科分类, 通常将数学竞赛试题分为四大块: 代数、几何、数论 (整数知识) 和含义极为丰富的组合.

代　　数

代数式变形

代数式变形主要是恒等变形和等价变形, 其中包括因式分解. 代数式变形是解答代数问题的必由之路. 熟练的变形能力往往给解题人带来高效率, 有助于尽快抓住问题的本质.

需要运用恒等变形或等价变形来解答的试题有: I.010, I.025, I.067, I.091, I.165, II.255, IV.050, IV.068, IV.083, IV.115, IV.130, IV.148.

实数, 有理数, 无理数

有关试题有: I.053, I.057, I.104, I.109, I.115, I.127, I.139, I.150, II.028, II.106, II.116, II.223, III.185, III.207.

复数

以复数为工具解答的试题有: III.206.

集合

集合的概念无处不在. 竞赛中有的试题是构造好集合, 让解题人讨论其性质; 有的试题则是解题人根据需求, 自行引入集合, 以集合为工具, 解答所给的问题.

有关集合的试题有: II.028, II.093, II.103, II.112, II.126, II.172, III.004, III.013, III.023, III.029, III.035, III.085, III.101, III.116, III.120, III.122, III.128, III.134, III.142, III.152, III.157, III.169, IV.013, IV.016, IV.024, IV.063, IV.069, IV.071, IV.074, IV.080, IV.094, IV.100, IV.104, IV.120, IV.126, IV.139, IV.144, IV.147.

数列

竞赛中所涉及的数列各式各样, 不仅仅是等差数列和等比数列, 还有一些题目是通过构造数列来解答问题.

有关数列的题目有: I.015, I.019, I.038, I.060, I.065, I.113, I.120, I.132, I.137, I.177, II.008, II.014, II.015, II.024, II.083, II.108, II.133, II.170, II.216, II.222, II.233, II.243, II.270, II.278, III.040, III.059, III.099, III.106, III.159, III.185, III.207, IV.067, IV.146.

函数

根据函数的定义, 讨论其性质; 或者根据自己的需要, 引入函数并加以讨论和运用. 求解函数方程.

介值定理 设 $f(x)$ 为连续函数, 如果对 $a \neq b$, 有 $f(a)f(b) < 0$, 则在 a 与 b 之间存在某点 c, 使得 $f(c) = 0$.

维尔斯特拉斯定理 闭区间上的连续函数可以达到自己的最大值和最小值.

凸函数 如果函数 $f(x)$ 对任何 $x_1 \neq x_2$, 都有

$$\frac{f(x_1) + f(x_2)}{2} \geqslant f\left(\frac{x_1 + x_2}{2}\right),$$

则称 $f(x)$ 是凸函数. 反之, 若 $f(x)$ 是凸函数, 则对任何 $n \geqslant 2$, 任何 $x_1 < x_2 < \cdots < x_n$, 都有

$$\frac{f(x_1) + f(x_2) + \cdots + f(x_n)}{n} \geqslant f\left(\frac{x_1 + x_2 + \cdots + x_n}{n}\right),$$

甚至对任何满足条件 $\lambda_1 + \lambda_2 + \cdots + \lambda_n = 1$ 的非负数 $\lambda_1, \lambda_2, \cdots, \lambda_n$ 都有

$$\lambda_1 f(x_1) + \lambda_2 f(x_2) + \cdots + \lambda_n f(x_n) \geqslant f(\lambda_1 x_1 + \lambda_2 x_2 + \cdots + \lambda_n x_n).$$

如果 $f(x)$ 有二阶导数, 且处处有 $f''(x) \geqslant 0$, 则 $f(x)$ 是凸函数.

凸函数的平均值不小于平均值的凸函数, 人们通常把凸函数的这个性质称为琴生不等式.

有关的试题有: I.040, I.080, I.159, II.055, II.182, II.216, III.064, III.084, III.175, III.181, III.191, III.203, IV.055, IV.081, IV.089, IV.124, IV.142.

三角函数

与三角函数有关的题目有: I.036, I.060, I.097, I.137, I.176, I.198, II.050, III.147, IV.130.

二次函数与二次三项式

与二次函数及其图像有关的试题有: I.050, II.230, III.121, III.165.

关于二次三项式的题目有: I.011, I.029, I.031, I.066, I.147, I.153, I.176, II.037, II.071, II.098, II.127, II.134, II.149, II.155, II.176, II.183, II.202, II.237, II.246, II.258, II.264, II.267, II.272, III.001, III.009, III.017, III.027, III.073, III.113, III.139, III.147, III.165, III.170, III.193, IV.014, IV.055, IV.065, IV.081, IV.113.

多项式

整系数多项式, 有理系数多项式

有关的题目有: II.010, II.025, II.043, II.110, II.168, III.160, III.207, IV.029, IV.038, IV.043.

多项式的存在性问题

有关的题目有: I.119, IV.089.

多项式的基本形式

有关的题目有: I.031, II.194.

多项式相除与剩余定理

像整数那样, 可对有理系数多项式做带余除法 (参阅数论有关内容).

定理 如果 f 与 g 都是多项式, 且 $g \neq 0$, 则唯一地存在多项式 q 与 r, 使得: ① $f = qg + r$; ② r 的次数低于 g 的次数.

此处, q 与 r 分别称为 f 被 g 除的商式和余式. 对于实系数多项式亦有类似的定理. 我们在此指出, 零多项式的次数等于 $-\infty$.

例如, 多项式 x^4+1 被多项式 x^2+x 除的商式是 x^2-x+1, 余式为 $1-x$.

剩余定理 (比左定理)　① 多项式 $f(x)$ 被 $x-a$ 除的余数等于 $f(a)$. ② 多项式 $f(x)$ 可被 $x-a$ 整除, 当且仅当 a 是多项式 $f(x)$ 的根.

有关的试题有: IV.038, IV.043.

多项式的根与韦达定理

有关的试题有: I.016, I.029, I.031, I.051, III.136, III.185, III.193, IV.038, IV.081, IV.089, IV.113.

定理　① n 次多项式有不多于 n 个根.

② 若 $x_1, x_2, \cdots, x_n$ 是 n 次多项式 $f(x)$ 的互不相同的根, 则

$$f(x) = a(x-x_1)(x-x_2)\cdots(x-x_n),$$

其中 a 是多项式 $f(x)$ 的 x^n 项的系数.

有关的试题有: IV.059.

③ 如果

$$x^n + a_{n-1}x^{n-1} + \cdots + a_1 x + a_0 = (x-x_1)(x-x_2)\cdots(x-x_n),$$

则

$$\begin{aligned}
a_{n-1} &= -\sum_{1 \leqslant i \leqslant n} x_i, \\
a_{n-2} &= \sum_{1 \leqslant i < j \leqslant n} x_i x_j, \\
a_{n-3} &= -\sum_{1 \leqslant i < j < k \leqslant n} x_i x_j x_k, \\
&\cdots, \\
a_0 &= (-1)^n x_1 x_2 \cdots x_n.
\end{aligned}$$

④ 特别地, 如果 $x_1, x_2, \cdots, x_n$ 是多项式 $x^n + a_{n-1}x^{n-1} + \cdots + a_1 x + a_0$ 的互不相同的根, 则有③中所列公式成立.

上述定理中的断言③和④称为韦达定理. 对于 $n=3$, 断言③中的公式为

$$\begin{aligned}
a_2 &= -(x_1 + x_2 + x_3), \\
a_1 &= x_1 x_2 + x_1 x_3 + x_2 x_3, \\
a_0 &= -x_1 x_2 x_3.
\end{aligned}$$

当 $n=2$ 时, 即为中学课本中大家所熟知的韦达定理的通常形式.

有关的试题有: IV.065.

韦达定理的逆定理也常会用到: 如果多项式的各项系数可由断言③中的公式确定, 则该多项式的根就是 $x_1, x_2, \cdots, x_n$.

整系数多项式的不可约性概念 整系数多项式称为 (在 $\mathbf{Z}$ 上) 不可约, 如果它不能表示为一些次数较低的整系数多项式的乘积.

关于整系数多项式不可约性有如下的判别法:

爱森斯坦判别法 设 $f(x) = a_0 + a_1x + a_2x^2 + \cdots + a_nx^n$ 为整系数多项式, p 为质数. 如果除 a_n 外的所有系数都可被 p 整除, 而 a_0 不可被 p^2 整除, 则多项式 $f(x)$ 不可约.

有关试题有: III.160, III.207.

多项式法, 以多项式为解题工具

有关试题有: II.105, II.106, III.160, IV.059, IV.128, IV.142.

p 次方根

有关试题有: III.136.

不等式

平均不等式 (最常遇到的不等式) 对 n 个正数 $a_1, a_2, \cdots, a_n$, 有

$$\frac{n}{\frac{1}{a_1} + \frac{1}{a_2} + \cdots + \frac{1}{a_n}} \leqslant \sqrt[n]{a_1 a_2 \cdots a_n} \leqslant \frac{a_1 + a_2 + \cdots + a_n}{n} \leqslant \sqrt{\frac{a_1^2 + a_2^2 + \cdots + a_n^2}{n}}.$$

它们分别称为这 n 个正数的调和平均、几何平均、算术平均、二次平均. 其中的等号成立当且仅当 $a_1 = a_2 = \cdots = a_n$.

最常用的是几何平均 - 算术平均不等式, 尤其是它在 $n=2$ 时的形式: $\frac{a+b}{2} \geqslant \sqrt{ab}$.

有关试题有: III.038, III.149, III.195, IV.160.

柯西不等式 (俄罗斯人称为柯西 - 布尼亚科夫斯基不等式) 对任何非负数 $x_1, x_2, \cdots, x_n$ 和 $y_1, y_2, \cdots, y_n$, 都有

$$\left(\sum_{k=1}^n x_k y_k\right)^2 \leqslant \sum_{k=1}^n x_k^2 \sum_{k=1}^n y_k^2.$$

霍尔德不等式 设 p 与 q 为正数, 满足条件 $\frac{1}{p} + \frac{1}{q} = 1$, 则对任何正数 x_1, x_2, y_1, y_2, 都有

$$x_1 y_1 + x_2 y_2 \leqslant (x_1^p + x_2^p)^{\frac{1}{p}} (y_1^q + y_2^q)^{\frac{1}{q}}.$$

有关试题有: III.072, III.133, III.175, IV.124.

乱序不等式 如果 $a_1 \geqslant a_2 \geqslant \cdots \geqslant a_n$, $b_1 \geqslant b_2 \geqslant \cdots \geqslant b_n$, 则对 $1, 2, \cdots, n$ 的任一排列 $i_1, i_2, \cdots, i_n$, 都有

$$a_1 b_1 + a_2 b_2 + \cdots + a_n b_n \geqslant a_{i_1} b_1 + a_{i_2} b_2 + \cdots + a_{i_n} b_n.$$

有关试题有: I.049.

与三角函数有关的不等式

有关试题有: I.198, II.238, III.038.

不等式的证明

这里所列举的不少试题的解答中都体现出不等式证明的灵活性和方法多样性.

有关试题有: I.049, I.083, I.090, I.100, I.104, I.115, I.185, II.069, II.073, II.092, II.106, II.126, II.158, III.022, III.095, III.117, III.125, III.133, III.143, III.149, III.170, III.175, III.191, IV.007, IV.047, IV.059, IV.068, IV.072, IV.077, IV.085, IV.099, IV.108, IV.124, IV.130, IV.144.

运用不等式两边夹

为了求得所需的量, 分别讨论其上下界, 或者讨论其递增递降规律, 通过两边相夹得到所需的值.

有关试题有: I.018, I.019, I.038, I.044, I.055.

解不等式或不等式组

有关试题有: I.030.

数　　论

存在性问题

这类问题是讨论"具备某一类性质的正整数是否存在?"或者证明它们有无穷多个.

有关试题有: IV.004, IV.013, IV.079, IV.094, IV.119, IV.128, IV.129.

方程的整数解

有关试题有: I.070, I.111, II.041, II.225, III.080, III.124, III.140, III.168, IV.020, IV.112, IV.135, IV.136.

质数与合数

整数 $p > 1$ 称为质数,如果它仅能被 $\pm p$ 和 ± 1 整除. 其余的大于 1 的整数都称为合数.

有关质数的试题有: I.085, I.135, I.146, I.161, II.001, II.003, II.124, II.141, II.186, II.191, II.214, III.130, III.136, III.160, III.187, III.194, IV.013, IV.029, IV.146.

有关合数的试题有: I.075, I.085, II.001, III.187, III.194, IV.083, IV.100, IV.148.

有关约数分析的试题有: I.063, I.085, I.086, I.098, I.168, II.003, II.018, II.198, II.062, II.098, II.102, II.119, II.175, IV.100, IV.129, IV.137.

有关质约数分析的试题有: I.002, I.004, I.043, I.046, I.054, II.204, II.214, III.011, III.144, IV.146.

有关最大质约数的试题有: II.254, III.035, IV.058.

有关最小质约数的试题有: II.119, II.178.

有关最大公约数的试题有: I.116, II.031, II.039, II.053, II.145, II.148, II.161, II.234, II.247, II.249, II.260, II.265, III.004, III.031, III.061, IV.002, IV.020, IV.079.

有关最小公倍数的试题有: I.111, II.048, II.053, II.145, II.161, II.198, II.260, IV.156.

有关两两互质的试题有: I.122, II.102, II.158, III.035, III.144, IV.002, IV.080, IV.112, IV.115.

有关整体互质的试题有: II.098, II.110, III.083, III.093, III.100, III.116, III.137, IV.020.

质因数分解

每一个合数都可以表示为若干个质数的乘积. 通常把相同质数的乘积写为乘方的形式, 因而可把这种乘积表示成如下形式:

$$p_1^{n_1} p_2^{n_2} \cdots p_k^{n_k},$$

其中 $p_1, p_2, \cdots, p_k$ 为互不相同的质数,而 $n_1, n_2, \cdots, n_k$ 为正整数.

算术基本定理 正整数的质因数分解式唯一 (不计因数的排列顺序).

有关试题有: II.175, III.031, III.104, III.112, III.145, IV.086.

与此相联系的一个概念是含于正整数 a 的某个质数 p 的最高幂次, 具体来说, 就是: 如果对于正整数 k, 有 $p^k | a$, 但是 $p^{k+1} \nmid a$, 那么就把 k 称为 p 含于正整数 a 的最高幂次.

有关试题有: II.039, II.198, II.214, II.265, IV.058, IV.160.

欧拉定理 对于任何正整数 n 以及任何与 n 互质的正整数 a, 都有 $n | (a^{\varphi(n)} - 1)$, 其中 $\varphi(n)$ 是不超过 n 且与 n 互质的正整数的个数. 如果 $n = p_1^{\alpha_1} p_2^{\alpha_2} \cdots p_k^{\alpha_k}$ 是 n 的质因数分

解式, 则
$$\varphi(n) = n\left(1 - \frac{1}{p_1}\right)\left(1 - \frac{1}{p_2}\right)\cdots\left(1 - \frac{1}{p_k}\right).$$

费马小定理 若 p 为质数, a 是任一不可被 p 整除的正整数, 则有 $p\,|\,(a^{p-1} - 1)$.

有关试题有: III.160, III.172, IV.013, IV.029, IV.080.

相连的正整数

有关的试题有: I.097.

完全平方数, 完全幂次数

有关的试题有: I.063, I.085, I.190, II.058, II.102, II.124, II.186, II.204, II.217, II.265, III.100, III.145, IV.079, IV.148, IV.156.

方幂数

有关的试题有: I.046, I.156, I.164, I.168, II.067, II.143, III.007, III.044, III.063, III.104, III.112, III.136, III.137, III.168, III.172, IV.029, IV.080, IV.136.

整除性

称整数 a 可被整数 b 整除 (或称 a 是 b 的倍数), 如果存在整数 c, 使得 $a = bc$. 此时我们亦说 b 可整除 a (例如: 2 可整除 6, 或 6 可被 2 整除, -1 可整除 -5, 等等), 记为 $b\,|\,a$.

性质: ① 任何整数都可被 ± 1 和自己整除; 0 可被任何整数整除; 任何非零整数都不可被 0 整除.

② 如果 $d\,|\,a$ 且 $d\,|\,b$, 则 $d\,|\,a \pm b$, 此外, 对任何整数 c, 亦有 $d\,|\,ac$; 如果 $c\,|\,b$ 且 $b\,|\,a$, 则 $c\,|\,a$.

③ 如果 $b\,|\,a$, 则 $|b| \leqslant |a|$ 或 $a = 0$.

④ 如果 $d\,|\,a$ 且 $d\,|\,b$, 则对任何整数 k 与 l, 都有 $d\,|\,ka + lb$. 更一般地, 如果整数 $a_1, a_2, \cdots, a_n$ 中的每一个都可被 d 整除, 则对任何整数 $k_1, k_2, \cdots, k_n$, 都有

$$d\,|\,k_1 a_1 + k_2 a_2 + \cdots + k_n a_n.$$

与整除性有关的试题有：I.016，I.024，I.035，I.037，I.056，I.061，I.063，I.067，I.076，I.082，I.107，I.116，II.091，II.093，II.105，II.251，II.252，II.258，II.260，III.040，III.081，III.083，III.104，III.112，IV.002，IV.004，IV.115，IV.160.

我们用 $\dagger(a, b)$ 表示整数 a 与 b 的最大公约数，在不至于引起混淆时，也记为 (a, b). 如果 $(a, b) = 1$，就称 a 与 b 互质；换句话说，如果由 $d \mid a$ 且 $d \mid b$ 推出 $d = \pm 1$，则称 a 与 b 互质.

有关互质的试题有：II.254, III.061.

整除的特征

① 整数是偶数，当且仅当它的最后一位数字是偶数.

通过奇偶性分析来解答的题目有：I.005，I.035，I.045，I.085，I.098，I.102，I.105，I.110，I.162，I.170，I.189，I.197，II.086，II.115，II.205，III.043，III.130，IV.050，IV.054，IV.129.

② 整数被 5 除的余数就是其最后一位数字被 5 除的余数. 特别地，整数可被 5 整除，当且仅当其最后一位数字可被 5 整除.

③ 整数被 9 除的余数就是其各位数字之和被 9 除的余数. 特别地，整数可被 9 整除，当且仅当其各位数字之和可被 9 整除. 对于 3 的整除性亦有类似的断言.

④ 其他情形，例如 10 101 可被 37 整除，等等.

有关试题有：I.026，I.129，I.135，I.167，I.184，II.001，II.204，II.217，III.041.

关于整除性，还有如下一些常用的一般性质：

(1) 若 $t \mid s$，则 $a^t - 1 \mid a^s - 1$.

证明 若 $t \mid s$，则存在正整数 k，使得 $s = kt$，于是

$$a^s - 1 = (a^t)^k - 1 = (a^t - 1)\left[1 + a^t + a^{2t} + \cdots + a^{(k-1)t}\right],$$

所以 $a^s - 1$ 可被 $a^t - 1$ 整除.

(2) 利用欧几里得辗转相除法 (参阅 [30] 第 3 节) 可以证明：当 $a > 1$ 时，有

$$(a^t - 1, a^s - 1) = a^{(s, t)} - 1.$$

有关试题有：II.254.

(3) 若 $d \mid ab$ 且 $(a, d) = 1$，则 $d \mid b$. 特别地，$2k + 1 \mid 2x$，当且仅当 $2k + 1 \mid x$.

若质数整除乘积，则它整除其中的某个因数. 确切地说，若质数 p 整除乘积 $a_1 a_2 \cdots a_n$，则对某个 i，有 $p \mid a_i$.

带余除法

设 a 和 b 为整数, $b \neq 0$, 则存在整数 q 与 r, 使得

$$a = qb + r, \quad 0 \leqslant r < |b|.$$

其中, q 与 r 分别称为 a 被 b 除的商数和余数.

设 $b > 0$, 则被 b 除的余数可能为 $0, 1, \cdots, b-1$. 一个整数被 b 除的余数等于 r, 当且仅当该数具有 $qb + r$ 的形式. 循此, 所有整数被分成 b 个 (无穷) 等差数列. 例如, 对于 $b = 2$, 这两个数列就是 $\{2n\}$ 和 $\{2n+1\}$; 对于 $b = 3$, 这三个数列就是 $\{3n\}$, $\{3n+1\}$ 和 $\{3n+2\}$; 等等.

一个整数可被 b 整除, 当且仅当它被 b 除的余数等于 0.

和 (差, 积) 的余数由各个加项 (因数) 的余数唯一确定. 例如, 假设整数 a 和 b 被 7 除的余数分别是 3 和 6, 则 $a+b$ 被 7 除的余数就是 $2 = 3+6-7$; $a-b$ 被 7 除的余数就是 $4 = 3-6+7$; 而 ab 被 7 除的余数就是 $4 = 3 \times 6 - 14$.

更确切地说, 就是: 如果 a_1 被 b 除的余数是 r_1, a_2 被 b 除的余数是 r_2, 则 $a_1 + a_2$ 被 b 除的余数就等于 $r_1 + r_2$ 被 b 除的余数; 而 $a_1 a_2$ 被 b 除的余数就等于 $r_1 r_2$ 被 b 除的余数.

有关试题有: I.075, I.105, I.110, I.157, I.184, II.132, II.152, II.229, III.128, IV.004, IV.029, IV.080.

同余, 模算术

有关试题有: II.021, II.105, II.109, II.110, II.122, II.132, II.186, II.191, II.211, II.249, II.252, II.275, III.049, III.056, III.063, III.080, III.083, III.089, III.093, III.118, III.144, III.160, III.168, III.172, IV.013, IV.016, IV.028, IV.029, IV.058, IV.071, IV.080, IV.112, IV.136.

中国剩余定理

中国剩余定理, 又称孙子定理, 最早可见于中国南北朝时期的《孙子算经》, 它的内容可以叙述为: 对任何两两互质的正整数 $a_1, \cdots, a_m$, 以及满足条件 $r_1 < a_1, \cdots, r_m < a_m$ 的非负整数 $r_1, \cdots, r_m$, 都存在一个正整数 n, 它被 a_i 除的余数等于 r_i, $1 \leqslant i \leqslant m$.

有关试题有: II.021, II.098, III.047.

数的 10 进制表示

表达式 $\overline{a_n a_{n-1} \cdots a_2 a_1}$ 表示一个 n 位正整数, 它的首位数为 a_n, 第 2 位数为 a_{n-1} ……末位数为 a_1. 因而

$$\overline{a_n a_{n-1} \cdots a_2 a_1} = 10^{n-1} a_n + 10^{n-2} a_{n-1} + \cdots + 10 a_2 + a_1.$$

有时我们也采用写法 $\overline{ab}$, 其中 a 与 b 未必是数字, 这种写法表示将正整数 b 接写在正整数 a 的右端所得到的正整数. 如果 b 是 k 位数, 则有

$$\overline{ab} = 10^k a + b.$$

如果 b 是 k 位数, 则 $10^{k-1} \leqslant b < 10^k$.

有关试题有: I.164, I.186, I.192, II.015, II.029, II.064, II.099, II.122, III.041, III.089, IV.004, IV.074.

计数系统

除 10 进制外, 还有其他计数系统. 在数的 m 进制系统中, 表达式 $\overline{a_n a_{n-1} \cdots a_2 a_1}$ 表示整数 $m^{n-1} a_n + m^{n-2} a_{n-1} + \cdots + m a_2 + a_1$. m 进制系统中的数字有 $0, 1, 2, \cdots, m-2, m-1$. 2 进制系统和 3 进制系统在数学中尤其重要, 在信息论中, 2 进制、8 进制和 16 进制系统非常重要. 而在有些题目中甚至还出现了用某个无理数的方幂的和表达正整数的问题.

有关试题有: II.028, III.018, IV.094.

10 进制小数

每一个实数都可以表示为一个 10 进制无穷小数:

$$\pm a_n a_{n-1} \cdots a_1 . b_1 b_2 b_3 \cdots,$$

其中 a_i 与 b_j 为数字. 该表达式的含义是

$$a_n a_{n-1} \cdots a_1 . b_1 b_2 b_3 \cdots = 10^{n-1} a_n + 10^{n-2} a_{n-1} + \cdots \\ + 10 a_2 + a_1 + 10^{-1} b_1 + 10^{-2} b_2 + 10^{-3} b_3 + \cdots$$

(等号右端是一个无限的和式, 亦即级数和).

实数 x 为有理数, 当且仅当相应的 10 进制无穷小数是周期的.

推广: 亦可将实数表示为 m 进制无穷小数.

有关试题: II.015, II.182, IV.112.

几何

直线

直线的平行与相交

泰勒斯定理就是平行线截线段成比例定理.

有关的试题有: I.013, I.036, I.048, I.165, II.125, II.142, II.188, II.196, III.163, IV.034, IV.051, IV.093, IV.096, IV.159.

三点共线, 三线共点

有关的试题有: II.020, II.125, II.188, III.119, III.163, III.196, IV.015, IV.034, IV.037, IV.044, IV.061, IV.066, IV.078, IV.093, IV.116, IV.151.

帕普斯定理 如图1所示, 在直线 l_1 上依次有点 A, B, C, 直线 l_2 上依次有点 D, E, F. 如果线段 AE 与 BD 相交于点 P, 线段 AF 与 DC 相交于点 Q, 线段 BF 与 EC 相交于点 R, 则 P, Q, R 三点共线.

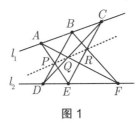

图 1

有关的试题有: IV.031.

调和四点组 如果 A, B, X, Y 是分布在同一条直线上的四个不同的点, 若有 $\dfrac{AX}{BX} = \dfrac{AY}{BY}$, 则称 (A, B, X, Y) 为调和四点组. 不难看出, (A, B, X, Y) 中任意一点的位置都能完全由其余三点的位置确定. 在此易知, 点 X 与点 Y 之一位于线段 AB 上, 另一个则位于 AB 的延长线上.

运用这一概念来解答的试题有: II.235, III.206.

三角形

三角形的边与角

有关的试题有: I.003, I.023, I.052, I.143, II.118, II.150, II.238, III.203.

三角形的高、中线、角平分线、中位线等

有关的试题有: I.039, I.084, II.006, II.013, II.026, II.033, II.040, II.045, II.047, II.052,

Ⅱ.061, Ⅱ.072, Ⅱ.090, Ⅱ.114, Ⅱ.121, Ⅱ.142, Ⅱ.150, Ⅱ.169, Ⅱ.173, Ⅱ.177, Ⅱ.266, Ⅱ.276, Ⅲ.005, Ⅲ.042, Ⅲ.066, Ⅲ.102, Ⅲ.119, Ⅲ.127, Ⅲ.141, Ⅲ.146, Ⅲ.151, Ⅲ.196, Ⅳ.051, Ⅳ.070, Ⅳ.082, Ⅳ.107, Ⅳ.141, Ⅳ.151, Ⅳ.159.

三角形的类型

从最大角看,可将三角形分为锐角三角形、直角三角形和钝角三角形;从边的相等与否看,可将三角形分为等腰三角形、等边三角形和一般三角形,等边三角形又称正三角形.

有关的试题有: Ⅰ.007, Ⅰ.017, Ⅰ.028, Ⅰ.069, Ⅰ.112, Ⅰ.117, Ⅰ.140, Ⅱ.002, Ⅱ.006, Ⅱ.009, Ⅱ.013, Ⅱ.030, Ⅱ.047, Ⅱ.054, Ⅱ.061, Ⅱ.072, Ⅱ.114, Ⅱ.142, Ⅱ.156, Ⅱ.169, Ⅱ.173, Ⅱ.184, Ⅱ.203, Ⅱ.226, Ⅱ.228, Ⅱ.232, Ⅱ.253, Ⅱ.261, Ⅱ.262, Ⅲ.005, Ⅲ.020, Ⅲ.026, Ⅲ.046, Ⅲ.074, Ⅲ.127, Ⅲ.146, Ⅲ.151, Ⅲ.155, Ⅲ.171, Ⅲ.173, Ⅲ.198, Ⅳ.003, Ⅳ.021, Ⅳ.051, Ⅳ.070, Ⅳ.076, Ⅳ.159.

三角形的全等与相似

梅涅劳斯定理 若一条直线与 $\triangle ABC$ 的三条边所在的直线 AB, BC 和 CA 分别相交于点 D, E 和 F,则有

$$\frac{AD}{DB} \cdot \frac{BE}{EC} \cdot \frac{CF}{FA} = 1.$$

塞瓦定理 若点 O 位于 $\triangle ABC$ 内部,直线 AO, BO, CO 分别与边 BC, CA, AB 相交于点 X, Y, Z,则有

$$\frac{BX}{XC} \cdot \frac{CY}{YA} \cdot \frac{AZ}{ZB} = 1.$$

这方面的试题有: Ⅰ.013, Ⅰ.034, Ⅰ.039, Ⅰ.042, Ⅰ.048, Ⅰ.069, Ⅰ.088, Ⅰ.103, Ⅰ.108, Ⅰ.123, Ⅰ.140, Ⅰ.163, Ⅰ.183, Ⅱ.002, Ⅱ.006, Ⅱ.033, Ⅱ.059, Ⅱ.070, Ⅱ.076, Ⅱ.114, Ⅱ.150, Ⅱ.169, Ⅱ.173, Ⅱ.177, Ⅱ.184, Ⅱ.196, Ⅱ.210, Ⅱ.220, Ⅱ.226, Ⅱ.228, Ⅱ.232, Ⅲ.046, Ⅲ.058, Ⅲ.074, Ⅲ.146, Ⅲ.155, Ⅲ.204, Ⅲ.206, Ⅳ.006, Ⅳ.051, Ⅳ.082, Ⅳ.087, Ⅳ.096, Ⅳ.107, Ⅳ.123, Ⅳ.134.

塞瓦点和塞瓦线 由塞瓦定理知,对于一个三角形来说,塞瓦点 O 可为其内部的任何一点. 相应地,单独的一条塞瓦线可理解为由某个顶点连向对边的某一条线段.

有关的试题有: Ⅲ.070, Ⅲ.077.

德扎尔格定理 如果连接两个三角形的三组对应顶点的三条直线相交于同一个点,则这两个三角形的三组对应边所在直线的交点位于同一条直线上.

有关的试题有: Ⅳ.044.

三角形的外心、内心、重心、垂心、旁心

有关的试题有: Ⅰ.048, Ⅰ.117, Ⅰ.179, Ⅱ.045, Ⅱ.054, Ⅱ.087, Ⅱ.111, Ⅱ.138, Ⅱ.206, Ⅱ.232, Ⅱ.261, Ⅱ.266, Ⅲ.005, Ⅲ.026, Ⅲ.030, Ⅲ.115, Ⅲ.119, Ⅲ.127, Ⅲ.135, Ⅲ.138, Ⅲ.141, Ⅲ.151, Ⅲ.171, Ⅲ.196, Ⅳ.003, Ⅳ.015, Ⅳ.042, Ⅳ.066, Ⅳ.093, Ⅳ.098, Ⅳ.118, Ⅳ.149, Ⅳ.159.

三角形的欧拉直线 任何三角形的外心、重心和垂心都共线,这条直线就称为相应三角形的欧拉直线.

有关的试题有: II.203, IV.093.

解三角形, 正弦定理, 余弦定理

有关的试题有: I.017, II.052, II.108, II.262, III.082, III.190, III.203, III.206.

多边形

有关的试题有: I.062, I.084, I.088, I.103, I.123, I.128, II.059, II.066, II.070, II.111, II.129, II.173, II.253, II.256, III.026, III.039, III.058, III.110, III.163.

完全四边形的概念　如果四条直线两两不平行, 三三不共点, 那么它们之间一共交得六个交点. 由这样的四条直线和六个交点形成的图形就称为完全四边形. 其中, 六个交点称为其顶点, 四条直线称为它的边, 两个不共边的顶点称为对顶点, 它们的连线称为对角线.

这方面的试题有: III.110.

面积

这方面的试题有: I.059, III.070, III.077, III.088, III.203.

尺规作图

这方面的试题有: II.256.

拟中线与拟平行线

拟中线又称共轭中线、陪位中线或类似中线. 拟平行线又称逆平行线. 它们的定义如图 2 所示.

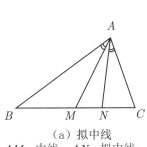

(a) 拟中线
AM—中线; AN—拟中线

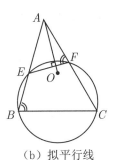

(b) 拟平行线

图 2

拟中线的性质　拟中线上的点到邻边距离之比与邻边长度成正比, 如图 3(a) 所示, 有

$$\frac{PQ}{PR} = \frac{AB}{AC}.$$

拟中线定理　如图 3(b) 所示, 有

$$\frac{BN}{NC} = \frac{AB^2}{AC^2}.$$

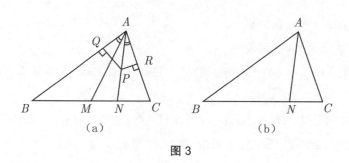

图 3

有关的试题有：IV.044.

对称性

中心对称、轴对称、对称点

有关的试题有：I.048, II.047, II.070, II.087, II.096, III.141, III.155, IV.120, IV.138, IV.141, IV.144.

圆

三角形的外接圆、内切圆、旁切圆

西姆松定理　由 $\triangle ABC$ 的外接圆上任意一个不同于顶点 A, B, C 的点 D 向三边所在直线分别作垂线，则所得的三个垂足共线．

西姆松逆定理　由一点 D 向 $\triangle ABC$ 三边所在直线分别作垂线，如果所得三个垂足共线，则点 D 位于该三角形的外接圆上．

有关的试题有：I.078, I.117, I.188, II.013, II.020, II.045, II.054, II.070, II.079, II.096, II.138, II.167, II.169, II.206, II.232, II.256, II.261, II.271, II.276, III.020, III.030, III.036, III.074, III.087, III.094, III.102, III.110, III.115, III.138, III.155, III.190, III.204, IV.018, IV.042, IV.057, IV.066, IV.076, IV.078, IV.082, IV.087, IV.098, IV.123, IV.138, IV.159.

三角形的九点圆　在三角形中，三边的中点、三条高在三边上的垂足以及垂心与三个顶点连线的中点，这九个点在同一个圆上，这个圆就称为相应三角形的九点圆，又称欧拉圆或费尔巴哈圆．

有关的试题有：II.203, III.062, IV.057, IV.076, IV.159.

费尔巴哈点　费尔巴哈通过代数计算证明出：三角形的九点圆与内切圆及三个旁切圆都相切，这四个切点都称为费尔巴哈点．

有关的试题有: IV.159.

圆心角、圆周角、弦切角

有关的试题有: I.034, I.052, I.078, I.128, I.169, I.179, I.188, II.038, II.079, II.104, II.131, II.156, II.167, II.218, III.052, III.173, III.206, IV.021, IV.027, IV.061, IV.098, IV.134.

密克尔点 如图 4 所示, $ABCDEF$ 是完全四边形, 其中 E 与 F 是对顶点, 那么 $\triangle EAD$, $\triangle EBC$, $\triangle FAB$, $\triangle FDC$ 的外接圆相交于一点 G, 该点就称为密克尔点.

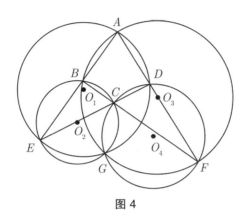

图 4

圆的位置关系

圆与圆之间可能形成相交、相切和相离等各种不同的位置关系, 甚至还有同心圆之类的位置关系, 圆与圆之间的公切线往往也会成为关注的对象.

有关的试题有: II.153, III.002, III.036, III.110, III.138, III.188, IV.057, IV.132.

圆外切多边形, 多边形的内切圆

这方面的试题有: I.088, I.194, I.199, II.026, II.038, II.079, II.094, II.232, IV.031, IV.132, IV.138.

圆内接多边形

这方面的试题有: I.052, I.074, I.094, I.108, I.112, I.128, I.149, I.152, I.169, I.179, II.054, II.072, II.076, II.096, II.100, II.121, II.131, II.160, II.218, II.235, II.261, II.262, III.020, III.062, III.066, III.074, III.166, III.206, IV.003, IV.015, IV.018, IV.087, IV.102, IV.149.

四点共圆

有关的试题有: I.052, I.117, II.009, II.016, II.111, II.121, II.131, II.160, II.167, II.180, II.192, II.206, II.218, II.235, II.248, III.036, III.052, III.074, III.094, III.102, III.115, III.135, III.171, IV.006, IV.027, IV.066, IV.082, IV.096, IV.116, IV.123, IV.159.

帕斯卡定理 如果六边形内接于圆或圆锥曲线, 则它的三组对边所在直线的交点在同一条直线上 (参阅图 5).

有关的试题有: IV.015.

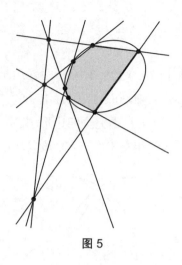

图 5

圆的割线与切线

由同一个点所作的同一个圆的两条切线相等. 由此可以推出: 对 $\triangle ABC$, 内切于旁切圆在边 BC 上的切点关于该边中点对称.

圆的切线与经过切点的割线所成的角称为**弦切角**. 弦切角与该割线所对的圆周角相等.

有关的试题有: II.271, III.014, III.138, III.163, III.188, IV.006, IV.053, IV.061.

三叉线引理 设 $\triangle ABC$ 的内心为 I, 与边 BC 相切的旁切圆的圆心是 I_a, 而 $\angle A$ 的平分线与外接圆的交点是 L(参阅图 6), 则有

$$LB = LI = LC = LI_a.$$

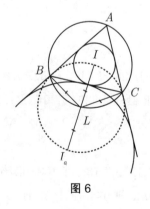

图 6

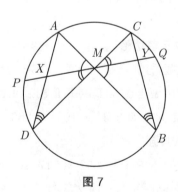

图 7

蝴蝶定理 设 PQ 是圆中一弦, M 为 PQ 的中点. 经过 M 任作二弦 AB 与 CD. 设 AD 和 BC 分别与 PQ 相交于点 X 和 Y, 则 M 也是线段 XY 的中点 (参阅图 7).

有关的试题有: II.096, II.104, III.127.

极线 在数学中, 极线通常是一个适用于圆锥曲线的概念. 如果圆锥曲线的切于 A, B 两点的切线相交于点 P, 那么点 P 称为直线 AB 关于该曲线的极点 (pole), 直线 AB 称为

点 P 的极线 (polar), 参阅图 8.

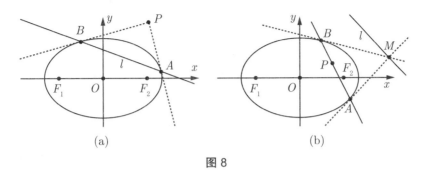

图 8

但是上面的定义仅适用于点 P 在此圆锥曲线外部的情况. 实际上, 点 P 在圆锥曲线内部时同样可以定义极线: 设过点 P 的弦与圆锥曲线相交于 A, B 两点, 分别经过 A 和 B 作圆锥曲线的切线, 那么这两条切线的交点 M 的轨迹 l 就是该曲线的极线. 特别地, 如果这个圆锥曲线是一个圆, 我们同样有圆的极线和极点的概念.

而当一个动点移动到曲线上时, 它的极线就退化为过这点的切线. 所以, 极点和极线的思想实际上是曲线上点和过该点切线的思想的一般化.

有关的试题有: II.192, III.036, IV.044.

配极 给定圆锥曲线 Γ. 如果对平面上的每个点 P, 令 P 对应于 P 关于 Γ 的极线 ℓ, 同时, 令 ℓ 对应于 ℓ 关于 Γ 的极点, 如此便在平面上建立起了点与直线间的一一对应关系. 这种对应就称为关于二次曲线 Γ 的配极.

有关的试题有: III.036.

圆的幂与根轴

如果圆 ω 的圆心为 O, 半径为 R, 点 X 使得 $XO = d$, 其中 $d > 0$ 为定值. 经过点 X 任作一条直线与圆 ω 相交于点 A 与 B, 则这样的直线称为圆的割线, 乘积 $XA \cdot XB$ 的值与割线的作法无关, 恒等于 $\pm(d^2 - R^2)$. 其中, 当点 X 位于圆外时, 取正号; 当点 X 位于圆内时, 取负号. 值 $d^2 - R^2$ 称为点 X 关于圆 ω 的幂.

假设圆 ω_1 与 ω_2 的圆心不重合, 则关于它们的幂相等的点的集合称为它们的根轴. 根轴是一条垂直于它们的连心线的直线.

两两不同心的三个圆一共有 3 根根轴. 可以证明, 这 3 根根轴的位置关系只有如下三种情况: ① 两两平行; ② 完全重合; ③ 两两相交, 此时三根根轴必相交于一点, 此点就称为这三个圆的根心.

有关的试题有: III.014, III.163, IV.018, IV.021, IV.027, IV.053, IV.078, IV.087, IV.096, IV.134.

在立体几何中也有类似的概念: 关于球的幂, 关于两个不同心的球的根平面.

几何变换

对称、旋转和平移

通过对称、旋转和平移变换来解答的试题有：Ⅲ.173，Ⅲ.183，Ⅳ.087，Ⅳ.102，Ⅳ.109.

反演变换

给定平面中一点 O 和实数 $k \neq 0$，对于平面上的任意一点 A，令其与射线 OA 上的点 A' 相对应，如果 $\overrightarrow{OA} \cdot \overrightarrow{OA'} = k$. 我们称这种变换是以 O 为反演中心、k 为反演幂的反演变换，简称反演. 称 A' 为点 A 关于点 O 的反演点.

通过反演变换来解答的试题有：Ⅲ.036，Ⅲ.206.

位似变换

位似变换可以是反演变换，也可以是反演变换之后，再绕反演中心 O 旋转某个角度的变换. 尤其是两个相切的圆，可以通过以切点作为位似中心的位似变换实行互变.

通过位似变换来解答的试题有：Ⅱ.210， Ⅲ.087，Ⅲ.091，Ⅲ.135，Ⅲ.188， Ⅳ.042，Ⅳ.076，Ⅳ.109，Ⅳ.116，Ⅳ.125，Ⅳ.159.

向量

与向量有关的试题有：Ⅰ.010，Ⅰ.016，Ⅰ.036，Ⅰ.095，Ⅱ.023，Ⅱ.112，Ⅱ.129，Ⅱ.220，Ⅲ.076，Ⅲ.135，Ⅲ.147，Ⅲ.183，Ⅲ.204， Ⅳ.048.

立体几何

有关的试题有：Ⅰ.158，Ⅱ.248，Ⅲ.153，Ⅲ.183.

空间解析几何

有关的试题有：Ⅳ.014，Ⅳ.016.

组　合

组合计数

有关试题有：Ⅱ.021，Ⅱ.024，Ⅱ.060，Ⅱ.259，Ⅱ.275，Ⅲ.013，Ⅲ.028，Ⅲ.055，Ⅲ.056，Ⅲ.060，Ⅲ.071，Ⅲ.148，Ⅲ.167，Ⅲ.208，Ⅳ.067，Ⅳ.120，Ⅳ.126，Ⅳ.152.

与卡塔兰数有关的试题有：Ⅲ.071，Ⅲ.126.

关于组合数性质的试题有：Ⅳ.040.

算两次

有关试题有：Ⅰ.021，Ⅰ.027，Ⅱ.143，Ⅱ.205，Ⅱ.252，Ⅲ.032，Ⅳ.049，Ⅳ.063.

组合中的估值问题

组合中的估值问题，又称组合极值问题，除了需要以各种不同的方法估计出极值的大小，一般还应构造例子说明极值能否达到.

有关试题有：Ⅱ.081，Ⅱ.097，Ⅱ.103，Ⅱ.123，Ⅱ.143，Ⅱ.146，Ⅱ.151，Ⅱ.159，Ⅱ.161，Ⅱ.165，Ⅱ.199，Ⅱ.224，Ⅱ.229，Ⅱ.240，Ⅱ.244，Ⅱ.247，Ⅲ.006，Ⅲ.013，Ⅲ.024，Ⅲ.032，Ⅲ.045，Ⅲ.065，Ⅲ.090，Ⅲ.097，Ⅲ.120，Ⅲ.126，Ⅲ.148，Ⅲ.158，Ⅲ.169，Ⅲ.186，Ⅲ.189，Ⅳ.005，Ⅳ.036，Ⅳ.056，Ⅳ.064，Ⅳ.097，Ⅳ.105，Ⅳ.133，Ⅳ.147，Ⅳ.152，Ⅳ.155.

组合中的可能性问题与存在性问题

有关试题有：Ⅰ.072，Ⅰ.087，Ⅰ.101，Ⅰ.148，Ⅱ.007，Ⅱ.004，Ⅱ.051，Ⅱ.046，Ⅱ.049，Ⅱ.109，Ⅱ.147，Ⅱ.215，Ⅱ.268，Ⅲ.012，Ⅲ.021，Ⅲ.028，Ⅲ.081，Ⅲ.076，Ⅲ.114，Ⅲ.116，Ⅲ.126，Ⅳ.017，Ⅳ.028，Ⅳ.094，Ⅳ.135，Ⅳ.139，Ⅳ.145，Ⅳ.150.

组合几何

组合几何问题与通常的几何问题的最大区别在于讲究思维方法,例如从简单的情况做起,从特殊的对象着眼等.

关于几何形体的存在性与可能性问题: I.047, I.079, I.131, II.011, II.022, II.056, II.081, II.060, II.108, II.112, II.205, III.028, III.039, III.054, III.088, III.158, III.174, IV.035, IV.084, IV.088, IV.102, IV.103, IV.109.

关于图形位置的问题: I.126, I.131, I.136, I.145, II.011, II.125, III.082.

关于组合几何中的各种估计问题: II.068, II.089, II.146, III.006.

分割图形,各种有趣的几何结构: II.022, II.068, II.074, II.081, II.088, II.242, III.023, III.048, III.176, IV.048.

组合几何中涉及多面体的顶点数 (v)、棱数 (e) 和面数 (f) 时,经常会用到著名的欧拉公式: $v - e + f = 2$.

不仅是多面体,在讨论直线分割平面所得的区域数目时,欧拉公式也是成立的,此时 v 代表直线的交点数目 (亦是平面区域的顶点数目), e 代表直线相互截成的段数 (亦是平面区域的边界数目,平面图中的边的数目), f 则是所分割出的平面区域数目.

有关的题目有: III.174.

组合中有许多与正多边形的性质有关的问题,还有一些可以利用正多边形的性质来解答的问题. 其中与正奇数边形性质有关的问题尤为引人注目.

如果把多边形的边与对角线都称为线段,那么正 $2m+1$ 边形中就有 m 种不同长度的线段,每种长度的线段都有 $2m+1$ 条,每种长度的线段都形成若干条封闭折线,这也就意味着每种长度的线段都从每个顶点引出两条.

由于正偶数边形有主对角线,它的条数是其他长度的线段条数的一半.

与正多边形有关的问题有: II.256, IV.120.

以正多边形的性质为工具来解答的问题有: II.007.

与凸多边形性质有关的问题有: III.039.

凸集的概率 如果点集中任何两点间的连线都整个属于该点集,则称该点集为凸集. 凸多边形、凸多面体、圆、球等都是特殊的凸集.

关于平面凸集族的海莱定理 如果一族平面凸集中的任何 3 个都有公共点,则整个凸集族有公共点.

有关的试题有: IV.103.

过程与操作

经常会遇到如下形式的题目: 给定某种形式的操作, 询问能否通过有限次这种操作, 由某种状态到达另一种状态.

有关试题有: Ⅰ.064, Ⅱ.005, Ⅱ.019, Ⅱ.035, Ⅱ.044, Ⅱ.075, Ⅱ.115, Ⅱ.117, Ⅱ.170, Ⅱ.179, Ⅱ.187, Ⅱ.201, Ⅱ.215, Ⅱ.236, Ⅱ.247, Ⅱ.257, Ⅲ.044, Ⅲ.078, Ⅲ.083, Ⅲ.092, Ⅲ.109, Ⅲ.114, Ⅲ.118, Ⅲ.136, Ⅲ.126, Ⅲ.136, Ⅲ.139, Ⅲ.172, Ⅳ.033, Ⅳ.036, Ⅳ.150.

天平称重

这类问题通常是讨论如何利用天平找出混在真币中的假币.

有关试题有: Ⅱ.084, Ⅱ.147, Ⅱ.159, Ⅲ.018, Ⅲ.164.

游戏与对策

有关对策的试题有: Ⅱ.012, Ⅱ.027, Ⅱ.032, Ⅱ.036, Ⅱ.095, Ⅱ.101, Ⅱ.174, Ⅱ.185, Ⅱ.200, Ⅱ.257, Ⅲ.008, Ⅲ.029, Ⅲ.053, Ⅲ.063, Ⅲ.067, Ⅲ.076, Ⅲ.139, Ⅲ.150, Ⅲ.165, Ⅲ.192, Ⅲ.197, Ⅲ.205, Ⅳ.019, Ⅳ.054.

与利益最大化有关的试题有: Ⅲ.179.

逻辑与推理

有关试题有: Ⅰ.089, Ⅰ.096, Ⅰ.097, Ⅰ.124, Ⅰ.125, Ⅰ.142, Ⅰ.144, Ⅰ.181, Ⅰ.182, Ⅱ.008, Ⅱ.057, Ⅱ.085, Ⅱ.107, Ⅱ.113, Ⅱ.115, Ⅱ.120, Ⅱ.178, Ⅱ.193, Ⅱ.227, Ⅱ.240, Ⅲ.109, Ⅲ.122, Ⅲ.134, Ⅲ.195, Ⅳ.114.

老实人与骗子

有关试题有: Ⅱ.197.

方格表问题

组合中有许多问题以方格表形式出现,内容多样,形式别致,方格表在这里不过是一种载体.

有关试题有: I.024, I.026, I.035, I.041, I.058, I.061, I.082, I.095, I.101, I.113, I.121, I.141, I.148, I.156, I.168, I.170, I.187, I.195, II.019, II.027, II.036, II.046, II.063, II.074, II.081, II.088, II.097, II.123, II.151, II.157, II.165, II.175, II.224, II.236, II.244, II.275, III.003, III.015, III.024, III.025, III.047, III.057, III.090, III.097, III.161, III.189, IV.001, IV.017, IV.028, IV.056, IV.063, IV.067, IV.097, IV.105, IV.133.

染色

染色问题大致来说有两类. 一类是有某种需求, 需对某类对象作某种染色, 问是否可行, 需要多少种颜色, 等等, 可以称为客观染色题. 相对而言, 另一类就是主观染色题. 这类问题就是为了解题的需要, 主动进行染色, 以揭示矛盾, 展示规律, 使答案变得一目了然.

有关试题有: I.148, II.019, II.074, II.123, II.146, II.224, II.244, III.043, III.164, IV.056, IV.084, IV.094.

图 论

在许多场合下,可以方便地用点表示所考察的对象,用线段表示它们之间的联系. 这种表示方式就称为图. 例如, 航空线路, 人与人之间是否认识, 等等. 其中的点称为图的顶点, 而线段称为图的边.

有关试题有: II.034, II.042, II.065, II.277, III.016, III.142, IV.117.

有边相连的顶点称为相邻的. 与顶点 A 相邻的顶点的个数称为它的度数.

图称为连通的, 如果沿着它的边可以由任何顶点到达其他任何顶点.

图称为 k 重连通的, 如果自图中去掉任意 $k-1$ 个顶点 (连同由它们所连出的所有的边) 后, 所得的图仍然是连通的.

关于图的连通性或 k 重连通性 ($k \geqslant 2$) 的题目有: IV.008, IV.101, IV.111, IV.131.

由边形成的折线称为路, 路的长度是指折线上的边的条数. 路有时也称为链. 长度为奇数的链称为奇链, 长度为偶数的链称为偶链.

封闭的折线称为圈. 长度为奇数的圈称为奇圈, 长度为偶数的圈称为偶圈.

如果图 G 中的边数不少于顶点数, 则图 G 中一定有圈.

经过图中每条边刚好一次的圈称为欧拉圈.

有关试题有: II.034, II.042, II.144, II.181, II.189, II.208, II.212, II.250, II.277, III.016, III.039, III.079, III.142, IV.131, IV.157.

不含圈的连通图称为树. 具有 n 个顶点的树中恰有 $n-1$ 条边. 树上的度数为 1 的顶点称为叶.

保持图的连通性的不含圈的子图称为图的生成树. 图的生成树通常不唯一.

由给定的顶点沿着图中的边所能到达的顶点的集合称为图中该顶点的连通分支. 连通图由单一的连通分支构成, 而不连通图分解为若干个分支.

有关连通分支的试题有: IV.052, IV.157.

有时还会遇到带有纽结的图 (所谓纽结, 就是顶点自己与自己相连的回路, 中间不经过其他顶点), 也有带多重边的图 (所谓多重边, 就是相同的两个顶点之间连有多条线段, 例如北京与上海之间有多个航空公司开设的航线, 每个公司的航线都用一条线段连接). 这些图称为复杂图. 竞赛题中很少涉及复杂图. 一般的题目中所涉及的图多是简单图, 在这类图中任何两个顶点之间至多连有一条边.

与树有关的试题有: III.043, III.086, IV.032.

利用生成树来解答的试题有: II.208, III.081, IV.101, IV.117.

图中的一组两两没有公共端点的边称为一组匹配.

与匹配有关的试题有: III.200.

与图的存在性有关的试题有: II.077.

图的正确染色

图的染色有两类. 一类是为顶点染色, 如果任何两个有边相连的顶点都不同色, 就称为顶点的正确染色; 另一类是为边染色, 如果任何两条共端点的边都不同色, 就称为边的正确染色.

有关试题有: III.069, III.079, IV.039, IV.045.

完全图

如果图中的任何两个顶点之间都有边相连, 就称为完全图.

有关试题有: II.140, III.148, IV.024, IV.157.

补图

如果图 G 不是完全图, 则可补齐各个顶点之间的连线, 使之成为完全图. 那么以图 G 的顶点集合为顶点集合, 以所有所补连的边为边集合的图就称为图 G 的补图.

与补图有关的试题有: III.200, IV.147.

有向图

如果图中的边上都带有表示方向的箭头, 就称为有向图. 有向图中的顶点所指出去的箭头数目, 称为该顶点的出度; 指进来的箭头数目, 称为该顶点的入度. 所有顶点的出度之和等于所有顶点的入度之和.

有关试题有: II.060, II.140, II.154, II.189, IV.139.

多部图

如果图中的顶点分为 $n \geqslant 2$ 个集合, 同一集合的顶点之间都无边相连, 边都是连接不同集合的顶点, 这种图就称为 n 部图. 如果任何两个不同集合的顶点之间都有边相连, 则为 n 部完全图.

有关试题有: II.250, II.263, III.111, III.120, IV.024, IV.069.

二部图的匹配

二部图 G 的顶点分为 A 与 B 两个集合, 如果对于每个 $a \in A$, 都存在某个 $b \in B$, 使得 a 与 b 之间有边相连, 并且对于不同的 $a \in A$, 相应的 $b \in B$ 也不相同, 就说存在着一个覆盖着 A 的匹配.

霍尔定理 (又称霍尔婚配定理, 霍尔引理) 二部图 G 的顶点分为 A 与 B 两个集合, 如果对于 A 的每个子集 X, 都有 $|\Gamma(X)| \geqslant |X|$, 则存在着覆盖 A 的匹配, 其中 $\Gamma(X)$ 是 B 中至少与 X 中的一个顶点有边相连的顶点所构成的子集. $|Y|$ 表示集合 Y 中的元素个数.

运用到霍尔定理的试题有: IV.024, IV.069.

多色图

如果图中的顶点之间用不同颜色的边相连 (例如: 如果二人相互认识, 就在相应的顶点之间连一条红边; 如果不认识, 就连一条蓝边), 那么这种图就称为多色图. 当图中共出现 n 种不同颜色的边时, 这种图称为 n 色图.

有关试题有: II.144, II.181, IV.147.

参 考 文 献

[1] Санкт-Петербургский государственный университет, Гордской дворец творчества юных, Задачи Санкт-Петербургской олимпиады школьников по математике 2000 года, Издательства С.-Петербургского университета, Санкт-Петербург, 2000.

[2] Санкт-Петербургский государственный университет, Задачи Санкт-Петербургской олимпиады школьников по математике 2001 года, Издательства С.-Петербургского университета, Санкт-Петербург, 2001.

[3] Кохась К П, Иванов С В, Берлов С Л, Храбров А И, Карпов Д В, Петров Ф В. Задачи Санкт-Петербургской олимпиады школьников по математике 2002 года, Издательства Невский Диалект, Санкт-Петербург, 2002.

[4] Кохась К П, Иванов С В, Храбров А И. и др. Задачи Санкт-Петербургской олимпиады школьников по математике 2003 года, Издательства Невский Диалект, Санкт-Петербург, 2003.

[5] Кохась К П, Иванов С В, Берлов С Л и др. Задачи Санкт-Петербургской олимпиады школьников по математике 2004 года, Издательства Невский Диалект, Санкт-Петербург, 2004.

[6] Кохась К П, Иванов С В, Берлов С Л и др. Задачи Санкт-Петербургской олимпиады школьников по математике 2005 года, Издательства Невский Диалект, Санкт-Петербург, 2005.

[7] Кохась К П, Иванов С В, Берлов С Л и др. Задачи Санкт-Петербургской олимпиады школьников по математике 2006 года, Издательства Невский Диалект, Санкт-Петербург, 2006.

[8] Петров Ф В, Кохась К П, Берлов С Л и др. Задачи Санкт-Петербургской олимпиады школьников по математике 2007 года, Издательства Невский Диалект, Санкт-Петербург, 2007.

[9] Берлов С Л, Кохась К П, Храбров А И и др. Задачи Санкт-Петербургской олимпиады школьников по математике 2008 года, Издательства Невский Диалект, Санкт-Петербург, 2008.

[10] Храбров А И, Кохась К П, Петров Ф В и др. Задачи Санкт-Петербургской олимпиады школьников по математике 2009 года, Издательства Невский Диалект, Санкт-Петербург, 2009.

[11] Питерсон У, Уэлдон Э. Коды, Исправляющие ошибки. М: Мир, 1976.

[12] Мак-Вильямс Ф , Слоэн Н Дж А. Теопия кодов, Исправляющие ошибки. М: Связь, 1979.

[13] Слоэн Н Дж А. Коды, Исправляющие ошибки, и криптография, Математический цветник, Под ред. Д. А. Кларнер М.: Мир, 1983. Ц:432-472.

[14] Középiskolai Matematikai és Fizikai Lapok. September, 1998, Problem N182.

[15] Петров Ф, Тихамиров С. Об углах и ростояниях, Задачи Санкт-Петербургской олумпиады школьников по математике, 2001, Санкт-Петербург.

[16] Прасолов Б Б. Задачи по планиметрии, Наука, 1991, Москва.

[17] Guy R K. Unsolved Problems in Number Theory, New York: Springer-Verlag, 1994.

[18] Бухитаб А А. Теория чисел, Москва: Просвещение, 1966.

[19] Прасолов Б Б. Задачи по планиметрии, Москва: МЦНМО, 2001.

[20] Laszkovich M, Szekeres G. Tiling of the square with similar rectangles, Discr. Comp. Geometry. 1995, 13:569-572.

[21] Freiling C, Rinne D. Tilinga square with similar rectangles, Math. Res. Lett. 1994, 1:547-558.

[22] Rosser J B, Schoenfeld L. Approximate formulas for some functions of prime numbers, Illinois J. Math. 1962, 6:64-97.

[23] Apostol T M. Introduction to analytic number theory. Springer, 1976:82-85.

[24] Лаврентьев М А, Шабат Б В. Методы теории фунцций комплексного переменного. 电子版教科书, math.nw.ru.

[25] Жуковский Н Е. О поддерживающих планах типа Антуанетт. Труды отдел. физич. наук Общ. люб. естествозн. 1911, Т.15. Вып.2.

[26] Zhukovsky N E. Über die tragflächen des Typus Antoinette. Bulletin de la Société des Naturalistes de Moscou. 1913.

[27] Birkhoff G D, Vandiver H S. On the integral divisors of $a^n - b^n$. Annals of Math. ser. 2. 1904, 5(4):173-180.

[28] Zsigmondy K. Zur Theorie der Potenzreste. Monast. Math. 1982. Bd. 3, S:265-284.

[29] Bang A S. Taltheoretiske Undersögelser. Zeuthen Tidsskrift for Math. 1886, 5(4):130-137.

[30] Прасолов В В. Задачи по планиВ. В. метрии. М.: МЦНМО, 2001,Задача 11.13.

[31] Прасолов В В. Многочлены. М: МЦНМО, 2003.

[32] Collen D, Smiley L. Noncrossing partitions under rotations and refrections. arXiv.org/CO.0510447

[33] Васил ев Н Б, Егоров А А. Задачи всесоюзных математических олимпиад. М.: Наука, 1988, Загача 128

[34] 苏淳. 苏联中学生数学奥林匹克试题汇编[M]. 北京: 高等教育出版社, 2012.

[35] Курляндчик Л, Фа ибусовичи А. История одного неравенства// Кнант. 1991, No.4.

[36] Дринфел д В Г. Об одном цеклическом неравенстве// Мат. заметки. 1971, Том 9, No.2.

[37] Clausing A. A review of Shapiro's cyclic inequality// Internat. Ser. Numer. Math.: General inequalities, 6 (Oberwolfach, 1990), Voi.103. Basel: Borkhäuser, 1992:17-31.

[38] Ад ясур н В. 第 32 届蒙古数学奥林匹克教师试题.

[39] Харари Ф. Теория графов, М.: Мир, 1973.

[40] Гил берм Д, Кон-Фоссен С. Наглядная геометрия. М.: Наука, 1981.

[41] Феддеев Д К. Лекции по алгебре. Жанр: Математика Издател ства: Наука формат, 1984.

[42] ван дер Варден Б Л. Алгебра. М.: Наука, 1979.

中国科学技术大学出版社中学数学用书

小学数学思维92讲(小高版)/田峰
小升初数学题典(第2版)/姚景峰
初中数学千题解(6册)/思美
初中数学竞赛中的思维方法(第2版)/周春荔
初中数学竞赛中的数论初步(第2版)/周春荔
初中数学竞赛中的代数问题(第2版)/周春荔
初中数学竞赛中的平面几何(第2版)/周春荔
初中数学进阶.七年级上册/陈荣华
初中数学进阶.七年级下册/陈荣华
初中数学进阶.八年级上册/徐胜林
初中数学进阶.八年级下册/徐胜林
初中数学进阶.九年级上册/陈荣华
初中数学进阶.九年级下册/陈荣华
全国中考数学压轴题分类释义/马传渔　陈荣华
初升高数学衔接/甘大旺　甘正乾
平面几何的知识与问题/单墫
代数的魅力与技巧/单墫
平面几何强化训练题集(初中分册)/万喜人　等
平面几何证题手册/鲁有专

中学生数学思维方法丛书(12册)/冯跃峰
学数学(第1—6卷)/李潜
高中数学奥林匹克竞赛标准教材(上册、中册、下册)/周沛耕
平面几何强化训练题集(高中分册)/万喜人　等
平面几何测试题集/万喜人
全国高中数学联赛一试强化训练题集/王国军　奚新定
全国高中数学联赛一试强化训练题集(第二辑)/雷勇　王国军
全国高中数学联赛模拟试题精选/本书编委会
全国高中数学联赛模拟试题精选(第二辑)/本书编委会
全国高中数学联赛预赛试题分类精编/王文涛　等
高中数学竞赛教程(第2版)/严镇军　单墫　苏淳　等
第51—76届莫斯科数学奥林匹克/苏淳　申强
全俄中学生数学奥林匹克(2007—2019)/苏淳
圣彼得堡数学奥林匹克(2000—2009)/苏淳
解析几何竞赛读本/蔡玉书
平面几何题的解题规律/周沛耕　刘建业

高中数学进阶与数学奥林匹克.上册/马传渔　张志朝　陈荣华
高中数学进阶与数学奥林匹克.下册/马传渔　杨运新
名牌大学学科营与自主招生考试绿卡·数学真题篇(第2版)/李广明　张剑
强基计划校考数学模拟试题精选/方景贤
数学思维培训基础教程/俞海东
从初等数学到高等数学.第1卷/彭翕成
高中数学母题与衍生.导数/彭林　郝进宏　柏任俊
高中数学母题与衍生.解析几何/彭林　石拥军　张敏
高中数学一点一题型/李鸿昌　杨春波　程汉波
数学高考经典.函数与导数/蓝云波
数学高考经典.三角函数、平面向量与复数/张国治　张荣华
高中数学知识体系通讲/刘运
函数777题问答/马传渔　陈荣华
亮剑高考数学压轴题/王文涛　薛玉财　刘彦永
理科数学高考模拟试卷(全国卷)/安振平

直线形/毛鸿翔　等
圆/鲁有专
几何极值问题/朱尧辰
同中学生谈排列组合/苏淳
概率与期望/单墫
解析几何的技巧(第4版)/单墫
有趣的差分方程(第2版)/李克正　李克大
面积关系帮你解题(第3版)/张景中　彭翕成
周期数列(第2版)/曹鸿德
微微对偶不等式及其应用(第2版)/张运筹
递推数列/陈泽安
根与系数的关系及其应用(第2版)/毛鸿翔
怎样证明三角恒等式(第2版)/朱尧辰
向量、复数与质点/彭翕成
漫话数学归纳法(第4版)/苏淳
从特殊性看问题(第4版)/苏淳
国际数学奥林匹克240真题巧解/张运筹
Fibonacci数列/肖果能
数学奥林匹克中的智巧/田廷彦
极值问题的初等解法/朱尧辰
巧用抽屉原理/冯跃峰
函数与函数思想/朱华伟　程汉波
美妙的曲线/肖果能
统计学漫话(第2版)/陈希孺　苏淳